Thomas Kesselring
Handbuch Ethik für Pädagogen

Thomas Kesselring

Handbuch Ethik für Pädagogen

Grundlagen und Praxis

Publiziert mit Unterstützung des Schweizerischen Nationalfonds
zur Förderung der wissenschaftlichen Forschung

Die Deutsche Nationalbibliothek verzeichnet diese Publikation
in der Deutschen Nationalbibliografie;
detaillierte bibliografische Daten sind im Internet über
http://dnb.d-nb.de abrufbar.

Das Werk ist in allen seinen Teilen urheberrechtlich geschützt.
Jede Verwertung ist ohne Zustimmung des Verlags unzulässig.
Das gilt insbesondere für Vervielfältigungen,
Übersetzungen, Mikroverfilmungen und die Einspeicherung in
und Verarbeitung durch elektronische Systeme.

© 2009 by WBG (Wissenschaftliche Buchgesellschaft), Darmstadt
Die Herausgabe des Werkes wurde durch
die Vereinsmitglieder der WBG ermöglicht.
Redaktion: Julia Brandt, Mainz
Umschlaggestaltung: Peter Lohse, Büttelborn
Foto: MEV Verlag, People Collection, Vol. 6
Gedruckt auf säurefreiem und alterungsbeständigem Papier
Printed in Germany

Besuchen Sie uns im Internet: www.wbg-wissenverbindet.de

ISBN 978-3-534-21751-9

Inhaltsverzeichnis

Vorwort 13
Einleitung: Ethik und Erziehung 18

I. Teil: Einführung in die Ethik für Pädagogen

1. Ethik – was ist das? 26
    1.1. Was heißt „Moral"? 27
    1.2. Was ist „Ethik"? 29
    1.3. Pädagogik und Ethik: Parallelen und Unterschiede 30
    1.4. Regeln, Normen, Pflichten 31
    1.5. Moralische Interessen 32
    1.6. Weshalb moralisch handeln? 33
    1.7. Moralische Rechte 34
    1.8. Moralische Emotionen 35
    1.9. Gibt es moralische Sanktionen? 36
2. Freiheit und ihre ethische Bedeutung 38
    2.1. Freiheit 38
        2.1.1. Handlungsfreiheit 38
        2.1.2. Willens- und Entscheidungsfreiheit 39
        2.1.3. Negative und positive Freiheit 39
        2.1.4. Die Bedeutung der Freiheit für die Ethik 41
    2.2. Werte 42
        2.2.1. „gut" und „schlecht" 44
        2.2.2. „gut" und „böse" 45
    2.3. Bosheit setzt Freiheit voraus 45
        2.3.1. Der Baum der Erkenntnis und der Sündenfall 46
        2.3.2. Das sogenannte Böse – Bosheit ohne Freiheit 46
    2.4. Der „naturalistische Fehlschluss" 47
        2.4.1. G. E. Moores Argument 48
        2.4.2. Der Fehlschluss vom Sein auf das Sollen: David Hume 48

    2.4.3. „Natur" und „Kultur" 49
    2.4.4. Das Wertfreiheitspostulat (Max Weber)..................................50

3. Wertgeschätzte Haltungen: Tugenden 51
  3.1. „Tugenden": Haltungen mit Exzellenzcharakter 52
  3.2. Aristoteles' Begriffsanalyse der Tugend 52
  3.3. Einwände gegen eine Tugend-Ethik 54
  3.4. Passen Tugenden in die moderne Gesellschaft? 56
  3.5. Nicht-relative (= universalistische) Tugenden....................................58
  3.6. Beispiel Toleranz (vgl. Kapitel 10.4) 60
  3.7. Anordnung von Haltungen in Werte-Quadraten 60

4. Achtung und ihr Gegenteil
  4.1. Die moralische Bedeutung von zwischenmenschlicher Nähe und Distanz.......63
  4.2. Emotionen und Haltungen der Nähe: Mitleid, Liebe, Sympathie 64
  4.3. Emotionen und Haltungen der Distanz: Objektivierende und
      instrumentalisierende Einstellungen 66
  4.4. Die ethische Grundhaltung: Achtung 67
  4.5. Gegenteilige Einstellungen: Nicht beachten, missachten und verachten 69
  4.6. Diskriminierung 70
    4.6.1. Mobbing...72
    4.6.2. Rassismus, Xenophobie, Ethnozentrismus, Ausländerfeindlichkeit 73

5. Entwicklung des moralischen Urteilens und Handelns 75
  5.1. Die Theorie von Lawrence Kohlberg 75
    5.1.1. Kohlbergs Vorgehen..76
    5.1.2. Erläuterungen...78
    5.1.3. Kritische Stellungnahmen..79
  5.2. Die Theorie von Jean Piaget 82
  5.3. Thomas Lickona 85
  5.4. Gertrud Nunner-Winkler..85
  5.5. Anregungen zur Erziehung im ethischen Bereich 86
  5.6. Die „Gerechte Schulgemeinschaft" – „Just Community"-Schule 88

6. Utilitaristische Ethik 90
  6.1. Warum müssen moralische Normen begründet werden? 90
  6.2. Der Utilitarismus..92
  6.3. Jeremy Benthams Lehre..92
  6.4. Besonderheiten des Utilitarismus 93
  6.5. Stärken des Utilitarismus 94
  6.6. Schwächen des Utilitarismus 95
    6.6.1. Probleme beim Nutzenkalkül 95
    6.6.2. Der Utilitarismus widerspricht unseren Intuitionen 96
    6.6.3. Nutzen- bzw. Glücks-Optimierung in mehreren Dimensionen 96
    6.6.4. Der klassische Utilitarismus tut sich mit
        Gerechtigkeits-Fragen schwer..97

6.6.5. Der Utilitarismus kann die Menschenrechte nicht begründen 97
6.6.6. Der Utilitarismus baut auf einem naturalistischen Fehlschluss auf 97
6.7. Gleiche Berücksichtigung der Interessen: Die Position von Peter Singer 98

7. Ethik und Kooperation 100
7.1. Weshalb kooperieren wir? 100
7.2. Formen der Kooperation 101
7.3. Die Goldene Regel (= GR): Sicherstellung von Kooperation zu zweit 102
7.4. Umkehrung der Goldenen Regel 104
7.5. Die Verallgemeinerungs- oder Universalisierungsregel: Sicherstellung von Kooperation in der Gruppe 104
7.6. Zwei Varianten der Verallgemeinerungsregel (= VR) 105
7.7. Kooperationsbereitschaft und Parasitismus 106
    7.7.1. Erste Fallgrube: Das „Gefangenendilemma" 107
    7.7.2. Zweite Fallgrube: Das „Allmendedilemma" 108
    7.7.3. Die Strategie „Tit for Tat" – „Wie du mir, so ich dir" 110
7.8. Anhang: Die vertragstheoretische („kontraktualistische") Moralbegründung und ihre Grenzen 111

8. Ethik und Wettbewerb. Ethik und Tausch 113
8.1. Formen des Wettbewerbs 114
8.2. Strategisches Verhalten 115
8.3. Wettbewerb und Ethik 116
8.4. Fairness 116
8.5. Schule und Wettbewerb 117
8.6. Tausch 119
8.7. Der Tauschvorgang auf dem Markt 119
8.8. Exkurs: Ältere Tauschformen 120
    8.8.1. Der Geschenketausch 120
    8.8.2. Der Äquivalententausch 121
8.9. Schule, Markt und Tauschgeschäfte 122
8.10. Was hat der Markt mit Ethik zu tun? 123
8.11. Markt und Gerechtigkeit 123

9. Gerechtigkeit 125
9.1. Kontexte der Gerechtigkeit 125
9.2. Der Vorrang der Gleichheit 127
9.3. Die Suche nach einem Vergleichsmaßstab 129
9.4. Gerechtigkeit als gutes Management von Ungleichheiten 131
9.5. Sphären der Gerechtigkeit 131
9.6. Alle Interessen zählen gleich viel 132
9.7. John Rawls' Kriterien der Gerechtigkeit 132
    9.7.1. Das erste Gerechtigkeitskriterium 133
    9.7.2. Das zweite Gerechtigkeitskriterium 134
    9.7.3. Das dritte Gerechtigkeitskriterium 135
    9.7.4. Die unterschiedliche Wichtigkeit der drei Gerechtigkeitskriterien 136

10. Ethischer Universalismus und ethischer Relativismus ... 137
- 10.1. Relativistische Positionen ... 138
- 10.2. Die relativistische Kritik am ethischen Universalismus ... 140
- 10.3. Die universalistische Kritik am ethischen Relativismus ... 141
- 10.4. Toleranz ist keine relativistische Tugend (vgl. Kapitel 3.6) ... 142
- 10.5. Das Toleranz-Dilemma ... 143
- 10.6. Der Kategorische Imperativ Immanuel Kants ... 144
- 10.7. Universalisierung: Alle müssen beipflichten können ... 146
- 10.8. Zum Unterschied zwischen öffentlicher und privater Moral ... 147

11. Menschenrechte ... 150
- 11.1. Was sind Menschenrechte? ... 150
- 11.2. Kurzer historischer Rückblick ... 151
- 11.3. Die UNO und die Menschenrechte ... 154
- 11.4. Wer hat welche Pflichten? ... 155
- 11.5. Vertiefung der Menschenrechte: Weitere Pakte und Übereinkommen der UNO ... 157
- 11.6. Zur Begründung der Menschenrechte ... 158
- 11.7. Problematisierung ... 161
  - 11.7.1. Reibungsflächen zwischen einzelnen Menschenrechten ... 161
  - 11.7.2. Wo liegen die Prioritäten? ... 161
  - 11.7.3. Fehlen Menschenrechte? ... 161
  - 11.7.4. Kollektive Rechte und kollektive Güter ... 162

12. Macht, Autorität, Verantwortung ... 164
- 12.1. Autorität ... 164
  - 12.1.1. Die wichtigsten Bedeutungen des Begriffs „Autorität" ... 164
  - 12.1.2. Wer hat Autorität? ... 165
- 12.2. Macht ... 166
  - 12.2.1. Macht als soziales Phänomen ... 166
  - 12.2.2. Machtkämpfe ... 167
  - 12.2.3. Machtressourcen ... 168
  - 12.2.4. Macht und Herrschaft ... 170
  - 12.2.5. Macht im Kollektiv, Macht beim Einzelnen ... 171
  - 12.2.6. Macht in der Krise ... 172
- 12.3. Ethische Fragen zum Umgang mit Macht ... 172
- 12.4. Verantwortung ... 174

II. Teil: Pädagogik als Herausforderung an die Ethik

1. Bildung – was ist das? ... 176
- 1.1. Bildung in der griechischen Antike ... 176
- 1.2. Bildung bei Humboldt ... 178
- 1.3. Wie wäre es, gebildet zu sein? Zeitgenössische Antworten ... 180

    1.3.1. Bildung als gehobene Allgemeinbildung: Schwanitz 180
    1.3.2. Naturwissenschaftliche Allgemeinbildung: Fischer 181
    1.3.3. Bildung als Weltläufigkeit: Bieri 181
    1.3.4. Bildung als staatsbürgerliche Kompetenz: von Hentig 182
    1.3.5. Bildung als Orientierung an „epochaltypischen Schlüsselproblemen": Klafki 184
    1.3.6. Ergänzungen zur ethischen Bildung 185
1.4. Beitrag der Psychologie: Die Pyramide der menschlichen Grundbedürfnisse (Maslow) 186
1.5. Fazit 187

2. Bildungsziele – Ausbildungsziele 188
2.1. Ausbildung 189
2.2. Wissen, Fähigkeiten, Fertigkeiten 190
2.3. Lebensqualität, Entwicklungsziele, Ausbildungsziele: M. Nussbaum 190
2.4. „Capabilities" – Fähigkeiten, Ressourcen, Gelegenheiten: A. Sen 193
2.5. Negative und positive Freiheit 194
2.6. Wahlfreiheit und Entscheidungsfähigkeit 196
2.7. Schülermitbestimmung 198
2.8. Ausbildungssysteme im Vergleich 199

3. Exzellenzkriterien. Standards im Bildungswesen? 201
3.1. Hintergründe der Standard-Diskussionen 201
3.2. Exzellenzmaßstäbe einst und jetzt 203
3.3. An wen sind Standards adressiert? 205
3.4. Vielfalt der Standard-Definitionen: Unverbindliche Suche nach Verbindlichkeit 206
3.5. Messen oder Evaluieren? 210
3.6. Die Evaluation einer Leistung verändert die Natur dieser Leistung selbst .. 211
3.7. „Standards" und „Tugenden" im Vergleich 212
3.8. Die Frage nach ethischen „Standards" 213

4. Vorbeugen gegen Diskriminierung und Gewalt 214
4.1. Was ist Gewalt? 214
4.2. Eine Phänomenologie der Gewalt 215
    4.2.1. Offene und versteckte Gewalt 215
    4.2.2. Politische Gewalt 215
    4.2.3. Strukturelle Gewalt 216
4.3. Ethische Fragen 217
4.4. Bedingungen, die eine Tendenz zur Gewalt begünstigen 218
    4.4.1. „Theorien", die wenig oder nichts erklären 218
    4.4.2. Gehirnforschung 219
    4.4.3. Lerntheorien 220
    4.4.4. Psychologische Erklärungen 220
    4.4.5. Sozialpsychologie 222
4.5. Emotionale Intelligenz und Gewaltprävention 223

5. Entwicklung der Emotionen und der Empathie 224
5.1. Was sind Emotionen? 224
5.2. Emotionen und Urteile 225
5.3. Emotionen und Wertungen 226
5.4. Haltungen und Dispositionen 227
5.5. Das Einfühlungsvermögen (die Empathie) 227
5.6. Die Bedeutung der Emotionen für die Kommunikation 229
5.7. Die emotionale Seite der Moralentwicklung 230
    5.7.1. Entwicklung der Gefühle und des Gefühlswissens 231
    5.7.2. Entwicklung der Empathiefähigkeit und der Fremdwahrnehmung ... 235

6. Sanktionswesen: Strafen und Belohnen 239
6.1. Was ist eine Strafe? 239
6.2. Weshalb strafen? 241
    6.2.1. Strafe als Vergeltung 241
    6.2.2. Strafe als Vorbeugung oder Abschreckung 242
    6.2.3. Strafe als Wiedergutmachung 244
    6.2.4. Strafe als erzieherische Maßnahme 245
6.3. Spontane Strafen. Versteckte und offene Strafen 246
6.4. Strafpraktiken in der Schule 248
6.5. Belohnen 249

7. Kooperative Konfliktlösungen: Verhandeln und Vermitteln 251
7.1. Was ist ein Konflikt? 251
7.2. Kontraproduktive Konfliktlösungsstrategien 252
7.3. Verhandeln: Das Ausbalancieren von Interessen 252
7.4. Kooperative Lösung von Lehrer-Schüler-Konflikten
(nach Thomas Gordon) 254
7.5. Verhalten bei Wertekonflikten 256
7.6. Konflikte lösen nach dem Harvard-Konzept 257
    7.6.1. Faustregeln zum erfolgreichen Verhandeln 258
    7.6.2. Die Kluft zwischen den Positionen verkleinern und das
    Spektrum der Lösungsoptionen erweitern 259
7.7. Orientierung an sachlichen Gesichtspunkten 260
7.8. Mediation: Die Bedeutung der dritten Person 260

8. Beurteilen, Noten geben, Selektieren 263
8.1. Beurteilungsgegenstand: die schulische Leistung 263
8.2. Kleine Wissenschaftstheorie des Messens 264
8.3. Noten geben: Ziffern oder Zahlen? 266
8.4. Was wird mit der schulischen Leistung eigentlich gemessen? 269
8.5. Leistungsmessungen beeinflussen die Leistungen selbst 270
8.6. Wie verlässlich sind Notenvergleiche? 270
8.7. Jahrgangsweise Vergleichstests 272
8.8. Beurteilungssystem unter pädagogischen Gesichtspunkten 273

9. Chancengleichheit im Bildungswesen ... 275
9.1. Domänen der Chancengleichheit ... 275
9.2. Chancengleichheit – ein vieldeutiger Begriff ... 276
9.3. Dient die Separierung von Lerngruppen der Förderung oder der Selektion? ... 279
9.4. Wird ein Schüler negativ selektiert, weil er schwache Leistungen erbringt, oder erbringt er schwache Leistungen, weil er eine negative Selektion erfahren hat? ... 279
9.5. Welche Chancengleichheit wollen wir? ... 280
9.6. Maximierung der Bildungschancen für behinderte Kinder ... 281
9.7. Maximierung der Bildungschancen für „leistungsschwache" Kinder ... 282
9.8. Zur Unterscheidung zwischen „leistungsstark" und „leistungsschwach" ... 283
9.9. Maximierung der Bildungschancen für Kinder mit Migrationshintergrund 283
9.10. Bildungschancen bei den Geschlechtern ... 288

10. Pädagogik der Vielfalt ... 291
10.1. Integration im Kontext der Schule ... 292
    10.1.1. Integration von Unterschichtkindern, Integration von Kindern mit Lernschwächen ... 292
    10.1.2. Integration von Kindern mit Behinderungen ... 293
    10.1.3. Geschlechterverhältnis: Koedukation ... 294
10.2. Pädagogik kultureller Vielfalt: Integration von Kindern aus zugewanderten Familien ... 295
    10.2.1. Ausländerpädagogik versus Integrationspädagogik ... 295
    10.2.2. Exkurs zum Begriff der Kultur ... 297
    10.2.3. Missverständnisse und Kränkungen ... 297
10.3. Interkulturelles Lernen: Überwindung einer autozentrierten Haltung ... 298
10.4. Stufen der Toleranz ... 300
    10.4.1. „Repressive Toleranz": Distanzierte Duldung und Bekehrungsversuche ... 300
    10.4.2. Toleranz als Lebenlassen des Andersgläubigen ... 300
    10.4.3. Toleranz als Anerkennung des Andersgläubigen ... 301
10.5. Interkulturelle Konflikte. Lösungsansätze ... 302
    10.5.1. Konflikte zwischen Ansprüchen ... 302
    10.5.2. Konflikte zwischen Werten ... 303
10.6. Die Rolle der Grundrechte ... 305
10.7. Das Wohl des Kindes ... 305

11. Kinderrechte ... 306
11.1. Die Kinderrechtskonvention (KRK) ergänzt die Menschenrechtserklärung (ME) ... 306
11.2. Wegbereiterinnen und Wegbereiter der Rechte des Kindes ... 308
11.3. Schritt für Schritt zur Konvention über die Rechte des Kindes ... 309
11.4. Die Kinderrechtskonvention wird „erwachsen" und zeigt Wirkung ... 310

11.5. Wer hat bei der Gewährung der Rechte des Kindes welche Pflichten?..... 313
11.6. Wesentliche Themen im Bereich der Kinderrechte 314
11.7. Kulturelle Unterschiede, ökonomische Unterschiede 316
11.8. Die Kinderrechtskonvention in Deutschland, Österreich und
der Schweiz 316

12. Berufsethos des Lehrers (Pädagogen) 318
12.1. Integrität 319
12.1.1. Wer Wasser predigt, soll nicht Wein trinken 319
12.1.2. Ausbalancierung der Werte 320
12.2. Sensibilität für Anliegen der Schülerinnen und Schüler 322
12.3. Selbstreflexivität.. 323
12.3.1. Die Einstellungen der Lehrkraft gegenüber den Schüler/innen
reflektiert sich im Schülerverhalten 323
12.3.2. Reflexivität bei Lob und Kritik 324
12.3.3. Kenntnis der eigenen Wirkungsmöglichkeiten bei der Schüler-
selektion... 325
12.4. Vertrauen in die Schüler/innen – die „pädagogische Zumutung"............ 326
12.5. Diskursorientierung 327
12.6. Humor 328

Literaturverzeichnis 331

Personenregister 343

Sachregister 346

Vorwort

Pädagogisches Handeln ist über weite Strecken ethisches Handeln. In der Erziehung stellen sich auf Schritt und Tritt ethische Fragen. Wie soll man es zum Beispiel mit der Strafe halten: Wann sind Sanktionen angebracht? Welche Strafen sind ethisch verantwortbar? Und die Belohnung – ist sie immer über jeden ethischen Verdacht erhaben?

Oder: Sollen Lehrkräfte und Erzieherinnen alle Schülerinnen und Schüler gleich behandeln? Auch diejenigen, die ihnen nicht so sympathisch sind? Wie wichtig ist Gerechtigkeit im Klassenraum? Ist Chancengleichheit eine rein politische Forderung oder auch eine ethische? Garantiert unser Bildungssystem Chancengleichheit?

Die meisten ethischen Fragen rund um Erziehung und Ausbildung beschränken sich nicht auf die Schule und das Bildungswesen. Zum Beispiel die Frage nach der Gewalt: Welche Ursachen hat sie, und was vermag man als Lehrkraft, als Erzieher/in oder auch als Politiker/in zu ihrer Vorbeugung auszurichten? Soll man gegen Gewalt auch dann vorgehen, wenn man dabei selbst Gewalt anwenden muss? Gibt es legitime Formen der Gewalt? Oder: Was sollten Lehrkräfte über die Grund- und Menschenrechte wissen? Wieso braucht es zusätzlich auch noch Kinderrechte? Wieso reichen die Menschenrechte für Kinder nicht aus?

Für das Erziehungswesen zentral ist auch die Frage nach der Entwicklung der moralischen und ethischen Überzeugungen bei Kindern und Jugendlichen. Welche Vorstellungen machen sich Kinder von „gut" und „böse", „erlaubt" und „unerlaubt", „fair" und „unfair"? Wie verändern sich diese Vorstellungen vom Kleinkind- bis zum Erwachsenenalter? Wie werden sie handlungswirksam? Und wie kann man diese Entwicklung fördern?

Ethische Fragen stellen sich nicht zuletzt bei der Zielsetzung pädagogischen Handelns. Von der Schule wird allgemein erwartet, dass sie Kinder und Heranwachsende beim Aufbau wesentlicher Fähigkeiten und Fertigkeiten anleitet und unterstützt. Doch was sind das für Fähigkeiten und Fertigkeiten? In den modernen pluralistischen Gesellschaften besteht darüber keine Einigkeit. Oft wird die Idee suggeriert, die Antwort auf diese Frage hänge von der jeweiligen Marktlage ab. – Kann man jedoch bei einem so wesentlichen Anliegen die Ethik ausblenden? Und ist nicht genau dieses auch selbst eine ethische Frage?

Die Antworten auf diese und ähnliche Fragestellungen werden weitgehend der konkreten Erfahrung und der Intuition der Erzieher/innen, der Lehrkräfte und der Pädagog/innen überlassen. Als Erzieher/innen oder Lehrkräfte handeln wir intuitiv und – aufgrund von langjähriger Erfahrung – hoffentlich spontan richtig. Manchmal entdecken wir allerdings im Nachhinein, dass wir es hätten besser machen können. Und manchmal wissen wir nicht, ob wir wirklich gut oder korrekt gehandelt haben...

„Na und?" – wird man hier vielleicht entgegnen: Lehrkräfte sollen doch vor allem guten Unterricht geben, alles andere ist nebensächlich. Sie sollen sich dabei am Lehrplan orientieren, an den geschriebenen und ungeschriebenen Regeln ihrer Zunft, an den sozialen Erwartungen, die sich auf sie richten, und am jeweiligen bildungspolitischen Mainstream. – Doch wer so denkt, läuft Gefahr, den *Soll*-Zustand mit dem *Ist*-Zustand, das Erwünschte mit dem Bestehenden zu verwechseln. Wer diesen Fehlschluss vermeiden will, wird sich auf ethische Reflexionen einlassen müssen. Lehrplan, Professionsregeln, soziale Erwartungen und bildungspolitischer Mainstream liefern nicht weniger, aber auch nicht mehr als Ad-hoc-Orientierungen. In diesen Orientierungen spiegelt sich der – von höheren ethischen Ansprüchen weitgehend entlastete – Zeitgeist. Und mit diesem können sie sich jederzeit verändern. Wie weit diese Orientierungen in einem tieferen Sinn zukunftsfähig und geeignet sind, die heranwachsende Generation auf die Verantwortung, in die sie hineinwächst, genügend vorzubereiten (eine Frage wiederum von höchster ethischer Brisanz!), zeigt sich häufig erst im Nachhinein.

Die Ethik ist selbst nicht Teil der Pädagogik, sondern gehört zu ihren Voraussetzungen und Grundlagen. Allerdings müssen ihre Spuren im pädagogischen Alltag über weite Strecken erst freigelegt werden. Dazu bedarf es einer eigenen Reflexion, und zwar einer Reflexion, die die Pädagogik auf Schritt und Tritt begleiten sollte.

Das vorliegende Handbuch will zu einer solchen Reflexion eine Anleitung bieten. Dieses Anliegen verfolgt es über drei Teilziele: Erstens will es Pädagog/innen und Lehrkräfte in die Ethik einführen und ihnen das begriffliche Rüstzeug für ethische Reflexionen in die Hand geben. Das geschieht im ersten Teil. Zweitens greift es ethische Fragen aus dem Gebiet der Pädagogik und, allgemeiner, des Bildungswesens auf. Dies ist der Inhalt des zweiten Teils. Bei allem Respekt für disziplinäre Trennungen will dieses Handbuch drittens die engen Beziehungen zwischen den Grundanliegen der Pädagogik und der Ethik in Erinnerung rufen – auch und gerade dort, wo diese Beziehungen verblasst oder durch eine Orientierung am „*courant normal*" verschüttet worden sind. Das Werk versteht sich zugleich als eine Art Spurensuche – eine Suche nach den Spuren, die ethische Überzeugungen, Praktiken, Gewohnheiten und Traditionen im Erziehungs- und Bildungswesen hinterlassen, aber auch nach den Spuren, die da und dort vom Fehlen einer ethischen Orientierung zeugen.

Der zweiteilige Aufbau des Handbuchs erklärt sich mit Blick auf diese drei Ziele. Der erste Teil stellt eine Einführung in die Ethik (mit Blick auf Erziehungs- und pädagogische Fragen) dar, der zweite eine ethische Reflexion auf die pädagogische Praxis und ihre Rahmenbedingungen. Die beiden Teile sind Kapitel für Kapitel eng aufeinander bezogen (vgl. die tabellarische Übersicht S. 16f.).

Im Ethik-Teil wie im Pädagogik-Teil folgt der Aufbau der Kapitel einem je eigenen „roten Faden". Gleichzeitig sind die beiden Teile so gegliedert, dass sich der Leser die Bezüge zwischen ihnen – Kapitel für Kapitel – jederzeit vor Augen führen kann.

I. Teil: Kap. 1 → Kap. 2 → Kap. 3 → Kap. 4 → Kap. 5 …

$\updownarrow$ $\updownarrow$ $\updownarrow$ $\updownarrow$ $\updownarrow$

II. Teil: Kap. 1 → Kap. 2 → Kap. 3 → Kap. 4 → Kap. 5 …

Diese Parallelführung zwischen dem Ethik- und dem Pädagogik-Teil soll die Transparenz erhöhen und den Überblick über die Gesamtthematik erleichtern.

Der Leser bzw. die Leserin kann sich die aufeinander folgenden Kapitel nacheinander erarbeiten oder die Lektüre auf ausgewählte Kapitel beschränken. Spätere Kapitel bauen in der Regel auf früheren auf, aber der vorausgesetzte Stoff wird jedes Mal so weit erläutert, dass die weiter hinten behandelten Themen auch für Leser/innen, die das Vorhergehende nicht oder nur teilweise zur Kenntnis genommen haben, zugänglich bleiben. – Am Ende noch ein paar Bemerkungen zur Verfassung dieses Textes:

(1) Bei Hinweisen auf andere Kapitel des Buches bezieht sich die römische Ziffer (I. bzw. II.) auf den ersten bzw. zweiten Teil des Buches. Diese Ziffer steht allerdings nur dann, wenn das Kapitel, auf das verwiesen wird, *zum jeweils anderen Teil des Buches* gehört.

(2) Wenn von „Schülern", „Lehrkräften", „Erzieherinnen" usw. die Rede ist, sind Schülerinnen, Lehrerinnen und Erzieher immer mitgedacht. Häufig – aus stilistischen Gründen jedoch nicht mit pedantischer Regelmäßigkeit – werden auch Kunstwörter, wie z.B. „Schüler/in", „Pädagog/innen" usw. verwendet.

(3) Häufig wird bewusst auf ältere Literatur zurückgegriffen – vor allem dort, wo diese von der Flut jüngerer Publikationen nicht entwertet wurde.

Der erste Teil dieses Buches ist aus einem Vorlesungsskript an der pädagogischen Hochschule Bern entstanden. Für kritische Rückmeldungen zu einzelnen Fassungen dieses Skripts oder zur Rohfassung einzelner Kapitel dieses Buches, habe ich vielen Personen zu danken – so insbesondere Ullrich Borchers, Franz Meier, Andreas Graeser, Heinz Herzig, Wolfgang Lienemann, Fritz Osterwalder, Alex Sutter sowie allen Studierenden, die zu einem der Skripte kritische Rückmeldungen gegeben haben – insbesondere Cornelia Eggler, Christian Giger und Cristian Kissler. Der Erziehungsdirektion des Kantons Bern danke ich für die Entlastung, die ich für das Verfassen eines Ethik-Skripts gewährt bekam, der Pädagogischen Hochschule Bern für die Reduktion der Unterrichtsverpflichtung, was mir vor allem die Arbeit am zweiten Teil dieses Handbuchs sowie die Erstellung des Layouts ermöglicht hat, und dem Schweizerischen Nationalfonds für den großzügigen Druckkostenzuschuss.

Bern, im November 2008

Tabellarische Inhaltsübersicht:

Teil I: Einführung in die Ethik für Pädagogen	Teil II: Pädagogik als Herausforderung an die Ethik
A. Ethik im Alltag	**A. Bildungswesen: Spurensuche Ethik**
1. Ethik – was ist das? Einführung in die Grundlagen der Ethik. Diskussion wichtiger ethischer Grundbegriffe.	**1. Bildung – was ist das?** Einführung in die Grundlagen der Bildungstheorie. Diskussion wesentlicher Bildungskonzepte.
2. Freiheit und ihre ethische Bedeutung Klärung des Freiheitsbegriffs, differenziert nach *Handlungs-* und *Willens-* oder *Entscheidungsfreiheit*. Jedes Beurteilen und Werten von Dingen (Leistungen, Handlungen) setzt Freiheit voraus.	**2. Bildungsziele – Ausbildungsziele** Diskussion von Ausbildungszielen. Die Fähigkeiten und Fertigkeiten, die wir ausbilden, erweitern die Spielräume unserer Freiheit. Besonders wertvoll ist die *Fähigkeit zur Selbstbestimmung*.
3. Wertgeschätzte Haltungen: Tugenden Der Begriff „*Tugend*" (= Haltung, die sozial angesehen ist) verweist auf die Vorstellung charakterlicher Exzellenz. Hinter dieser Vorstellung steht immer ein Menschenbild. Wie weit ist das Tugendkonzept für heutige Gesellschaften noch aktuell? Und gibt es auch universalistische Tugenden?	**3. Exzellenzkriterien. Standards im Bildungswesen?** Der Begriff des *Standards* (= Qualitätsmaßstabs) stammt aus dem Management und verweist auf die Vorstellung von Exzellenz in einem technologischen Sinn. Doch welche Zielsetzungen verbinden sich mit Exzellenzkriterien im Bildungswesen? Geht es dabei noch um den Menschen?
4. Achtung und ihr Gegenteil Warum ist die *Achtung* die ethische Grundhaltung und nicht die Liebe? Weshalb lässt sich die Ethik nicht auf Sympathiegefühlen gründen? Welchen Einfluss haben Nähe und Ferne auf die Ethik? Was bedeutet *Diskriminierung*, das Gegenteil von *Achtung*, genau?	**4. Vorbeugen gegen Diskriminierung und Gewalt** Der Achtung als ethischer Grundhaltung direkt entgegengesetzt sind die Tendenzen zur Diskriminierung und zur Gewalt. Welches sind die Gesichter der Gewalt? Welche Ursachen haben Gewalt und Aggression? Welche Präventionsmöglichkeiten gibt es?
5. Entwicklung des moralischen Urteilens und Handelns Wie entwickelt sich die moralische Urteilsfähigkeit bei Kindern und Jugendlichen? Wie lässt sich diese Entwicklung fördern? Wie werden moralische Überzeugungen handlungswirksam? Mit welchen Stolpersteinen ist zu rechnen?	**5. Entwicklung der Emotionen und der Empathie** Wie entwickeln sich die *Emotionen*, das *Emotionswissen* und die *Einfühlung* bei Kindern und Jugendlichen? Wann beginnt diese Entwicklung? Wie beeinflusst sie die Moralkompetenz? Und welche Folgen haben Fehlentwicklungen?
B. Welche Ethik?	**B. Ethik im Lehrerhandeln / Ethik im Schulalltag**
6. Utilitaristische Ethik Der Utilitarismus, eine der wichtigsten Ethik-Traditionen der Gegenwart, führt das Gute auf das Nützliche zurück. Doch oft versagt dieser Ansatz.	**6. Sanktionswesen: Strafen und Belohnen** Sanktionen lassen sich am besten utilitaristisch begründen; doch bedarf es zusätzlicher Gesichtspunkte, auch pädagogischer.

7. Ethik und Kooperation Ethik hat viel mit Kooperation zu tun: Wo Menschen zusammenleben und kooperieren, ist ein Minimum an *Ethik* erforderlich, und die allseitige Berücksichtigung ethischer Normen und Werte setzt umgekehrt *Kooperation* voraus. Auf diesen Zusammenhang verweist z.B. die Goldene Regel.	**7. Kooperative Konfliktlösungen: Verhandeln und Vermitteln** Die Fähigkeit, Konflikte zu lösen, zu verhandeln und zwischen Konfliktpartnern zu vermitteln, gehört zur Sozialkompetenz von Erzieher/innen und Lehrkräften. Eine *kooperative Strategie* ist bei all diesen Interaktionen einer nicht kooperativen klar überlegen, wenn man dabei nicht naiv verfährt.
8. Ethik und Wettbewerb. Ethik und Tausch Zwischen Wettbewerb und Ethik besteht eine Spannung. Wettbewerbsveranstaltungen werden gewöhnlich durch Fairnessregeln zivilisiert. Diese sind für alle „Spieler" gültig. Ihre Einhaltung setzt Kooperations-Bereitschaft voraus.	**8. Beurteilen, Noten geben, Selektieren** Schüler/innen stehen zueinander in einem nicht deklarierten *Wettbewerb*. Das zeigt sich spätestens, wenn Selektionsprozesse anstehen. Gerechtigkeit ist dabei eine Minimalforderung, aber nur zu einem hohen Preis erfüllbar.
C. Ethik in der modernen Gesellschaft	***C. Institutionelle Rahmenbedingungen, ethisch beleuchtet***
9. Gerechtigkeit Gerechtigkeit gehört zu den wichtigsten ethischen Werten einer modernen Gesellschaft. Dabei gibt es unterschiedlichste Gerechtigkeitsmaßstäbe. Verteilende, ausgleichende und Verfahrensgerechtigkeit sind auch im schulischen Kontext grundlegend.	**9. Chancengleichheit im Bildungswesen** In einer Wettbewerbsgesellschaft ist Chancengleichheit der wichtigste Gerechtigkeitsmaßstab. Dieser Maßstab verweist auf das Bildungssystem: Es fungiert als das Zünglein an der Waage der Gerechtigkeit. Doch mit welchem Ergebnis?
10. Ethischer Universalismus und ethischer Relativismus Selbst wenn jede Gesellschaft, jede Religion ihre eigene Ethik haben mag - können wir in der Ära der „*Globalisierung*" auf so etwas wie eine allgemeingültige, eine *universalistische Ethik*, wirklich verzichten?	**10. Pädagogik der Vielfalt** In einer Pädagogik der Vielfalt ist „*Integration*" ein Schlüsselbegriff. Das ethische Pendant dazu ist die *Koordination der Werte und Lebensformen*. Diese Koordination stellt selbst einen übergeordneten und also universalistischen Wert dar.
11. Menschenrechte Was sind Menschenrechte? Wie sind sie historisch entstanden? Wie sehen die entsprechenden Pflichten aus? Welche Rolle spielen die Menschenrechte in der modernen Welt, und wie verhalten sie sich zur kulturellen Vielfalt?	**11. Kinderrechte** Warum braucht es besondere Kinderrechte? Welche Prozesse hat die Kinderrechtskonvention ausgelöst? Welches Gewicht kommt in der Ausbildung diesen Rechten zu und welches Gewicht in diesen Rechten dem Thema Ausbildung?
D. Ethik und Einfluss	***D. Berufsethische Quintessenz***
12. Macht, Autorität, Verantwortung Lehrkräfte üben Einfluss auf Kinder aus, haben also Macht und damit auch Verantwortung. Der verantwortliche Umgang mit Macht ist ein ethisches Thema, dessen Klärung nicht zufällig erst am Ende der Ethik-Einführung erfolgen kann.	**12. Berufsethos des Lehrers (Pädagogen)** Wie die meisten Berufe, orientiert sich auch der Lehrerberuf an einem Berufsethos. Dazu gehören unter anderem Integrität, Sensibilität, Selbstreflexion, pädagogisches Vertrauen, Gesprächsbereitschaft und Humor.

Einleitung: Ethik und Erziehung

Früheren Generationen wäre es kaum in den Sinn gekommen, die Beziehung zwischen Pädagogik und Ethik für klärungsbedürftig zu halten. Beides galt naturgemäß als untrennbar. Vom Pädagogen, der – nach der Herkunft des Wortes – Kinder führt oder anleitet, wird erwartet, dass er weiß, was für die Kinder gut ist und wie man sich im Umgang mit Kindern anstellt. In der Erziehung steht das „Gute" für einen Wertmaßstab, der sich auf beides bezieht, auf das Ziel des Erziehungsprozesses ebenso wie auf die Qualität dieses Prozesses selbst. Doch wie kann man das „Gute" *inhaltlich* bestimmen? Als gut galten in der Vergangenheit einerseits die Fortführung der Tradition und andererseits die Verbesserung der kollektiven Lebensbedingungen. Die Gewissheit, dass die eigene Tradition „richtig" bzw. „gut" ist, stützte sich teils auf Erfahrung und teils auf überlieferte religiöse Überzeugungen.

Nicht zufällig sind die ersten Bildungsinstitutionen im Rahmen der Kirche entstanden – eine Tatsache, die sich keineswegs auf den christlichen Okzident beschränkt. In den modernen westlichen Gesellschaften ist das Schulwesen aber schon lange in die Zuständigkeit des Staates übergegangen – eine späte Folge der Trennung von Staat und Kirche. Was bedeutet das für die der Erziehung zugrunde liegenden Wertmaßstäbe?

Bekanntlich gehört zu den wichtigsten Elementen von Bildung im klassischen Sinn, neben der Vermittlung aller übrigen Fertigkeiten und Kenntnisse, auch die Stärkung der „Ich-Kompetenz": die Unterstützung der persönlichen Entwicklung, die – mit einem Begriff Kants – zur *Autonomie* führen soll. Autonomie im ethischen Sinn bezeichnet die Fähigkeit, sein Leben nach Regeln zu gestalten, die nicht nur für einen selbst, sondern im Prinzip auch für alle anderen annehmbar sind. Wörtlich aus dem Griechischen übersetzt, bedeutet *autonomia* soviel wie die Fähigkeit, „sich selbst das Gesetz zu geben". Wer autonom in diesem Sinne handelt, handelt zugleich rücksichtsvoll oder, wie Kant es formuliert hat, er handelt nach der „Idee *des Willens jedes vernünftigen Wesens als eines allgemein gesetzgebenden Willens*".

Vieles von dem, was früheren Generationen als gewiss und selbstverständlich gegolten hat, ist heute ins Belieben des Einzelnen gestellt. Eine Indoktrination mit Werten wäre deshalb nicht nur unzeitgemäß, sondern auch kontraproduktiv. Denn die *inhaltlichen* Anliegen der Ethik – die Entwicklung von Glücksvorstellungen, der Aufbau einer

Wertorientierung und die Wahl einer konkreten Lebensweise – gelten heute als Privatsache, als Angelegenheit der einzelnen Bürgerin und des einzelnen Bürgers. Das ist nicht immer so gewesen: Noch vor wenigen Generationen hätte man gesagt, diese Anliegen fielen in die Zuständigkeit der Religion. In den westlichen Gesellschaften hat die Religion ihre allgemeine Verbindlichkeit aber seit längerem verloren. Der Staat wiederum ist in erster Linie verantwortlich für vergleichsweise *formelle* Anliegen, wie die Sicherung der Grundfreiheiten des Einzelnen, und er garantiert die Bedingungen, die ein friedliches Zusammenleben der Menschen ermöglichen: Der Staat wacht also über die Einhaltung der wichtigsten Regeln der Gesellschaft. Fragen, die die Wertorientierung oder das „gute Leben" betreffen, fallen nicht in sein Ressort, sie bleiben also ausschließlich dem Einzelnen überlassen.

Dieser hat die Freiheit, seine Wertüberzeugungen und Glücksvorstellungen selbst zu wählen. Der Gebrauch dieser Freiheit ist manchmal beschwerlich, er setzt die Bereitschaft zu systematischem Denken, zur argumentativen Auseinandersetzung und zur Übernahme ethischer Verantwortung voraus. In Abwandlung eines berühmten Satzes nochmals von Kant: Die bloße Fähigkeit zur Selbstbestimmung ohne politische Freiheit ist leer; politische Freiheit ohne die Fähigkeit zur Selbstbestimmung aber ist blind.

Fragen der Wertorientierung und der „guten" Lebensgestaltung tangieren natürlich auch das Bildungswesen, und dieses liegt in der Zuständigkeit des Staates, der allerdings, wie erwähnt, zu den inhaltlichen Anliegen der Ethik nicht Stellung nimmt. Praktisch heißt das: Das öffentliche Bildungswesen sorgt für die *Ausbildung* der Menschen – ihre Vorbereitung auf eine Berufsausbildung und auf eine Existenz als Staatsbürgerinnen und Staatsbürger. Doch sorgt er nicht für ihre *Bildung* im emphatischen Sinn. Mit diesem Umstand wiederum hängt zusammen, dass trotz der Etablierung von Ethik als Schulfach (vor allem an Gymnasien) die ethische Reflexion des Erziehungs- und Bildungsgeschehens selbst offiziell nirgends ihren Ort hat – nicht in der Bildungspolitik und erst recht nicht in den Lehrplänen.

Obwohl es in einer pluralistischen Gesellschaft kein ethisches Credo gibt, auf das sich alle gesellschaftlichen Gruppen ohne weiteres zu einigen vermöchten, kann man sich dennoch fragen, ob sich unsere Schulen und Bildungsinstitutionen so viel Enthaltsamkeit in Sachen Ethik wirklich leisten können. Diese Frage stellt sich erstens, weil die Fähigkeit, das eigene Leben selbstverantwortlich zu führen, zur Bildung gehört und weil es für die Gesellschaft nicht gleichgültig ist, in welche Richtung sich ihre Mitglieder „bilden". Und sie stellt sich zweitens, weil die Vorbereitung der jungen Generation auf die Übernahme von Verantwortung ein zentrales ethisches Anliegen darstellt, dessen Wahrnehmung nicht dem Zufall und auch nicht dem *business as usual* überlassen bleiben darf – erst recht nicht heute, wo unsere Gesellschaft sich einer Reihe von Herausforderungen gegenüber sieht, die in ihrer Art früheren Generationen unbekannt waren, heute aber einen ethischen Positionsbezug geradezu herausfordern:

1. Multikulturelles Zusammenleben. Die Zunahme der kulturellen Heterogenität ist ein gesamteuropäisches (und auch in anderen Teilen der Welt zu beobachtendes) Phänomen, auf das sich unsere Bildungsinstitutionen seit längerem in unterschiedlicher

Weise einstellen. Je vielfältiger die Herkunft der Schüler, desto vielfältiger auch die Lebensformen, Gewohnheiten, Überzeugungen, Wertesysteme und sozialen Erwartungen, die in einer Schule miteinander koordiniert und harmonisiert werden müssen. Die ethischen Fragen liegen hier auf der Hand: Schließt kulturelle Vielfalt eine Vielfalt der Regelungen ein? Oder kann sie mit einer einheitlichen Ordnung zusammen bestehen? Welche Wertgesichtspunkte haben bei interkulturellen Konflikten als verbindlich zu gelten? Soll das Bekenntnis zu einer Religion oder einer bestimmten Lebensweise auch dann frei sein, wenn ihre Ausübung Formen annimmt, die von anderen Gruppen als Zumutung erlebt werden? Aber wo liegt die Schwelle, hinter der wir etwas als Zumutung empfinden? Und wie signalisieren wir dies unserem Gegenüber, ohne es zu beleidigen? Oder dürfen wir über kulturelle Grenzen hinweg voneinander verlangen, an ungewohnten Lebensformen keinen Anstoß zu nehmen?

Auf höherer Ebene stellen sich noch grundsätzlichere Fragen: Gibt es so etwas wie Vorrechte der „Mehrheitskultur"? Wie weit soll oder darf umgekehrt der Minderheitenschutz gehen? Ist eingewanderten Minderheiten gleiches Gewicht einzuräumen wie Minderheiten, die „seit langem" unter uns leben – den Basken in Spanien, den deutschsprachigen Südtirolern in Italien, den Elsässern in Frankreich, den Rätoromanen in der Schweiz?

Im interkulturellen Zusammenleben gewinnen soziale Fähigkeiten eine zusätzliche Dimension. Dies trifft insbesondere auf die Fähigkeit zu, die Befangenheit in der eigenen Perspektive zu überwinden und die eigene Person, die eigene Rolle, ja die eigene Lebensform kritisch von außen zu betrachten – kurz, auf die Fähigkeit zur „Dezentrierung". Egozentrische und ethnozentrische Haltungen selbstkritisch zu erkennen und aufzubrechen, gehört zur Sozialkompetenz, die zu fördern eine der vorrangigen Aufgaben unseres zeitgenössischen Bildungswesens ist.

2. *Globalisierung des Wettbewerbs.* Die Entfernungen, über die hinweg wir kommunizieren, umspannen inzwischen Kontinente. Ebenso die Entfernungen, über die hinweg wir uns wirtschaftlich und technologisch austauschen. Wir leben wahrscheinlich in der spannendsten Periode seit Beginn der Geschichte: Wir wissen besser als alle Generationen vor uns darüber Bescheid, wie historische Gesellschaften gelebt haben. Und wir sind in der Lage, uns über die Gründe, weshalb bestimmte Gesellschaften überlebensfähig waren und andere nicht, ein umfassenderes Bild zu machen als die betreffenden Gesellschaften selber es jemals konnten.

Zugleich sehen wir uns aber in neue Abhängigkeiten und Unsicherheiten verstrickt. Keine Firma der Welt vermag sich zuverlässig vor Konkurrenten zu schützen – gleichgültig, in welcher geographischen Entfernung diese operieren. Eine Wirtschaftskrise in Nordamerika oder in Ostasien kann Europa in eine Rezession treiben. Der globale Wettbewerb spielt sich zudem auf abschüssigem Gelände ab: Zwischen einzelnen Ländergruppen besteht ein dramatisches Wohlstandsgefälle, das sich mittlerweile innerhalb der einzelnen Länder reproduziert. Je steiler das internationale Gefälle, desto stärker sind auch die Schub- und Sogwirkung, die es auf die Migration ausübt.

Der Wettbewerbsgedanke dominiert das Wirtschaftsleben. Er prägt die Mentalität der Menschen und durchdringt längst auch das Bildungswesen: Dessen Qualität wird heute weitgehend am Beitrag gemessen, den es zur Entwicklung des „Wirtschaftsstandorts" Deutschland, Österreich oder Schweiz – also zu dessen internationaler Wettbewerbsfähigkeit – leistet.

Wettbewerb und Kooperation bilden einen Gegensatz, auch wenn beide sich oft durchdringen: Einerseits belebt der Wettbewerb die Kooperation: Ohne den Vergleich mit anderen, ohne das stete Streben danach, Besseres zu leisten als andere, droht der Einzelne in der Masse zu verschwinden. Andererseits braucht es Kooperation, um den Wettbewerb zu humanisieren: Ohne Kooperation wären Regeln zur Domestikation des Wettbewerbs wirkungslos. Kooperation setzt die Beachtung gemeinsamer Spielregeln und die Bereitschaft zur Rücksichtnahme voraus. Und, anders herum, in der Rücksichtnahme und der Regelbefolgung zeigt sich der Geist der Kooperation. Trotz aller Huldigungen an den Wettbewerb – für das friedliche Zusammenleben hängt vieles davon ab, dass dieser Geist sich nicht verflüchtigt. Auch im internationalen Rahmen wird es künftig mehr denn je auf die Fähigkeit und den Willen zur Kooperation ankommen.

3. *Umsteigen auf Nachhaltigkeit.* Gleichzeitig mit der Reaktion auf die Herausforderung durch die „kulturelle Vielfalt" und durch den gesteigerten globalen Wettbewerbsdruck ist auch die Einsicht gewachsen, dass wir in ökologischer Hinsicht auf eine noch nie da gewesene Situation hinsteuern. Diese Situation hat viele Facetten: Die Weltbevölkerung hat sich innerhalb von hundert Jahren fast vervierfacht und die Lebenserwartung gleichzeitig praktisch verdoppelt. Der Bedarf an Ressourcen, einschließlich Wasser und Nahrungsmitteln, ist gewachsen, und zwar nicht bloß parallel zur Bevölkerungszunahme, sondern erheblich steiler: Die materiellen Ansprüche pro Person sind heute – im Weltdurchschnitt betrachtet – wahrscheinlich so hoch wie niemals zuvor in der Geschichte. Vor knapp vier Jahrzehnten wurden die „Grenzen des Wachstums" zum Schlagwort. Beschränkte Ressourcen und nicht weiter ausdehnbare Flächen für die Nahrungsmittelproduktion überkreuzen sich inzwischen mit anderen Herausforderungen – Verschmutzung von Wasser, Luft und Böden, Artenschwund und einer extremen Ungleichverteilung... Und nun spielt auch noch das Weltklima verrückt.

Ist dies alles einfach Schicksal, oder zeigen sich darin die Folgen eines unangepassten Lebensstils? Wenn Letzteres zutreffen sollte – müsste das Bewusstsein der ökologischen Krise dann nicht einen Einfluss auf das Generationenverhältnis haben? Üblicherweise führen die Jungen den Lebensstil der Alten fort und strengen sich an, den Wohlstand weiter zu steigern. Doch inzwischen wirft der Lebensstil der älteren Generation einen Schatten auf die Zukunft, der auch die Perspektiven der jungen Generation verdüstert. Die Reaktion auf diesen Umstand kann und soll zwar nicht eine blinde Nachahmungsverweigerung sein. Aber die ältere Generation kann der jüngeren jedenfalls nicht mehr so einfach als Vorbild dienen. An Stelle des bisherigen Appells „Macht es nach!" müsste es heute heißen: „Wiederholt nicht unsere Fehler!"

4. *Die Geschichte beschleunigt sich.* In der Generationenabfolge ist gesellschaftlicher Wandel normal, auch wenn er häufig erst in zeitlichem Abstand sichtbar wird. In

den letzten Jahrzehnten hat sich dieser Wandel indessen so sehr beschleunigt, dass er für uns alle, die wir diesen Wandel direkt miterleben, auch ohne zeitliche Distanz immer deutlicher spürbar geworden ist. Seit dem Ende des 19. Jahrhunderts sind unsere Lebensgrundlagen in zunehmend kürzeren Abständen durch immer neue Erfindungen revolutioniert worden. Einst waren es Innovationen wie die Schallplatte, das Radio und das Telefon, das Auto und das Flugzeug; später das Penizillin, aber auch die Atombombe. Um die Jahrhundertmitte kam das Fernsehen dazu, in den Achtzigerjahren der PC, in den Neunzigern die Kommunikation via Internet und Mobiltelefon. Seither verschmelzen diese Errungenschaften zunehmend miteinander. Die Geschwindigkeit, in der sich der Informations- und wirtschaftliche Austausch rund um den Globus vollziehen, ist in letzter Zeit sprichwörtlich explodiert. Inzwischen bahnt sich mit der Gentechnologie eine weitere Veränderung unserer Lebensbedingungen an.

Manche dieser Veränderungen sind noch kurz bevor sie eintraten von niemandem vorhergesehen worden. Das gilt auch von den neuen Geißeln der Menschheit: von Aids und von jener historisch einzigartigen Pathologie, die das Selbstmordattentat darstellt.

Wie die Dinge stehen, klingt heute jede Anspielung auf eine „bewährte Tradition" fast reaktionär. Mit dem Wandel Schritt zu halten, fällt Jugendlichen leichter als älteren Menschen. Sich in der virtuellen Welt des *Cyber-Space* zurechtzufinden, lernen die Jungen nicht von den Alten – im Gegenteil.

Wer ist unter diesen Umständen wessen Vorbild? Zwar spricht niemand davon, dass die Jungen den Alten Vorbild sein sollten. Aber warum eigentlich nicht? In punkto Anpassungsfähigkeit an rasche Veränderungen täten die Alten gut daran, von den Jungen zu lernen. Natürlich gibt es auch Domänen, in denen die Vorbildfunktion weiterhin in der gewohnten Richtung verläuft. Solche Domänen sind der soziale Umgang, die politische (oder besser ethische) *Correctness*. Aber Vorbilder sind die Alten nur noch in Teilbereichen. Der Anspruch, mit der ganzen Persönlichkeit für die jüngere Generation Modell zu stehen, erscheint anmaßend, ja weltfremd. Sind nicht, von den Medien gepuscht, Idole an die Stelle von Vorbildern getreten, und hat der Autoritätsbegriff nicht selbst seine Autorität verloren? Mutiert die Tradition nicht immer mehr zu einem Artikel der Folklore? Und hat nicht sogar der altbewährte Fortschrittsglaube seine Selbstverständlichkeit eingebüßt?

Wie stellen sich die Bildungsinstitutionen dieser Situation? Es ist bemerkenswert, dass die Schule praktisch immer noch weitgehend nach den Rezepten aus der Vergangenheit funktioniert: Ältere unterrichten Jüngere, zeigen, wie man's macht, beurteilen, ob es die Jungen kapiert haben; sie legen fest, was diese wissen und können müssen, und prüfen, wie weit sie die Forderungen erfüllen. Schule, das ist, wenn Menschen, die ihre Lebenserfahrungen gestern und vorgestern gemacht haben, den jungen Menschen von heute helfen, sich auf die Herausforderungen von morgen und übermorgen vorzubereiten. Kein Wunder, dass die Bedingungen des Unterrichtens, aber auch die zu Unterrichtenden selber, schwieriger geworden sind. Die Maßstäbe, an denen ihr Können gemessen wird, stammen buchstäblich aus dem letzten Jahrtausend, und viele Jungen reagieren darauf, als trügen sie den Stempel „Datum abgelaufen".

In der Tat: Welche Legitimität haben diese Maßstäbe? Dass inzwischen auch in Bildungsinstitutionen Qualitätsentwicklung betrieben wird, ist zu begrüßen. Aber Qualitätsentwicklung ist *Output*-orientiert und verfährt nach Maßstäben, die meistens unreflektiert vorausgesetzt werden. Die Qualität der Qualitätsentwicklung bedarf selbst einer Entwicklung. Das heißt, die Qualitätsmaßstäbe müssten selbst fortlaufend auf ihre Qualität und Tauglichkeit hin überprüft werden.

Zusammenfassend lässt sich sagen, dass es für die Einführung einer systematischen ethischen Reflexion im Bildungs- und Erziehungsbereich eine Vielzahl von Gründen gibt – Gründe allgemeiner Natur ebenso wie epochenspezifische Gründe. Zu einer gänzlich ethikfreien Zone ist die Pädagogik zwar nie wirklich geworden – trotz ihrer fortschreitenden Emanzipation von der Kirche. Inzwischen lässt sich auch in der Pädagogik ein wachsendes Bedürfnis nach ethischer Reflexion beobachten. Doch die systematische Reflexion ethischer Fragen ist bis heute die Ausnahme geblieben. Das vorliegende Handbuch will dazu beitragen, diese Lücke zu schließen.

Sozialen Wandel hat es in menschlichen Gesellschaften immer schon gegeben, die Beschleunigung, mit der er sich heute abspielt, ist aber historisch einmalig. Seitdem die überlieferten Normen und Werte sich aus ihrer christlichen Verankerung gelöst haben, sind auch die Prämissen für die ethische Reflexion nicht mehr dieselben. Die einstige Funktion der Kirche, den Menschen für ihre Lebensweise eine Orientierung zu bieten, ist weitgehend an die Wissenschaften übergegangen. Weil diese aber vor allem deskriptiv und hypothetisch operieren, erklären sie sich für die Beantwortung von ethischen und Sinnfragen als nicht zuständig.

Das hat auch Vorteile: Die Ethik ist heute eine Domäne, für die keine besondere Institution verantwortlich zeichnet und zu der auch keine bestimmte Wissenschaft exklusiven Zugang beansprucht. *Zur Ethik haben alle gleichermaßen Zutritt* – zumindest alle, die bereit sind, sich auf Begründungen, Begriffsklärungen und Wertanalysen einzulassen. Anders gesagt, Ethik ist eine Domäne der *Philosophie*. Das bedeutet keineswegs, dass es hier keine Verbindlichkeit gäbe – die Rolle der Menschenrechte bietet dafür den besten Beleg –, nur entziehen sich die Fundamente, in denen diese Verbindlichkeit gründet, unseren Blicken. Letztlich liegen diese Fundamente in den Gesetzen und Bedingungen der menschlichen Kooperation – in Gesetzen, die allem historischen Wandel zum Trotz in ihrem Kern so unveränderlich sind wie die arithmetischen Grundgesetze.

Die Voraussetzungen gelingender Kooperation gilt es zu klären, und dazu bedarf es einer philosophischen Reflexion. Nicht zufällig bedienen sich auch Theologen, wenn sie Ethik betreiben, immer entschiedener der Philosophie. Aus diesem Grund wird in diesem Buch die Ethik nicht aus einer religiösen oder theologischen Sicht dargestellt, sondern ausschließlich, und in leicht fasslicher Weise, philosophisch entwickelt – und zwar immer sozusagen auf Augenhöhe mit entsprechenden pädagogischen und bildungstheoretischen Fragen. Die *Ethik* wird im *ersten Teil* entfaltet, *pädagogische und bildungstheoretische Fragen* dominieren im *zweiten Teil*. Beide Seiten bedingen einander.

Erster Teil:

Einführung in die Ethik für Pädagogen

I. 1. Ethik – was ist das?

„Alle Menschen sind frei und an Würde und Rechten gleich geboren", lautet Artikel 1 der Menschenrechtserklärung. In diesem Satz stehen viele für die Ethik zentrale Begriffe: „frei", „gleich", „Würde", „Rechte"... Diese Wörter sind uns aus der Umgangssprache alle vertraut. Mit „Würde" assoziieren wir etwa, dass wir uns, wenn wir bei der Morgentoilette in den Spiegel blicken, in die Augen schauen können – und dass auch die anderen uns in die Augen schauen können und wir ihnen.

Doch wovon hängt die Würde einer Person ab? Von ihren Leistungen? Vom Einkommen? Von ihrer Stellung? Ihrem Bekanntheitsgrad? – Nein, denn *alle* Menschen, reiche wie arme, mächtige wie machtlose, sind, wie Artikel 1 der Menschenrechtserklärung betont, *an Würde gleich* geboren (vgl. Kapitel 11). Die menschliche Würde ist eine spezifisch moralische Eigenschaft und als solche von den Erfolgen und Misserfolgen unseres zivilen und beruflichen Lebens völlig oder doch weitgehend unabhängig.

Würde hat viel mit der Anerkennung durch andere zu tun: Soziale Anerkennung gibt uns das Gefühl, der Achtung durch andere würdig zu sein, und umgekehrt sichert uns unsere Würde die Anerkennung der anderen. – Sind aber wirklich alle Menschen einander an Würde gleich? Es fällt schwer, einem Menschenverächter, der die Rechte der anderen mit Füßen tritt, gleich viel Anerkennung entgegen zu bringen wie einer Wohltäterin. Jemand mag ein vorzüglicher Pianist, ein erfolgreicher Geschäftsmann, ein erfahrener Alpinist sein; wenn er im Alltag seine Mitmenschen terrorisiert, so fällt auf seine Menschenwürde ein Schatten. Und doch ist auch solchen Menschen gegenüber wenigstens ein Minimum an Achtung geboten.

Gibt es auch würdelose Menschen? – Ja und nein. Ja, denn es erscheint unmöglich, einem Massenmörder Würde zuzuschreiben. Nein, denn auch ein Mörder ist einmal ein Kind und schuldlos gewesen, und es ist nicht ausgemacht, ob er allein für seine kriminelle Laufbahn verantwortlich ist. Es gibt und gab mächtige Menschen, die ihre Würde verspielt haben – Hitler, Stalin, Pol Pot... Und es gibt Menschen, die aufgrund ihrer Verdienste für ein Land, eine Ethnie oder die Menschheit insgesamt volkstümlich geworden sind und deren Würde geradezu makellos erscheint – Albert Schweitzer, Mahatma Gandhi, Martin Luther King, Nelson Mandela...

Würde und Achtung sind zentrale Begriffe der Ethik. Die Würde gründet letztlich im moralischen Verhalten einer Person, und wir achten eine Person aufgrund ihrer

Würde. Die Klärung dessen, was dies genauer bedeutet, ist Thema der ersten vier Kapitel. Vorweg sollen nun einige ethische Grundbegriffe eingeführt werden.

1.1. Was heißt „Moral"?

Ist mit den Begriffen „Moral" und „Ethik" dasselbe gemeint? Viele Autoren meinen: ja. – In der Regel werden diese Begriffe aber unterschiedlich verwendet.

Das Wort „Moral" stammt vom lateinischen „*mos*" (Plural: „*mores*") = Sitte(n), Brauchtum. Die Moral kann man in erster Näherung als ein System von Regeln definieren, die von den Mitgliedern einer Gruppe oder Gemeinschaft respektiert werden. Bei vielen Menschen weckt der Begriff der Moral negative Assoziationen – wie „Moral predigen", „moralinsaurer Griesgram" –, die sich beim Ethik-Begriff nicht einstellen. Mit negativen Konnotationen ist „Moral" deswegen belastet, weil wir damit sozialen Zwang assoziieren – du sollst, du darfst nicht… Kommt hinzu, dass der erhobene Zeigefinger an Heuchelei erinnert: „Sie predigen öffentlich Wasser und trinken heimlich Wein" - wie Heinrich Heine die „Pfaffen" seiner Zeit beschrieben hat.

Ein etwas anderes Verständnis von „Moral" ist in der theologischen Ethik verbreitet. Moral, das ist die subjektive Privatmoral jedes einzelnen. Diese Auffassung ist in der Philosophie von G. W. F. Hegel [1770-1831] vorgezeichnet: „Der Begriff der Moralität ist das innerliche Verhalten des Willens zu sich selbst" (Hegel 1821, § 112, Zusatz). Diese Definition vermag aber die negativen Konnotationen des „Moral"-Begriffs nicht zu erklären. Auf sie wird im Folgenden auch nicht mehr zurückgegriffen.

Weshalb unterziehen wir uns den Forderungen, die zwangsläufig mit einem moralischen Regelsystem einhergehen? Nun, Moral ist nicht *irgendein* System von Regeln – die Regeln des Schachspiels oder die Regelsysteme der deutschen Sprache, Syntax und Semantik haben mit Moral nichts zu tun. Diese stellt offenbar ein ganz besonderes Regelsystem dar. Als moralisch bezeichnen wir diejenigen Regeln oder Normen, die der menschlichen Kooperation zugrunde liegen und die sie überhaupt erst möglich machen. Wir wünschen uns von allen Menschen, die an einer Kooperation mit ihresgleichen interessiert sind, dass sie die betreffenden Normen einhalten.

In jeder sozialen Gruppe, deren Mitglieder über die Zeit hinweg eng kooperieren – sei es nun eine Eingeborenen-Gruppe oder eine Clan-Gemeinschaft –, entwickelt sich ein System von Regeln, Haltungen, sozialen Erwartungen usw. In den meisten Gesellschaften haben sich die Menschen gegenüber Fremden anders verhalten als gegenüber Gruppenmitgliedern, und dies während Jahrtausenden. Viele Regeln, die innerhalb der Gruppe beachtet wurden, galten nicht „nach außen". Moral war in erster Linie ein in-group-Phänomen. Nach innen hielt man zusammen, nach außen konnte man Krieg führen. Die Mitglieder der eigenen Gruppen durfte man nicht betrügen, nicht bestehlen oder gar töten, gegenüber Fremden ohne Gastrecht hatten diese Regeln keine Gültigkeit – die Anwendung von täuschender List galt hier womöglich als Ehrensache.

In gewisser Weise ist so etwas wie eine gruppenspezifische „Moral" auch heute noch gang und gäbe, etwa in Gestalt einer „Unternehmens-" oder einer „Schulkultur". Selbst die Mafia operiert mit einem Verhaltenskodex, gegen den ihre Mitglieder nicht verstoßen dürfen. Solche „Moral"-Systeme haben jedoch bloß partikuläre Geltung: Sie sind nur für die Mitglieder der betreffenden Gruppe oder Organisation verbindlich.

Zwischen Gruppenzugehörigkeit und Nichtzugehörigkeit besteht auch in modernen Gesellschaften eine in moralischer Hinsicht pikante Asymmetrie: So profitieren beispielsweise die reichen Länder selbst heute noch – lange nach der Abschaffung des Kolonialismus – von der Armut der ehemaligen Kolonien und halten diese mit vielfältigen Methoden in ökonomischer Abhängigkeit. Unseren Verwandten und Freunden dasselbe anzutun, hätten wir wahrscheinlich die größten Skrupel.

Kasten 1.1.: Zwei Standards, zwei Arten der Moral

> Studieren wir historische Gesellschaften, so stoßen wir fast immer auf eine „doppelte Moral": Das Gebot der Rücksichtnahme hatte seine strikte Geltung vor allem im Nahbereich. Gegenüber ferner stehenden Personen galt es weniger strikt.
>
> Noch heute gelten in manchen Gesellschaften für den Umgang mit Gruppen- oder Stammesmitgliedern andere Regeln als für den Kontakt mit fremden Personen. Im Zeitalter der „Globalisierung" können wir uns mit einer solchen „Moral des Nahbereichs" allein nicht mehr begnügen.

Angesichts der in der Einleitung erwähnten globalen Herausforderungen ist jedoch eine enge und verlässliche Kooperation über die Grenzen der eigenen sozialen Gruppe, ja der eigenen Nation hinweg unerlässlich. Man kann die Weltgesellschaft als eine moralische Gemeinschaft im Großen betrachten, und diese Weltgemeinschaft darf sich nicht in Streitereien zwischen den unzähligen partikulären Moralsystemen zerreiben. Dass man tolerant genug bleibt, sich zumindest nicht zu bekämpfen, wäre das Beispiel einer Regel, die wohl oder übel für alle verbindlich sein muss (vgl. Kapitel 10.4.). In der Klimapolitik etwa kommen wir um global akzeptierte Gerechtigkeitsmaßstäbe kaum herum. Zudem bedarf es eines weltweiten Konsenses über einen Kernbereich menschlicher Verhaltensnormen, wenn ein friedliches Zusammenleben der Menschen im Weltmaßstab möglich bleiben soll. Zu diesem Kernbereich gehören die wichtigsten Menschenrechte und die diesen Rechten zugeordneten negativen Grundnormen – andere nicht töten, nicht verletzen, nicht foltern oder quälen, nicht demütigen, nicht ausbeuten...

Wir erwarten für gewöhnlich, dass eine Verständigung über Moral zwischen den Mitgliedern verschiedener Gesellschaften möglich sein sollte und dass wir uns im Prinzip auch in interkulturellen Beziehungen auf verbindliche Regeln einigen können - auf Regeln also, die nicht von der jeweiligen Gruppenmoral abhängen, sondern über jede Gruppenmoral hinausgehen.

Ist diese Erwartung realistisch? Schon die moralischen Wertsysteme der Weltreligionen sind ja keineswegs deckungsgleich. Selbst Freunde beurteilen moralische relevante Situationen manchmal unterschiedlich. Doch eine universalistische, das heißt für alle Gesellschaften gültige Moral lässt durchaus Raum für gruppenspezifische und sogar individuelle Differenzen. Diese Differenzen dürfen nur die moralischen *Essenti-*

als nicht tangieren. Die Ablehnung von Genozid, Mord, Folter und Sklaverei beispielsweise ist zwingend und darf nicht Gegenstand von Kontroversen sein.

1.2. Was ist „Ethik"?

Auf diese Frage gibt es wiederum mehrere Antworten. Ethik ist erstens die Kunst, unter den gegebenen Verhältnissen ein Leben in Glück zu führen. Schon Aristoteles, auf den der Begriff „Ethik" letztlich zurückgeht, hat ihn vor mehr als zwei Jahrtausenden in seiner Nikomachischen Ethik als die Lehre vom guten Leben bestimmt.

Zweitens steht Ethik für die kollektive Lebensgestaltung, das Ensemble an Sitten. In dieser zweiten Bedeutung wird das Wort „Ethik" heute häufig in der Theologie verwendet (z.B. Lexikon 1995, Band.3, S.899ff., Stichwort „Ethik"). Auch in dieser Bedeutung geht der Begriff auf Aristoteles zurück. Den beiden Bedeutungen von „Ethik" liegen allerdings verschiedene griechische Wörter zugrunde: Das eine, „éthos" (mit kurzem e) steht für Brauchtum, Sitte, Tradition und gewohnheitsmäßiges Verhalten. „Éthos" ist das „Übliche", „dasjenige, was sittlich ist, was sich gehört, was man tut", ohne jedes Mal, wenn man es tut, eigens darüber nachdenken zu müssen (Böhme 2001, S.268f.). Das andere Wort, „ēthos" (mit langem ē) steht für den Charakter und die individuelle Gewohnheit. „Ethik" hatte bei Aristoteles in erster Linie die Bedeutung von Charakterschulung, einschließlich Schulung der Umgangsformen. Dem entspricht in der heutigen Pädagogik die Schulung der Sozialkompetenz. Doch in diesem Sinn wird der Begriff „Ethik" nur noch selten verwendet.

Zur ersten Bedeutung von „Ethik" lässt sich der Zusammenhang auf folgende Weise herstellen: Ein wie gutes Leben jemand führt, hängt wesentlich davon ab, welche Charaktereigenschaften er ausbildet. Für den, der dauernd aneckt, ist es schwieriger, glücklich zu werden, als für den, der bei seinesgleichen immer gern gesehen ist.

Das Spektrum der Bedeutungen des Ethik-Begriffs ist damit noch nicht erschöpft. In einer dritten Bedeutung steht der Begriff für die Besinnung oder Reflexion auf gut und böse, gerecht und ungerecht, erlaubt und unerlaubt, kurz auf Moral. In dieser dritten Bedeutung tritt die Ethik zur Moral, zu den tradierten Sitten, zu den durch Religion überlieferten Lebensformen und auch zum juristischen Recht in ein reflexives Verhältnis: In der Ethik geht es darum, soziale Regeln gegeneinander abzuwägen, ihre Geltung zu begründen oder auch zu kritisieren. Indem wir Ethik betreiben, setzen wir uns mit den herrschenden Werten, den geltenden sozialen Regeln, den üblichen normativen Erwartungen auseinander. Wenn wir einer Person die Fähigkeit zusprechen, Verantwortung zu übernehmen, dann unterstellen wir ihr üblicherweise eine Reflexionskompetenz in diesem Sinne.

Von der Ethik gehen keine Vorschriften und keine Appelle aus. Ethik generiert auch keine Verbote, sie dient überhaupt nicht zur Festlegung von Normen. Deswegen ist das Wort „Ethik" auch nicht mit den für den Begriff „Moral" typischen negativen, „moralinsauren" Konnotationen belastet.

Die ethische Reflexion dient der Stärkung eines selbständigen Urteils. Wer aus Einsicht und nicht aus Zwang das Richtige tut, handelt *autonom* – er bestimmt selber die Regeln seines Handelns. Diese dritte Ethik-Definition findet man gewöhnlich in der zeitgenössischen Philosophie. – Im Folgenden wird der Begriff „Ethik" überwiegend in dieser Bedeutung verwendet.

Bildlich kann man die Beziehung zwischen Moral und Ethik so beschreiben, dass die Moral sozusagen das Parterre darstellt, in dem sich unser Leben abspielt, und die Ethik gleichsam die erste Etage, von der aus man auf das Parterre hinunterblickt.

In den meisten *theologischen* Wörterbüchern und Lexika trifft man über „Ethik" längere Einträge an als über „Moral". Letztere sind in der Regel kurz oder fehlen völlig (wobei „Moral" häufig in der dritten Bedeutung der Tabelle 1.2. verstanden wird). In den *philosophischen* Wörterbüchern und Lexika ist die Lage umgekehrt: Längere Einträge über „Moral" (im Sinne der ersten und zweiten Bedeutung in Tabelle 1.2.) sind häufig, und manchmal fehlen Einträge über „Ethik".

Tabelle 1.2. Die unterschiedlichen Definitionen von „Moral" und „Ethik"

Moral	*Ethik*
1. Das Ensemble der Normen, denen die Mitglieder einer Gesellschaft zu folgen pflegen (wobei Nichtbefolgung als spezifischer moralischer Fehltritt beurteilt wird).	1. Die Reflexion auf Moral (bzw. auf soziale und juristische Normen allgemein). Begründung, Diskussion, auch historische Betrachtung usw. von Normen.
2. [wie 1.] Das Ensemble der Normen, denen die Mitglieder einer Gesellschaft zu folgen pflegen oder folgen müssen.	2. Die Reflexion auf das gute bzw. gelingende Leben – für den Einzelnen, aber auch für eine Gruppe oder Gemeinschaft.
3. Die persönliche Seite guten Handelns; Moral ist privat; jede/jeder hat ihre/seine „eigene Moral", eigene Prinzipien.	3. Das System der Sitten und Bräuche einer Gesellschaft oder Gemeinschaft (bzw. ihrer Regeln und Normen). Ethik ist öffentlich.

1.3. Pädagogik und Ethik: Parallelen und Unterschiede

Praxisreflexion spielt in der Schule, der Lehrerbildung und der Erziehung allgemein eine wesentliche Rolle. Wenn wir Ethik betreiben, nehmen wir ebenfalls eine reflektierende Einstellung ein. Wie die Pädagogik zur Erziehungspraxis, steht die Ethik zur Moral in einem reflexiven Verhältnis. Das erklärt, weshalb es zwischen Pädagogik und Ethik eine Reihe von Gemeinsamkeiten und Überschneidungen gibt.

Erziehung setzt immer schon ein bestimmtes Ethos voraus. Dieses Ethos bleibt aber häufig unausgedrückt und unreflektiert. Eine Auseinandersetzung mit Ethik dient dazu, sich dieses Ethos bewusst zu machen, zu diskutieren und gegebenenfalls zu kritisieren.

Zwischen der Praxisreflexion (etwa im Sinn von Schoen 1993) und der ethischen Reflexion bestehen deutliche Parallelen, aber auch klare Unterschiede: In beiden Fällen betrachten wir das zwischenmenschliche Beziehungsgeschehen aus externer Warte, und in beiden Fällen spielen Wertungen eine Rolle. Wo wir jedoch die pädagogische Praxis beurteilen, tun wir dies unter Ausklammerung der Skala von gut und schlecht im moralischen Sinn. In der Ethik hingegen steht gerade diese moralische Wert-Dimension im Vordergrund. Wenn wir beispielsweise darüber diskutieren, ob eine bestimmte Verhaltensweise moralisch verantwortbar ist, wenn wir analysieren, inwieweit man von einer sozialen Ordnung beziehungsweise einer Institution sagen kann, sie sei „gerecht", so betreiben wir Ethik. Die Ethik ist also genau so wenig wertfrei wie die Pädagogik, und sie gibt auch nicht vor, es zu sein.

1.4. Regeln, Normen, Pflichten

Jedes noch so kleine Kind macht die Erfahrung, dass in der menschlichen Gesellschaft Normen gelten. Eine Gesellschaft ohne Normen ist schwer denkbar. Der Begriff „norma" stammt aus dem Lateinischen und bedeutet Regel, Vorschrift, Maßstab. Normen sind Verbote oder Gebote, also negative oder positive Pflichten. Als solche beschränken sie uns im Gebrauch unserer Freiheiten. Es stellt sich also die Frage, wieso wir uns auf Freiheits-Einschränkungen einlassen (Tugendhat 1993).

Eine erste Antwort lautet: Moralische Normen sind in Geltung, weil der Liebe Gott sie uns geboten hat. Wenn dem aber so ist, was kann dann einen Atheisten oder einen areligiösen Menschen dazu bewegen, sich diesen Normen zu unterwerfen?

Eine zweite Antwort besagt: Wir halten uns an moralische Normen, weil wir sonst bestraft oder geächtet würden. Doch wenn dies der wahre Grund ist, dann müssen wir weiter fragen: Wieso mühen wir uns damit ab, Menschen, die den moralischen Regeln zuwider handeln, zu bestrafen oder zu ächten? Offenbar deshalb, weil wir der allgemeinen Befolgung dieser Normen hohen Wert beimessen. Was ist das für ein Wert?

Es gibt noch eine dritte Antwort: Eine Reihe von Philosophen begründen die moralischen Normen (wie Kant 1785 und 1788) mit der menschlichen Vernunft. Das heißt, sie suchen nach einer logischen Begründung, gegen die kein Widerspruch möglich sein soll (Gewirth 1978, Hösle 1991). Diese Versuche sind aber bislang nicht befriedigend gelungen.

Eine weitere Antwort lautet, dass wir moralische Normen deswegen befolgen, weil ihre allgemeine Befolgung (irgendwie) in unser aller Interesse liegt. Vorsichtiger ausgedrückt: Widerspräche das Regime dieser Normen langfristig unseren Interessen, so hätten sie kaum Bestand (Hoerster 2003).

Gegen diese vierte Antwort könnte jemand einwenden, dass es seinen Interessen noch stärker entgegen käme, wenn die anderen die moralischen Gebote befolgten, er selbst sich aber darüber hinwegsetzen dürfte, wann immer es ihm passte. Dieser Einwand lässt sich jedoch zurückweisen: Wenn wir die Wahl hätten zwischen einer Gesellschaft, in der alle Mitglieder sich konsequent an die moralischen Regeln halten, und einer Gesellschaft, in der einzelne Mitglieder (oder alle) das Recht haben, sich über die Regeln hinwegzusetzen, so zögen wir die erste Gesellschaft vor. Sie käme unseren Interessen stärker entgegen. In der anderen Gesellschaft lehnten wir uns dagegen auf, dass einige Mitglieder uns nach Belieben belügen, betrügen, demütigen, foltern oder gar töten dürften. Wir würden uns vor diesen Mitgliedern mit allen Mitteln zu schützen versuchen oder uns am Ende sogar dasselbe Verhalten angewöhnen – das Leben wäre ungemütlich und gefährlich. – Wir ziehen es deshalb vor, in einer Gesellschaft zu leben, in der alle Mitglieder, ohne Ausnahme, sich an moralische Normen halten. Ein friedliches Zusammenleben ist offenbar nur möglich, wenn wir uns auf die Geltung und Verbindlichkeit gewisser Normen verlassen können.

Moralische Normen sind also – so lässt sich vorläufig sagen – wechselseitige Verhaltenserwartungen, die die Mitglieder einer Gesellschaft ineinander setzen. Normen stehen für Verbindlichkeiten, für Pflichten, und moralisch sind diese Normen dann, wenn sie für das friedliche Zusammenleben der Gesellschaft eine essenzielle Bedeutung haben (Birnbacher 2003).

Kasten 1.3.: Nicht alle Regeln des zwischenmenschlichen Umgangs gehören zur Moral

> Juristische Normen z.B. sind, anders als moralische, in Gesetzbüchern festgelegt, und ihre Geltung ist zeitlich wie räumlich (territorial) limitiert. Sie treten zu einem bestimmten Datum in Kraft, und ihre Geltung erlischt wieder zu einem bestimmten Zeitpunkt. Sie gelten zudem in der Regel nur für Bürger/innen eines bestimmten Landes bzw. für Personen, die sich dort aufhalten. Natürlich entspricht nicht jedem juristischen Gesetz ein moralisches: Beim Straßenverkehrsgesetz z.B. stehen Zweckmäßigkeitsüberlegungen im Vordergrund. Diese ähneln sich zwar überall auf der Welt. Allerdings gibt es länderspezifische Abweichungen: In Großbritannien wird links, auf dem europäischen Festland rechts gefahren, in Deutschland sind in Ortschaften 50 km/h, in der Schweiz 60 km/h zugelassen.
>
> Schließlich gibt es Regeln des Brauchtums, deren Nichtbeachtung keine gesetzlich geregelten Konsequenzen nach sich zieht und deren Grad an Verbindlichkeit entsprechend gering ist. Wenn jemand mit beflecktem Hemd an einem Empfang teilnimmt, ist das peinlich, aber kein rechtliches oder moralisches Vergehen.

1.5. Moralische Interessen

Genau besehen, sind in der vorhin angeführten Argumentation zwei verschiedene Interessen im Spiel. Das eine liegt klar auf der Hand: Wir halten uns an die Normen, um nicht bestraft oder geächtet zu werden. Für die Klärung des anderen Interesses bedarf es einer kurzen Erläuterung.

Wir sind an einer Gesellschaftsordnung interessiert, in der verbindliche moralische Regeln herrschen. Wir haben ein Interesse daran, diese Regeln auch selbst zu befolgen. Dieses Interesse ist schwieriger zu verstehen, weil der Einwand naheliegt, dass dieses Interesse sich immer dann verflüchtigt, wenn wir erkennen, dass wir uns über die Regeln hinwegsetzen könnten, ohne Sanktionen befürchten zu müssen. Auf diesen Einwand gibt es aber eine einfache Antwort: Die meisten Menschen ziehen es auch in der erwähnten Situation vor, sich an die Regeln zu halten, und zwar zum einen deswegen, weil sie andernfalls auf soziale Ablehnung stießen, und zum anderen, weil sie sonst vor sich selbst „das Gesicht verlören". Es gibt so etwas wie eine moralische Scham, die uns davon abhält, gegen moralische Normen zu verstoßen – ein „Gefühl des Selbstwertverlustes in den Augen der (möglichen) anderen" (Tugendhat 1993, S. 57).

Diese kurze Skizze mag genügen um deutlich zu machen, wie sich unsere Motivation, moralisch zu handeln, verstehen lässt. Gleichzeitig spannt sie den Bogen zum Phänomen der Menschenwürde zurück, mit dem dieses Kapitel begann. – Doch diese Skizze wäre unvollständig ohne den Hinweis darauf, dass viele Menschen kein so stark entwickeltes Bewusstsein von der eigenen Würde haben, als dass sie nicht bereit wären, sich über moralische Normen hinwegzusetzen, und dass es auch Menschen gibt, die sich vor Ablehnung und Verachtung nicht besonders fürchten und die finden, sie gewännen durch Regelverletzungen mehr als sie durch die Ablehnung, die sie dafür ernten, verlören. Solchen Personen fehlt offenbar der moralische Sinn (englisch: „moral sense") bzw. die Sensibilität für die negativen Konsequenzen solcher Regelverstöße und für das Urteil der anderen. Sie sind „schamlos". Doch die meisten Menschen halten es nicht lange aus, wenn sie von ihren Mitmenschen verachtet werden. Dies dürfte erklären, weshalb es selten vorkommt, dass sich jemand gar nicht um moralische Regeln kümmert, wogegen es viele Menschen gibt, die zwar zuweilen kleinere moralische Regelverstöße in Kauf nehmen, vor krasseren Vergehen – Körperverletzung, Folter, Mord – hingegen zurückschrecken.

Die Motivation, sich wo immer möglich ethisch korrekt zu verhalten, ist also, wie die vorausgehenden Überlegungen deutlich machen, offenbar keine Selbstverständlichkeit. Sie ist nicht angeboren, sondern muss erworben werden (über die Bedingungen der Entstehung dieser Motivation vgl. Kapitel I.5. und II.5.).

1.6. Weshalb moralisch handeln?

Noch immer ist nicht ganz geklärt, was moralische Normen von sonstigen Normen unterscheidet. Klar ist, dass moralische Normen unsere ursprünglichen Freiheiten beschneiden und dass wir diese Beschneidung akzeptieren, weil wir sie gegenüber dem „Naturzustand", in dem jeder tun und lassen kann, was er will und wie er will, als das geringere Übel empfinden. Wie ist das zu verstehen?

Die folgende Antwort kommt dem Wesen der moralischen Normen näher: Den Kern der Moral bilden einige elementare Rechte. Diese Rechte kommen allen Mitgliedern der moralischen Gemeinschaft gleichermaßen zu. Indem wir uns wechselweise diese Rechte zugestehen, begegnen wir uns als Personen mit Würde und behandeln uns gegenseitig respektvoll. Diese Rechte lassen sich nur durch bestimmte Normen schützen, wobei viele dieser Normen allgemeingültig sind – etwa die, dass wir im Umgang mit anderen Menschen immer höflich bleiben sollen... Die Pflichten oder Normen bilden also gleichsam die Außenseite dessen, was wir als Rechte in Anspruch nehmen.

Der erste Schritt in eine zivilisierte Gesellschaft besteht darin, „dass wir den Menschen, mit denen wir es zu tun haben, eigene Daseins-, Lebens- und Freiheitsrechte zuerkennen, ihnen

Ansprüche uns gegenüber zugestehen, denen unsererseits Pflichten ihnen gegenüber entsprechen. Erst dadurch werden wir in einem moralischen Sinn gemeinschaftsfähig, erst dadurch wird eine Gemeinschaft möglich, die sich vom Naturzustand eindeutig unterscheidet" (von Kutschera 1999, S. 254).

Mit der Erklärung, die Kutschera von der Moral gibt, wird auch klar, wieso sich die Mühsal der Moral unter dem Strich auszahlt: Wenn wir mit unseresgleichen kooperieren, erwachsen uns daraus mehr Vor- als Nachteile. Man erwartet von mir als Mitglied einer zivilisierten Gesellschaft, dass ich mitmache und mich bemühe, den geltenden sozialen Standards zu genügen. Der Gewinn, den ich aus meiner Zugehörigkeit zu dieser Gesellschaft ziehe, liegt in der grundsätzlichen Bereitschaft aller (oder zumindest der meisten) anderen, auch mit mir zu kooperieren (vgl. auch Tugendhat 1993, 4. und 5. Vorlesung).

1.7. Moralische Rechte

Die Klärung der Frage, was wir unter moralischen Normen verstehen, hat uns zum Begriff der Rechte geführt. Zwar wissen wir alle, was Rechte sind. Zum besseren Verständnis der Natur von Moral ist es aber sinnvoll, dieses Wissen noch etwas tiefer zu reflektieren.

In erster Annäherung kann man sagen: Hinter einem Recht verbirgt sich ein Anspruch, der von anderen anerkannt wird. Natürlich verdient nicht alles, was Menschen beanspruchen, die Anerkennung anderer. Wer verwöhnt ist, stellt automatisch höhere Ansprüche, als wer mit knappen Mitteln vorlieb nehmen muss. Es gibt auch Ansprüche, die wir an uns selber stellen – z.B. der Anspruch, seinen Beruf gut auszuüben oder eine besondere sportliche Leistung zu vollbringen, etwa den Montblanc zu besteigen. Doch keiner dieser Ansprüche begründet irgend ein Recht.

Hinter Rechten stehen also nicht bloße Ansprüche, sondern Ansprüche, die aus irgendeinem Grund schutzwürdig sind. Ein Recht stellt also einen geschützten Anspruch (einer Person oder einer Gruppe von Personen) dar. Wenn ich meiner Tochter verspreche, sie an einem bestimmten Tag ins Theater zu begleiten, dann begründet dieses Versprechen bei meiner Tochter den berechtigten Anspruch und also das Recht, dass ich mein Versprechen halte. Dieses Recht hat nur meine Tochter, und sie hat es nur mir gegenüber (Tugendhat 1993, S. 338f.). Davon zu unterscheiden sind Rechte, die jemand gegenüber vielen (oder allen) Personen hat. Privateigentum ist ein solches Beispiel. Schließlich gibt es Rechte, die auf Wechselseitigkeit gründen: In einem Vertrag (bei einer Eheschließung z.B.) gehen die Beteiligten eine Verpflichtung ein. Wechselseitigkeit kann auch zwischen einer Vielzahl von Personen, ja im Grenzfall zwischen allen Mitgliedern einer Gesellschaft bestehen: so etwa mit Bezug auf das Recht, nicht gedemütigt, nicht bestohlen oder stets mit Achtung behandelt zu werden. Die Schüler/innen einer Klasse haben das Recht, beim Arbeiten nicht gestört zu werden; dem entspricht, dass sie alle auch die Pflicht haben, sich entsprechend ruhig zu verhalten. Wo immer ein Recht allen Mitgliedern einer Gesellschaft zukommt, haben diese die Pflicht, dieses Recht auch bei allen anderen Mitgliedern zu respektieren. Dem Recht, nicht überfallen zu werden, korrespondiert die Pflicht, niemanden zu überfallen.

Es geschieht manchmal, dass wir auf den Schutz eines Rechts verzichten müssen – nämlich dann, wenn dieser Schutz die Verletzung eines höheren Rechtsguts mit sich bringt. Wenn Anne ihrer Tante versprochen hat, sie zu besuchen, aber unterwegs durch einen Verkehrsunfall aufgehalten wird und erste Hilfe leisten muss, so mutet sie ihrer Tante kein Unrecht zu. Sie hat sich in einer Pflichten-Kollision für die höherrangige Pflicht – Erste Hilfe zu leisten – entschieden. Anna darf von ihrer Tante erwarten, dass sie den höheren Rang des Rechts von Unfallopfern auf Erste Hilfe einsieht und deswegen das Motiv ihres Verhaltens gutheißt. Verweigert sich die Tante dieser Einsicht und macht sie ihrer Nichte Vorwürfe, so verhält sie sich starrsinnig und nicht so, wie wir es von einer moralisch sensiblen Person erwarten. Anna hat sich deswegen nichts vorzuwerfen – sie hat sich in der gegebenen Ausnahmesituation korrekt verhalten.

Diese Überlegung setzt allerdings voraus, dass die Betroffenen die Rechte (bzw. Werte), die im Spiel sind, in die gleiche Rangordnung bringen wie wir selber. Diese Voraussetzung ist nicht immer erfüllt, denn die Menschen orientieren sich an unterschiedlichen Wertordnungen, und es ist nicht erwiesen, dass es ein „absolut gültiges" Wertesystem gibt, das die verschieden(st)en Wertvorstellungen verbindlich gegeneinander abzuwägen erlaubt. Wo es um Grundrechte geht, sollten die verschiedenen Werteordnungen allerdings übereinstimmen (zu den Werten vgl. Kapitel 2.2.).

Kasten 1.4.: Moral als System wechselseitiger Verhaltenserwartungen

---

Die „Logik" der wechselseitigen Erwartungen lässt sich in drei Schritten rekonstruieren:

(1) Person A beansprucht zunächst gegenüber den Personen B, C, D usw. bestimmte Rechte, d.h. sie erwartet von ihnen, dass sie diese Rechte respektieren.

(2) A gesteht diesen Personen dieselben Rechte zu, d.h. sie respektiert ihnen gegenüber diese Rechte und unterwirft ihr Verhalten den notwendigen Einschränkungen.

(3) Zwischen den Verpflichtungen, die wir verschiedenen Personen gegenüber haben, können sich Pflichtenkollisionen ergeben, die es uns verunmöglichen, allen Verpflichtungen gleichermaßen gerecht zu werden. Sind dabei höherrangige Rechte im Spiel, so sollten wir uns an ihnen orientieren. Wir sind dann berechtigt, von den Anderen zu erwarten, dass sie unsere Entscheidung respektieren, selbst wenn sie davon negativ betroffen sind.

1.8. Moralische Emotionen

Ein letztes Problem: Werte sind, wie wir festgestellt haben, als solche nicht sinnlich wahrnehmbar. Wie gelingt es uns dann, Werte voneinander zu unterscheiden? Das Einschätzen von Werten ist eine intellektuelle Leistung, in die unsere Gefühle auf komplexe Weise mit hineinspielen. An einem wertvollen Familienerbstück hängen die Emotionen der Nachkommen. Eine historische Urkunde bezieht ihren Wert aus ihrer Identität stiftenden Bedeutung für ein Volk, ein Bild von Rembrandt oder Van Gogh aus seiner künstlerischen und ästhetischen Qualität. Die Einschätzung solcher Qualitäten erfolgt niemals nur auf der Grundlage von Sinneswahrnehmungen. Ähnliches gilt für die Einschätzung ethischer Werte. Dabei sind immer – direkt oder indirekt – Gefühle oder Emotionen mit im Spiel. Der Zusammenhang zwischen Gefühlserlebnissen und Werte-Erfahrungen kann hier freilich nur angedeutet werden (vgl. Kapitel II.5.3).

Emotionen oder Gefühle (diese Begriffe werden hier der Einfachheit halber gleichgesetzt) spielen in der Ethik noch in anderen Hinsichten eine wesentliche Rolle:

- Nicht nur wie wir handeln, ist eine ethische Frage, sondern auch, *wie wir uns zu unseren Gefühlen verhalten*. Wir haben praktisch zu jeder Zeit irgendwelche Gefühle. Emotionen spielen in der menschlichen Kommunikation eine zentrale Rolle.

- Wie weit wir auf die Gefühle anderer Personen eingehen, ist ethisch von erheblicher Bedeutung. Die *Einfühlungsfähigkeit* oder *Empathie* ist dafür eine wesentliche Voraussetzung. Wir können mit anderen auch averbal kommunizieren. Zu den Regeln dieser Kommunikation gehört, dass wir unseren Mitmenschen bestimmte Gefühle zuschreiben und dass wir ihnen in unsere Emotionen selektiven Einblick geben, vor ihnen also auch unschöne Emotionen, wie Neid oder Hass, verbergen (Smith 1759).

- Wie gut wir unsere eigenen Emotionen „im Griff haben", uns beherrschen und unsere *Gefühle regulieren*, ist ethisch nicht bedeutungslos. Wer im Affekt – z.B. aus Eifersucht oder Hass – handelt, gilt in dem betreffenden Augenblick als vermindert zurechnungs- und schuldfähig, im Gegensatz zu jemandem, der sich aus kalter Berechnung analog verhält. Besonders aggressive Akte sind aber nicht selten die Folge mangelnder Empathiefähigkeit. Wer sich nicht in andere einzufühlen vermag, wird größte Schwierigkeiten haben, sich ihnen gegenüber korrekt zu benehmen.

- Bestimmte Emotionen oder Gefühlshaltungen bilden die Grundlage für freundliches und faires Verhalten. Zu diesen Emotionen gehören *Sympathie, Liebe und Mitleid*. Diese Emotionen sind für die Ethik von großer Bedeutung (vgl. Kap. 4.2.).

- Eine weitere Gruppe moralischer Emotionen oder Gefühle spielt im Zusammenhang mit der *moralischen Zustimmung oder Nichtzustimmung zu menschlichem Verhalten* eine entscheidende Rolle. Darauf geht der folgende Abschnitt näher ein.

1.9. Gibt es moralische Sanktionen?

Zum juristischen Recht gehören Strafen wie der Schatten zum Relief. Ohne Sanktionssystem käme es zu einer Erosion der Gesetze. Denn eines der stärksten Motive, weshalb wir uns an Gesetze und Vorschriften halten, ist der Wunsch, Strafe zu vermeiden.

Gibt es in der Moral ebenfalls Sanktionen? Die Moral hat es ja ebenfalls mit Geboten und Verboten zu tun. – Polizei, Gerichte und Strafvollzug gehören aber zum Rechtssystem, nicht zur Moral. Bei moralisch relevantem Fehlverhalten, das nicht zugleich auch ein juristisches Vergehen ist, reicht der Arm der Justiz nicht weit genug, um es zu bestrafen. Man kann z.B. in den meisten Ländern andere demütigen oder Mobbing betreiben, ohne gegen ein juristisches Gesetz zu verstoßen.

Analysieren wir jedoch unsere Umgangsformen näher, so stoßen wir auf soziale Praktiken, die sich als eine Art moralischer Sanktionen deuten lassen. Obwohl unauffällig, sind diese Sanktionen oft erstaunlich wirksam. Im Kern handelt es sich um besondere emotionale Reaktionen. Diese signalisieren den Betroffenen, dass sie ein moralisches Gebot übertreten haben. Es gibt drei klassische Formen solcher Reaktionen (Tabelle 1.5).

Diese emotionalen Reaktionen werden oft von weiteren Sanktionen begleitet. Der Fächer reicht von Tadel und Kritik bis zum Aufkündigen der Beziehung. Man will mit der fehlbaren Person nichts mehr zu tun haben oder geht zumindest vorübergehend zu ihr auf Distanz. Eine kollektive Reaktion ist die Ächtung und in ihrer extremsten Form der Ausschluss der fehlbaren Person aus der Gemeinschaft. In manchen archaischen Gesellschaften beispielsweise wird der Kontakt zu einem Mörder abgebrochen, indem man ihn verbannt, wenn man ihn nicht sogar tötet.

Tabelle 1.5.: Moralische Sanktionen

Moralische Emotionen	*Situation*
Schuldgefühl, Schuldbewusstsein (evtl. auch Scham)	Reaktion auf eigenes moralisches Fehlverhalten (ich mache mir Vorwürfe...)
Groll, Übelnehmen, Ressentiment, auf den anderen „sauer" sein	Reaktion auf moralisches Fehlverhalten der zweiten Person (ich bin dir böse...)
Empörung, Entrüstung	Reaktion auf moralisches Fehlverhalten einer dritten Person (ich verurteile ihn/sie moralisch)

Schuldgefühle sind in unserer ethischen Sozialisation von erheblicher Bedeutung. Menschen, die niemals Schuldgefühle empfinden können, sind selten. Wohl noch seltener sind Personen, die sich über nichts empören. Das Fehlen jeglicher moralischen Sensibilität ist eine Ausnahme und gilt als abnormal. Man muss aber davon ausgehen, dass solche Menschen existieren und dass sie zu erhöhter Rücksichtslosigkeit neigen (Kapitel II. 4.5).

Wie weit aber reichen in der Moral diese emotionalen Sanktionen? Gibt es nicht auch Bereiche, in denen Entrüstung, Ressentiments und Schuldgefühle funktionslos sind? In der Tat, nämlich dort, wo keine Rechte und Normen auf dem Spiele stehen – in der Tugend-Ethik (vgl. Kapitel 3.)

„Das Pflichtbewusstsein lässt sich niemals erzwingen. Zum pflichtgemäßen Handeln zwingen uns nur die in uns lebendig gewordenen Werte. Diese Werte aber werden nur lebendig in Erlebnissen ..."

G. Kerschensteiner (1964, S. 170f.)

I. 2. Freiheit und ihre ethische Bedeutung

Menschen legen größten Wert auf Freiheit. Freiheit rangiert sogar höher als Besitz, und manche Menschen denken, das Leben sei unerträglich und wertlos, wenn man zu totaler Unfreiheit verdammt sei. Freiheit ist also eines unserer wertvollsten Güter. Entsprechend groß ist das Interesse, Hindernisse zu beseitigen, die unsere Freiheit beeinträchtigen könnten, und die Grenzen unserer Freiheit zu erweitern.

Gleichzeitig ist Freiheit eine wesentliche Voraussetzung dafür, dass wir unser Zusammenleben überhaupt nach ethischen Kriterien organisieren. – Aber was bedeutet Freiheit, und was genau hat sie mit Ethik zu tun?

2.1. Freiheit

Der Freiheitsbegriff hat viele Bedeutungen (vgl. Tabelle 2.1.). Sehr oft, wenn von Freiheit die Rede ist, meint man damit, dass Menschen in ihren Entscheidungen, in ihrem Tun und Lassen nicht über Gebühr eingeschränkt sind. „Ich habe heute frei", meint: „Ich habe heute keinen Dienst bzw. keine Schule und kann somit tun, was ich will."

2.1.1. Handlungsfreiheit

In seinem Handeln ist frei, *wer tun kann, was er tun will.* Allerdings ist unschwer zu erkennen, dass unsere Freiheit immer irgendwo auf Grenzen stößt: In einem Zimmer kann ich mich frei bewegen, aber die Wände begrenzen den Freiheitsspielraum. Offensichtlich gilt umgekehrt, dass wir innerhalb der uns gesetzten Grenzen stets eine gewisse Freiheit haben. Sogar einem Häftling bleibt, so lange er nicht angebunden wird, in seiner Zelle ein Minimum an Bewegungsfreiheit. Diese Tatsache ist allerdings relativ unspektakulär. Auch Wasser kann sich in einem Flussbett innerhalb der Ufer oder Dämme „frei" abwärts bewegen.

2.1.2. Willens- und Entscheidungsfreiheit

Die menschliche Freiheit erschöpft sich nicht in der Freiheit des Handelns. Auf der Ebene des Willens und der Entscheidung stellt sich die Freiheitsfrage noch einmal (Bieri 2001). Dabei kommt ihr zunächst eine ganz praktische Bedeutung zu: Wer Drogen konsumiert, hat, solange er nicht süchtig ist, die Freiheit, sich gegen den weiteren Drogenkonsum zu entscheiden. Doch im Gegensatz zur Handlungsfreiheit, die von niemandem ernsthaft bestritten wird, gibt es seit Jahrhunderten einen Streit über die Willens- und Entscheidungsfreiheit. Der eigentliche Knackpunkt dieser Frage besteht darin, ob und wie es möglich ist, dass wir uns in manchen Situationen frei zu etwas entscheiden, obwohl doch Naturgesetze alle Ereignisse im Universum kausal (nach Ursache-Wirkung) bestimmen. Bin ich (um im vorigen Beispiel zu bleiben) wirklich frei in meiner Entscheidung, wenn ich mich für den Verzicht auf Kokainkonsum entschließe? Oder ist eine solche Freiheit gar nicht vorhanden, weil ich durch die genossene Erziehung so geworden bin, dass ich mich gar nicht anders entscheiden könnte? Und selbst wenn nicht: Kann man daraus, dass alle Gehirnprozesse – auch diejenigen, die meinen Entschluss zum Verzicht auf Drogenkonsum begleiten – bestimmte physiologische und neuronale Prozesse zur Basis haben (die nach physikalischen und chemischen Gesetzen ablaufen), auf die Unfreiheit meines Willens schließen?

Unabhängig davon, wie man diese Frage entscheidet – unser Rechtswesen und die Moral funktionieren nur unter der Voraussetzung, dass wir einander gegenseitig unterstellen, wenigstens ab und zu und wenigstens bis zu einem gewissen Grad *freie Entscheidungen* treffen zu können. Wir reagieren beispielsweise auf ein rücksichtsloses Verbrechen nur dann entrüstet, wenn wir davon ausgehen, *dass der Täter sich anders hätte entscheiden können.*

2.1.3. Negative und positive Freiheit

Um zu verstehen, was Freiheit bedeutet, muss man sich noch auf eine weitere Unterscheidung einlassen: Freiheit hat neben ihrer negativen Bedeutung von „nicht gehindert", bzw. „frei von Einschränkungen" sein, auch einen positiven Sinn. Denn dafür, dass ich eine Beschäftigung, die ich gerne ausüben möchte, nicht ausüben kann, gibt es manchmal noch andere Gründe als den, dass ich an meinem Tun gehindert werde: Ich kann z.B. nicht zum Jupiter reisen, so gerne ich dies vielleicht möchte, weil wir über keine Technik verfügen, die eine solche Reise erlauben würde. Und ich kann mich nicht auf Chinesisch verständigen, so sehr ich dies vielleicht bedauere, weil ich nie Chinesisch gelernt habe. Indem ich einen Intensivkurs in Chinesisch belege, gewinne ich neue Freiheiten, ich kann dann nach China reisen und mich dort mit Menschen verständigen, die keine europäische Sprache sprechen.

Indem wir uns bilden und ausbilden, erweitern wir unsere Freiheitsspielräume. Wir erweitern sie auch, indem wir unseren Körper trainieren, ein Musikinstrument erlernen, unsere Fertigkeiten und Fähigkeiten schulen. Das gilt für die komplexesten Fähigkeiten so gut wie für die elementarsten. Ein Europäer, der im Urwald wie das Mitglied eines indigenen Stammes überleben möchte, muss u. a. lernen, wie man aus pflanzlichem

Material einen Wasserbehälter herstellt, um Wasser schöpfen und transportieren zu können.

Die Erweiterung unserer Freiheitsspielräume durch Bildung und Ausbildung wirft Fragen auf, die für die Geisteswissenschaften von der Pädagogik bis zu den Wirtschaftswissenschaften besonders wesentlich sind (Sen 2000). – Diese Fragen sind Thema des korrespondierenden Kapitels im zweiten Teil (Kapitel II. 2.).

Tabelle 2.1: Vier Typen von Freiheit:

	Handlungsfreiheit	*Willens- / Entscheidungsfreiheit*
Negative Freiheit	Wir sind in unserem Handeln (negativ) frei, wenn uns nichts daran hindert, zu tun, was wir tun wollen. Als Hindernisse kommen soziale, politische und juristische Umstände (Gesetze, Verbote, Verpflichtungen) ebenso in Frage wie materielle, d.h. physikalische oder auch ökonomische, Umstände – etwa Naturgegebenheiten und -Gesetze, gesundheitliche Probleme, wirtschaftliche Engpässe usw.	Wir sind in unserem Wollen (negativ) frei, wenn uns nichts daran hindert, diejenigen Entscheidungen zu treffen, die wir treffen wollen. Als Hindernisse können einerseits soziale bzw. politische Umstände und andererseits die eigene psychologische Verfassung wirken. Fremdbestimmt handelt, wer zu einer bestimmten Aktion gezwungen, einer Gehirnwäsche unterzogen oder manipuliert wird; ferner wer von einer Sucht abhängt oder an einer schweren Neurose oder Psychose leidet.
Positive Freiheit	Wir sind in unserem Handeln (positiv) um so freier: a) über je mehr Fähigkeiten, Kenntnisse und Fertigkeiten wir verfügen (wer die arabische Sprache beherrscht, kann sich in arabischen Ländern freier bewegen, als wer sie nicht beherrscht); b) zu je mehr Ressourcen und / oder Dienstleistungen (inklusive Infrastruktur) wir Zugang haben.	Wir sind in unserem Wollen / unseren Entscheidungen (positiv) um so freier: a) je geeigneter unsere kognitive Fähigkeiten sind: Konsequenz im Denken, kritische Selbsterkenntnis, Entschlusskraft usw.; b) je besser wir in der Lage sind, uns zu beherrschen, unsere Gefühle zu regulieren, mit Enttäuschungen und Frustrationen fertig zu werden usw.; c) über je mehr Initiativkraft und Phantasie wir verfügen.

Eine intellektuelle Fähigkeit von besonderer Bedeutung ist die Entscheidungsfähigkeit: Richtig entscheiden zu können, will gelernt sein. Soll ich es wagen, den Lehrberuf zu ergreifen, Aktien zu kaufen, in den Grand Canyon abzusteigen? – Wir müssen lernen, unsere Entscheidungen auf gute Gründe zu stützen, und dazu gehört, dass wir die Konsequenzen und die wahrscheinlichen Folgen, die die Ausführung unserer Entscheidung nach sich zieht, realistisch einschätzen und gegen die Folgen der entsprechenden Unterlassung abwägen. Und wir müssen lernen, den Mut zur Entscheidung aufzubringen, wohl wissend, dass wir uns mit jedem Entschluss die übrigen Optionen abschneiden, unsere Freiheitsspielräume also redimensionieren...

2.1.4. Die Bedeutung der Freiheit für die Ethik

Würden Menschen wie Apparate funktionieren, nämlich rein mechanisch und allein aufgrund von äußeren Anstößen, so gäbe es keine Moral, auch keine moralische Missbilligung von Fehlverhalten, denn es wäre sinnlos, Kriterien für richtiges Verhalten aufzustellen, und damit gäbe es auch kein Fehlverhalten. Deswegen wäre es auch sinnlos, sich über menschliche Handlungen zu empören, denn wir wären ja gar nicht in der Lage, anders zu handeln, als wie wir es tun. Wir empören uns auch nicht über einen Vulkanausbruch, selbst wenn er noch so viele Opfer fordert.

Moral und Recht setzen also zumindest Handlungsfreiheit voraus. Wie steht es mit der Willensfreiheit? Wir unterstellen uns gegenseitig, dass wir, sofern keine besonderen Umstände vorliegen, zurechnungsfähig sind, und das heißt: dass wir in der Lage sind, Überlegungen anzustellen und Entscheidungen zu treffen. Dies lässt sich klar an einer Reihe von Beispielen zeigen:

- Wenn jemand, wie im Beispiel der Berliner Mauerschützen, aus purem Gehorsam oder unter Androhung von Gewalt handelt, setzen wir einen geringeren Grad an Freiheit voraus, obwohl es in dieser Situation stets die Möglichkeit gibt, den Gehorsam zu verweigern; dabei ist allerdings häufig unklar, ob die Folgen, die ein Befehlsverweigerer dafür in Kauf nehmen müsste, zumutbar sind. Die an der einstigen DDR-Grenze stationierten Wächter, die auf Flüchtende geschossen haben, wurden verurteilt, weil sie sich dem Schießbefehl hätten widersetzen können.

- Vorsätzlicher Mord wird schwerer bestraft als Mord aus Affekt – denn unter dem Einfluss starker Affekte ist die Entscheidungsfähigkeit getrübt.

- Wenn mir nach einem Unfall jemand Erste Hilfe leistet und gar das Leben rettet, so reicht meine Dankbarkeit tiefer, wenn er dies spontan und freiwillig tut, als wenn der Rettungseinsatz zu seinem Pflichtenheft gehört und er entsprechend entschädigt wird.

Menschliche Denkprozesse vollziehen sich stets auf der Grundlage von Freiheit. Freiheit ist aber auch eine Voraussetzung dafür, dass wir überhaupt moralische Normen und juristische Gesetze benötigen, um unser Zusammenleben zu regeln. Diese Normen und Gesetze üben jedoch, anders als etwa das Gesetz der Schwerkraft, keinen kausalen Einfluss auf unseren Willen aus: Wir sind frei, uns gegen ihre Befolgung zu entscheiden. Die Übertretung einer Norm geschieht also in der Regel aufgrund eines Entschlusses – es sei denn, der Täter kenne die Norm nicht oder handle wie ein Getriebener.

Wir reagieren auf eigene und fremde Verfehlungen nur dann mit Schuldbewusstsein, Groll oder Empörung, wenn wir beim Täter das Vorliegen von Handlungs- und Entscheidungsfreiheit annehmen. Diese gefühlsmäßigen moralischen Reaktionen setzen im Übrigen ebenfalls Freiheit voraus – aus dem einfachen Grund, weil jede moralische Reaktion auf der Fähigkeit aufbaut, menschliches Handeln zu *bewerten*.

2.2. Werte

Tagtäglich unterscheiden wir zwischen wertvolleren und weniger wertvollen (bzw. wertlosen) Dingen – Erlebnissen, Erfahrungen, Fähigkeiten, Handlungen, Beziehungen, menschlichen Beziehungen usw.

> Wir sind beständig „mit Wertvollem wie Wertwidrigem konfrontiert" und sehen uns „dabei aufgefordert (…), durch unser Handeln Positives zu erhalten oder zu fördern, und Negatives zu beseitigen oder zu verhindern, soweit es uns möglich ist" (von Kutschera 1999, S. 221).

Werte sind selber keine konkreten Gegenstände. Sie lassen sich nicht direkt wahrnehmen oder beobachten. Vielmehr messen wir bestimmten Gegenständen, Situationen, Handlungen, Leistungen usw. bestimmte Werte bei. Was ich an einer Goldkette sinnlich wahrnehme, sind ihre Größe, Gestalt und Farbe, ihr Gewicht und ihre Feinheit. Ihren Wert hingegen kann ich nicht ertasten, erfühlen oder erblicken – den ökonomischen Wert so wenig wie den emotionalen, den die Kette für ihre Besitzerin darstellt.

Wenn wir einer Sache (einem Gegenstand, einer Erfahrung usw.) einen besonderen Wert zusprechen, bedeutet dies, dass wir sie gegenüber Anderem für vorzugswürdig halten. Diese Vorzugswürdigkeit ergibt sich aus dem Wert, den wir der betreffenden Sache beimessen. Werte setzen also die Existenz vernünftiger Wesen voraus, die imstande sind, ein Ding einem anderen mit Gründen vorzuziehen – also Wesen, die zur Urteilsfindung fähig sind.

Am besten bekannt sind uns Werte aus dem Bereich der Wirtschaft. Wir haben uns angewöhnt, teure Güter für wertvoller zu halten als billige (obwohl wir manchmal mit einem teureren Gegenstand einen geringeren emotionalen Wert verbinden als mit einem billigeren). Viele Dinge verdanken ihren ökonomischen Wert ihrer Seltenheit – Elfenbein zum Beispiel. Steigt die Nachfrage nach einem Gut im Verhältnis zum Angebot, so zieht auch sein Preis an, und wir neigen dazu, es dementsprechend für wertvoller zu halten (ein allerdings oft vorschneller Schluss).

„Wir wissen von allem den Preis, aber von nichts mehr den Wert", hat Oscar Wilde einmal festgestellt. Man kann den Wert eines Dings also nicht von seinem Preis her erklären. Denn dieser schwankt nach den Marktverhältnissen. Die ersten Computer, die in den siebziger Jahren noch als Wundermaschinen galten und praktisch unbezahlbar waren, haben heute den Wert von Museumsstücken. Ein Gut, das niemand mehr kaufen will, hat keinen ökonomischen Wert.

Heute werden nicht mehr nur materielle Güter, sondern auch zwischenmenschliche Serviceleistungen kommerzialisiert – mit der Folge, dass selbst menschliche Beziehungen zunehmend nach ihrem Marktwert beurteilt werden. Schon im 17. Jahrhundert hat Thomas Hobbes geschrieben: „Die Geltung oder der Wert eines Menschen ist wie der aller anderen Dinge sein Preis. Das heißt, er richtet sich danach, wie viel man für die Benützung seiner Macht bezahlen würde" (Hobbes 1751, 10. Kap.; S.67) – eine frostige, aber erstaunlich hellsichtige Analyse…

Neben den ökonomischen Werten spielen in unseren Entscheidungen auch Werte anderer Natur eine Rolle: Wir orientieren uns an ästhetischen Werten (schönen Landschaften, ansprechenden Kunstwerken, leckeren Mahlzeiten usw.), an theoretischen Werten (Wahrheit, Verständlichkeit, Eleganz von Theorien oder Beweisen), an sentimentalen Werten (von Dingen, die uns „ans Herz gewachsen" sind) und von ethischen Werten (Gerechtigkeit, Unparteilichkeit, menschliche Güte usw.). Doch wenn irgendein Gut einen inneren, nicht über den Marktpreis zu ermittelnden Wert hat, woher bezieht es diesen? Was liefert einem Wert seine Grundlage (vgl. Kasten 2.2.)?

Kasten 2.2.: Worauf beruhen Werte?

Auf die Frage nach der Herkunft ethischer, ästhetischer oder künstlerischer Werte (von Dingen, Handlungen, Personen, Charaktereigenschaften usw.) gibt es mehrere Antworten:

Etwas hat für mich einen Wert, weil es sich zur *Befriedigung eines Bedürfnisses* eignet. Je durstiger ich z.B. bin, desto größer ist mein Interesse an einem Glas Wasser, und desto leichter bin ich bereit, dafür einen übersetzten Preis zu bezahlen. Doch lassen sich Werte nicht allgemein auf *subjektive Interessen* zurückführen: Die Romane Dostojewskis haben nicht deswegen künstlerischen Wert, weil viele Menschen sie gerne lesen, sondern umgekehrt: Viele Menschen lesen gerne Dostojewski, weil seine Romane von hoher künstlerischer Qualität (ein Wert!) sind.

Manchen Dingen schreiben wir aufgrund einer *Konvention* einen Wert zu. Oder bloß, weil sie in *Mode* sind. Soziale Gewohnheiten, Traditionen, kollektive Vorlieben erklären aber nicht jede Art von Werten. Es gibt auch ethisch fragwürdige Moden – das Tragen von Pelzmänteln beispielsweise. Rücksichtnahme auf Tiere repräsentiert einen höheren Wert als das Tragen ihrer Pelze.

Einigen Dingen schreiben wir einen *Wert an sich* oder *in sich* zu – der Artenvielfalt zum Beispiel. Es wäre eigenartig, wenn wir der Biodiversität nur deswegen einen Wert zuschrieben, weil sie so und so vielen Menschen ein Anliegen ist. Analoges gilt für ethische Werte: Aufrichtigkeit, Aufmerksamkeit, Dankbarkeit sind nicht deswegen wertvolle Haltungen, weil die meisten Menschen sie schätzen, sondern die Menschen schätzen sie, weil sie ethisch wertvoll sind.

Auch manchen Konventionen und Bräuchen sprechen wir Werte zu: Festen, Riten, nationalen Symbolen usw. Der Umstand, dass es besser (= wertvoller) ist, sich an bestimmte Konventionen zu halten, als sich darüber hinwegzusetzen, hängt seinerseits nicht nochmals von einer Konvention ab. Nicht zufällig stufen wir Konventionen und Regeln, die *dem friedlichen Zusammenleben und der Kooperation zwischen Menschen dienlich* sind, gewöhnlich als besonders wertvoll ein.

Viele Wertungen sind subjektiv. Manche Menschen empfinden etwas als schön, was andere als hässlich empfinden. Manche finden das Muster auf einer Kreuzspinne ansprechend, bei anderen schlägt der Abscheu vor Spinnen jedes Gefühl für ihren ästhetischen Reiz tot. Über den Geschmack, heißt es, kann man nicht streiten. Und doch gibt es Beispiele von Werten, über die ein breiter Konsens besteht. Ein Kristall ist nicht deshalb schön, weil er uns gefällt, sondern er gefällt uns, weil er schön ist.

Die meisten Menschen ziehen den Frieden dem Krieg und höfliches Verhalten einer Gemeinheit vor. Doch auch Werte, die im großen Ganzen als unstrittig gelten, sind nicht in der „Natur" begründet. Dies anzunehmen, liefe auf einen Fehlschluss hinaus – den sogenannten „naturalistischen Fehlschluss" (vgl. unten Abschnitt 2.4).

2.2.1. „gut" und „schlecht"

Wir nehmen auch eine Wertung vor, wenn wir sagen, etwas sei gut oder schlecht. „Gut" und „schlecht" sind Vorzugsprädikate: Indem wir etwas als gut bewerten, drücken wir aus, dass wir es anderen Dingen vorziehen. Die Steigerung „gut", „besser", „am besten" ist Ausdruck einer vergleichenden Bewertung verschiedener Dinge oder verschiedener Handlungsvarianten, die wir in eine Rangordnung bringen.

Das Bedeutungsspektrum des Begriffspaars „gut" – „schlecht" geht weit über die Ethik hinaus. In ihrer Grundbedeutung beziehen sich diese Adjektive auf die Bewertung einer Funktion. „Gut" ist ein Werkzeug, das seine Funktion wunschgemäß erfüllt. Ganz ähnlich sagt man, jemand sei ein „guter" Lehrer oder ein „guter" Arzt, wenn er seine Profession erfolgreich ausübt. Eine Lehrkraft ist „gut", wenn die Kinder bei ihr etwas lernen und wenn sie sie auch menschlich akzeptieren.

Tabelle 2.3.: „gut" und „schlecht": neutrale Bedeutungen:

„gut" ist, was einem gegebenen Maßstab genügt. Gegenteil: „schlecht"	Ein Werkzeug, das seine Funktion zufriedenstellend erfüllt, nennen wir „gut" im Sinn von „zweckmäßig": ein gutes Messer, ein gutes Klavier.
	„qualifiziert", „bestimmten Erwartungen genügend" (über Personen ausgesagt, die eine bestimmte Tätigkeit erfolgreich ausüben): ein guter Koch, eine gute Politikerin.
„gut" in utilitaristischer Bedeutung. Gegenteil: „schlecht"	Eine Handlung oder eine Verhaltensregel ist im utilitaristischen Sinn gut, wenn sie Nutzen bringt, wenn ihr Ergebnis den sozialen Erwartungen entspricht.

Aristoteles hat die Bedeutung von „gut" auch mit dem Wohlbefinden von Menschen und Tieren in Verbindung gebracht: All das, wonach irgendein Lebewesen strebt (dieses Streben kann auch unbewusst erfolgen), nennen wir gut – nämlich gut für das betreffende Lebewesen.

Zur ethischen Bedeutung von „gut" gelangen wir schließlich, wenn wir jemanden charakterlich und in seiner Eigenschaft als Person beurteilen. Wir sprechen dann etwa von einem „guten Menschen", einem „guten Charakter" oder spezifischer von einer „guten Handlung", einer „guten Absicht", einem „guten Willen" usw. (Tabelle 2.4.).

Anders als das Adjektiv „schlecht" hat das Wort „böse" ausschließlich eine moralische Bedeutung. Gleiches gilt vom Adjektiv „gut", sofern wir damit das Gegenteil von „böse" meinen. – Was aber heißt „böse"?

2.2.2. „gut" und „böse"

Bosheit setzt Willens- oder Entscheidungsfreiheit und damit letztlich auch das Wissen um gut und schlecht voraus (vgl. Schelling 1809). Ein „böses Gewitter" existiert nur im Dialekt oder in der Mythologie. Auch die Redeweise von einem „bösartigen Geschwür" oder einer „bösen Überraschung" ist letztlich metaphorisch. Die unbewusste Natur kann grausam sein, „böse" ist sie nicht: Die Wespe, die eine Raupe lähmt und Eier in ihr ablegt, wobei die geschlüpften Larven den Wirts-Organismus von innen her langsam auffressen, tut – trotz allem – nichts „Böses".

Tabelle 2.4.: „gut" und „schlecht": moralische (ethische) Bedeutungen:

„gut" – in ethischer (moralischer) Bedeutung	a. Moralisch *gut* sind vor allem Motive und Absichten. Eine Handlung ist gut, wenn ihr ein edles Motiv (eine *gute* Absicht) zugrunde liegt. b. *Gut* (im ethischen Sinn) nennen wir auch eine Person bzw. ihren Charakter. Kriterium: Diese Person lässt sich von edlen Motiven leiten (→ *Gesinnungsethik*), und sie handelt im großen Ganzen auch erfolgreich (→ *Verantwortungsethik*)
Gegenteil: „böse"	Zwei Kriterien für eine Handlung, die als „böse" gilt: • Der Handelnde beabsichtigt, andere zu schädigen; • Die Handlung erfolgt gezielt und planmäßig. Beispiel: die systematische Demütigung anderer Personen.

Um den Begriff „böse" herum gruppiert sich ein reiches Wortfeld, zu dem der „bösartige Kerl", ein „maligner (bösartiger) Tumor", das „boshafte Gelächter" usw. gehören. Die „Bosheit" kennt Steigerungen – die „Gemeinheit" und die „Niedertracht".

2.3. Bosheit setzt Freiheit voraus

Obwohl der Begriff „böse" eine klare moralische Bedeutung hat, wird er in der Ethik seltener verwendet als in der Theologie oder auch in ideologischen Sprechweisen (z.B. „die Achse des Bösen"). – Ist etwa „böse" letztlich gar kein ethischer Begriff?

Jemandem Bosheit unterstellen, bedeutet wesentlich mehr als festzustellen, dass sein Verhalten bestimmten sozialen Maßstäben nicht genügt. Es ist nicht dasselbe, ob eine Person jemanden anderen schädigt, oder ob dieser Schädigung auch noch ein niederes Motiv zugrunde liegt. Wer andere schädigt, weil eine an sich positive Handlung unvorhergesehene negative Nebenfolgen hat, handelt nicht „böse".

Doch lassen sich „boshafte" Motive im Einzelfall wirklich nachweisen? – Diese Frage stellt sich nicht zuletzt deswegen, weil die absichtliche Schädigung anderer Personen häufig unter Bedingungen verminderter Zurechnungsfähigkeit erfolgt, wie z.B. im Affekt (z.B. Eifersucht, blinde Wut), in einer Notwehrsituation (z.B. bei einem Überfall oder einer Schießerei) oder unter Bedingungen existentieller Verzweiflung (z.B. bei Selbstmord-Attentaten).

Der Absicht, andere zu schädigen, liegen oft Eifersucht, Neid oder Rachsucht zugrunde. Das Sinnen auf Rache kann seine Wurzeln in traumatischen Erfahrungen, tiefen Ich-Verletzungen und Minderwertigkeitsgefühlen haben. Kaltblütigkeit wiederum kann durch mangelndes Einfühlungsvermögen bedingt sein (vgl. Kapitel II. 5.5).

2.3.1. Der Baum der Erkenntnis und der Sündenfall

Nach der Geschichte vom Sündenfall ist das Böse eine unvermeidliche Folge der menschlichen Selbstreflexion – der Reflexion auf die eigenen Handlungsmotive, auf „gut" und „böse" (Kleist 1977). – Ist es aber möglich, dass ein Mensch aus Einsicht böse handelt? Welche Rolle spielen dabei die Willens- und Entscheidungsfreiheit? Hier zeigt sich ein tiefes Dilemma.

> „Ist die Freiheit des Menschen gleich Null, begeht er keine Verbrechen. Das ist völlig klar. Das einzige Mittel, den Menschen vor dem Verbrechen zu bewahren, ist, ihn vor der Freiheit zu bewahren" (Samjatin 1984, S.37).

Folgt daraus nicht, dass wir die Freiheit so weit wie möglich einschränken und unsere Kinder zur Unfreiheit erziehen sollten?

Kasten 2.5.: Weshalb handeln Menschen böse?

Einerseits besteht ein enger Zusammenhang zwischen Freiheit und Bosheit. Boshaftes Handeln setzt boshafte Motive voraus, und boshafte Motive lassen sich nur bei Lebewesen unterstellen, die auch nach edlen Motiven handeln könnten. Dazu müssen wir ihnen Willensfreiheit (Entscheidungsfreiheit) unterstellen.

Andererseits erscheint die Annahme, dass Personen, die auch nach edlen Motiven handeln könnten, sich lieber von boshaften Motiven leiten lassen, zumindest auf den ersten Blick unplausibel: Gibt es wirklich so etwas wie Bosheit aus freiem Entschluss?

Wer aufgrund unbeherrschter Affekte oder aus Unvermögen – weil er „nicht anders kann" – andere Personen schädigt, entscheidet sich zu diesem Verhalten nicht wirklich in Freiheit!

2.3.2. Das sogenannte Böse – Bosheit ohne Freiheit

Mit dem Ausdruck „das sogenannte Böse" hat Konrad Lorenz [1903-1989] tierische Verhaltensweisen bezeichnet, die man auf den ersten Blick als böse einstufen möchte, auf die diese Charakterisierung aber nicht zutrifft, weil sie sich nicht auf eine freie

Entscheidung zurückführen lassen (Lorenz 1963). Der Fuchs, der in den Hühnerstall eindringt, handelt nicht aus freiem Willen.

Tabelle 2.6.: Wie weit reicht die Analogie zwischen Tierwelt und menschlicher Gesellschaft?

Biologie:	*Gesellschaft:*
Lebewesen stehen untereinander in einem Wettbewerb um knappe Ressourcen. Fressen und Gefressenwerden sind in der Natur omnipräsent. Fast alle Organismen verdanken ihr (Über-) Leben dem Untergang anderer Organismen.	Jede organisierte Gesellschaft verlangt von ihren Mitgliedern, dass sie ihre Triebe domestizieren. Wer ihnen freien Lauf lässt, eckt an. Ein Freibrief für aggressives Verhalten würde Mord und Totschlag fördern.
→ Sind Raubtiere böse? Und die Ziegen, die Weidegründe in Wüsten verwandeln?	→ Sind ungebändigte menschliche Triebe böse?
→ Sind umgekehrt die eiszeitlichen Jäger, die das Aussterben des Großwilds in Amerika und Australien herbeigeführt haben, böse gewesen? Und die heutigen Hochseefischer?	→ Ist umgekehrt die Gesellschaft böse, die uns durch Auferlegung von Triebverzicht eine Dauerfrustration zumutet und womöglich, wie Freud behauptet hat, neurotisch macht?

Das Problem der Rechtfertigung einer Welt, in der Lebewesen einander Leiden zufügen (Theodizee-Problem), stellt sich nicht erst angesichts der menschlichen Bosheit, sondern bereits angesichts des durch das „sogenannte Böse" verursachten Leidens. Das Fressen und Gefressenwerden führt dazu, dass die große Mehrheit der Lebewesen vor Erreichen des für ihre Spezies maximalen Alters stirbt. Und obwohl man darüber nichts mit Sicherheit aussagen kann, deuten viele Beobachtungen darauf hin, dass zumindest für höhere Lebewesen die Momente des Gejagt-, Gefangen- und Gefressenwerdens mit akutem Stress und Leiden verbunden sind.

Die Evolution kennt keine Moral, keine Ethik, keine Gerechtigkeit. Diese keimen erst mit der menschlichen Zivilisation. Vermutlich deswegen, weil es ohne geregelte Kooperation zwischen den Gesellschaftsmitgliedern kein Ende der ungezügelten Gewalt, kein friedliches Zusammenleben und wahrscheinlich eine viel weniger weit entwickelte Kultur gäbe – kurz weil ein dauerhaftes Kooperationsgefüge ohne moralische Normen nicht möglich wäre.

2.4. Der „naturalistische Fehlschluss"

Der Umstand, dass wir zwischen Seiendem und Sollen unterscheiden, hat dazu beigetragen, dass manche Philosophen – Platon, Descartes, Kant – das Nebeneinander zweier verschiedener Welten annahmen: einer materiellen und einer ideellen (immateriellen) Welt. Auch wer diese Zweiweltenlehre ablehnt, kommt nicht umhin, zwischen *Sein* und *Sollen* (bzw. *Tatsachen* und *Werten* oder *Normen*) zu differenzieren. Die

Bedeutung dieser Unterscheidung wird leicht unterschätzt. Wer sie unbeachtet lässt, begeht den so genannten „naturalistischen Fehlschluss".

2.4.1. G. E. Moores Argument

Der Ausdruck „naturalistischer Fehlschluss" geht auf den englischen Philosophen George E. Moore [1873-1958] zurück (Moore 1903, v.a. §§ 27–34). Das Beispiel, an dem dieser Denker den Fehlschluss deutlich machte, lautet: Das „Leben gemäß der Natur" ist etwas Gutes. Es entstammt dem Einfluss Rousseaus im 18./19. Jahrhundert (und ist auch gegenwärtig hoch aktuell...).

Moore weist nach, dass dieser Beispielsatz weder logisch korrekt noch empirisch gehaltvoll ist. Denn in ihm wird aus einem Sachverhalt (einem Leben gemäß der Natur) ein Wert („gut") abgeleitet. Diese Ableitung ist ungültig. Auf der Sachebene stellt sich zudem das Problem, dass zur Natur nicht nur Gesundheit und Leben, sondern auch Krankheit und Tod gehören. Die Vitalität von Parasiten beispielsweise schädigt den Wirts-Organismus. Die Gleichungen *naturgemäß = gut*; *gegen die Natur = schlecht* ergeben also keinen Sinn.

G. E. Moore schließt daraus, dass die Naturbetrachtung und allgemein die empirische Beobachtung von Tatsachen oder Sachverhalten allein keine geeigneten Grundlagen zur Gewinnung ethischer Urteile abgeben. Daher rührt der Name, „naturalistischer Fehlschluss". Dieser Fehlschluss beschränkt sich nicht auf die Ethik, sondern bezieht sich auf Werturteile allgemein.

2.4.2. Der Fehlschluss vom Sein auf das Sollen: David Hume

Im frühen 18. Jahrhundert hat der englische Philosoph David Hume [1711-1776] geschrieben:

> „In jedem Moralsystem, das mir bisher vorkam, habe ich immer bemerkt, dass der Verfasser eine Zeitlang in der gewöhnlichen Betrachtungsweise vorgeht (...). Plötzlich werde ich damit überrascht, dass mir anstatt der üblichen Verbindungen von Worten mit ‚ist' und ‚ist nicht' kein Satz mehr begegnet, in dem nicht ein ‚sollte' oder ‚sollte nicht' sich fände. Dieser Wechsel vollzieht sich unmerklich; aber er ist von größter Wichtigkeit. Dies sollte oder sollte nicht drückt eine neue Beziehung oder Behauptung aus (...). [Ich] erlaube mir, [diese Vorsicht] meinen Lesern zu empfehlen; ich bin überzeugt, dass dieser kleine Akt der Aufmerksamkeit alle gewöhnlichen Moralsysteme umwerfen (...) würde (...)". – Kurz: Aus dem „ist" lässt sich kein „soll" folgern (Hume 1739/40; Buch III, Abschnitt 1, S. 211f.).

Der Fehlschluss vom Sein zum Sollen wird häufig und in den verschiedensten Zusammenhängen begangen. Der Grund ist naheliegend: Die Bilder, die wir uns von Menschen, von der Gesellschaft, von der Natur usw. machen, sind in der Regel nicht wertfrei, sondern wertgeladen.

In diesen Zusammenhang sei an das alttestamentliche Bildnisverbots erinnert: Bilder, die wir uns von Personen machen, sind fast immer wertend. Sie verleiten uns zu Urteilen, die die Betroffenen ihrer Freiheit berauben, sie entweder abqualifizieren oder auf etwas Bestimmtes festnageln.

2.4.3. „Natur" und „Kultur"

Beide Begriffe, „Natur" und „Kultur", spielen bei Wertungen eine wichtige, aber manchmal recht dubiose Rolle.

Betrachten wir als Beispiel ein paar Argumente pro und kontra Homosexualität: Es gibt genau vier Möglichkeiten, Homosexualität positiv oder negativ mit der Natur in Verbindung zu bringen (Tabelle 2.7). Alle vier Varianten sind historisch belegt – lauter „Pseudo-Begründungen", wie wir gestützt auf Hume und Moore feststellen müssen.

Um die Begründung der Thesen zugunsten oder gegen Homosexualität „logisch" zu reparieren, müsste man eine allgemeine Wertprämisse einführen, z.B. „Alles Verhalten, das sich in der Natur beobachten lässt, ist moralisch gut", bzw. „schlecht" usw. Jede solche Wertprämisse wäre willkürlich und viel zu pauschal, um plausibel zu sein.

Tabelle 2.7.: Pro und kontra Homosexualität (nach Dahl 1991, S.272-277)

	↗... sie kommt nicht in der Natur vor	↗... sie kommt in der Natur vor
Homosexualität ist schlecht, denn ... ↗	1. Homosexualität kommt in der Natur nicht vor, sie ist widernatürlich, daher moralisch schlecht. Platon (Nomoi): „aber das von Männern beim Verkehr mit Männern oder von Frauen beim Verkehr mit Frauen genossene Vergnügen scheint wider die Natur, ein schweres Verbrechen..."	2. Homosexualität kommt in der Natur vor, sie ist folglich unter dem Niveau des Menschen, also unmoralisch. Bernhard von Cluny (Christliches Mittelalter): Homosexuelle sind „tierisch", also „unrein" – „nicht besser als eine Hyäne".
Homosexualität ist gut, denn ... ↗	3. Homosexualität kommt in der Natur nicht vor; sie ist edler als alles Natürliche und daher moralisch gut. Pseudo-Lukian (Antike): „Löwen kennen solche Liebe nicht, da sie auch keine Philosophen sind. (...) Aber bei den Menschen hat die Weisheit (...) die Meinung gebildet, dass gleichgeschlechtliche Liebe die stabilste Liebe sei."	4. Homosexualität kommt in der Natur vor; sie ist durch sie geheiligt und also moralisch gut. Marquis de Sade empfahl in seiner „Philosophie im Boudoir", man solle der ‚Moral der Natur' gehorchen. Für ihn gab es keine sexuelle Absonderlichkeit, die nicht natürlich und also nicht gutzuheißen wäre.

Es gibt eine Vielzahl weiterer Beispiele naturalistischer Fehlschlüsse. Außer der „*Natur*" sind häufig gewählte Ausgangspunkte *Entwicklung* und *Evolution* (ihnen wird unterstellt, das moralisch Gute zu fördern), *Lust* (deren Steigerung das Gute definieren soll), *der Wille der demokratischen Mehrheit* (das, wofür die Mehrheit votiert, gilt als gut), *Neuheit* (das Neuste ist das Beste) und *Effizienz* (je effizienter, desto besser, unabhängig vom Kontext).

2.4.4. Das Wertfreiheitspostulat (Max Weber)

Bis in die frühen achtziger Jahre des 20. Jahrhunderts war das Postulat der Wertfreiheit hoch im Kurs. Dieses Postulat, das auf Max Weber [1864-1920] zurückgeht (Weber 1904 und 1917), stützt sich auf die Annahme, Wissenschaft sei wertfrei, und fordert, dass sie wertfrei betrieben werden solle. Die Wissenschaft – so Weber – erforsche nur Mittel-Zweck-Beziehungen. Es könne also „niemals Aufgabe einer Erfahrungswissenschaft sein (...), bindende Normen und Ideale zu ermitteln, um daraus für die Praxis Rezepte ableiten zu können" (Weber 1904, S. 149).

Wertungen hängen immer von einer subjektiven Einschätzung ab: „Es gibt keine schlechthin ‚objektive' wissenschaftliche Analyse des Kulturlebens (...) unabhängig von speziellen und ‚einseitigen' Gesichtspunkten" (a.a.O., S. 170). Die Geltung von Werten „zu *beurteilen*, ist Sache des *Glaubens*" (a.a.O., S. 152). – Da die Wissenschaft keine Werte liefere, sei eine verbindliche Erkenntnis von Werten unmöglich.

Wie ist diese These selbst zu beurteilen? Karl-Raimund Popper [1902-1994] hält Weber zwei Argumente entgegen:

1. „Wir können dem Wissenschaftler nicht seine Parteilichkeit rauben, ohne ihm auch seine Menschlichkeit zu rauben. Ganz ähnlich können wir nicht seine Wertungen verbieten oder zerstören, ohne ihn als Menschen *und als Wissenschaftler zu zerstören*" (Popper 1969, S. 114).

2. Die „Wertfreiheit selbst [ist] ein Wert" – so, wie auch Wahrheit ein Wert ist – ein innerwissenschaftlicher Wert. Popper folgert: Webers „Forderung der unbedingten Wertfreiheit [ist] paradox" (a.a.O., S. 115).

Dieser Befund ist nicht weiter erstaunlich. Denn wenn wir festlegen wollen, was Wissenschaft ist, was sie tun darf oder tun muss usw., können wir Tatsachen, Werte und Normen nicht immer systematisch auseinander halten. Dies zeigt sich auch am Wertfreiheitspostulat selber: Die Behauptung, gute Wissenschaft sei wertfrei, erweist sich selber als Zwitterding zwischen einer Aussage und einer Vorschrift.

Popper schlägt deshalb vor, zwischen persönlichen und wissenschaftlichen Wertfragen („nach Wahrheit, Relevanz, Einfachheit und so weiter") zu unterscheiden und sie nicht zu vermengen. Es sei „eine der Aufgaben der wissenschaftlichen Kritik (...), [solche] Wertvermischungen bloßzulegen und die rein wissenschaftlichen Wertfragen (...) von außerwissenschaftlichen Fragen zu trennen" (ebd.).

> „Tugendethiken lehnen (...) die Vorstellung ab,
> es gebe Prinzipien, die bestimmen, was zu tun
> ist und was nicht."
>
> K. Rippe / P. Schaber (1998, S. 8.)

I. 3. Wertgeschätzte Haltungen: Tugenden

Im ersten Kapitel wurde Moral als ein Ensemble oder System von Regeln bzw. von Pflichten und Rechten definiert. Ist Moral aber immer und zwingend an ein solches Regelsystem gebunden? Gibt es nicht auch wechselseitige soziale Erwartungen, die keinen Verpflichtungscharakter haben? – Doch, es gibt sie, und sie beziehen sich nicht auf das konkrete Verhalten, sondern auf *Haltungen* und *Einstellungen* oder, anders ausgedrückt, auf *Handlungsgewohnheiten* oder *Haltungen*. – Diese sind Gegenstand des vorliegenden Kapitels.

Wir beurteilen nicht nur konkrete Verhaltensweisen, sondern werten oft auch die ihnen zugrunde liegende *Einstellung* oder – noch weitergehend – den *Charakter* einer Person bzw. die *Person selber*. Es gibt Menschen, die nicht bloß ihre Pflichten erfüllen, sondern mehr tun, als sie unbedingt müssten. Dieses „mehr tun" lässt sich in einer Pflichtenethik nicht erfassen (es ist, mit einem lateinischen Wort, „supererogatorisch").

Die Wertung der Haltungen bzw. des Charakters von Personen ist gewöhnlich nicht einfach subjektiv, sondern entspricht einem kollektiven Konsens. Es handelt sich um eine Art kollektiver Wertung: Gegenüber Haltungen wie Hilfsbereitschaft, Toleranz und Pünktlichkeit fällt sie in der Regel positiv und gegenüber Egoismus, Intoleranz und Unpünktlichkeit negativ aus ...

Eine Haltung ist nicht dasselbe wie eine Regel, und noch weniger ist sie eine Aktivität. Wer sich Ehrlichkeit angewöhnt hat, wird *meistens* die Wahrheit sagen, aber vielleicht doch *nicht immer*. Und wer zur Unpünktlichkeit neigt, kann ausnahmsweise auch einmal pünktlich erscheinen.

Mit moralischen Emotionen reagieren wir auf konkrete Handlungen, die andere Personen schädigen, nicht auf Haltungen. Wer nicht freigiebig ist, erntet deswegen keine Empörung; wer sich hingegen großzügig zeigt, wird gelobt und erntet Dankbarkeit. Eine positive Haltung, die gewissermaßen als Standard gilt, hat Beispiel- oder Vorbildcharakter. Eine Vorschrift an andere ist sie deswegen nicht. Wer umgekehrt durch Haltungen wie Aufdringlichkeit und Geschwätzigkeit auffällt, tut damit nichts Verbotenes, macht sich aber gleichwohl unbeliebt. Sozial wertgeschätzte Haltungen sind also etwas anderes als Normen oder Verbote – sie gehen über den Bereich dessen, was wir voneinander fordern, hinaus. Es gibt Haltungen mit eindeutig ethischem Gehalt – Ehrlichkeit, Toleranz, Hilfsbereitschaft, andere Haltungen aber sind nicht selber ethischer Natur. Von ethischer Bedeutung ist hingegen wieder, *welche Haltungen* wir uns überhaupt aneignen. Humor und Zivilcourage z.B. sind *ethisch wertvoller* als Humorlosigkeit und Duckmäuserei. Eine Haltung kann auch Verhaltensweisen begünstigen, die je nach Kontext bald ethisch wertvoll und bald unethisch sind: Eine gewisse Unsensibilität, ja Kaltblütigkeit schützt den Notfallarzt bei einem Katastropheneinsatz davor, sich von seinem Mitgefühl mit den Verletzten lähmen zu lassen. Anders bei einem Raubmörder: Die Unsensibilität ist hier eher eine psychische Begleiterscheinung seiner Brutalität, die er ohne sie womöglich gar nicht entwickelt hätte.

Die Ausbildung von Haltungen mit Exzellenzcharakter ist in der Pädagogik ein zentrales Thema. Im parallelen Kapitel des II. Teils wird es wieder aufgenommen – allerdings geht es dort nicht mehr direkt um individuelle Haltungen, sondern um Standards im Zusammenhang mit menschlichen Fähigkeiten und ihrer Ausbildung allgemein.

3.1. „Tugenden": Haltungen mit Exzellenzcharakter

Der klassische Ausdruck für Haltungen mit Exzellenzcharakter ist das Wort „Tugend". Im Deutschen klingt dieses Wort etwas verstaubt und wird deswegen heute kaum noch verwendet – anders als die entsprechenden Ausdrücke in den romanischen Sprachen (frz. „vertu", ital. „virtù", span. „virtud").

Im Deutschen wurde dieser Begriff außer in Ethik-Lehrbüchern lange Zeit fast nur noch ironisch verwendet. Eine Tugendethik passt – so wird häufig argumentiert – aus zwei Gründen nicht mehr gut in eine moderne Gesellschaft: Erstens stellt sie sehr hohe Ansprüche, und Ansprüche, hinter die man fast zwangsläufig zurückfällt, sind kontraproduktiv; und wer nicht einlösbare Ansprüche propagiert, läuft Gefahr, nicht nur unglaubwürdig zu erscheinen, sondern sich womöglich zu einer Witzfigur zu machen. Zweitens gibt es in pluralistischen Gesellschaften keinen genügend breiten Konsens mehr über Tugenden im klassischen Sinn. – Auf diese Einwände wird noch einzugehen sein (Kapitel 3.3 und 3.4.). Doch zunächst soll der Tugendbegriff noch etwas genauer erläutert werden.

3.2. Aristoteles' Begriffsanalyse der Tugend

Eine der aussagekräftigsten Definitionen des Tugend-Begriffs stammt immer noch von Aristoteles [384-322 v. Chr.] und steht in seiner „Nikomachischen Ethik" (2. Buch). Seine Ausführungen sind zwar 2300 Jahre alt, aber in vielen wesentlichen Einzelheiten immer noch klarer als vieles, was später über das Thema geschrieben worden ist. Die aristotelischen Tugenden [*aretái*] umfassten auch andere als rein moralische Eigenschaften – Gewandtheit und Besonnenheit zum Beispiel. In der Neuzeit ist der Tugendbegriff allerdings vermehrt auf die moralische Dimension eingeengt worden. Ein Großteil der nach-aristotelischen Tugenddefinitionen bis in die Gegenwart knüpft direkt oder indirekt, meistens über Thomas von Aquin, an Aristoteles an und übernimmt auch treu einen Teil seiner Beispiele (z.B. Foot 1997; Brantschen 2005), obwohl sich inzwischen auch ganz andere Beispiele nahelegen. – Die Tugend-Definition des Aristoteles umfasst vier Aspekte:

1. Eine Tugend ist eine *Haltung* oder *Willensdisposition* [*héxis*]. Unter einer Haltung versteht man eine erworbene, also nicht angeborene, Verhaltensgewohnheit. Man erwirbt sie, indem man sich immer wieder in entsprechender Weise verhält. Man kann sich angewöhnen, anderen, die uns um Hilfe bitten, diese Hilfe nach Möglichkeit zu gewähren, bei Verabredungen pünktlich zu erscheinen usw. Die Nachahmung passender Vorbilder unterstützt diesen Gewöhnungsprozess. Die Aneignung einer Haltung ist aber nicht zuletzt auch eine Frage des Willens: Der Charakter einer Person zeigt sich vor allem am Ensemble ihrer Haltungen.

2. Die Haltungen, die Aristoteles in seiner Tugend-Lehre diskutiert, beziehen sich auf den *Umgang mit Affekten und Leidenschaften*. Wir können auch sagen: auf den Umgang mit unseren Gefühlen und Emotionen. Vorrangig geht es bei Aristoteles um den Umgang mit Lust und Unlust. Eine Tugend ist also nicht etwa selbst eine Emotion oder Leidenschaft [*páthos*]; ebenso wenig ist sie eine Quelle aktiver Tätigkeit [*dýnamis*]. Am besten kann man sie als einen Mechanismus der Emotionsregulierung und in zweiter Linie der Verhaltens-Regulation bezeichnen. Da die Emotionen im zwischenmenschlichen Umgang eine entscheidende Rolle spielen, sind auch die Tugenden hier von entsprechender Bedeutung (vgl. dazu Smith 1759).

3. Eine Tugend [*areté*] ist eine Haltung, die *positive soziale Wertschätzung* erfährt. Das Gegenteil, das Laster [*kakía*], stößt auf Tadel und Kritik. Die Frage nach dem Maßstab dafür, welche Haltungen positiv und welche negativ sind, beantwortete Aristoteles mit dem Hinweis auf die Natur des Menschen. Positiv sind Haltungen, die sich förderlich auf die menschliche Gemeinschaft und auf den Einzelnen auswirken, negativ solche mit entsprechend schädlichen oder unerfreulichen Auswirkungen.

4. Eine Tugend liegt *zwischen zwei entgegen gesetzten Extremen*. Diese Extreme sind ebenfalls Haltungen, und zwar solche, die eher Kritik als sozialen Applaus hervorrufen. Die „Tugend" muss nicht genau in der Mitte liegen, häufig ist sie einem der beiden Extreme näher als dem anderen.

Tabelle 3.1.: Tugend als mittlere Haltung. Vier aristotelische Beispiele

Das eine Extrem: „zu wenig"	*Die Mitte, das richtige Maß: „Tugend"*	*Das andere Extrem: „zu viel"*
Feigheit	Tapferkeit	Tollkühnheit
Geiz, Kleinlichkeit	Großherzigkeit, Freigiebigkeit	Prunksucht, Verschwendungssucht
Initiativlosigkeit, Schlaffheit	Besonnenheit	Zügellosigkeit
Liebedienerei (umgangssprachl.: „Arschkriecherei")	Persönliche Zurückhaltung	Streitsucht (vgl. umgangssprachlich: „Querulant")

Den Erwerb sozial wertgeschätzter Haltungen bringt Aristoteles mit zwei Fähigkeiten in Verbindung – der Urteils- und der Willenskraft. Die erste ist rein kognitiv, die zweite liegt der Motivation zu sozialen Lernprozessen zugrunde:

- Das richtige Urteil [*orthós lógos*], d.h. die Fähigkeit, den „goldenen Mittelweg" zu finden; man könnte hier auch von „Augenmaß" sprechen.

- Willensstärke oder Selbstbeherrschung [*enkráteia*] oder die Entschlusskraft, wirklich so zu handeln, wie es allgemein als wünschenswert gilt (und wie man es sich selber wünscht).

Es gibt also unterschiedliche Wege, auf denen man sich eine Tugend erwirbt: Der eine ist, wie bereits kurz erwähnt, die Gewöhnung: Ein Kind eignet sich eine Reihe von Verhaltensweisen an, die es in seinem gesellschaftlichen Milieu beobachtet, und verbindet mit ihnen eine Einstellung der Wertschätzung. „*Éthos*" bedeutet bei Aristoteles auch „Gewohnheit". Von hier aus ergibt sich unmittelbar die Bedeutung des Wortes „*ēthiké*" – Charaktererziehung, Lehre von der Aneignung der richtigen Haltungen. Der andere Weg ist die Belehrung [*didaskalía*]. Sie kommt zur Gewöhnung unterstützend hinzu. Durch Gewöhnung und Belehrung werden auch die intellektuellen Tugenden [*aretaí dianoētikaí*] erworben, zu denen etwa Klugheit, Einsicht, Wahrhaftigkeit und Weisheit gehören (Aristoteles diskutiert diese Tugenden im 6. Buch der Nikomachischen Ethik).

Das Gegenteil einer Tugend, die Untugend oder das Laster [*kakía*], beruht entsprechend entweder auf Willensschwäche [*akrasía*] oder auf Unkenntnis, Unwissenheit [*ágnoia*]. Willensschwache Personen sind unbeherrscht und haben ihre Emotionen nicht im Griff. Sie handeln, als ob sie durch äußere Gewalt [*bía*] getrieben wären.

Aristoteles vertrat die Auffassung, der Maßstab dafür, welche Haltungen positiv und welche negativ seien, liege in der Natur des Menschen; denn der Mensch sei ein von Natur aus mit Vernunft begabtes Lebewesen, und die Vernunft weise ihm bei der Frage nach dem richtigen Verhalten den Weg. Die Fähigkeit, seine Handlungen an vernünftigen Entscheidungen auszurichten, sei im Übrigen selbst eine Tugend...

Fasst man die *Essentials* der aristotelischen Tugendlehre zusammen, so klingt dies etwa so: Tugend ist eine erworbene Haltung, die soziale Wertschätzung erfährt; sie bezieht sich auf die Art und Weise, wie wir uns zu unseren Emotionen und Affekten verhalten, und liegt ungefähr in der Mitte zwischen zwei Extremen. Selbstbeherrschung bzw. Willenskraft und klarer Verstand sind für den Aufbau von Tugenden die wichtigsten Voraussetzungen.

3.3. Einwände gegen eine Tugend-Ethik

Aus moderner Sicht lassen sich gegen eine an Tugenden orientierte Ethik vier Einwände formulieren:

1. Was ist das, was Aristoteles als „die Natur des Menschen" bezeichnet? – Wir würden heute sagen, der Begriff „Natur" verweise auf das Bild, das man sich vom

Menschen macht. Nun finden wir in unterschiedlichen Epochen und in unterschiedlichen Gesellschaften recht *unterschiedliche Menschenbilder*. Schon Aristoteles hat beobachtet, dass die Tugendkataloge in Sparta und Athen nicht genau übereinstimmten. Im christlichen Mittelalter wurden zum Teil andere Tugenden hochgehalten als in der vorchristlichen Antike, und nochmals andere in der Moderne. In der griechischen Antike waren Tapferkeit und Weisheit hoch angesehene Haltungen, im christlichen Mittelalter Frömmigkeit und Demut, in frühkapitalistischen Gesellschaften Fleiß und Pünktlichkeit. Heute, in der spätkapitalistischen Moderne, stehen Anpassungsfähigkeit und Flexibilität hoch im Kurs. Rasch zu Reichtum zu kommen, gilt in modernen Gesellschaften als ein Zeichen der Tüchtigkeit, in den meisten traditionellen Gesellschaften Afrikas hingegen als ein Indiz für eine unsoziale Haltung. Was dort eine Tugend ist, ist hier ein Laster. Ob eine Haltung als Tugend, als Laster oder als etwas zwischen diesen Extremen gilt, hängt von der Gesellschaft ab, in der wir leben. Tugenden und Laster spiegeln gesellschaftliche Wertungen, und diese sind veränderlich. So haben menschliche Gesellschaften im Verlauf der Geschichte recht unterschiedliche Tugendkataloge aufgestellt (MacIntyre 1981). – Führt eine Tugendethik also nicht in einen ethischen Relativismus (vgl. Kapitel 10)?

2. In einer Gesellschaft, die *raschem sozialem Wandel* unterworfen ist, sind Tugenden fehl am Platz; der Begriff der „Tugend" klingt *antiquiert*:

„Solche Ethiken, die Ideale menschlichen Verhaltens in konkreten Situationen, in Freundschaft, Ehe und Familie, in unterschiedlichen Berufen und sozialen Rollen, in den verschiedenen Lebensaltern, in Gesundheit und Krankheit usw. darstellen, sind heute fast ausgestorben. Es gibt zwar hie und da Wiederbelebungsversuche, die aber wohl wenig aussichtsreich sind, denn Tugenden können sich nur in relativ wohldefinierten und dauerhaften Sozialstrukturen ausbilden und Vorbildfunktion haben. Unser Leben wandelt sich jedoch heute so schnell, dass die Ideale von gestern morgen schon wieder antiquiert sind" (von Kutschera 1999, S. 224).

3. Der Appell an Tugenden provoziert leicht eine *Doppelmoral*. Der Theologe und Philosoph Romano Guardini schrieb anfangs der sechziger Jahre in diesem Zusammenhang:

„Ich nehme an, wenn Sie das Wort [„Tugend"] hören, haben Sie das gleiche Gefühl wie ich, wenn ich es ausspreche: ein Unbehagen, einen Anreiz zum Spott... Dieses Gefühl ist verständlich. In ihm steckt eine Opposition gegen den moralischen Anspruch (...), im Guten gefestigt, sittlich überlegen zu sein. Darüber hinaus das Misstrauen, der Anspruch enthalte Heuchelei, weil gegen das Gutsein in Wahrheit doch immer wieder gefehlt, hier aber das Fehlen nicht zugegeben bzw. versteckt wird... In dieser Opposition ist auch etwas sehr Schönes; jene Scham, die sich überhaupt gegen die Betonung des Ethischen wehrt." Das Ethische „soll wirksam sein, aber von innen her. Es soll in allem das Wichtigste sein, sich aber nicht direkt und als solches vordrängen" (Guardini 1993 I., S. 316).

4. Ein weiterer Einwand stammt, wie der erste, vom amerikanischen Philosophen Alisdair Macintyre (1981): Tugend-Ethiken sind mit modernen Gesellschaften grundsätzlich unvereinbar. *Sie passen nicht zum Individualismus, wie er für die moderne westliche Gesellschaft charakteristisch sei.* Man kann ergänzen: Eine Gesellschaft, deren Mitglieder sich anhand eines Kataloges von Tugenden gegenseitig beurteilen, ist eine Gesellschaft mit starker Sozialkontrolle. Im griechischen Stadtstaat [pólis], den Aristoteles vor Augen hatte, wurde von den einzelnen Personen erwartet, dass sie ihr

Verhalten auf die von der Gemeinschaft gesetzten Maßstäbe ausrichteten. Das galt ähnlich auch noch im christlichen Mittelalter und gilt bis heute in den schwach oder gar nicht industrialisierten Gesellschaften Asiens, Afrikas und Lateinamerikas. In diesen Gesellschaften ist der Individualismus schwächer ausgeprägt als in den modernen westlichen Gesellschaften. Somit drängt sich die Vermutung auf, dass der Individualismus der Moderne, zumindest in seinen exzessiven Formen, unvereinbar ist mit der Forderung, der Einzelne müsse sich an den Erwartungen der Gesellschaft, in der er lebt, orientieren. Inwiefern diese Vermutung zutrifft, ist nun im Folgenden zu diskutieren.

3.4. Passen Tugenden in die moderne Gesellschaft?

Trotz der erwähnten Kritiken feiert der Tugend-Begriff heute eine kleine Renaissance. Man begegnet immer häufiger der Überzeugung, der moderne Individualismus sei keineswegs ein Hindernis für eine Tugendethik (Bollnow 1959). Tatsächlich unterscheiden auch wir als Bürger moderner Gesellschaften klar zwischen Haltungen, die Applaus, und solchen, die Kritik verdienen. Auch in pluralistischen Gesellschaften herrscht in diesen Dingen anscheinend keine grenzenlose Beliebigkeit. Es lassen sich im Gegenteil zahlreiche Beispiele von Haltungen nennen, die in zeitgenössischen Gesellschaften von einer Mehrheit der Menschen, vielleicht von praktisch allen, wertgeschätzt sind, wie etwa Toleranz, Zivilcourage, Flexibilität (drei typisch moderne Tugenden!) oder – ein etwas zeitloserer Wert – Humor. Und es gibt andere, die mit Kritik belegt sind, wie Intoleranz, Unflexibilität, Humorlosigkeit. Keines dieser Beispiele ist von Aristoteles genannt worden, vermutlich weil sie im Alltag der altgriechischen Gesellschaften keine nennenswerte Rolle gespielt haben.

Bei einer Theorie, die über 2000 Jahre alt ist, stellt sich dennoch die Frage, was sie uns heute noch zu bieten hat. Auf die genannten Beispiele von Haltungen, die in unserer zeitgenössischen Gesellschaft wertgeschätzt werden, treffen immerhin die ersten drei Aspekte der aristotelischen Definition zu: Sie werden erworben, haben direkt oder indirekt mit der Regulierung unserer Affekte und Emotionen zu tun, und sie erfahren soziale Wertschätzung. Wie steht es mit dem vierten Kriterium, demzufolge eine Tugend nicht nur einer Untugend, sondern gleich zweien gegenübersteht? Von ihm ist in der einschlägigen Literatur heute praktisch nirgends die Rede, weshalb die Vermutung naheliegt, es handle sich um eine Spezialität von Aristoteles. – Und doch zeigt sich bei näherem Hinsehen, dass auch dieses letzte Kriterium nicht der Aktualität entbehrt. Man kann dies leicht an ein paar Haltungen überprüfen, die sich einer ziemlich verbreiteten Wertschätzung erfreuen, obwohl Aristoteles nie auf die Idee gekommen wäre, sie in seine Tugend-Liste aufzunehmen (vgl. Tabelle 3.3).

Offensichtlich verhindert der ausgeprägte Individualismus, der unsere Gesellschaft im Unterschied zu vorindustriellen Gesellschaften prägt, nicht, dass wir uns immer noch an Haltungen orientieren, die soziale Wertschätzung erfahren, und eigenartiger Weise gilt auch für die meisten zeitgenössischen Beispiele wertgeschätzter Haltungen, dass ihnen nicht eine einzige, sondern zwei Haltungen gegenüberstehen, die einen negativen Ruf haben. Es gibt sie also heute noch, die Tugenden – auch wenn sie im deutschen Sprachraum kaum noch mit diesem Begriff bezeichnet werden. Und das vierte Kriterium, das Aristoteles nennt, trifft auf die Haltungen, die wir heute besonders wertschätzen, in der überwiegenden Mehrzahl der Fälle ebenfalls immer noch uneingeschränkt zu (Tabellen 3.1 und 3.2).

Kasten 3.2.: Ist der Tugend-Begriff noch zeitgemäß?

In den fünfziger Jahren des 20. Jahrhunderts hat der Pädagoge Otto F. Bollnow über den paradoxen Sachverhalt nachgedacht, dass *einerseits* der Tugend-Begriff antiquiert und nicht mehr zu gebrauchen ist, dass aber *andererseits* der Sache selbst nach wie vor ungebrochene Aktualität zugesprochen werden muss. Es lohnt sich, diesen Gedanken in extenso zu zitieren:

„[...] die Abwertung und Auflösung hat sogar diesen allgemeinsten Begriff [der Tugend] ergriffen. Wenn man auf einem alten Friedhof die Inschriften verwitterter Grabsteine liest, dann findet man oft: Hier ruht der tugendhafte Jüngling, die tugendhafte Jungfrau und so weiter. (...) Noch um die Zeit der deutschen Klassik konnte sich ein Kreis besonders ernsthaft um ihre Vollendung ringender junger Menschen als ‚Tugendbund' bezeichnen. Es ist ganz undenkbar, dass sich eine heutige Jungendorganisation unter demselben Namen zusammenfinden würde. Sie würde dem Fluch der Lächerlichkeit verfallen. Und ich glaube, kein junger Mensch würde sich heute gern als tugendhaft bezeichnen lassen. Worauf beruht dieser Eindruck der Lächerlichkeit, der heute dem Wort anhaftet? (...)

So wie die Tugendhaftigkeit heute verstanden wird, besteht sie in einem äußerlich korrekten Lebenswandel. Der Tugendhafte ist derjenige, der keines der geltenden Sittengebote übertritt oder von dem wenigstens keine Übertretung dieser Gebote bekannt wird. Das geht dann leicht hinüber zum Ängstlichen und Leisetreterischen, zum Mangel an Unternehmungsgeist und Zivilcourage. Ja, es nimmt darüber hinaus leicht etwas Scheinheiliges und Musterschülerhaftes an, einen Zug der Bravheit, die nur aus der Schwäche entspringt. Und damit verbindet sich dann leicht noch etwas Scheinheiliges und Eingebildetes. Der Tugendhafte hält sich etwas zugute auf seine Tugend."

Vergleicht man die heutige Bedeutung des Wortes „Tugend" mit derjenigen, die sie in der Antike bei den Griechen und Römern hatte, so stellt man mit Verwunderung fest, „dass dieser unser moderner Tugendbegriff keineswegs so selbstverständlich ist, wie er zunächst schien, dass er sich vielmehr als das Spätprodukt einer bestimmten geschichtlichen Entwicklung aus ursprünglich sehr andersartigen und sehr viel kräftigeren Auffassungen entwickelt hat" (Bollnow 1959, S.11-13).

„Man kann bei einer behutsamen Betrachtung der Wörter, mit denen der heutige Mensch im unbefangenen Sprachgebrauch sein Verhalten im Guten wie im Bösen kennzeichnet, viel über die sich neu ausbildenden, spezifisch modernen Tugenden erfahren.

(...) Da ist z.B. die *fairness*, halb noch ein Fremdkörper in unserer Sprache, aber heute schon lange über den engeren Bereich des Sports hinausgedrungen, als Kennzeichen der menschlichen Beziehungen überhaupt, wie sie sich aus dem geregelten Zusammenspiel gleichberechtigter Partner ergeben, als Ausdruck einer ritterlichen Gesinnung, die einen zufälligen Vorteil nicht ausnutzt, sondern dem andern immer die gleiche Chance zubilligt. Aus dem sportlichen Spiel ist ein in Regeln kaum fassbares und dennoch ungeheuer fein reagierendes Kriterium menschlichen Verhaltens geworden" (a.a.O., S.14).

Tabelle 3.3: Moderne Haltungen, die der aristotelischen Tugenddefinition entsprechen

Untugend: Haltung des Zuwenig	Tugend: mittlere Haltung	Untugend: Haltung des Zuviel
Unsicherheit, Schüchternheit/ Duckmäuserei	Zivilcourage, Selbstsicherheit	Selbstüberschätzung, Geltungssucht, Vorwitzigkeit
Unflexibilität	Flexibilität	Wankelmütigkeit, Unberechenbarkeit
Intoleranz	Toleranz	Indifferenz
Pedanterie	Zuverlässigkeit, Korrektheit	Unzuverlässigkeit, Schludrigkeit
Humorlosigkeit	Humor	Unernst

3.5. Nicht-relative (= universalistische) Tugenden

Wie steht es aber mit dem Relativismus-Vorwurf, demzufolge jede Gesellschaft ihren eigenen Tugend-Katalog kennt, die Wertschätzung für eine Tugend also stets historisch und geographisch beschränkt ist? Obwohl dies für viele Beispiele wertgeschätzter Haltungen zweifellos zutrifft, wäre es voreilig, aus dieser Tatsache schließen zu wollen, dass es keine universalistischen Tugenden geben könne. Die Bilder, die sich verschiedene Gesellschaften von der menschlichen Natur machen, gehen zwar weit auseinander, aber doch nicht so weit, dass die Suche nach Gemeinsamkeiten sinnlos würde. Es ist nicht ausgeschlossen, dass Vertreterinnen und Vertreter der verschiedensten Gesellschaften (vielleicht mit Ausnahme der Jäger- und Sammlergesellschaften) sich in den Grundzügen auf ein bestimmtes Menschenbild einigen könnten. Und es ist nicht unmöglich, dass bestimmte Haltungen und Einstellungen überall oder fast überall in zivilisierten Gesellschaften auf positive Anerkennung stoßen oder doch zumindest stoßen würden, wenn sie sich überall etablierten.

Eine Autorin, die dezidiert diesen Standpunkt vertritt und die Idee universalistischer Tugenden verteidigt, ist Martha Nussbaum (1993, 1999). Nussbaum ist Philosophin, nicht Ethnologin, und sie hat ihre These nicht empirisch überprüft. Zu ihren Gunsten sprechen allerdings Plausibilitätsargumente. So ist es beispielsweise kein Zufall, dass Geduld für friedliche und konstruktive Formen des Zusammenlebens besser geeignet ist als Ungeduld, Freundlichkeit besser als Aggressivität und Sachlichkeit besser als Voreingenommenheit. Wie diese Beispiele nahelegen, ist es zumindest nicht vollständig beliebig, welche Haltungen es verdienen, allgemein wertgeschätzt zu werden und welche nicht. Nussbaum (1998, S.158) entwickelt eine philosophische Anthropologie, auf deren Grundlage die Annahme universalistischer Tugenden durchaus nahe liegt.

Nicht-relative (= universalistische) Tugenden

Tabelle 3.4: Aristoteles weiterdenken: Positiv bewertete Haltungen und Charaktereigenschaften heute. – Hinweis: Diese Tabelle berücksichtigt die Beobachtung von Aristoteles, dass eine „Tugend" zwischen zwei negativen Extremen liegt (und bald dem einen, bald dem anderen näher steht). Die meisten Beispiele sind von Aristoteles nicht thematisiert worden, und viele stehen zur Ethik nur in lockerer Beziehung. Es wird keine Vollständigkeit beansprucht.

	Dimension des Verhaltens	Negative Haltung → ‚zu wenig'	Positive Haltung (Tugend) → ‚richtiges Maß'	Negative Haltung → ‚zu viel'
Zwischenmenschliche Beziehungen	Umgangsformen	Grob, unhöflich	höflich	servil, ‚aalglatt'
	Rücksichtnahme auf andere	rücksichtslos, skrupellos	rücksichtsvoll, hilfsbereit	aufdringlich, überbesorgt,
	Umgang mit Meinungsverschiedenheiten und Konflikten	unversöhnlich, nachtragend	versöhnlich, friedfertig, gefällig, kompromissfähig	harmoniesüchtig, verhandlungsschwach, unfähig, nein zu sagen
	Umgang mit zwischenmenschlicher Nähe und Distanz	unnahbar, zurückgezogen	umgänglich, beziehungsfähig, zurückhaltend	aufdringlich, vereinnahmend, undistanziert
	Gestaltung intersubjektiver Beziehungen	unterwürfig	respektvoll, loyal	herrschsüchtig, machtgierig
	Umgang mit dem emotionalen Befinden des Anderen	unsensibel	sensibel, einfühlsam, taktvoll	übersensibel, emotional ungenügend abgegrenzt
Bewertung anderer	Einstellung zu Fremdem u. Ungewohntem	intolerant	tolerant	indifferent, Tendenz wegzusehen
	Beurteilung der Leistungen anderer	nörglerisch, überkritisch	kritisch, anerkennend	unkritisch, schmeichlerisch
Selbstbild – Bild des anderen	Verhältnis zu sich selbst	unsicher	selbstsicher	eitel, selbstverliebt
	Selbstpositionierung im Verhältnis zu anderen	schüchtern	selbstbewusst, umgänglich	arrogant
	Selbstdarstellung gegenüber anderen	überbescheiden, tiefstapelnd	bescheiden, mit ‚Understatement'	hochstaplerisch, ‚Bluffer'
	Selbst- und Situationsdistanzierung	humorlos, ‚bierernst'	humorvoll	unernst, alles ins Lächerliche ziehend
Umgang mit Regeln und Ordnung	Umgang mit Vereinbarungen und Versprechen	unzuverlässig	zuverlässig	pedantisch, überkorrekt
	Umgang mit Regeln	inkonsequent	konsequent	stur
	Umgang mit Ordnung und Organisation	unordentlich, schludrig, chaotisch	ordentlich	Pingelig („Korinthenkacker")
	Umgang mit Ressourcen	geizig, knauserig	selbstgenügsam, sparsam	verschwenderisch, protzig
Verhalten in sensiblen Bereichen	Umgang mit sensiblen Informationen	verschlossen	diskret, verschwiegen	indiskret
	Umgang mit Autoritäten	aufmüpfig, querulatorisch	Zivilcouragiert, „mit Rückgrat"	schleimig, servil, „arschkriecherisch"

Als Beispiele erwähnt Nussbaum Gerechtigkeit, Mut und Großzügigkeit. Weitere Beispiele, die sich in diesem Zusammenhang nennen ließen, sind die *Achtung* bzw. der *Respekt* gegenüber anderen Personen (vgl. das folgende Kapitel 4.), die *Rücksichtnahme* und – in modernen Gesellschaften besonders wesentlich – die *Toleranz*.

3.6. Beispiel Toleranz (vgl. Kapitel 10.4.)

Zur Veranschaulichung soll auf das Beispiel Toleranz näher eingegangen werden. Zunächst ist Toleranz eine Eigenschaft, auf die alle vier von Aristoteles einer Tugend zugeschriebenen Charaktermerkmale zutreffen: Toleranz ist eine Haltung und als solche nicht angeboren – sie wird durch Sozialisation erworben. Sie erfährt (zumindest in modernen westlichen Gesellschaften) soziale Wertschätzung. Toleranz als Haltung enthält zwar eine intellektuelle Komponente; wesentlicher aber ist, dass sie auch die Regulierung von Emotionen voraussetzt. Und schließlich gibt es zur *Toleranz* nicht nur eine, sondern zwei gegensätzliche Haltungen, die in keinem sehr guten Ruf stehen: *Intoleranz* und *Indifferenz*.

Dass auch die Indifferenz zur Toleranz in einem Gegensatzverhältnis steht, wird häufig übersehen. Viele Menschen setzen alles darauf, nur ja nicht den Anschein von Intoleranz zu erwecken, und schauen bei ethisch unhaltbaren Verhaltensweisen einfach weg. Aus dem gleichen Grund verstehen sich viele Menschen als Relativisten. Um nur ja nicht intolerant, fundamentalistisch oder absolutistisch zu erscheinen, „tolerieren" sie alles und jedes, ohne sich darüber Rechenschaft zu geben, dass es Handlungen, Praktiken und Bräuche gibt, die auf keinen Fall geduldet werden dürfen – Menschenrechtsverletzungen zum Beispiel. Echte Toleranz setzt die Bereitschaft voraus, im Zweifelsfall gegen den *mainstream* zu schwimmen, auch wenn dieser eher zuviel als zu wenig Toleranz empfiehlt.

Aristoteles zufolge muss die positive Haltung nicht exakt in der Mitte zwischen den zwei negativen liegen. Auch dieser Hinweis ist zum Verständnis des Verhältnisses zwischen Toleranz und Intoleranz bzw. Indifferenz wertvoll: Je nach Situation ist es in der Tat angebracht, sich eher in Richtung Intoleranz oder umgekehrt in Richtung Indifferenz zu bewegen. Wo die Grenze zwischen diesen Haltungen im Einzelfall verläuft, bleibt dem „orthos logos" oder dem Fingerspitzengefühl überlassen.

3.7. Anordnung von Haltungen in Werte-Quadraten

Im Anschluss an Helwig (1967, S. 63-75) hat Schulz von Thun (1989, S. 42ff.) das aristotelische Dreierschema (Tugend als Mitte) in ein Viererschema überführt. Dabei hat er sich am „logischen Quadrat" aus der mittelalterlichen Logik orientiert.

Das logische Quadrat:

(A) Nicht alle x sind weiß ← VERSCHIEDENHEIT → Nicht alle x sind schwarz (B)

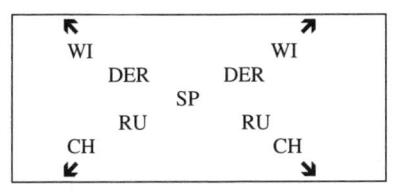

```
┌─────────────────────────┐
│ ↖              ↗        │
│  WI          WI         │
│   DER      DER          │
│      SP                 │
│   RU       RU           │
│  CH         CH          │
│ ↙              ↘        │
└─────────────────────────┘
```

(C) Alle x sind schwarz ← GEGENSATZ → Alle x sind weiß (D)

Die Aussagen (A) und (B) sind verschieden, aber miteinander vereinbar. Sie schließen einander nicht aus. Auch (A) und (C) bzw. (B) und (D) schließen einander nicht aus; die beiden unteren Aussagen enthalten im Übrigen mehr Information als die oberen.

Anders das Verhältnis in den Diagonalen: Die Aussagen (A) und (D) widersprechen einander: (A) negiert (D) und umgekehrt. Dasselbe gilt für die Aussagen (B) und (C). Die beiden unten stehenden Aussagen, (C) und (D), bilden Extrempositionen, die einander ebenfalls ausschließen.

Das Werte-Quadrat – zwei Beispiele:

1. Vertrauen - Vorsicht

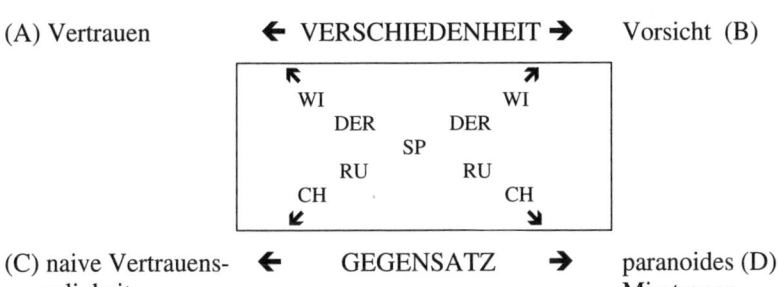

(A) Vertrauen ← VERSCHIEDENHEIT → Vorsicht (B)

```
┌─────────────────────────┐
│ ↖              ↗        │
│  WI          WI         │
│   DER      DER          │
│      SP                 │
│   RU       RU           │
│  CH         CH          │
│ ↙              ↘        │
└─────────────────────────┘
```

(C) naive Vertrauens- ← GEGENSATZ → paranoides (D)
    seligkeit   Misstrauen

2. Eigensinn, Einordnung

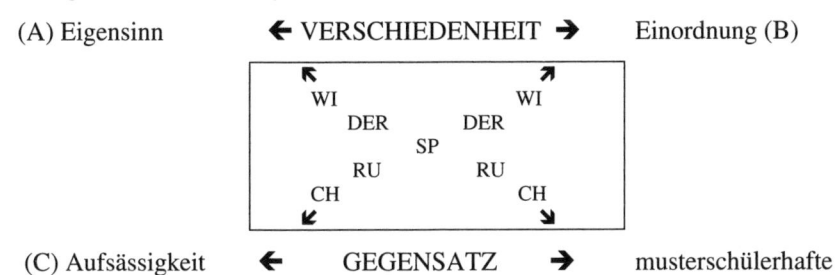

(A) Eigensinn ← VERSCHIEDENHEIT → Einordnung (B)

```
┌─────────────────────────┐
│ ↖              ↗        │
│  WI          WI         │
│   DER      DER          │
│      SP                 │
│   RU       RU           │
│  CH         CH          │
│ ↙              ↘        │
└─────────────────────────┘
```

(C) Aufsässigkeit ← GEGENSATZ → musterschülerhafte
                                 Angepasstheit (D)

Was bei Aristoteles eine statische Anordnung ist, wird im Werte-Quadrat dynamisiert. Die positive Haltung erscheint nun in zwei Varianten (A) und (B). Jeder dieser Varianten kann – je nach Situation – der Vorzugs-Status zukommen, und beide sind sie von einer weniger positiven und einer klar negativen Haltung flankiert: (B) und (C) bzw. (A) und (D). Die beiden oberen Haltepunkte (A) und (B), die die positive Haltungsdimension eingrenzen, stehen zudem zu je einem der Extremwerte (D) und (C) im Widerspruch.

Schulz von Thun kommentiert die Überführung des aristotelischen Dreierschemas in Werte-Quadrate wie folgt: „Zum einen schärft es [das Werte-Quadrat] den Blick dafür, dass sich in dem beklagten Fehler nicht etwas ‚Schlechtes‘ (‚Böses‘, ‚Krankhaftes‘) manifestieren muss, das es ‚auszumerzen‘ gelte. Vielmehr lässt sich darin immer ein positiver Kern entdecken, dessen Vorhandensein zu schätzen ist und allein dessen Überdosierung (des Guten zuviel) problematisch erscheint. Damit ist auch die Entwicklungsrichtung vorgezeichnet: (...) von (C) nach (B), unter Beibehaltung von (A).

Zum anderen ist mit diesem Quadrat die Überzeugung verbunden, dass jeder Mensch mit einer bestimmten erkennbaren Eigenschaft immer auch über einen ‚schlummernden‘ Gegenpol verfügt, den er in sich wecken und zur Entwicklung bringen kann.

Wird mit dieser Sichtweise denn nicht, so mag ein Einwand lauten, der ausgewogenen Mittelmäßigkeit eines Idealcharakters das Wort geredet? Nein, das angepeilte Ideal ist keine statische, sondern eine dynamische Balance. Das heißt, je nach Situation und ihrer je einmaligen Sinngebung kann das Pendel extrem hin- und her schlagen (es gibt Augenblicke, in denen radikale Aufsässigkeit das Gebot der Stunde ist!) – entscheidend ist, dass als innere Möglichkeiten beide Haltungen zur Verfügung stehen. Dies wäre ideal im Sinne menschlicher Freiheit und Bewusstheit, normal ist, dass man ‚von Haus aus‘ der einen Möglichkeit mehr zuneigt und sich mit der anderen schwertut" (Schulz von Thun 1989, S. 44; die beiden Werte-Quadrate finden sich S. 42f.).

I. 4. Achtung und ihr Gegenteil

Die meisten Gesellschaften unterscheiden spontan zwischen einer Ethik im „Nahbereich" und einer solchen im „Fernbereich" (Schulz 1984; Walzer 1996). Wie bereits im ersten Kapitel dargestellt, konzentriert sich ein großer Teil der überlieferten moralischen Regeln auf die menschlichen Beziehungen im „Nahbereich". So hängt etwa der Verpflichtungsgrad des Hilfsgebots gleichsam von der Entfernung ab, in der wir zu anderen Personen stehen (Ritter 2004). Das hat verschiedene Gründe: Es liegt nahe, mit oberster Priorität denjenigen zu helfen, die für uns am leichtesten erreichbar sind. Nähe und Ferne sind hier allerdings nicht nur im geographischen Sinn zu verstehen, sondern auch im Sinne der Gruppenzugehörigkeit, des Verwandtschaftsgrades, der kulturellen und natürlich der emotionalen Nähe, in der wir zu anderen Personen stehen sowie der Intensität des Austauschs mit ihnen.

4.1. Die moralische Bedeutung von zwischenmenschlicher Nähe und Distanz

Wir haben striktere moralische Verpflichtungen gegenüber Personen, mit denen wir zusammenleben, als gegenüber uns ferner stehenden Personen. Wir engagieren uns prima facie lieber für Personen, zu denen wir eine enge emotionale Bindung haben, als für Menschen, die uns emotional fern stehen. In einer Millionenstadt sind die Umgangsformen zwischen Menschen, die einander auf der Straße begegnen, sich aber nicht genauer kennen, anders als in einem Dorf, wo man sich grüßt und wo alle von allen wissen, wer sie sind. In einer Kleinstadt kennt zwar nicht jeder jeden. Kommt man mit jemandem, der einem unbekannt ist, ins Gespräch, so entdeckt man aber leicht ein paar gemeinsame Bekannte. Mit dieser Entdeckung hebt sich der Schleier der Anonymität; die gemeinsamen Bekannten bilden eine Art Garantie dafür, dass die Begegnung zwischen den beiden, die sich erstmals begegnen, gesittet bleibt. Je größer die Stadt, desto geringer ist allerdings die Anzahl gemeinsamer Bekannter. Die Anonymität wächst, und mit ihr steigt auch das Risiko unliebsamer Begegnungen (Kasten 4.1). Dennoch setzen die Menschen nicht nur im Dorf, sondern auch in der Großstadt gewisse Erwartungen ineinander, z.B. die, dass keiner gegen den Anderen Gewalt ausübt.

Kasten 4.1.: Mathematische Gründe, die dagegen sprechen, dass Liebe und Sympathie die Grund-Emotionen der Ethik sein können

---

Angenommen, zwei Personen begrüßen sich, indem sie sich die Hand geben, so kommt es zwischen ihnen zu *einem* Handschlag. Treffen sich drei Personen, so kommt es bei der Begrüßung zu *drei* Handschlägen. Bei vier Personen sind es *sechs*, bei zehn *fünfzehn* usw.

Wenn eine Schulklasse 15 Schüler zählt, gibt es zwischen ihnen 105 mögliche Beziehungen. Treten 5 weitere Schüler in die Klasse ein, so wächst die Anzahl möglicher Beziehungen auf 190...

Die Formel lautet:

n: Anzahl Personen

m: Anzahl Beziehungen $m = \dfrac{n \cdot (n-1)}{2}$

Wächst die Gruppengröße [n], so nimmt die Anzahl der möglichen Beziehungen [m] exponentiell zu. Das bleibt nicht ohne Einfluss auf die Umgangsformen in Dörfern und Städten unterschiedlicher Größenordnung: Wächst über die Jahre die Bevölkerung einer Stadt um den Faktor *zehn*, so verhundertfacht sich in etwa die Anzahl möglicher Beziehungen:

n	m
1	0
10	45
100	4'950
1'000	499'500
10'000	49'995'000
100'000	4'999'950'000
1'000'000	499'999'500'000
10'000'000	49'999'995'000'000

4.2. Emotionen und Haltungen der Nähe: Mitleid, Liebe, Sympathie

Liebe, Sympathie und Mitleid werden häufig als die entscheidenden moralischen Emotionen angesehen. In Adam Smiths Ethik bildet die Sympathie die Grundlage, wobei Smith mit „sympathy" die Fähigkeit bezeichnet, sich auf die Gefühle der anderen Personen einzulassen – also das, was im Deutschen der Ausdruck „Einfühlung" (Empathie) meint. Schopenhauer [1788-1860] gründet die Moral auf das Mitleid bzw. die Menschenliebe (Schopenhauer 1840). Sympathie und Mitleid, aber auch Empathie, stellen sich weitgehend spontan ein. Wir können aber nur mit einer begrenzten Zahl von Personen oder Lebewesen wirklich mit-fühlen oder mit-leiden. Und erst recht sind uns nicht alle Menschen gleichermaßen sympathisch. Dennoch erwarten wir von den anderen, dass sie mit uns einen einigermaßen gesitteten Umgang pflegen, auch wenn sie uns gegenüber vielleicht nicht die allergrößte Sympathie hegen.

Was die Liebe betrifft, so ist sie wie kaum eine andere Emotion auf Nähe ausgerichtet. Liebende suchen ausdrücklich Nähe. Doch ist Liebe ein „knappes Gut", an dem wir nur wenige Menschen teilhaben lassen. Außerdem schlägt enttäuschte Liebe leicht in Ressentiment und Hass um.

Vor diesem Hintergrund lässt sich nun leicht verstehen, weshalb Sympathie und Liebe nicht gut die Grundlage der Moral bilden können. Denn gesetzt den Fall, es wäre möglich, dass alle Menschen einander sympathisch sind oder gar einander lieben, und gesetzt den Fall, es gäbe keinen Hass, keine Verachtung und keine Schadenfreude zwischen den Menschen, so bedürfte es wohl keiner zusätzlichen Moral: Die Menschen gingen aus freien Stücken – sozusagen von Natur aus – respektvoll miteinander um. Leider ist diese Bedingung aber nicht erfüllt. Eben deswegen sind wir auf die Ethik bzw. Moral angewiesen. Wie David Hume bemerkt hat, ist die Ethik gleichsam die Krücke, die wir im Umgang mit anderen benötigen, weil wir nicht alle Menschen lieben und weil uns nicht alle Menschen sympathisch sind.

Eine Ethik der Nähe muss nicht auf Liebe gegründet sein. Nähe kann sich auch in Aufmerksamkeit, Konzentration, Präsenz manifestieren. Auch in diesem Fall ist mit einer Ethik der Nähe ein hoher Anspruch gesetzt.

Kasten 4.2.: Emmanuel Levinas' Ethik der unmittelbaren Nähe

> Emmanuel Levinas [1906-1995] vertritt mit seinem „Humanismus des anderen Menschen" die Überzeugung, dass von jeder Begegnung eine unendliche Verantwortung für mich ausgeht: Der Andere verlangt meine volle Präsenz, meinen vollen Einsatz (Levinas 2005).
>
> Für die Lehrkraft lässt sich daraus ein hoher Anspruch ableiten: Sie soll sich auf die Schülerin, auf den Schüler voll und ganz einlassen, gleichgültig, wie ihr oder sein Verhältnis zur Lehrkraft aussieht.

Die Emotionen der Nähe eignen sich also nicht als Fundament für eine Ethik. Daran ändert auch der Umstand nichts, dass zwischen geographischer, kultureller und emotionaler Nähe keine sehr klare Beziehung besteht: Personen, die uns räumlich am nächsten stehen, können uns emotional sehr fern sein. Umgekehrt können wir zu Menschen, die auf einem anderen Kontinent leben, eine emotional enge Beziehung unterhalten. Dasselbe gilt für Menschen aus anderen Kulturkreisen und für Menschen, deren Lebensformen sich von den unsrigen stark unterscheiden. Auch wenn unsere Sympathiegefühle für jemanden nicht einmal davon abhängen, ob wir dieser Person je begegnet sind – ein gesitteter (ethischer) Umgang muss auch und gerade zwischen Personen, die nicht viel Sympathie füreinander aufzubringen vermögen, gewährleistet sein. Um die Burmesische Oppositionsführerin Aung San Suu Kyi zu bewundern, muss man sie nicht persönlich getroffen haben, und um in Martin Luther King ein Vorbild zu sehen, muss man nicht sein Zeitgenosse sein.

Zusammen leben und zusammen arbeiten müssen wir grundsätzlich auch mit Personen, zu denen wir keine gefühlsmäßige Nähe empfinden. Vertrauen muss auch in zwischenmenschlichen Beziehungen möglich sein, die nicht ausschließlich von positiven Emotionen getragen sind.

4.3. Emotionen und Haltungen der Distanz: Objektivierende und instrumentalisierende Einstellungen

Gegenüber unbelebten Dingen nehmen wir normalerweise eine ganz andere Einstellung ein als gegenüber Personen. Wir versetzen uns nicht in sie hinein, sondern nehmen zu ihnen eine objektivierende Einstellung ein, wir betrachten sie als Objekte – als etwas, was uns „objectum" [lat. = entgegengeworfen] ist.

Mit einer objektivierenden Einstellung betrachten wir nicht nur uns fernstehende Personen, sondern immer wieder auch Menschen, die uns emotional nahe stehen:

- In objektivierende Distanz tritt, wer andere beobachtet und/oder beurteilt. Beobachten und urteilen beinhalten eine intellektuelle Objektivierung. Das sorgfältige Beobachten und Beurteilen von Schülern z.B. gehört zu den wesentlichen Aufgaben einer Lehrkraft: Sie muss deren Leistungen laufend verfolgen, sie kommentieren und kritisieren, qualifizieren, bewerten und benoten. In ähnlicher Weise nehmen Ärzte oder Krankenschwestern eine objektivierende Haltung gegenüber Patienten ein – das kann so weit gehen, dass sie in ihnen vor allem die Träger eines Leidens oder einer Krankheit sehen, die es medizinisch zu behandeln gilt.

Wann immer wir einer Person etwas antun, was sie gleichsam zu unserem Objekt werden lässt, sollte diese Aktion von Einfühlung begleitet sein. Die Empathie bewahrt vor Gefühlskälte, Unsensibilität und Grausamkeit. Eine allzu intensive Einfühlungsbereitschaft kann in manchen Situationen aber ebenfalls hinderlich sein: Der Unfallhelfer, der einen Verletzten anpackt, und der Arzt, der einen Patienten operiert, müssen emotionale Distanz bewahren, um einsatzfähig zu bleiben.

- Benützen wir andere Personen als Mittel zu einem Zweck, über den wir sie nicht mitbestimmen lassen, so nehmen wir zu ihnen ein instrumentelles Verhältnis ein. Eine häufige Form von Instrumentalisierung liegt darin, dass wir es in Kauf nehmen, andere zu schädigen, wenn wir selber einen Gewinn davon haben.

Eine Steigerung der Instrumentalisierung liegt vor, wenn jemand seinen Narzissmus befriedigt, indem er andere erniedrigend behandelt und sich über sie stellt oder wenn er, um sich zu bereichern, andere physisch ausbeutet oder sie von sich abhängig macht. Im Sadismus und in der Grausamkeit verbinden sich emotionale Nähe und eine extreme Form von Instrumentalisierung (Kasten 4.3).

Die objektivierende Einstellung in „Reinkultur" ist mehr oder weniger emotionslos und kann der Ethik deswegen genau so wenig als Grundlage dienen – Personen sind keine „Sachen" – wie die emotionalen Haltungen der Nähe.

Kasten 4.3.: Das Instrumentalisierungs-Verbot bei Immanuel Kant

> Immanuel Kant [1724-1804] formuliert den „Kategorischen Imperativ" (vgl. Kapitel I.10.6.) unter Anderem wie folgt: Behandle andere Menschen „jederzeit zugleich als Zweck, niemals bloß als Mittel". – Kurz: Instrumentalisiere niemanden! (Kant 1785, BA 66f.)

4.4. Die ethische Grundhaltung: Achtung

Die Achtung entspricht einer mittleren Haltung zwischen einer emotionsfreien objektivierenden Einstellung und einer von starken Emotionen der Nähe (Liebe oder Sympathie) getragenen Haltung. Jemandem mit Achtung begegnen, heißt einerseits, ihn wie ein fühlendes Wesen mit seinen Bedürfnissen und Interessen zu behandeln und nicht wie ein Objekt, das keine Gefühle hat, andererseits aber eine gewisse Distanz zu wahren und die Rechte und Freiheiten der anderen Personen zu respektieren.

Ethisch betrachtet, beruht Achtung auf der Anerkennung anderer Menschen als moralische Personen, d.h. als Personen, die fähig und willens sind, die Grundnormen menschlichen Zusammenlebens zu befolgen; die also auch fähig und willens sind, sich an vereinbarte Regeln zu halten. Diese Fähigkeit setzen wir bei allen Personen voraus – zumindest bei allen zurechnungsfähigen Personen. Das bedeutet zugleich, dass wir sie für würdig halten, moralisch geachtet zu werden.

Menschenwürde beruht auf der Fähigkeit, moralisch zu handeln, und die Achtung ist die Einstellung, die wir anderen Personen aufgrund ihrer Würde entgegenbringen.

Wie bereits im ersten Kapitel ausgeführt wurde, kann man die Moral als ein System von Normen betrachten, die für die Mitglieder einer Gesellschaft (wenn nicht für alle Menschen überhaupt) gültig sind, wobei zwischen Rechten und Pflichten ein enger Zusammenhang besteht. Wir können nun ergänzen, dass auf übergeordneter Ebene ein Zusammenhang auch zwischen der Fähigkeit, normative Erwartungen zu erfüllen, und der Würde eines Menschen besteht. Die Würde ist letztlich in der Bereitschaft einer Person begründet, den anderen Personen die gleichen Rechte zuzugestehen, die sie für sich beansprucht.

„Moralische Pflichten (...) setzen die Achtung vor der Würde des anderen in konkrete Verhaltensregeln um" (von Kutschera 1999, S. 263).

Achtung bezieht sich auf drei Aspekte der anderen Person (Tugendhat 1993, S. 306f.; vgl. Tabelle 4.7):

(1) Auf die andere Person als *Rechtssubjekt* – als Person, die einen berechtigten Anspruch darauf hat, ihre Grundrechte wahrnehmen zu können. Die Rechte funktionieren wie kleine Verbotstafeln, die indirekt andeuten, welche Verhaltensweisen zu unterlassen sind, weil sie für den anderen eine Freiheitseinschränkung bedeuten.

(2) Auf die andere Person in ihrer *Autonomie* – als Person, die letztlich für sich selber entscheidet, die ich also nicht gegen ihr besseres Wissen zu irgendetwas zwingen darf, womit sie nicht einverstanden ist.

(3) Auf die andere Person in ihrer *Würde und Selbstachtung*. Diese gründet letztlich in ihrem Leistungswillen, in ihren Fähigkeiten und Fertigkeiten, aber auch in ihrer Bereitschaft, die moralischen Erwartungen der anderen zu befriedigen. Das Recht, nicht gedemütigt zu werden, ist ein wesentlicher Aspekt verschiedener Menschenrechte (z.B. des Folterverbots oder des Schutzes der Privatsphäre).

Achtung bringen wir auch Personen entgegen, deren Ansichten wir nicht teilen oder mit denen wir konkurrieren. Es ist ein Zeichen persönlicher Wertschätzung, wenn der Verlierer dem Gewinner nach dem Wettkampf oder nach der Wahl gratuliert. Wer sich nicht zu dieser Geste durchzuringen vermag, ist kein guter Verlierer. Zwischen politischen oder ideologischen Gegnern ist eine Beziehung gegenseitiger Achtung, ja Hochachtung, nicht ungewöhnlich, vorausgesetzt, sie verhalten sich fair zueinander. Selbst Antipathie ist kein Grund, einer Person die moralische Achtung zu verweigern.

Kasten 4.4.: Achten, Beachten, Hochachten:

> „Achten" kann so viel bedeuten wie „be-achten", (Aufmerksamkeit zollen) aber auch so viel wie „hoch-achten". Im Straßenverkehr beachten wir Verkehrszeichen und Hinweisschilder, auf Bahnhöfen achten wir auf Durchsagen, die unsere Weiterreise betreffen. Wir be-achten (= befolgen oder respektieren) Regeln und Normen, etwa die Gesetze des Landes, in dem wir leben. Hochachtung verspüren wir gegenüber besonderen Personen. Moralische Achtung liegt in der Mitte zwischen Beachtung und Hochachtung. Eine Person achten heißt, sie als moralisches Wesen anzuerkennen, ihre Interessen und Rechte zu berücksichtigen, ihre Bedürfnisse ernst zu nehmen.

Kasten 4.5.: Zur Entwicklungspsychologie der Achtung:

> Achtung tritt im Kleinkindalter als Gefühl auf, in dem sich Furcht vor und Zuneigung zu den Eltern (oder sonstigen Autoritätspersonen) vereinigen. Diese Achtung ist als Gefühl spontan und unreflektiert. Piaget nennt sie „einseitige Achtung" (Piaget 1983, v.a. Kap. 4).
>
> In der mittleren Kindheit (ab ca. 7-8 Jahre) tritt eine neue Form von Achtung auf: die auf Gegenseitigkeit ausgerichtete Achtung – die moralische Achtung (ebd.). Anders als die einseitige Achtung enthält die gegenseitige Achtung weder Furcht noch Zuneigung oder Bewunderung. Sie entsteht in der Beziehung Eltern-Kind, wenn beide Seiten zwanglos, unter Abstraktion von jedem Abhängigkeitsverhältnis, interagieren. Piaget hat die Entstehung der gegenseitigen Achtung ganz aus der Beziehung zwischen Kindern unter sich erklärt. Die Gleichaltrigengruppe (Peer Gruppe) spielt dabei tatsächlich eine nicht zu unterschätzende Rolle. Die gegenseitige Achtung drängt die Autoritätsorientierung (einseitige Achtung) der frühen Kindheit allmählich in den Hintergrund; doch diese überlebt bei vielen bis ins Erwachsenenalter...
>
> → Schule: Jüngere Kinder bringen der Lehrkraft einseitige Achtung entgegen, ältere vermehrt eine auf Gegenseitigkeit ausgerichtete Achtung: Sie erwarten, ihrerseits von der Lehrkraft geachtet zu werden (im ethischen bzw. moralischen Sinn)...

In seinem Buch „Die Kunst des Liebens" hat Erich Fromm ein anspruchsvolles Konzept davon entworfen, was „Liebe" bedeutet, wenn sie die Haltung der Achtung im Vollsinn umfasst. Fromm nennt eine Vielzahl von Haltungen, die alle in der Achtung enthalten sind (Fromm 1956, Schlusskapitel) – so unter Anderem Konzentration, Geduld, unbedingtes Interesse, Überwindung des Narzissmus, Fähigkeit objektiv zu denken, (rationaler) Glaube, Menschlichkeit und Mut.

Kasten 4.6.: Eine Kontroverse um das christliche Liebesgebot

1. Das neutestamentliche Liebesgebot lautet: „Jesus aber spricht: ‚Du sollst lieben Gott, deinen Herrn, von ganzem Herzen, von ganzer Seele und von ganzem Gemüte. Dies ist das vornehmste und größte Gebot. Das andere aber ist ihm gleich: ‚Du sollst deinen Nächsten lieben wie dich selbst'" (Matthäus 11, 37-39).

2. Dieses Gebot geht auf ein entsprechendes Gebot im Alten Testament zurück: „Du sollst deinen Nächsten lieben wie dich selbst; denn ich bin der Herr" (3.Mose 19,18).

Gemäß dem hebräischen Urtext kann dieses Gebot auch anders übersetzt werden: „Du sollst deinen Nächsten lieben, denn er ist wie du." Nach dieser Übersetzung würde es sich hier um eine Version der Goldenen Regel handeln (vgl. Kapitel I.7.3.).

3. Sigmund Freud hat das christliche Liebesgebot vehement kritisiert:

„Das Gebot ‚Liebe deinen Nächsten wie dich selbst' ist die stärkste Abwehr der menschlichen Aggression und ein ausgezeichnetes Beispiel für das unpsychologische Vorgehen des Kultur-Über-Ichs. Das Gebot ist undurchführbar; eine so großartige Inflation der Liebe kann nur deren Wert herabsetzen, nicht die Not beseitigen" (Freud 1930, S.503).

4. Was meint das christliche Liebesgebot wirklich?

Das griechische Wort für „lieben" – αγαπαν (agapán) – hat eine Vielfalt von Bedeutungen. Einige davon (sie sind hervorgehoben) liegen in der Nähe von „achten" (Menge-Güthling, S.3):

„i. a) jemanden freundlich aufnehmen, liebreich behandeln, bewillkommnen, willkommen heißen, begrüßen, sich jemandes liebevoll annehmen, jemanden schützen.

b) lieben, gern haben, gern mögen, zugetan sein, an jemandem hangen, *hochschätzen*, etwas *hoch aufnehmen* oder *anerkennen* […] etw. vorziehen.

c) wünschen […].

ii. mit etwas *zufrieden sein* oder sich begnügen, sich bei etwas beruhigen, sich etwas gefallen lassen, etwas geschehen lassen, froh sein […]" (eigene Hervorhebungen).

Diese Bedeutungsvielfalt im Wort „agapán" macht deutlich, dass eine Reduktion seiner Bedeutung auf die gängigen Konnotationen des deutschen Wortes „lieben" zu einem verkürzten Verständnis der zitierten Verse aus dem Matthäus-Evangelium führen würde.

4.5. Gegenteilige Einstellungen: Nicht beachten, missachten und verachten

Zur Achtung in einem Gegensatzverhältnis stehen die Nichtbeachtung, die Missachtung und die Verachtung. Zwischen Nichtbeachtung, Missachtung und Verachtung bestehen fein nuancierte ethische Unterschiede.

Die beiden Wörter „nicht beachten" und „missachten" bedeuten Ähnliches, doch gibt es einen charakteristischen Unterschied: Nichtbeachtung ist eine Folge von Unkonzentriertheit oder mangelnder Aufmerksamkeit. Missachtung ist eine Nuance stärker – sie unterstellt Nachlässigkeit oder gar eine Absicht bzw. einen Vorsatz. Man spricht etwa von der Missachtung behördlicher Anweisungen oder einer Missachtung des Gesetzes. Häufig richtet sich die Missachtung gegen Personen und bedeutet dann eine Verletzung ihrer legitimen Ansprüche oder Rechte. Wer das berechtigte Anliegen einer Person missachtet, verhält sich nicht bloß unaufmerksam und nachlässig, sondern unfair, ungerecht: Die Lehrkraft, die einen Schüler gewohnheitsmäßig nicht beachtet und nicht auf seine berechtigten Anliegen eingeht, verletzt ihren pädagogischen Auftrag. Gezieltes Hinwegsehen über eine Person kann eine Form von Mobbing sein. Verhaltensweisen, mit denen die Verletzung von Grundrechten in Kauf genommen wird, sind *diskriminierend*.

Verachtung ist der Ausdruck sehr geringer Wertschätzung. Sie ist der Hochachtung entgegengesetzt und bezieht sich auf besonders unwürdiges Verhalten – Feigheit, Verrat, Grausamkeit, Niedertracht. Die Verachtung hat jedoch nicht immer einen moralischen Charakter: Gegenstand von Geringschätzung sind mitunter auch Verhaltensweisen, die nicht der Etikette entsprechen – ungeschicktes oder unappetitliches Benehmen. In bildungsbürgerlichen Kreisen fällt darunter auch ein Verhalten, das von unerwarteter Unbildung zeugt (vgl. Kapitel II.1).

4.6. Diskriminierung

Diskriminieren heißt erstens, wörtlich, so viel wie *unterscheiden*. Bestimmte Personen – „Fremde", Ausländer, Angehörige von Gruppen, die sich in Sprache, Aussehen, kulturellen oder religiösen Praktiken von der herrschenden Mehrheit unterscheiden – werden klassifiziert und kategorisiert. Damit wird zweitens eine Wertung, und zwar meist eine Abwertung verbunden (seltener auch eine Höherwertung, die leicht in eine Romantisierung umkippt). Diskriminierung im Sinne von Abwertung äußert sich drittens häufig darin, dass man der „fremden" Person die Achtung verweigert, und dies in sämtlichen Dimensionen, die der Begriff der Achtung umfasst (vgl. Kasten 4.7).

Von Diskriminierung spricht man häufig auch dann, wenn nicht ein Einzelner, sondern eine ganze Gruppe die Rechte anderer missachtet. Solche Verhaltensweisen sind für die Betroffenen nicht zuletzt erniedrigend. Welches sind die Gründe kollektiver Diskriminierungspraktiken? Häufig steht am Anfang ein Bedrohungsgefühl: Man fürchtet Knappheit – an Ressourcen, an Arbeitsplätzen, an staatlichen Leistungen – und möchte nicht mit Fremden teilen. Oder man fürchtet um den Erhalt vertrauter Werte. Dieses Bedrohungsgefühl verbindet sich oft mit einer ethnozentrischen Haltung. Man schätzt am meisten, was man kennt – die Lebensart und Bräuche der Gesellschaft, in der man aufgewachsen ist –, und fixiert sich darauf, als wäre es die einzige oder die beste Lebensform.

Tabelle 4.7.: Der Begriff der Diskriminierung weist die gleichen drei Dimensionen auf wie der Begriff der Achtung

(1) *Achtung* = Anerkennung der anderen Person als Rechtssubjekt – als Person, die einen berechtigten Anspruch auf die Sicherung ihrer Grundrechte hat.	(1) *Diskriminierung* = Sich weigern, die andere Person als Rechtssubjekt (mit berechtigtem Anspruch auf gleiche Grundrechte) anzuerkennen.
(2) *Achtung* = Anerkennung der anderen Person in ihrer Autonomie – als Person, die einen berechtigten Anspruch auf freie Entscheidung hat.	(2) *Diskriminierung* = Sich weigern, die andere Person in ihrer Autonomie (berechtigter Anspruch auf freie Entscheidung) anzuerkennen.
(3) *Achtung* = Anerkennung der anderen Person in ihrer Leistungsfähigkeit (die die Basis für Würde und Selbstachtung abgibt).	(3) *Diskriminierung* = Sich weigern, die andere Person in ihrer Leistungsfähigkeit (auf der ihre Selbstachtung gründet) anzuerkennen.

Der ethnozentrischen Abwehr des „Fremden" liegen manchmal noch weitere Motive zugrunde: Angst vor dem Ungewohnten; geistige Unbeweglichkeit und die Weigerung, sich mit etwas Neuem auseinanderzusetzen; ein unterschwelliges Gefühl von Neid und/oder eigener Minderwertigkeit, die man auf Andere projiziert – ein Motiv, das, wenn es nicht rechtzeitig korrigiert wird, der Entwicklung von Hass Vorschub leistet.

Jede Art der Diskriminierung stellt eine Form von Abwertung und Respektsverweigerung dar. Diese Abwertung manifestiert sich häufig in einer (individuellen oder kollektiven) Sonderbehandlung. Diese ist in den verschiedensten Abstufungen möglich. Das hängt ab von der Intensität und vom zeitlichen Umfang der entsprechenden Handlungen, von der Anzahl Personen bzw. der Größe der Gruppe derer, die sich diskriminierend verhalten, und von der Anzahl der davon negativ betroffenen Personen (Kasten 4.8.).

Kasten 4.8.: Formen der Diskriminierung

- Vermeidung einer Begegnung, - Unfreundlichkeit, offene Ablehnung, - physische Aggression, - Ghettoisierung, - Exklusion von politischer Mitwirkung, - Ausschließung von bestimmten Dienstleistungen („Kein Zugang für Juden und Schwarze!"),	- Ausschluss vom Zugang zu Marktchancen (z. B. in Form von Berufsverboten), - Verweigerung eines Teils der Menschenrechte, - Vertreibung, - Weigerung, die Existenzberechtigung der anderen Person oder Gruppe anzuerkennen…

Die extremsten Formen der Diskriminierung – Vertreibung und/oder kollektiver Mord (Genozid) – sind das ganze 20. Jahrhundert über praktiziert worden, in den siebziger bis neunziger Jahren kaum weniger (Balkan, Guatemala, Kambodscha, Kongo, Liberia, Rwanda, Sudan, Tschetschenien...) als vor und während des Zweiten Weltkriegs (Diamond 1994, Kapitel 16, bes. S. 359).

4.6.1. Mobbing

Von Mobbing spricht man, wenn eine Gruppe über einen längeren Zeitraum eine Einzelperson demütigend behandelt, sie wiederholt und systematisch verhöhnt, auslacht, schikaniert oder wie Luft behandelt. Das englische Verb „to mob" heißt eigentlich „anpöbeln". Sachgemäßer wäre die Übersetzung „quälen" oder „plagen".

Mobbing kann sich verheerend auf das Selbstwertgefühl des Opfers auswirken. Je länger der Mobbingprozess andauert, desto tiefer die seelische Verletzung. Für die Aufrechterhaltung seines Selbstbewusstseins müsste ein Mobbing-Opfer eine Vertrauensperson haben, doch häufig schweigt es aus Scham und lädiertem Selbstwertgefühl über seine Erfahrungen oder zieht sich sogar ganz aus seinen Sozialkontakten zurück, was die Erosion des Selbstwertgefühls weiter verstärkt. Laut informellen Schätzungen sind fünfzehn Prozent der Suizide eine direkte oder indirekte Folge von Mobbing.

Mobbing kommt unter Kindern ebenso vor wie unter Erwachsenen. Zwischen vielen Mobbingepisoden zeigen sich deutliche Parallelen (Olweus 1996; Alsaker 2003):

- Die gemobbte Person wirkt ungeschickt; sie fällt mit ihrem Verhalten, ihrer Kleidung, ihrer Sprache aus dem Rahmen.
- Die Mitglieder einer Gruppe folgen dem Herdentrieb und tun, was die anderen tun, ohne sich über das Ergebnis und die Folgen den Kopf zu zerbrechen.
- Unbeteiligte halten sich aus dem Geschehen heraus, statt dem Opfer Hilfe zu leisten.
- Die Motive für Mobbing sind nicht einheitlich: Manchmal geht es darum, das Opfer aus der Gruppe auszuschließen oder vom Arbeitsplatz zu vertreiben; es wird solange gequält, bis es „freiwillig" das Feld räumt. Manchmal geht es dem Haupttäter darum, sich gewisse Güter (vom Opfer erpresstes Geld oder Ansehen in der Gruppe) zu beschaffen.
- Die Entspannung einer Mobbingsituation bringt nicht nur dem Opfer, sondern auch den „neutralen" Zuschauern Erleichterung und eine Erhöhung des Selbstwertgefühls.

Ausschlaggebend für die weite Verbreitung von Mobbing ist der Umstand, dass die Täter gerne darüber hinwegsehen, wie sich ihre Praktiken aus der Sicht des Opfers darstellen. Dazu müssten sie sich in seine Lage hineindenken und mit ihm mitfühlen. Zu Mitgefühl sind Kinder zwar schon von 2 bis 3 Jahren und zur intellektuellen Perspektivenübernahme von 8 bis 9 Jahren an in der Lage, aber das heißt nicht, dass sie diese Fähigkeiten in einschlägigen Situationen automatisch aktivieren. Oft bedürfen Kinder und Jugendliche (ja selbst Erwachsene) dazu eines geeigneten Anstoßes.

Einen solchen Anstoß könnte in der Schule die Besprechung eines passenden literarischen Stücks, beispielsweise Max Frischs „Andorra", bieten. Parallel dazu müsste die soziale Dynamik in der Klasse vorsichtig exploriert werden. Voraussetzung hierfür ist natürlich, dass die Lehrkraft über die Mobbingsituation und die sich in der Klasse abspielende soziale Dynamik ausreichend im Bilde ist.

Mit dem Phänomen des Mobbings verwandt sind Praktiken der Diskriminierung ganzer Bevölkerungsgruppen. Solche Praktiken können unterschiedlich krasse Formen annehmen: von der Vorenthaltung bestimmter Grundrechte über die Ghettoisierung und Vertreibung bis hin zur physischen Eliminierung...

4.6.2. Rassismus, Xenophobie, Ethnozentrismus, Ausländerfeindlichkeit

Diskriminierung hat viele Erscheinungsformen. Die vier Begriffe in diesem Untertitel stehen für unterschiedliche diskriminierende Haltungen, die sich im Alltag allerdings nicht immer klar auseinanderhalten lassen.

a. Rassismus. Eine rassistische Einstellung setzt im Grunde die Unterteilung menschlicher Gruppen nach biologischen Merkmalen voraus. Das Wort „Rasse" (port. „raça") steht für eine biologische Art oder Varietät. Es gibt aber keine klaren genetischen Kriterien für die Zugehörigkeit zu dieser oder jener bestimmten menschlichen „Rasse". Natürliche Abgrenzungskriterien zwischen Rassen fehlen also (wogegen zwischen biologischen Arten das Abgrenzungskriterium darin liegt, dass Individuen verschiedener Arten keinen gemeinsamen Nachwuchs erzeugen können). „Rassen" werden daher faktisch durch Zuschreibung gemeinsamer Merkmale definiert, und diese Zuschreibungen sind allemal willkürlich. Willkürlich ist damit auch die Zuordnung einer Person zu einer bestimmten „Rasse". Der Nationalsozialismus hat sich mit einer nicht weiter begründeten Festlegung beholfen: Als Jude galt, wer eine jüdische Großmutter hatte. Jede Argumentation unter Rückgriff auf den Rassebegriff ist unfundiert.

Kasten 4.9.: Rassismus – ein Definitionsvorschlag

„Rassismus umfasst Ideologien und Praxisformen auf der Basis der Konstruktion von Menschengruppen als Abstammungs- oder Herkunftsgemeinschaften, denen kollektive Merkmale zugeschrieben werden, die implizit oder explizit bewertet und als nicht oder nur schwer veränderbar interpretiert werden" (Zerger 1997, S. 81).

b. Ethnozentrismus (von „Ethnie" = Volk, gesellschaftliche Gruppe). Der Begriff „Ethnie" hat im Unterschied zu dem der „Rasse" keine biologischen Konnotationen, und die Rede von Ethnien setzt keine klare Grenzziehung zwischen verschiedenen Ethnien voraus. Der Begriff „Ethnozentrismus" steht für die Fixierung auf die Verhaltensgewohnheiten und Lebensformen der eigenen Gesellschaft oder Volksgruppe. Diese Fixierung wird häufig von einer expliziten oder impliziten Minderbewertung des Fremden begleitet. Ethnozentrisch verhält sich derjenige, der von den Anderen eine Anpassung an seine Gewohnheiten und die Übernahme seines Wertesystems erwartet, selber aber nicht bereit ist, auf die Interessen anderer Gruppen einzugehen, ihren berechtigten Erwartungen zu entsprechen oder Teile ihrer Wertesysteme zu übernehmen.

c. Xenophobie (wörtlich: „Fremdenangst") und *Fremdenfeindlichkeit*. „Fremdheit bezieht sich (..) keineswegs nur auf Unbekannt-Sein" (Zerger 1997, S. 94). Das, was uns unbekannt ist, können wir kennen lernen – das ist der beste Weg zum Abbau von Vorurteilen. Nicht zufällig ist Fremdenfeindlichkeit oft gerade in Regionen verbreitet, in denen wenig „Fremde" leben, die Gelegenheiten zu entsprechenden Begegnungen also rar sind. Fremdheit ist häufig auch Ergebnis sozialer Zuschreibung – einer Mischung aus kolportierten Halbwahrheiten und vorschnellen Verallgemeinerungen. Der Schluss von Einzelerfahrungen auf das Allgemeine ist logisch immer unkorrekt.

Während Jahrtausenden ist die Angst vor Fremden, die ja auch Angehörige eines feindlichen Stammes oder Volkes sein konnten, eine durchaus rationale Emotion gewesen, weil sie zur Vorsicht anhielt. In einer modernen pluralistischen Gesellschaft ist es hingegen deplaciert, vor anderen Personen aus dem einzigen Grunde Angst zu haben, weil sie einem fremd sind. In vielen Großstädten gibt es zwar Risikozonen, in denen man sich nicht aufhalten sollte. Die Gefahr, die von solchen Zonen ausgeht, liegt allerdings weniger in der Fremdheit der dort lebenden Gruppen als in ihrer ökonomischen Randständigkeit oder ihrer Ghettoisierung.

Fremdenfeindlichkeit ist eine Haltung, die darauf verzichtet, ihre ablehnende Einstellung gegenüber Fremden auf eine Zuschreibung spezifischer Merkmale zu gründen (Zerger 1997, S. 95). Wer einer bestimmten Gruppe irgendeine Form von Minderwertigkeit zuschreibt, ist auf dem besten Wege, ihren Mitgliedern – zumindest partiell – die Achtung zu verweigern. Hierin liegt das Bedrohliche: Eine fremdenfeindliche Haltung kann jederzeit in offene Diskriminierung ausarten, in die Tendenz zum Ausschluss, zur Separierung und/oder zur Weigerung, den Anderen oder die Andere als Person und Träger(in) von Menschen- oder Bürgerrechten anzuerkennen.

d. Ausländerfeindlichkeit. Wörtlich steht dieser Begriff für eine diskriminierende Haltung gegenüber Personen, die nicht dieselbe Nationalität haben wie man selber. Ethnische Erwägungen können, müssen dabei aber keine Rolle spielen: In manchen EU-Ländern gelten Bürger anderer EU-Staaten gleichsam als „weniger ausländisch" als Bürger von Drittstaaten. Darüber, wer Ausländer ist und wer nicht, kann man sich im Übrigen leicht täuschen: Man sieht es einer Person nicht an, ob sie ein Einbürgerungsverfahren durchlaufen hat. In der deutschsprachigen Schweiz bekommen oft auch Landsleute aus dem italienischsprachigen Tessin eine abwertende Haltung zu spüren.

Fazit: Die leider weit verbreitete Tendenz, fremde Personen zu diskriminieren, ist ein Indiz dafür, dass die Achtung – die ethische Grundhaltung – sich in unserem Umgang miteinander nicht von selber versteht. Wie schon Kant betont hat, ist die Achtung eine rationale, von der Vernunft gelenkte Haltung. Sie steht dem Intellekt näher als den Emotionen. Dementsprechend entstehen diskriminierende Haltungen oft aus einem Mangel an vernünftiger Reflexion, oft aber beruhen sie im Gegenteil auf Vorsatz und Planung.

In diesem Zusammenhang stellt sich natürlich die Frage, ob unethisches und ungerechtes Verhalten nicht schlicht auf einer mangelhaften Entwicklung unserer vernünftigen Fähigkeiten beruht und überwunden werden kann, wenn wir unsere moralische Urteilsfähigkeit zielgerichtet ausbilden. Diese Frage führt uns nun zu den entwicklungspsychologischen Aspekten der Moral (Kapitel 5; zum ganzen Kontext vgl. auch Kapitel II. 4 und 5).

> „Der Grundsatz: ‚Was Du nicht willst, das man dir tu, das füg auch keinem andern zu' ersetzt die brutale Gegenseitigkeit. Das Kind stellt die Verzeihung über die Rache, nicht aus Schwäche, sondern weil man mit der Rache ‚nie fertig werden würde'."
>
> Jean Piaget (1932, S. 366f.)

I. 5. Entwicklung des moralischen Urteilens und Handelns

Die Vorstellungen von Gut und Böse, das Urteil über Richtig und Falsch, das Gerechtigkeits- und Ungerechtigkeitsempfinden – all das verändert und entwickelt sich im Laufe der Kindheit und des Jugendalters kontinuierlich. Im vorliegenden Kapitel liegt der Fokus auf der *kognitiven Seite der Moralentwicklung*. Es gibt noch eine andere Seite, die in Philosophie und Moralpsychologie lange Zeit übersehen worden ist – die *Entwicklung der emotionalen Kompetenz* und der Verhaltensmotivation. Sie ist Thema des korrespondierenden Kapitels im II. Teil (Kapitel II. 5).

Wie entwickelt sich das moralische Urteilsvermögen, und was können Eltern und Pädagoginnen tun, um diese Entwicklung zu fördern? Die Psychologie der Moralentwicklung hat sich während Jahrzehnten auf das Studium der moralischen Urteilsfähigkeit konzentriert und den Pädagogen den Rat gegeben, Kinder und Jugendliche beim Aufbau ihrer moralischen Urteile zu unterstützen und zu fördern.

Der Autor, der die Theorie der Moralentwicklung in den letzten Jahrzehnten am stärksten beeinflusst hat, ist Lawrence Kohlberg [1927-1987]. Seine Theorie wird hier als erste dargestellt. Kohlberg ist davon ausgegangen, dass unser moralisches Urteil direkten Einfluss auf unser konkretes Verhalten hat. Wir handeln aus Einsicht, und Einsicht setzt Urteilsfähigkeit voraus. Anders als Kohlberg, untersuchte Jean Piaget [1896-1980] bereits in der ersten Hälfte des 20. Jahrhunderts nicht nur die Entwicklung der moralischen Urteilsfähigkeit bei Kindern, sondern auch schon ihre Verhaltensweisen, und stellte fest, dass zwischen beidem keineswegs eine einfache Übereinstimmung besteht. Piaget ist in diesem Punkt differenzierter als Kohlberg. Seine Theorie kommt daher im Anschluss an diejenige Kohlbergs ebenfalls zur Sprache. Der dritte Teil geht auf die Untersuchungen von Gertrud Nunner-Winkler über den „happy victimizer" und auf die Frage nach dem Zusammenhang von Urteilen und Handeln ein.

5.1. Die Theorie von Lawrence Kohlberg

Lawrence Kohlberg hat seit den späten fünfziger bis in die achtziger Jahre des 20. Jahrhunderts hinein ein Stufenmodell zur Moralentwicklung erarbeitet (Oser/Althof

1992, Kap. 2 und 3; Flammer 1988, Kap. 9). Dabei beschränkte er sich weitgehend auf die Erforschung des *moralischen Urteils*.

5.1.1. Kohlbergs Vorgehen

Kohlberg legte den Probandinnen und Probanden Geschichten vor, in denen der Protagonist sich mit einem moralischen Dilemma konfrontiert sieht. Die Versuchspersonen wurden gebeten, sich eine Lösung des Dilemmas zu überlegen und ihre Entscheidung für diese Lösung zu *begründen*. Diese Begründung wurde dann evaluiert und einer Stufe zugeordnet; wie diese Lösung jeweils inhaltlich aussah, war weniger wichtig.

Kasten 5.1.: Das „Heinz-Dilemma"

> „Eine Frau liegt im Sterben. Sie leidet an einer besonderen Art von Krebs. Es gibt aber ein Medikament, das ihr vielleicht helfen könnte. Es handelt sich um eine Art Radium, das ein Apotheker entdeckt hat. Doch der Apotheker verlangt unglaublich viel Geld dafür, etwa zehnmal mehr als ihn die Herstellung des Medikaments gekostet hat. Heinz, der Ehemann der kranken Frau, geht zu allen Bekannten, um sich das Geld auszuleihen; aber er kann nur ungefähr die Hälfte der notwendigen Summe zusammenbringen. Er erzählt dem Apotheker, dass seine Frau im Sterben liegt, und bittet ihn, das Medikament billiger zu verkaufen. Doch der Apotheker sagt: ‚Nein, ich kann das Medikament nicht billiger verkaufen (...).' Heinz ist ziemlich verzweifelt. Er überlegt sich, ob er in die Apotheke einbrechen und das Medikament stehlen soll" (Flammer 1988, S.166).

Kohlberg stellte fest, dass in der Entwicklung verschiedene Typen von Antworten nacheinander auftraten. Er ordnete die Argumente seiner Versuchspersonen nach ihrem Reifegrad in sechs verschiedene Stufen. Mit diesem Stufenmodell verband er die folgenden Behauptungen:

• Der Aufstieg in der Stufenfolge lässt das Urteil immer reifer werden, die Personen urteilen immer „gerechter".

• Um auf eine bestimmte Stufe zu gelangen, muss man zuvor alle vorhergehenden Stufen durchlaufen haben. Von vorübergehenden Regressionen abgesehen, kann man die Stufenfolge nicht rückwärts durchlaufen.

• Bei weitem nicht alle Menschen erreichen die höchste Stufe; manche bleiben ein Leben lang auf Stufe 4 (wenn nicht auf einer niedrigeren Stufe) hängen.

• Man kann sich vorübergehend auf zwei benachbarten Stufen gleichzeitig bewegen.

• Das moralische Urteil beeinflusst direkt das moralische Handeln.

• Das Stufenmodell ist universalistisch, d.h. es gilt im Prinzip für alle Menschen in allen Gesellschaften, unabhängig von kulturellen und religiösen Einflüssen.

• Zur Förderung der Moralentwicklung ist es sinnvoll, Kinder häufig moralische Dilemmas diskutieren zu lassen und sie an der Beschließung von Regeln zu beteiligen, die das Leben in der Gemeinschaft (bzw. das Schulleben) betreffen. Dies hat zur Gründung von „Just Community"-Projekten an Schulen geführt (vgl. Abschnitt 5).

Kasten 5.2.: Die sechs Kohlberg-Stufen im Überblick

I. Prä-konventionelles (vorkonventionelles) Niveau (Stufen 1 und 2):

„Auf dieser Ebene reagiert das Kind bereits auf kulturelle Regeln und Maßstäbe von ‚gut' und ‚böse', ‚recht oder ‚unrecht'; doch es versteht diese Maßstäbe im Sinne der *physischen oder lustbetonten Konsequenzen der Handlung* (Bestrafung, Belohnung, Austausch von Vorteilen) oder im Sinne der physischen Macht der Personen, die die Regeln und Maßstäbe zur Geltung bringen (Eltern, Lehrer usw.)" (Apel 1984, S. 60f.).

1. Stufe: Strafe und Gehorsam, „egoistische" Haltung: Moralischer Bezugspunkt sind Lust und Strafvermeidung. Ob eine Handlung „moralisch gut" ist, zeigt sich an ihrem Resultat, ihren Folgen: Sind sie unangenehm oder wird man bestraft, so war die Handlung nicht gut.

→ Erfolg und Straffreiheit als moralische Gütekriterien einer Handlung.

2. Stufe: Naiver instrumenteller Hedonismus [= Orientierung am Angenehmen]: Moralischer Bezugspunkt sind die eigenen Interessen. Wünsche und Interessen einer anderen Person werden zwar wahrgenommen, aber nur so weit gefördert, als dies für einen selbst langfristig Vorteile verspricht. Andere Personen werden „instrumentalisiert". Man hilft ihnen nur auf der Basis eigeninteressierter Gegenseitigkeit: „Eine Hand wäscht die andere" – „do ut des" („ich gebe dir, damit du mir zurückgibst"); und man revanchiert sich für das Gute und Schlechte, das einem der Andere angetan hat („wie du mir, so ich dir").

→ Der Nutzen der Kooperation als moralisches Gütekriterium einer Handlung.

II. Konventionelles Niveau (Stufen 3 und 4):

„Auf dieser Ebene wird das Erfüllen der *Erwartungen der eigenen Familie, Gruppe oder Nation* als Selbstzweck gewertet, ohne Rücksicht auf unmittelbare und offensichtliche Konsequenzen. Die Einstellung ist nicht nur bestimmt durch Konformität gegenüber persönlichen Erwartungen und gesellschaftlicher Ordnung, sondern durch Loyalität, aktive Aufrechterhaltung, Unterstützung und Rechtfertigung der Ordnung und Identifikation mit den Personen oder der Gruppe, die als Träger der Ordnung auftreten" (Apel 1984, S. 60f.).

3. Stufe: Zwischenmenschliche oder Gruppenperspektive: Moralischer Bezugspunkt sind Interessen und Rollenerwartungen naher Bezugspersonen. Einerseits verhält man sich als (in den Augen der Autoritätsperson/en) „guter Junge" bzw. „liebes Mädchen", betrachtet sich also unter fremder Perspektive; persönliche Beziehungen, Vertrauen und Loyalität stehen im Vordergrund. Andererseits handelt man nach der Goldenen Regel: „Was du nicht willst, dass man dir tu', das füg' auch keinem andern zu"; zugleich orientiert man sich an den Gewohnheiten und Wertmaßstäben der eigenen Gruppe.

→ Moral der „intakten Familie", der Sippe, aber auch der Peer Gruppe. Selbstlosigkeit verbessert die eigene Stellung in der Gruppe. Kooperation um der Kooperation willen.

4. Stufe: Gesellschaftsperspektive: Moralischer Bezugspunkt sind die Normen und Regeln des gesellschaftlichen Systems. Dieses umfasst eine Vielzahl von Kleingruppen und ist abstrakter als jedes Geflecht persönlicher Beziehungen. Moral des „Law and Order" („Ordnung muss sein!"). Gut ist, was sich als der Gemeinschaft und ihrem Fortbestand förderlich erweist. Der Einzelne fügt sich in das System definierter Rollen und geltender Regeln und ist bereit, keine Ausnahmestellung zu beanspruchen: „Wo kämen wir denn hin, wenn jeder so handelte...?"

→ Religiös oder politisch (z.B. nationalistisch) begründete Gesellschaftsmoral.

III. Post-konventionelles (nachkonventionelles) Niveau (Stufen 5 und 6):

„Auf dieser Ebene herrscht ein deutliches Bemühen, moralische Werte und Prinzipien zu bestimmen, die unabhängig von der Autorität der Gruppen und Personen, die diese Prinzipien vertreten, und unabhängig von der Identifikation des Individuums mit diesen Gruppen gültig sind und Anwendung finden" (Apel 1984, S. 60f.).

5. Stufe: Aufsummiertes Gesamtwohl und sozialer Kontrakt: Moralische Bezugspunkte sind die Gleichheit und die Achtung der Würde der Person. Im Zentrum steht nicht mehr die Gesellschaft, sondern *der einzelne Mensch*. Juristische und soziale Normen werden moralisch hinterfragt. Politische, soziale und juristische Normen werden auf einen *Gesellschaftsvertrag* (bzw. auf *allseitiges Einverständnis*, auf *Konsens*) zurückgeführt. Sie gelten entsprechend als veränderbar, sofern alle Betroffenen zustimmen. – Bedeutsam ist auch *das utilitaristische Kriterium „Das größte Wohl der größten Zahl"*.

Vgl.: Diese Stufe ist charakteristisch für die moderne (aufklärerische) Individualethik der westlichen Industrieländer. Im Zuge der Globalisierung breitet sie sich auch in vielen nichteuropäischen Gesellschaften aus.

6. Stufe: Universelle ethische Prinzipien: Moralischer Bezugspunkt sind die naturrechtlich begründeten *Menschenrechte oder Bürgerrechte*. Es handelt sich um allgemeingültige und vorstaatliche Rechte, die absolute Geltung haben, überall auf der Welt. Es zählt die Gewissensentscheidung. Diese stützt sich auf allgemeine Prinzipien, wie Gerechtigkeit, Unparteilichkeit, Respektierung der Eigenverantwortung anderer Personen sowie auf das Prinzip, dass Hilfe gegenüber besonders Benachteiligten Vorrang hat (John Rawls).

→ Kants Kategorischer Imperativ: Handle nur nach Maximen, die sich widerspruchsfrei verallgemeinern lassen (Prinzipienethik).

5.1.2. Erläuterungen

1. Es ist nicht möglich, den einzelnen Stufen bestimmte Altersangaben zuzuordnen. Die Stufen 5 und 6 werden praktisch nur von Erwachsenen erreicht, in den USA sogar nur von etwa zwei Fünfteln aller Erwachsenen.

2. Nach einem Re-Rating seiner früheren Forschungsresultate hat Kohlberg die Stufe 6 fallen gelassen. Die zunächst auf die Stufen 5 und 6 verteilten Elemente der postkonventionellen Moral konzentrieren sich damit alle auf Stufe 5.

3. Die sechs Stufen unterliegen einer internen „Entwicklungslogik", die sich beschreiben lässt als zweimalige Abfolge je dreier Stadien, wobei das erste sich durch eine egozentrische, auf *einen* Standpunkt fixierte kognitive Haltung auszeichnet, das zweite eine Lockerung des Egozentrismus aufweist und das dritte zu einer vollständigen Dezentrierung weiterführt.

Tabelle 5.3.: Zweifache Dezentrierung: In gewisser Weise wiederholen sich die Stufen 1-3 auf höherer Ebene in den Stufen 4-6 (vgl. Kapitel II. 10.3, S. 298 f.)

Stufen 1 / 4	Völlig egozentrischer / soziozentrischer Standpunkt: „richtig" und „falsch" gelten absolut, nach Begründungen wird nicht gefragt.
Stufen 2 / 5	„richtig" und „falsch" sind in einer instrumentellen Gegenseitigkeit begründet, das eine Mal zwischen zwei Personen, das andere Mal zwischen allen Mitgliedern der Gesellschaft; in beiden Fällen steht das Eigeninteresse im Vordergrund.
Stufen 3 / 6	Zur Beurteilung von „richtig" / „falsch" wird weitgehend vom eigenen Standpunkt abstrahiert. In Stufe 3 wird der Standpunkt des Gegenübers bzw. der Kleingruppe, in Stufe 6 ein „universalistischer" Standpunkt (gültig für „jede beliebige" Person) eingenommen.

5.1.3. Kritische Stellungnahmen

Im Folgenden wird nur auf die wichtigsten Kritiken an Kohlbergs Theorie eingegangen:

1. Die moralischen Statements einer Person bewegen sich nicht ständig auf einer und derselben Stufe oder (im Fall eines Stufenübergangs) auf zwei benachbarten Stufen; im konkreten Verhalten orientieren wir uns bald an der Logik der einen, bald an derjenigen einer ganz anderen Stufe...

2. Die Kohlbergsche Stufenfolge gibt den Weg der männlichen, nicht der weiblichen Moral wieder (Gilligan 1984). Die weibliche Moralentwicklung verläuft anders als die männliche: Moralische Reife zeigt sich bei Männern in *gerechtem*, bei Frauen in *fürsorglichem* Handeln (engl. care), die Kohlberg allerdings unterschiedlichen Stufen, nämlich Stufe 5-6 bzw. Stufe 3, zuordnet.

3. Die Annahme, die Stufenfolge gelte für alle Gesellschaften aller Kulturkreise der Welt, ist überrissen.

4. Kohlberg hat Kinder und Jugendliche nicht über eigene Erlebnisse, z. B. von Unrechtssituationen, urteilen lassen, auch nicht über selbst beobachtete Szenen, sondern

über meistens fiktive moralische Dilemma-Situationen, die er ihnen in Form von Geschichten vorlegte.

5. Kohlberg betrachtete die moralische Urteilsfähigkeit als ein Vermögen, das nicht nur moralische Entscheidungen zu treffen erlaubt, sondern uns auch dazu bringt, unseren moralischen Einsichten gemäß zu handeln. Zwischen moralischem Urteilen und moralischem Handeln besteht aber eine Kluft. Die Annahme, dass jemand, der z.B. Stehlen oder Lügen moralisch verurteilt, selber auch nicht stiehlt oder lügt, ist allzu simpel. Schon im 4. Jahrhundert v. Chr. vertraten Sokrates und Platon die Auffassung, „die Einsicht in gut und böse" reiche für sich genommen aus, um „gut" zu handeln. Aber Aristoteles widersprach mit dem Hinweis auf das Phänomen der Willensschwäche ([*akrasía*]; Aristoteles, NE, 7.Buch): Viele Menschen finden nicht die Kraft, so zu handeln, wie sie selber es für moralisch angemessen halten. – Die moderne Pädagogik gibt Aristoteles recht...

Was aber leistet die moralische Urteilsfähigkeit? Sie dient nicht, oder zumindest nicht zuverlässig, als Wegweiser für unser Handeln, sondern wohl eher als Mittel der Verständigung über moralische Werturteile und häufig auch bloß der nachträglichen Rechtfertigung (Rationalisierung) unseres Verhaltens (dazu Garz/Oser/Althof 1999 und Edelstein/Nunner-Winkler 2000).

Und nun zu den Kritiken im Einzelnen:

Zu 1.: Unser Verhalten weist in unterschiedlichen Situationen eine unterschiedliche Logik auf, wobei sich die einzelnen Verhaltenstypen leicht mit Kohlberg-Stufen in Verbindung bringen lassen:

Verhalten gemäß Stufe 1: Manche Verkehrsteilnehmer fahren mit überhöhter Geschwindigkeit und treten auf die Bremse, sobald sie eine Radarkontrolle vermuten.

Verhalten gemäß Stufe 2 ist für marktförmige Situationen typisch: Bevor wir mit jemandem ins Geschäft kommen, verhandeln wir. Dabei stellen beide Partner sicher, dass das Geschäft für sie vorteilhaft ist. Zeigt es sich, dass für einen von ihnen (oder für beide) das Geschäft eher Nachteile bringt, so kommt es nicht zum Geschäftsabschluss. Bis zu einem gewissen Grad gestalten wir auch unsere zwischenmenschlichen Beziehungen nach diesem marktförmigen Muster.

Verhalten gemäß Stufe 3 ist charakteristisch für klassische Kooperationssituationen. Wenn wir zu unseren Kooperationspartnern eine gute Beziehung aufbauen und erhalten wollen, wenden wir ihnen gegenüber die Goldene Regel an.

Verhalten gemäß Stufe 4 ist auf den Kontext einer wohl organisierten Gesellschaft bzw. eines Staates zugeschnitten; es handelt sich um die Moral des Staatsbürgers.

Verhalten gemäß Stufe 5 zeigt sich im zivilen Ungehorsam gegenüber einem Unrechts-Regime.

Zu 2.: Gilligans Thesen zur geschlechtsspezifischen Moralentwicklung haben während zwei Jahrzehnten eine Vielzahl von Untersuchungen zur Frage nach einer geschlechterspezifischen Moral ausgelöst. Die meisten dieser Untersuchungen haben Gilligans Annahmen nicht direkt bestätigt. Manche europäische und nordamerikanische Studie widerspricht ihnen sogar direkt. Lawrence Walker, der zahlreiche Untersuchungen zur Frage einer geschlechterspezifischen Moralentwicklung ausgewertet hat – nämlich 31 zur Kindheit und Frühadoleszenz, 35 zur Spätadoleszenz und zum Jugendalter sowie 13 zum Erwachsenenalter –, kommt zu folgendem Schluss:

„Geschlechtsunterschiede im moralischen Urteilen sind in den frühen Altersstufen offensichtlich selten. Wenn sie vorkommen, deuten sie auf eine reifere Entwicklung der Mädchen hin; aber auch diese seltenen Unterschiede sind relativ gering." Solche Unterschiede sind „auch in der Spätadoleszenz und Jugend selten" – ebenso im Erwachsenenalter. So weit sie existieren, deuten sie „auf eine reifere Entwicklung der männlichen Probanden hin, obwohl die Unterschiede wiederum gering waren". Im Erwachsenenalter stehen sie zudem mit der häufigeren Berufstätigkeit der Männer in Zusammenhang (Walker 1991, S. 111-115).

Demgegenüber werden Gilligans Thesen vor allem in Studien aus amerikanischen Banlieues teilweise bestätigt. Im großen Ganzen zeigt sich folgendes Bild: Eine geschlechtsspezifische Moralentwicklung findet in denjenigen Gesellschaften statt, in denen intrafamiliär die Geschlechterrollen deutlich differenziert sind – also in vorindustriellen Gesellschaften und in Gesellschaften, die erst vor kurzem einen Modernisierungsschub durchgemacht haben, sowie in Migrantenfamilien, die aus solchen Gesellschaften stammen. In den modernen westlichen Gesellschaften, die sich an der Gleichstellung der Geschlechter orientieren, findet man hingegen kaum Hinweise auf eine geschlechtsspezifische Moralentwicklung.

Zu 3.: Kohlberg zufolge durchlaufen Menschen in allen Kulturen dieselbe Stufenfolge. Allerdings verläuft die Moralentwicklung in verschiedenen Kulturen – oder besser: in verschiedenen gesellschaftlichen Milieus – mit unterschiedlicher Geschwindigkeit. In ländlichen Gegenden beispielsweise erfolgt sie häufig langsamer als in städtischen. In nichtindustrialisierten Gesellschaften ist der Individualismus weniger markant als in den modernen westlichen Gesellschaften, die Gemeinschaftsorientierung ist umgekehrt stärker (die südostasiatischen Gesellschaften halten eine Mittelstellung). In solchen Gesellschaften ist das post-konventionelle Niveau schwerer zu erreichen als in Gesellschaften mit ausgeprägtem Individualismus.

Verschiedene Gesellschaften unterscheiden sich häufig in den folgenden Aspekten:

(a) Erziehungsstil: In modernen westlichen Gesellschaften erziehen Eltern ihre Kinder zur Selbständigkeit, zum Individualismus, zur „Selbstverwirklichung". In ostasiatischen Gesellschaften werden die Kinder in erster Linie zu Mitgliedern einer Gemeinschaft erzogen, mit der sie in Harmonie zu leben lernen müssen. Diese Gemeinschaft ist entweder die Großfamilie oder (z.B. neuerdings in Japan) die Firma, der Konzern.

(b) Geschlechterrollen: Moderne, westliche Gesellschaften orientieren sich am Ideal der Gleichstellung zwischen den Geschlechtern innerhalb und außerhalb der Familie; in nichtindustrialisierten Gesellschaften besteht zwischen den Geschlechtern demgegenüber eine deutlich akzentuierte Rollendifferenz. Dies gilt abgeschwächt auch noch für die Gesellschaften Ostasiens. Andererseits tolerieren westliche Gesellschaften krasseste Lohnunterschiede – auch innerhalb der jeweiligen Geschlechtergruppe: Das Gehalt einer Professorin für Feminismus ist um ein Vielfaches höher als das ihrer Putzfrau. In vorindustriellen Gesellschaften sind zumindest die Lohndifferenzen erheblich geringer.

(c) Wertung einzelner Emotionen: Die Basis-Emotionen (Freude, Trauer, Angst, Überraschung, Ekel) sind allen Menschen aller Kulturen gemeinsam. Je komplexer hingegen der soziale Charakter einer Emotion (bei Scham, Stolz, Verlegenheit, Empörung, Dankbarkeit usw.), desto größer sind auch die kulturellen Unterschiede. Diese zeigen sich z.B. in der Frage, welche Gefühle man zeigen darf. In kriegerischen Gesellschaften gehört es zum Männlichkeitsideal, gar keine Gefühle sichtbar werden zu lassen. Dass man bestimmte Gefühle offenbart und auf die Gefühle anderer Personen eingeht, gehört aber, von diesem speziellen Fall abgesehen, zu den Invarianten des menschlichen Zusammenlebens. Hingegen werden die einzelnen Emotionen in den verschiedenen Kulturen nicht gleich bewertet. Unterschiedlich ist auch, wofür man sich schämt und wovor man sich ekelt.

(d) Tugendkataloge: Welche Haltungen in einer Gesellschaft besonders wertgeschätzt sind, hängt natürlich von ihrem Lebensstil ab. Tapferkeit z.B. ist typisch für Krieg führende Völker, Demut für bestimmte Formen der Religiosität, Keuschheit für vorstaatliche bzw. nicht industrialisierte Gesellschaften, Fleiß und Pünktlichkeit für den Kapitalismus (vgl. Kapitel 3.3).

Zu 4.: Für Kinder ist es schwieriger, über moralische Dilemmasituationen nachzudenken als über beobachtete Szenen. Sind sie selber betroffen, so fällt ihnen das Urteil noch leichter. Entsprechend treten die jeweiligen Urteilsformen hier früher auf als bei der Stellungnahme zu Dilemmageschichten. Beschränkt man Erhebungen darauf, wie Kinder fiktive Situationen beurteilen, so erhält man ein einseitiges Bild ihrer Moralkompetenz.

Kasten 5.4.: Die Reflexion auf die Realität kann auch Widerstände auslösen

> Will man mit Banklehrlingen echte Konflikte einer Bank besprechen, etwa (in der Schweiz) das Bankgeheimnis oder die Investitionsmoral, so leisten die Verantwortlichen häufig Widerstand. Diskutiert man statt dessen lediglich hypothetische Dilemmata, so sind zwar die Verantwortlichen alle zufrieden, aber die Lehrlinge lernen weniger als bei einer Diskussion der echten Probleme (Oser/Schläfli 1985; Oser/Althof 1992, S. 356f.).

Zu 5.: Dieser Kritikpunkt wird in Abschnitt 5.3 ausführlich erörtert.

5.2. Die Theorie von Jean Piaget

Auf die Untersuchungen Piagets zur Entwicklung des moralischen Urteils wird hier nur kurz eingegangen. Piaget hat sie in der zweiten Hälfte der zwanziger und Anfang der dreißiger Jahre des 20. Jahrhunderts in westschweizerischen Städten durchgeführt (Piaget 1932 und 1954).

Die Ergebnisse dieser Forschungen sind einerseits weniger differenziert als diejenigen Kohlbergs, doch berücksichtigen sie andererseits zusätzlich das konkrete Verhalten der Kinder und Jugendlichen, erhellen also zum Teil das Verhältnis von Urteilen und Handeln – etwa in den Bereichen der Regelbefolgung und der Einstellung zur Lüge – viel genauer als die Untersuchungen Kohlbergs.

In seinen Erklärungen, weshalb Zusammenarbeit und Kooperation zwischen Kindern ihre Moralkompetenz fördert, war Piaget ebenfalls klarer als Kohlberg: Das kleine Kind hat ein „egozentrisches" Weltbild, es zentriert die Dinge auf seine eigene Perspektive. Oft fixiert es sich auf den Standpunkt der zuständigen Autorität, ohne klar zwischen dem eigenen Standpunkt (bzw. seinem Blickwinkel) und dem der Autorität zu unterscheiden. Diese Fähigkeit baut es allmählich auf, indem es sich mit anderen Personen auseinandersetzt, mit anderen kooperiert. Piaget hat der Kooperation daher eine entscheidende Rolle bei der Ausbildung des moralischen Urteils zugeschrieben.

Undifferenzierter als Kohlberg war Piaget hingegen bei seiner Beschreibung der Entwicklungsstufen. Im Vordergrund stand bei ihm die Unterscheidung zwischen einer auf die Weisungen der Erwachsenen basierenden Einstellung („heteronome Moral") und einer zunehmend auf das eigene Urteil abgestützten „autonomen Moral". Feinere Differenzierungen in den Stadien der Moralentwicklung hat er nur im Zusammenhang mit sehr konkreten Untersuchungen, etwa dem kindlichen Verständnis des Gerechtigkeits- oder Lügenbegriffs, vorgenommen.

Besonders überzeugend und reizvoll an Piagets Untersuchungsergebnissen ist der systematische Nachweis der (von Kohlberg weitgehend übersehenen) Tatsache, dass bei kleinen Kindern das konkrete moralische Verhalten in deutlichem Gegensatz zum Moralurteil steht. – Zwei Beispiele:

Als Piaget Kinder beim Murmelspiel beobachtete und sie nach ihrem Regelverständnis befragte, stellte er fest, dass Vorschulkinder die Regeln einerseits als etwas Heiliges und Unantastbares empfinden, das man nicht verletzen darf, dass sie aber andererseits nicht nach Regeln spielen, weil sie diese noch nicht verstehen (Tabelle 5.4). Erst im Alter von sieben oder acht Jahren, sobald sie in der Lage sind, sich kognitiv auf den Standpunkt anderer Kinder zu stellen, begreifen sie, was Spielregeln sind, und erweisen sich zunehmend in der Lage, sie zu befolgen.

In ähnlicher Weise meinen Kinder im Alter von 4-5 Jahren, eine Lüge bestehe darin, dass man etwas Falsches sage und halten das Lügenverbot für sakrosankt, während sie sich gleichzeitig keineswegs an die Wahrheit halten. Im Gegenteil verschwimmen bei ihnen die Grenzen zwischen Realität und Phantasie, wenn sie über Dinge sprechen, die sie besonders tief beeindruckt oder erschreckt haben (Piaget 1932, Kap. 2, III. Teil). Piaget hat dieses Verhalten als „Pseudo- oder Scheinlüge" bezeichnet (a.a.O., S.185). Diese scheinbar paradoxe Einstellung zur Lüge ist derjenigen beim Regelverständnis und Regelverhaltens ganz analog.

Kommentar zu Tabelle 5.5.: Piaget betont, dass die Stadien der linken und der rechten Spalte gegeneinander versetzt sind. Das zweite Stadium des Regelbewusstseins beginnt „im Laufe des egozentrischen Stadiums" (c), „um gegen die Mitte des Stadiums der Zusammenarbeit – um das neunte und zehnte Jahr – sein Ende zu nehmen", während „das dritte sich mit dem Ende dieses Stadiums der Zusammenarbeit und dem ganzen Stadium der Kodifizierung der Regeln deckt" (Piaget 1932, S. 23). An anderer Stelle erweckt Piaget eher den Eindruck, dass in beiden Bereichen – Regelverhalten und -Bewusstsein – das letzte Stadium in etwa gleichzeitig beginnt (S. 73).

Tabelle 5.5.: Piagets Entwicklungsmodell am Beispiel der Stadien des Regelverhaltens (linke Spalte) und des Regelbewusstseins (rechte Spalte) im Überblick

Regelverhalten	*Regelbewusstsein*
a) Kleinkind – unter 2-3 Jahren: Es spielt noch nicht nach Regeln, sondern irgendwie. Es fehlen „Zusammenhang und Richtung in den aufeinanderfolgenden Tätigkeiten" (S. 26) – deutlich etwa beim Spielen mit Murmeln. Das Kind spielt allein. Wenn andere Kinder „mitspielen", kommt es zwar punktuell zur Nachahmung, aber zu keiner systematischen Beachtung dessen, was der Andere tut. Ein Zusammenspiel ist so nicht möglich.	i) Jüngeres Kleinkind – bis 3-5 Jahre: Es unterscheidet nicht (bzw. nicht klar) zwischen Regeln und Regelmäßigkeiten, nicht zwischen natürlichen Rhythmen (Tag-Nacht; Wechsel der Jahreszeiten) und sozialen Regeln (S. 51ff.). In seiner Vorstellung geht beides durcheinander: So denkt es z.B., dem Tag folge die Nacht, weil die Menschen schlafen gehen müssen; oder es hält es für möglich, dass die Brücke zusammenkracht, weil derjenige, der sie überquert, vorher etwas gestohlen hat...
b) Kleinkind – 4-5 Jahre, „egozentrisches Stadium": Es spielt zwar mit anderen Kindern zusammen, kennt aber nicht alle Regeln: Es spielt nur ungefähr nach Regeln und nur nach denjenigen, die es kennt. Es erfindet auch mal neue dazu, ohne sich dessen richtig bewusst zu werden. Es hat kein Verständnis für *gewinnen* und *verlieren*. Gewinnen bedeutet für es: Spaß haben am Spiel.	ii) Älteres Kleinkind (5-7 Jahre), *Heteronomie*: Es hält Regeln für quasi heilig, unantastbar und unveränderlich. Es assoziiert sie mit einer (erwachsenen) Autorität, mit den Vorfahren, einer (ur-)alten Tradition, gegebenenfalls mit Gott; vgl.: Theokratie, Gerontokratie (S. 66). Es unterscheidet nicht klar zwischen dem, was es selber herausgefunden hat, und dem, was es von anderen übernimmt (S. 57). Vergleicht man diese Einstellung mit seinem Spielverhalten, so erscheint das Ganze wie eine Paradoxie.
c) Unter- und Mittelstufenkind (6-7 bis 10-12 Jahre), Stadium der Zusammenarbeit: Es beachtet die Regeln im Zusammenspiel, es weiß, was ‚gewinnen' und ‚verlieren' bedeutet, überwacht seine Mitspieler, damit auch sie die Regeln einhalten. Es unterscheidet also deutlich zwischen ‚mogeln' und korrekt nach Regeln spielen.	
d) Oberstufenkind (ab 12 Jahre, v.a. bei Jungen), Stadium der Kodifizierung: Der/die Heranwachsende empfindet besonderen Spaß am Erfinden und Diskutieren von Regeln – also sozusagen an ‚juristischen' Diskussionen. Die Überlegung, dass Regeln sinnvoll und gerecht sein sollten, spielt dabei eine zunehmende Rolle.	iii) Mittel- und Oberstufenkind (ab 10 Jahre), *Autonomie*: Es begreift, dass Spielregeln, ja generell soziale Regeln, im Prinzip auf Übereinkunft (Konvention) gründen und jederzeit geändert werden können, wenn die anderen einverstanden sind. Einsicht in die Tatsache, dass Moral auf Kooperation beruht. Vgl. Demokratie (S. 66). Es wird ein Ideal vorausgesetzt, „das in den Mechanismen der Diskussion und der Gegenseitigkeit funktionell enthalten ist" (S. 75).

5.3. Thomas Lickona

Eine wertvolle und ausgesprochen leicht lesbare Synthese der Forschungsergebnisse Kohlbergs und Piagets hat Thomas Lickona (1989) vorgelegt. Sein Werk verdient auch deswegen Erwähnung, weil es zugleich auf die Theorie von Erikson eingeht und jüngere, im Anschluss an Kohlberg entstandene Forschungsergebnisse mitberücksichtigt. Jedes Kapitel enthält zudem einfache Tipps an Eltern und Lehrkräfte zum erfolgreichen Umgang mit Kindern und Jugendlichen in den verschiedenen Entwicklungsstufen, sodass diese zugleich in ihrer moralischen Entwicklung unterstützt und geleitet werden.

Lickona kommt das weitere Verdienst zu, nachgewiesen zu haben, dass nicht nur die diskursive Einstellung zu Kindern und Jugendlichen, sondern grundsätzlich auch echte *Kooperation* (vgl. unten Kapitel 7) geeignet ist, die Moralentwicklung zu fördern. Er gibt dazu auch zahlreiche unterrichtspraktische Anregungen (Lickona 1983).

5.4. Gertrud Nunner-Winkler

In anderer Weise als Piaget hat A. Blasi, ein jüngerer Mitarbeiter Kohlbergs, die Diskrepanz zwischen moralischem Urteilen und Handeln erforscht. Im deutschen Sprachraum ist in diesem Bereich Gertrud Nunner-Winkler mit ihren Arbeiten führend. Während in den von Piaget untersuchten Beispielen Wissen und Handeln bei kleinen Kindern nur scheinbar auseinander klaffen – die Regel gilt als heilig, wird aber ständig übertreten, weil das Kind sie noch nicht versteht –, können Blasi und Nunner-Winkler eine *echte Kluft zwischen Wissen und Handeln* nachweisen: Denn einerseits verfügen Kinder schon weit früher, als Piaget und Kohlberg angenommen haben, nämlich mit drei bis vier Jahren, über ein intuitives Wissen um moralische Normen; andererseits lassen sie sich aber bis etwa ins Alter von acht Jahren gleichwohl nicht von diesem Wissen leiten. So schreiben jüngere Kinder einem Täter, der andere erfolgreich bestiehlt oder belügt, positive Gefühle zu – ein Phänomen, das unter dem Begriff des „happy victimizer" in die Fachliteratur eingegangen ist, über dessen Gründe aber noch diskutiert wird.

Kästen 5.6 A. bis D.: Nunner-Winklers Forschungen über den Zusammenhang von moralischem Urteilen und moralischem Handeln (Nunner-Winkler 1996, S. 132)

A. Kindern wird anhand von Bildern eine Geschichte erzählt:

> *Bild 1:* Das ist der Florian und das ist der Thomas. Sie sind in der Garderobe im Kindergarten und ziehen ihre Anoraks aus. Da zieht der Thomas eine kleine Tüte gebrannter Mandeln aus der Anoraktasche, hält sie hoch und sagt: Schau mal, die hat mir meine Tante mitgebracht. Florian isst gebrannte Mandeln furchtbar gern.
>
> *Bild 2:* Später kommt Florian allein wieder durch den Garderobenraum, in dem Thomas seinen Anorak mit den gebrannten Mandeln gelassen hat.

B. Daran schließen sich die folgenden Fragen zur Geschichte an die Kinder, die die Bildgeschichte verfolgt haben:

1. *Was meinst du, will Florian die Mandeln haben?*
2. *Darf man die Mandeln einfach nehmen?* [→ Frage nach der Regel-Kenntnis]
3. *Warum? Warum nicht?* [→ Frage nach der Regel-Begründung]
4. Hinweis, um zu verhindern, dass Kinder negative Helden erfinden: *Florian weiß auch, dass man das nicht darf.*

C. Fortsetzung der Bildgeschichte und des Interviews:

Bild 3: Florian geht zu Thomas' Kleiderhaken, holt die Tüte aus dem Anorak heraus und steckt sie ein. Dann geht er wieder zum Gruppenraum. Niemand hat das gesehen.

Bild 4: Gleich darauf gehen die Kinder zum Spielen nach draußen. Thomas zieht seinen Anorak an und bemerkt, dass die Mandeln weg sind. Er weiß nicht, wo sie hin verschwunden sind. Da ist Thomas traurig.

D. Fortsetzung des Interviews mit den Kindern:

Anschließende Fragen an die Probanden:

5. *Was glaubst du, wie Florian sich fühlt?* [→ Frage nach der Emotionszuschreibung]
6. *Warum?* [→ Frage nach der Emotionsbegründung]

Ergebnisse: (1) Schon mit vier bis fünf Jahren wissen so gut wie alle Kinder, dass Klauen falsch ist: „Stehlen darf man nicht, das ist ganz gemein und unfair!" (2) Dennoch denken die meisten Kinder unter acht Jahren, Florian leide nach dem Diebstahl keineswegs unter dem Gefühl, etwas Unrechtes getan zu haben, und fühle sich wohl: „Die Süßigkeiten schmecken gut, weißt du!" (3) Von acht Jahren an nimmt die Anzahl der Kinder zu, die Florian ein schlechtes Gewissen zuschreiben und somit bestreiten, dass er sich wohl fühlt. (4) Der Anteil der befragten Kinder, die sich nach einem begangenen Diebstahl selbst ein positives Gefühl zuschrieben, ist etwas geringer, aber immer noch signifikant (Keller/Lourenço 2003). (5) Zu ähnlichen Ergebnissen gelangt man auf der Basis von Befragungen zu einer Bildgeschichte, in welcher der Protagonist ein Kind von der Schaukel stößt. (6) Viele Kinder, die diesem Täter ein schlechtes Gewissen bescheinigen, widerstehen der Versuchung, in einem unbewachten Augenblick zu schummeln, besser als die Kinder, die annehmen, der Übeltäter fühle sich wohl.

5.5. Anregungen zur Erziehung im ethischen Bereich

Die Forschungen über die Entwicklung der moralischen Urteilsfähigkeit sind von großer Bedeutung für die Erziehung im ethischen Bereich. Laut Fritz Oser, einem der führenden Pädagogen im Bereich der Moral- und Werteerziehung, ist eine solche Erziehung nur dann wirkungsvoll, wenn sie den Gesetzmäßigkeiten der Moralentwicklung Rechnung trägt. Die meisten herkömmlichen Methoden der Werteerziehung erfüllen diese Bedingung nicht, weshalb auch ihre Wirkung nur gering ist:

Kasten 5.7.a: Problematische Methoden der Werte-Erziehung (nach Oser 2001)

1. *Die Schule soll das Kind und den Jugendlichen moralisch nicht beeinflussen*: Sie hat dazu kein Recht. Der Unterricht soll wertfrei sein. – Kritik: Eine wertfreie Schule gibt es nicht, auch das Plädoyer für Wertfreiheit beruht auf einer Wertung.

2. *Den Kindern sollen das „öffentliche Wertklima" und die gemeinsamen Ideale der Gesellschaft nahe gebracht werden*: durch vorbildliche Lehrkräfte, geeignete Lehrinhalte, gezielte menschliche Begegnungen und durch aufbauende Werterlebnisse. – Kritik: Dass ein Ideal von vielen Menschen geteilt wird, bedeutet noch nicht, dass es wertvoll sein muss (auch der Faschismus hat an Ideale appelliert, an die viele Menschen glaubten).

3. *Werteklärung (value clarification)*: Die Schüler und Jugendlichen sollen sich ihrer eigenen Werte bewusst werden; es besteht kein Anspruch, diese Werte von außen zu beeinflussen. Ziel der Maßnahme ist die „Selbstverwirklichung". – Kritik: Nicht alles, was Kinder von sich aus entwickeln, ist deswegen schon wertvoll; Kinder können z.B. auch sozialdarwinistischen Wertvorstellungen verfallen...

4. *Wertevermittlung durch Belehrung*: Sie soll über die Betrachtung von Vorbildern und vorbildlichen Haltungen (im Studium von Texten und Biographien) geschehen. – Kritik: Theoretische Kenntnisnahme von Werten führt selten zu ihrer Internalisierung; außerdem bedarf die Unterscheidung zwischen vorbildlich und nicht vorbildlich eigener Kriterien.

5. *Wertanalyse*: Anhand konkreter Entscheidungssituationen werden ethische Fragen diskutiert, die die Kinder von allen Seiten betrachten und auf die sie (in einer von der Lehrkraft geleiteten Diskussion) eigene Antworten finden sollen. – Kritik: Es ist unklar, wie weit die bloße Diskussion von Entscheidungssituationen handlungswirksam wird.

Kasten 5.7.b: Empfehlenswerte Methoden der Werte-Erziehung (nach Oser 2001)

1. *Lernen am ‚außergewöhnlichen' Modell*: Den Schülern werden Begegnungen mit Personen vermittelt, die Außerordentliches geleistet haben und die zu ihren moralischen Überzeugungen stehen. Die Schüler erkennen: Das kann im Grunde jeder! (was sie zur positiven Nachahmung anstachelt). – Vorteil: Persönliche Begegnungen können bei Schülern einen nachhaltigen Eindruck hinterlassen; bei solchen Anlässen erworbene Überzeugungen werden leichter handlungswirksam als bloß in einer Diskussion gewonnene.

2. *Diskurs-Ansatz (Diskurs = methodische Diskussion, in der nur die Argumente zählen)*: Die Lehrkraft nimmt am Diskurs teil, ohne ihn zu leiten. Auf die emotionale Seite des Geschehens wird speziell geachtet. – Vorteil: Ein engagierter Diskurs löst Haltungsveränderungen auch dann aus, wenn er nicht der Festsetzung gemeinsamer Regelungen gilt.

3. Training des moralischen Urteils durch *Diskussion von moralischen Dilemmata* in der Klasse und durch *Mitsprache der Schüler* bei der Gestaltung der Schulordnung („Just Community"). – Vorteil: Diese Methoden leiten die Entwicklung des moralischen Urteils der Schüler/innen an und beschleunigen sie (Lawrence Kohlberg!).

5.6. Die „Gerechte Schulgemeinschaft" – „Just Community"-Schule

Die wirksamste Methode der Moral- und Werteerziehung ist Lawrence Kohlberg zufolge die aktive Mitbestimmung der Kinder und Jugendlichen bei der Regelung der Verhältnisse, unter denen sie selber leben. Kohlberg hat deswegen seit den siebziger Jahren in den USA an diversen Schulen „Just Community"-Projekte initiiert bzw. begleitet. Seit den achtziger Jahren gibt es solche Projekte auch an verschiedenen deutschen und schweizerischen Schulen.

Worin besteht das Konzept einer Just Community-Schule? Die Schüler/innen werden an Entscheidungprozessen, die die Schulorganisation und die Verhaltensregeln an der Schule betreffen, beteiligt: Sie diskutieren mit, entscheiden mit und sind für die Umsetzung der Entscheidungen mitverantwortlich (Kohlberg 1986; Oser/Althof 1992, 3.Teil). Durch diese Beteiligung an kollektiven Entscheidungen sollen sie dazu motiviert werden, die gemeinsam gewonnenen Überzeugungen in Handlungen umzusetzen.

Es finden Versammlungen mit den Lehrkräften und Schülern aller Klassen eines bestimmten Jahrgangs oder auch der ganzen Schule statt (dies hängt u. a. von der Schulgröße ab). Die Versammlungen können wöchentlich oder in längeren Abständen stattfinden. Je nach Schule werden auch Unterstufenschüler mit einbezogen. Näher liegt es allerdings, die Ideen der „Just Community" in der Oberstufe zu praktizieren.

Kasten 5.8.: Die sieben Pfeiler einer „Just Community"-Schule (nach Oser/Althof 1992, S. 353f., teilweise wörtlich)

---

1. Das Prinzip der „pädagogischen Zumutung", d.h. der Unterstellung, dass der Schüler solchen Diskussionen und der Umsetzung ihrer Resultate auch wirklich gewachsen ist (vgl. Kapitel II. 12).

2. Die Idee des Gemeinschaftszweckes: Die Schule ist ein System, dessen Probleme jeden Einzelnen betreffen.

3. Das Prinzip der Herausbildung des besseren Argumentes: Schon Kinder lernen im Diskurs, zwischen Argumenten und Interessen zu unterscheiden. Es zählt die Überzeugungskraft des guten Arguments (seine Geltung ist situationsunabhängig, universalistisch).

4. Das Prinzip der Demokratisierung der Lebenswelt, der Offenlegung von Entscheidungsprozessen und der Partizipation an Entscheidungen.

5. Das Prinzip der Rollenübernahme und das Sichhineinversetzen in die Perspektive der anderen (Empathie).

6. Das Prinzip des verantwortlichen Handelns: Das Kind lernt, Verantwortung zu übernehmen („sense of obligation").

7. Das Prinzip der Identifikation aufgrund von Partizipation: Kinder identifizieren sich mit Beschlüssen, an denen sie aktiv mitgewirkt haben, und unterstützen ihre Umsetzung.

Die „Gerechte Schulgemeinschaft" – „Just Community"-Schule   89

Beim „Just Community"-Ansatz ist also das Zusammenwirken von drei Elementen, die gewöhnlich getrennt voneinander auftreten, entscheidend:

- Gemeinsame Diskussion (→ Rollentausch, Empathie, Sinn für Argumente),
- gemeinsame Entscheidung (→ Demokratie),
- gemeinsame Umsetzung der Entscheidung (→ Übernahme von Verantwortung).

→ Jedes dieser drei Elemente ist mit wesentlichen sozialen Lernprozessen verbunden. Entscheidend ist außerdem die Kombination aus allen dreien. Sie schaffen zusammen eine Konstellation von Bedingungen, unter denen *die Einsicht* in das, was richtig ist, auch *handlungswirksam wird*. Die Diskussion fiktiver Dilemmata allein vermag diese Wirkung nicht zu erzielen.

→ „Just Community"-Prozesse sind für die Beteiligten jedoch recht zeit-intensiv.

In jüngster Zeit ist an der Idee der Schülermitbestimmung prominente Kritik laut geworden: Zur Frage, wie weit Demokratie in der Schule sinnvollerweise gehen soll und in welchen Situationen sie funktionieren kann, erinnert der Leiter des Internats „Salem" am Bodensee, Bernhard Bueb, an die Probleme, die entstehen, wenn Schüler unter ihresgleichen Aufsichtspersonen mit Autoritätsfunktion wählen sollen:

„Die unterschiedlichen Verfahren, die maßgebenden Positionen zu besetzen, führen zu unterschiedlichen Wirkungen. Während Schüler, die vom Schulleiter ernannt werden, sich als Vertreter der Institution verstehen und ihre Pflicht darin sehen, die Regeln, Anweisungen und Ordnungsvorstellungen der Institution, die sie ernannt hat, auszuführen, sehen die gewählten Schüler es als ihre Aufgabe an, die Interessen von denjenigen zu vertreten, die ihnen ihre Stimme gegeben haben. (…) Die gewählten Schüler (…) glauben, ihren Auftrag dann gut zu erfüllen, wenn sie sich für mehr Freiheiten und Privilegien, also für die Lockerung von Regeln aller Art einsetzen, das reicht von der Zubettgehzeit bis zum Umgang mit Alkohol. Mit der Vermehrung der Rechte aber korrespondiert nicht automatisch die Bereitschaft, entsprechend die Pflichten zu vermehren. Es kam ganz selten vor, dass ein Schüler souverän genug war, für Pflichten, für Einschränkungen oder für schärfere Maßnahmen zur Durchsetzung bestehender Regeln einzutreten" (Bueb 2006, S.85).

Es ist eine alte Wahrheit, dass zur Erziehung das Setzen von Grenzen gehört und dass Kinder dies auch erwarten. Es gibt also Regeln, die nicht wegdiskutiert und auch durch den Diskurs in einer Schulgemeinschaft nicht eliminiert werden können. Zu diesen Regeln gehören auch die Asymmetrien zwischen Lehrer und Schüler im Hinblick auf Autorität und Verantwortung (vgl. Kapitel 12). Sie sind Teil der Rahmenbedingungen, die für das Gelingen des pädagogischen Prozesses gesetzt sein müssen, und die nicht verhandelbar sind, weil sonst eine Konfusion entstünde. Ähnliches gilt von den Spielregeln der Demokratie, obgleich hier kein Autoritätsgefälle zu den Grundgegebenheiten gehört. Es gibt Bedingungen des Zusammenlebens, die auch durch ein demokratisches Entscheidungsverfahren nicht umgestürzt werden dürfen: die Geltung der Menschenrechte und die Grundregeln der Demokratie selber. Die Einsicht in diese Zusammenhänge zeichnet das post-konventionelle Denken aus. Zu den erfolgreichsten Methoden, Jugendliche in ihrer Entwicklung hin zum post-konventionellen Denken zu unterstützen, ist und bleibt aber gerade der lösungsorientierte Diskurs, wie er in „Just Community"-Schulen speziell gepflegt wird.

> Das „Prinzip der Nützlichkeit oder, wie Bentham es später genannt hat, das Prinzip des größten Glücks, [hat] einen bedeutenden Anteil an den Morallehren selbst derer, die ihm verächtlich alle Verbindlichkeit absprechen".
>
> J. S. Mill (1861, S. 7)

I. 6. Utilitaristische Ethik

6.1. Warum müssen moralische Normen begründet werden?

Forderungen wie „du sollst" oder „du darfst nicht" bedeuten Einschränkungen unserer Freiheit und müssen daher begründbar sein. Ob wir uns davon überzeugen lassen, dass eine bestimmte Forderung gerechtfertigt ist, hängt letztlich von ihrer Begründung ab.

Natürlich hinterfragen wir Regeln, an die wir uns gewöhnt haben, nicht in jedem Augenblick. Aber es kommt dann und wann vor, dass uns Normen, die sich unter bestimmten Umständen bewährt haben, unter veränderten Umständen nicht mehr überzeugen. Das Bedürfnis, sich mit der Begründung geltender Regeln kritisch auseinanderzusetzen, kann sich daher immer wieder neu einstellen. – Es gibt beispielsweise einleuchtende Gründe, weshalb in vorstaatlichen Agrargesellschaften die Frauen für die hausinterne Arbeit und die Männer für diejenige außer Haus zuständig waren: Die außerhäuslichen Aufgaben, wie der Schutz von Haus und Hof, waren mit höheren Gefahren verbunden als die häuslichen, und da Männer für die Erzeugung von Nachwuchs entbehrlicher sind als Frauen, lag diese Regelung im Interesse der Hausgemeinschaft. – Aber warum sollen die Frauen auch heute die Hausarbeit erledigen?

In „vormodernen" Gesellschaften waren die Regeln des Zusammenlebens häufig in der Religion beziehungsweise in der Tradition der Vorfahren verankert. In modernen Gesellschaften haben Religion und Tradition ihre Verbindlichkeit zum großen Teil verloren. Das erklärt die Notwendigkeit, warum wir uns gegenseitig die Gründe für die geltenden Regeln immer wieder neu in Erinnerung rufen müssen. Wir sind, wie Kant es formuliert hat, *autonom*, d.h. unsere eigenen moralischen Gesetzgeber.

Wer etwas begründet, muss argumentieren. Begründungen (Argumente) sind entweder gültig oder ungültig, plausibel oder unplausibel. Eine Begründung darf nicht esoterisch, sie muss allgemein verständlich sein – es sei denn, man ziehe es vor, dem Gegenüber die geltenden Regeln einfach zu diktieren. Dieses Vorgehen widerspräche aber allen ethischen Prinzipien. In streng hierarchischen Gesellschaften mag dies üblich gewesen sein – in einer modernen Gesellschaft, die sich an der Idee der Gleichheit (Egalität) zwischen den Menschen orientiert, ist die Argumentation an die Stelle von Druck und Zwang getreten.

Tabelle 6.1.: Begründungsstrategien für moralische Normen

Begründungen, die vom Einzelnen ausgehen:	Kritik:
• die Intuition	• verschiedene Personen haben unterschiedliche Intuitionen
• das Gewissen	• schon oft wurden Grausamkeiten mit dem Hinweis auf das Gewissen begründet
• eine prophetische Vision	• wer schützt uns vor „falschen Propheten"? Es gibt keine Kriterien für die kollektive Beurteilung prophetischer Visionen
Begründungen, die vom Kollektiv ausgehen:	Kritik:
• die Tradition, d.h. eine Praxis, die sich in einer Gruppe „bewährt" hat und an die sich die Mitglieder gewöhnt haben	• verschiedene Gesellschaften haben verschiedene Traditionen (allgemein gültige Regeln lassen sich so nicht begründen)
• die Überzeugung der Mehrheit einer Gesellschaft	• auch Mehrheiten können irren
• besondere Erfolge einer Gesellschaft, die sie über andere Gesellschaften heraushebt (vgl. das „auserwählte Volk", die „siegreichen Amerikaner")	• Erfolg ist nicht selten der größeren Macht, einer kaltblütigen Strategie oder einfach dem Zufall zu verdanken

Wäre es auch denkbar, dass wir unseren Mitmenschen für regelkonformes Verhalten einen Preis oder eine Gegenleistung anbieten? – Kaum, denn damit würden wir das normenkonforme Verhalten zum Gegenstand eines Deals machen. Es wäre dann jedem freigestellt, auf einen solchen Handel einzugehen oder nicht. Regeln mit moralischem Gehalt kann man aber nicht immer wieder neu aushandeln – so wenig, wie man sich bei jeder Gelegenheit auf lange Diskussionen über Gründe und Gegengründe einlassen kann. Gerade in der Erziehung wäre dies unsinnig: Bevor man über Regeln diskutiert, muss man gelernt haben, dass Regeln *gelten*, dass sie *Verbindlichkeit beanspruchen* (Bueb 2006, S. 85). Es wäre daher kontraproduktiv, diesen Umstand dadurch zu verwässern, dass man die Anwendung der Regeln bei jeder sich bietenden Gelegenheit erneut in Frage stellt oder zum Gegenstand eines Aushandlungsprozesses erklärt. Dies würde in der Konsequenz auch zu einem Nebeneinander unterschiedlichster Regelsysteme führen, deren Geltung sich von vornherein auf kleine Gruppen beschränkte.

Klar, es gibt moralische Regeln, die nur für bestimmte Gruppen oder „Völker" verbindlich sind. Dennoch sind manche moralische Regeln (diejenigen z.B., die sich um die Menschenrechte drehen) mit dem Anspruch verbunden, über die eigene Gruppe, das eigene Volk, die eigene Nation hinaus Geltung zu haben. Eine allgemein gültige Norm sollte auch allgemein verständlich sein. Deswegen muss bereits der Ausgangspunkt einer Begründung gut bedacht werden. – Blickt man genauer hin, so entdeckt man mehrere mögliche Ausgangspunkte (Tabelle 6.1).

Häufig sind es menschliche Interessen – die „wohlverstandenen" Interessen des Einzelnen, die zum Ausgangspunkt für die Begründung einer bestimmten Moral gewählt werden. Als „wohlverstanden" bezeichnet man nicht die zufälligen Interessen des Augenblicks, sondern die längerfristigen Interessen, für die man auch Kompromisse einzugehen bereit ist. Mit den menschlichen Interessen zu beginnen, liegt in der Tat nahe. So legen beispielsweise die zwei wichtigsten Moralbegründungs-Traditionen der zeitgenössischen angelsächsischen Philosophie – der Utilitarismus und der Kontraktualismus (eine Theorie, die die Moral auf den Vertrags-Gedanken gründet; vgl. dazu Kapitel 7.8) – ihrer Begründung die menschlichen Interessen zugrunde.

6.2. Der Utilitarismus

Der Utilitarismus bezieht sich in seiner Argumentation auf das Nützliche (lat./frz. *utile*). Er geht in seinen Ursprüngen auf den aus Irland stammenden Philosophen Francis Hutcheson [1694-1746] zurück. Ausgearbeitet wurde er vor allem durch die beiden Engländer Jeremy Bentham [1748-1832] und John Stuart Mill [1806-1873]. Noch heute ist er in den angelsächsischen Ländern (USA, England, Australien) sehr verbreitet.

Kasten 6.2.: Die Grundidee des Utilitarismus

> Gut ist eine Handlung oder eine Handlungsregel (Norm), wenn sie „*das größte Wohl der größten Zahl*" fördert (Bentham 1776, preface 2).
>
> In den Worten John Stuart Mills:
>
> „Die Norm des Utilitarismus ist nicht das größte Glück des Handelnden selbst, sondern das größte Glück insgesamt; und wenn es vielleicht auch fraglich ist, ob ein edler Charakter durch seinen Edelmut glücklicher wird, so ist doch nicht zu bezweifeln, dass andere durch ihn glücklicher sind und dass die Welt insgesamt durch ihn unermesslich gewinnt" (Mill 1861, S. 20f.).
>
> Die „Norm der Moral" lässt sich bestimmen „als die Gesamtheit der Handlungsregeln und Handlungsvorschriften, durch deren Befolgung" ein angenehmes Leben „für die gesamte Menschheit im größtmöglichen Umfange erreichbar ist; und nicht nur für sie, sondern, soweit es die Umstände erlauben, für die gesamte fühlende Natur" (a.a.O., S.21).

6.3. Jeremy Benthams Lehre

In seiner Einführung in den Utilitarismus exponiert Bentham den folgenden Gedankengang über fünf Schritte (Bentham 1776):

(1) Alle Menschen streben nach Lust und Glück (ähnlich hat schon gute 2000 Jahre vorher Aristoteles argumentiert, alle Lebewesen strebten nach etwas, und das, wonach sie streben, sei das jeweils für sie „Gute"; Aristoteles NE, 1. Buch).

(2) Was die Lust oder das Wohl (Glück) steigert bzw. das Leiden oder das Unglück mindert, ist nützlich.

(3) Menschen handeln gewöhnlich (auch unbewusst) nach dem Nützlichkeitsprinzip: D.h. sie handeln gewöhnlich so, dass Lust und Glück maximiert werden.

(4) Das Glück oder Wohl einer Gesellschaft ist gleich der Summe des Glücks oder Wohls ihrer Mitglieder. Es gibt kein kollektives Glück, aber die individuellen Werte von Lust, Schmerz, Glück usw. lassen sich aufsummieren.

(5) Menschen handeln nicht konsequent utilitaristisch. Täten sie es, so lebten wir in einer besseren Welt; und die utilitaristische Theorie würde sich erübrigen.

Tabelle 6.3.: Utilitaristische Grundbegriffe

Lust / Vergnügen [*pleasure*]; Schmerz / Verdruss [*pain / mischief*] Gut / Übel [*good / evil*] Glück [*happiness*]	Interesse [*interest*] Vorteil [*advantage; benefit*] Leiden [*suffering*] Nutzen [*utility*]
→ vgl. die Formulierung in der amerikanischen Menschenrechtserklärung: „pursuit of happiness"	→ vgl. das ökonomische Nutzen- und Effizienzprinzip

6.4. Besonderheiten des Utilitarismus

a. *Konsequentialismus*: Der Utilitarismus orientiert sich an den Handlungsfolgen. Der ethische Gehalt einer Handlung oder Norm wird von ihren Konsequenzen, nicht von der leitenden Absicht her beurteilt. Diese Haltung wird deshalb als „konsequentialistisch" (= an den Folgen orientiert) bezeichnet. Der Begriff „Konsequenzen" bezeichnet hier zum einen das unmittelbare Resultat bzw. die unmittelbaren Folgen einer Handlung oder Maßnahme (sie sind im Allgemeinen beabsichtigt oder zumindest vorhersehbar); und zum anderen die mittelbaren Folgen bzw. Nebenfolgen (sie sind im Allgemeinen nicht beabsichtigt und manchmal auch nicht voraussehbar).

b. *Akt- und Regel-Utilitarismus*: Utilitaristische Überlegungen drängen sich nicht nur bei Einzelhandlungen auf, sondern auch und mehr noch bei kollektiven Praktiken. Daher hat sich in der ersten Hälfte des 20. Jahrhunderts die Unterscheidung zwischen Akt-Utilitarismus und Regel-Utilitarismus herausgebildet.

Im Regel-Utilitarismus geht es um Fragen wie die folgenden: Welche Konsequenzen träten ein, wenn sich die Menschen allgemein angewöhnten, Bestechungsgelder für illegale Dienstleistungen zu zahlen? Oder: Sollte man die Todesstrafe einführen, wenn dies insgesamt mehr Glück als Leiden zur Folge hätte?

Kasten 6.4.: Akt- und Regel-Utilitarismus

> 1. Akt-Utilitarismus: Es zählen die Konsequenzen der einzelnen Handlung.
>
> 2. Regel-Utilitarismus: Es zählen die Konsequenzen, die eintreten, wenn nach einer bestimmten Regel oder nach einer kollektiven Praxis gehandelt wird.
>
> Die Grundfrage des Regel-Utilitarismus lautet: „Was würde geschehen, wenn alle so handelten?" Diese Frage erinnert an die Erste Formel des Kategorischen Imperativs bei I. Kant (vgl. Kapitel 10.6).

c. *Utilitarismus und Wirtschaftswachstum*: Zwischen Utilitarismus und Ökonomie bestehen enge Beziehungen, und nicht zufällig haben sie sich im angelsächsischen Raum in etwa parallel zueinander entwickelt. Die Wirtschaftswissenschaften sind stark nutzenorientiert. Der utilitaristische Slogan vom „größten Wohl der größten Zahl" findet sich in der Ökonomie in Gestalt der Auffassung wieder, dass die Wirtschaft eines Landes intakt (= „gut") ist, solange sie wächst, und dass es um die Wirtschaft um so besser gestellt ist, je steiler sie wächst. Die Ökonomie kennt ebenfalls eine akt-utilitaristische und eine regel-utilitaristische Variante, denn man kann den Nutzenkalkül ebenso auf jede einzelne Aktion wie auf kollektives Handeln oder auf eine kollektiv zu befolgende Maßnahme (z.B. der Wirtschafts- oder Steuerpolitik) beziehen. Die Frage, wie der Wohlstand verteilt werden soll – also die Frage nach der Gerechtigkeit –, steht allerdings weder im Utilitarismus noch in der Ökonomie im Vordergrund.

Zwischen Utilitarismus und Ökonomie gibt es auch einen wesentlichen Unterschied: Der Utilitarismus geht in seinem Nutzenkalkül von den Empfindungen, Gefühlen und Interessen aus, die Ökonomie hingegen von Geldwert-Einheiten (z.B. in Dollars), die sehr viel abstrakter sind als Empfindungen und Gefühle, in die man dafür aber beliebige andere ökonomische Werte konvertieren kann.

6.5. Stärken des Utilitarismus

1. Der Utilitarismus bietet den Vorzug, dass er (zunächst) von durchaus einleuchtenden Intuitionen ausgeht: Alle Menschen, alle Lebewesen sind zur Empfindung von Lust und Leiden fähig, und alle ziehen die Lust dem Leiden vor. Die Idee, das Leben sei um so wertvoller, je mehr Leiden es mit sich bringe, wäre kontraintuitiv. Materielle Güter sollen folglich zur Erhöhung von Glück und Vergnügen dienen und sicher nicht zur Verursachung von Verdruss und Leiden. Es leuchtet auch ohne weiteres ein, dass unter sonst gleichen Umständen diejenige politische oder soziale Maßnahme die „bessere" ist, von der eine größere Zahl von Personen profitiert; dass also beispielsweise eine offene Stelle, auf die sich mehrere gleich qualifizierte Anwärter/innen bewerben, derjenigen Person zugesprochen werden sollte, die die größere Familie zu ernähren hat.

2. Auch wechselseitige Verhaltens-Erwartungen und moralische Regeln lassen sich utilitaristisch begründen: Warum beispielsweise sind wir Menschen bereit, unsere Freiheiten im sozialen Verband einzuschränken? Weil wir dadurch Sicherheiten gewinnen, die uns mehr wert sind als das, was wir an Freiheit verlieren. Oder warum

gehen wir in der Regel höflich und freundlich miteinander um? Um uns (gegenseitig) das Leben angenehmer zu gestalten! – Weshalb bemühen wir uns, anderen Menschen unseren Ärger oder unsere Wut nicht allzu deutlich zu zeigen? Um die Gefahr einer Eskalation, die nur noch mehr Ärger mit sich brächte, zu vermeiden, aber auch um uns nicht den Ruf einzuhandeln, unsozial zu sein.

3. In der Formulierung „das größte Wohl der größten Zahl" steckt ein erhebliches „altruistisches" Potential: Der Einzelne ist aufgerufen, nicht in erster Linie das eigene Wohl zu maximieren, sondern so zu handeln, dass die Summe des Wohls insgesamt steigt. Das kann je nach Situation bedeuten, dass er ein Opfer erbringen muss.

4. Der Utilitarismus ist der bislang überzeugendste ethische Ansatz im Bereich der Tierethik: Auch Tiere haben Empfindungen, spüren Schmerzen und sind leidensfähig. Höheren Tieren kann man auch Emotionen nicht absprechen. Tier und Mensch sind sich in dieser Hinsicht gleich!

Es scheint also, der Utilitarismus entspricht dem gesunden Menschenverstand. Eine differenziertere Betrachtung des Utilitarismus zeigt jedoch ein anderes Bild...

6.6. Schwächen des Utilitarismus

Der Utilitarismus verwickelt sich, wie zu zeigen ist, auch in eine Reihe von Schwierigkeiten. Auf sechs davon soll im Folgenden kurz eingegangen werden.

6.6.1. Probleme beim Nutzenkalkül

1. Wer strikt nach dem Nutzenmaximierungsprinzip handeln möchte, muss komplizierteste Berechnungen der Handlungsfolgen anstellen:

Dazu gehört, dass er die positiven Konsequenzen des Handlungsresultats und seiner voraussehbaren oder wahrscheinlichen Nebenfolgen aufsummiert, dass er auch alle negativen Konsequenzen errechnet und dass er schließlich unter allen ihm zur Verfügung stehenden Handlungsalternativen diejenige auswählt, bei der der Differenzbetrag zwischen den aufsummierten positiven und den aufsummierten negativen Folgen am günstigsten ausfällt.

2. Lust, Befriedigung, Schmerzfreiheit usw. lassen sich nicht einfach miteinander verrechnen! Es gibt keine „Lust-Quanten", die man als Grundeinheiten einer Berechnung zugrunde legen könnte.

3. Nutzenvergleiche zwischen verschiedenen Personen sind noch schwieriger. Es gibt subjektive Unterschiede im Erleben von Lust und Leid; Menschen bewerten ihre Tätigkeiten, Vergnügungen, Glück und Unglück individuell recht unterschiedlich...

Die meisten Ökonomen versuchen das Problem des interpersonellen Nutzenvergleichs zu umgehen. Auf die Frage, ob eine Güterverteilung gerecht ist oder ungerecht, wenden Ökonomen gewöhnlich ganz andere Kriterien an. Ein an den Marktmechanismen orientiertes Kriterium lautet etwa: Eine Güterverteilung ist dann gerecht, wenn sie aus einer vorhergehenden, als gerecht geltenden Ordnung unter Marktbedingungen hervorgegangen ist – unabhängig davon, ob alle aus der neuen Verteilung einen gleich hohen Nutzen ziehen oder nicht (Nozick 1974).

4. Der Utilitarismus differenziert nicht systematisch zwischen niedrigeren und höheren Arten der Lust. Die Frage, wie man ein intellektuelles Vergnügen, körperliche Lust und die Befriedigung über eine erfolgreiche Unternehmung gegeneinander abwägen soll, ist keineswegs trivial. J. S. Mill schreibt, „besser ein unzufriedener Sokrates als ein zufriedener Narr (Mill 1861, S. 18). Offensichtlich dürfen unedle Wünsche (z.B. der Wunsch eines Sadisten, andere zu quälen) nicht gleich gewichtet werden wie edle.

Viele Beschäftigungen, die größere Entbehrungen mit sich bringen (die Vorbereitung auf eine wichtige Prüfung, die Besteigung eines anspruchsvollen Berges, eine Expedition zum Südpol) empfinden wir als wertvoll – wertvoller vielleicht als eine Kreuzfahrt auf einem Luxusdampfer. Überhaupt sind es nicht die lustvollen Erlebnisse allein, die zur Zufriedenheit führen, sondern der Wechsel zwischen Anstrengung und Entspannung, Entbehrung und Erfolg, Unlust und Lust.

5. Noch schwieriger wird der „Nutzen-Vergleich", wenn wir auch das Leiden der Tierwelt mitberücksichtigen. Es ist unklar, ob alle Tiere schmerzempfindlich sind (z.B. Käfer, Insekten, Milben). Des Weiteren wissen wir nicht, „wie groß" – bei einer analogen Verletzung – beispielsweise die Schmerzen eines Hundes im Vergleich mit denjenigen eines Menschen sind. Schließlich bleibt unklar, in welcher Weise Unterschiede in der Schmerzempfindlichkeit bei Mensch und Tier (etwa einer Labormaus, der wir zur Rettung von Menschenleben Qualen zumuten) handlungswirksam werden sollen.

6.6.2. Der Utilitarismus widerspricht unseren Intuitionen

Das Ausklammern der Absicht durch den Utilitarismus erscheint kontraintuitiv. Die leitende Absicht einer Handlung spielt bei ihrer ethischen Beurteilung sehr wohl eine Rolle. Sollte man einen Mörder, der im Affekt gehandelt hat, gleich hart bestrafen wie einen, der seine Tat kaltblütig geplant hat? Auch die utilitaristische Auffassung, dass sterben lassen und töten äquivalent sind (Singer 1984, S. 220-9), ist nicht unbedingt einleuchtend. Soll man die Verweigerung eines Beitrags an die Welthungerhilfe wirklich mit einem Mord gleichsetzen, falls sie für die Hungernden Todesfolgen hat?

6.6.3. Nutzen- bzw. Glücksoptimierung in mehreren Dimensionen

Der Utilitarismus stellt Nutzenvergleiche und Nutzenmaximierungen in ganz verschiedenen und miteinander unvergleichbaren Dimensionen an, wenn er sich bald auf Einzelpersonen, bald auf die Menschheit insgesamt und bald auf die „fühlende Natur" als Ganzes bezieht. Damit ergibt sich die Möglichkeit mannigfaltiger Konfliktsituationen. Welche Opfer soll der Einzelne zugunsten seiner Familie, seiner Nation, seiner Glaubensgemeinschaft oder zugunsten der Menschheit auf sich nehmen? Und welche Opfer sind der Spezies Mensch zugunsten der Erhaltung der Artenvielfalt zuzumuten? Wie viele Insekten- und Käferarten dürfen wir auslöschen, falls wir damit das Leben von ein paar Personen retten können?

Kasten 6.5.: Das Wachstum der menschlichen Bevölkerung, utilitaristisch betrachtet

Das Wachstum der Bevölkerung erscheint im utilitaristischen Sinne als etwas „Gutes", falls damit auch die Summe der Gesamtwohlfahrt wächst. Was aber, wenn mit der Bevölkerungszunahme der Lebensstandard und die durchschnittliche Wohlfahrt zurückgehen, allerdings in geringerem Maß, als die Bevölkerung wächst? Der „Gesamtnutzen" steigt zwar dann, aber der „Durchschnittsnutzen" pro Person sinkt und sinkt... Wie weit darf er sinken? (das ist die abstoßende Schlussfolgerung („Repugnant Conclusion") von Derek Parfit (1986; 1987, S. 387ff.).

6.6.4. Der klassische Utilitarismus tut sich mit Gerechtigkeits-Fragen schwer

Der klassische Utilitarist verspürt kein starkes Motiv, gerechte Verhältnisse zu schaffen. Denn er setzt sich für Gerechtigkeit und Gleichverteilung nur so weit ein, als er damit zugleich den Gesamtnutzen steigert. Diese Denkweise ist derjenigen in der Ökonomie eng verwandt: Es ist für die Gesellschaft nützlicher, innovativen Unternehmern ein höheres Einkommen zuzugestehen als dem Durchschnitt. Dieses Argument ist plausibel, denn in einem System, das gleiche Löhne für alle vorsieht, entfiele jeder Anreiz sich anzustrengen. – Doch wer den Aspekt der Gerechtigkeit systematisch ausblendet, provoziert die Frage, wie viel Ungerechtigkeit, wie viel Armut wir in Kauf nehmen wollen oder sollen, um die allgemeine Nutzensumme zu maximieren?

6.6.5. Der Utilitarismus kann die Menschenrechte nicht begründen

Die Menschenrechte entziehen sich jeglichem Nutzenkalkül. Dürfte etwa ein Arzt das Leben eines gesunden Patienten opfern, um damit das Leben mehrerer Anderer zu retten, indem er die Organe des Gesunden mehreren Kranken implantiert, die sonst sterben müssten? Wäre es denkbar, bei extremer Verknappung der öffentlichen Mittel auf die Pflege alter, behinderter oder schwer kranker Menschen zu verzichten? Ist es vertretbar, ein indigenes Volk, dessen Schutz mehr volkswirtschaftliche Kosten verursacht, als es rein ökonomischen Nutzen einbringt, seinem Untergang zu weihen? Welche Antworten würde ein Utilitarist geben? Und wie argumentiert er gegen Kinderpornographie, falls sich herausstellen sollte, dass die aktuelle Nachfrage dafür so groß ist, dass sie zum Wirtschaftswachstum beiträgt?

6.6.6. Der Utilitarismus baut auf einem naturalistischen Fehlschluss auf

Der Utilitarist führt das „moralisch Gute" letztlich auf Lust, Glück oder Nutzen zurück; er unterstellt diesen also einen inneren Wert. Das bedeutet G. E. Moore zufolge einen naturalistischen Fehlschluss (Kapitel 2.4). Der Utilitarist kann auf diesen Einwand allerdings antworten, das Wesen der Ethik bestehe genau darin, Dinge wie Lust, Glück und Nutzen zu maximieren. Das Gute liege eher in der Maximierung als in dem, was maximiert werde. Eine Moral oder Ethik, die mehr oder Anderes wolle als der Utilitarismus, könne es nicht geben...

6.7. Gleiche Berücksichtigung der Interessen: Die Position von Peter Singer

Obwohl sich der Utilitarismus mit Fragen der Gerechtigkeit schwer tut, ist Gerechtigkeit ein zentrales Anliegen des australischen Utilitaristen Peter Singer [*1946]. Für Singer ist, wie für die Utilitaristen allgemein, die moralische Gleichheit und Gleichwertigkeit aller Menschen eine Tatsache. Welche Bedeutung hat diese Gleichheit aber für unser Handeln? Wir stehen ja nicht allen Menschen gleich nahe, und wir stehen nicht zu allen in der gleichen Beziehung – ein Faktum, das letztlich auch auf das Verhältnis Lehrer-Schüler zutrifft.

Singer schlägt vor, bei der ethischen Beurteilung menschlicher Handlungen die *Interessen* (eigene wie fremde), die von diesen Handlungen tangiert werden, in den Blick zu nehmen. Dabei soll das sogenannte „Prinzip der gleichen Interessenabwägung" gelten: Bei der Abwägung einer Maßnahme sind die Interessen aller betroffenen Personen gegeneinander abzuwägen. Diese Interessen zählen gleich viel, falls alle von der Maßnahme gleich stark betroffen sind. Bei ungleicher Betroffenheit fällt diese unterschiedlich ins Gewicht: Wenn Hans und Hanna von einer möglichen Handlung tangiert sind und Hanna dabei *mehr* zu verlieren als Hans zu gewinnen hat, dann „ist es besser, die Handlung nicht zu tun" (Singer 1984, S.32).

Einen wesentlichen Einfluss auf die Abwägung verschiedener Interessen hat außerdem das Prinzip des Grenznutzens. Dieses Prinzip nimmt auf die Tatsache Bezug, dass der Nutzen einer konstanten Gütereinheit nicht immer gleich groß ist. Wer morgens hungrig aufsteht, isst zum Frühstück wahrscheinlich gern ein oder zwei Brötchen. Mit jedem zusätzlichen Brötchen geht der weitere Lustgewinn (bzw. der Nutzenzuwachs) sukzessive zurück, und irgendwann nähert er sich dem Nullpunkt. Aus dieser Tatsache lässt sich eine einfache Folgerung ziehen: Die Befriedigung von Bedürfnissen oder Interessen soll bis zu dem Punkt erfolgen, von dem an die Kosten für eine weiter gehende Befriedigung den Nutzen übersteigen.

Lässt sich aus dieser Überlegung folgern, dass der allgemeine Nutzen dann am größten ist, wenn in einer Gesellschaft die Güter über alle ihre Mitglieder gleich verteilt sind? Auf den ersten Blick scheint dies der Fall zu sein – allerdings nur auf den ersten. Die Situation lässt sich gut am Beispiel des Spendens für Entwicklungs- und Nothilfe illustrieren: Jeder kleinere Geldbetrag, der in ein Programm für Notlinderung gesteckt wird – z.B. 50 € –, nützt dem Empfänger wahrscheinlich mehr, als der Verzicht auf die 50 € dem Spender (einem Wohlstandsbürger) schadet. Jede Spende, die vor dem Hintergrund dieser Nutzendifferenz geleistet wird, erhöht also die Summe des Gesamtwohls. Andererseits nimmt der Nutzen, der sich durch das wiederholte Spenden desselben Betrags erreichen lässt, in dem Maße ab, in dem sich die Bedürfnisse bei den Empfängern dem Sättigungspunkt nähern. Im Gegenzug dazu wird ein Wohlhabender, der immer mehr von seinen Mitteln weggibt, früher oder später an die Schmerzgrenze gelangen: Je weiter seine Lebensqualität zurückgeht, desto größer wird der relative Verlust, den die Weggabe jedes weiteren konstanten Betrages mit sich bringt.

Singer formuliert es so: Wir sollen „bis zu dem Punkt (…) spenden, an dem wir, wenn wir mehr spenden würden, etwas von vergleichbarer moralischer Bedeutung opfern würden" (1984, S. 245; vgl. Singer 1972). Der Punkt, an dem der Geber genauso viel verliert, wie der Empfänger gewinnt, entspricht einer gleichen Güterverteilung zwischen ihnen.

Utilitaristen plädieren aber nicht wirklich für eine Gleichverteilung. Singer führt nämlich noch ganz andere Überlegungen ins Feld: Der Geschäftsmann, der mit seinem Engagement für die Nothilfe so weit ginge, dass er sich keinen Wagen oder keine gute Kleidung mehr leisten könnte, würde seine berufliche Stellung gefährden. Daher sei es besser, wenn er seine Unterstützung Notleidender nicht so weit treibe, dass er mit ihr das Fundament für sein künftiges karitatives Engagement vernichtet.

Das ist nicht ein Argument zugunsten eines Ausgleichs von Differenzen im materiellen Besitz. Ein solcher Ausgleich hätte sogar klare Nachteile, denn mit ihm entfiele der unternehmerische Anreiz, sich besonders anzustrengen. Die wirtschaftliche Produktivität ist daher in Gesellschaften mit ungleicher Güterverteilung höher als in solchen mit egalitärer Verteilung. Wenn also Unternehmer mehr materielle Güter und mehr Privilegien besitzen als andere Bürger, so ist dies nicht ungerecht, vorausgesetzt, die Dimensionen bleiben gewahrt (vgl. dazu Kapitel 9.7).

Die hier angeschnittene Thematik ist übrigens für die Bildungspolitik nicht ohne Brisanz, denn eine ganz ähnliche Frage wie die nach der gerechten Verteilung von Wohlstandsgütern stellt sich mit Bezug auf die Verteilung der Bildungs- und Ausbildungschancen (Kapitel II. 9). Obwohl die Versuchung groß sein mag, sie utilitaristisch zu beantworten, würde eine solche Antwort zu kurz greifen.

Trotz all seiner Stärken sind die Schwächen des Utilitarismus so zahlreich, dass er zur Begründung von moralischem Verhalten nicht ausreicht. Die Suche nach einer plausiblen Begründung geht also weiter (vgl. insbesondere Kapitel 8 und 11).

> „Keine Spur von echter Nächstenliebe verbessert unsere Anschauungen von der Gesellschaft, sobald man einmal die Sentimentalität beiseite gelassen hat. Was als Mitarbeit gilt, entpuppt sich als eine Mischung von Opportunismus und Ausbeutung. (…) Handlungen ‚zum Wohle' der einen Gesellschaft werden zum Schaden der übrigen vollzogen. Wo es in seinem eigenen Interesse liegt, kann man von jedem Organismus vernünftigerweise erwarten, dass er seinen Genossen hilft. Wo er keine Alternative hat, beugt er sich dem Joch der gemeinsamen Knechtschaft. Gibt man ihm aber die volle Chance, in seinem eigenen Interesse zu handeln, so wird ihn allein die Zweckmäßigkeit davon abhalten zu brutalisieren, zu verstümmeln, zu morden – seinen Bruder, seinen Geschlechtspartner, seinen Vater oder sein Kind. Kratz einen ‚Altruisten', und sieh einen Heuchler bluten."
>
> Michael Ghiselin, Biologe und Historiker

I. 7. Ethik und Kooperation

Ethisches Verhalten steht und fällt mit kooperativem Verhalten. Denn ohne gegenseitige Rücksichtnahme vermöchten Menschen nicht zu kooperieren. Zugleich setzt umgekehrt die Bereitschaft, sich an moralische Regeln und an Vereinbarungen aller Art zu halten, den Willen zur Kooperation voraus. Wer sich, wann immer es ihm passt, über Regeln und Vereinbarungen hinwegsetzt, kooperiert nicht.

7.1. Weshalb kooperieren wir?

Von Kooperation oder Zusammenarbeit spricht man, wenn mehrere Personen (mindestens zwei) ihre Aktivitäten auf ein gemeinsames Ziel abstimmen. Das Ziel kann die Herstellung eines Produkts, wie in einer Firma, ein gemeinsamer Lernprozess, wie in einer Schulklasse, die Herstellung oder Erhaltung eines wünschenswerten Zustands sein – beispielsweise Frieden, Verkehrssicherheit, Klimastabilität. Menschen, die um eines gemeinsamen Zieles willen ihre Arbeitsprozesse koordinieren, kooperieren. Wer sich ein Haus baut, ist früher oder später auf die Hilfe anderer angewiesen. Schwere Balken hebt keiner alleine. Arbeitsteilung ermöglicht Spezialisierung, und wenn jeder das tut, was er am besten beherrscht, erhöht sich die Effizienz der Zusammenarbeit. Die Mitglieder eines Orchesters oder eines Theaterensembles kooperieren, indem sie ein Konzert bzw. ein Theaterstück aufführen.

Menschen die kooperieren, halten immer auch ein Minimum an moralischen Regeln ein – sonst wäre das friedliche Miteinander gefährdet. Die allseitige Einhaltung geltender Regeln stellt im Übrigen selbst eine Art von Kooperation dar - auch wenn die Beteiligten dabei kein weiteres materielles Ziel im Auge haben. Im Straßenverkehr fährt jeder seine eigene Route, aber in der Begegnung nimmt man aufeinander Rücksicht und hält sich an die Regeln – um Unfälle zu vermeiden. Kooperation findet also ebenso im ideellen wie im materiellen Bereich statt.

Menschen kooperieren seit jeher, weil sie von der Kooperation profitieren. Was wir „Kultur" nennen, wäre ohne geplante Kooperation nie entstanden. Menschen könnten ohne Kooperation nicht überleben. Deshalb hat Aristoteles gesagt, der Mensch sei ein gemeinschaftsbildendes Lebewesen, ein *zoon politikon*. Kooperation entsteht aber nicht von selber – man muss sich aktiv darum bemühen. Erlahmen diese Bemühungen, so mutiert die Kooperation über kurz oder lang zu einem gleichgültigen Nebeneinander, das auch in ein Gegeneinander abgleiten kann.

Ist Kooperation in jeder Situation für alle Betroffenen profitabel? Oder gibt es Situationen, in denen uns Kooperation nicht viel einbringt? Tatsächlich erweist sich ein getrenntes, ja eventuell individuelles Vorgehen oft als vergleichsweise ergiebiger – falls die kooperierenden Gruppen schlecht koordiniert oder zu groß sind: „Zu viele Köche verderben den Brei".

Kasten 7.1.: Eine utilitaristische Begründung für Kooperation

Menschen gewinnen durch Kooperation in der Regel mehr als sie verlieren. Kooperation zwingt zwar zu Kompromissen und zu Freiheitseinschränkungen, aber diese „lohnen sich",

- weil wir vieles gar nicht alleine fertigbrächten (Hausbau!),
- weil das aufsummierte Ergebnis gut organisierter Zusammenarbeit häufig die Summe der Ergebnisse von Einzelaktionen übersteigt;
- weil die Kooperation selbst eine Quelle von Lust und Zufriedenheit darstellt, also auch ein Selbstzweck sein kann.

Wir bringen immer wieder Opfer, um unsere Kooperations-Partner/innen bei Laune zu halten; wir erwarten aber, dass wir für diese Opfer entschädigt werden, die Kosten-Nutzen-Bilanz also langfristig positiv ausfällt.

Die Mitglieder einer Kooperationsgemeinschaft verfolgen einen gemeinsamen Nutzen. Dieser kann ...

- ... materieller Natur sein und in der Hervorbringung eines gemeinsamen Gutes oder in der Sicherung eines Zustands durch Abwehr von Gefahren bestehen: eine Kathedrale bauen, sein Land verteidigen, die Schule sauber halten, Schäden verhüten.
- ... formeller Natur sein: geltende Regeln einhalten, aufeinander Rücksicht nehmen.

7.2. Formen der Kooperation

Kooperation erfolgt entweder unter Bedingungen der Symmetrie oder unter solchen der Asymmetrie. Symmetrisch ist Kooperation unter Gleichen, asymmetrisch die Zusammenarbeit unter Personen, zwischen denen ein Abhängigkeitsverhältnis oder ein Machtgefälle besteht. Eine asymmetrische Struktur hat Kooperation häufig dann, wenn die Kompetenzen und damit die Möglichkeiten der Einflussnahme auf das Gesamtgeschehen ungleich verteilt sind: zwischen Lehrer und Schüler, Arzt und Patient, Polizist und Verkehrsteilnehmer. Problematisch wird diese Asymmetrie dort, wo der „Stärkere" den „Schwächeren" ausbeutet oder ihm in anderer Weise Unrecht tut, wo also Machtmissbrauch (Kapitel I2.3) oder Gewalt (Kapitel II.4) ins Spiel kommt:

- Sklaverei, Leibeigenschaft und Extremformen des Herr-Knecht-Verhältnisse sind Beispiele unhaltbarer asymmetrischer Kooperation.

- Doch ist auch nicht jede Form von symmetrischer Kooperation moralisch gutzuheißen: Trittbrettfahren und die einseitige Ausnutzung der Kooperationsbereitschaft anderer Personen beispielsweise sind es nicht.

Eine weitere, auch für die Ethik nicht unbedeutende Unterscheidung ist die zwischen einer Kooperation zu zweit und einer Kooperation in der (größeren) Gruppe. Auf jede dieser Kooperationsformen bezieht sich eine elementare ethische Regel: die *Goldene Regel* auf die Kooperation zu zweit, die *Verallgemeinerungsregel* auf die Kooperation in der Gruppe.

7.3. Die Goldene Regel (= GR): Sicherstellung von Kooperation zu zweit

Die Regel, die in Europa seit dem 18. Jahrhundert oft als „Goldene Regel" (= GR) bezeichnet wird, ist wahrscheinlich die bekannteste „moralische Faustregel" überhaupt. Zwei Personen, die in ihrer Beziehung zueinander die Goldene Regel anwenden, können sich in ihrer Kooperation aufeinander verlassen. – Es gibt eine negative und eine positive Formulierung der GR:

Negativ: „Was du nicht willst, dass man dir tu', das füg auch keinem Andern zu!"

Positiv: „Behandle die Anderen so, wie du selbst behandelt werden möchtest!"

Die GR existiert zudem in verschiedenen Varianten (Reiner 1974, S.348-379). Die wichtigsten beiden sind die folgenden:

„*Einfühlungsregel*": Behandle den Anderen so, wie du dir wünschest, dass der Andere dich behandelt.

„*Autonomieregel*": Betrachte das Verhalten, das du von Anderen erwartest, auch für dich selbst als verbindlich. Diese Regel bezieht sich auf das Verhalten gegenüber Dritten.

Die GR ist seit über zweitausend Jahren bekannt. Sie begegnet uns in den Schriften verschiedener sehr alter Gesellschaften: im Konfuzianismus und im antiken Griechenland jeweils im 5. Jahrhundert vor Christus, im Hinduismus im 4. Jahrhundert vor Christus, ferner im vorchristlichen Judentum und im Neuen Testament.

Kasten 7.2.: Formulierungen der Goldenen Regel in verschiedenen Abwandlungen

- Was du nicht willst, dass man dir tut, das tue auch keinem andern! (antikes Judentum: Buch Tobias, 4.16).

- Alles nun, von dem ihr wollt, dass es die Menschen euch tun, das tut auch ihr ihnen; denn das ist der Inhalt des Gesetzes und der Propheten (Matthäus 7.12).

- Denn damit, dass du den andern richtest, sprichst du dir selbst das Urteil (Paulus, Römer 2.1).

- Was ein jeder sich Gutes wünscht, das soll er auch dem Nächsten wünschen und zu verwirklichen suchen (Clemens Romanus, Mittelalter).

- Wir müssen uns an der Stelle anderer Menschen stehend denken; wir verdienen nicht in Gefahr befreit zu werden, wenn wir selbst nicht Beistand leisten; wir verdienen keine Hilfe, wenn wir sie (andern) versagen (Lactantius, um 300 n. Chr.).

- Was ich dem Nächsten zum Vorwurf mache, werde ich selber nach Kräften nicht tun (Herodot, 490-425/420 v. Chr.).

- Was euch erzürnt, wenn ihr es von anderen erleidet, das tut nicht den anderen an (Isokrates, 436-338 v. Chr.).

- Was wir selbst tadeln, das sollen wir auch nicht nachahmen! (Menander, 342-291 v. Chr.).

- Ein weiser Prinz verwirklicht, bevor er etwas von den anderen verlangt, dies zuerst selber; bevor er einen Fehler der anderen tadelt, hält er sich selbst davon fern. Ein Mann, der nicht weiß, die anderen mit demselben Maßstab wie sich selbst zu messen und zu behandeln, kann die anderen nicht erziehen (Konfuzius, 551-478 v. Chr.).

- Was du selbst nicht wünschest, das tue auch anderen nicht an (Konfuzius).

- Wer selbst das Leben liebt, wie mag der einen andern ermorden? Was er für sich selbst wünscht, dafür sorge er auch bei anderen (...). Wer mit eines andern Weib buhlt, wie kann der irgendjemandem Vorwürfe machen? (um 400 v. Chr.: Mahâbhârata, indisches Nationalepos Buch XII, Vers 9250-51).

- Gerecht handelst du, wenn du die andern so behandelst, wie du selber von ihnen behandelt werden möchtest (Shakyamuni [Indien], vor 2500 Jahren).

(Die Beispiele stammen aus: Philippides 1929; Spendel 1969; Hoche 1978)

Man kann also davon ausgehen, dass mehrere Gesellschaften die GR unabhängig voneinander „entdeckt" haben (Küng 1990, S. 84). Das ist wohl kein Zufall: Diese Regel bildet die Grundlage jeder stabilen Kooperation zwischen zwei Personen.

Ihre weite Verbreitung sollte nicht darüber hinweg täuschen, dass die GR in vielen konkreten Situationen unbrauchbar ist: im Wettbewerb (oder auf dem Marktplatz; vgl. Kapitel 8), innerhalb von klar strukturierten Befehlshierarchien und über kulturelle Schwellen hinweg. Hingegen liefert sie einen sicheren Kompass in jeder „klassischen" Kooperations-Situation.

7.4. Umkehrung der Goldenen Regel

Was Bosheit in Reinkultur bedeutet, lässt sich von der Umkehrung der Goldenen Regel her verdeutlichen. Diese Umkehrung würde lauten: „Behandle den Anderen so, wie du selbst auf keinen Fall behandelt werden möchtest" (wobei unterstellt wird, dass auch der Andere nicht so behandelt werden möchte). Je schmerzvoller und erniedrigender die Behandlung, desto perfider diese Umkehrung. Was wir gemeinhin als „böse" bezeichnen, sind Handlungen, die auf einer Umkehrung der GR basieren. Schädigungen dieser Art sind die Demütigung und die gezielte Beleidigung des Anderen. Der seelische Schaden wiederholter Erniedrigungen kann größer sein als bei Körperverletzungen. Die Attentate gegen das World Trade Center in New York vom 11. September 2001 haben die amerikanische Nation gleichsam in die „Seele" getroffen.

Kasten 7.3.: Bosheit durch Umkehrung der Goldenen Regel

> Bosheit hat nicht den eigenen Gewinn, sondern die Schädigung oder Herabsetzung des Anderen zum Ziel. Sie kann sich genauso gut gegen ganze Kollektive wie gegen einzelne Personen richten.
>
> Die wohl extremste Schädigung der eigenen Gruppe ist der Verrat, die extremste Schädigung einer fremden Gruppe die Vertreibung und/oder Vernichtung.
>
> Nimmt jemand die Schädigung Anderer aus purer Gewinnsucht oder aus eigennützigen Motiven in Kauf, so handelt er „schäbig", aber vielleicht nicht im engeren Sinn „böse", sofern diese Schädigung nicht wirklich beabsichtigt oder bewusst in Kauf genommen worden ist.
>
> Zwischen Willensschwäche, Niedertracht und berechnender Bosheit bestehen fließende Übergänge.

7.5. Die Verallgemeinerungs- oder Universalisierungsregel: Sicherstellung von Kooperation in der Gruppe

Die Verallgemeinerungsregel (Singer 1975) ist wesentlich jünger und weit weniger bekannt als die Goldene Regel. Und doch spielt sie gerade heute eine zunehmend wichtige Rolle. Auf sie stößt man beispielsweise im Regel-Utilitarismus: Wäre ich einverstanden, wenn eine bestimmte Praxis von der ich profitiere (z.B. „schwarzfahren") zur allgemeinen Regel würde? Die Antwort fällt bei der Regel, dass man Versprechen halten soll, anders aus als bei der Regel, dass man Schmiergelder, die einem angeboten werden, annehmen solle. – Die Verallgemeinerungsregel lässt sich wiederum negativ oder positiv formulieren:

Negativ: „Entscheide dich zu keiner Strategie, die du nicht akzeptieren könntest, wenn alle anderen sie auch benützen!"

Positiv: „Benütze nur Strategien, die du auch dann akzeptieren kannst, wenn alle anderen sie ebenfalls anwenden!"

Kasten 7.4.: Zur Entstehung der Verallgemeinerungsregel (nach Hruschka 1987):

> Die Verallgemeinerungsregel ist viel jünger als die GR. Sie stammt aus dem 18. Jahrhundert. Eine der ersten dokumentierten Stellen findet sich in einer Diskussion über eine 200 Jahre zuvor von Hugo Grotius [1583-1645] in De Jure Belli ac Pacis [Über Krieg und Frieden, 1625] formulierten These. Grotius verteidigte dort das Recht auf Auswanderung, machte allerdings den Vorbehalt, die Auswanderung dürfe nicht zum Massenphänomen werden.
>
> Ein englischer Kommentator, Thomas Rutherforth [1712-1771], widersprach: Wolle man eine Massenauswanderung verhindern, so dürfe man kein einziges Mitglied der Gesellschaft auswandern lassen. Denn wenn man es auch nur einem erlaube, müsse man es einem zweiten ebenfalls erlauben. Wenn man es zwei Mitgliedern erlaube, müsse man es auch einer Gruppe von drei und mehr Mitgliedern erlauben usw. Man müsse also einer Massenauswanderung zustimmen, obwohl eine solche die Gesellschaft als ganze zerstören würde.
>
> Ein gewisser Johann Balthasar Wernher [1675-1742] formulierte dann die Regel: „Was so beschaffen ist, dass, wenn es von allen Menschen unterlassen würde, dem menschlichen Geschlecht den Untergang brächte, das ist durch das Gesetz der Natur von Gott geboten, und was so beschaffen ist, dass, wenn es von allen Menschen getan würde, dem menschlichen Geschlecht den Untergang brächte, das ist von Natur aus von Gott verboten."
>
> Der englische Philosoph David Hume [1711-1776] stellte die entsprechende Frage: „What must become of the world, if such practices prevail? How could society subsist under such disorders?" (sinngemäß: Was wäre, wenn das alle täten?)
>
> Immanuel Kant [1724-1804] griff schließlich auf die Verallgemeinerungsregel im „Kategorischen Imperativ" zurück: „Handle nur nach derjenigen Maxime, durch die du zugleich wollen kannst, dass sie zum allgemeinen Gesetz werde" (vgl. Kapitel 10.6).

7.6. Zwei Varianten der Verallgemeinerungsregel (= VR)

Die VR existiert in zwei verschiedenen Versionen. In der ersten Version entspricht sie der Goldenen Regel, nur in einer allgemeineren Form: Jede Verhaltensweise, die die Gegenseitigkeit schädigt oder zerstört, ist zu unterlassen. Die entsprechenden Regeln sind meist negativ formuliert: Wir sollen einander nicht überfallen, nicht berauben, gegebene Versprechen und eingegangene Verträge nicht brechen, den Anderen nichts wegnehmen, sie nicht verleumden („kein falsches Zeugnis reden wider deinen Nächsten") und nicht demütigen, nicht körperlich oder seelisch verletzen und ihnen erst recht nicht nach dem Leben trachten.

In der zweiten Version bezieht sich die VR auf kollektive Praktiken: Eine Regel ist nur dann eine Regel, wenn sie allgemein befolgt wird. Eine Regel ist deshalb auch nur dann sinnvoll, wenn ihre Einhaltung für alle wünschbar (oder wenigstens zumutbar) ist. Für einen guten Unterricht beispielsweise ist es unerlässlich, dass alle Schülerinnen und Schüler pünktlich erscheinen.

Die durch eine Regel gesicherte Ordnung ist nicht gefährdet, solange sich niemand oder fast niemand über sie hinwegsetzt. Je größer aber die Zahl der schwarzen Schafe, desto schwächer ist die Autorität der Regel, bis sie schließlich ihren Regelcharakter verliert.

Die Verallgemeinerungsregel hat gerade in der Gegenwart eine nicht zu unterschätzende Bedeutung: Die Technik macht heute vieles möglich, was noch vor ein, zwei Jahrhunderten unmöglich, ja undenkbar war: die Zerstörung ganzer Städte über große Entfernungen mittels eines einzigen Knopfdrucks, die künstliche Auslösung von Erdbeben, die Einflussnahme auf das Weltklima... Diese neuen technischen Möglichkeiten stellen immer auch neue Versuchungen dar, denen zu widerstehen für frühere Generationen keine Pflicht bestand, weil es sie noch gar nicht gab. Unter den heutigen Bedingungen entfalten auch *kollektive Verhaltensweisen und Lebensformen* viel leichter eine schädliche oder zerstörerische Wirkung, als dies in früheren Zeiten der Fall war. Sollte beispielsweise die Autodichte in China derjenigen Europas eines Tages nahe kommen, so hieße das, dass allein auf Chinas Straßen so viele Autos zirkulieren wie Ende der neunziger Jahre auf der Erde insgesamt.

Daraus, dass nicht alle Menschen mit fossilen Energien betriebene Autos fahren sollen, folgt zwar nicht, dass niemand dies tun darf. Dennoch stellt sich hier ein ethisches Problem: Die Verallgemeinerungsregel setzt strikte Gleichheit zwischen den Personen voraus, und die moderne Gesellschaft bekennt sich zum Egalitarismus: Alle Menschen haben gleiche Grundrechte, z.B. das Recht auf Freizügigkeit – eine Voraussetzung, die in vorindustriellen Gesellschaften nicht gegeben war (Kapitel 11.1). Vermutlich war das auch der Grund, weshalb die VR damals auch noch kaum eine Rolle gespielt hat, während sie heute neue Verbindlichkeiten schafft.

7.7. Kooperationsbereitschaft und Parasitismus

Überall, wo Menschen miteinander kooperieren, besteht die Gefahr, dass einige „parasitieren", „schwarzfahren" bzw. „trittbrettfahren". Denn aus der Sicht des puren Eigeninteresses gilt: Kooperation bringt mich zwar weiter als Kooperationsverweigerung, aber am weitesten komme ich, wenn ich „trittbrettfahre", d.h. wenn ich so tue, als kooperierte ich, mich aber zurücklehne und von den Beiträgen der Anderen profitiere. Das „Trittbrett-" oder „Schwarzfahren" ist ein ethisches Problem von großer Bedeutung, dessen tieferes Verständnis wir einer eigenen Wissenschaft verdanken – der Spieltheorie.

Die Spieltheorie ist ein Zweig der Mathematik, der sich mit strategischem Verhalten und seiner Optimierung befasst. Zentrale Begriffe der Spieltheorie sind *Effizienz und Erfolgswahrscheinlichkeit* – zwei Gesichtspunkte, die bei der Planung menschlichen Handelns eine wichtige Rolle spielen.

Die Spieltheorie ist also nicht ein Zweig der Ethik, aber wer Ethik betreibt, kann die Erkenntnisse der Spieltheorie nicht unberücksichtigt lassen. Diese befasst sich unter anderem mit der Frage, weshalb Menschen, als eigeninteressierte Wesen, überhaupt kooperieren, wenn sie doch durch Schwarzfahren mehr profitieren. – Wie haben sich unter diesen Umständen kooperative Praktiken herausbilden können? Wie ist es dazu gekommen, dass Menschen einander vertrauen lernten? Die Spieltheorie und die evolutionäre Ethik haben sich ausgiebig mit diesen Fragen befasst. Auf zwei Beispiele soll hier näher eingegangen werden: den Parasitismus in der Zweier-Kooperation und den Parasitismus in der Gruppen-Kooperation.

Tabelle 7.5.: Formen des Parasitismus bzw. des Trittbrettfahrens

Bei Kooperation zu zweit	Ausnutzung des Partners → vgl. „Gefangenendilemma"
Bei Kooperation zwischen mehreren	Ausnutzung des Kollektivs → vgl. „Allmendedilemma"

7.7.1. Erste Fallgrube: Das „Gefangenendilemma"

Eines der berühmtesten Dilemmata, mit denen sich die Spieltheorie auseinandergesetzt hat, ist das so genannte „Gefangenendilemma" (GD). Mit diesem Dilemma wird eine Zwickmühle auf den Punkt gebracht, die für die Kooperation zu zweit charakteristisch ist. In seiner ursprünglichen Variante handelt es von zwei in getrennten Zellen gefangenen Komplizen, denen der Gefängnisdirektor einzeln den folgenden Deal anbietet: Der Gefangene werde sofort entlassen, wenn er seinen Kumpel belaste; schweige er hingegen, so seien ihm zwei Jahre Gefangenschaft gewiss. Der Gefängnisdirektor lässt jeden Gefangenen wissen, dass er dem anderen das gleiche Angebot unterbreitet. Falls dieser ihn ebenfalls belaste, säßen sie beide je vier Jahre; und falls nur der andere ihn belaste, er selbst aber schweige, so sitze er zehn Jahre, während der Kumpel sofort frei komme (Watzlawick et al. 1969, S. 109-112).

Tabelle 7.6: Das Gefangenendilemma

	Spieler B		*Spieler B*	
Spieler A	Schweigt: → 2 Jahre	Schweigt: → 2 Jahre	Schweigt: → 10 Jahre	Petzt: → 0 Jahre
Spieler A	Petzt: → 0 Jahre	Schweigt: → 10 Jahre	Petzt: → 4 Jahre	Petzt: → 4 Jahre

Jeder Gefangene befindet sich in einer Zwickmühle: Denkt er nur an sich, so wird er es vorziehen, den Kollegen zu verraten. Sie können nicht kommunizieren, sich nicht absprechen. Schlimmer noch: Selbst wenn sie kommunizieren könnten, wäre keiner vor dem Verrat des Anderen ganz sicher.

Diese Situation lässt sich variieren, wobei Kosten und Nutzen jeder einzelnen Strategie jeweils in Form von Zahlen zur Darstellung gebracht werden. Im ursprünglichen „Gefangenendilemma" stehen sie für die Anzahl Jahre, die die Akteure im Gefängnis sitzen.

Betrachtet man die Akteure als Team, so ist es für beide besser zu kooperieren als zu schummeln: Sie haben als Team mehr davon. – Im Gefangenen-Beispiel bedeutet Kooperation den Verzicht darauf, gegen den Komplizen auszusagen. Betrachtet man die Akteure (= die Gefangenen A bzw. B) hingegen als Einzelkämpfer, so gilt: Den Kumpel zu belasten ist für Spieler A einträglicher als zu schweigen. Tut B nämlich dasselbe, so ist der Schaden für A geringer, als wenn er schweigt und von B hereingelegt wird. Und falls B ihn nicht belastet, profitiert A erst recht, wenn er B verrät. – Genau dasselbe gilt auch für den Spieler B.

Im Alltag treten GD-Situationen in unterschiedlichen Konstellationen auf. Zwei Konkurrenten A und B beispielsweise vereinbaren gemeinsame Verkaufspreise, die über dem Marktpreis liegen. Unterbietet A den vereinbarten Preis, während sich B an die Vereinbarung hält, so steigert A seine Verkaufszahlen und erhöht dadurch seine Einnahmen. Unterbieten aber beide den vereinbarten Preis, so werden sie zwar größere Mengen verkaufen. Geschieht dies aber nicht in der gleichen Proportion, in der sie die Preise gesenkt haben, so geht ihr Gewinn zurück. Als Team fahren sie also besser, wenn sie sich beide an die Preisabsprache halten (in diesem Beispiel geht allerdings der Gewinn der Beteiligten auf Kosten ihrer Kunden. Jede kartellmäßige Kooperation verzerrt und schädigt den Markt. Dies hat sich am Beispiel des OPEC-Kartells der erdölexportierenden Länder gezeigt).

Kasten 7.7.: Situationen von der Art des Gefangenendilemmas sind nicht selten

> - Beidseitiger Verzicht auf Seitensprünge in Ehe oder Partnerschaft;
> - Einhalten eines Waffenstillstands;
> - Friedensverhandlungen zwischen Israel und Palästina

Das Gefangenendilemma führt uns vor Augen, wie wenig selbstverständlich Kooperation zwischen Menschen ist, und das heißt, wie wenig selbstverständlich auch die Orientierung an der GR ist. Denn wer sich an diese Regel hält, wird seinen Komplizen nicht im Stich lassen – auch auf die Gefahr hin, hereingelegt zu werden.

7.7.2. Zweite Fallgrube: Das „Allmendedilemma"

Das Allmendedilemma (bzw. die „Tragedy of the Commons") zeigt gewisse Ähnlichkeiten mit dem Gefangenendilemma. Das folgende Beispiel mag als Ausgangspunkt dienen (Hardin 1968):

Angenommen, eine ländliche Gemeinde mit hundert Familien verfüge über eine Wiese in Gemeinbesitz (Allmende) und beschließe: Jede Familie darf ein Rind auf der Wiese weiden lassen. Mehr als ein Stück Vieh ist unzulässig, weil das Grundstück Schaden litte, wenn zu viele Rinder darauf weideten. Nun erwägt eine Familie, drei Rinder auf die Weide zu schicken: Die beiden zusätzlichen Rinder – so ihre Überlegung – fallen angesichts der hundert insgesamt zulässigen Rinder nicht ins Gewicht. Es stellt sich aber die Frage, was geschieht, wenn andere Familien die gleiche Erwägung anstellen...

Tabelle 7.8.: Das Allmendedilemma

		Kollektiv		
		alle anderen kooperieren	die Mehrheit der anderen kooperiert, eine Minderheit parasitiert	alle anderen parasitieren
Familie A	kooperiert	alle profitieren gleich stark (auch A)	die Mehrheit profitiert (auch A), allerdings weniger als die schummelnde Minderheit	alle verlieren nach kurzem Anfangserfolg (an dem A nicht teilhatte)
	Parasitiert	alle profitieren, A profitiert am meisten	die Mehrheit profitiert, allerdings weniger als die parasitierende Minderheit (auch A)	alle (einschließlich A) verlieren nach kurzem Anfangserfolg

Tabelle 7.8. zeigt die Bilanz des Nutzens und Schadens, die entstehen, wenn eine Familie bzw. wenn die Minderheit oder Mehrheit der Familien oder alle Familien gegen die Kooperationsvereinbarungen verstoßen.

Perspektive des Kollektivs: Die langfristige Erhaltung der Allmende ist für alle wünschenswert; dieses Ziel lässt sich nur erreichen, wenn alle Beteiligten die Abmachung strikt einhalten. Sich regelkonform zu verhalten, ist also für alle besser.

Perspektive des Einzelnen: Gegen die Vereinbarung zu verstoßen und mehrere Rinder weiden lassen, ist lukrativer als ehrlich zu kooperieren. Verfolgen viele andere diese Strategie ebenfalls, so wird die Allmende überweidet und kollabiert; man hat dann wenigstens zuvor noch profitiert. Verfolgen nur wenige andere oder gar niemand diese Strategie, so erweist sich der kleine Schwindel als einträglich. Parasitieren dagegen viele andere, während man selber der Versuchung widersteht, so erleidet man einen größeren Schaden als die anderen, und zwar ohne jegliche Kompensation. Diese verschiedenen Möglichkeiten ergeben sich für jeden beliebigen Spieler gleichermaßen.

Es gibt eine Vielzahl von Situationen, in denen sich ein Dilemma dieses Typs offenbart. Dazu gehören die Versuchung, Steuern zu hinterziehen, in öffentlichen Verkehrsmitteln schwarzzufahren oder den ökologischen Preis für ein bestimmtes Produkt bzw. für einen Lebensstil auf Andere abzuwälzen (die „Kosten zu externalisieren"). Auch bei der weltweiten Kooperation zur Verminderung des CO_2-Ausstosses gibt es bekanntlich schwarze Schafe...

Analoge Situationen sind auch aus dem Schulalltag bekannt: In Arbeitsgruppen etwa besteht die Versuchung, sich zurückzulehnen und die anderen arbeiten zu lassen, und bei unangenehmen Aufgaben im Lehrerkollegium mag der Einzelne sich versucht fühlen, sich von diesen Aufgaben zu dispensieren ...

7.7.3. Die Strategie „Tit for Tat" – „Wie du mir, so ich dir"

Auch in der Evolutionsbiologie stellt sich die Frage, wie Kooperation zwischen Egoisten entstehen und sich dann erhalten kann. Die Spieltheorie sucht mittels geeigneter Modelle nach Antworten. Berühmt geworden ist in diesem Zusammenhang ein Computerturier, mit dem man herausfinden wollte, welche Strategie in einer Population von Spielern, die sich immer wieder paarweise in ein Gefangenendilemma (= GD) verwickeln und die nicht kommunizieren können, am erfolgreichsten mit diesem Dilemma fertig wird. Es beteiligten sich vierzehn Spezialisten an diesem Turnier, jeder mit einer eigenen Strategie – ein und derselben bei jeder GD-Begegnung. Das Computerturnier hatte also den Charakter eines Wettbewerbs zwischen verschiedenen Strategien, eine GD-Situation zu bewältigen (Axelrod 1987, Schüssler 1997).

Das Turnier erstreckte sich über 200 Züge (wobei diese Anzahl den Spielern nicht bekannt war); bei jedem Zug kam es zwischen je zwei Spielern zu einer Begegnung mit GD-Charakter. Es gab also die Möglichkeit, dass beide Spieler „kooperierten", was für jeden 3 Punkte gab, dass beide sich gegenseitig hereinlegten, wofür sie je einen Punkt erhielten, oder dass einer den anderen beschummelte, ohne selbst beschummelt zu werden, wofür er 5 Punkte und der andere 0 erhielt. Jeder der 14 Spieler beteiligte sich mit einer eigenen Strategie, d.h. mit einem eigenen Programm, das eine Regel für die Wahl von Kooperation und Schummeln festlegte.

Es zeigte sich, dass die Strategie *„Tit for Tat"* („Wie du mir, so ich dir") siegreich hervorging, d.h. die meisten Punkte erntete. Diese Strategie besteht darin, dass der betreffende Spieler bei der ersten Begegnung mit einem beliebigen anderen Spieler kooperiert und danach bei jeder weiteren Begegnung mit diesem Spieler so reagiert, wie dieser es beim vorherigen Zug getan hat.

Diese Strategie ist klar und einfach. Sie ist „nett", weil sie keine Täuschungsmanöver enthält. Sie ist „provozierbar" – wenn der Gegner schummelt, wird er bestraft. Und sie ist „nachsichtig" – für jedes gegnerische Täuschungsmanöver gibt es nur eine Revanche; kooperiert der Gegner, so kooperiert der „Tit for Tat"-Spieler sofort auch wieder. Diese Strategie stellt somit eine bestimmte Art von Kooperation dar. In der Evolution – so die Annahme – würde sie sich gegen die anderen 13 Strategien, die im Spiele waren, durchgesetzt haben.

Hat das Computerturnier also den Beweis erbracht, dass hartgesottene Egoisten, wenn sie sich wirklich rational verhalten, konsequent kooperieren? Nicht wirklich, denn die Strategie „Tit for Tat" erweist ihre Überlegenheit nur unter der Bedingung, dass die Spieler nicht wissen, wie oft sie sich begegnen werden. Wüssten sie es, so würden sie sich das letzte Mal beschummeln, und da jeder Spieler erwartete, der andere trickse ihn bei der letzten Begegnung aus, würde er seinerseits schon bei der vorletzten schummeln. Doch da er auch hier schon erwarten müsste, dass... usw., schummelte er eben schon von Anfang an.

Kasten 7.9.: Zwei Arten der Kooperation

> Menschen kooperieren in der Tat häufig so ähnlich, wie es die Strategie ‚Tit for tat' nahelegt. Aber tun sie es *immer*? Wieso verhalten wir uns in einem Landgasthof in einer Gegend, in der uns niemand kennt und in die wir nicht zurückzukehren beabsichtigen, trotzdem (normalerweise) nicht als Zechpreller?
>
> Unter der Voraussetzung, dass wir hartgesottene Egoisten sind, lässt sich nicht erklären, wieso wir in der Regel auch dann noch kooperieren, wenn parasitäres Verhalten uns mehr Gewinn einbrächte.

Entweder sind wir tatsächlich keine rationalen Egoisten. Für diese Annahme spricht die Beobachtung des Ökonomen Adam Smith, dass jeder, wenn er nicht unter Stress steht, am Wohlergehen und Glück des Anderen Anteil nimmt, „obgleich er keinen anderen Vorteil daraus zieht, als das Vergnügen, Zeuge davon zu sein" (Smith 1759, S. 1). Oder wir verhalten uns wenigstens dann nicht als Egoisten, wenn wir darauf bauen können, dass sich die Mitglieder unserer Kooperationsgruppe alle an die Goldene Regel halten: Zwei (oder mehr) Akteure, die sich konsequent an die Goldene Regel halten, sind gegenüber dem Gefangenendilemma (bzw. gegenüber dem Allmendedilemma) immun!

7.8. Anhang: Die vertragstheoretische („kontraktualistische") Moralbegründung und ihre Grenzen

Moral hat viel mit Kooperation zu tun, wie wir schon früher (Kapitel 1 und 4) gesehen haben. Also liegt es nahe, sie auch unter dieser Perspektive zu begründen. Einen Versuch in dieser Richtung hat der sogenannte Kontraktualismus unternommen - eine ethische Position, die die Idee des Vertrags zum Ausgangspunkt ihrer Argumentation nimmt. Eine Gruppe von Menschen, die kooperieren – so der Grundgedanke – verhält sich so, als hätten ihre Mitglieder untereinander einen Vertrag abgeschlossen. Indem sie kooperieren, halten sie sich an gewisse Regeln, als hätten sie sie vertraglich festgesetzt. Das können in jeder Gruppe wieder andere Regeln sein. Aber zwei übergeordnete Grundregeln sind für das ganze Prozedere von Anfang an vorausgesetzt:

(1) Das Prinzip „Pacta sunt servanda" (= Verträge sind einzuhalten!),

(2) Die Goldene Regel.

Diese beiden Regeln sind universalistisch: Es gibt wohl keine Gesellschaft, in der ein echter Vertrag nicht grundsätzlich gehalten werden müsste (vorausgesetzt, er ist freiwillig eingegangen worden und gelte als fair und erfüllbar). Niemand will mit Vertragsbrüchigen zusammenarbeiten. Vertragsbruch spricht sich herum und schädigt den Ruf dessen, der ihn begeht. Dass es dem Kontraktualismus gelingt, die Pflicht zur Einhaltung von Normen vom eigenen Interesse der Handelnden her zu begründen, ist wohl sein größter Vorzug.

Fast scheint es, man könne moralisches Verhalten mit dem vernünftigen Verhalten des Egoisten gleichsetzen. Blickt man indessen näher hin, so stellt man fest, dass die Verhältnisse doch etwas komplexer sind.

(1) Hartgesottene Egoisten nützen bekanntlich die Kooperationsbereitschaft der anderen aus. Sie halten ihre Verträge bzw. Versprechen nur insoweit, als sie sich davon Gewinn versprechen. Vom egoistischen Standpunkt aus wäre es für mich am „nützlichsten", mich wo immer möglich als Trittbrettfahrer zu verhalten.

(2) Die Vertragstheorie lässt die Frage offen, mit wem wir in ein Vertrags- oder Kooperationsverhältnis eintreten sollen; es besteht die Gefahr, dass mit den sozial Schwachen (Kindern, alten Menschen, Alleinerziehenden usw.) niemand kooperieren will und dass sie auf der Strecke bleiben.

(3) Die Vertragstheorie berücksichtigt nicht, dass wir auch gegenüber Personen, zu denen wir nicht in einem Vertrags- oder Kooperationsverhältnis stehen, moralische Verpflichtungen haben: Es ist ethisch nicht zulässig, Drittpersonen auszubeuten oder auf ihre Kosten Geschäfte zu machen – was in der Ökonomie als „Kosten externalisieren" bezeichnet wird.

(4) Die Vertragstheorie sagt auch nichts darüber, welche Regeln die Mitglieder einer Gruppe untereinander festlegen sollen. Was immer das für Regeln sein mögen – sie werden dadurch, dass man sich auf sie einigt, noch nicht zu moralischen Regeln.

Ein Einigungsprozess ist einfacher oder schwieriger, je nach der Anzahl an Personen, die sich an diesem Prozess beteiligen. Ein vertragstheoretisch aufgebautes Regelsystem taugt deshalb nur für eine kleine Gruppe.

Angesichts dieser Schwierigkeiten kann man die moralischen Normen nicht auf freiwillig eingegangene Vereinbarungen zurückführen. Überzeugend am vertragstheoretischen Ansatz ist hingegen, dass er von der Erfahrung menschlicher Kooperation ausgeht. Zwischen Kooperation und Moral besteht tatsächlich ein enger Zusammenhang, aber diesen Zusammenhang muss man anders rekonstruieren (vgl. dazu Kapitel 11.6).

„Wer das Spielfeld ‚Schule' betritt, muss gewinnen wollen. Nicht gegen andere. Sondern für sich." Andreas Müller 2006, S. 2

„Ich bewundere große Sportler [...]. Das Einzige, was mich manchmal am Sport stört, ist das Gewinnen und Verlieren. In der Musik gibt es das nicht, da spielt man einfach zusammen und erarbeitet etwas zusammen."

Anne-Sophie Mutter, Interview (*Der BUND*, 24.03.07, S. 3)

I. 8. Ethik und Wettbewerb. Ethik und Tausch

Der Wettbewerb scheint auf den ersten Blick kein ethisches Thema zu sein. Dabei ist er ein weit verbreitetes Phänomen: Keiner Gesellschaft sind Konkurrenzsituationen unbekannt. Sogar, und erst recht, in der außermenschlichen Natur existieren Wettbewerb und Konkurrenz...

Wo Knappheit herrscht, wo mehr Anwärter Ansprüche auf eine Ressource erheben, als zufrieden gestellt werden können, entsteht ein Wettbewerb. Ein Teil der Anwärter setzt sich durch, andere haben das Nachsehen. Doch Wettbewerbssituationen ergeben sich nicht nur dort, wo Knappheit herrscht: Auch wo Menschen sich bzw. ihre Leistungen miteinander vergleichen, treten sie ausdrücklich (so häufig im Sport) oder unausdrücklich (in manchen Spielen) zueinander in Konkurrenz. Die moderne Gesellschaft bringt dem Wettbewerb besondere Wertschätzung entgegen, ja sie definiert sich geradezu als Markt- und Wettbewerbsgesellschaft.

Auch in der Schule ist der Wettbewerb keine Unbekannte. Schüler/innen befinden sich zueinander erklärter- oder unerklärter Maßen in Konkurrenz: um die besseren Noten, um Beliebtheit oder Aufmerksamkeit usw. In manchen Jugendgruppen etabliert sich eine „Hackordnung", die Alphatiere buhlen um Anhängerschaft. Und Schulabgänger konkurrieren um Lehrstellen oder Studienplätze...

Mit dem Wettbewerb in engem Zusammenhang steht der Tausch. Tauschbeziehungen spielen in der Schule ebenfalls in vielfältiger Weise eine Rolle – oft ohne dass sich die Beteiligten dessen richtig bewusst werden. Die Pädagogik kommt deshalb nicht darum herum, sich mit der Problematik des Wettbewerbs und des Tauschs auseinanderzusetzen. Dabei stellen sich auch ethische Fragen – nach Fairness und Gerechtigkeit.

Im Folgenden geht es zunächst um eine Klärung dessen, was überhaupt ein Wettbewerb ist – und zwar nicht zuletzt deswegen, weil die Bewertung von Wettbewerbsarrangements im pädagogischen Kontext zwischen den Fachleuten stark divergiert. Wie sich zeigen wird, ist Wettbewerb nicht gleich Wettbewerb. Für eine ethische Stellungnahme muss man zwischen verschiedenen Typen von Wettbewerben unterscheiden. Im zweiten Teil des Kapitels geht es dann um die Analyse von Tauschverhältnissen. Auch hier lassen sich mehrere Typen unterscheiden – von denen wiederum einige bis in den schulischen Alltag hineinwirken.

8.1. Formen des Wettbewerbs

Die verschiedene Arten von Wettbewerb sind aus ethischer Sicht ganz unterschiedlich zu beurteilen. Dabei kommt es auf die Anzahl der an einem Wettbewerb beteiligten „Parteien" nicht besonders an – es müssen mindestens zwei, können aber auch beliebig viele sein. Von Bedeutung ist vielmehr, ob der Wettbewerb den Charakter eines *Positivsummenspiels*, eines *Negativsummenspiels* oder eines *Nullsummenspiels* hat. Dieser dritte Typus ist wohl der bekannteste.

(1) *Wettbewerb als „Nullsummenspiel"*. Jeder Vorteil, den eine Person oder eine Gruppe von Personen im Wettbewerb erzielt, wird durch Nachteile, die andere erleiden, kompensiert. Beispiele sind etwa

- der Wettbewerb darum, in einer *Rangordnung* „der/die Erste" (z.B. bester Schüler oder Goldmedaillengewinner in einer Olympia-Disziplin) zu sein. Die ersten Ränge sind knappe, nicht vermehrbare Güter.

- der Wettbewerb um die *Präsidentschaft* oder um eine *ausgeschriebene Stelle*; Situation des Numerus Clausus an der Universität: Egal, wer die Studienplätze in Medizin erhält, die Anzahl freier Plätze wird durch den Wettbewerb weder erhöht noch verringert.

- die Konkurrenz um *Ressourcen, die sich nicht vermehren lassen*, wie: saubere Luft, sauberes Wasser, Grund und Boden usw.

- *„Verdrängungswettbewerb" in der Wirtschaft:* Wenn ein neues Unternehmen in ein (nicht wachsendes) Marktsegment vordringt, müssen die anderen Unternehmen, die dasselbe Marktsegment bedienen, entsprechend kürzer treten.

- *Machtkampf:* So, wie jeder Löwe sein Revier hat und Eindringlinge zum Kräftemessen herausfordert, droht auch jedes Mal, wenn ein Gruppen-Leader durch ein Gruppenmitglied herausgefordert wird, ein Machtkampf.

(2) *Ein Wettbewerb ist ein „Positivsummenspiel"*, wenn er den Beteiligten insgesamt mehr Nutzen als Schaden bringt. Das ist dann der Fall, wenn es um Güter geht, die sich durch den Wettbewerb vermehren lassen – der Wettbewerb in der industriellen Güterproduktion zum Beispiel. Ein im Kontext von Schule und Bildungswesen näher liegendes Beispiel ist der Wettbewerb um den Erwerb von Fähigkeiten und Fertigkeiten. Wenn ein Schüler lesen und schreiben lernt, hindert dies andere nicht daran, ebenfalls lesen und schreiben zu lernen, im Gegenteil.

- *Der sportliche Wettkampf stimuliert alle*, ihre Fähigkeiten zu steigern (vorausgesetzt, dass nicht immer dieselben zurückbleiben und entmutigt werden).

- Dasselbe gilt für den *Wettbewerb in kulturell wertvollen Bereichen*: Musik, Wissenschaft, Gedächtnisleistung, Mathematik usw.

- *Wirtschaft/Markt*: Der Markt treibt alle Produzenten dazu an, ihr Bestes zu geben, schlecht an die Nachfrage angepasste Produkte zu verbessern usw. Ohne Wettbewerb würde die Gesellschaft erstarren. Es gilt: Je mehr Anbieter, desto besser. Von der Konkurrenz zwischen den Anbietern profitieren die Kunden.

(3) *Den Wettbewerb als „Negativsummenspiel"* gibt es in zwei Varianten: In der einen zielt der Wettbewerb ausdrücklich auf die Vernichtung von Werten, in der anderen stellt sich eine solche Vernichtung als Nebenfolge ein. - Beispiele:

- *Kräftemessen* zwischen *konkurrierenden Parteien, die sich gegenseitig bewusst schädigen*; jede erlittene Schädigung wird gerächt, Rachefeldzüge können von beiden Parteien ausgehen, und sie können beide ruinieren.
- *Offener Kampf oder Krieg*; die Devise lautet: „Mache deinen Gegner zuerst gefechtsunfähig!" Sie entartet leicht zur Forderung, den Gegner so rasch wie möglich zu verletzen oder gar zu vernichten.
- Der *Wettbewerb um knappe, nicht nachwachsende Ressourcen* beschleunigt ihre Erschöpfung. Langsam nachwachsende Ressourcen können unter dem Wettbewerbsdruck kollabieren; die Fischgründe in den Weltmeeren und die Edelhölzer in den Tropen werden, wenn Schutzmaßnahmen ausbleiben, schneller dezimiert, als sie sich regenerieren...

8.2. Strategisches Verhalten

Gegenüber Konkurrenten verhalten wir uns anders als gegenüber Kooperationspartnern – nämlich strategisch. Wir verfolgen unseren Nutzen und stellen im Zweifelsfall ethische Skrupel zurück...

Kasten 8.1.: Manche Verhaltensweisen, die in einer Kooperationssituation verpönt wären, gelten im Wettbewerb als erlaubt

> (i) Sport: Im Wettbewerb bin ich nicht verpflichtet, zu meinen Gegnern „nett" zu sein und sie besonders zu schonen. Schon gar nicht darf ich sie gewinnen lassen. Wollte jeder seine Gegenspieler gewinnen lassen, so würde sich der Wettbewerb als solcher auflösen.
>
> (ii) Wirtschaft: Gegenüber meinen Konkurrenten bin ich nicht verpflichtet, meine Erfolgsrezepte zu offenbaren; versucht mich jemand auszuspionieren, so darf ich ihn irreführen.

Bestimmte Verhaltensweisen sind auch im Wettbewerb verboten: Konkurrenten zu demütigen oder zu diskriminieren, ihnen die Existenzgrundlage zu entziehen, den Gegner zu foulen, physisch zu verletzen oder ihm gar nach dem Leben zu trachten usw.

In einem Wettbewerb zwischen verschiedenen Gesellschaften, Mannschaften, Gruppen ist es unabdingbar, dass die Mitglieder der einzelnen Gesellschaft, Mannschaft oder Gruppe erfolgreich kooperieren, d.h. ein gemeinsames Ziel verfolgen und die untereinander vereinbarten Regeln einhalten. Ebenso kooperieren wir mit Bündnispartnern. Indem wir mit jemandem die Zusammenarbeit suchen, erklären wir uns bereit, unser Verhältnis, das möglicherweise bisher ein Konkurrenzverhältnis war, in ein solches der Zusammenarbeit zu transformieren. Das ist wie ein Vertrag, der uns für die vereinbarte Zeitdauer bindet. Mit seiner Auflösung fallen wir wieder in eine potentielle

Konkurrenzsituation zurück. Mein heutiger Konkurrent kann morgen mein Bündnispartner werden und mein heutiger Bündnispartner morgen mein Konkurrent. Zum strategischen Verhalten gehört also nicht zuletzt die Kunst, zur rechten Zeit die richtigen Bündnisse einzugehen.

8.3. Wettbewerb und Ethik

Welche Rolle spielt die Ethik dort, wo ich mit anderen Personen nicht kooperiere, sondern konkurriere? – Das Verhältnis von Wettbewerb und Ethik hat zwei Seiten:

Auf der einen hat die Art und Weise, wie sich die Mitglieder einer Gesellschaft zueinander verhalten und wie verlässlich sie die vereinbarten Regeln einhalten, einen nicht zu unterschätzenden Einfluss darauf, wie diese Gesellschaft sich im Vergleich (bzw. in der Konkurrenz) mit anderen Gesellschaften positioniert. Bezeichnen wir das System der Normen, die die Kooperation einer Gruppe regeln, als „Moral", so wird deutlich, dass verschiedene Moralsysteme zueinander in Konkurrenz treten können. Der Erfolg einer Gruppe hängt stets von der Zusammenarbeit ihrer Mitglieder ab, und die Qualität der Zusammenarbeit wird wiederum vom Regelsystem (Moralsystem) beeinflusst, das in dieser Gruppe gilt.

Kasten 8.2.: „Corporate Identity" und „Klassengeist"

> In einer Schule unterscheiden sich die Klassen im Hinblick auf ihren „Klassengeist", im Fußball unterscheiden sich die Mannschaften in punkto Teamgeist, und in der Wirtschaft sind es Unternehmen mit ihrer unterschiedlich gelebten „Corporate Identity". Ethos, Klassengeist, Teamgeist, Corporate Identity usw. spielen eine erhebliche Rolle bei der Frage, wie gut die entsprechende Gruppe, Klasse, Mannschaft im Vergleich zu anderen abschneidet. Das gruppeninterne Ethos wird also sozusagen wettbewerbswirksam.

Auf der anderen Seite gilt es, den Wettbewerb selbst zu zivilisieren, damit er nicht in Mord und Totschlag ausartet. Die Domestizierung des Wettbewerbs gelingt allerdings nur unter der Bedingung, dass sich alle, Starke und Schwache, an die Regeln halten. Diese allseitige Verpflichtung ist moralischer Natur.

Hat die Ethik in diesem Zusammenhang wirklich einen Einfluss auf das Verhalten? Beschränkt sich ihre Rolle im Wettbewerb nicht auf Absichtserklärungen als Teil des strategischen Instrumentariums, das wir einsetzen, um gegenüber unseren Konkurrenten zu punkten? Doch das wäre eine Instrumentalisierung der Ethik und als solche deren Pervertierung.

8.4. Fairness

Um zu verhindern, dass der Wettbewerb eine allzu destruktive Wirkung entfaltet, bedarf es, wie erwähnt, einer Reihe von Regeln, an die sich alle Konkurrenten halten müssen – *Regeln der Fairness*. Eine weitere Auflage ethischer Natur, den ein Wettbewerb erfüllen muss, wenn er als *gerecht* betrachtet werden soll, ist die Bedingung der *Chancengleichheit* (dazu Kapitel II.9). – Im Folgenden geht es ausschließlich um das Thema *Fairness*.

Darunter versteht man die Bereitschaft, die vereinbarten Regeln einzuhalten, wozu in vorderster Linie die Rücksichtnahme auf die Konkurrenten gehört. Fairnessgebote sind von besonderer Bedeutung im Sport, in der Wirtschaft und in der Politik. Die Auflage, bezüglich der Fairnessregeln mit dem Gegner kooperieren zu müssen, fällt nicht allen Menschen leicht. – Hier ein paar Beispiele mit zunehmendem Anspruchsniveau:

(1) *Der Handschlag nach einem Turnier*: Im Anschluss an einen Tennismatch kommt es zwischen den Gegenspielern zum Handschlag, ebenso nach dem Fußballspiel zwischen den Mannschaftsmitgliedern. In einer Demokratie gehört es zu den ungeschriebenen Spielregeln einer Wahl, dass der unterlegene Kandidat dem Sieger gratuliert. Der Verlierer, der sich dazu nicht aufraffen kann, ist ein „schlechter Verlierer".

(2) *Dopingproblematik und Neutralität von Schiedsrichtern*: Die Dopingproblematik und die Käuflichkeit von Schiedsrichtern im Sport zeugen von der Schwierigkeit, in einem stark kompetitiven Milieu Fairnessregeln durchzusetzen. Viele Sportler betrachten es geradezu als Schwäche, wenn ein Kollege auf die Chance zu siegen verzichtet, falls der Sieg nur um den Preis eines Verstoßes gegen die Fairnessregeln zu realisieren wäre.

(3) Obwohl es auch für den *Kriegsfall* einen Moral-Kodex gibt, ist seine Durchsetzung noch schwieriger. Zu diesem Kodex gehört z.B., dass die Zivilgesellschaft geschont wird (diese Regel wird in modernen Kriegen fast durchgängig verletzt!), dass keine Kinder als Soldaten eingezogen werden, dass ein vereinbarter Waffenstillstand oder eine vereinbarte Gefechtspause (zur Versorgung der Verwundeten) von jeder Seite eingehalten wird, dass Gefangene nicht umgebracht, aber auch nicht den Medien vorgeführt werden...

Fairness ist eine Haltung, die uns nicht angeboren ist, die wir uns also, mit Aristoteles zu sprechen, von Klein auf aneignen müssen. In einer Wettbewerbsgesellschaft ist Fairness ein typisches Beispiel einer Haltung, die allgemeine Wertschätzung erfährt – einer „Tugend" also (Kapitel 3). Es drängt sich daher die Frage auf, ob sich auch im Fall der Fairness zeigen lässt, dass sie von zwei negativ einzustufende Haltungen flankiert ist. Man braucht hier nicht weit zu suchen: Das eine ist zweifellos der *Mangel an Fairness*, die Neigung, sich nicht konsequent an die geltenden Regeln zu halten – also *Rücksichtslosigkeit*. Die ihr entgegen gesetzte Negativhaltung – die Neigung, sich in Wettbewerbssituationen überhaupt nicht strategisch zu verhalten, sondern als „Gutmensch" dazustehen, der ständig den Kürzeren zieht – findet sich heute seltener.

8.5. Schule und Wettbewerb

Auch im Bildungswesen spielt der Wettbewerb eine erhebliche Rolle, und was die Beurteilung von Wettbewerbsarrangements in der Schule betrifft, so gibt es, wie nicht anders zu erwarten, dezidierte Befürworter wie energische Gegner. Eiserne Kritiker des Wettbewerbs im schulischen Milieu sind Paulo Freire (1971) und Alfie Kohn

(1989; 1999). Kohn argumentiert unter Anderem mit dem psychischen Schaden, den der Wettbewerb bei notorisch schwachen Schüler/innen hervorruft. Dem gegenüber führen die Befürworter des Wettbewerbs etwa die folgenden Argumente ins Feld:

(a) Der Wettbewerb ist „Teil der menschlichen Natur"; er ist unvermeidlich. (b) Er spornt uns an, unser Bestes zu geben; er ist produktiv. (c) Der Wettbewerb ist die „einzige Gelegenheit für vergnügliche Unterhaltung"; er ist unterhaltsam. (d) Der Wettbewerb stärkt das Selbstvertrauen; er ist charakterbildend (nach Kohn 1989).

Zur Diskussion der Frage nach der „richtigen" Gewichtung von Wettbewerbsveranstaltungen in der Schule liegt es nahe, an die eingangs getroffene Unterscheidung zwischen dem Wettbewerb als Nullsummen-, als Positivsummen- und als Negativsummenspiel anzuknüpfen:

Einerseits stellen Wissen, Fertigkeiten, Bildung usw. geistige „Ressourcen" dar, die sich beliebig vermehren lassen. Deshalb können aus einem Wettbewerb um Wissen, Fähigkeiten und Fertigkeiten alle als Gewinner hervorgehen. So ist es unter normalen Umständen möglich, dass von einem Wettbewerb im Schnellrechnen alle Schüler/innen profitieren: Die stärkeren werden zu Bestleistungen stimuliert und die schwächeren orientieren sich an den stärkeren, die ihnen – vielleicht sogar spontan – helfen.

Andererseits verführt die Qualifizierung von Schülerleistungen mit Noten leicht dazu, sich miteinander zu vergleichen. Ein Wettbewerb um Rangpositionen entspricht aber nicht mehr einem Positivsummenspiel. Schüler/innen, die stets die unteren Ränge belegen, fühlen sich früher oder später abgewertet, mit der Folge, dass auch ihr Selbstwertgefühl und ihre Leistungsfähigkeit darunter leiden... Für schwächere Schüler stellt das Benotungs- und Beurteilungssystem jedenfalls keine Quelle der Ermutigung dar...

Doch nicht nur das Qualifikationssystem macht schwächeren Schüler/innen zu schaffen. Die erwähnte Skepsis einiger Pädagogen gilt dem Sinn des Wettbewerbs im Unterricht insgesamt, zum Beispiel im Sportunterricht. Für viele schwächere Schüler beginnt das Leiden nämlich bereits bei der Bildung von Mannschaften, wenn sie stets als letzte gewählt werden...

Andererseits: Übertrittsverfahren und Lehrstellensuche finden stets unter Konkurrenzbedingungen statt. Der Wettbewerbscharakter liegt hier ganz offen zu Tage, und wiederum geht es nicht um ein Positivsummen-, sondern um ein Nullsummenspiel. Die Konkurrenzsituation wird spätestens dann manifest, wenn bei den Ausbildungs- oder Arbeitsplätzen Knappheit herrscht. Die Schule muss ihre Absolvent/innen – so die Folgerung – auf das Leben in einer Konkurrenzgesellschaft vorbereiten. Mehr noch:

„Um eine wettbewerbsgerechte Bildungspolitik verwirklichen zu können, ist es erforderlich, dass diese nicht losgelöst von den Anforderungen der Wirtschaft betrieben wird. Die Bildungsplanung benötigt zu diesem Zweck methodische Grundlagen, welche es erlauben, das Bildungssystem auf die Anforderungen der Wirtschaft abzustimmen" (Marti 1994, S. 21).

8.6. Tausch

Der Wettbewerb spielt unterschwellig auch überall dort eine Rolle, wo Menschen etwas tauschen, kaufen oder verkaufen. Tauschvorgänge sind in der Schule gang und gäbe – auch schon deswegen, weil die Schule ihre Absolvent/innen auf die real existierende Tauschgesellschaft vorbereiten will.

Meistens denkt man beim Tausch an eine Transaktion unter Marktverhältnissen. Es gibt aber auch Tauschformen, die vom Marktgeschehen unabhängig sind. Zwischen diesen Tauschtypen bestehen deutliche Unterschiede – auch aus ethischer Sicht.

8.7. Der Tauschvorgang auf dem Markt

Tauschen zwei Personen unter marktförmigen Bedingungen Güter oder Dienstleistungen aus, so machen sie in der Regel beide ein „Geschäft", d.h. sie profitieren beide – andernfalls würden sie auf die Transaktion verzichten. Jeder Kauf und jeder Verkauf ist ein Tausch unter Marktbedingungen. Ein solcher Tausch weist drei Aspekte auf:

(1) *Beide Parteien wollen etwas gewinnen* (es sei denn, dass ihnen die Beziehung zum Tauschpartner wichtiger ist als das Geschäft!).

(2) *Der Tausch findet unter Wettbewerbsbedingungen statt*: Der Händler, der auf dem Basar Teppiche anbietet, hat Konkurrenten, die ihn in der Preisgestaltung einschränken. Auch als Kunde hat man Konkurrenz, die einem eventuell zuvorkommt, einen höheren Kaufpreis bietet usw. Je größer die Nachfrage nach einer Ware im Verhältnis zum Angebot ist, desto höher steigt ihr Preis; und je geringer die Nachfrage, desto tiefer sinkt er. Bin ich der einzige Interessent, so ist meine Macht beim Aushandeln des Preises am größten.

Kasten 8.3.: Der Kunde entscheidet

> „Der Kunde ist König", heißt ein Sprichwort. Doch welche Entscheidungsspielräume hat er? – Er kann feilschen, d.h. den Preis aushandeln. Das Geschäft kommt nur zustande, falls sich die Partner auf einen Preis einigen.
>
> Oder der Kunde wählt zwischen konkurrierenden Anbietern: Anders als auf einem Basar sind im Warenhaus die Preise einer Ware fixiert. Der Käufer sucht sich den Anbieter, der ihm (gemessen an der gebotenen Qualität oder Leistung) den günstigsten Preis offeriert.

(3) Wer in den Tausch bzw. Kauf / Verkauf einwilligt, verpflichtet sich dazu, die zugesagte Leistung zu erbringen. Der Tausch ist wie ein Vertrag, an den beide Parteien gebunden sind: „Pacta sunt servanda".

Eine Tauschaktion hat also zwei Phasen. Im Gegensatz zur Phase des Aushandelns, die unter Wettbewerbsbedingungen stattfindet, stellen die Zahlung bzw. die Auslieferung der Ware Akte der Kooperation dar. Zwischen diesen Phasen besteht, ethisch gesehen, ein bedeutender Unterschied: Die Goldene Regel (Kapitel 7.3) bezieht sich nur auf die Kooperations-, nicht auf die Wettbewerbssituation. Sie versagt deswegen auch in der ersten Phase. Es wäre mehr als bloß seltsam, wenn der an einem Teppich interessierte Kunde auf einem Basar nach der Goldenen Regel feilschte und versuchte, den Preis hochzutreiben oder wenn der Teppichhändler den Preis von sich aus immer tiefer herunterdrückte; eine solche Transaktion wäre überhaupt kein Geschäft, kein Handel, und wenn viele sich so verhielten, würden sie damit die Institution Markt kaputt machen.

Seltener als der marktförmige Tausch sind zwei andere Arten des Tausches: Der Austausch von Geschenken und der Äquivalententausch. Historisch hat es sie schon lange vor dem Tausch unter Marktbedingungen gegeben.

8.8. Exkurs: Ältere Tauschformen

8.8.1. Der Geschenketausch

Was den Tausch schon früh in der Menschheitsgeschichte attraktiv gemacht hat, ist seine *befriedende Wirkung*. Zu den frühesten Formen des Tausches gehört derjenige zwischen Volksstämmen. Durch Geben und Nehmen traten sie in eine Interaktion, die sie vor kriegerischen Auseinandersetzungen bewahrten:

„Die natürliche Wirkung des Handels besteht darin, zum Frieden geneigt zu machen (Montesquieu 1992, Buch XX, 2.Kapitel; Dt. 2.Band, S. 3).

„Es ist der Handelsgeist, der mit dem Kriege nicht zusammen bestehen kann, und der früher oder später sich jedes Volks bemächtigt" (Kant 1795 Erster Zusatz, B 65/A 64).

Früh schon wurden zwischen Stämmen auch Frauen getauscht. Bei ersten Kontakten zwischen Volksgruppen vollzog sich der Tausch, da eine gemeinsame Sprache fehlte, in stummer Form (Mauss 1923/24): Die Vertreter des einen Stammes legten ihr Güterangebot sichtbar vor den Augen der Vertreter des anderen Stammes nieder, sozusagen als ein Geschenk. Anschließend deponierten diese die Güter, die sie im Austausch anboten. Nacheinander verglich dann jede Partei die ihnen offerierten „Geschenke" und vergrößerte oder verkleinerte das eigene Angebot. Sobald sie mit dem Gegenangebot zufrieden waren, nahmen sie es in Besitz...

Der Austausch von Geschenken ist auch in modernen Gesellschaften ein beliebter Brauch – unter Familienmitgliedern, Verwandten, Freunden usw. –, wobei die Transaktionen allerdings häufig auch zeitlich gestaffelt erfolgen. Während es beim marktförmigen Tausch vom Abnehmer bzw. Käufer abhängt, ob und zu welchem Preis der Handwechsel zustande kommt, liegt beim Geschenketausch die Initiative beim Gebenden. Er ist es auch letztlich, der den Wert des Geschenks bestimmt.

8.8.2. Der Äquivalententausch

Der Tausch von Äquivalenten ist der Tausch von Gütern gleichen Wertes. Auf einen Tausch lässt man sich natürlich nur ein, wenn man auf das Gut, das man erhalten möchte, mehr Wert legt als auf dasjenige, das man als Gegengabe anbietet. Abgesehen von diesem subjektiven Wertzuwachs, den Tauschgeschäfte ermöglichen, gewinnt bei einem Tausch von Äquivalenten niemand einen „objektiven" Mehrwert, und niemand erleidet einen Verlust. Es gibt allerdings keinen objektiven Maßstab zum Vergleich der getauschten Werte.

Kasten 8.4.: Gibt es Kriterien für die Gleichwertigkeit von getauschten Gütern?

> In der klassischen Ökonomie wurde eine Zeitlang angenommen, die menschliche Arbeit sei die einzige oder die wichtigste Wertschöpfungsquelle, weshalb schon Adam Smith (1776, S. 29) auf den Gedanken gekommen ist, den Wert von Waren auf die in ihnen enthaltene kumulierte Arbeitszeit zurückzuführen. Ausgehend von dieser Idee hat Karl Marx im 19. Jahrhundert seine Theorie der kapitalistischen Ausbeutung entwickelt.
>
> Beim Versuch, den Tauschwert auf die menschliche Arbeit zurückzuführen, gelangt man allerdings rasch in Schwierigkeiten, denn der zeitliche Aufwand zur Herstellung eines Produkts, z.B. eines Fahrrads, hängt von der Effizienz der zum Einsatz kommenden Arbeitsmittel (Maschinen) ab, weshalb verschiedene Produzenten für die Herstellung desselben Produkts unterschiedlich viel Zeit benötigen. Erschwerend kommt hinzu, dass sich die in einer Maschine sedimentierte Arbeitskraft nicht berechnen lässt, weil auch sie wieder von der Effizienz der zu ihrer Herstellung verwendeten Maschinen abhängt usw.

Dennoch haben sich die Menschen viele Jahrhunderte lang auf die Vorstellung gestützt, im Normalfall entsprächen die Werte getauschter Güter einander hinreichend genau, um eine Tauschaktion als *gerecht* gelten zu lassen.

Kasten 8.5.: Aristoteles und Thomas von Aquin über den Tausch

> Aristoteles: „Denn ohne Tausch wäre keine Gemeinschaft möglich, und kein Tausch ohne Gleichheit und keine Gleichheit ohne Kommensurabilität" [= Vergleichbarkeit] (Aristoteles, NE, 1133 b 17-18).
>
> Thomas von Aquin: Wenn „der Verkäufer eine Sache teurer verkauft als sie wert ist, der Käufer aber billiger kauft als dem Wert der Sache entspricht" (Thomas von Aquin, ST, 2-2, q.77, a.1.1.), dann handelt der Verkäufer bzw. Käufer ungerecht.

Ursprünglich – so Aristoteles – stellten Menschen keine Tauschgüter her. Man tauschte lediglich „Gebrauchsgüter (…), also Wein gegen Korn und so weiter". Und der Tausch ging nur so weit, „als man seiner unmittelbar bedurfte" (Aristoteles: Politik 1257a 15-17; 25-27). Jede Familie war eine Produktionsgemeinschaft zur Selbstversorgung. Getauscht wurden ausschließlich Güter, die man zur eigenen Verwendung produziert hat, von denen man aber einen Überschuss geerntet hatte. Doch in dem Grad, wie der Tausch zur Gewohnheit wurde, kam es auch zur Produktion von Tauschwaren. Dabei wurde unterstellt, man könne den Wert der getauschten Güter vergleichen.

8.9. Schule, Markt und Tauschgeschäfte

In Schule und Bildungswesen spielen Marktverhältnisse und Tauschgeschäfte seit jeher eine nicht ganz unbedeutende Rolle – ja sie nehmen in der Gegenwart sogar deutlich breiteren Raum ein als je zuvor. So werden seit kurzem an europäischen Hochschulen und Fachhochschulen für bestimmte Leistungen (Aufwand an Zeit bzw. Arbeit) Kreditpunkte nach dem European Credit Transfer System (ECTS) vergeben. Das bedeutet aber nicht mehr und nicht weniger, als *dass Studienleistungen in ein Tauschsystem integriert werden*. Die Studierenden gewöhnen sich daran, dass sie Lernleistungen gegen Punkte eintauschen. Begeistert sich jemand für einen Lerninhalt so sehr, dass er für seine Erarbeitung mehr tut, als dies für den Erhalt von Punkten notwendig ist, so bedeutet dies für ihn, ökonomisch gesprochen, eine Fehlinvestition in Gestalt eines Leistungsüberschusses, der in der ECTS-Währung nicht mehr abgegolten wird.

Bei Tauschgeschäften in der Ausbildung stellen sich auch Gerechtigkeitsprobleme:

- Da sich im ECTS-System die Leistungsanforderungen pro Punkt an den verschiedenen Universitäten, Fakultäten, Fachhochschulen schwer aufeinander abstimmen lassen, produziert dieses System neue Ungerechtigkeiten, statt alte zu lösen (vgl. Kapitel II.3).

- Auch bei Lob, Tadel, Belohnung und Strafe im schulischen Kontext handelt es sich letztlich um ein Geben und Nehmen (vgl. Kapitel II.6). – Inwieweit sind die Sanktionen jeweils dem Verhalten oder der Leistung, worauf sie sich beziehen, angemessen?

- Schulische Leistungen werden mit Zensuren honoriert. Entsprechen diese den erbrachten Leistungen, bzw. entsprechen die Leistungen den Noten? (Kapitel II. 8)

- In welchem Verhältnis stehen Leistungen und Verhalten einerseits und Sympathien, Antipathien andererseits zueinander?

Auch für Ausbildungen gilt, dass sich schon ein *mittelmäßiger* Student gut verkauft, wenn eine starke Nachfrage nach den Kompetenzen, in denen er sich hat ausbilden lassen, z.B. Informatikkenntnissen, besteht, während umgekehrt auch ein *sehr gut ausgebildeter* Akademiker nicht darauf spekulieren sollte, eine gute Anstellung zu finden, falls sein spezialisiertes Können nur auf eine geringe Nachfrage stößt.

Besteht die Aufgabe des Bildungswesens aber wirklich primär darin, den Markt mit geschulten Arbeitskräften zu versorgen? Ist die Ausbildung vor allem eine Investition in Humankapital (Friedman 1962, S.134)? – Nein, das ist sie nicht in erster Linie, und eine Bildungsanstalt muss, wie schon Adam Smith betont hat, auch keinen direkten ökonomischen Gewinn abwerfen. Sie bringt dem Staat allein schon dadurch einen Nutzen, dass sie in der arbeitsteiligen Gesellschaft dafür sorgt, dass der Arbeiter, der keine Gelegenheit hat, „seinen Verstand zu üben", weil er „tagtäglich nur wenige einfache Handgriffe ausführt, die zudem immer das gleiche oder ein ähnliches Ergebnis haben", seine geistige Beweglichkeit nicht ganz verliert (Smith 1776, S. 662).

„Denn je gebildeter die Bürger sind, desto weniger sind sie Täuschungen, Schwärmerei und Aberglauben ausgesetzt (…) Außerdem ist ein aufgeklärtes und kluges Volk stets zurückhaltender, ordentlicher und zuverlässiger als ein unwissendes und ungebildetes" (a.a.O., S. 667).

Sowohl der Markt als auch der Staat ist auf mündige Bürger angewiesen: „Unterricht, nicht als Vermittlung von staatsbürgerlicher Stabilität oder als Berufsbildung zwecks Erzielung möglicher höherer Verdienste, sondern als Zugang zu allgemeinem Wissen zur Erhaltung, Fortsetzung und Erweiterung von rationaler Öffentlichkeit ist der Zweck eines öffentlichen Bildungssystems" (Osterwalder 1993, S. 106).

8.10. Was hat der Markt mit Ethik zu tun?

Viele Ökonomen halten den Markt für eine Institution, dank der die Ethik weitgehend überflüssig werde. Denn *erstens* erhöhe jeder Marktteilnehmer, indem er seinen eigenen Nutzen verfolge, die Zufriedenheit der anderen und fördere damit, ob er wolle oder nicht, das Gemeinwohl. Das ist Adam Smith's berühmte These von der „unsichtbaren Hand": Obwohl ein jeder mit seinen Käufen und Verkäufen „lediglich nach eigenem Gewinn" strebt, wird er auf dem Markt „von einer unsichtbaren Hand geleitet, um einen Zweck zu fördern, den zu erfüllen er in keiner Weise beabsichtigt hat" (Smith 1776, S. 371; vgl. auch schon Mandeville 1714). Der Markt scheint den Menschen also von der Zumutung, für fremdes Wohl Opfer zu bringen, zu entlasten. *Zweitens* mache der Markt Ethik insofern überflüssig, als er eine gerechte Verteilung garantiere. Denn ein Markt entstehe überall, wo Güter knapp seien, mit der Folge, dass knappe Güter in erster Linie an diejenigen Personen übergingen, die am meisten dafür bezahlten. Ein Geschäft sei also genau dann gerecht, wenn es unter Marktbedingungen stattfinde.

Die Dinge sind aber nicht ganz so einfach. Offensichtlich gibt es mancherlei Geschäfte von zweifelhaftem moralischem Charakter: Menschenhandel, Waffenhandel, Drogenhandel, Handel mit Pornographie usw. Außerdem können sich immer wieder Monopole und Kartelle bilden, was bedeutet, dass sich wenige auf Kosten der Mehrheit bereichern. Schließlich bedarf es zur Erhöhung des Markterfolgs eines aktiven Marketings. Wie unzimperlich jemand Werbung und Propaganda betreibt, ist dem Markt als solchen gleichgültig. Auch für Menschenrechtsschutz und Umweltanliegen sorgt nicht der freie Markt, sondern die Gesetzgebung des Staates...

Von ethischer Tragweite sind auch Fragen wie die folgenden: Welche Güter und Dienstleistungen soll man überhaupt vermarkten? Darf man für einen Freundesdienst eine Entschädigung verlangen? Wie weit darf man Aufmerksamkeit – ein knappes Gut – kommerzialisieren? Wie weit soll bzw. darf man öffentliche Dienstleistungen (den „Service Publique"), wie Bildungs- und Gesundheitswesen, Wasserversorgung, Schutz vor illegitimer Gewalt privatisieren und dem freien Wettbewerb aussetzen? Frieden, öffentliche Sicherheit, Freiheit von Lärm und Gestank, saubere Umwelt, Klimastabilität usw. sind keine auf dem freien Markt handelbaren Güter...

8.11. Markt und Gerechtigkeit

Gerechtigkeitsfragen sind in der modernen Marktwirtschaft von größter Bedeutung. Sie stellen sich in den unterschiedlichsten Zusammenhängen: Ist es gerecht, wenn ein Produzent seine Erzeugnisse zu einem Preis verkaufen muss, der unterhalb der Gestehungskosten liegt? Oder wenn Kunden dringend benötigte Güter zu übersetzten

Preisen einkaufen müssen? Die meisten Ökonomen argumentieren, Preise könnten per definitionem nicht ungerecht sein, weil sie sich über das Verhältnis von Angebot und Nachfrage einpendelten. Ein Tauschgeschäft komme nur zustande, wenn beide Seiten einwilligten. – Gegen diese Argumentation liegen zwei Einwände nahe:

Erstens kommt es immer wieder vor, dass einer der Handelspartner sich in einer Notlage befindet und der andere diese Notlage ausnützt. Je mehr Wahlmöglichkeiten jemandem offen stehen, desto besser kann er die Marktbedingungen nutzen. Und umgekehrt, je weniger Kaufkraft (Geld, Kapital) jemand zu mobilisieren vermag, desto ungünstiger ist seine Stellung im Markt. Und *zweitens* kommt es ebenfalls oft vor, dass der Käufer vom Verkäufer falsch informiert, hinters Licht geführt oder zum Kauf gezwungen wird. In diesem Fall kann er den Kaufvertrag allerdings widerrufen (aber dazu bedarf es gesetzlicher Regelungen und einer funktionierenden Justizbehörde).

Von ethischer Brisanz ist noch etwas anderes: Die Entwicklung von Marketingstrategien ist heute für alle, die etwas produzieren oder Dienstleistungen anbieten, überlebenswichtig. Schlechte Produkte mit guter Marketingstrategie finden gewöhnlich leichteren Absatz als gute Produkte mit schlechter Marketingstrategie. Und das Marketing erstreckt sich zunehmend auch auf zwischenmenschliche Beziehungen.

„Die Geltung oder der Wert eines Menschen ist wie der aller anderen Dinge sein Preis. Das heißt, er richtet sich danach, wie viel man für die Benützung seiner Macht bezahlen würde, und ist deshalb nicht absolut, sondern von dem Bedarf und der Einschätzung des anderen abhängig" – so bereits im 17. Jahrhundert Thomas Hobbes (1751, S. 67).

Als *Fazit* des Kapitels kann man festhalten: Wettbewerb unter zivilisierten Verhältnissen bedingt die allseitige Bereitschaft zur Kooperation – genauer: die Bereitschaft, Fairnessregeln einzuhalten. Dasselbe gilt für Tauschgeschäfte aller Art. Unter den aktuellen Bedingungen, die durch einen „globalisierten" Wettbewerb geprägt sind, bedeutet dies, dass auch die elementarsten Fairnessregeln für alle – und gegenüber allen! – gelten müssen – ein starkes Argument für eine universalistische Ethik (Kapitel 10).

Ist dieses Ziel nicht zu hoch gesteckt? Skeptiker werden einwenden, dass Schüler/innen nicht von heute auf morgen Fairnessregeln einzuhalten lernen und dass selbst viele Erwachsene unter Wettbewerbsbedingungen mit fairem Verhalten Mühe haben.

Umso wichtiger ist daher – so die simple Antwort –, faires Verhalten schon in der Schule systematisch einzuüben. Dabei stellt Fairness sozusagen das notwendige ethische Minimum dar. Sie ist nicht mit Achtung, und schon gar nicht mit stärkeren ethischen Gefühlen als Achtung gleichzusetzen (vgl. Kapitel 4).

I. 9. Gerechtigkeit

Wir haben alle eine Vorstellung davon, was gerecht und ungerecht ist. Aber das schließt nicht aus, dass wir oft unsicher sind, ob ein bestimmtes Verhalten, eine Verteilung, ein Gesetz usw. wirklich das Prädikat „gerecht" verdient. Was die einen für gerecht halten, finden andere ungerecht, und eine Maßnahme, z.B. eine Strafe, kann in einer Situation gerecht, in einer anderen aber ungerecht sein. Es lohnt sich daher, den Gerechtigkeitsbegriff zu diskutieren, verschiedene Kriterien gegeneinander abzuwägen und Ordnung in die Vielfalt der Gerechtigkeitskonzepte zu bringen.

Fragen der Gerechtigkeit stellen sich heute ganz besonders im Rahmen von *Institutionen* aller Art – vom Staat über die Wirtschaft bis hin zum Steuersystem und zur Schule. Sind die geltenden Regeln und Gesetze für alle gültig, und für alle gleichermaßen? Sind die Grundrechte für alle garantiert? Sind die Löhne gerecht? Sind die Steuern gerecht? Ist das Beurteilungssystem in den öffentlichen Schulen gerecht? Wie steht es mit der Chancengleichheit? – Das sind sehr unterschiedliche Fragen. Um sie diskutieren zu können, bedarf es einleuchtender Kriterien. Wie sehen solche Kriterien aus?

Gerecht oder ungerecht sind aber auch *Handlungen* und *Haltungen* – in der Schule etwa Lob und Kritik oder die Förderung einzelner Schüler/innen. Im Bildungswesen ist das Thema *Gerechtigkeit* also sowohl auf der institutionellen Ebene als auch auf derjenigen des persönlichen Verhaltens von Lehrkräften ein wichtiges Anliegen. Ein zentraler Aspekt davon, die Chancengleichheit, wird im entsprechenden Kapitel des II. Teils (Kapitel II.9) vertieft diskutiert.

9.1. Kontexte der Gerechtigkeit

Der Gerechtigkeitsbegriff begegnet uns in den folgenden drei Kontexten:

1. *Teilen, Verteilen*: Verteilungsfragen stellen sich in jeder Produktionsgemeinschaft: Die produzierten Güter bzw. die aus ihnen erzielten Einnahmen werden auf alle Mitglieder der Gemeinschaft verteilt. Verteilungsfragen stellen sich auch in einem Betrieb, in einer Gemeinde, einem Staat und in der Weltgesellschaft. Man spricht in diesem Kontext von austeilender Gerechtigkeit.

Kasten 9.1.: Verteilungsgerechtigkeit

In diesen Zusammenhang gehören:

- Zuteilung von knappen Gütern und Ressourcen;

- Verteilung des Zugangs zu Dienstleistungen, zur sozialen Infrastruktur, Gewährung von Rechten; Befriedigung von Ansprüchen;

- Ermöglichung von Chancen (z.B. berufliche Aufstiegs-Chancen).

→ *Gerechtigkeit als Gleichheit oder als direkte bzw. umgekehrte Proportionalität*: Eine Verteilung ist dann gerecht, wenn alle entweder proportional zu ihrem Beitrag oder proportional zu ihren Bedürfnissen am Sozialprodukt beteiligt werden.

---

2. *Geben und Nehmen, Erhalten und Zurückgeben, Kompensieren*: Geben und Nehmen spielen in allen Arten von zwischenmenschlichen Beziehungen eine zentrale Rolle. Auf diesen Bereich bezieht sich die ausgleichende Gerechtigkeit. Ihr Symbol ist die Waage.

Kasten 9.2.: Ausgleichende Gerechtigkeit

In diesen Zusammenhang gehören:

- Tauschbeziehungen und die Transaktionen des Marktes: Preis-Leistungs-Verhältnis: Kauf – Verkauf, Entschädigungen;

- Honorar als Ausgleich für erbrachte Leistungen: Hilfe – Dankbarkeit; Leistung – Belohnung (Formen der Belohnung sind z.B. soziale Anerkennung, Wertschätzung, Lob, Ehre, finanzielle Entschädigung);

- Sanktionen als Ausgleichs-Maßnahmen (vgl. Kap. II.6): Übeltat – Strafe (auch als Tadel, Kritik, Verachtung, Vertrauensentzug, Schande);

→ *Gerechtigkeit als Gleichheit:* Gerecht ist der Preis eines Produkts, wenn er der Summe der Leistungen entspricht, die für seine Herstellung aufgewendet werden mussten.

→ *Gerechtigkeit als direkte Proportionalität:* Als gerecht gilt z.B. ein Lohn, der umso höher ausfällt, je mehr jemand leistet.

---

3. Regeln, Normen, Verfahren, Maßnahmen: Gerechtigkeit im juristischen Kontext, bei Beurteilungs- und Verfahrensfragen. Alle Bürger/innen unterstehen in gleicher Weise den staatlichen Gesetzen; diese sind auf alle in gleicher Weise anzuwenden. Auf diesen Kontext beziehen sich die Verfahrensgerechtigkeit, die Neutralität und die Unparteilichkeit sowie die Forderung gleicher Grundrechte für alle. Verfahrensfragen spielen überall in organisierten Gemeinschaften eine entscheidende Rolle. Das Symbol der Verfahrensgerechtigkeit ist die Göttin Justitia mit verbundenen Augen.

Kasten 9.3.: Verfahrensgerechtigkeit

In diesen Zusammenhang gehören:

- Gleiche Verpflichtung aller durch die Verfassung und gleiche Grundrechte für alle Bürger/innen; Gleichheit vor dem Gesetz;
- Bemessung des Strafmaßes nach der Handlung und nicht nach der Person;
- Fairness im Wettbewerb, in der Wirtschaft, unter Marktbedingungen und überall, wo Menschen gegeneinander in Konkurrenz stehen.

→ *Gerechtigkeit als formelle Gleichheit, Unparteilichkeit oder Neutralität:* Alle Menschen sind vor dem Gesetze gleich; die Anwendung der Gesetze und das Strafmaß bei Gesetzesübertretungen gleicher Art sollten für alle gleich sein; von Richtern wird strikte Unparteilichkeit erwartet.

In allen drei Bedeutungen ist Gerechtigkeit ein wesentliches Kriterium für die Beurteilung sozialer, politischer und wirtschaftlicher Institutionen oder Organisationen.

9.2. Der Vorrang der Gleichheit

Aristoteles hat Gerechtigkeit in einem ersten Anlauf als eine Haltung bestimmt, die darauf ausgerichtet ist, Gleiche(s) gleich und Ungleiche(s) ungleich zu behandeln (NE 1131 a 23). Gerechtigkeit hat demnach etwas mit Gleichbehandlung zu tun. Offenbar kann aber auch Ungleichbehandlung gerecht sein, nämlich dann, wenn Ungleiche ungleich behandelt werden. Ein Beispiel ist die höhere Besteuerung reicher Personen. Ungleichbehandlung kann aber nicht Selbstzweck sein. Im Gegenteil, sie sollte immer im Dienst der Gleichheit oder der Verringerung einer bestehenden Ungleichheit stehen.

Die Forderung, dass zwischen den Menschen (in dieser oder jener Hinsicht) Gleichheit bestehen müsse, erscheint uns als selbstverständlich, und doch ist sie nicht unangefochten. Der Utilitarismus z.B. (vgl. Kapitel 6) ist eine ethische Position, die die Gleichheitsforderung dem Prinzip des größten Wohls der größten Zahl unterordnet. Ein Vertreter dieser Position könnte argumentieren: Es sei wichtiger, dass alle *so viel wie nötig haben*, um glücklich zu werden, als dass alle *genau gleich viel haben*. Außerdem seien die Interessen der Menschen so ungleich, dass eine Gleichverteilung der Ressourcen nicht alle glücklich machen würde.

So überzeugend dieses Argument auf den ersten Blick klingen mag, führt es doch auf ein Problem: Ließe sich das größte Wohl der größten Zahl durch Wiedereinführung der Sklaverei steigern, so müsste man die Sklaverei nicht nur entschuldigen, sondern konsequenterweise geradezu empfehlen. Das wäre aber offensichtlich absurd. Nun bedeutet aber das Verbot der Sklaverei noch lange nicht Gleichheit. Was verbirgt sich also hinter dem *Vorrang der Gleichheit*, und wie lässt er sich begründen?

Die Überzeugung, dass der Gleichheit vor der Ungleichheit Priorität zukommt, entspricht zunächst einmal der Einsicht, dass wir, wenn wir verschiedene Personen oder ihre Leistungen miteinander vergleichen, irgendeine Vergleichshinsicht benötigen. Der indische Ökonom und Philosoph Amartya Sen [*1933; Nobelpreisträger für Wirtschaftswissenschaften] spricht von der „equal consideration at some level" (gleiche Berücksichtigung unter einem bestimmten Gesichtspunkt; Sen 1992, S. 17).

Doch in welcher Hinsicht sollen wir die Menschen als einander gleich betrachten? Es gibt viele möglichen Antworten: Alle Menschen haben zwei Beine, zwei Arme, zehn Finger, eine Nase usw. – aber diese Hinweise erscheinen wenig geeignet, die Forderung nach Gleichbehandlung zu begründen. Denn jede Person unterscheidet sich auch wiederum von jeder anderen, und das ist gut so, denn andernfalls gäbe es zwischen ihnen ständig die wildesten Verwechslungen: Menschen unterscheiden sich hinsichtlich Körpergröße und Gewicht, hinsichtlich ihrer Gesichtszüge, Haar-, Augen- und Hautfarbe, Familienzugehörigkeit, ihres Geburtsorts und -Termins, hinsichtlich des Ensembles ihrer Fähigkeiten, ihrer Interessen und Hobbys, ihrer Überzeugungen, Vorlieben, Phobien. Manche Menschen sind einflussreicher, manche vermögender als andere, es gibt sanguinisch und es gibt melancholisch bzw. depressiv Veranlagte, es gibt Muslime, Hinduisten, Christen, Frauen, Männer, Junge, Alte, Kinder usw... – Wie ist es zu verstehen, dass trotz dieser vielfältigen Unterschiede die Gleichheits-Idee dennoch Vorrang hat vor der Idee der Ungleichheit?

(1) Wie schon im 1. Kapitel angedeutet, wäre ein friedliches Zusammenleben ohne Regeln schwerlich möglich. Solche Regeln gelten *allgemein*, für *alle* Mitglieder einer Gesellschaft *gleichermaßen*. – Allerdings sind zwei Einschränkungen zu beachten: Viele Regeln gelten nur in bestimmten Gesellschaften, in anderen nicht. Und fast jede Regel hat ihre Ausnahmen.

Die Gleichheits-Idee bezieht sich auf die gleiche Geltung der Gesetze und Regeln für alle (d.h. für alle Mitglieder der betreffenden Gesellschaft oder Gruppe). Zwar gelten juristische Gesetze fast immer nur in bestimmten Ländern, doch in diesen Ländern gelten sie für alle Menschen gleichermaßen.

(2) Außerdem sind alle Menschen de facto einander darin gleich, dass sie, als Mitglieder der Spezies Homo Sapiens, sprachfähig und imstande sind, ihr Zusammenleben planmäßig zu organisieren. Das heißt, sie sind in der Lage, ihre Handlungen zu begründen, Absprachen zu treffen, Verfahrensfragen zu diskutieren usw. Wenn wir also nach den Gründen unseres Handelns gefragt werden, müssen wir bereit sein, Auskunft zu geben. Dabei unterstellen wir, dass das, was wir sagen, nachvollziehbar ist, und zwar für Herrn Rot genauso wie für Frau Grün, für Herrn Schwarz genauso wie für Frau Weiß. Und wir berufen uns gerne auf Regeln, deren Geltungsumfang und deren Anwendungsbedingungen wir bei unseren Gesprächspartnern als bekannt voraussetzen. Oder wir berufen uns auf bestimmte Bräuche bzw. Gewohnheiten, die unbestritten sind. Dazu gehören – besonders wichtig in Situationen, die zu kontroversen Einschätzungen Anlass geben – die Menschenrechte.

Bestreitet jemand unseren Anspruch oder werden wir nicht verstanden, so versuchen wir von neuem, uns zu erklären – immer mit der Unterstellung: „Das ist doch eigentlich immer so, ein anderer würde sich unter diesen Umständen genauso verhalten wie ich." Kurz – wir müssen in der Lage sein, unsere Ethik für andere, und zwar potentiell *für alle* glaubhaft und überzeugend zu kommunizieren: Darin liegt unsere Gleichheit...

Begründungen und Argumente sind dem Anspruch nach universalistisch (vgl. Kapitel 10). Das gilt auch für diejenigen Begründungen und Argumente, mit denen wir Abweichungen von der Gleichbehandlung begründen.

Kasten 9.4.: Gründe für den Vorrang des Gleichheitsprinzips

> Das Gleichheitsprinzip hat Vorrang, nicht weil die Menschen alle „gleich" wären, sondern...
>
> (1) weil sich zur Sicherung eines friedlichen Zusammenlebens alle Menschen in gleicher Weise einem Regelsystem unterwerfen müssen.
>
> → Regeln haben immer einen bestimmten Allgemeinheitsgrad: Sie gelten für alle Betroffenen gleichermaßen.
>
> (2) und weil wir bereit sein müssen, unser Verhalten / unsere Entscheidungen / unsere politischen Maßnahmen usw. bei Rückfragen oder Kritik zu begründen und zu rechtfertigen:
>
> → Kritik und Rechtfertigung sind argumentative Praktiken. Begründungen (Argumentationen) gelten personeninvariant.

9.3. Die Suche nach einem Vergleichsmaßstab

Dass die Idee der Gleichheit ein Kernelement von Gerechtigkeit darstellt, bestreitet eigentlich niemand. So gut wie alle Menschen wünschen sich lieber gerechte als ungerechte Verhältnisse. Wer käme schon auf die Idee, sich ernsthaft für eine Verschärfung bestehender sozialer Ungleichheiten einzusetzen? Uneinigkeit besteht hingegen, wie Amartya Sen (1992, Kapitel 1) festgestellt hat, mit Bezug auf die Frage nach den Vergleichsmaßstäbern, den „standards of comparison", mit denen die Gleichheit oder Ungleichheit zwischen den Menschen gemessen werden soll.

Das Problem lässt sich am Beispiel der Diskussion um den gerechten Lohn erläutern. Es gibt dazu verschiedene Auffassungen, und jede orientiert sich an einem anderen Vergleichsmaßstab: Gerecht wäre (a) gleicher Lohn für alle, (b) die Bemessung des Lohns am Fleiß des Einzelnen bzw. an der Intensität seines Einsatzes, (c) Lohnunterschiede proportional zur Arbeitsdauer, (d) Lohnunterschiede proportional zur Länge der Ausbildung oder der Berufsvorbereitung, (e) die Löhne sind nach der Bedürftigkeit abzustufen.

Für jeden dieser Vorschläge gibt es gute Argumente. Es ist aber offensichtlich, dass man sie nicht alle gleichzeitig realisieren kann. Wie immer man sich entscheidet – die Realisierung von Gleichheit in einer dieser Hinsichten kann dazu führen, dass Gleichheit in allen anderen Hinsichten ausgeschlossen wird („demanding equality in one space (...) can lead one to be anti-egalitarian in some other space"; Sen 1992, S. 16). Ein Unternehmer, der die Lohnhöhe von der Bedürftigkeit seiner Angestellten abhängig macht, wird von den Verteidigern eines leistungsabhängigen Lohns als ungerecht beurteilt und umgekehrt.

Die Frage, welches die wichtigste Dimension sei, in der zwischen den Menschen Gleichheit herrschen soll, sind sich die politischen Parteien seit jeher uneins. Während Linksparteien den Aspekt der Bedürftigkeit in den Vordergrund rücken, betonen Rechtsparteien eher den Aspekt überkommener Privilegien; die Parteien der Mitte favorisieren die Aspekte Leistung und Verdienst. Für jeden dieser Vorschläge gibt es Argumente und Gegenargumente.

Eine ähnliche Schwierigkeit zeigt sich auch dort, wo es nicht materielle, sondern immaterielle Güter zu verteilen gilt: Berufs- und Entwicklungschancen, Entscheidungsbefugnisse, Redezeit im Fernsehen, persönliche Zuwendung, ja sogar Aufmerksamkeit...

Kasten 9.5.: Von Aristoteles zu Amartya Sen

> Schon vor 2300 Jahren hat Aristoteles (NE, 5.Buch) zwischen zwei Formen der Gerechtigkeit unterschieden: zwischen austeilender und ausgleichender Gerechtigkeit (vgl. Kapitel 9.1.). Beide hat er als Gleichheit zwischen zwei Verhältnissen – also als Proportionalität – bestimmt und am Beispiel der Frage nach dem gerechten Lohn veranschaulicht. Der Lohn eines Arbeiters A ist gerecht, wenn das Verhältnis zwischen der Arbeitsleistung von A und dem Lohn von A gleich ist wie das Verhältnis zwischen der Arbeitsleistung von Arbeiter B und dem Lohn von B.
>
> Aristoteles machte aber bereits auf das Problem der vielfältigen möglichen Vergleichsmaßstäbe aufmerksam, das uns heute unvermindert beschäftigt: Da die Leistung nicht das einzige Vergleichskriterium ist, an dem man die Lohnhöhe ausrichten kann - es gibt eine ganze Reihe anderer möglicher Kriterien –, stellt sich die Frage, welches das am besten geeignete Kriterium ist, das uns bei unseren Überlegungen leiten könnte. Diese Frage hat der griechische Philosoph offen gelassen.

Kasten 9.6.: Beispiele möglicher Gerechtigkeits-Gesichtspunkte

> Weitet man die Gerechtigkeitsfrage über die ökonomische Sphäre hinaus aus, so eröffnen sich noch mehr Dimensionen der Gerechtigkeit. Amartya Sen zählt die folgenden „standards of comparison" auf (Sen 1992):
>
> - Einkommen
> - Vermögen, Geld
> - Zugang zur Infrastruktur („opportunities")
> - Freiheit
> - Bedürfnisbefriedigung
> - Erfolge („achievements")
>
> - soziale Wertschätzung (Prestige),
> - Interessen,
> - Rechte,
> - Lebensqualität,
> - Gesundheit
> - Wohlergehen, Glück usw....

Eine weitere grundsätzliche Frage in der Gerechtigkeitsdiskussion lautet: Welche Art der Gleichheit ist die wichtigste: Lohngleichheit? Chancengleichheit? Rechtsgleichheit? Gleichbehandlung (= Nichtdiskriminierung)? – Auch hier gilt: Gerechtigkeit lässt sich nicht in jeder Dimension gleichzeitig realisieren. Eine alle Seiten zufrieden stellende Auslegung des „Postulats der ‚Gerechtigkeit'" – schließt Max Weber (1917, S. 505) – ist bisher „*keiner* Ethik eindeutig" gelungen.

9.4. Gerechtigkeit als gutes Management von Ungleichheiten

Offenbar gibt es ungleiche Verteilungen, die wir nicht als besonders ungerecht empfinden. Auf den ersten Blick wirkt dieser Sachverhalt paradox. Der Eindruck des Paradoxen verschwindet aber, sobald man sich klar macht: Die Frage nach Gerechtigkeit mündet in die Frage nach dem richtigen Management von Ungleichheiten.

Denn jedes Mal, wenn man eine Ungleichheit beseitigen will, besteht die Gefahr, dass man, ohne es zu beabsichtigen, an anderer Stelle eine neue Ungleichheit produziert. Die Verringerung von Ungleichheiten in einer Dimension hat oft eine Vergrößerung der Ungleichheiten in anderen Dimensionen zur Folge. Während z.B. die materielle Ungleichverteilung im Weltmaßstab in vielen Hinsichten im Abnehmen begriffen ist – der Zugang zum Internet revolutioniert China, der Zugang zum Mobiltelefon revolutioniert die Kommunikation in Afrika –, verspürt man in anderer Hinsicht eine Tendenz zur regionalen Verstärkung bestehender ökonomischer Ungleichheiten. Was müsste getan werden, um dieser Tendenz entgegenzuwirken? Materielle Umverteilung würde das Problem nicht lösen, weil ja nicht nur der Zugang zu materiellen Gütern, sondern auch der Zugang zu Dienstleistungen, zu Informationen, zu Entscheidungsbefugnissen aller Art usw. ungleich verteilt ist.

9.5. Sphären der Gerechtigkeit

Der amerikanische Philosoph Michael Walzer [*1935] hat eine wesentliche Bedingung für die Entstehung sozialer Ungleichheit aufgedeckt – nämlich die, dass eine in einer bestimmten Dimension gegebene Ungleichheit leicht Ungleichheiten in der einen oder anderen weiteren Dimension nach sich zieht. Wirtschaftliche Ungleichheit zieht z.B. häufig eine Ungleichheit im Zugang zu wichtigen Informationen, zu den Gesundheitsdiensten oder auch eine ungleiche politische Machtverteilung nach sich. Um einer solchen Kumulation von Ungleichheiten vorzubeugen – so Walzer –, sollten die verschiedenen Dimensionen oder „Sphären" der Gerechtigkeit voneinander getrennt werden. Es gibt dann viele „kleine Ungleichheiten", die sich wechselseitig einigermaßen

Kasten 9.7.: Blaise Pascal über die Entmischung verschiedener Macht-Sphären

> „Verschiedene Gruppen: Starke, Schöne, Kluge, Fromme, jede herrscht bei sich zu Haus und nicht anderswo. Und mitunter treffen sie aufeinander, und der Starke und der Schöne schlagen sich völlig töricht darum, wer Herr des andern sein solle, denn ihre Herrschaft ist unterschiedlicher Art. Sie können sich nicht verständigen, und ihr Fehler ist, überall herrschen zu wollen. Nichts kann das, nicht einmal die Macht, sie hat nichts in dem Königreich der Gelehrten zu bestellen; (...)
>
> Tyrannei ist: auf eine Weise haben zu wollen, was man nur auf andre haben kann. Verschiedenes fordern die verschiedenen Vorzüge: Das Gefallende verpflichtet zur Liebe, die Macht verpflichtet zur Furcht, das Wissen verpflichtet zu glauben" (Pascal, Pensées Nr. 332).

ausbalancieren und also nicht zu einem steilen Wohlstandsgefälle, wie es die heutigen Gesellschaften auszeichnet, aufschaukeln können. Walzer bezeichnet dies als „komplexe Gleichheit" (1995, S. 46f.).

Dieser Vorschlag enthält eine radikale Kritik am Prinzip der Marktgesellschaft, die den Zugang zu vielerlei Privilegien in eine Frage des Geldes umgemünzt hat.

9.6. Alle Interessen zählen gleich viel

Eine interessante Ergänzung zu Walzers Ansatz findet sich bei P. Singer. Dieser Autor – eigentlich ein Utilitarist – vertritt ein starkes Gerechtigkeitsprinzip, nämlich das „Prinzip der gleichen Interessenabwägung" (Singer 1984, Kapitel 2, bes. S. 32). Bei wichtigen Handlungen (oder Maßnahmen) sind die Interessen aller Betroffenen gegeneinander abzuwägen. Die Interessen von Personen, die von dieser Handlung genau gleich stark betroffen sind, wiegen gleich stark; je stärker die Interessen einer bestimmten Person betroffen sind, desto stärker fallen sie ethisch ins Gewicht (vgl. oben Kapitel 6.7).

Für den Utilitarismus bietet das Prinzip der gleichen Interessenabwägung eine wichtige Ergänzung, denn es disqualifiziert die Möglichkeit, dass einem Teil der Bevölkerung der Verzicht auf die Realisierung seiner Interessen zugemutet wird, damit die Interessen Anderer um so mehr gesteigert werden können.

Singers Ansatz bietet allerdings den Nachteil, dass die menschlichen Interessen nur nach dem Grad der Betroffenheit gewichtet werden, als ob alle Interessen gleichermaßen legitim wären und es keine perversen Interessen gäbe.

9.7. John Rawls' Kriterien der Gerechtigkeit

Die einflussreichste Gerechtigkeitstheorie der Gegenwart ist die Theorie des amerikanischen Philosophen John Rawls [1921-2002]. Diese Theorie ist nicht zufällig berühmt geworden: Sie stellt zugleich eine Grundlegung des „politischen Liberalismus" dar – einer in den westlichen Gesellschaften weit verbreiteten politischen Philosophie, die die demokratischen Freiheiten des Individuums an die Verfassung und die Verfassung an die Menschenrechte bindet. Die Menschenrechte sichern die Grundrechte und Grundfreiheiten der Menschen, und das bedeutet, dass sie weder durch Regierungsbeschluss noch durch demokratische Mehrheiten außer Kraft gesetzt werden können.

John Rawls geht in seiner „Theorie der Gerechtigkeit" (1971) davon aus, dass die Menschen, wenn sie in einer Art Urzustand über die Ordnung ihrer Gesellschaft abstimmen könnten, dem Gesichtspunkt der Gerechtigkeit hohe Priorität einräumen und sich auf ein paar einfache Kriterien einigen würden, an denen sich die soziale Ordnung orientieren sollte. Der Wahl dieser Kriterien liegen Überlegungen zugrunde, die von der Tatsache ausgehen, dass die sozialen Ungleichheiten und Ungerechtigkeiten in unserer Gesellschaft eine Vielfalt unterschiedlicher Ursachen haben. Diese Ursachenvielfalt kann man ordnen und auf dieser Grundlage Prioritäten festlegen.

Kasten 9.8.: Vielfalt der Ursachen sozialer Ungleichheit

(1) *Soziale, politische und gesetzliche Ursachen:* Wie eine Gesellschaft strukturiert ist, ob sie einen niedrigen oder einen hohen Gewaltpegel, ein gutes Bildungssystem hat und auch für Unterschichtkinder gute Aufstiegschancen bietet usw., dies alles hängt von sozialen Ursachen ab.

(2) *Natürliche Ursachen:* Welche Fähigkeiten jemand entwickelt, ist zum Teil genetisch bestimmt. Vererbung ist eine Art natürlicher Lotterie. Ebenfalls zufällig sind die Gründe, aus denen ein Kind zu einem bestimmten Zeitpunkt in ein bestimmtes Land, eine bestimmte Familie, eine bestimmte soziale Schicht usw. hineingeboren wird.

(3) *Persönliche Ursachen:* Schließlich ist jede Person für ihre Fähigkeiten ein Stück weit selber verantwortlich. Zumindest unterstellen wir dies mit einiger Selbstverständlichkeit, denn wenn jemand einen Lehr- oder Universitätsabschluss bestanden hat, gratulieren wir dieser Person und nicht ihren Genen, ihren Eltern oder Vorfahren und auch nicht ihren Lehrern.

Jeder Versuch, die gegebene gesellschaftliche Ordnung gerechter zu gestalten, sollte – Rawls zufolge – zuerst bei den sozialen Ursachen ansetzen und sich an der im Kasten 9.8 angedeuteten Reihenfolge (1), (2), (3) orientieren: Eine Gesellschaft, in der es keine sozial oder politisch verursachten Ungleichheiten gäbe, wäre gerechter als eine Gesellschaft, deren Institutionen und deren Gesetzgebung selber Ungleichheit hervorbringen. Noch gerechter wäre eine Gesellschaft, der es zudem gelingt, die Wirkungen naturwüchsiger Ungleichheiten auszugleichen, so dass niemand Entbehrungen leidet und niemand in extremer Armut lebt. Am gerechtesten wäre schließlich eine Gesellschaft, in der zudem noch die Nachteile, die jemand aufgrund von selbst verschuldeten Fehlentscheidungen oder Defiziten erlitten hat, ein Stück weit abgefedert werden.

9.7.1. Das erste Gerechtigkeitskriterium

Bei seinen Überlegungen zum ersten Kriterium geht Rawls davon aus, dass alle Menschen vor dem (juristischen) Gesetz gleich sind und prima facie die gleichen Grundfreiheiten genießen sollen. Dazu gehört insbesondere die Garantie eines festen Kerns von Grund- oder Menschenrechten.

Dieses erste Gerechtigkeitskriterium ist zugleich das wichtigste. Dass für alle Bürger/innen gewisse Grundrechte gewährleistet sind, ist notwendig, wenn sie unter Fairness-Bedingungen kooperieren wollen:

„Die sogenannten Menschenrechte stellen anerkanntermaßen notwendige Bedingungen für ein System gesellschaftlicher Kooperation dar" (Rawls 1999, S. 68).

Kasten 9.9.: Erstes Gerechtigkeitskriterium nach Rawls – Gleiche Grundrechte für alle:

„Jede Person hat den gleichen Anspruch auf ein völlig adäquates System gleicher Grundrechte und Freiheiten, das mit demselben System für alle vereinbar ist" (Rawls 1998, S. 69).

Ist dieses Kriterium realisiert, so heißt das noch nicht, dass im menschlichen Zusammenleben nicht in anderen Hinsichten erhebliche Ungleichheiten bestehen und sich sogar verstärken können. Menschen befinden sich zueinander, ob sie wollen oder nicht, in einem Wettbewerb – um materielle und ökonomische Ressourcen, um Ausbildungsplätze, berufliche Stellungen, soziale Rangpositionen, Aufmerksamkeit, Ansehen, Ehre, Macht, Einfluss usw. Aus diesem Wettbewerb erklärt sich ein großer Teil der bestehenden sozialen Ungleichheiten. Diese Ungleichheiten können, müssen aber nicht, ungerecht sein. Auf die wettbewerbsbedingten Ungleichheiten bezieht sich Rawls' zweites Gerechtigkeitskriterium.

9.7.2. Das zweite Gerechtigkeitskriterium

Da die Menschen sozusagen mit ungleich langen Spießen fechten, gilt das Ergebnis eines Wettbewerbs nur dann als gerecht, wenn die Beteiligten dieselben Chancen gehabt haben, im Wettbewerb zu reüssieren. Das ist das Prinzip der Chancengleichheit.

Kasten 9.10.: Zweites Gerechtigkeitskriterium nach Rawls - Chancengleichheit

> Eine gerechte soziale Ordnung muss „mit Ämtern und Positionen verbunden sein, die allen unter Bedingungen fairer Chancengleichheit offenstehen" (Rawls 1998, S. 69).

Rawls deutet in zwei praktischen Vorschlägen an, wie sich in der modernen Gesellschaft die Chancengleichheit verbessern lässt: durch „Verhinderung übermäßiger Vermögenskonzentrationen" und durch Herstellung „gleicher Bildungschancen für alle". Anders gesagt, „(...) das Schulsystem, ob öffentlich oder privat, sollte auf den Abbau von Klassenschranken ausgerichtet sein" (Rawls 1971, S. 93f.).

Es geht also um Chancengleichheit – eine der wichtigsten Forderungen, der sich heute jeder Staat stellen muss. Von entscheidender Bedeutung für die Chancengleichheit ist jeweils die Bildungspolitik. Unter Chancengleichheit versteht Rawls, dass alle gleich fähigen und gleich tüchtigen Personen die gleichen Berufs- und sozialen Aufstiegs- bzw. Karrierechancen haben sollen. Anders gesagt: Schichtspezifische Unterschiede, ethnisch bedingte Ungleichheit und die Geschlechterdifferenz dürfen keinen Einfluss auf Berufs- und soziale Aufstiegschancen haben (zu weiteren Definitionen von Chancengleichheit, die heute gebräuchlich sind, vgl. Kapitel II.9).

Nun können sich in Gesellschaften mit garantierter Rechtsgleichheit, mit Grundrechten, die für alle garantiert sind, und mit Chancengleichheit die materiellen Lebensbedingungen der Menschen immer noch stark voneinander unterscheiden: Von zwei genau gleich begabten und leistungsfähigen Personen kann die eine zum Gewinner im Wettbewerb werden, während die andere Pech hat und in Schwierigkeiten gerät.

Außerdem bestehen zwischen den Menschen hinsichtlich ihrer Fähigkeiten erhebliche Diskrepanzen. Die einen haben einen höheren Intelligenzquotienten, andere ein stärkeres Herz, wieder andere ein einnehmendes Wesen... Viele Kinder sind von Natur aus begabter als andere. Manche Kinder werden in ein familiäres Milieu hinein geboren, in dem sie weniger Förderung erfahren als andere. Unter den weniger begabten und den weniger leistungsfähigen, den kranken und schwachen Mitgliedern der Gesellschaft bleiben viele auf der Strecke. – Hier manifestiert sich also eine weitere Gerechtigkeitslücke. Zu ihrer Diagnose und Therapie bedarf es eines zusätzlichen Kriteriums.

9.7.3. Das dritte Gerechtigkeitskriterium

Dem dritten Gerechtigkeitskriterium liegt eine einfache Überlegung zugrunde: Je besser gestellt die am meisten Benachteiligten sind, desto gerechter ist die gesellschaftliche Ordnung. Nehmen wir an, zwei Gesellschaften gleichen sich darin, dass sie beide das erste und zweite Gerechtigkeitskriterium erfüllen, dass aber in einer dieser Gesellschaften die Gruppe derer, die vom Wohlstand am weitesten entfernt sind, Hunger leidet, in der anderen nicht – so hat die zweite Gesellschaft zweifellos die gerechtere soziale Ordnung.

Kasten 9.11: Drittes Gerechtigkeitskriterium - das Differenzprinzip

„Soziale und wirtschaftliche Ungleichheiten sind so zu regeln, dass sie (…) den am wenigsten Begünstigten die bestmöglichen Aussichten bringen" (Rawls 1998, S. 104).

Dieses dritte Gerechtigkeitskriterium bezieht sich auf den Lebensstandard bzw. auf die materielle Ausstattung der Menschen. Rawls bezeichnet es als Differenzprinzip oder Unterschiedsprinzip, denn es definiert die Bedingungen, unter denen soziale Differenzen als gerecht gelten können. Während das erste und zweite Gerechtigkeitskriterium sich auf Ungleichheiten beziehen, die durch die soziale Ordnung bzw. den Wettbewerb entstehen können, konzentriert sich das dritte auf die Wirkungen naturbedingter Benachteiligungen.

Im Geiste dieses Kriteriums kann man sagen: Nicht die ungleichen Resultate der „natürlichen Lotterie" stellen eine Ungerechtigkeit dar, denn für zufallsbedingte Ungleichheiten ist die Gesellschaft nicht verantwortlich. Von Ungerechtigkeit kann vielmehr dann die Rede sein, wenn es die Gesellschaft versäumt, den Menschen, die unter solchen zufallsbedingten Benachteiligungen leiden, ihr Los im Rahmen des Möglichen zu erleichtern. Eine Gesellschaftsordnung ist insbesondere dann ungerecht, wenn die Privilegierten ihre Vorteile nicht dazu nutzen, die Lebensverhältnisse der Benachteiligten, und zwar in erster Linie der am meisten Benachteiligten, verbessern zu helfen.

Die Rawlssche Gerechtigkeitstheorie verlangt also keineswegs gleichen Lohn und gleichen Anteil an den Ressourcen für alle. Im Gegenteil, sie hält fest, dass soziale Ungleichheit nicht in jedem Fall ungerecht ist: Wenn die gehobenen Positionen in der Gesellschaft mit besonders kompetenten und verantwortungsbewussten Personen besetzt sind, so haben alle Bürger, auch die am meisten benachteiligten, etwas davon — sie genießen einen höheren Lebensstandard, als wenn weniger begabte und weniger verantwortungsbewusste Personen in die Spitzenpositionen aufstiegen. Dass Menschen, die zum Wohle aller mehr Verantwortung tragen, auch mit höheren Löhnen entschädigt werden, ist (wenn diese im Rahmen bleiben) nicht ungerecht, denn die

Staffelung der Löhne schafft ein Anreizsystem, das alle stimuliert, ihr Bestes zu geben. Dieses Anreizsystem entfiele bei verordneter Lohngleichheit – sehr zum Leidwesen auch der Benachteiligten, deren Lage dann wahrscheinlich noch weniger komfortabel wäre. Diese Argumentation baut allerdings auf der Voraussetzung auf, dass Menschen in privilegierten Stellungen auch die Verpflichtung haben, sich für das Wohl von Menschen, die akut benachteiligt sind, nach Kräften einzusetzen.

9.7.4. Die unterschiedliche Wichtigkeit der drei Gerechtigkeitskriterien

Zwischen den drei Gerechtigkeitskriterien besteht ein Prioritätenverhältnis: Am wichtigsten ist das erste Kriterium – ein Ensemble von Grundrechten und Grundfreiheiten. In erster Linie soll die Gesellschaft allen ihren Mitgliedern die elementarsten Grundrechte gewähren. Ist diese Bedingung erfüllt, so besteht der nächste Schritt in Richtung auf gerechte Verhältnisse in der Gewährung von Chancengleichheit. Erst dann folgt als Drittes das „Differenzprinzip". Wie gerecht im Sinne des Differenzprinzips eine Gesellschaft ist, zeigt sich einzig und allein daran, wie gut es der Gruppe der am meisten Benachteiligten ergeht. Sie ist das Zünglein an der Waage.

Für die Realisierung des Differenzprinzips gibt es allerdings eine wesentliche Bedingung: Die Wirtschaft muss wachsen. Andernfalls wäre die materielle Besserstellung der am meisten Benachteiligten nur um den Preis einer Umverteilung möglich. Darüber, wie in Gesellschaften mit Privateigentum eine materielle Umverteilung durchgeführt werden kann, ohne von tiefen sozialen Unruhen begleitet zu werden, gibt es in der Geschichte kein eindeutiges Beispiel.

> „Es gibt Herausforderungen, die alle Menschen auf diesem Planeten aneinander binden und deren negative Folgen sich nur abwenden lassen, wenn alle Nationen und Kontinente im gleichen Sinne handeln."
>
> Horst Köhler über den Treibhauseffekt (*Die ZEIT* 13.12.07, S. 57)

I. 10. Ethischer Universalismus und ethischer Relativismus

Unter den Bedingungen der „Globalisierung" – der immer dichteren kommunikativen, wirtschaftlichen und technologischen Vernetzung der Gesellschaften dieser Welt – ist eine universal gültige Ethik unabdingbar geworden. Diese schon in früheren Kapiteln angedeutete These provoziert aber skeptische Gegenfragen: Ist eine universale Ethik überhaupt sinnvoll, möglich und realisierbar?

In der neuzeitlichen Philosophie hat die Auffassung, die ethischen bzw. moralischen Normen und Rechte hätten universale Geltung, eine lange Tradition. Die Tradition der Skeptiker und Relativisten, die die Möglichkeit universell gültiger Normen bezweifeln, ist allerdings kaum weniger lang. Es sind vor allem zwei Überlegungen, die von ihnen immer wieder als Einwände vorgebracht werden:

1. In den unterschiedlichen Gesellschaften gelten unterschiedliche Normen- und Wertesysteme, und es hat in der Vergangenheit noch nie ein überall anerkanntes Normen- und Wertesystem gegeben. Das spricht gegen die Möglichkeit einer universalistischen Ethik auch in Zukunft.

2. Hinter der Behauptung, es gebe eine universalistische Moral, steht letztlich ein imperialer Anspruch. Wenn Mitglieder einer Gesellschaft versuchen, ihr Normen- und Wertesystem anderen aufzuzwingen, mit der Begründung, dieses System sei universell gültig, so provozieren sie Opposition und schaffen sich Feinde.

Die Ausgangsthese, dass wir heute nicht mehr ohne eine universalistische Ethik auskommen, wird von den beiden Einwänden nicht wirklich widerlegt. Vom ersten nicht, weil man aus der Vergangenheit nicht sicher auf die Zukunft schließen kann, und vom zweiten nicht, weil der Universalismus keineswegs mit einer imperialen Attitüde einhergehen muss. Dass $2 + 2 = 4$ ist, stellt eine universelle, überall und jederzeit gültige Wahrheit dar, die kein siegreicher Feldherr dem Rest der Welt aufoktroyiert hat.

Doch was genau behauptet der ethische Universalist, und wie lautet genau die Gegenthese? Die Klärung dieser Fragen ist aus verschiedenen Gründen wichtig: einmal um die Dialektik zwischen Toleranz und ihren Grenzen zu verstehen, (Kapitel 10.5), sodann aber auch um den kategorischen Imperativ Kants (Kapitel 10.6) und die Menschenrechte (Kapitel 11) einzuführen. Die hier erörterten Zusammenhänge sind insbesondere für die Organisation einer multikulturellen Gesellschaft von Bedeutung – Thema des parallelen Kapitels im II. Teil (Kapitel II.10). – Als Erstes soll nun die Gegenposition zum Universalismus, der Relativismus, näher betrachtet werden.

10.1. Relativistische Positionen

Es ist sinnvoll, zwischen kulturellem und ethischem Relativismus zu unterscheiden (zum Folgenden vgl. Brandt 1976, S. 44f.). Wer einen kulturellen Relativismus vertritt, behauptet mehr, als dass es bloß eine Vielfalt von Bräuchen und Gewohnheiten gibt, denn Vielfalt an sich bedeutet noch nicht Relativität. Er verweist zudem auf Beispiele von Verhaltensweisen, von denen er behauptet, sie würden in verschiedenen Gesellschaften ethisch unterschiedlich bewertet. Nun ist es zwar nahe liegend, dass Gesellschaften, die sich in ihren Bräuchen voneinander unterscheiden, auch unterschiedliche Wertungen vornehmen, ja dass sie manchmal sogar ein und dasselbe Verhalten unterschiedlich einstufen. So betrachten z.B. manche Gesellschaften Homosexualität als etwas Schlechtes, andere nicht. Wie weit aber reicht der kulturelle Relativismus?

Sehen wir uns zwei Beispiele an: Im traditionellen Kastensystem Indiens ist es nicht vorgesehen, dass jemand durch besonders verdienstliche Leistungen in eine höhere Kaste aufsteigt, und das betrachten wir als ungerecht. Nun ist das Kastensystem aber eng mit dem Reinkarnationsglauben verbunden: In welche Kaste jemand geboren wird, hängt von seinen Taten im vorangehenden Leben ab. Gerechtigkeit wird nach dieser Vorstellung nicht innerhalb eines einzigen, sondern über mehrere Erdenleben hinweg hergestellt. Verstehen die Inder unter sozialem Aufstieg also genau dasselbe wie wir Europäer? Anders gefragt: Ist es wirklich derselbe Sachverhalt, den wir unterschiedlich bewerten?

Zweites Beispiel: In Sparta und in Rom galt das Aussetzen und Töten neugeborener Kinder nicht als moralisches Vergehen. Wir beurteilen diesen Brauch hingegen als äußerst grausam. Nach unserer Auffassung ist die Tötung eines Neugeborenen genauso ein Homizid wie die Ermordung eines Erwachsenen. Offenbar haben die Spartaner und die Römer neugeborene Kinder nicht als vollwertige Menschen betrachtet und ihre Tötung daher nicht als Mord eingestuft. Auch hier fällt die Wertung unterschiedlich aus, weil für die Spartaner bzw. Römer und für uns der Kindermord nicht dieselbe Handlung repräsentiert. Wie im Beispiel mit dem Kastensystem, aber anders als im Beispiel Homosexualität, bezieht sich die ethische Wertung hier also auf zwei unterschiedliche Verhaltensweisen.

Nun bedeutet kultureller Relativismus aber noch nicht dasselbe wie ethischer Relativismus. Dieser besagt nämlich, dass in verschiedenen Gesellschaften nicht bloß ein und dieselbe Handlung unterschiedlich gewertet wird, sondern dass man auch nicht herausfinden kann, welche Wertung in einem „höheren Sinne" die Richtige ist, weil ein gemeinsamer Maßstab fehlt. Man mag hier an die Sexualmoral denken, bei der wahrscheinlich so etwas wie ein interkulturell gültiger Maßstab wirklich fehlt...

Beim ethischen Relativismus lassen sich eine schwächere und eine stärkere Variante unterscheiden. Die schwächere Variante behauptet lediglich, dass man in einzelnen

Fällen nicht eindeutig entscheiden kann, welches von zwei konkurrierenden Werturteilen wahr bzw. richtig ist. Die stärkere behauptet hingegen, dass die Unmöglichkeit einer solchen Entscheidung nicht die Ausnahme, sondern den Regelfall bildet. Dieser stärkere Relativismus ist aber nicht wirklich überzeugend. Das zeigt sich schon am Beispiel Kastensystem: Da es keine sicheren Evidenzen für die Reinkarnationslehre gibt, ist es sicher angemessener, die Forderung nach Gerechtigkeit auf die Lebensspanne zwischen Geburt und Tod zu begrenzen, und das spricht eindeutig für eine Ethik, die den leistungsbedingten sozialen Aufstieg gestattet. Auch die antiken Praktiken der Kindstötung stützen den ethischen Relativismus nicht: Warum sollte man neugeborene Kinder nicht im Prinzip als vollwertige Menschen betrachten? (vgl. Kapitel 11.8.3)

Das heißt nun aber nicht, dass die Werte des modernen Westens denjenigen anderer Gesellschaften grundsätzlich überlegen wären. In vielen Fällen trifft eher das Gegenteil zu. Beispielsweise werden in vielen westlichen Gesellschaften die alten Menschen in Alters- und Pflegeheime abgeschoben, wo sie, von ihrem früheren Wirkungskreis entfremdet und womöglich vereinsamt, ihrem Lebensende entgegensehen. Demgegenüber interpretieren die meisten schwarzafrikanischen Gesellschaften das Sterben als ein soziales Ereignis und legen deswegen Wert darauf, dass Menschen, wenn immer möglich, im Kreise ihrer Familie sterben dürfen. Diese Praxis verdient, ethisch gesehen, gegenüber der unsrigen zweifellos den Vorzug.

Was nun die Beziehung zwischen kulturellem und ethischem Relativismus betrifft, so ist der ethische Relativist immer auch kultureller Relativist – wogegen der kulturelle Relativismus den ethischen keineswegs automatisch einschließt und sich deswegen mit einer universalistischen Position gut verträgt. Nur der starke ethische Relativismus schließt eine universalistische Position aus.

Kasten 10.1.: Relativismus und Relativitätstheorie

> Häufig wird der Satz „Alles ist relativ" mit Einsteins Relativitätstheorie in Verbindung gebracht. Doch das ist völlig irrig. Einsteins Theorie ist ganz im Gegenteil eine universalistische Theorie. In einem ersten Schritt hat Einstein gezeigt, dass das Resultat von astronomischen Längen- und Zeitmessungen unterschiedlich ausfällt, je nachdem wie groß die Geschwindigkeitsdifferenz zwischen der Eigenbewegung des Messenden und der Bewegung des gemessenen Objekts ist. Je größer die Geschwindigkeit eines schnell bewegten Objekts im Vergleich zum Beobachter ist (d.h. je näher diese Geschwindigkeit an die Lichtgeschwindigkeit heranreicht), desto stärker verkürzt sind die Länge (in Bewegungsrichtung) und die Eigenzeit des sich rasch bewegenden Objekts. In einem zweiten Schritt hat Einstein nachgewiesen, dass zwischen dem Ausmaß dieser Verkürzung und dem Geschwindigkeitsunterschied eine eindeutige mathematische Beziehung besteht, die es erlaubt, die in unterschiedlichen, sich gegeneinander bewegenden Systemen X und Y gewonnenen Messresultate ineinander zu übersetzen.
>
> Die Relativitätstheorie ist also verwandt mit Theorien, die es ermöglichen, Beobachtungen, die von einem und demselben komplexen Sachverhalt, aber aus unterschiedlichen Perspektiven vorgenommen werden, kohärent in ein Gesamtsystem zu integrieren und sogar ineinander zu übersetzen. Dieses Gesamtsystem ist selber nicht relativ, sondern hat Absolutheitscharakter.

10.2. Die relativistische Kritik am ethischen Universalismus

Der Gedanke, dass moralische Normen im engeren Sinn universalisierbar sind, ist erstmals von Immanuel Kant formuliert worden. Er gehört, so gesehen, zum Ideengut der modernen westlichen Ethik und wird von vielen Autoren des 20. und des beginnenden 21. Jahrhunderts geteilt – von John Rawls (vgl. Kapitel 9.7) über Jean Piaget und Lawrence Kohlberg (vgl. Kapitel 5) bis hin zu Jürgen Habermas (Habermas 1983). Deshalb wird die Kritik an der modernen westlichen Ethik häufig mit einer Kritik am ethischen Universalismus verbunden.

So lautet ein häufig vorgebrachter Vorwurf, die Vertreter des Universalismus zeichneten sich durch die Unfähigkeit aus, „die Eigenart und den Eigenwert anderer soziokultureller Entwicklungen wahrnehmen zu können" – es sei denn als die „unteren Stufen" einer „hierarchischen Konstruktion" (Prengel 1995, S.80f.).

„Das Modell der individuellen Entwicklungshierarchie im Sozialisationsprozess wird so überführt in ein Modell der kulturellen Evolutionshierarchie. Die euroamerikanische Moderne wird hier nach wie vor im Sinne des ihr eigenen Fortschrittsglaubens als Spitze der Menschheitsentwicklung angesehen" (a.a.O., S. 81).

Die hier beschriebene Auffassung ist indessen nicht universalistisch, sondern eurozentrisch. Wer „die Leistungen einer bestimmten Gruppe (…) zur Norm einer entwickelten Humanität erhebt" (Rockefeller 1997, S. 102), ist schlicht arrogant. Wer diese Haltung verurteilt, muss seine Kritik aber nicht so weit treiben, dass er sich auch gegen den universellen Geltungscharakter der Menschenrechte stellt – als ob die Menschenrechte den Völkern aufgezwungen worden wären.

Ein klassischer Einwand gegen universalistische Entwicklungstheorien lautet, sie seien nicht nur eurozentrisch, sondern auch männer- und macht-zentriert, wenn nicht sogar frauenfeindlich und unterdrückerisch. Letzteres ist aber zugleich auch ein häufiger Vorwurf an die Adresse nichtwestlicher Gesellschaften (Häuptlingsgesellschaften, indische Kastengesellschaft). Dieser Vorwurf geht von einer egalitären Grundüberzeugung aus – der Überzeugung nämlich, dass der Geschlechterunterschied weder eine moralisch noch eine rechtliche Differenz zwischen den Menschen begründet. Egalitarismus und Gender-Gerechtigkeit gehören aber wiederum zu den Markenzeichen der modernen westlichen Ethik, und wer fremde Kulturen an ihnen misst, nimmt für sich ganz offensichtlich einen ethischen Universalismus in Anspruch. Kurz, viele Kritiker des ethischen Universalismus erweisen sich bei genauerem Hinsehen selber als Universalisten.

Natürlich trifft zu, dass alle historisch gewachsenen sozialen Regelsysteme zunächst einmal zeitlich wie räumlich beschränkte Geltung haben. Daraus folgt aber weder, dass solche Regelsysteme statisch sind noch dass sie gegen kulturelle Diffusion resistent wären, und es folgt erst recht nicht, dass es unsinnig wäre, nach höherrangigen Kriterien zu suchen, denen alle sozialen Regelsysteme genügen sollten.

Kasten 10.2.: Ein Universalist und ein Relativist im Streitgespräch

> Universalist: „Nicht alle Normen und Werte können relativ sein; es gibt Normen und Werte, die nicht verhandelbar sind, die also universell gelten."
>
> Relativist: „Deine Behauptung ist ein typisches Beispiel dafür, wie Europäer sich anmaßen, im Namen aller zu sprechen und den nicht europäischen Gesellschaften ihr Normen- und Wertesystem aufzudrängen. Diese Haltung ist arrogant und intolerant. Ich kann nur an dich appellieren: Respektiere auch alle anderen Normen- und Wertesysteme: Sei tolerant!"
>
> Universalist: „An wen (außer an mich) richtet sich dein Toleranz-Appell?"
>
> Relativist: „Ich hoffe doch, an alle!"
>
> Universalist: „Dann haben wir hier ja doch eine Norm mit universalistischem Anspruch!"

10.3. Die universalistische Kritik am ethischen Relativismus

Gegen den Universalismus werden häufig Argumente wie die folgenden angeführt:

„Es ist (...) nicht möglich, von irgendeinem Standpunkt aus legitime, universell gültige Aussagen zu machen. Vielmehr sind die historische Bedingtheit und die Perspektive, aus der heraus die Aussage getroffen wird, mit anderen Worten Historizität und Kontextualität, stets mit zu berücksichtigen" (Prengel 1995, S. 82).

Wir werden nie, „so sehr uns der Gedanke auch widerstreben mag, über ein allgemeingültiges System der Ethik verfügen" (von Hayek 1996, S. 17), woraus im Sinne eines (moralischen) Appells folgt, dass wir mit unseren ethischen Ansprüchen bescheidener sein sollten.

Wer aber so argumentiert, muss sich die Frage nach dem Geltungsanspruch seiner eigenen Äußerungen gefallen lassen: Ist die Geltung der geäußerten Sätze selber historisch bedingt und kontextspezifisch? Wenn ja, von wann bis wann gelten sie? Und auf welche Räume beschränkt sich ihre Geltung? Gesetzt den Fall, der Geltungsanspruch sei tatsächlich bloß relativ („ich bin der Meinung, dass..., aber ihr könnt ohne weiteres anderer Meinung sein"), so sind die betreffenden Äußerungen belanglos; verbindet man mit ihnen jedoch einen Allgemeingültigkeitsanspruch, so werden sie selbstwidersprüchlich – ähnlich wie der Satz: „Es ist die absolute Wahrheit, dass es keine absolute Wahrheit gibt."

Indem der Relativist die Möglichkeit allgemein gültiger Normen und Werte leugnet, bestreitet er indirekt auch die Möglichkeit von Spielregeln für die menschliche Interaktion, die für alle Menschen, gleich welcher Kulturzugehörigkeit, gelten könnten. Diese Position ist gewagt, denn so unterschiedlich die menschlichen Lebensformen und kulturellen Traditionen in ihrer Vielfalt auch sein mögen, beobachtet man doch eine Reihe von Mustern, die sich – nicht identisch zwar, aber doch nur in Nuancen verschieden – praktisch in allen Lebensgemeinschaften wiederholen. Überall kooperieren und konkurrieren Menschen, überall bewegen sich die zwischenmenschlichen Beziehungen zwischen Harmonie und Streit, und überall kennt man Konfliktlösungsstrategien und Versöhnungszeremonien. Die meisten, wenn nicht alle Gesellschaften unterscheiden intuitiv (oder ausdrücklich) zwischen Recht und Unrecht und gehen von einer engen

Korrespondenz zwischen Rechten und Pflichten aus. Und in allen Gesellschaften kennen die Menschen das Gefühl der Empörung gegenüber Ungerechtigkeit. Nicht zuletzt ist in den unterschiedlichsten religiösen und weltanschaulichen Traditionen schon vor Jahrtausenden die Goldene Regel formuliert worden (Kapitel 7.3).

Die Behauptung, Geltungs- und Wahrheitsansprüche seien grundsätzlich immer relativ, ist verwirrend, weil sie selbst mit einem Geltungs- und Wahrheitsanspruch einhergeht, der ihren eigenen Inhalt widerlegt. Und wer eine Aussage nicht mit einem Wahrheitsanspruch verbindet, den brauchen wir nicht ernst zu nehmen („Glaubt jetzt nicht an das, was ich da sage!").

10.4. Toleranz ist keine relativistische Tugend (vgl. Kapitel 3.6.)

Die Auffassung, dass eine tolerante Haltung – und wer will schon gerne auf den Ruf verzichten, tolerant zu sein? – den Relativismus voraussetze, ist weit verbreitet. Im Umkehrschluss wird das Beharren auf dem Anspruch, es gebe zumindest einige wenige universell verbindliche Normen, gerne mit Intoleranz assoziiert. Diese Zuordnungen sind aber revisionsbedürftig:

Als tolerant gilt, wer anderen Überzeugungen, Lebensformen und Wertesystemen Achtung und Wertschätzung entgegenbringt. Wie soll man sich aber zu Wertesystemen verhalten, die Toleranz ausschließen? Einen Tyrannen gewähren zu lassen, wird man kaum als Toleranz bezeichnen können, denn dieses Verhalten erweist sich gegenüber menschlicher Freiheit ja als gleichgültig. Toleranz ist nicht mit Indifferenz gleichzusetzen (vgl. Kapitel 3.6). Echte Toleranz kennt Grenzen; und menschliche Freiheit (innerhalb der von den Menschenrechten bestimmten Spielräume) markiert eine solche Grenze. Wenn wir zu einem bestimmten Verhalten Stellung nehmen sollen, müssen wir wissen, wie sich dieses auf andere auswirkt. Bieten wir uns dazu an, Konflikte unparteilich beizulegen, so benötigen wir klare Kriterien, auf die sich auch die streitenden Parteien einigen können. Andernfalls würde jede Rechtsprechung zusammenbrechen.

Wer Toleranz üben möchte, ohne sich in Widersprüche zu verwickeln, wird sich vernünftigerweise vor allem am harten Kern der Menschenrechte orientieren, an dessen Geltung es nichts zu deuteln gibt (vgl. das folgende Kapitel 11). Im alltäglichen Umgang mit Interessenkonflikten und Wertekollisionen (auch in der Schule) spielen neben den Menschenrechten noch weitere Gesichtspunkte eine Rolle (Kapitel II.11.5.-7.).

Kasten 10.3.: Der Rabbiner-Richter

> Zwei streitende Parteien wenden sich zur Schlichtung an einen Rabbiner. Dieser lässt zuerst die eine Partei vor und hört sich an, was sie vorzubringen hat. Sobald ihr Sprecher ausgeredet hat, nickt er schweigend und kommentiert: „Ihr habt Recht!" Danach lässt er die andere Partei vor, hört sich an, was sie vorzubringen hat, worauf er wiederum nach einer Weile nickt und dann antwortet: „Ihr habt Recht!" Nachdem sich auch die zweite Partei zurückgezogen hat, bemerkt der Gerichtsdiener verwundert: „Rabbi, es können doch nicht beide Parteien Recht haben!" Woraufhin der Rabbiner ein weiteres Mal nachdenkt und schließlich konstatiert: „Du hast Recht!"
>
> (Nach: Landmann 2006)

10.5. Das Toleranz-Dilemma

Wie sollen wir fremde Bräuche beurteilen, die uns schockieren? Sollen wir sie gutheißen oder kritisieren, und sollen wir allenfalls sogar gegen sie aktiv werden?

Diese Fragen sind deswegen schwierig zu beantworten, weil solche Bräuche in Werte- und Normensystemen verankert sind, die sich von dem unsrigen mehr oder weniger deutlich unterscheiden. Inzwischen kommen aber Ehrenmorde und Mädchenbeschneidungen selbst in europäischen Ländern vor. Da es sich eindeutig um Menschenrechtsverletzungen handelt, ist es zwingend, solche Praktiken bei uns zu verbieten. Grundsätzlich darf man von Menschen, die in unseren Kulturraum eingewandert sind, erwarten, dass sie das im Gastland geltende Recht und das herrschende ethische Wertesystem respektieren, auch wenn man ihnen damit eine tief greifende kulturelle Anpassungsleistung abverlangt. Diese Erwartung hat mit Intoleranz nichts zu tun.

In ein ernsthafteres Dilemma kann uns die Frage verwickeln, ob eine Einmischung in fremde Kulturen und Rechtstraditionen, deren Praxis mit Menschenrechtsverletzungen einhergeht, legitim ist. Die Witwenverbrennung in Indien, die Mädchenbeschneidung in Afrika oder der Ehrenmord in islamischen Gesellschaften sind Beispiele. Versuchen wir uns dem fremden Normensystem gegenüber „tolerant" zu verhalten, so erweisen wir uns den Opfern gegenüber als indifferent. Setzen wir uns hingegen für die Rechte der Opfer und für Toleranz ein, so manifestieren wir dem fremden Normensystem gegenüber Intoleranz. Aus diesem Dilemma hilft uns nur die Orientierung an den Menschenrechten heraus. Sie ist gleichsam überparteilich.

Noch schwieriger ist die ethische Beurteilung von Sitten, die wir als menschenrechtswidrig empfinden, von denen wir aber zugleich anerkennen müssen, dass sie für das Überleben der betreffenden Gruppe notwendig sind. Beispielsweise lassen Gruppen, die in der Arktis, in tropischen Regenwäldern oder in Wüsten als Wildbeuter leben und keinen festen Wohnsitz haben, auf ihren Wanderungen die Ältesten, die nicht mehr mithalten können, zurück, im Wissen dass sie allein nicht überleben werden. Für die Betroffenen bedeutet dies den sicheren Tod, doch wenn die Gruppe jeweils ihre Alten mitschleppen müsste, wäre ihr kollektives Überleben gefährdet. Etwas anders gelagert ist der Brauch mancher Stämme, etwa der Paschtunen in Afghanistan und Pakistan, notorische Gewaltverbrecher umzubringen (Tobler 2001). Natürlich wäre es humaner, diese einzusperren und am Leben zu erhalten. In Afghanistan und Pakistan funktionieren die Justiz- und Strafvollzugsbehörden jedoch nur in den größeren Städten, und die betreffenden Stämme verfügen kaum über die Mittel, eigene Gefängnisse zu bauen und Gefängniswärter anzustellen – aus dem einfachen Grund, weil sie in einer weltwirtschaftlichen Randregion leben, die in die internationalen Märkte kaum eingebunden ist und entsprechend in Stagnation verharrt.

Gegenüber menschenrechtswidrigen Bräuchen, die für die betreffende Gruppe keine Überlebensfunktion haben – die Mädchenbeschneidung oder die Ehrenmorde usw. – ist das Einmischungsverbot nicht stichhaltig. Im Gegenteil, die Einmischung drängt sich geradezu auf: im Interesse der allgemeinen Ausbreitung der Menschenrechte. – Von großer Bedeutung ist aber, *wie* die Einmischung erfolgt. Jeder Einsatz von Gewalt würde die gute Absicht pervertieren. Wer missionarisch auftritt, muss mit der Aufforderung rechnen, erst das eigene Haus in Ordnung zu bringen. Am besten ist zweifellos eine dialogische Annäherung.

10.6. Der Kategorische Imperativ Immanuel Kants

Bislang wurde noch nicht diskutiert, wie sich die Allgemeingültigkeit von Normen erklären lässt, die Geltung haben, obwohl sie wahrscheinlich von keiner Gesellschaft anderen Gesellschaften aufgedrängt worden sind. Als ein Beispiel dieser Art nennen Völkerkundler gerne das Inzestverbot. Normen mit weltweiter Geltung können aber auch ausgehandelt werden, wie dies heute immer häufiger auf zwischenstaatlicher Ebene geschieht – etwa bei der Fixierung der Rahmenbedingungen für den Welthandel und bei der Einigung auf eine globale Klimapolitik. Doch solche Aushandlungsprozesse müssen nach Regeln erfolgen, die von allen Beteiligten schon vorgängig akzeptiert sind. Selbst wenn man sich diskursiv über diese Regeln einigen müsste, hätte dieser Einigungsdiskurs doch auch wieder Regeln zur Voraussetzung, die alle Betroffenen anerkennen müssten.

Immanuel Kant [1724-1804] hat moralische Normen überhaupt mit universalistischen Geboten gleichgesetzt. Als Kriterium dafür, wie man solche Normen erkennen kann, formulierte er den so genannten „Kategorischen Imperativ" [= KI]. Dieses Kriterium ist für unsere Generation wahrscheinlich von größerer Bedeutung (Stichwort: „Globalisierung") als jemals zuvor in der Geschichte. Schon deswegen lohnt es sich, einen Blick darauf zu werfen.

In der Grundlegung zur Metaphysik der Sitten (Kant 1785, 2. Teil) entwickelte Kant den KI aus verschiedenen Perspektiven und kleidete ihn in unterschiedliche Formulierungen. Am bekanntesten ist die so genannte Verallgemeinerungs-Formel. Sie benennt als erste Bedingung für moralisches Handeln, dass wir prüfen müssen, ob die Maximen (= Lebensregeln), die wir uns zu Eigen machen wollen, sich alle für eine Verallgemeinerung eignen. Darf ich beispielsweise schwarzfahren, Steuern hinterziehen oder ein Versprechen brechen, wann immer es mir passt? Darf ich mich für einen Lebensstil entscheiden, der von einem Vielfachen des durchschnittlich zulässigen Treibhausgas-Ausstoßes pro Person begleitet ist? Was wäre, wenn dies alle täten? (Diese Gedankenfigur ist uns bereits in Gestalt der Verallgemeinerungsregel in Kapitel 7.5 begegnet.)

Viele Autoren, die sich auf den Kategorischen Imperativ berufen, kennen nur diese eine Formulierung. Es gibt aber noch zwei weitere, ohne deren Berücksichtigung man den KI leicht missversteht. Das Missverständnis besteht in der Annahme, wir dürften unsere Lebensregeln, nachdem wir sie erfolgreich auf ihre Verallgemeinerbarkeit getestet haben, anderen Menschen aufdrängen. Dass diese Annahme falsch ist, wird deutlich, sobald man die zweite Formulierung mit berücksichtigt. Diese verbietet uns nämlich, andere Personen zu instrumentalisieren. Da der Versuch, jemandem gegen seinen Willen eine Verhaltensregel aufzudrängen, als eine Art Instrumentalisierung zu betrachten ist, müssen solche Versuche entschieden zurückgewiesen werden.

Kant gibt noch eine dritte Formel an, deren Sinn sich am besten anhand eines Beispiels erklären lässt. Wenn mir ein Freund für einen Monat 1000 € leiht und sie nach abgelaufener Frist zurückfordert, kann ich ihm nicht gut entgegnen, ich fühlte mich durch seine Rückzahlungsforderung instrumentalisiert. Denn meine Absicht (Kant spricht von „Maxime"), das Geld nicht mehr zurückzuzahlen, stützt sich nicht auf gute Gründe. Ich wäre ja selber auch nicht einverstanden, wenn andere das ihnen geliehene Geld gegen jede Abmachung behielten. Diese „Maxime" wäre nicht verallgemeinerbar.

In der dritten Formulierung des KI wird darauf hingewiesen, dass alle Menschen fähig sind, im Sinne der ersten und zweiten Formulierung des KI zu argumentieren. Wenn wir über moralische Regeln diskutieren, sollten wir also – dies der Inhalt dieser

Tabelle 10.4: Die drei Formeln des KI im Überblick

10.4.a. Die erste Formel

„Handle nur nach derjenigen Maxime, durch die du zugleich wollen kannst, dass sie ein allgemeines Gesetz werde." (Kant 1785, BA 52)	→ *Selbstbestimmungs-Gebot* Jeder wählt seine Handlungsregeln (= "Maximen") selbst. Diese Regeln müssen aber so geartet sein, dass man nicht protestiert, wenn andere Personen sie ebenfalls befolgen. Beispiel: Wenn man ein Versprechen gegeben hat, soll man es halten...

10.4.b. Die zweite Formel

„Handle so, dass du die Menschheit, sowohl in deiner Person, als in der Person eines jeden andern, jederzeit zugleich als Zweck, niemals bloß als Mittel brauchest." (Kant 1785, BA 66f.)	→ *„Instrumentalisierungs-Verbot"* Der Wille eines Menschen ist „heilig"! Betrifft meine Entscheidung Andere und sind sie mit dieser Entscheidung nicht einverstanden, so muss ich ihren Willen respektieren. Vgl. aber den kursiv gesetzten Zusatz in Tab. 10.4.c. Beispiel: Darf ich die Rückzahlung von geliehenem Geld verweigern, wenn mir zum fraglichen Termin eine für mich nützlichere Verwendung einfällt?

10.4.c. Die dritte Formel

Berücksichtige in deinem Handeln „die Idee des Willens jedes vernünftigen Wesens als eines allgemein gesetzgebenden Willens." (Kant 1785, BA 70)	→ *Berücksichtigung der Autonomie (= Selbstbestimmung) des Anderen* „Autonomie" bedeutet bei Kant die Fähigkeit, den KI (Formeln 1 und 2) anzuwenden. Der Wille des Anderen ist „heilig", *sofern er mit der Anwendung des KI konform ist.* Beispiel: Entspricht die Haltung eines Großgrundbesitzers, der über brachliegendes Land verfügt und sich dagegen wehrt, dass landlose Bauern Teile seines Grundstücks besetzen, um nicht verhungern zu müssen, den Bedingungen des KI?

dritten Formulierung – unseren Diskussionspartnern diese Fähigkeit ebenfalls unterstellen. Wir können uns also darauf verlassen, dass wir von ihnen verstanden werden, wenn wir das Kriterium der Verallgemeinerbarkeit von Verhaltensregeln und das Instrumentalisierungsverbot nebeneinander ins Spiel bringen.

Diese Fähigkeit zu vernünftiger moralischer Argumentation bringt Kant mit dem Begriff der Menschenwürde in Verbindung. Und mit seinen Erläuterungen zum KI entfaltet er alle Aspekte, die im Begriff der wechselseitigen bzw. allseitigen Achtung (Kapitel I.4) eine Rolle spielen.

Wir können also davon ausgehen, dass alle Menschen, die von den Folgen einer Verhaltensregel betroffen sind, zu der wir uns entscheiden, sich die Fragen (1) und (2) (in Kasten 10.4.d) stellen können und normalerweise auch wirklich stellen. Ferner können wir damit rechnen, dass alle Betroffenen ebenfalls davon ausgehen, dass alle sich diese Fragen stellen...

10.4.d. Der Zusammenhang der drei Formeln

Formel (3) verweist also auf (1) und (2) zurück:

(1) Die andere Person weiß, was für sie richtig ist (→ Formel 1).

(2) Die andere Person darf niemanden instrumentalisieren (→ Formel 2), und sie ist berechtigt, jede Instrumentalisierung zurückzuweisen.

10.7. Universalisierung: Alle müssen beipflichten können

Wie durch die Analyse des KI deutlich wird, spielt in der ethischen Beurteilung von Handlungen die Verallgemeinerung (Universalisierung) nicht bloß an einer, sondern an zwei Stellen eine wesentliche Rolle: Erstens bei der Frage, wie will ich, dass *alle* handeln? Jeder kann sich diese Frage stellen, ohne seinen Egozentrismus überwinden zu müssen. Zweitens, und das ist entscheidend, bei der Frage, wie wollen wir *alle*, dass *alle* handeln? Diese zweite Frage liefert uns den Anstoß, unseren eigenen Standpunkt zu relativieren, anders gesagt: unseren Egozentrismus in Richtung auf eine echte Verallgemeinerung zu überwinden. Am besten tun wir dies, indem wir mit anderen Betroffenen (so vielen wie möglich) das Gespräch suchen – und zwar ein Gespräch unter Bedingungen strikter Egalität, einen „herrschaftsfreien Diskurs" also (Habermas 1983).

Jedes Regelsystem mit universalistischem Anspruch müsste im Grunde einem solchen Diskurs zwischen allen Betroffenen ausgesetzt werden. In einem stark abgekürzten Verfahren finden im Rahmen der UNO und der WTO (World Trade Organization) solche Diskurse zwischen Vertretern unterschiedlicher Parteien statt (die im Prinzip die Interessen aller involvierten Bevölkerungsgruppen repräsentieren sollten). Wesentlicher als die Universalisierung in Formel (1) ist also diejenige in Formel (3).

Zusammenfassend, mit dem Kategorischen Imperativ hat Kant allgemein gültige moralische Normen begründet. Sein Vorgehen ist bis heute wegweisend. Aus heutiger

Sicht erscheint es allerdings plausibler, zuerst die wichtigsten Grundrechte und erst im Anschluss daran die wichtigsten Normen zu begründen (vgl. Kapitel 11.7).

Kasten 10.5.: Der KI umfasst zwei Verallgemeinerungsschritte

> Formel (1): Wie will ich, dass wir alle handeln? → Verallgemeinerung, 1. Schritt
> Formel (3): Wie wollen wir alle, dass alle handeln? → Verallgemeinerung, 2. Schritt

10.8. Zum Unterschied zwischen öffentlicher und privater Moral

Die bisherigen Ausführungen über Moral und Ethik haben sich auf die Regeln des zwischenmenschlichen Umgangs konzentriert. Moral haben wir als ein System von Normen und Regeln bestimmt, in das sich eine Gruppe, eine Gesellschaft oder die Menschheit als Ganze teilt. Universalistisch sind diejenigen Normen, die wir einander zum Schutz unserer Grundrechte zumuten. Von diesem Ethos der elementaren Rechte und Pflichten ist das Ethos des guten Lebens zu unterscheiden – ein Ethos, das jeder selbst für sich wählt und das sich nicht beliebig verallgemeinern lässt. Jede und jeder soll nach seiner eigenen Fasson glücklich werden. Diese Zweiteilung der Ethik, theoretisch angelegt in Rawls' Gerechtigkeitstheorie (Kapitel 9.7), ist für den modernen Verfassungsstaat ausschlaggebend, wie Ch. Taylor [*1931] gezeigt hat:

> „Wir alle hegen bestimmte Ansichten von den Zielen und Zwecken des Lebens, davon, wie das gute Leben beschaffen ist, nach dem wir und andere streben sollten. Aber wir kennen unabhängig davon, wie wir unsere Ziele und Zwecke bestimmen, auch ein Engagement für einen fairen und gleichberechtigten Umgang miteinander. Dieses Engagement könnte man ‚prozedural' nennen, während das Engagement für bestimmte Lebensziele ‚substantiell' ist" (Taylor 1997, S.49).

Es gehört zu den Grundüberzeugungen der säkularen Ethik des Abendlandes, dass Entscheidungen, die „substantielle" Lebensziele und das persönliche Wertesystem betreffen, die Angelegenheit jedes Einzelnen sind. Die Gesellschaft als Kollektiv soll sich hier nicht einmischen. Die Zuständigkeit der Gesellschaft bzw. des Staates beschränkt sich auf die Regelung der „prozeduralen" Aspekte der Ethik, d.h. auf die Sicherung der Bedingungen eines fairen und gleichberechtigten Umgangs zwischen den Menschen. Schutz und Garantie der Menschenrechte sowie die Gleichbehandlung aller Bürger/innen vor dem Gesetz sind dabei die leitenden Prinzipien. Die „substantiellen" Aspekte der Ethik überlässt der Staat hingegen den Kirchen, der Religion – oder schlicht: den Bürgerinnen und Bürgern selbst.

Für den Umstand, dass der Staat nur für die „prozedurale" Ethik zuständig ist, gibt Ch. Taylor folgende Begründung:

> Machte sich die Gesellschaft eine bestimmte substantielle Konzeption zu Eigen, so „würde sie der Minderheit mit der abweichenden Anschauung nicht die gleiche Achtung entgegenbringen wie allen anderen. Sie würde ihr vielmehr zu verstehen geben: ‚Eure Anschauung ist in den

Augen dieses Gemeinwesens weniger wert als die eurer zahlreicheren Landsleute'" (Taylor 1997, S.50).

Der politische Liberalismus, zu dem sich in den meisten modernen westlichen Gesellschaften eine namhafte Mehrheit bekennt, verhält sich gegenüber jedem religiösen oder philosophischen Lebenskonzept neutral. Er ist, wie es scheint, mit allen Religionen und Lebenskonzepten verträglich und insofern unparteilich.

Tabelle 10.6.: „Prozedurales" und „substantielles" Ethos

Das Kollektiv / der Staat: zuständig für das „prozedurale" Ethos	Das Individuum (evtl. mit Hilfe der Kirche): zuständig für das „substantielle" Ethos
- gewährleistet den Bürgerinnen und Bürgern elementare Grundrechte und die Gleichbehandlung in rechtlichen Belangen. - nimmt in Fragen substantieller Güter, wie Religionen, kollektive Wertesysteme usw. keine Stellung.	- wählt sich sein eigenes Wertesystem, seine eigene Lebensform, seine Religion usw. - jede Person bestimmt für sich selbst, welchen Gemeinschaften sie sich anschließt und für welche kollektiven Güter sie sich (evtl. kollektiv, mit anderen zusammen) einsetzen will.

Dennoch hat diese Unparteilichkeit auch ihre Grenzen: Sie gilt nämlich nicht gegenüber denjenigen Gesellschaftsformen, die keine deutliche Unterscheidung zwischen „prozeduraler" und „substantieller" Ethik treffen. Ein bekanntes Beispiel ist die islamische Tradition, in der Staat und Umma (Glaubensgemeinschaft) – anders als im Okzident Staat und Kirche – nicht getrennt sind, weshalb sich das Kollektiv oder der Staat in die Weise, wie der Einzelne sein Leben führt, mit Vorschriften einmischt.

„Der Liberalismus ist nicht die Stätte eines Austauschs aller Kulturen, er ist vielmehr der politische Ausdruck eines bestimmten Spektrums von Kulturen und mit einem anderen Spektrum anderer Kulturen unvereinbar" (Taylor 1997, S.57).

Das westliche Credo ist nicht so sehr Ausdruck weltlicher, von jeder Form von Religion unabhängiger, eben liberaler Anschauungen, sondern „vielmehr (...) ein organisch aus dem Christentum hervorgegangenes Ideengebäude. Die Trennung zwischen Kirche und Staat reicht zurück bis in die frühesten Tage der christlichen Zivilisation" (ebd.).

In diesem Unterschied liegt eine Quelle der Spannungen zwischen dem Islam und der westlichen Moderne. Doch die islamischen Gesellschaften sind nicht die Einzigen, die nicht deutlich zwischen „prozeduraler" und „substanzieller" Ethik unterscheiden.

Wie das Beispiel in Kasten 10.7 belegt, gibt es auch außerhalb der islamischen Welt Gesellschaften, die von ihren Mitgliedern bzw. Bürgerinnen und Bürgern ein bestimmtes Bekenntnis (zum Kommunismus, Sozialismus oder Faschismus), wenn nicht sogar die Bereitschaft zu persönlichen Einschränkungen verlangen – Einschränkungen, die im Interesse des speziellen Schutzes einer Mehrheits- oder Minderheitskultur hingenommen werden sollen.

Kasten 10.7.: Beispiel Quebec (Kanada)

> Die Gesetzgebung des kanadischen Bundesstaat Quebec schreibt vor, wie der Fortbestand der französischen Sprachgemeinschaft gesichert werden soll:
>
> Frankophonen Bürgern und Einwanderern wird verboten, ihre Kinder auf englischsprachige Schulen zu schicken.
>
> Werbung im öffentlichen Raum wird lediglich in französischer Sprache zugelassen.
>
> Aus der Sicht eines strikt gefassten politischen Liberalismus sind solche Gesetze unzulässig, weil sie, um den Fortbestand eines bestimmten kollektiven Gutes – der französischen Sprache im Bundesstaat Quebec – zu sichern, die individuellen Freiheitsrechte der Bürger einschränken.

Solche Gesellschaften werden als „kommunitaristisch" bezeichnet: Ihre Mitglieder nehmen eine Beschneidung der individuellen Freiheit in Kauf, um bestimmten Gemeinschaftswerten ein höheres Gewicht geben zu können. Der Kommunitarismus hat im Westen viele Anwälte: M. Sandel, Ch. Taylor, M. Walzer und andere.

Kasten 10.8.: Toleranz-Grenzen beim politischen Liberalismus

> Der politische Liberalismus befindet sich zu allen denjenigen politischen Ethos-Konzepten in einem Spannungsverhältnis, die den Interessen bzw. Werten der Gemeinschaft einen klaren Vorrang vor den Interessen und Grundrechten des Einzelnen einräumen. Diese mit dem politischen Liberalismus nicht konformen Gesellschaften stehen gewöhnlich unter Totalitarismusverdacht.
>
> Man muss aber unterscheiden zwischen Gesellschaften, in denen die Mehrheit sich dem Diktat eines Einzelnen bzw. einer kleinen Gruppe fügen muss, und Gesellschaften, deren Mitglieder sich aus Einsicht bestimmte mehrheitsfähige kollektive Werte zu Eigen gemacht haben und bereit sind, zum Schutze dieser kollektiven Werte gewisse Einbußen an individuellen Freiheiten in Kauf nehmen.

I. 11. Menschenrechte

Die Menschenrechte spielen seit sechzig Jahren eine wesentliche Rolle in der internationalen, aber auch in der nationalen Politik. Sie sind somit der stärkste Beleg dafür, dass eine Welt, in der alle Gesellschaften sich immer enger miteinander vernetzen, neben allen lokalen Bräuchen und gruppenspezifischen Ethos-Konzepten, die es immer gibt und geben wird, ein übergeordnetes universalistisches Ethos benötigt. Die Menschenrechte sind „Ausdruck einer Hoffnung auf einen weltweiten ethischen Minimalkonsens" (Forschner 1998, S. 1).

In Nordamerika und Europa sind die Menschenrechte auf nationaler Ebene schon vor über zweihundert Jahren als Kampfbegriff aufgetreten. In den deutschsprachigen Teilen Europas wurde die Idee der Menschenrechte erstmals um die Wende vom 18. zum 19. Jahrhundert heimisch – eingeführt von den Truppen Napoleons. So paradox es klingen mag: Schwert und Bajonett haben den Menschenrechten bei uns den Weg geebnet.

11.1. Was sind Menschenrechte?

Menschenrechte weisen vier Bestimmungen auf. Sie sind:

(1) *individuelle Rechte* (Rechte von Einzelpersonen, nicht von Kollektiven);
(2) *angeborene* bzw. *vorstaatliche Rechte* (es liegt nicht im Belieben einer Regierung, den Bürgern diese Rechte zuzugestehen);
(3) sie sind *unveräußerlich* (niemand kann diese Rechte anderen absprechen oder freiwillig auf ihre Inanspruchnahme verzichten);
(4) sie haben *universale* Geltungskraft (sie gelten für alle Menschen in allen Ländern).

Menschenrechte haben einen moralischen Status. Mit seinem Beitritt zur UNO bekundet ein Staat bzw. seine Regierung sein bzw. ihr Einverständnisses mit der Menschenrechtserklärung (= ME). Dieses Einverständnis hat allerdings lediglich moralischen Bekenntnischarakter. Eine juristische Verpflichtung wird damit nicht eingegangen. Erst wenn eine Regierung die ME ratifiziert, verpflichtet sie sich dazu, regelmässig einen Bericht über die Menschenrechtslage im eigenen Staat vorzulegen, zu dem der verantwortliche UNO-Ausschuss kritisch Stellung nehmen kann. Langfristiges Ziel der UNO ist es natürlich, den Menschenrechten in den einzelnen Ländern auch juristisch zur Geltung zu verhelfen. Dazu ist dreierlei erforderlich: Die Menschenrechte müssen in der Verfassung der einzelnen Staaten verankert werden, sodann gilt es, die Gesetzgebung anzupassen und die Rechtspraxis, die Politik und die Wirtschaft entsprechend auszurichten. Soweit die Menschenrechte juristisch abgesichert sind, haben sie den Status von „Grundrechten".

11.2. Kurzer historischer Rückblick

Im Konzept der Menschenrechte vereinigen sich mehrere Ideen, die – teilweise getrennt voneinander – in der Geschichte weit zurückverfolgt werden können.

a. Die Naturrechts-Tradition (4. Jh. v. Chr.)

Die *stoische Schule* postulierte die Freiheit und Gleichheit aller Menschen von Natur aus und propagierte einen kosmischen Bruderbund. Das Anliegen blieb indessen theoretisch und setzte sich nicht durch (Bloch 1962, Kapitel 5 und 6). Auf das Christentum hatte die Stoa allerdings einen nicht zu unterschätzenden Einfluss. Im 17. Jahrhundert lebte die Naturrechtstradition wieder auf. Seit Hugo Grotius [1583-1645], Samuel Pufendorf [1632-1694] und John Locke [1632-1704] spielt sie in der politischen Theorie, und zwar nicht zuletzt bei der Menschenrechtsbegründung, eine erhebliche Rolle.

b. Idee der Herrschaftsbegrenzung in der Magna Charta (England, 1215)

In der englischen Feudalgesellschaft erkämpften sich die obersten Stände (Adel, Priester, Bischöfe, reiche städtische Bürger) beim König die Bestätigung traditioneller Rechte. Es handelte sich zwar um Sonderrechte der gesellschaftlich ohnehin schon Privilegierten. Für die Zukunft erwies sich aber als entscheidend, dass es gelang, der Obrigkeit „von unten" eine Begrenzung ihrer Herrschaft abzuringen (Kühnhardt 1987, S. 66f.).

c. Ohne Religionsfreiheit kein Friede (16./17. Jh.)

Die konfessionellen Auseinandersetzungen im Anschluss an die Reformation führten 1555 zum Augsburger Religionsfrieden. Noch immer bestand staatlicher Religionszwang („cuius regio eius religio"), aber den Bürgern wurde ausdrücklich ein religiös motiviertes Auswanderungsrecht zugestanden. Hier dämmerte erstmals die Einsicht, dass das Zugeständnis eines gleichen Rechts für alle eine notwendige Bedingung für den gesellschaftlichen Frieden darstellen könnte.

Nach dem dreißigjährigen Krieg wurde im Westfälischen Frieden (1648) eine „libertas religionis", ein Recht auf öffentliche, private und häusliche Religionsausübung, erlassen. Als Legitimation diente die Idee einer umfassenden „natürlichen Religion", die im Kern den gemeinsamen Inhalt aller Religionen enthalten sollte.

d. Sklaverei widerspricht der Gleichheitsidee (19. Jh.)

Zu Beginn des 16.Jahrhunderts denunzierte der spanische Geistliche Bartolomé de las Casas [1474-1566] bei der spanischen Krone die Unterdrückung und Versklavung der indigenen Bevölkerung Amerikas durch die Spanier. Er erreichte ein Verbot der Versklavung und Ermordung von Indios. Die Rechtsschule von Salamanca mit Franciso de Vitoria [1492-1546] verkündete ausdrücklich die Gleichheit aller Menschen – Christen wie heidnischer Indios – als Abbilder Gottes. Las Casas' erfolgreicher Einsatz zur Schonung der Indios wurde allerdings zum Startschuss für den Sklavenhandel von Afrika nach Amerika. Die Schwarzafrikaner standen im Ruf körperlich robuster zu sein als die Indios, außerdem diskutierte man in der Kirche darüber, ob die Afrikaner überhaupt eine Seele hätten...

Im 17. Jahrhundert wurde der Widerspruch zwischen der propagierten Idee der Gleichheit aller Menschen einerseits und dem blühenden Sklavenhandel andererseits von immer mehr Menschen als abstoßend empfunden. In Nordamerika erhoben sich Stimmen gegen die Sklaverei. Thomas Jefferson [1743-1826], einer der Gründerväter Amerikas, sah in der Sklaverei eine Verletzung der „rights of human nature", obwohl er paradoxerweise bis zu seinem Tode selber Sklaven besaß (genauso wie James Madison [1751-1836] und George Washington [1732-1799]). Bis zur Abschaffung der Sklaverei in den USA dauerte es noch anderthalb Jahrhunderte. Es waren im Übrigen nicht nur edle Motive, die diesen Schritt ermöglichten: Das System der Lohnarbeit wurde mit dem Aufkommen der Industrie billiger, außerdem wurde der Verzicht auf Sklaven durch die zunehmende Erdölförderung und die Entwicklung des Benzinmotors erleichtert. In Brasilien endete die Sklaverei offiziell 1888; inoffiziell bestand sie in schwer zugänglichen Gebieten bis in die siebziger Jahre des 20. Jahrhunderts weiter...

e. Politische Bewegungen

John Lockes Theorie der Grundrechte übte einen erheblichen Einfluss auf die Entwicklung der Menschenrechtsidee in Amerika und dann – über das revolutionäre Frankreich – in weiten Teilen Europas aus. Zu den natürlichen Freiheiten oder Rechten zählte Locke a) das Recht auf Leben und Selbstverteidigung, b) das Recht auf Gesundheit, c) das Recht auf Besitz und d) das Recht auf Freiheit (Locke 1669).

Kasten 11.1.: Die Vereinigten Staaten von Amerika als Pioniere einer Kultur der Menschenrechte

1776, 12. Juni:	Die Virginia Bill of Rights versprach den Menschen religiöse Gewissensfreiheit, Recht auf Leben, Freiheit, Eigentum, Versammlungs- und Pressefreiheit sowie Freizügigkeit; ferner: Rechtsschutz und ein eingeschränktes Wahlrecht.
1776, 4. Juli:	Amerikanische Unabhängigkeitserklärung (Forderung „unaufgebbarer Rechte" – „among these are life, liberty, and the pursuit of happiness").
1789:	Während der Französischen Revolution wurden die amerikanischen Grundrechts-Forderungen in die *Constitution* (frz. Verfassung) aufgenommen.

Tabelle 11.2.: Die Menschenrechtserklärung, Aufbau und Gliederung

a. Einleitung:	
(1) Alle Menschen sind frei und gleich an Würde und Rechten (2) Jeder Mensch (ohne Unterschied) hat Anspruch auf die folgenden Rechte (Art. 3-28)	
b. bürgerliche Rechte: (3) Leben, Sicherheit (4) Freiheit vor Versklavung und Leibeigenschaft (5) Freiheit von Folter u. Erniedrigung (6) Anerkennung als Rechtsperson (7) Gleichheit vor dem Gesetz (8) Rechtsschutz (9) Schutz vor willkürlicher Festnahme und Strafe	(10) Öffentliche und unparteiliche Gerichte (11) Bestrafung nur aufgrund von rechtskräftigem öffentlichem Verfahren (12) Schutz der Privatsphäre (13) Freizügigkeit (14) Recht, das eigene Land verlassen zu können [kein Asylrecht!] (15) Recht auf eine Staatsangehörigkeit (16) Recht auf Familiengründung (17) Recht auf Eigentum
c. politische Rechte: (18) Gedanken-, Gewissens-, Religionsfreiheit (19) Recht auf freie Meinungsäußerung	(20) Versammlungs- und Vereinigungsfreiheit (21) Demokratische Rechte: aktives und passives Wahlrecht, Zulassung zu öffentlichen Ämtern
d. wirtschaftliche und soziale Rechte:	
(22) soziale Sicherheit und Recht auf freie Persönlichkeitsentwicklung (23) Recht auf Arbeit, freie Berufswahl, Schutz gegen Arbeitslosigkeit, gleicher Lohn für gleiche Arbeit, Minimallohn, Mitwirkung in Berufsvereinigung (24) Recht auf Erholung, Freizeit, Urlaub (25) Recht auf adäquaten Lebensstandard: Gesundheit, Wohlbefinden, Nahrung, Kleidung, Wohnung, ärztliche Betreuung, soziale Fürsorge, ökonomische Sicherheit in unverschuldeten Notsituationen	
e. kulturelle Rechte:	
(26) Bildung (Grundschulunterricht unentgeltlich); Eltern entscheiden über die Ausbildung der Kinder (27) Teilnahme an der Kultur (aktiv) und Honorierung kultureller Leistungen (passiv)	
f. besondere Bestimmungen:	
(28) Recht auf volle Verwirklichung aller Menschenrechte durch die UNO (29) Pflichten gegenüber der Gemeinschaft (30) Kein Recht auf Schmälerung der Menschenrechte	

f. Erfahrungen mit den europäischen Terrorregimen (Nationalsozialismus, Faschismus, Stalinismus)

Bis zum Zweiten Weltkrieg ging man im Völkerrecht davon aus, dass es Sache eines souveränen Staates sei, zu entscheiden, welchen Umgang er mit seinen Bürgern pflege. Die Erfahrungen mit der Schreckensherrschaft des Dritten Reiches führte dazu, dass sich die gleich nach Kriegsende, 1945, gegründete UNO um eine „Menschenrechtserklärung" bemühte, die möglichst rasch für alle Staaten verbindlich werden sollte. Diese wurde am 10. Dezember 1948 verabschiedet und von 59 Staaten unterzeichnet. An ihrer Formulierung waren mehrheitlich Vertreter westlicher Länder beteiligt. Doch wirkten auch ein paar Vertreterinnen und Vertreter nicht-westlicher Länder mit: Ch. Malik (Libanon), H. Mehta (Indien).

11.3. Die UNO und die Menschenrechte

Für das Völkerrecht ist die Erklärung der Menschenrechte ein Meilenstein. Ein Staat, der die Rechte seiner Bürger in grober Weise verletzt, verliert seine Immunität – die Staatengemeinschaft (UNO) ist berechtigt, wenn nicht sogar verpflichtet, darauf zu reagieren und notfalls einzuschreiten. Mit diesem Konzept erleidet die staatliche Souveränität eine empfindliche, vormals unbekannte Einschränkung.

Die Garantie, dass Menschenrechte praktisch auch umgesetzt werden, ist an die Existenz einer den einzelnen Staaten übergeordneten Instanz gebunden - der Staatengemeinschaft, in Gestalt der UNO. Die politische Wirkung der Menschenrechtserklärung war 1948 noch kaum absehbar. Rückwirkend betrachtet, erscheint die ME als eine der größten politischen Errungenschaften des 20. Jahrhunderts. Allerdings fällt es den westlichen Ländern manchmal schwer, den Verdacht abzuschütteln, die Menschenrechte würden als neues globales Herrschaftsinstrument eingesetzt: Im Namen der Menschenrechte sind in den letzten 20 Jahren tatsächlich mehrere Kriege geführt worden...

In der ME fungiert die UNO als Norm-Sender. Die Normen sind an die einzelnen Staaten bzw. ihre Regierungen und Organe adressiert. Das bedeutet, der Staat ist verpflichtet, die Menschen- bzw. Grundrechte zu respektieren und alle Menschen, die sich auf seinem Territorium befinden (auch wenn sie nicht Bürger/innen dieses Staates sind) vor Menschenrechtsverletzungen durch Dritte zu schützen. Nutznießer sind die einzelnen Personen. Sie haben einen legitimen Anspruch auf die Menschenrechte!

Kasten 11.3.: Das Drei-Ebenen-Modell

```
Staatengemeinschaft als Norm-Sender
                ⇓
     Einzelstaat als Norm-Adressat
                ⇓
einzelne Bürger als Norm-Subjekte (Nutznießer)
```

Mit diesem Drei-Ebenen-Modell stellt sich die Frage: Wer hat im Einzelnen welche Pflichten?

11.4. Wer hat welche Pflichten?

Das Privileg, Grundrechte in Anspruch nehmen zu dürfen, empfinden wir heute fast als Selbstverständlichkeit. Ein System von Grundrechten hat indessen seinen Preis, und zu diesem Preis gehören die Pflichten, die einerseits dem Staat und andererseits uns allen zufallen, wenn wir wollen, dass das System der Grundrechte wirklich funktioniert. In Art. 29, dem einzigen Artikel, der von Pflichten spricht, ist davon jedoch nur pauschal die Rede.

Der Theologe Hans Küng fordert aus diesem Grunde eine „Erklärung der Menschenpflichten" (Küng 1998; Schmidt 1997). Diese Forderung beruht auf der Erfahrung, dass wir, wenn wir uns unsere moralischen Pflichten nicht ständig vor Augen halten, leicht in Versuchung geraten, einseitig auf unsere moralischen (und juristischen) Rechte zu pochen und unsere Pflichten zu vergessen.

Wer welche moralischen Pflichten hat, lässt sich immerhin indirekt aus der ME entnehmen. Jedes meiner Grundrechte (Recht auf Leben, auf eine Privatsphäre, auf Freizügigkeit usw.) generiert eine Vielzahl von Verbotstafeln an die Adresse der Anderen. Die Grundrechte der Anderen präsentieren sich aber ebenfalls als Verbotsschilder. Diese gelten auch für mich und setzen sogar der Inanspruchnahme meiner Grundrechte gewisse Grenzen – in dem Sinn, dass niemandem daraus unzumutbare Nachteile entstehen dürfen. Die durch die Religionsfreiheit geschützte religiöse Praxis einer Gruppe darf weder Menschenrechtsverletzungen zur Folge haben noch andere Personen beleidigen oder vor den Kopf stoßen. Deswegen haben in den meisten westeuropäischen Ländern Lehrkräfte in öffentlichen Schulen nicht das Recht, mit ihrer Kleidung eine deutliche religiöse Symbolik zur Schau zu tragen (vgl. Kapitel II. 10.3.4).

Die folgende Zusammenstellung ist ein Versuch, für jedes einzelne Menschenrecht die entsprechenden Pflichten auf die verschiedenen involvierten Akteure zu verteilen.

Tabelle 11.4.: Wer hat welche Pflichten? (Die Ziffern beziehen sich auf die Artikel in der Menschenrechtserklärung).

Verteilung der Pflichten	*Negative Pflichten (Unterlassungspflichten)*	*Positive Pflichten (Pflicht zum Handeln)*
Staatengemeinschaft	(14)	14, 15, 28
Staat	3, 5, 7, 9, 11, 12, 13, 15, 16, 17, 18, 19, 20, 23, 24	3, 6, 7, 8, 10, 12, 13, 17, 19, 21, 22, 23, 24, 25, 26, 27
Bürger	3, 4, 5, 7, 11, 12, 13, 16, 17, 18, 19, 20	6, (22)

Der Staat ist der wichtigste Adressat der Menschenrechtserklärung. Ein großer Teil seiner Verpflichtungen gegenüber den Bürgerinnen und Bürgern sind Unterlassungspflichten (Art. 3-20): Der Staat bzw. seine Organe, Beamten, Angestellten usw. dürfen den Menschen nicht nach dem Leben trachten, sie nicht unbegründet inhaftieren, ihre Freizügigkeit nicht beschneiden usw. Die Bürger/innen sind berechtigt, Übergriffe von Seiten des Staates auf diese Rechte abzuwehren, daher die Bezeichnung „Abwehrrechte". Doch darin erschöpfen sich die Aufgaben des Staates noch nicht: Dieser muss dafür sorgen, dass auch sonst niemand die entsprechenden Grundrechte der Bürgerinnen und Bürger verletzt. Er hat, mit anderen Worten, eine Schutzfunktion, und das bedeutet, dass er in einschlägigen Fällen aktiv werden muss. Auch in seiner Minimalvariante, als so genannter „Nachtwächterstaat", ist der Staat nicht einfach passiv.

Die Erklärung der Menschenrechte schreibt dem Staat aber noch weitere Aufgaben zu (Tugendhat 1993, S.350-355): Erstens lässt sich diskutieren, ob er nicht eine besondere Verpflichtung zur Hilfe gegenüber Personen hat, die er vor Übergriffen Dritter nicht genügend schützen konnte, und im Weiteren eventuell sogar gegenüber Personen, die Unfälle erlitten haben oder Opfer von Naturkatastrophen geworden sind (die Schutzpflichten des Staates sind übrigens wegen ihrer Interpretationsbedürftigkeit in Tabelle 11.4. nicht alle konsequent aufgeführt). Zweitens muss der Staat seinen Bürgerinnen und Bürgern politische Mitwirkungs- oder Partizipationsrechte einräumen (Art. 21), ihnen „soziale Sicherheit" garantieren und dafür sorgen, dass jeder Mensch „in den Genuss der für seine Würde und die freie Entwicklung seiner Persönlichkeit unentbehrlichen wirtschaftlichen, sozialen und kulturellen Rechte" gelangt (Art. 22). Das heißt, er hat neben all seinen Unterlassungspflichten auch klare Leistungspflichten: Er ist verantwortlich für die Gewährung von Freizeit und Erholung (Art. 24), für die soziale Fürsorge und das Gesundheitswesen (Art. 25), für das Funktionieren von Elementarschul- und Grundschulunterricht (Art. 26) und für eine geeignete Wirtschaftspolitik, die unter Anderem garantieren soll, dass alle Bürger/innen Arbeit haben (Art. 23). Nicht zuletzt soll der Staat auch ermöglichen, dass die Bürger/innen „am kulturellen Leben der Gemeinschaft" und „am wissenschaftlichen Fortschritt" teilnehmen und „sich der Künste erfreuen" können (Art. 27).

Es gibt verschiedene Wege, wie ein Staat diese Vielfalt von Aufgaben bewältigen kann. Im Bildungsbereich beispielsweise hat er die Möglichkeit, anstatt selber öffentliche Schulen zu unterhalten, den Ausbildungsauftrag an Private zu delegieren, wobei der Elementarunterricht kostenlos sein muss. Ein Leistungsrecht kann also, wie das Beispiel zeigt, auf unterschiedliche Weise realisiert werden. Es gibt hier keine exakte Korrespondenz zwischen Rechten und Pflichten. Die Wahrnehmung all der Aufgaben durch den Staat ist aber natürlich nicht kostenlos zu haben: Seine Behörden müssen funktionieren, die Infrastruktur muss intakt sein. Der Staat muss sich also letztlich auf eine Wirtschaft und ein Fiskalsystem stützen können, aus denen ihm die zur Wahrnehmung seiner Aufgaben erforderlichen finanziellen Mittel zufließen. Ist der staatstragende Beitrag der Wirtschaft zu gering oder nimmt er ab – was gerade in ärmeren Ländern häufig der Fall ist –, so können daraus Probleme für den Menschenrechtsschutz entstehen. Der zivilisierte Umgang unter den Menschen beruht offensichtlich auf außermoralischen Voraussetzungen, deren Erfüllung ihrerseits einer moralischen Forderung entspricht.

Zur Kontrolle des Staates bedarf es einer übergeordneten Instanz. Die Menschenrechtserklärung schreibt diese Funktion der UNO zu. Wesentlich ist dabei die Hintergrundannahme, dass die UNO über die notwendigen Machtmittel und die nötige Autorität verfügt, um mittels geeigneter Verfahren (z.B. Sanktionen) erfolgreich auf Unrechtsstaaten Druck auszuüben. Der Internationale Strafgerichtshof in Den Haag z.B. verurteilt Personen, die sich eines Verbrechens an der Menschlichkeit schuldig gemacht haben – so wie der Europäische Menschenrechtsgerichtshof in Strassburg das Mandat hat, über die Menschenrechtspolitik des Europarats zu wachen und schwere Menschenrechtsverletzungen zu verurteilen (die Sanktionsfunktionen des Internationalen Strafgerichtshofs und des Europäischen Menschenrechtsgerichtshofs beziehen sich auf alle Artikel der ME und sind in der Tabelle 11.4 deswegen nicht eigens angeführt).

Last but not least: Welche Pflichten haben die Bürgerinnen und Bürger? Art. 29 hält fest: „Jeder Mensch hat Pflichten gegenüber der Gemeinschaft, in der allein die freie und volle Entwicklung seiner Persönlichkeit möglich ist." Und weiter: „Jeder Mensch ist in Ausübung seiner Rechte und Freiheiten nur den Beschränkungen unterworfen, die das Gesetz (…) vorsieht, um die Anerkennung und Achtung der Rechte und Freiheiten der anderen zu gewährleisten". Zu diesen Freiheitsbeschränkungen gehören die Unterlassungspflichten, die den Schutzrechten eins zu eins entsprechen. Art. 29 hält des Weiteren fest, der Bürger müsse auch „den gerechten Anforderungen der Moral, der öffentlichen Ordnung und der allgemeinen Wohlfahrt in einer demokratischen Gesellschaft" genügen. Es wird nicht eigens aufgeführt, in welcher Weise und wie stark sich die Bürger/innen für die allgemeine Wohlfahrt engagieren sollen – das ist von Fall zu Fall, von Land zu Land, von Situation zu Situation verschieden. Hauptsache, jede Bürgerin und jeder Bürger kennt nicht nur ihre bzw. seine Rechte, sondern ebenso die Pflichten, selbst wenn diese (mit Ausnahme der Unterlassungspflichten) stärker an die eigene soziale Rolle gebunden und also weniger allgemein formulierbar sind als die Grundrechte. Steuerpflicht und Wehrpflicht (für die Männer) sind allerdings in den meisten Ländern verbindlich.

11.5. Vertiefung der Menschenrechte: Weitere Pakte und Übereinkommen der UNO

Die Menschenrechtserklärung ist durch eine Vielzahl zusätzlicher Vertragswerke der UNO weiter konkretisiert, präzisiert und ergänzt worden. Zunächst wurde die ME zur „internationalen Menschenrechtscharta" ergänzt, die folgende Dokumente enthält:

(1) Allgemeine Erklärung der Menschenrechte (10.12.1948);
(2) Internationaler Pakt über wirtschaftliche, soziale und kulturelle Rechte (angenommen am 16.12.1966; in Kraft getreten am 3.1.1976);
(3) Internationaler Pakt über bürgerliche und politische Rechte, zusammen mit einem Fakultativprotokoll (beide angenommen am 16.12.1966 und in Kraft getreten am 23.3. 1976). Die Rechte auf Eigentum (Art. 17) sowie auf Erholung und Freizeit (Art. 24) sind darin nicht mehr erwähnt; das Recht auf Arbeit (Art. 23) wird hingegen aufgewertet.
(4) Zweites Fakultativprotokoll zum Internationalen Pakt über bürgerliche und politische Rechte zur Abschaffung der Todesstrafe (angenommen am 15.12.1989; in Kraft getreten am 11.07.1991; vgl. Tomuschat 1992).

Darüber hinaus gibt es eine Vielzahl weiterer Vertragswerke. Zu den wichtigsten gehören *das Verbot von (Rassen-) Diskriminierung, das Folterverbot sowie die Frauen- und Kinderrechte.*

Zu Ehe und Familie, Kinder und Jugend gehören drei Vertragswerke von denen das dritte mit Abstand am wichtigsten ist:

(1) Übereinkommen über die Erklärung des Ehewillens, des Heiratsalters und die Registrierung von Eheschließungen (angenommen am 7.11.1962; in Kraft getreten am 9.12.1964);

(2) Eine Empfehlung dazu (mit gleichem Titel; angenommen am 1.11.1965;

(3) das Übereinkommen über die Rechte des Kindes (5.12.1989; in Kraft getreten am 2.9.1990); es ist wesentlich für den Schutz von Minderjährigen (Näheres über das Übereinkommen über die Rechte des Kindes vgl. Kapitel II.10).

Erwähnt seien ferner Verträge zum Selbstbestimmungsrecht der Völker (ihrer Unabhängigkeit von Kolonialmächten), zur Verhütung und Bestrafung von Kriegsverbrechen und Verbrechen gegen die Menschlichkeit, zum Verbot von Sklaverei und Zwangsarbeit, zum Schutz von verhafteten und gefangenen Personen, zur Regelung der Staatsangehörigkeit und des Umgangs mit Asyl und Flüchtlingswesen, zur Vereinigungsfreiheit, zur Beschäftigungspolitik, zur Regelung von sozialer Wohlfahrt, Fortschritt und Entwicklung sowie zu den Rechten von Ehe und Familie.

Zu jedem Vertrag gibt es einen UNO-Ausschuss, der Individualbeschwerden über Vertragsverletzungen überprüft. Solche Beschwerden werden allerdings nur von Bürger/innen aus Staaten zugelassen, die den entsprechenden Vertrag ratifiziert haben; zudem müssen zuvor die nationalen Rechtsmittel ausgeschöpft worden sein.

11.6. Zur Begründung der Menschenrechte

Es gibt eine Vielzahl von Argumenten und Argumentationssträngen, die als Begründung der Menschenrechte dienen. Sie sind nicht alle gleich überzeugend. Beispielsweise werden die Menschenrechte in der Regel sehr eng mit der jüdisch-christlichen Überlieferung in Verbindung gebracht: Der Mensch sei die „Krone der Schöpfung", und als „Kinder Gottes" seien alle Menschen Brüder und Schwestern. Die Überzeugungskraft dieser Argumentation ist aber insofern beschränkt, als sie von einer ganz bestimmten religiösen Tradition ausgeht. Hinduisten, Buddhisten oder Agnostiker wird man damit schwerlich überzeugen können. Außerdem relativiert die Geschichte vom Sündenfall das Bild des Menschen als der „Krone der Schöpfung". Und schließlich verdanken die Menschenrechte ihre Zugkraft vor allem ihrer Verbindlichkeit im Umgang zwischen Menschen, die sich gerade nicht als Brüder und Schwestern verstehen. Im Übrigen hat A. Sen (2000, 10. Kapitel) nachgewiesen, dass einzelne Menschenrechte schon früh auch in asiatischen Kulturen, vor allem in Indien und z.T. in China, dem Geiste nach praktiziert worden sind, wenn auch ohne theoretische Ausformulierung.

Andere Begründungen der Menschenrechte bauen von der Idee des Naturrechts auf, die bis auf die Stoiker zurückgeht: Alle Menschen sind – trotz aller sozialen Rangunterschiede – von Natur aus gleich. Doch auch diese Begründung ist problematisch. Sie läuft auf die These hinaus, dass, was naturgegeben ist, auch sichtbar realisiert werden soll, und diese These enthält einen Schluss vom Sein aufs Sollen – einen „naturalistischen Fehlschluss" (Kapitel 2.4). Außerdem kann man bestreiten, dass alle Menschen einander „von Natur aus" gleich sind. Die Gesetze der „Natur" werden bekanntlich nicht selten mit dem „Recht des Stärkeren" in Verbindung gebracht – was der Idee der Menschenrechte (Art. 1) diametral zuwiderläuft.

Überzeugender ist eine Begründung egalitärer Grundrechte, die auf die Fähigkeit und Bereitschaft der Menschen zur Kooperation zurückgreift: Alle Menschen sind zu vernünftigen Überlegungen imstande und deswegen in der Lage, mit ihresgleichen die Regeln des Zusammenlebens auszuhandeln und sukzessive zu verbessern (vgl. Kapitel 9.3). Man kann dann wie folgt argumentieren: Menschenrechte sind Rechte, die wir Menschen uns alle wechselseitig zugestehen, um ein friedliches Zusammenleben zu ermöglichen (Rawls 1999, S.68). Zum „harten Kern" der Menschenrechte gehören genau diejenigen Rechte, die sicherstellen, dass die *Bedingungen der Kooperation* erfüllt sind. Zu diesen Bedingungen gehören Leben, Gesundheit, Nahrung, Kleidung, Wohnung, Persönlichkeitsschutz usw.: Sie alle müssen grundrechtlich geschützt werden. Jedem solchen Grundrecht entspricht eins zu eins eine negative Pflicht: Alle Menschen müssen auf die Ausübung bestimmter Handlungen verzichten, die das Leben, die Gesundheit oder die Integrität der anderen gefährden können.

Die Menschenrechte dienen also weder dazu, die Bedingungen des Wettbewerbs noch diejenigen der individuellen Selbstverwirklichung zu optimieren. Im Gegenteil, nur wenn wir alle *auf der normativen Ebene kooperieren*, gelingt es uns, den Wettbewerb mittels Fairnessregeln zu humanisieren und das Streben nach Selbstverwirklichung durch gegenseitige Rücksichtnahme zu zivilisieren.

Man kann sich die Idee, die den Grundrechten zugrunde liegt, am besten klarmachen, wenn man sich vorstellt, die Menschen hätten stillschweigend miteinander einen Vertrag abgeschlossen, in dem sie sich gegenseitig die Respektierung ihrer Grundrechte versprachen. Dieses gegenseitige Versprechen generiert wechselseitige Verpflichtungen (vgl. Kapitel 1.7). Zwischen Rechten und Pflichten besteht also ein enger Zusammenhang. Am engsten ist die Entsprechung bei den elementaren Schutzrechten. Ihnen entsprechen eindeutig bestimmte Unterlassungspflichten. Bei den Leistungspflichten gibt es hingegen verschiedene Möglichkeiten, wie eine Gesellschaft unter ihren Mitgliedern die Aufgaben verteilt.

Kasten 11.5.: Zwischen Rechten und Normen (Pflichten) besteht zum Teil eine enge Entsprechung

Schutz des Lebens	←→	Verbot, andere zu töten
Schutz der körperlichen Unversehrtheit	←→	Verbot der physischen Gewaltanwendung
Schutz der Privatsphäre	←→	Verbot, andere auszuspionieren

Es liegt daher nahe, zuerst die grundlegenden, universalen Rechte zu begründen; dabei empfiehlt es sich, an Kants Argumentation bei seiner Erläuterung des „Kategorischen Imperativs" anzuknüpfen (vgl. Kapitel 10.6), wobei diesmal nicht Normen, sondern grundlegende Rechte – eben Menschenrechte – Gegenstand der Begründung sind, und zwar *nicht alle* in der ME angeführten Rechte, sondern nur die wichtigsten.

Immanuel Kant hat das Recht folgendermaßen definiert:

„Das Recht ist (...) der Inbegriff der Bedingungen, unter denen die Willkür [= das Wollen, die Ansprüche] des einen mit der Willkür des andern nach einem allgemeinen Gesetze der Freiheit zusammen vereinigt werden kann" (Kant 1797, BA 33).

Diese Definition setzt die Idee der Universalisierbarkeit voraus. Genau genommen lassen sich hier wiederum zwei verschiedene Universalisierungs-Schritte unterscheiden (Tabelle 11.6 sowie Kasten 10.5 in Kapitel 10.7). Die Leitfrage des Menschenrechtsdiskurses lautet nämlich: „Von welchen Rechten wollen *wir alle* (und zwar von einem unparteilichen Standpunkt aus betrachtet), dass *alle Menschen* sie einander zugestehen?" Jede Generation wird sich diese Frage neu stellen und – in möglichst herrschaftsfreien Diskursen – plausibel beantworten müssen. Die Menschenrechte dienen zwar in erster Linie dazu, die Bedingungen friedlicher Kooperation sicherzustellen. Diese Bedingungen sind zum Teil empirischer Natur und können sich mit der Zeit verändern. Beispielsweise wäre ein Recht auf Arbeit in einer Gesellschaft von Jägern und Sammlern so unnötig gewesen wie ein Recht auf kostenlose Grundausbildung in einer vorstaatlichen Agrargesellschaft.

Tabelle 11.6.: Die Idee der Menschenrechte enthält eine doppelte Universalisierung

Erster Universalisierungs-Schritt (vereinbar mit einer ego- bzw. eurozentrischen Sicht)	Von welchen Rechten kann *ich* wollen, dass *alle* sie haben?
Zweiter Universalisierungs-Schritt (echte Universalisierung)	Von welchen Rechten können *alle* vernünftigerweise wollen, dass *alle* sie haben?

Die Mitglieder einer Gesellschaft, in der die Menschenrechte allseitig respektiert werden, sind wie die Mitglieder einer Kooperationsgemeinschaft zu verstehen. Nur in dem Grad, wie die Menschen hinsichtlich der Regeln des wechselseitigen Umgangs kooperieren, kann auch der Schutz der Menschenrechte gelingen.

Es gilt aber auch das Umgekehrte: Damit Menschen in der Lage sind, friedlich und konstruktiv miteinander zu kooperieren, müssen sie bestimmte Fähigkeiten erwerben und über bestimmte Freiheiten und Rechte verfügen. Dazu gehören unter anderem:

- die Integrität von Leib und Leben,
- Gedankenfreiheit, religiöse und politische Freiheit (soweit sie Frieden und Menschenrechte nicht gefährden),
- das Recht in Belangen, die das Kollektiv betreffen, mit zu entscheiden,
- das Recht und die Freiheit, von seinen legitimen Rechten Gebrauch zu machen (was den Zugang zu einem funktionierenden und effizienten Rechtswesen bedingt),
- das Recht, die zu einem Leben in Würde erforderlichen Tätigkeiten und Fertigkeiten zu erlernen (daher das Recht auf kostenlose Grundausbildung),
- das Recht, sich den Lebensunterhalt zu verdienen (daher das Recht auf Arbeit)...

11.7. Problematisierung

11.7.1. Reibungsflächen zwischen einzelnen Menschenrechten

Zwischen einzelnen Menschenrechten kann sich ein Spannungsverhältnis ergeben. Zwei Beispiele:

Das unspezifizierte Recht auf Eigentum (Art. 17) kann zum Recht auf Leben (Art. 3) in Widerspruch treten. Dieser Widerspruch enthält das Potential zu Konflikten – z.B. zwischen Großgrundbesitzern und Landlosen, die in brachliegende Ländereien eindringen, oder zwischen Pharma-Unternehmen, die auf Patenten bestehen, und Regierungen, die Medikamente auch für mittellose Bürger/innen zugänglich machen wollen. In den beiden UNO-Pakten von 1966 ist das Recht auf Eigentum nicht mehr aufgeführt.

Im Recht auf Familiengründung (Art. 16) bleibt das Recht auf Kinder unspezifiziert, ohne Nennung einer Obergrenze der zulässigen Kinderzahl, was in Ländern mit hohem Bevölkerungswachstum die Verwirklichung des Rechts eines jeden Kindes auf Wohlbefinden, Bildung usw. (Art. 25/26) gefährden kann.

11.7.2. Wo liegen die Prioritäten?

In keinem Land der Welt kommen alle Bürgerinnen und Bürger ohne Abstriche in den Vollgenuss sämtlicher Menschenrechte. Wichtig ist, dass zumindest *die grundlegendsten Menschenrechte* eingehalten werden. Doch welche Menschenrechte haben diesen Status? Eben diejenigen, die für die Sicherung eines friedlichen Zusammenlebens unabdingbar sind! Betrachtet man die Praxis der UNO, so entsteht der Eindruck, es seien nicht alle Menschenrechte gleich wesentlich – und dies durchaus zu Recht. Die UNO interveniert nur bei extremen Menschenrechtsverletzungen, die von einer Regierung gefördert oder geduldet werden, und höchstens noch im Falle des Entzugs oder der Verweigerung der politischen Rechte bzw. bei schweren Mängeln der Rechtsstaatlichkeit.

Und doch sind die Menschenrechte als Gesamtpaket verabschiedet worden, ohne dass zwischen wichtigeren und weniger wichtigen unterschieden würde. Offiziell sind sie alle gleich bedeutend. Aus westlicher Sicht gelten jedoch die bürgerlichen und politischen Rechte als die elementarsten, wogegen in den ehemals sozialistischen Ländern (UdSSR) die wirtschaftlichen Rechte den höchsten Rang genossen haben.

11.7.3. Fehlen Menschenrechte?

Ein menschenwürdiges Leben setzt Bedingungen voraus, die in der ME nicht alle ausdrücklich aufgeführt werden. Nicht erwähnt sind einerseits Bedingungen, deren Erfüllung in hoch entwickelten Ländern selbstverständlich ist, von denen aber vielerorts die Menschen nur träumen können, wie das Recht auf Hygiene, auf freien Zugang zu Trinkwasser oder auf verlässlichen und erschwinglichen öffentlichen Verkehr. Zu Recht wird manchmal die Forderung erhoben, die Garantie solcher Bedingungen müsste ausdrücklich in Menschenrechten verankert werden. In der ME nicht erwähnt sind andererseits Bedingungen, die in Ländern mit hoch entwickelter Wirtschaft dem Imperativ der Effizienz zuwiderlaufen. So wie es ein Recht auf Teilnahme an kulturellen Anlässen gibt, wäre auch die ausdrückliche Nennung eines Rechts darauf sinnvoll, „im Alter im Kreise der Familie und nicht im Altersheim versorgt zu werden" (Galtung 1993, S. 29) – ein Recht, das in vielen Gesellschaften Afrikas, Asiens und Lateinamerikas bis heute als selbstverständlich gilt.

Tabelle 11.7.: Eine Gegenüberstellung der europäischen und der afrikanischen Sicht auf die Menschenrechte (Sutter 2000)

Europäische Sicht	*Afrikanische Sicht*
• Menschenrechte sind angeboren: Alle Menschen sind unter juristischer und ethischer Perspektive gleich. Das Alter spielt keine Rolle	• Das Kind wächst in seine Rechte hinein (Freiheitsrechte und erst recht politische Mitwirkungsrechte wären für Kleinkinder und Säuglinge absurd)
• „Menschenwürde" kommt jedem Menschen gleichermaßen zu, Kriminellen ebenso wie Friedensnobelpreisträgern	• ältere Menschen haben mehr Würde als jüngere, Erwachsene mehr als Kinder
• Menschenrechte sind Rechte, auf die eine Person unabhängig von ihrer sozialen Stellung und Funktion Anspruch hat; jede Person hat ein Recht auf kostenlose Grundausbildung	• individuelle Rechte hängen von der Funktion, dem Amt einer Person in der Gesellschaft ab; dasselbe gilt vom angestrebten Bildungsstand
• Heirat: Jede Person wählt ihren Lebenspartner selbst	• der Familie, dem Verwandtschaftsclan ist es nicht gleichgültig, wer in den sozialen Verband aufgenommen wird

11.7.4. Kollektive Rechte und kollektive Güter

Die Menschenrechte sind im Prinzip Individualrechte. Nur an wenigen Stellen der ME wird (direkt oder indirekt) auf Kollektivrechte angespielt: In Art. 17 wird als Option Gemeinschaftseigentum genannt (mit einem Teilhaberecht auf Seiten des Einzelnen). Zweimal geht es um Rechte, etwas in Gemeinschaft zu tun: in Art. 18 (Religionsausübung) und Art. 20 (Versammlungs- und Vereinigungsfreiheit). Kollektivrechte im engeren Sinn spielen eigentlich nur dort eine Rolle, wo es um die Familie geht, genauer um ihren Anspruch auf Schutz (Art. 16, Ziff. 3) und Existenz (Art. 23, Ziff. 3). Eine kollektive Größe ist ferner „der Wille des Volkes" (Art. 21, Ziff.3), wobei unterstellt wird, dass das Gewollte so elementar ist, dass alle Mitglieder des Volkes darin übereinstimmen. Schließlich lässt sich in gewissen Grenzen auch der „Anspruch auf eine soziale und internationale Ordnung" (Art. 28) im Sinne eines Kollektivrechts interpretieren.

Ein Plädoyer für die Erweiterung der ME durch Kollektivrechte wäre allerdings nicht unproblematisch, weil diese leicht mit den Individualrechten in Konflikt geraten.

In juristischen Kreisen wird heute eher von kollektiven *Gütern*, zu denen der Einzelne Zugang haben muss, gesprochen, als von kollektiven *Rechten*. Da es Gemeinschaften unterschiedlicher Größenordnung gibt, kann an solchen Kollektivgütern entsprechend auch eine größere oder geringere Anzahl Menschen teilnehmen.

In den meisten Fällen gehören Kollektivgüter (Lebensräume, Grund und Boden, gemeinsame Sprache, kulturelle Praktiken, Nationalliteratur usw.) ganz bestimmten Gemeinschaften – Nationen, Sprachgemeinschaften, ethnischen Minderheiten, indigenen Völkern usw.

Es gibt aber auch kollektive Güter, an denen im Prinzip *alle Menschen* kostenlos oder zu minimalsten Preisen teilhaben (oder teilhaben *müssten*). Dazu gehören Frieden, ökonomische Stabilität, Klimastabilität, saubere Luft, sauberes Wasser, eine intakte Umwelt usw. Keines dieser Güter darf privatisiert werden, denn das liefe auf eine Kommerzialisierung der Teilhaberechte hinaus. Die Teilhabe an essentiellen natürlichen „Public Goods" darf nicht von der Kaufkraft ihrer Nutznießer abhängig gemacht werden. Menschenrechte lassen sich nicht vermarkten.

Der Schutz kollektiver Güter kann andererseits die Inanspruchnahme individueller Rechte einschränken. In den westlichen Gesellschaften kommt der Freiheit (als individuellem Recht) tendenziell ein höheres Gewicht zu als den Kollektivgütern Harmonie und sozialer Friede – während in manchen ostasiatischen Gesellschaften, wie Japan, die Gewichte umgekehrt verteilt sind.

Dass Kollektivrechte in der ME nicht stärker berücksichtigt werden, entspricht allerdings einer Grundsatzentscheidung.

„Freier Zugang zu den Schulen, die von der dominanten Gruppe betrieben werden, ist nicht dasselbe wie selbst Schulen betreiben zu können. Es macht einen Unterschied aus, ob man freien Zugang zu dem herrschenden System der Gesundheitsfürsorge hat, oder ob man sein eigenes Gesundheitssystem betreiben kann. Dem ist so, weil damit der Glaube an ein universell gültiges Curriculum und ein universell gültiges Gesundheitssystem in Frage gestellt wird, ähnlich dem Glauben an eine universell gültige Religion" (Galtung 1993, S. 44).

Soweit die verschiedenen gesellschaftlichen Gruppen die Rahmenbedingungen des Zusammenlebens – Menschenrechte, Frieden und Rücksichtnahme auf die natürlichen Lebensbedingungen – respektieren, sind Einwände gegen ein Selbstbestimmungsrecht solcher Gruppen ungerechtfertigt.

Zum Abschluss eine kritische Bemerkung zur individualistischen Ethik, die der ME zugrunde liegt: Eine allzu starke Betonung des Individualismus kann, genau so wie die allzu starke Betonung des Kollektivs, mit fragwürdigen Konsequenzen verbunden sein. Der Einzelne, der es sich angewöhnt hat, primär an sich selber zu denken, neigt leicht dazu, natürliche Ressourcen, die den Status von kollektiven Gütern (wenn nicht sogar von „*Global Public Goods*"; Kaul 2003) haben, zum eigenen Nutzen auszubeuten. Die Übernutzung von Böden, Rohstoffen, Wasser usw. und die Verschmutzung der Umwelt sind dafür klassische Beispiele.

„Das Recht ohne Macht ist machtlos; die Macht ohne Recht ist tyrannisch. Dem Recht, das keine Macht hat, wird widersprochen, weil es immer Verbrecher gibt; die Macht ohne Recht ist auf der Anklagebank. Also muss man das Recht und die Macht verbinden und dafür sorgen, dass das, was Recht ist, mächtig, und das, was mächtig ist, gerecht sei." Blaise Pascal, Pensées (Nr. 298)

I. 12. Macht, Autorität, Verantwortung

Macht wird häufig mit negativen Assoziationen verbunden, als ob Macht etwas wäre, das man möglichst vermeiden sollte. Negativ zu werten ist aber erst recht die Abwesenheit von Macht, d.h. die Ohnmacht und das Machtvakuum. Offensichtlich ist der Umgang mit Macht ein Thema von ethischer Brisanz – auch und gerade in pädagogischen Berufen. In diesem Schlusskapitel des ersten Teils stehen der Begriff „Autorität", die Erhellung des Zusammenhangs von Macht und Verantwortung und die Dialektik von Macht und Gewalt im Zentrum. Zugleich bildet das Kapitel die theoretische Grundlegung für das Schlusskapitel des zweiten Teils über das Berufsethos des Lehrers bzw. der Lehrerin.

12.1. Autorität

Wer über keine Autorität verfügt, ist schlecht für die Führung von Gruppen geeignet. Schüler/innen, die während des Unterrichts tun können, was sie wollen, erleben nicht Freiheit, sondern ein Machtvakuum. Wer über Autorität verfügt, besitzt Macht über Andere. „Natürliche" Autorität sprechen wir jemandem zu, dem sich Andere bereitwillig unterordnen, auch wenn seine Autorität nicht durch ein besonderes Amt gestützt wird. Doch was bedeutet genau „Autorität"?

12.1.1. Die wichtigsten Bedeutungen des Begriffs „Autorität"

Im Deutschen hat das Substantiv „Autorität" im Allgemeinen einen eher positiven, das Adjektiv „autoritär" hingegen einen negativen Klang. Als autoritär gilt, wer Entscheidungen trifft, ohne die Betroffenen mit einzubeziehen. Autorität hingegen spricht man jemandem zu, dessen Entscheidungen von den Betroffenen willig akzeptiert werden, gegen die sich also kein Widerstand und keine nennenswerte Unzufriedenheit regen.

> Nach Hannah Arendt ist Autorität „die fraglose Anerkennung seitens derer, denen Gehorsam abverlangt wird; sie bedarf weder des Zwanges noch der Überredung. (So kann ein Vater seine Autorität entweder dadurch verlieren, dass er das Kind durch Schläge zwingt, oder dadurch, dass er versucht, es durch Argumente zu überzeugen. In beiden Fällen handelt er nicht mehr autoritär, in dem einen Fall tyrannisch, in dem anderen demokratisch.)"

„Autorität bedarf zu ihrer Erhaltung und Sicherung des Respekts entweder vor der Person oder dem Amt. Ihr gefährlichster Gegner ist nicht Feindschaft sondern Verachtung, und was sie am sichersten unterminiert, ist das Lachen" (Arendt 1970, S. 46).

Kasten 12.1.: Zur Herkunft des Wortes „Autorität"

Das lateinische Wort „*auctoritas*" stammt von „*auctor*", mit den Bedeutungen:

1. Urheber, Schöpfer, Gründer, Erbauer
2. Gewährsmann, Bürge, Zeuge
3. Anstifter, Ratgeber
4. Muster, Vorbild, Meister, Lehrer

Lateinisch „*auctoritas*" steht für:

1. Wille, Willensbestimmung, Entschlossenheit, Beschluss, Auftrag, Empfehlung, Beistimmung
2. Gewähr, Bürgschaft, Garantie, Vollmacht, Machtvollkommenheit, Ermächtigung, Autorisation
3. Ansehen, Einfluss, Geltung, Bedeutung, einflussreiche Person
4. Muster, Vorbild, Beispiel, Würde, würdevolle Haltung

Langenscheidt: Taschenwörterbuch Lateinisch-Deutsch

12.1.2. Wer hat Autorität?

Ob eine Person Autorität hat, zeigt sich nicht zuletzt an der Reaktion der Weisungsempfänger. Je größer ihre Bereitschaft, die Weisungen zu befolgen, desto größer ist die Autorität, und je schwächer diese Bereitschaft, desto geringer ist sie.

Der Vater oder Lehrer, der seine Kinder mit Schlägen erzieht, wirkt nicht überzeugend. Der Vater oder Lehrer hingegen, der seine Kinder gar nicht führt, sondern ihnen jederzeit ihren Willen lässt, handelt erst recht nicht als Autorität.

Autorität ist immer an eine konkrete Beziehung zwischen Menschen gebunden. Doch worin genau besteht sie? Jemand kann für kleine Kinder, nicht aber für Jugendliche in der Adoleszenz eine Autorität sein. Es sind also nicht immer dieselben Eigenschaften, die Autorität konstituieren, und sie kann auch in unterschiedlichen sozialen Konstellationen gründen:

Natürliche Autorität beruht auf einer Kombination unterschiedlicher Eigenschaften, zu denen vor allem die persönliche Ausstrahlung (das „Charisma"), Sachverstand, Überzeugungskraft, emotionale Intelligenz, soziale Sensibilität und menschliche Wärme gehören; auch Entschlusskraft, ein klares Engagement zugunsten der Weisungsabhängigen, Diskretion, Humor und natürlich bestimmte berufsspezifische Fachkompetenzen wirken sich positiv aus. „Natürliche" Autorität ist nicht angeboren, sondern erworben. Die Eigenschaften, auf denen sie beruht, qualifizieren die Person zur Übernahme von Führungsaufgaben.

Funktionale Autorität erwächst aus einer besonderen sozialen oder politischen Funktion. Ein Schulleiter repräsentiert eine höhere Autorität als eine Klassenlehrkraft, ein Staatspräsident eine höhere als ein Gemeindepräsident. Innerhalb der Katholischen Kirche ist der Papst höchste Autorität, bei der Entscheidung rechtlicher Fragen ist es das oberste Gericht...

Autorität kann schließlich aufgrund besonderer Verdienste verliehen werden – durch ein Zeugnis oder Diplom, einen Titel (Doktor, Professor, Botschafter usw.) oder durch eine besondere Auszeichnung (Preisträger, Medaillengewinner, Ehrenlegionär). Ist von zwei Wissenschaftlern der eine Nobelpreisträger, so wird er wahrscheinlich häufiger zu Vorträgen eingeladen und in den Medien erscheinen. Er genießt ein höheres „Prestige" (= Geltung, Ansehen), seine Stimme hat mehr Gewicht...

Die natürliche und die funktionale Autorität stützen sich wechselseitig. Doch kann auch, wer eine untergeordnete Stellung einnimmt, über natürliche Autorität verfügen, selbst wenn seine soziale Stellung diese Autorität nicht unterstreicht. Umgekehrt kann jemand die Autorität, die er kraft seiner sozialen Stellung oder Funktion verkörpert, aufs Spiel setzen, wenn er sich inkompetent und unsouverän verhält.

12.2. Macht

12.2.1. Macht als soziales Phänomen

Wer über Autorität verfügt, hat auch Macht. Doch was bedeutet „Macht" genau? Das Wort hat mehrere Bedeutungen. Macht im engeren Sinn ist ein soziales Phänomen. In fast allen menschlichen Gruppen findet man irgendwelche Macht-Konstellationen.

Kasten 12.2.: Definition I (Max Weber)

> Macht ist „jede Chance, innerhalb einer sozialen Beziehung den eigenen Willen auch gegen Widerstreben durchzusetzen, gleichviel worauf diese Chance beruht" (Weber 1922, S. 28).
>
> Macht ist die „Möglichkeit, den eigenen Willen dem Verhalten anderer aufzuzwingen" (Weber 1922, S. 542 [604]).

Macht ist also immer Macht über andere. Im weitesten Sinne gilt: Wer über Macht verfügt, hat auf andere Personen Einfluss, und wer Einfluss hat, übt damit gewissermaßen auch Macht aus. Eltern und Lehrkräfte sind prägend am Aufbau der Fähigkeiten und Fertigkeiten ihrer Kinder beteiligt und hinterlassen in ihrem Selbstverständnis, ihrer Motivation, ihrem Leistungswillen unsichtbare Spuren. Erziehung ist also, so eigenartig dies klingen mag, nicht ohne Machtausübung möglich.

Eine besondere Form von sozialer Macht ist die politische Macht. Sie lässt sich weder als die Macht des „Stärkeren" noch als die des „Begabteren" erklären, denn politische Macht ist letztlich ein kollektives Phänomen (Definition II).

Kasten 12.3.: Definition II (Hannah Arendt)

„Macht entspricht der menschlichen Fähigkeit, (...) sich mit anderen zusammenzuschließen und im Einvernehmen mit ihnen zu handeln" (Arendt 1970, S. 45).

Der politischen Macht liegt stets ein Akt der Ermächtigung zugrunde:

„Über Macht verfügt niemals ein Einzelner; sie ist im Besitz einer Gruppe und bleibt nur solange existent, als die Gruppe zusammenhält. Wenn wir von jemand sagen, er ‚habe die Macht', heißt das in Wirklichkeit, dass er von einer bestimmten Anzahl von Menschen ermächtigt ist, in ihrem Namen zu handeln. In dem Augenblick, in dem die Gruppe, die den Machthaber ermächtigte und ihm ihre Macht verlieh (...), auseinandergeht, vergeht auch ‚seine Macht'" (Arendt 1970, S.45).

Macht lässt sich mit einem Magnetfeld vergleichen, das eine Gruppe von Menschen zusammenhält. Beim Aufbau größerer Verbände und bei der Sicherung ihres Zusammenhalts ist sie daher stets im Spiel. Wo immer sich eine Gruppe bildet, entsteht ein bestimmtes Relief der Machtverteilung, sei es aufgrund der unterschiedlichen Beliebtheit der Gruppenmitglieder, sei es aufgrund einer informellen „Hackordnung" oder sei es aufgrund einer formellen Weisungs-Hierarchie. Eine Jugendgruppe hat genauso ihren Leader wie ein Unternehmen.

Je heterogener eine soziale Gruppe, desto differenzierter ist im Allgemeinen auch das gruppenspezifische Machtrelief. Verändert sich eine Gruppe, so verändern sich in dieser selbst meist auch die Machtverhältnisse. Die Leaderfunktion geht an eine andere Person über, zwischen zwei oder mehreren Personen bzw. Fraktionen kommt es zu einem Konkurrenzverhältnis um die Macht usw.

Die Aussicht, dass jemand Macht über andere erlangt, kann Angst auslösen, denn mit sozialer Macht assoziieren wir Abhängigkeit und eine Einschränkung unserer Freiheiten (vgl. Kapitel 2). Dass jemand Macht ausübt, heißt aber gewöhnlich keineswegs, dass er andere zur Gefügigkeit zwingt. Häufig erkennen die Betroffenen eine Machtkonstellation, in die sie eingebunden sind, aus freien Stücken an und akzeptieren die Weisungen der Person, die die Macht innehat, ohne Widerstand – schlicht weil sie mit den Verhältnissen zufrieden sind.

Auch Beliebtheit und Prestige stellen im weitesten Sinn soziale Machtfaktoren dar. Nicht alle Menschen ziehen die gleiche Aufmerksamkeit auf sich, nicht alle sind gleich beliebt, und nicht alle genießen das gleiche Ansehen. Wer aber bei Anderen „gut ankommt", kann sich größerer Gefolgschaft sicher sein als wer sozial weniger erfolgreich ist, und verfügt sozusagen über ein höheres Renommee.

12.2.2. Machtkämpfe

Macht ist, ökonomisch gesehen, eine knappe Ressource. Denn die Möglichkeit, andere Menschen zu beeinflussen und zu dominieren, besteht nicht unbeschränkt. Es gibt vielleicht mehr Menschen, die sich gerne in einer Machtposition sonnen würden, als soziale Stellungen, die ihren Inhabern diese Gelegenheit bieten. Jeder Machtgewinn, der einem Mitglied der Gruppe zufällt, wird kompensiert durch den Verlust an Macht, den andere Gruppenmitglieder erleiden. Sobald in einer Peergruppe dem Rädelsführer Konkurrenz erwächst, läuft dieser Gefahr, seine Macht an den Herausforderer zu verlieren. Dasselbe gilt bei politischen Ämtern: Wer abtritt, verliert mit seiner Funktion seine Macht und seine Privilegien an seinen Nachfolger bzw. seine Nachfolgerin.

Das allgegenwärtige Streben nach Macht und Ehre setzt in menschlichen Gruppen eine vielfältige Dynamik in Gang, die sich auch in einem Machtgerangel entladen kann. Machtkämpfe kommen, oft verdeckt, in den unterschiedlichsten Arten von Gruppen vor. Nicht selten prägen Machtspielchen die zwischenmenschlichen Beziehungen: Sie lassen sich beobachten zwischen Politikern, zwischen politischen Parteien, den Mitgliedern einer Partei; zwischen Konkurrenten allgemein (vor allem wenn es um eine Machtposition geht); zwischen Lehrerkollegen, zwischen den Schüler/innen in einer Klasse, den Mitgliedern einer Peergruppe; ferner zwischen Ehepartnern, zwischen Geschwistern und – *last but not least* – zwischen Eltern und Kindern. Wenn sie unerkannt bleiben, schaukeln sie sich gerne auf.

Kasten 12.4.: Beispiel eines Machtkampfs in der Erziehung

„Der fünfjährige Jupp brachte seine Mutter zur Verzweiflung. (…). Sie stritt sich dauernd mit ihm. Jupp schien das nicht viel zu kümmern. Schläge halfen nur für einen kurzen Augenblick, wenn überhaupt. Zum Beispiel ging Jupp immer noch nicht regelmäßig auf die Toilette, obwohl die Mutter ihn jahrelang zur Regelmäßigkeit zu erziehen versucht hatte.

Diesen Morgen schickte sie ihn nach dem Frühstück auf die Toilette, er kam aber zurück und sagte, er könne jetzt nicht. Um die Mittagszeit, während sie einige Kleider in den Schrank räumte, bemerkte sie einen typischen Geruch. Sie sah nach und fand, dass Jupp sein ‚großes Geschäft' in Vaters Hut gemacht hatte! Sie stürmte aus dem Haus, fand ihn, brachte ihn herein, zeigte ihm den Hut und verprügelte ihn tüchtig. Er machte sofort in die Hosen, aber sie glaubte, es sei wegen der Schläge. Jupp machte jedoch den ganzen Tag seine Hosen nass und auch sein Bett in der Nacht" (Dreikurs / Soltz 1990, S. 152f).

12.2.3. Machtressourcen

Macht ist nicht nur ein soziales Phänomen. Der Machtbegriff hat ein weiteres Bedeutungsspektrum, und es gibt Machtdefinitionen, die weit über die soziale Dimension hinausreichen.

Kasten 12.5.: Definition III (Thomas Hobbes)

„Die Macht eines Menschen sind, ganz allgemein, seine gegenwärtigen Mittel, um ein künftiges anscheinendes Gut zu gewinnen." ("The power of a man, to take it universally, is his present means to obtain some future apparent good"; Hobbes 1651, Kapitel 10, 1. Satz).

Was Hobbes hier andeutet, lässt sich mit dem Gegenbeispiel der *Ohnmacht* veranschaulichen: Wer das Bewusstsein verliert („in Ohnmacht fällt"), verliert damit (zumindest vorübergehend) auch die Möglichkeit, Entscheidungen zu treffen und für sich zu sorgen. Aus der Ohnmacht erwachen, bedeutet nichts anderes, als seine Kräfte und Fähigkeiten wiedergewinnen.

Macht im Hobbesschen Sinn ist ursprünglich nicht ein kollektives, sondern ein individuelles Phänomen. Insofern erscheint Hobbes' Definition spezieller als die von M. Weber und H. Arendt. Andererseits ist sie auch umfassender und allgemeiner als diese. Sie beschränkt sich nicht auf den sozialen Kontext, wirft aber gleichzeitig Licht auf die Bedingungen der Entstehung sozialer Machtverhältnisse.

Diese allgemeinere Bedeutung zeigt sich auch noch in der Etymologie: Das Substantiv „Macht" gehört dem gleichen Wortstamm an wie „mögen", was ursprünglich so viel hieß wie „können", „vermögen". In manchen Sprachen ist der Begriff für Macht entweder gleichbedeutend mit demjenigen für Fähigkeit, Können (frz. *pouvoir*, span./port. *poder*), oder mit dem für Kraft, Stärke (engl. *power*). Daraus lässt sich schließen: Über je mehr Macht jemand verfügt, desto größer sind seine Freiheitsspielräume, desto freier ist er.

Wer Suaheli versteht, bewegt sich auf einer Reise relativ frei durch den Südosten Afrikas, und einem guten Taucher erschließen sich die Meerestiefen... Bildung und Ausbildung führen zu einer Steigerung von Macht in ihrer allgemeinsten Bedeutung...

Verfügt jemand über Macht in diesem Sinne, so löst dies bei anderen gewöhnlich keine Angst aus. Die Hobbessche Definition ist wertneutral. Wenn wir von einer Person sagen, sie sei in einem bestimmten Gebiet überdurchschnittlich kompetent, so deuten wir damit an, dass sie uns mit den entsprechenden Fähigkeiten besonders überzeugt; wir können anderen die Dienstleistungen dieser Person empfehlen. Die fragliche Kompetenz erhält damit eine soziale Dimension – sie wird zum Baustein für eine soziale Machtbeziehung.

Eine Person kann durch unterschiedlichste Fähigkeiten und Eigenschaften Macht über andere erlangen; diese können von persönlichem Charme bis zu Grausamkeit reichen. In Frage kommen hier alle Eigenschaften, die einer Person eine natürliche Autorität verleihen – wie Erfahrung, rhetorische Fähigkeiten, Freundlichkeit, Zuverlässigkeit, Humor und Schlagfertigkeit; charismatische Qualitäten, aber auch körperliche Kraft und Beweglichkeit, Unerschrockenheit und Mut zur Auseinandersetzung...

Selbst äußere, nicht im Charakter der Person liegende Bedingungen können zum Machtgewinn beitragen: soziale Beziehungen, gehobene soziale Herkunft, Zugang zu Ressourcen, Eigentum an Grund und Boden, Kapitalbesitz, Geld, Zugang zu wichtigen Informationen usw.

Zur Sicherung von Machtpositionen können also die unterschiedlichsten „Machtmittel" dienen – von der physischen Stärke und Gewaltbereitschaft einerseits bis hin zum Charisma und zur Überzeugungskraft andererseits. Im positiven Fall gründet Macht auf Autorität, im negativen auf Zwangsausübung oder auf der Androhung von Gewalt. Wer über einen besonderen Machtinstinkt verfügt, arrangiert diese verschiedenen Faktoren mitunter mit einiger Virtuosität.

Tabelle 12.6.: Macht und Machtlosigkeit

	Macht im Kollektiv, politische Macht	Macht bzw. Kraft und Stärke einer Einzelperson
Machtfülle	Machtfülle, Machtballung, Machtkonzentration	Können (Fähigkeiten): *pouvoir*, Stärke (Kraft): *power*
Machtvakuum	Machtlosigkeit, Anarchie	Ohnmacht

12.2.4. Macht und Herrschaft

Der Begriff „Herrschaft" steht für *legitime* bzw. *institutionell abgesicherte* Macht. Bildlich: Die Abrichtung eines Hundes durch seinen Herrn stellt ein Machtverhältnis dar, und das Schnipsen des Herrn mit den Fingern, damit der Hund Platz nimmt, steht für Herrschaft. In der Politik gilt ein Machtverhältnis als legitim, wenn es von den Betroffenen anerkannt wird. Zur Herrschaft gehören Befehlsgewalt und ein Gehorsamsanspruch. Charakteristisch sind Verhältnisse der Über- und Unterordnung.

Kasten 12.7.: Herrschaft: Definition (Max Weber)

> Herrschaft ist „die Chance, für einen Befehl bestimmten Inhalts bei angebbaren Personen Gehorsam zu finden" (Weber 1922, S. 28).

Eine Partei verfügt vielleicht intern über eine gewisse Herrschaftsstruktur; extern übt sie nur dann Herrschaft aus, wenn sie in die Regierung gewählt ist.

Kasten 12.8.: Drei Typen der Legitimation von Herrschaft (nach Max Weber 1968, bes. S.476-478)

> i) *traditionelle Herrschaft*: Rechtfertigung durch Brauch, Gewohnheit oder eine bewährte Tradition (vgl. patriarchale Herrschaft)
>
> ii) *legale Herrschaft*: Der Gehorsam gilt dem Gesetz bzw. der Regel. Auch der Gesetzgeber und der Justizapparat sind dem Gesetz unterworfen. Die Bürokratie repräsentiert das Modell legaler Herrschaft am klarsten. Jeder Beamte hat eine Aufgabe (Funktion) mit entsprechenden Rechten und Pflichten. In modernen Institutionen spricht man von „Kompetenz", von „Amtspflicht" und von einem „Pflichtenheft"
>
> iii) *charismatische Herrschaft*: Die Rechtfertigung liegt in einer nicht alltäglichen Befähigung der Person des Herrschers und in der emotionalen Hingabe oder Bewunderung seiner Anhänger. Charismatische Führerpersönlichkeiten sind in modernen Staaten selten, und doch gibt es eindeutige Beispiele aus der jüngeren Geschichte: Winston Churchill, Che Guevara, Nelson Mandela...

Die Anerkennung eines Herrschaftsverhältnisses durch die Betroffenen kann unterschiedliche Motive bzw. Ursachen haben: am nächsten liegt ein demokratisches Entscheidungsverfahren. In der Vergangenheit hatte die Anerkennung häufig eine andere Basis – eine Tradition zum Beispiel oder, nach einer Eroberung, die erfolgreiche Sicherung von Frieden und Wohlstand (Kasten12.8).

Macht und Herrschaft sind also nicht dasselbe. Macht gibt der Herrschaft ihre Spannkraft, die Herrschaft der Macht ihre politische Legitimität. Als am 9.11.1989 die Berliner Mauer geöffnet wurde, wurde der Machtverlust der DDR-Herrschaft offensichtlich: die alte Führungsgarde trat ab, und eine neue übernahm vorübergehend (bis zur „Abwicklung" der deutschen Vereinigung) die Herrschaft. Ganz anders die Situation im Irak vom Frühjahr 2003 an: Die USA stürzte das Saddam-Regime; mit dessen Herrschaft zerfielen die Herrschaftsstrukturen, und das entstehende Machtvakuum füllte sich mit den verschiedensten Machtgruppierungen, mit Chaos und zielloser Gewalt.

12.2.5. Macht im Kollektiv, Macht beim Einzelnen

Kann eine Einzelperson soziale Macht ausüben? Das ist, wie die Definitionen I und II des Machtbegriffs gezeigt haben, eine Frage der Terminologie. Hannah Arendt meint, der Einzelne könne über Kraft und Stärke verfügen, Macht dagegen werde stets von einer Gruppe ausgeübt. Dem Einzelnen könne es zwar gelingen, die Macht der Gruppe herauszufordern, niemals aber, von sich aus über andere Macht auszuüben – eben weil dazu die Ermächtigung (die Einwilligung) durch die betroffene Gruppe erforderlich sei. Es liege „im Wesen einer Gruppe oder der von ihr erzeugten Macht (...), sich gegen Unabhängigkeit, die mit Stärke Hand in Hand geht, zu wehren" (Arendt 1970, S. 46). Häufig spiele bei solchen Vorgängen auch das „*Ressentiment* der Schwachen gegen den Starken" (ebd.) eine Rolle, wenn dieser sich gegenüber der Gruppe seine Freiheiten bewahre und nicht auf sie angewiesen sei...

Hanna Arendt orientiert sich bei ihrer Analyse, genau genommen, an politischer Herrschaft. Nicht Macht an sich, sondern Herrschaft als institutionalisierte Macht bedarf der Ermächtigung. Besonders deutlich ist dies unter demokratischen Verhältnissen. In einer Familie hingegen ist das Machtgefälle zwischen Eltern und Kindern (das früher ebenfalls als „Herrschaft" bezeichnet wurde) gleichsam naturgegeben. Im Schulwesen sind die Lehrkräfte durch die Anstellungsbehörde der Schulgemeinde oder durch die Schuldirektion „ermächtigt", nicht durch die Schüler/innen oder ihre Eltern. In informellen Gruppen (etwa Peergruppen) schließlich gehen der Auf- und Abbau von Machtbeziehungen auf gruppendynamische Prozesse zurück. Man kann hier zwar von so etwas wie einer informellen Ermächtigung sprechen, nicht aber von einer Institutionalisierung.

12.2.6. Macht in der Krise

Wer eine Machtposition innehat, hofft in der Regel darauf, dass diejenigen, auf die sich der Machtanspruch bezieht, sich freiwillig unterordnen – gewohnheitsmäßig oder aus wohlverstandenem Eigeninteresse. Freiwillige Unterordnung ist häufig die Reaktion auf eine charismatische Führungspersönlichkeit, wobei das Charisma letztlich auf einem Bündel von Fähigkeiten beruht, die ihm in den Augen der Untergebenen eine besondere Autorität verleihen. Wer eine Machtposition zu erringen bzw. verteidigen versucht, ohne über solche Fähigkeiten zu verfügen, sucht nicht selten bei Zwangsmitteln, im Extremfall bei der Gewaltanwendung, seine Zuflucht.

Zwischen Macht und Gewalt besteht aber eine besondere Dialektik (Hösle 1995): Wer seine Machtstellung unter Einsatz von Gewalt verteidigt, gibt sich eben damit eine Blöße. Gewaltbereitschaft ist in der Regel ein Indiz dafür, dass die soziale Akzeptanz nachlässt und die Machtbasis schwindet. Sobald sich die Abhängigen nicht mehr freiwillig unterordnen, wird das Machtgefüge labil. Gewaltbereitschaft ist immer das Signal für eine Machtkrise. Wer mit Gewalt droht, hat Angst vor Machtverlust. Diese Drohung ruft häufig Gegengewalt – oder eine Verweigerung der Gefolgschaft – hervor. Mit einer Drohung macht man sich vom Willen des Gegenüber abhängig. Macht und Gewalt stehen also, wie Hannah Arendt hervorhebt, gewissermaßen in einem Gegensatzverhältnis zueinander: Die Ausübung von Gewalt gefährdet gerade die Macht, die diesen Gewalteinsatz überhaupt erst ermöglicht (über Gewalt vgl. Kapitel II.4).

> „Ein Despot ist wie ein Kind; er hat (...) dessen Schwächen. Er ist nicht Herr seiner selbst. Die Selbstherrschaft ist die erste Bedingung einer jeden wirklichen Macht, einer jeden Freiheit, die dieses Namens würdig ist" (Durkheim 1984, S. 97).

Es liegt daher auf der Hand, dass Inhaber von Machtpositionen im Allgemeinen danach streben, ihre Macht zu „legitimieren" und sich die (freiwillige) Anerkennung der Untergebenen zu sichern.

Kasten 12.9.: Wann ist zur Sicherung von Macht Gewaltanwendung legitim?

Drei Bedingungen müssen erfüllt sein:

- Die Machtausübung dient einem moralisch übergeordneten Zweck („moralisch übergeordnet" heißt hier, dass sich dieser Zweck nach universalistischen Kriterien moralisch rechtfertigen lässt; die Berufung auf eine partikuläre Gruppenmoral reicht dazu nicht aus).

- Es ist unmöglich, den Zweck, d.h. die Sicherung der Macht, auf anderem Wege zu erreichen.

- Eine utilitaristische Güterabwägung zeigt: Der Verlust der Macht wäre ein größeres Übel als ihre Erhaltung durch Anwendung von Gewalt.

12.3. Ethische Fragen zum Umgang mit Macht

Ist Macht etwas moralisch Anrüchiges? Jacob Burckhardt hat die Macht für „an sich böse" gehalten (Burckhardt 1978, S. 36). Diese Charakterisierung ist einseitig. Macht als solche gehört, wie Geburt und Tod, zur *Conditio Humana*. Einer ethischen Beurteilung zugänglich ist nicht die Macht als solche, wohl aber *der Umgang mit Macht*. Gibt es dafür einschlägige Kriterien?

Tabelle 12.10: Formen der Macht: Überzeugen – Manipulieren – Gewalt ausüben

		Einflussnehmen über die geistige, intellektuelle Ebene: überreden - überzeugen	*Einflussnehmen über die psychologische Ebene:* Propaganda - Manipulation	*Einflussnehmen über die Fakten-Ebene:* Sachzwänge - Gewalt
Appell an die Einsicht		*Überzeugen:* Die richtigen Gründe (Argumente) in Erinnerung rufen: Die betroffene Person entscheidet selbst	*Propaganda betreiben:* Durch Fokussierung, Übertreibung und Beschönigung zu einer bestimmten Handlung animieren	*Sachzwänge arrangieren:* Sachzwänge schaffen: Zuwiderhandeln hat dann negative Folgen; Gehorchen erscheint als das geringere Übel
Beeinflussung		*Werben:* Die Vorteile beschwören, die das gewünschte Verhalten für den Handelnden hat	*Verführen:* Wecken von Sehnsüchten, deren Realisierung das gewünschte Handeln nahelegen	*Nötigen:* Die Umstände so arrangieren, dass Nichtgehorchen für das Opfer negative Folgen mit sich bringt
		Ermahnen: Appell an die Tatsache, dass das gewünschte Verhalten negative Folgen vermeiden hilft	*Einschüchtern:* Das Opfer glauben machen, Zuwiderhandeln habe nachteilige Folgen	*Drohen:* Ankündigen, dass Widerstand mit Gewalt (die sachlich nicht gerechtfertigt ist) beantwortet wird
Instrumentalisierung		*Überreden:* Ablenken von Nachteilen; Zerstreuen von Bedenken	*Gehirnwäsche:* Benebeln des Opfers; Ausschalten seiner Urteilsfähigkeit	*Gewalt ausüben:* Das Opfer mit Körperkraft oder Waffengebrauch zwingen; seinen Widerstand brechen
		Irreführen, lügen: Falsche Tatsachen vorspiegeln und zu einer Handlung animieren	*Konditionieren:* Mechanisches Abrichten (mit behavioristischem ‚Belohnen' und ‚Strafen')	*Den Willen brechen:* Das Opfer (mit beliebigen Mitteln) gefügig machen

Erläuterung: Die Tabelle zeigt legitime (oben bzw. links) und illegitime Formen der Machtausübung (unten bzw. rechts), mit fließenden Übergängen (mittlere Spalte und mittlere Zeile).

Wie immer man diese Frage beantwortet, zweierlei sollte man dabei berücksichtigen: Zum einen den Zweck, den jemand verfolgt, wenn er Macht ausübt. Läuft dieser dem legitimen Willen der Betroffenen zuwider, so liegt Machtmissbrauch vor. Beispiele sind etwa sexuelle oder sexistische Handlungen mit Abhängigen. Zum anderen die Art und Weise, wie jemand eine Machtposition erringt oder sie behauptet (vgl. Tabelle 12.10). Wendet er dabei Zwang oder Gewalt an, so liegt wiederum der Verdacht auf Machtmissbrauch nahe. Allerdings lassen sich Zwang oder Gewalt in Ausnahmesituationen moralisch rechtfertigen – nämlich dann, wenn sie der Abwehr illegitimer Angriffe oder der Verteidigung gegen Angriffe auf die legitime soziale Ordnung gelten. Doch auch in solchen Fällen lässt sich der Einsatz von Gewalt nur dann rechtfertigen, wenn vorher sämtliche gewaltfreien Mittel versagt haben.

12.4. Verantwortung

Zwischen Macht und Verantwortung besteht, wie sich zeigt, ein wechselseitiges Voraussetzungsverhältnis: Jede soziale Funktion verleiht ihrem Inhaber bestimmte Befugnisse und eventuell Privilegien (also Macht); umgekehrt verleiht sie ihm eine gewisse Verantwortung. Befugnisse haben den Charakter von Rechten, die Verantwortung verweist auf entsprechende Pflichten. Der Begriff „Verantwortung" deutet die ethische Seite des Machtgebrauchs an: Wir sagen von jemandem, er werde seiner Verantwortung gerecht, wenn er (a) die Macht, die er ausübt, nicht missbraucht, wenn er sie also für die Zwecke seines Amtes bzw. seiner sozialen Aufgabe einsetzt, und (b) wenn er auf die Anwendung illegitimer Gewalt verzichtet (vgl. Tabelle 12.11).

Als Faustregel gilt: Je größer die Macht, desto größer auch die Verantwortung. Und je geringer die Macht, desto geringer die Verantwortung. Für Handlungen, zu denen man gezwungen wird und die man nicht verweigern kann, ohne ein unzumutbares Opfer zu erbringen, kann man nicht zur Verantwortung gezogen werden.

Tabelle 12.11.: Verantwortliche Machtausübung als Haltung zwischen zwei Extremen

Tyrannei, Willkür und Machtmissbrauch	*Verantwortungsvolle Machtausübung*	*„Laissez faire"*
Ausübung von Zwang, Willkür, Gewalt zwecks Erhaltung einer Machtstellung; Missachtung der mit dieser Stellung verbundenen Verantwortung.	a) Zugunsten eines legitimen Ziels b) und mit legitimen Mitteln.	Vernachlässigung der mit einer sozialen Stellung verbundenen Aufgaben; Schwäche, Inkompetenz, mangelnde Glaubwürdigkeit; drohendes Machtvakuum.

Korrekter, *verantwortlicher Umgang mit Macht* lässt sich als Beispiel einer „Tugend" interpretieren (vgl. Kapitel 3): Er steht in Opposition zu zwei Formen *unverantwortlicher Machtausübung*, die zwei einander entgegengesetzte Extreme repräsentieren: *Tyrannei* bzw. *Zwang* einerseits und *Laissez Faire* andererseits. Echte Autorität entspricht hier also dem Weg der Mitte.

Zweiter Teil:

Pädagogik als Herausforderung an die Ethik

> „Bildung ist etwas, das Menschen mit sich und für sich machen. Man bildet sich. Ausbilden können uns andere, bilden kann sich jeder nur selbst."
>
> Peter Bieri (2005, S. 30)

II. 1. Bildung – was ist das?

Bildung und Erziehung sind nicht dasselbe. Erziehung ist die Anleitung und Lenkung von Kindern auf ihrem Weg zum Erwachsenwerden, mit dem Ziel, sie in die Erwachsenenwelt einzugliedern. Bildung geht darüber hinaus, durch Bildung gleichen sich die Menschen ihren Erziehern nicht einfach an, sondern sie wachsen womöglich über sie hinaus.

Bildung ist auch nicht dasselbe wie Ausbildung. Ausbildung ist ein Mittel zu einem vorweg definierten Zweck, Bildung hingegen hat den Charakter eines Selbstzwecks. Eine Ausbildung führt nicht zwangläufig zu Bildung, und viele Ausbildungen haben Bildung so gut wie gar nicht im Visier. Und doch gibt es keine guten Gründe, in Diskussionen über die Verbesserung unserer Bildungssysteme die Frage nach dem was wir unter Bildung verstehen wollen, auszuklammern.

Bildung ist mehr und anderes als bloß die Förderung bestimmter Fertigkeiten (Weitsprung, Englisch sprechen, Steuerformulare ausfüllen usw.). Bildung ist aller Ausbildung übergeordnet und gleichzeitig geht sie tiefer. Dies klingt in Begriffen wie „Menschenbildung" oder „Herzensbildung" an. – Das Verhältnis zwischen Ausbildung und Bildung ist in gewisser Weise demjenigen zwischen Moral und Ethik analog: Jene steht für ein etabliertes System von Normen, diese liegt gleichsam auf einer höheren, reflexiven Ebene und stellt doch gleichzeitig dessen argumentative Grundlage dar.

1.1. Bildung in der griechischen Antike

Die frühesten Bildungsanstrengungen in der abendländischen Kultur beobachtet man bei den Griechen, und sie haben alle späteren europäischen Bildungskonzepte entscheidend beeinflusst. Dazu Werner Jaeger in seinem opus magnum über Bildung in der griechischen Antike:

> „Bildung ist nicht möglich ohne ein dem Geiste vorschwebendes Bild des Menschen, wie er sein soll, wobei die Rücksicht auf den Nutzen gleichgültig oder jedenfalls nicht wesentlich ist, sondern das *kalón* den Ausschlag gibt, d. h. das Schöne im verpflichtenden Sinne des Wunschbilds, des Ideals. Dieser Gegensatz der erzieherischen Motive lässt sich durch alle Jahrhunderte verfolgen, er ist ein Grundbestandteil der Menschennatur. [...] [E]s ist leicht zu sehen, dass [...] die Bildung aus anderer Wurzel erwachsen ist als [...] Erziehung [...]. Bil-

dung zeigt sich in der gesamten Form des Menschen, in seinem äußeren Auftreten und Gebaren wie in seiner inneren Haltung" (Jaeger 1934, S. 24).

Das Ringen der Griechen um ein Idealbild des Menschen hat nicht nur ihre Kindererziehung beeinflusst, sondern auch ihre Kunst – Musik, Dichtung, Dramatik und Bildhauerei. Sie alle kreisen direkt oder indirekt um das Idealbild des Menschen. Für die Griechen war dieses Ideal nichts Statisches, es wandelte sich im Verlauf der griechischen Geschichte grundlegend. Es war nichts in sich Abgeschlossenes und oft auch nichts klar Beschreibbares, sondern etwas, wonach man suchte, was man bildlich darstellte und um dessen begriffliches Verständnis man rang. Es war auch nichts Abgehobenes, sondern Teil des kulturellen Lebens, der Kunst und der Politik. Ja, der Politik – denn der Mensch wurde als von Natur aus gesellig, als politisches Wesen, begriffen. Zum Bild des Menschen gehörte auch ein Verständnis seiner Stellung in der Natur, im Kosmos und gegenüber den Göttern. Natur und Kosmos wurden – von der zyklischen Wiederkehr immer wieder gleicher Prozesse abgesehen – als feststehend gedacht. Die Griechen waren die ersten, die der Natur unveränderliche Gesetze unterstellten (die Vorstellung einer natürlichen Evolution war ihnen fremd). An diese Naturgesetze hatten sich selbst die Götter anzupassen, die Menschen erst recht.

„[D]ie Besonderheit der Stellung des Griechentums in der Geschichte der menschlichen Erziehung beruht […] auf dem allbeherrschenden Formtrieb, mit dem der Grieche nicht nur an künstlerische Aufgaben sondern ebenso an die Dinge des Lebens herangeht, und auf dem philosophischen […] Sinn für die tiefer liegenden Gesetze der menschlichen Natur und die aus ihnen entspringenden Normen der persönlichen Seelenführung und des Aufbaus der Gemeinschaft. […] Das klare Bewusstsein […] der immanenten Gesetze, nach denen die körperlichen und seelischen Kräfte des Menschen sich betätigen, musste in dem Augenblick die höchste Bedeutung gewinnen, wo die Griechen sich dem Problem der Erziehung gegenübergestellt sahen. […] Wirkliche Menschen zu formen, wie der Töpfer den Ton und der Bildhauer den Stein zur Gestalt modelt, das ist ein kühner Schöpfergedanke, der nur im Geiste dieses Künstler- und Denkervolkes reifen konnte. Das höchste Kunstwerk, das es sich als Aufgabe gestellt fand, wurde ihm der lebendige Mensch. Den Griechen tagte zum erstenmal die Erkenntnis, dass auch die Erziehung ein Prozess bewussten Aufbaus sein muss" (Jaeger 1934, S. 12).

Dabei wandelte sich das griechische Menschenbild durch die Jahrhunderte, auch wenn es dabei stets männlich geprägt blieb. Auf das vorklassische Bild des tüchtigen, tapferen Mannes folgte das Bild eines Menschen, der nach seinem Glück strebt und klug zu handeln versteht. Bei Platon wird dieses Bild um die Dimension der Weisheit und des Wissens ergänzt.

Bildung heißt griechisch *paideia*. Dieses Wort wird oft mit Erziehung, Unterricht, Lehre, Unterweisung, Übung, ja Ausbildung übersetzt (Menge-Güthling, S. 511). Aber Platon macht deutlich, dass jeder selbst für seine Bildung verantwortlich ist. Paideia ist nicht das Gute, sondern die Suche danach. Dieser Suche ist die gesamte Philosophie Platons gewidmet. Wesentlich dabei ist es, sich nicht auf Irrwege einzulassen, die nicht zum Guten führen und daher nicht als Bildung aufgefasst werden können. Zu diesen Irrwegen gehören z. B. das fachliche Spezialistentum, und sei es noch so nützlich oder edel, ökonomisches Know-how, politisches Herrschaftswissen, künstlerische Kreativität: Sie alle sind würdige und sinnvolle Ziele möglicher Ausbildungen, doch tragen sie zur Beantwortung der Frage nach einer guten Lebensführung im Sinne der Realisierung von Bildung – paideia – nichts Wesentliches bei; ihnen allen fehlt (so Platon) das wesentliche ethische Orientierungswissen.

Platon veranschaulicht dies im Höhlengleichnis (Politeia VII, 514a-517e): Paidéia, der Bildungsprozess, erfolgt durch „Umwendung der Seele" (*psychés periagogé*; a.a.O. 518d), als Abwendung vom Dunkel und Hinwendung zum Licht. Bildung ist also gewissermaßen „Aufklärung". Es gibt keine Einsicht in das gelingende Leben ohne Selbstreflexion, ohne Selbsterkenntnis. Man kann das Bild von der Umwendung der Seele auch so deuten, dass der Mensch mit Organen, die ihn zur Einsicht in das „Gute" befähigen, geboren wird, aber erst lernen muss, diese Organe – insbesondere das Vermögen der vernünftigen Einsicht – zu nutzen. Dieser Lernprozess basiert auf geduldigem Üben... Bis schließlich die „Umwendung der Seele", ihre Rückwendung auf sich selbst, eintritt.

Kasten 1.1.: Entwicklung als „Umwendung der Seele"

> Sowohl Hegel als auch Piaget haben – wissentlich der eine, unwissentlich der andere – die Platonische Metapher von der Umwendung der Seele aufgenommen und sie als eine „Umkehrung des Bewusstseins" interpretiert. Diese „Umkehrung" vollzieht das Individuum selber (und nicht, wie bei Platon, durch Intervention einer außenstehenden Person, eines Pädagogen), und es vollzieht sie zudem nicht bloß ein einziges Mal, sondern wiederholte Male. Mit jeder Umwendung weitet sich der Horizont, und die Person situiert sich in ihrer Welt neu, was zugleich bedeutet, dass sie jedes Mal eine völlig neue und freiere Sicht der Dinge einnimmt, ihre Ansichten und Überzeugungen an das veränderte Weltbild anpasst und veraltete ablegt. Dabei erfährt sie jedes Mal mehr über die eigene Stellung in der Welt, über die Bedingtheit dieser Stellung, aber auch über die eigenen Wirkungsmöglichkeiten und Verantwortungsspielräume (Kesselring 1981).
>
> Jede solche Neuorientierung ist mit einer „Umwertung" bisheriger Werte verbunden. Das vorausgehende Wertesystem verliert seine Absolutheit und wird in ein umfassenderes System eingegliedert – was nicht bedeutet, dass die Werte relativiert, sondern dass sie untereinander koordiniert und zu einem reicheren Wertekosmos zusammengefügt werden – einem Wertekosmos, der uns zu einem friedlichen, konstruktiven Zusammenleben befähigt.

1.2. Bildung bei Humboldt

Der deutsche Begriff „Bildung" hat – im Unterschied zu den Begriffen „Ausbildung" oder „Berufsbildung" – eine Bedeutung, die sich in die anderen europäischen Sprachen nur schwer, wenn überhaupt, übersetzen lässt. Über bloßes Schulwissen hinaus, das für alle gleichermaßen verbindlich festgelegt ist, stellt Bildung etwas Individuelles dar. Bildung ist außerdem ein Prozess, kein Zustand: fortschreitendes Wissen, nicht nur ein Sammeln und Zurschaustellen von Kenntnissen. Der deutsche Bildungsbegriff ist stark von Wilhelm von Humboldt [1767-1835] geprägt worden. Dieser ist seinerseits vom griechischen Idealbild des Menschen inspiriert, aber weniger elitär. Anders als in der platonischen Kastengesellschaft, ist Bildung bei Humboldt im Prinzip für jedermann zugänglich (die Frauen bleiben allerdings weiterhin im Schatten).

Seine Bildung erarbeitet sich – wie schon Platon betont hat – jeder Mensch selbst. Als besondere Orte der Bildung sind die Universitäten gedacht (Humboldt gründete bekanntlich die Berliner Universität), sie ist eine Institution, in der sich die Gelehrten gegenseitig anregen. Das Mehrwissen der Lehrenden rechtfertigt keine Rangunterschiede gegenüber den Lernenden. Der Staat soll die Universität aufbauen, fördern, gestalten, aber die Autonomie derjenigen, die Wissenschaft betreiben, nicht einschränken. Diese leben als Freie und Gleiche gewissermaßen in einer von äußeren Eingriffen unbehelligten Gelehrtenrepublik.

Obwohl nach Humboldt niemand aufgrund seiner Geburt von Bildung ausgeschlossen ist, können doch nicht alle Bürger/innen „Gebildete" werden. Denn gebildet sein heißt so viel wie gelehrt sein. Die Universität bleibt aber nur für einen kleinen Teil der Bevölkerung zugänglich. In dieser Hinsicht haftet auch dem Bildungskonzept Humboldts etwas Elitäres an.

Zwei Dinge hatte Humboldt im Übrigen nicht vorhergesehen: die schon von Heinrich Heine [1797-1856] verspottete Eitelkeit des deutschen Professors, der sich gerne in seinem rhetorischen Geschick und Mehrwissen sonnt, was der Führung sachbezogener Diskurse nicht immer förderlich ist, und die spätere Entwicklung der Universitäten bis hin zur postmodernen Massenuniversität. Diese ist mit den Humboldtschen Ideen nicht mehr vereinbar. Auch fehlt Humboldts Bildungskonzept – im Unterschied etwa zum politischen Humanismus der Angelsachsen – der Aspekt eines ausdrücklichen sozialethischen Engagements. Die deutschen Universitäten haben den Nationalsozialismus nicht verhindert.

Der deutsche Bildungsbegriff ist in andere Sprachen schwer übersetzbar (vgl. Kasten 1.2.). In einem tieferen Sinn ist er auch ambivalent: Bildung ist ein Ideal, das Hochachtung verdient und das zu erreichen nicht selbstverständlich ist. Deshalb wird Bildung zum Gegenstand von sozialem Prestige und persönlichem Ehrgeiz, und als solcher verkommt sie häufig zu einer bloßen Girlande – zu „Dünkel und Tiefsinn" (von Hentig 1996, S. 54). Diese Girlande ist aber heiß begehrt, viele laufen ihr hinterher, und so entsteht die epigonale Truppe der Bildungsbürger, für die gebildet sein nichts weiter bedeutet als viel zu wissen und über vieles (gescheit) mitreden zu können.

Kasten 1.2.: Äquivalente für Bildung in den angelsächsischen Ländern und in Frankreich

---

Den „Bürgerhumanismus" in den angelsächsischen Ländern kann man nicht mit dem Humboldtschen Bildungskonzept gleichsetzen.

Bildung heißt im Englischen „liberal education", *gebildet* wird mit „educated", „cultured", „well-bred" wiedergegeben. Das Gegenteil, *ungebildet*, ist „uneducated".

Im Französischen bedeutet *Bildung* so viel wie *Allgemeinbildung* – „culture générale". „Bildungslücke heißt schlichtweg ‚ignorance' oder ‚lacune dans les connaissances', während *gebildet* mit ‚cultivé' oder ‚lettré' wiedergegeben wird" (Schwanitz 1999, S. 395). *Ungebildet* wird mit „inculte" übersetzt.

1.3. Wie wäre es, gebildet zu sein? Zeitgenössische Antworten

Die Frage, was Bildung genau beinhaltet, lässt sich heute so wenig wie in früheren Jahrhunderten erschöpfend beantworten. Die prominentesten Antworten stammen von Einzelpersonen – Pädagogen, Altphilologen, Naturwissenschaftlern, Philosophen.

1.3.1. Bildung als gehobene Allgemeinbildung: Schwanitz

In einem geistreichen Buch stellt Dietrich Schwanitz das Grundwissen zusammen, über das, wie er denkt, eine gebildete Person verfügen sollte. Sein Buch ist eine Art Enzyklopädie deutschen Bildungswissens.

Kasten 1.3.: Bildung - Definitionsversuche (nach Schwanitz)

> „Bildung ist die Vertrautheit mit den Grundzügen der Geschichte unserer Zivilisation, den großen Entwürfen der Philosophie und Wissenschaft, sowie der Formensprache und den Hauptwerken der Kunst, Musik und Literatur."
>
> „Bildung orientiert sich an dem Ideal der allgemeinen Persönlichkeitsbildung im Gegensatz zur praktischen Berufsbildung der Spezialisten."
>
> „Bildung nennt man ein durchgearbeitetes Verständnis der eigenen Zivilisation."
>
> „Bildung ist ein geschmeidiger und trainierter Zustand des Geistes, der entsteht, wenn man alles einmal gewusst und alles wieder vergessen hat".
>
> „Bildung ist die Fähigkeit, bei der Konversation mit kultivierten Leuten mitzuhalten, ohne unangenehm aufzufallen."
>
> Diese letzte Definition kommt derjenigen, die Schwanitz vertritt, am nächsten. „Bildung (…) [ist] auch ein soziales Spiel […]. Das Ziel dieses Spieles ist einfach: gebildet zu erscheinen und nicht etwa ungebildet" (alle Definitionen bei Schwanitz 1999, S. 394f.).

Kasten 1.4.: Bildung als Spiel (nach Schwanitz)

> Im geselligen Verkehr unterstellt man sich gegenseitig, der Andere sei gebildet.
>
> „Solche Unterstellungen sind Formen des Kredits. In der Moral ist das ganz üblich; da unterstellt man eine generelle Anständigkeit als Normalfall. Auf einer Abendgesellschaft wäre es unangebracht zu fragen:
>
> ‚Sagen Sie mal, Herr Dr. Isebrecht, haben Sie schon mal einen Raubüberfall begangen? Nein? Auch kein Notzuchtverbrechen?'
>
> In derselben Weise unterliegt die Bildung einem Thematisierungstabu. Es ist also unangebracht, die Bildung des Gegenüber[s] wie bei einem Quiz zu prüfen nach der Manier:
>
> ‚Wer hat den Dom von Florenz erbaut? Was, das wissen Sie nicht? Und Sie wollen das Abitur haben?'" (Schwanitz 1999, S. 395)

Wer das Buch von Schwanitz durcharbeitet – so die Absicht des Autors – kann mitreden, das Spiel der „Gebildeten" mitspielen. Um einer Blamage zu entgehen, sollte der „Gebildete" auch einschätzen können, was er alles besser nicht wissen oder worüber er, wenn er es dennoch weiß, besser Stillschweigen bewahren sollte – Klatsch beispielsweise.

Das Bildungsideal von Schwanitz bleibt zweideutig. Ist der solchermaßen Gebildete mehr als ein bloßer „Bildungsbürger"? Ethisch jedenfalls verpflichtet dieses Bildungsideal zu nichts ...

1.3.2. Naturwissenschaftliche Allgemeinbildung: Fischer

Auch naturwissenschaftliches Wissen gehört zur Bildung. Das ist die These, die Ernst Peter Fischer vertritt. Schwanitz hatte geschrieben:

„(...) so bedauerlich es manchem erscheinen mag: Naturwissenschaftliche Kenntnisse müssen zwar nicht versteckt werden, aber zur Bildung gehören sie nicht" (Schwanitz 1999, S. 482).

Die Naturwissenschaften geben nicht nur Einblick in die uns umgebende Natur, sie liegen auch der gesamten modernen Technik zugrunde. Wer kein Flair für die Technik und ihre Voraussetzungen hat, versteht die moderne Welt nicht wirklich und kann nicht kompetent mitreden. Fischer geht es allerdings weniger um das bloße Mitredenkönnen als um ein Plädoyer für naturwissenschaftliche Grundlagenkenntnisse. Über sie zu verfügen, ist sowohl Selbstzweck als auch Voraussetzung für die Fähigkeit, die Zukunft mit zu gestalten: Das Beispiel des Gebildeten gibt der schöpferische Wissenschaftler ab, dessen Kreativität derjenigen des Künstlers eng verwandt ist. Kunst und Naturwissenschaft inspirieren und ergänzen sich gegenseitig.

Fischers Fazit: „Nicht die Menschen müssen in das Innere der Wissenschaft gebracht werden, sondern die Wissenschaft muss ihren Platz im Inneren der Menschen finden. Erst wenn dies gelingt, kann man von einem öffentlichen Verständnis für Wissenschaft sprechen" (Fischer 2001, S. 427).

1.3.3. Bildung als Weltläufigkeit: Bieri

Der Schweizer Philosoph Peter Bieri (der unter dem Pseudonym Pascal Mercier auch als Romanautor bekannt geworden ist) lässt den Aspekt der wissenschaftlichen Kreativität außen vor und konzentriert sich, ähnlich wie Schwanitz, auf die humanistische Bildung, grenzt diese aber ausdrücklich gegen simples Bescheid- und Vielwissen ab. Bieri betont acht Merkmale von Bildung (Bieri 2005, S. 30ff.):

Bildung als Weltorientierung: Der Gebildete zeichnet sich „eine grobe Landkarte des Wissbaren und Verstehbaren", er eignet sich einen Sinn für Größenordnungen und für Genauigkeit an. Er weiß beispielsweise, dass die Anzahl der auf der Erde gesprochenen Sprachen eher bei 4000 als bei 40 liegt. Und er ist imstande, sich mit einem Thema gründlich auseinanderzusetzen – einem Gestein, einem Gedicht, einem Rechtssystem, einem Spiel.

Bildung als Aufklärung: „Wissen ist Macht", allerdings nicht mit der Intention, über Andere zu herrschen, sondern um uns von Anderen nicht beherrschen zu lassen und nicht zu Opfern von Bluff und Irreführung zu werden.

Bildung als historisches Bewusstsein: Der Gebildete hält die eigene Lebensform nicht für allen anderen Lebensformen überlegen. Er weiß um historische Zufälle. Zugleich ist er neugierig, er will zum Beispiel wissen: „Wie ist es dazu gekommen, dass wir so denken, fühlen, reden und leben", wie wir es tun?

Bildung als Artikuliertheit: Der gebildete Mensch ist belesen. Wer Sachbücher liest, „hat einen Chor von Stimmen im Kopf, wenn er nach dem richtigen Urteil in einer Sache sucht. Er ist nicht mehr allein. Und es geschieht etwas mit ihm, wenn er Voltaire, Freud, Bultmann oder Darwin liest. Er sieht die Welt danach anders, kann anders, differenzierter darüber reden und mehr Zusammenhänge erkennen".

Bildung als Selbsterkenntnis und Selbstbestimmung (als zwei Merkmale): Eine gebildete Person weiß „über sich selbst" Bescheid. Sie ist sich bewusst, „dass Gedanken, Wünsche und Gefühle kein unabwendbares Schicksal sind, sondern etwas, das man bearbeiten und verändern kann".

Bildung als moralische Sensibilität: Die gebildete Person ist einfühlsam und verfügt über eine „präzise soziale Phantasie".

Bildung als poetische Erfahrung: Bildung in diesem Bereich ermöglicht Glückserfahrungen. Bildung ist zwar weder ein Mittel noch eine Voraussetzung, um glücklich zu werden, aber sie vermittelt „Erfahrungen des Glücks" – durch Lesen, durch Besserverstehen, durch Faszination an der Kunst...

1.3.4. Bildung als staatsbürgerliche Kompetenz: von Hentig

Hartmut von Hentigs Bildungsverständnis ist gänzlich frei von bildungsbürgerlichem Ballast und hat nichts Elitäres an sich: Anspielungen auf eine „Zweiklassengesellschaft, *hie[r]* Gymnasiasten, *da* Nichtgymnasiasten, *hie[r]* volkstümlich Gebildete […], *da* akademisch Gebildete", verfehlen das Wesentliche an Bildung. Wie schon Humboldt betont hat, ist Bildung ein Prozess: Sie beginnt „in frühester Kindheit", und es gibt kein Ende der Bildung, „kein Examen", das „die so verstandene Bildung abschließt" (von Hentig 1996, S. 137).

Von Hentig formuliert sechs Bildungskriterien. Bei nicht weniger als vier davon dominieren ethische Aspekte:

1. *Abscheu und Abwehr von Unmenschlichkeit*: Zur Bildung gehört, dass man vor inhumanen Praktiken nicht die Augen verschließt und sensibel genug bleibt, um sich von ihren Ursachen beunruhigen zu lassen und Position zu beziehen.

2. *Die Wahrnehmung von Glück*: Das ist ebenfalls ein ethisches Kriterium. Während Bieri als Anlass zu Glückserfahrungen nur die poetische Bildung gelten lässt, als ob der Gebildete ausschließlich durch den Umgang mit Büchern und allenfalls mit Musik Glück erleben könnte, stellt von Hentig zwischen Bildung und Glück eine enge Ver-

bindung her: „Bildung soll Glücksmöglichkeiten eröffnen, Glücksempfänglichkeit, eine Verantwortung für das eigene Glück." Und: „Wo gar kein Glück aufkommt, war keine oder die falsche Bildung" (von Hentig 1996, S. 79).

3. *Der Wille, sich zu verständigen*: Da sich heute so etwas wie eine „Weltzivilisation" entwickelt, ist Verständigung mehr denn je zuvor eine unerlässliche Bedingung für den Weltfrieden: „Alles hängt mit allem zusammen und darum alle von allen ab – und der Anspruch auf Demokratie allüberall macht alle für alles mitverantwortlich" (a.a.O., S. 83). Auch das ist ein ethisches Kriterium.

4. *Ein Bewusstsein von der Geschichtlichkeit der eigenen Existenz*, und zwar in ihrer kollektiven wie in ihrer individuellen Dimension: als Bewusstsein von den Entstehungsbedingungen der eigenen „Kultur" und als Bewusstsein von der Besonderheit der eigenen Lebensgeschichte; diese reiht sich ein in die „Entwicklung von jenen rudimentären Steinzeitordnungen" bis hin zum „Gedanken von der Würde des Einzelnen und den Grundrechtskatalogen moderner Verfassungen" (S. 91).

5. *Wachheit für letzte Fragen*: Von Bildung zeugt nicht so sehr die Fähigkeit, „letzte", d. h. metaphysische Fragen zu stellen, als vielmehr die Fähigkeit, ihre Nichtbeantwortbarkeit auszuhalten, ohne „in die nächst beste Gewissheit zu fliehen: in Mythen, Dogmen, Ideologien" (S. 95). Von den wichtigsten Fragen sind die meisten unbeantwortet: „Gibt es (…) einen Schöpfer des Universums und Herrn der Geschichte? Hat die Welt einen Sinn, einen Plan? Was ist dieser Sinn (…)? Was ist meine Bestimmung in ihm? (…) Bin ich frei, von jenem Plan abzuweichen? Wohin führt das alles? Was kommt danach" (S. 95)?

6. *Die Bereitschaft zur Selbstverantwortung und zur Verantwortung in der res publica* – erneut ein ethisches Kriterium: Jeder Mensch ist für seine Bildung und sein Wohl selbst verantwortlich. Das eigene Wohl ist aber in komplexer Weise an das Wohl anderer und an das Gemeinwohl gekoppelt. Damit erweitert sich der Verantwortungsbereich des Einzelnen: „Ich schulde meinen Mitbürgern Rechenschaft nicht für alles, aber für alles, was auch sie betrifft." Ich darf meine Verantwortung nicht auf andere abwälzen, darf mich „nicht hinter andere verkriechen – Eltern, Lehrer, Vorgesetzte, Mehrheiten […], ja nicht einmal hinter das geltende Gesetz" (S. 98).

Während Bieri schreibt: „Der Gebildete ist ein Leser" – ein Leser, der nicht bloß liest, sondern dessen Persönlichkeit sich durch das Gelesene verändert –, lenkt von Hentig den Blick auf Bildungsanlässe und -erlebnisse, die weit über das Lesen hinausgehen: Geschichten erleben (auch: Geschichten erzählen), Gespräche, Sprachverwendung allgemein, Theaterspiel, Naturerfahrung (speziell: Tierbeobachtung), Politik, Arbeit, Feiern von Festen, Musizieren und Musik hören, Auf- und Ausbrechen aus dem gewohnten Trott (von Hentig 1996, S. 104-137). Der Stubengelehrte, wie Bieri ihn skizziert, markiert lediglich einen Grenzfall von Gebildetsein.

Schulbildung – betont von Hentig – ist für Bildung zwar notwendig, aber zwischen beiden liegt eine Kluft, die sich nicht mit einem bloßen Handstreich überbrücken lässt:

„Maßstäbe für Bildung (…) sind ‚unpraktisch'" (S. 99). Sie sind nicht messbar, und Bildung ist nicht lehrbar. Herkömmliche Schulen und Unterrichtsfächer können zwar Schritte in Richtung Bildung vermitteln. „Aber weil in den heutigen Bildungseinrichtungen Lehrbares und

Messbares im Vordergrund stehen, kommt fast nichts anderes zum Zuge; aus den hier in der Mathematik, da im Geschichtsunterricht, dort im Sport erbrachten Leistungen entsteht die gebildete, sich bildende Person nicht, jedenfalls nicht von allein und nicht leicht" (S. 99f.).

Die Liste der sechs Bildungsmaßstäbe enthält keine „Kriterien der Hochschulreife, Schlüsselqualifikationen und Schlüsselprobleme." Die Frage lautet nicht: „‚Wozu soll ein junger Mensch heute ausgebildet werden?', sondern: ‚Was für eine Bildung wollen wir den jungen Menschen geben?'" (S. 76).

Kasten 1.5.: Schützt Bildung vor Unmenschlichkeit?

> Sowohl Bieri wie Schwanitz weisen darauf hin, dass Gelehrsamkeit unmenschliches Verhalten nicht ausschließt. Spaemann behauptet geradezu: „Ein gebildeter Mensch kann sehr wohl zum Verräter werden. Die innere Distanz, die ihn auszeichnet, macht ihm den Verrat sogar leichter als anderen Menschen" (Spaemann 1994/95). Dem widerspricht Bieri: Heinrich Himmler beispielsweise sei nicht ein Gebildeter gewesen; er stammte zwar aus einer gebildeten bürgerlichen Familie; seine Rolle im Nationalsozialismus verrate aber seine Unbildung: Belesenheit – so Bieri – „schützt nur denjenigen, der die humanistischen Schriften nicht bloß konsumiert, sondern sich auf sie einlässt; denjenigen, der nach dem Lesen ein anderer ist als vorher" (Bieri 2005, S. 31).

1.3.5. Bildung als Orientierung an „epochaltypischen Schlüsselproblemen": Klafki

Bildung – so Wolfgang Klafki – schließt ein Bewusstsein der besonders drängenden Probleme der Gegenwart ein. Dies sind: (1) Friedenssicherung, (2) Umweltfragen, (3) gesellschaftlich produzierte Ungleichheit – zwischen Klassen, Geschlechtern, Nichtbehinderten und Behinderten, zwischen Menschen mit und ohne Arbeitsplatz, zwischen In- und Ausländern –, sowie (4) die Gefahren und Möglichkeiten der neuen Steuerungs-, Informations- und Kommunikationsmedien (Klafki 1991, S. 59). Bildung in diesem Sinn bedingt immer auch Offenheit für verschiedene Lösungswege. Die Vorlieben für die eine oder andere Lösung hängen von Erfahrungen und von der gesellschaftlichen Stellung, die man einnimmt ab, aber auch von wirtschaftlichen, sozialen und politischen Interessen. Es geht nicht darum, mögliche Lösungen als einander gleichberechtigt anzusehen, sondern sich die „Frage nach Kriterien" zu stellen, „mit deren Hilfe die Geltung unterschiedlicher Lösungsvorschläge für ein Schlüsselproblem oder einzelne seiner Teileelemente wertend beurteilt werden kann" (S. 61).

Klar, dass hierfür staatsbürgerliche Kompetenzen gefragt sind. Ihre Basis erblickt Klafki in vier besonderen Fähigkeiten und Bereitschaften:

- Fähigkeit zur Kritik, einschließlich Fähigkeit zur Selbstkritik;

- Fähigkeit zur Argumentation: Es geht darum, die eigene Sichtweise und die Kritik, die man vorzubringen hat, einem Gegenüber in einer Weise nahe zu bringen, dass diesem „Verstehen und kritische Prüfung ermöglicht" werden und sich die „Chance zum gemeinsamen Erkenntnisfortschritt" eröffnet (S. 63);

- Fähigkeit zur Empathie, d. h. zur Übernahme der Sichtweisen, die die von einem Problem oder einer Maßnahme usw. Betroffenen einnehmen;

- Fähigkeit zum „Zusammenhangdenken" („vernetzten Denken"), das auch vor den Folgen und Nebenfolgen des eigenen Konsumverhaltens nicht halt macht.

1.3.6. Ergänzungen zur ethischen Bildung

Im Bildungskonzept von drei der fünf Autoren fehlt die ethische Dimension fast gänzlich. Einzig bei von Hentig und Klafki ist sie deutlich sichtbar, sie steht bei ihnen sogar im Vordergrund. Das Ethik-Desiderat ist andererseits dort am fühlbarsten, wo *Bildung* in die Nähe von *Allgemeinbildung* gerückt und mit bildungsbürgerlichen Konnotationen belastet wird.

Gehören aber ethische Kompetenzen wirklich zur Bildung? Es lohnt sich, die Frage zu diskutieren, ob es so etwas wie ethische Allgemeinbildung oder gar ethische Bildung gibt. Was könnte das sein? Sicher nicht die Fähigkeit, die Kardinaltugenden gemäß Thomas von Aquin herzusagen oder den genauen Wortlaut des Kategorischen Imperativs von Kant zu kennen.

Ethische Bildung ist praktisches Wissen, man kann auch sagen, sie ist Hintergrundwissen darüber, was menschliches Handeln erfolgreich und für andere Menschen akzeptabel werden lässt. Zum Beispiel das Wissen um die Tatsache, dass die Goldene Regel schon vor zweitausend Jahren in den verschiedensten Gesellschaften bekannt war, das Bewusstsein von der Unmöglichkeit, ethische Werte auf biologische Fakten oder ökonomische Zusammenhänge zurückzuführen, eine Ahnung also von den Fallstricken des naturalistischen Fehlschlusses, eine Ahnung aber auch von der Schwierigkeit, den Wettbewerb nach ethischen Kriterien zu domestizieren, eine Sensibilität für die Vieldeutigkeit des Wortes „Toleranz", eine Abneigung gegen jede Form von Schwarzfahrerei usw.

Zum ethischen Wissen gehören ferner Hintergrundkenntnisse über die wichtigsten Ursachen von Gewalt, von Armut, von Fremdenfeindlichkeit und über die „epochaltypischen Schlüsselprobleme", wie sie Klafki nennt. Nicht überflüssig sind schließlich auch Grundkenntnisse über gesellschaftliche Organisationsformen, die uns fremd anmuten – etwa solche vorindustrieller Gesellschaften, die ihre eigenen, von den unsrigen unterschiedenen ethischen Normen und Haltungen hervorbringen.

Menschliches Handeln ohne ethische Sensibilität ist blind, doch ethisches Wissen, das menschliches Handeln in seinen verschiedenen Schattierungen unbeeinflusst lässt, ist leer. Ethisches Wissen muss sich also mit dem Reflexionswissen über menschliches Handeln verbinden. Wer über ethische Sensibilität verfügt, kommuniziert anders, verhandelt anders, löst zwischenmenschliche Konflikte anders...

1.4. Beitrag der Psychologie: Die Pyramide der menschlichen Grundbedürfnisse (A. Maslow)

Gehört Bildung auch zur *Condition Humaine*? Die Antwort hängt natürlich vom Bildungsbegriff ab, von dem man ausgeht. Je mehr der Bildungsbegriff mit ethischem Gehalt angereichert wird, desto mehr rückt er in die Nähe der Grundbedingungen menschlichen Lebens.

Es liegt nahe, in diesem Zusammenhang auf die Bedürfnispyramide des Psychologen Alexander Maslow zu verweisen. Maslow hat die menschlichen Bedürfnisse nach ihrer Wichtigkeit in verschiedene Gruppen geordnet und diese Gruppen nach Prioritäten geordnet (Maslow 1977, S. 73f.). Das Ganze nimmt die Form einer Pyramide an: Je tiefer in der Pyramide ein Bedürfnis zu liegen kommt, desto elementarer ist es. Solange die Bedürfnisse der tieferen Ebenen nicht befriedigt sind, bleiben diejenigen der höheren Ebenen nebensächlich.

Kasten 1.6.: Maslows Bedürfnispyramide

Diese Tabelle ist von unten nach oben zu lesen. Je höher in der Hierarchie ein Bedürfnis angesiedelt ist, desto stammesgeschichtlich jünger ist es. Das heißt gleichzeitig, desto spezifischer „menschlich" ist es.

V. Bedürfnis nach Selbstverwirklichung:

Bedürfnis, das zu tun, wofür man besonders befähigt ist. „Musiker müssen Musik machen, Künstler malen, Dichter schreiben, wenn sie sich letztlich in Frieden mit sich selbst befinden wollen."

IV. Bedürfnis nach Achtung:

Bedürfnis nach Stärke, Leistung, Bewältigung, Kompetenz, Unabhängigkeit und Freiheit; nach Anerkennung und Vertrauen durch einen weiteren Personenkreis; nach Status, Bedeutung, Ruhm, Dominanz, Aufmerksamkeit, Würde, Wertschätzung.

III. Bedürfnis nach Zugehörigkeit und Liebe:

Bedürfnis nach Zuneigung, nach der Nähe des Ehepartners oder Geliebten, der Kinder bzw. nach der Nähe von Freunden; Vermeiden von Einsamkeit, Ächtung, Zurückweisung, Isolierung, Entwurzelung.

II. Sicherheitsbedürfnisse:

Bedürfnis nach Sicherheit, Stabilität, Geborgenheit, Schutz und Angstfreiheit; nach Struktur, Ordnung, Gesetz, Grenzen usw.

I. Physiologische Bedürfnisse:

Bedürfnis Hunger und Durst zu stillen; Schlafbedürfnis; Bewegungs- und Ruhebedürfnis

---

Bedürfnisse, die das unmittelbare Überleben und die verschiedenen Lebensfunktionen betreffen, bilden die Basis. Es folgen das Bedürfnis nach Sicherheit, Struktur und Ordnung. All diese Bedürfnisse sind Menschen und höheren Tierarten gemeinsam.

Danach folgen, über zwei Ebenen verteilt, die sozialen Bedürfnisse und schließlich, ganz „oben", die Befriedigung persönlicher Interessen, einschließlich der Interessen an Wissenschaft, Kunst und Kultur. Es sind die im engsten Sinn spezifisch menschlichen Interessen. Dass sie an der Pyramidenspitze liegen, bedeutet zugleich: sie kommen in der Prioritätenfolge zuletzt.

Fast alles, was echte Bildung auszeichnet, gehört den drei höheren Ebenen an. Was lässt sich daraus folgern? *Erstens*, dass sich die spezifischen Qualitäten des menschlichen Lebens aus Bedingungen ergeben, die in der Bildungsdiskussion so gut wie nie thematisiert werden – die Befriedigung physiologischer Bedürfnisse sowie Schutz und Sicherheit. Menschen, die mit diesen Problemen zu kämpfen haben, als ungebildet zu bezeichnen, wäre allerdings abenteuerlich (Mankell 2000). Und doch ist das institutionalisierte Bildungswesen stärker auf die höheren als auf die niedrigeren Interessen ausgerichtet. *Zweitens*, dass die Lebensqualität leidet, falls die elementaren Bedürfnisse nicht oder nur unvollständig befriedigt sind, und dass sich unter solchen Umständen Bildung nicht oder zumindest nicht voll entfalten kann. Frieden, Sicherheit und ein wirtschaftliches Auskommen sind existentiell vorrangig. Noch etwas *Drittes* wird deutlich: Hält man sich an Maslow, so kommt der Sozialkompetenz höhere Priorität zu als der Sach- und der Selbstkompetenz: Wer sich Anderen gegenüber feinfühlig und zuvorkommend verhält, erntet selbst Sympathie und Achtung. Selbstverwirklichung darf also nicht auf Kosten der Gesellschaft, zu der man gehört, erzwungen werden.

1.5. Fazit

Die normative Dimension von Bildung ist von den Griechen entdeckt worden, und Bildung – die Formung des Menschen nach einem Ideal – war ihnen ein zentrales Anliegen, das die spätere abendländische Kultur tief geprägt hat. Bildung ist aber in jedem Fall ein Prozess, der an sozialen Austausch gebunden ist, für den jedoch letztlich jede Person selbst die Verantwortung trägt. Bilden kann sich nur jeder selbst.

Bei der Rückbesinnung auf die Griechen, Ende des 18. Jahrhunderts, wird dem latent elitären Charakter des griechischen Bildungskonzepts ein zumindest teilweise sozialkritisches Bildungskonzept entgegengestellt. Im Anschluss an Wilhelm von Humboldt schwächen sich die sozialkritischen Komponenten jedoch zum Teil wieder ab.

In der Gegenwart werden recht unterschiedliche Bildungskonzepte vertreten, die sich allesamt klar gegen den Begriff der *Ausbildung* abgrenzen lassen. Als Extreme stehen sich Bildung im Sinne bloßer Vielwisserei eines Bildungsphilisters, der an Partys mit seinen Kenntnissen glänzen möchte, und Bildung als Verantwortungsbewusstsein angesichts der „epochaltypischen Schlüsselprobleme" gegenüber.

Jedes dieser Konzepte hat seine Berechtigung – vor allem wenn die ethische Dimension nicht abgeschliffen wird. Die Frage, wie nahe jemand, der sich um Bildung bemüht, an das Idealbild herankommen müsse, damit man ihn tatsächlich als gebildet bezeichnen dürfe, lässt sich nicht direkt beantworten – eben weil Bildung ein offener und nie an ein definitives Ziel gelangender Prozess ist, aber auch weil dieser Prozess zu komplex ist, um numerisch fassbar oder gar „operationalisierbar" zu sein.

> „Man gibt sich immer der Täuschung hin, als ob *Schule* Bildung geben könnte. Nein; die Schule ist bestenfalls nur eine Gelegenheit, dem Zögling den Sinn zu öffnen für das, was ihm gemäß ist (…) Die Bildung selbst aber ist immer ein Erzeugnis der eignen Spontaneität. Nur soweit die Schule diese Spontaneität weckt und entwickelt, nur so weit ist sie ‚Bildungsanstalt'."
>
> G. Kerschensteiner (1964, S. 152)

II. 2. Bildungsziele – Ausbildungsziele

Diskussionen über Ausbildungsziele sind weniger philosophisch als Diskussionen um Ziele von *Bildung*, und daher sind sie leichter zu führen als diese. Nun gibt es aber die unterschiedlichsten Ausbildungen – mit entsprechend unterschiedlichen Zielvorstellungen: Spanisch sprechen, eine Klasse führen, ein Auto steuern, Erste Hilfe leisten können. Solche Zielvorstellungen werden gewöhnlich in der Sprache beobachtbarer Fertigkeiten ausgedrückt; die *übergeordneten Ziele* sind gewöhnlich etwas abstrakter, sodass sich das Bedürfnis sie zu diskutieren in Grenzen hält. Man nimmt meist dankbar zur Kenntnis, dass zumindest bei der schulischen Grundausbildung die übergeordneten Ziele durch die Politik vorgegeben und festgelegt sind.

Das Hauptanliegen der Öffentlichkeit geht in eine andere Richtung: Die Ausbildungsinstitutionen sollen so effizient wie möglich funktionieren und einen qualitativ hoch stehenden Unterricht gewährleisten. In den letzten Jahren haben deshalb Stichworte wie „Qualitätssicherung" und „Qualitätsentwicklung" auch ins Bildungswesen Eingang gefunden. Diese Begriffe stammen aus der Domäne der Unternehmensführung. Ihre Übertragung auf Bildungsinstitutionen geschah ohne dass geklärt wurde, auf welche Art von „Produkt" sich die Qualitätsentwicklung hier genau bezieht: Ist dieses „Produkt" der Unterricht? Oder die „Stückzahl" der Schüler/innen, die ihn erfolgreich durchlaufen? Sind es bestimmte Fertigkeiten der Absolvent/innen, ihre Fähigkeiten als künftige Arbeitnehmer/innen zum Beispiel? Oder sind es ihre *menschlichen* Qualitäten? Oder ihre staatsbürgerliche Kompetenz und Zuverlässigkeit?

Welche Kombinationen von Fähigkeiten und Kompetenzen es im Unterricht zu vermitteln gilt, wird im Zusammenhang mit Schulreformen zwar immer wieder diskutiert, aber eine Einigung ist kaum zu erwarten. Welchen Stellenwert haben beispielsweise Musik und Theater, Sport, Informatik, Umweltpädagogik, Gesundheitserziehung, Wirtschaftskunde oder Ethik? Und wenn solche Diskussionen gelegentlich zu Einsichten führen, werden sie kaum je konsequent umgesetzt: Erstens gibt es immer so genannte Sachzwänge, die dem angeblich entgegenstehen, zweitens fordert die Umsetzung Kompromisse, und drittens nimmt sie jeweils einen größeren Zeitraum in Anspruch, während dessen sich die Rahmenbedingungen oft bereits wieder verändern.

2.1. Ausbildung

Das Ziel einer Ausbildung – heißt es oft – ist die Ausstattung der Schüler/innen mit Fähigkeiten und Kenntnissen, die sie später im Leben benötigen. Gesellschaftlicher Wandel und der Wandel der wirtschaftlichen Verhältnisse wirkt sich deshalb, wenn auch mit einem Verzögerungseffekt, auf das Ensemble der schulischen Ausbildungsinhalte aus. Und diese womöglich umgekehrt wieder auf den künftigen sozialen Wandel... Wird es Schulen überhaupt dauerhaft brauchen? Werden nicht, wie unverbesserliche „Optimisten" hoffen mögen, technische Verfahren die Konstruktion von Menschen erlauben, die kaum noch eine Schule benötigen (Gronemeyer 1993, S.65ff.)?

Welches sind nun aber, solange es Schule noch gibt, die ihr übergeordneten Ausbildungsziele? Bei genauerem Hinsehen entdeckt man eine erstaunliche Vielfalt solcher Ziele (vgl. auch Kapitel 1.3.). Sie lassen sich in drei Gruppen ordnen:

a. Schule soll die Schüler/innen auf eine Berufsausbildung vorbereiten. Aus ihnen sollen robuste, zupackende, geschickte und selbstbewusste Persönlichkeiten werden. Die Schule muss sie auf Erfolgskurs bringen, sie fit, tüchtig und widerstandsfähig machen, damit sie in der heutigen Konkurrenzgesellschaft bestehen können. Früh übt sich, wer sozial aufsteigen will. Die Schule braucht den Wettbewerb, jeder Schüler, jede Schülerin soll sich anstrengen, um kompetenter, flexibler, schlauer und frecher zu werden als der Durchschnitt. Es gibt immer Vorbilder, an denen man sich orientieren kann: Spitzensportler, Top-Manager, Musikstars. Wem der Aufstieg nicht gelingt, möge aus seinem Scheitern das Beste machen; auf keinen Fall darf er das Selbstvertrauen verlieren, auf keinen Fall auf der Strecke bleiben...

b. Ausbildung ist eine Investition, und zwar in das so genannte Humankapital (Friedman 1962). Durch ihre schulische Ausbildung sollen Kinder zudem auf ihre Zukunft, auf ihre – möglicherweise mehrfach wechselnden – beruflichen Tätigkeiten, auf ein Leben unter den besonderen sozialen und politischen Verhältnissen, in die sie hineinwachsen, vorbereitet werden; sie sollen auch lernen, sich willig mit der ihnen zugewiesenen Stellung in der Gesellschaft zu arrangieren – auch wenn sie vielleicht wenig vorteilhaft ist.

c. Schule soll die Schüler/innen befähigen, sich im Dickicht der Informationen, Meinungen und Gerüchte ihren eigenen Standpunkt zu erarbeiten und gegenüber Werbung und Marketing eine gesunde Distanz zu bewahren. Sie soll ihre Absolvent/innen auf ihre künftige Rolle als kritische Konsument/innen und urteilsfähige Klient/innen vorbereiten und sie darin unterstützen, sich zu *Menschen*, zu autonomen, mündigen – was immer auch heißt zu selbständig denkenden und handelnden – Mitgliedern in einem egalitären demokratischen Verfassungsstaat zu entwickeln. Die kritische Staatsbürgerin, der mündige Staatsbürger handelt verantwortungsbewusst – gegenüber anderen Menschen und gegenüber sich selbst.

In der ersten Gruppe von Ausbildungszielen werden die Schüler/innen gewissermaßen wie Soldaten und Kämpfer betrachtet, die ihre Ellbogen stählen, ihre Muskeln trainieren, ihre Durchsetzungsfähigkeit optimieren. Die zweite Gruppe von Ausbildungszielen orientiert sich an der Vorstellung, Schüler/innen seien ein Kapital, das es zu mehren gilt, eine Art Ressource, die so geschmeidig und „flexibel" werden muss, dass man sie dort einsetzen kann, wo sie gerade am dringendsten gebraucht wird. Bei den Ausbildungszielen der dritten Gruppe erscheinen die Schüler/innen als werdende Persönlichkeiten, und der Akzent der schulischen Arbeit liegt auf den üblicherweise als „Selbst- und Sozialkompetenz" bezeichneten Fähigkeiten: Autonomie, Kooperations- und Gesprächsfähigkeit.

Unsere Ausbildungsinstitutionen setzen sich gewöhnlich mit Ausbildungszielen aller drei Richtungen auseinander, auch wenn diese Richtungen einander zum Teil entgegengesetzt sind. Die Schule macht aus Kindern nicht einfach mündige Bürger/innen, sie funktioniert *nolens volens* auch als eine „Rangzuweisungsagentur" (Gronemeyer 1997, S. 15), und die Schüler/innen sind auch nie ganz davor gefeit, als Ressourcen für den Arbeitsmarkt oder als Kapital für den „Wirtschaftsstandort" (Deutschland / Österreich / Schweiz) betrachtet und behandelt zu werden. In der schulischen Praxis werden die drei Ziele häufig miteinander vermischt. Bildungsinstitute schmücken sich gerne mit höheren Werten – Verantwortung, Mündigkeit, Kultur –, selbst wenn sie in erster Linie ganz pragmatische Ziele verfolgen, etwa das Ziel, der einheimischen Wirtschaft tüchtiges Personal zuzuführen (von Hentig 1996, S. 59).

2.2. Wissen, Fähigkeiten, Fertigkeiten

Die unterschiedlichen Zielsetzungen, mit denen wir unsere Ausbildungen zu begründen pflegen, werden fassbarer, sobald man sie in Bündel bzw. Kombinationen konkreter Fähigkeiten übersetzt. Wenn von der Stärkung eines Wirtschaftsstandorts die Rede ist, wird gewöhnlich an die Förderung unternehmerischer Fähigkeiten bzw. von Haltungen wie Fleiß, Zuverlässigkeit und Loyalität, aber auch Flexibilität und Anpassungsfähigkeit der künftigen Arbeitnehmer gedacht, und nicht so sehr an die Stärkung diskursiver, argumentativer Fähigkeiten oder eines wachen, kritischen Geistes.

Debatten darüber, welche Kombinationen von Kompetenzen „wünschenswert" und „nützlich" im Superlativ sind, leiden häufig (falls sie stattfinden) darunter, dass man sich an der aktuellen Marktlage orientiert, als ob diese irgendwie sakrosankt wäre. Die jeweilige Marktsituation verkörpert aber sicherlich keinen Wert, der auf die Zukunft ausstrahlt. Allgemein anerkannte oder zumindest konsensfähige Kriterien, die sich nicht am Markt orientieren, stehen kaum zur Verfügung. – Oder vielleicht doch? Zur Diskussion dieser Frage lohnt es sich, einen Blick auf das Forschungsprogramm zu werfen, das A. Sen und M. Nussbaum zur Ermittlung der wesentlichen Bausteine menschlicher Entwicklung (*Human Development*) durchgeführt haben.

2.3. Lebensqualität, Entwicklungsziele, Ausbildungsziele: M. Nussbaum

Im Zentrum dieses aus der Entwicklungsökonomie stammenden Forschungsprogramms steht der Begriff der *Lebensqualität*. Diese manifestiert sich in der konkreten

Lebensgestaltung der Menschen. Die Lebensgestaltung wiederum hängt einerseits von den Fähigkeiten und Fertigkeiten ab, die die Menschen erwerben, andererseits von der Organisation der Gesellschaft, in der sie leben, und von der Infrastruktur, die diese ihren Mitgliedern anbietet. – So etwa lässt sich der sozialkritische Ansatz der amerikanischen Philosophin Martha Nussbaum zusammenfassen. Diese Autorin ist zugleich Sozialdemokratin und stark beeinflusst durch Aristoteles (eine seltene Kombination!). Das Kernstück ihrer Arbeiten ist eine Kartierung der wesentlichen menschlichen Lebensvollzüge und Befindlichkeiten („doings and beings"), die zu einem Leben von „hoher Qualität", oder wenigstens zu einem zufriedenstellenden Leben gehören.

Nussbaum (1993, S. 338) unterscheidet dabei zwei Ebenen oder Schwellen; die höhere kennzeichnet ein qualitativ anspruchsvolles, die tiefere ein bescheidenes, aber immer noch menschenwürdiges Leben (Linke Spalte: Nussbaum 1993, S. 334-337; rechte Spalte: S. 339f.).

Tabelle 2.1.: Condition Humaine: Bedingungen der menschlichen Lebensform und Grundfähigkeiten des Menschen

Die für die menschliche Lebensform konstitutiven Bedingungen (untere Schwelle)	*Fähigkeiten, die ein gelungenes menschliches Leben ermöglichen (obere Schwelle)*
1. Sterblichkeit: Alle Menschen haben den Tod vor sich und wissen dies auch, zumindest von einem bestimmten Alter an (vorzeitiger Tod ist ein Übel, das es unbedingt zu vermeiden gilt)	1. Fähig sein, bis ans Ende seiner Lebenszeit ein vollwertiges menschliches Leben zu führen; nicht vorzeitig sterben, aber auch nicht erst sterben, wenn das Leben schon so reduziert ist, dass es nicht mehr lebenswert ist.
2./3. Körperlichkeit: Menschen haben einen Körper, der verletzlich und schmerzempfindlich ist; mit der körperlichen Existenz sind einerseits entsprechende physische Fähigkeiten, andererseits Bedürfnisse gegeben – Hunger, Durst, Meidung von Schmerzen, Streben nach Lust und Bewegung, sexuelles Begehren usw.	2. Eine gute Gesundheit haben, angemessen ernährt sein und in einer angemessenen Unterkunft oder Wohnstätte leben; fähig sein zur Ortsveränderung; Gelegenheit zu sexueller Befriedigung haben. 3. Unnötigen, unnützen Schmerz vermeiden und lustvolle Erlebnisse haben können.
4. Intellektuelle (kognitive) Fähigkeiten, insbesondere Wahrnehmung, Vorstellungsvermögen, Denkfähigkeit (und natürlich auch Sprachfähigkeit [tk]).	4. Fähig sein, seine (fünf) Sinne zu nutzen, zu denken, zu schlussfolgern, aber auch zu phantasieren.
5. Entwicklung vom Kind zum Erwachsenen: „Alle Menschen fangen ihr Leben als hungrige Säuglinge an, die sich ihrer Hilflosigkeit bewusst sind und ihre wechselnde Nähe und Distanz (...) zu denjenigen erleben, von denen sie abhängig sind."	5. Fähig sein, Bindungen zu anderen Personen und auch zu Dingen zu unterhalten; diejenigen zu lieben, die uns lieben und sich um uns kümmern; über ihre Abwesenheit zu trauern; in einem allgemeinen Sinne lieben und trauern sowie Sehnsucht und Dankbarkeit empfinden zu können.

6. Praktische Vernunft: „Alle Menschen beteiligen sich (oder versuchen es) an der Planung und Führung ihres eigenen Lebens, indem sie bewerten und diese Bewertungen dann in ihrem Leben zu verwirklichen suchen."	6. Fähig sein, sich eine Auffassung des Guten zu bilden (sein Leben zu planen) und sich auf kritische Überlegungen zur Planung des eigenen Lebens einzulassen.
7. Geselligkeit bzw. Zugehörigkeit zu anderen Menschen: Alle Menschen unterhalten soziale Bindungen zu anderen und entwickeln soziale Gefühle, z. B. das der Anteilnahme am Leben anderer.	7. Fähig sein, für und mit anderen zu leben, Interesse für andere Menschen zu zeigen, sich auf verschiedene Formen familialer und gesellschaftlicher Interaktion einzulassen.
8. Bezug zur Natur und zu anderen biologischen Arten: Alle Menschen wissen um ihre Abhängigkeit von der außermenschlichen Natur und um die wechselseitigen Bedingungsverhältnisse in der Natur.	8. Fähig sein, Anteilnahme für Tiere und Pflanzen zu empfinden sowie in Beziehung zu ihnen und zur Welt der Natur zu leben
9. Humor und Spiel: „Menschliches Leben räumt überall, wo es gelebt wird, Platz für Erholung und für das Lachen ein. Die Formen, die das Spiel annimmt, sind zwar überaus vielfältig, trotzdem erkennen wir andere Menschen über kulturelle Schranken hinweg als Lebewesen, die lachen."	9. Fähig sein zu lachen, zu spielen und erholsame Tätigkeiten zu genießen.
10. Vereinzelung: Jeder Mensch ist von der Geburt bis zum Tod der Zahl nach eine Person. Er ist unverwechselbar, hat seine eigene Geschichte, sein Schicksal, seine Empfindungen, Gedanken, Erfahrungen usw. Es ist keine Verschmelzung mit anderen möglich. „Selbst die intensivsten Formen menschlicher Interaktion sind Erfahrungen des wechselseitigen Reagierens und Antwortens und nicht der Verschmelzung." Für jeden Menschen gibt es so „mein" und „nicht mein", d.h. *ego* bleibt immer klar von *alter* unterschieden, trotz der unterschiedlichen Stärke, in der von Kultur zu Kultur das Ichbewusstsein und die Eigentumsidee ausgebildet sein mögen.	10. a. Fähig sein, das eigene Leben und nicht das von irgendjemand anderem zu leben. 10. b. Fähig sein, das eigene Leben in seiner eigenen Umwelt und in seinem eigenen Kontext zu leben.

Ein menschliches Leben kann auf unterschiedliche Weise gelingen: es gibt mehrere Möglichkeiten, aus einer gegebenen Situation das Beste zu machen. Dazu bedarf es einer Kombination jeweils geeigneter Fähigkeiten und Fertigkeiten. Ob und auf welche Weise wir im Leben glücklich werden, hängt also zu einem guten Teil von den Kompetenzen ab, die wir uns als Kinder, Jugendliche oder Erwachsene aufbauen. Zudem bedarf es des Zugangs zu einer passenden Infrastruktur. Ökonomie und Politik – so fordert Nussbaum – sollten sich darauf ausrichten, den Bürger/innen wenigstens diejenige Infrastruktur zu bieten, die notwendig ist, damit die Menschen ein Leben mit zufrieden stellender (wenn nicht hoher) Lebensqualität führen können.

Wir nehmen (mit Aristoteles) an, „dass die Aufgabe des Staates nicht richtig verstanden oder gut erfüllt werden kann, wenn sie nicht auf einer ziemlich umfassenden Theorie des menschlich Guten und der guten Lebensführung basiert" (Nussbaum 1999b, S.2).

2.4. „Capabilities" – Fähigkeiten, Ressourcen, Gelegenheiten: A. Sen

Der Autor, mit dem Nussbaum am engsten zusammengearbeitet hat, ist der aus Dakka (heute: Bangladesch) stammende Ökonom und Philosoph Amartya Sen [*1933; 1998 mit dem Nobelpreis für Wirtschaftswissenschaften ausgezeichnet]. Seine Arbeiten kreisen um das Konzept „menschlicher Entwicklung": Diese erwächst einerseits aus der aktiven Lebensgestaltung, was bestimmte Fähigkeiten und bestimmte materielle Bedingungen voraussetzt. Diese Fähigkeiten gilt es aufzubauen und die materiellen Bedingungen bereitzustellen. Sie also bilden die Grundlage dessen, was Sen und Nussbaum als „Lebensqualität" bezeichnen.

Um einen Maßstab zum Vergleich unterschiedlicher Lebensqualitäten zu gewinnen, hat der indische Ökonom den Begriff „capabilities" geprägt Er bedeutet wörtlich „Fähigkeiten", doch in Sens Theorie hat der Begriff eine erheblich weitere Bedeutung, die auch den Zugang zu Ressourcen und Infrastruktur umfasst. Man könnte eine „capability" als eine „Verwirklichungs-Chance" bezeichnen (so die Übersetzerin von Sen 1999). Die Gelegenheit, ein Leben in Zufriedenheit (oder gar ein Leben von „hoher Qualität") zu führen, hängt also von zwei sich ergänzenden Faktoren ab:

a. *Von äußeren Lebensbedingungen*: materiellen Ressourcen (Geld, Kapital), Technologie, Infrastruktur, vom Zugang zu Märkten, dem Entwicklungsstand der Gesellschaft in der man lebt, dem Netz persönlicher Beziehungen usw.

b. *Von Bedingungen, die bei der betreffenden Person selber liegen*: Kompetenzen, Fähigkeiten, Fertigkeiten (einschließlich Selbstvertrauen und Entscheidungsfähigkeit).

Es geht hier nicht um den abstrakten Gegensatz von „Umwelt" und „Anlage", obwohl über die Lebensperspektiven einer Person auch Faktoren mitentscheiden, die der Einzelne nicht selber in der Hand hat. Wer in einer Diktatur lebt, verfügt über einen geringeren Grad an Bewegungs-, Meinungs-, Informations- und Organisationsfreiheit, als wer das Glück hat, in einer freien Gesellschaft zu leben. Diese Einschränkung hindert ihn daran, das Ensemble seiner Fähigkeiten optimal zu nutzen. Aus diesem Grund hat die Befreiungstheologie, die während der siebziger Jahre in den Diktaturen Lateinamerikas entstanden ist, die Abwesenheit politischer, wirtschaftlicher und sozialer Hemmnisse als wichtigsten Faktor für menschliche Entwicklung betrachtet.

Die menschlichen Freiheitsspielräume hängen aber ebenfalls – und hierauf legt Sen besonderes Gewicht – von Bedingungen ab, die jeder Einzelne bis zu einem gewissen

Grade selber gestaltet: eben von seinen Fähigkeiten und Fertigkeiten, den Informationen, die er sich beschafft usw. Es liegt auf der Hand, dass wer lesen, schreiben und rechnen kann, in der Entscheidungsfindung denjenigen überlegen ist, die nicht alphabetisiert sind; und wer anspruchsvollere Texte versteht, zu komplexeren Entscheidungen imstande ist als wer vor solchen Texten kapituliert. Wer Humor hat, gewinnt leichter Sympathien als wer keinen hat. Dasselbe gilt von dem, der für die Gefühle anderer Personen sensibel ist. Besonders gern gesehen ist, wer über beides verfügt, Humor und Sensibilität für die Befindlichkeit der anderen. Wichtiger als jede einzelne Fähigkeit ist also das Ensemble aller Fähigkeiten, über die eine Person verfügt. Je reicher und differenzierter dieses Ensemble, desto besser ihre Chance, ein qualitativ hochstehendes Leben zu führen.

Jede Fähigkeit eröffnet uns bestimmte Betätigungsmöglichkeiten, also bestimmte Freiheitsspielräume. Die Freiheitsspielräume, die sich mit verschiedenen Bündeln von Fähigkeiten eröffnen, kann man mit der Wahlfreiheit vergleichen, die uns in einem Supermarkt ein bestimmter Geldbetrag eröffnet: Je dicker der Geldbeutel, desto größer die Zahl möglicher Warenkombinationen, mit denen man den Einkaufswagen füllen kann. Ebenso wächst die Zahl der beruflichen Optionen, die jemandem offen stehen, je größer das Ensemble seiner Fähigkeiten ist bzw. je nützlicher diese Fähigkeiten sind. Wer keine Berufsausbildung absolviert hat, wird nicht leicht über den Status eines ungelernten Arbeiters hinausgelangen. Wer die orientalischen Sprachen beherrscht und außerdem über diplomatische Fähigkeiten verfügt, kann zwischen der Karriere eines Orientalisten und derjenigen eines Diplomaten wählen, ja er kann, was andere nicht können, beides verbinden und die Laufbahn eines Diplomaten mit Spezialisierung auf Nahostfragen einschlagen.

Fähigkeiten und Fertigkeiten rechnen wir gewöhnlich der Person zu, die sie erworben hat. Und doch hängen sie immer auch von den äußeren Bedingungen ab. Damit jemand die in der modernen Welt zum Überleben benötigten Kompetenzen erwerben kann, muss er Zugang zu einer guten Schule bzw. (Fach-)Hochschule haben und seine Ausbildung von Anfang bis Ende durchlaufen. Den Zugang zu Ausbildungen aller Art *für alle* zu garantieren, ist Aufgabe der Öffentlichkeit oder des Staates.

Wer keinen Zugang zu einer guten Schule hat oder wer, bedingt durch niedrige soziale Herkunft, schon in frühen Jahren in eine Sonderschule abgeschoben wird, ist in der Entfaltung seiner Fähigkeiten stärker eingeschränkt als wer bei gleicher Begabung Zugang zu einer Schule hat, die bis zum Abschluss der Grundausbildung keine Selektion der Schüler vornimmt.

2.5. Negative und positive Freiheit

Entwicklung, schreibt Nussbaum (1999a, S.95) – ganz im Sinne von Amartya Sen –, zielt letztlich darauf ab, „die Menschen in die Lage zu versetzen, in bestimmter konkreter Weise zu leben und zu handeln". Sens Grundeinsicht lautet: *„Entwicklung ist eine Erweiterung der Freiheit"*:

„Entwicklung kann (...) als Prozess gesehen werden, in dem es um die Ausweitung der realen Freiheiten geht, die Menschen genießen" (Sen 1999, S. 3; – daher der englische Titel seines Hauptwerks: *„Development as Freedom"*).

In diesem Sinne definiert das UNDP (United Nations Development Programme) Entwicklung als einen „Prozess, der die Wahlmöglichkeiten der Menschen erweitert" (UNDP 1999, S. 17).

Zu diesem Ansatz bildet das befreiungstheologische Entwicklungskonzept, das während der siebziger Jahre in Lateinamerika entstanden ist, einen markanten Kontrapunkt. Dieses Konzept definiert Entwicklung als *Befreiung*: von Unterdrückung, sozialem Ausschluss und Diskriminierung, von autoritären Verhältnissen, Paternalismus und Bevormundung, von Fremdbestimmung, von Ausbeutung, von einschränkenden Traditionen, von überwindbaren wirtschaftlichen Problemen, von unzumutbaren Risiken und gesundheitsschädigenden Einflüssen.

Wenn wir das Wort „Entwicklung" durch das Wort „Ausbildung" ersetzen, dann lassen sich die beiden Konzepte wie folgt umformulieren: „Ausbildung beseitigt Hindernisse und bringt insofern Befreiung"; und „Ausbildung bringt, indem sie Fähigkeiten aufbaut, eine Erweiterung der Freiheit". Die eine These stammt aus Lateinamerika, die andere aus Asien. – Für die Bildungsforschung ist die Gegenüberstellung dieser Konzepte nicht irrelevant: Die eine orientiert sich an einem negativen, die andere an einem positiven Freiheitsbegriff:

Tabelle 2.2.a.: Rahmenbedingungen für Handlungs- und Entscheidungsfreiheit – Aufbau von Kompetenzen

	Auf positive Freiheit ausgerichtete Ausbildungsziele:	*Auf positive Freiheit ausgerichtete Bildungsziele:*
Positive Freiheit	Kinder und Jugendliche brauchen kompetente Lehrkräfte, die ihre Fähigkeiten („capabilities") erkennen und fördern. Die wichtigsten Fähigkeiten, die es auszubilden gilt, sind Neugier, Lust am Lernen (Lernfähigkeit) und Ausdauer.	Kinder müssen von Klein auf, vom Vorschulalter an, ein positives Selbstbild und Selbstbewusstsein aufbauen können. Die wichtigsten Fähigkeiten („capabilities") sind Selbstvertrauen, Zuversicht und vor allem die Entscheidungsfähigkeit. Erzieher/innen fördern diese Fähigkeiten am erfolgreichsten durch eine Haltung der sogenannten „pädagogischen Zumutung" (vgl. Kapitel II.12.4).
Positive Freiheit	Berufsausbildung, Erziehung zum kritischen Marktteilnehmer (und Konsumenten), zum fairen Spieler im Wettbewerb, zum rücksichtsvollen („sozial kompetenten") und wachen Staatsbürger.	Selbstbestimmung, Selbsterkenntnis, soziale Sensibilität, Glücksfähigkeit, Offenheit für letzte Fragen, Verantwortlichkeit für die Res Publica, Sensibilität für Gerechtigkeitsfragen, für die Rechte künftiger Generationen und die belebte Natur

Tabelle 2.2.b.: Rahmenbedingungen für Handlungs- und Entscheidungsfreiheit – Beseitigung von Hindernissen

	Institutionelle Rahmenbedingungen für negative Handlungsfreiheit	*Psychologische Rahmenbedingungen für negative Willens-/ Entscheidungsfreiheit*
Negative Freiheit	Die Ausbildung eines Kindes darf nicht am fehlenden Zugang zu einer guten Schule scheitern. Die Entfaltung der Fähigkeiten eines schwächeren Kindes darf nicht durch eine zu frühe Negativselektion behindert werden.	Kinder dürfen weder in der Entwicklung ihres Selbstwertgefühls torpediert noch daran gehindert werden, ihre Entscheidungsfähigkeit altersgemäß auszuüben. Kinder dürfen nicht beschämt, gedemütigt, erniedrigt, gemobbt werden – weder durch Erwachsene noch durch Kinder.

Ausbildung hat also eine doppelte Wirkung, und diese wird umso deutlicher, je klarer man sich die verschiedenen Bedeutungen des Freiheits-Begriffs vor Augen führt (vgl. dazu Tabelle 2.1 in Kapitel I.2).

Dass Ausbildungs- und Bildungsinstitutionen sich auf den Aufbau positiver Freiheit konzentrieren, liegt in der Natur der Sache. Durch Ausbildung erweitern wir unsere Freiheit. Der positiven Freiheit entsprechen die Kombinationen der Fähigkeiten und sonstigen Ressourcen, über die eine Person verfügt (Sens „*capability sets*").

Auf der anderen Seite, und das erklärt die Bedeutung des negativen Freiheitsbegriffs, enthält Schule – leider – den Kindern mitunter wesentliche Lernanlässe vor oder trägt zur Entstehung von Lernblockaden und -Phobien bei. Ausbildung sollte im Gegenteil immer *auch* Befreiung sein – Befreiung von Lern- und Entwicklungsblockaden aller Art (vgl. Tabelle 2.2.).

2.6. Wahlfreiheit und Entscheidungsfähigkeit

Es gibt eine Fähigkeit, die allen anderen Fähigkeiten übergeordnet ist: die Entscheidungsfähigkeit. Sie ist eine Art „Super-Fähigkeit" (Crocker 1995, S. 185). Die schönsten praktischen Begabungen nützen nicht viel, wenn jemand nicht in der Lage ist, sein Leben aktiv zu planen und die dafür notwendigen Entscheidungen zu treffen. Wahlfreiheit ist dafür zwar eine wesentliche Voraussetzung, doch reicht sie allein nicht aus, sie muss von der Fähigkeit, Entscheidungen zu treffen – was immer auch heißt, sich *gegen* bestimmte Optionen zu entscheiden und die getroffenen Entscheidungen in die Tat umzusetzen –, begleitet werden. Die Entscheidungsfähigkeit ist insofern eine ganz besondere „capability".

Erziehung zur Mündigkeit ist also – unter anderem – *immer auch* Erziehung zur Entscheidungsfähigkeit. Kleinkinder sind zwar auf die starke Hand der Erwachsenen angewiesen, aber das schmälert nicht die Bedeutung, die der Förderung ihrer Entscheidungsfähigkeit zukommt. In allen Angelegenheiten, die es selbst betrifft, sollte das Kind mitentscheiden dürfen (vgl. Art. 12 der Kinderrechtskonvention).

Kasten 2.3.: Drei Reflexionsebenen

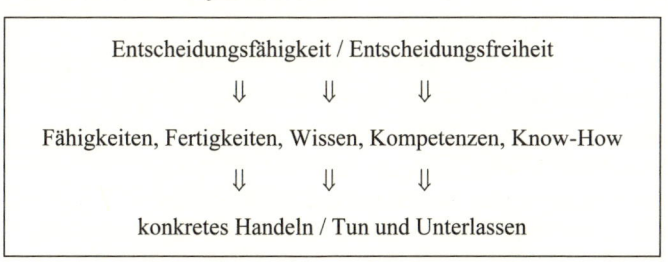

> Entscheidungsfähigkeit / Entscheidungsfreiheit
> ⇓ ⇓ ⇓
> Fähigkeiten, Fertigkeiten, Wissen, Kompetenzen, Know-How
> ⇓ ⇓ ⇓
> konkretes Handeln / Tun und Unterlassen

Entscheidungsfähigkeit stellt sich nicht von heute auf morgen ein. Sie muss gelernt werden. Wer keine Gelegenheit dazu hatte, weil er (oder sie) das ganze Leben lang die Weisungen von irgendwelchen Autoritäten befolgen musste, ist doppelt benachteiligt. Unter dieser doppelten Benachteiligung leiden heute Millionen Menschen in vielen Teilen der Welt – besonders in sog. „Entwicklungsländern" und vor allem Frauen, die nie lesen gelernt haben und sich nie aktiv an wichtigen Entscheidungen beteiligen konnten. Ihre eigene Zukunft zu planen, ist für sie nahezu ein Ding der Unmöglichkeit.

Viele haben die Überzeugung „dass sie weder eine Ausbildung bekommen" sollten noch aus der Tradition, in der sie aufgewachsen sind, ausbrechen dürfen, „so sehr verinnerlicht (...), dass sie gar nicht den Wunsch nach einer anderen Lebens- und Handlungsweise verspüren" (Nussbaum 1999a, S. 96f.).

Hier verbirgt sich ein tragisches Dilemma: Diese Menschen empfinden ihre fehlende Ausbildung nicht als akuten Mangel – auch dann nicht, wenn sie deswegen in Armut leben und wenn ihre Chancen, ihr Leben selbst zu gestalten, gegen Null konvergieren. Fragt man sie, ob sie gerne lesen und schreiben lernen möchten, muss man mit einer negativen Antwort rechnen. Lassen sie sich trotzdem zum Besuch eines Alphabetisierungskurses anregen, so fehlt ihnen häufig die Motivation, ihn bis zum Ende durchzustehen und ihr Leben auch in anderen existenziellen Bereichen umzukrempeln. – Der Erwachsenenbildner steht dann vor der Frage: Soll er diese Menschen zur Entwicklung ihrer Freiheit überreden? Hat er überhaupt das Recht dazu? Oder soll er ihre Entscheidung, unfrei zu bleiben, als freie Entscheidung akzeptieren? Beide Möglichkeiten münden in ein Paradox. Entweder ist die Freiheit ein Ergebnis äußerer Einmischung, ja womöglich von Zwang, oder der Verzicht auf Einmischung und Zwang mündet in die Fortsetzung von Unfreiheit.

Im Kleinen stellt sich diese Art von Dilemma im pädagogischen Alltag häufig, nämlich immer dann, wenn Ausbildungsentscheide zu treffen sind, deren Konsequenzen die Betroffenen nicht überblicken.

2.7. Schülermitbestimmung

Zu den Voraussetzungen der Fähigkeit, in verantwortlicher Weise eine Entscheidung zu treffen, gehören kognitive Kompetenzen wie Phantasie (man muss sich alternative Szenarien vorstellen können), die Fähigkeit, Vergleiche zu ziehen und zwischen verschiedenen Optionen, Szenarien, Risiken abzuwägen. Und dies wiederum bedingt ein gewisses Quantum an Mut, Selbsterkenntnis und Selbstvertrauen.

Da nun Entscheidungsfähigkeit nicht bloß ein Ziel von Bildungsprozessen ist, sondern zugleich zu ihren Vorbedingungen zählt, sollten Kinder und Jugendliche schon früh Entscheidungen zu treffen lernen und in Entscheidungen mit einbezogen werden, vor allem wenn sie wichtige Bereiche ihres Lebens, etwa ihre Ausbildung, betreffen.

Kasten 2.4.: Lasst die Schülerinnen und Schüler mitentscheiden!

Die Stimme von Hellmut Becker (der Ende der sechziger Jahre Direktor des Max-Planck-Instituts für Bildungsforschung war):

„Die ganzen ‚Mündigkeitsspielereien', wie sie in so Sachen wie Schülermitverwaltung herkömmlicher Art stattgefunden haben, werden einen ganz anderen Stellenwert bekommen, wenn der Schüler als einzelner und als Gruppe an der Bestimmung seines Lehrplans und an der Auswahl seines Stoffplans selbst mitwirkt und auf diese Weise nicht nur besser lernmotiviert, sondern auch daran gewöhnt ist, dass, was in der Schule geschieht, die Folge seiner Entscheidungen und nicht vorweg gegebener Entscheidungen ist" (zit. aus: Adorno 1971, S. 144f.).

Die Stimme von Hartmut von Hentig:

„Man muss die Schule – die einzige Einrichtung, die der Gesellschaft dafür zur Verfügung steht – zur *polis* machen, in der man im Kleinen die Versprechungen und Schwierigkeiten der großen *res publica* erfährt, sich und seine Ideen erprobt und die wichtigsten Tätigkeiten übt: ein Problem oder Interesse definieren und es öffentlich verhandeln, andere Menschen überzeugen und sich von ihnen überzeugen lassen, Entscheidungen treffen und austragen, Konflikte nicht scheuen, aber auch beenden können, Vereinbarungen treffen, Zuständigkeiten bestimmen und dergleichen mehr." Dies wäre „nicht als pädagogische Maßnahme" einzuführen, sondern als Element der schulischen Autonomie (von Hentig 1996, S. 128f.).

Schülermitbestimmung stößt in der Praxis allerdings zwangsläufig auf Grenzen. Unsere Schulen müssten völlig anders aussehen, wenn man Schüler/innen über alles, was sie wesentlich betrifft – Wahl der Lehrkräfte und Lehrmittel, Bestimmung des Stundenplans, der Klassengröße usw. – mitbestimmen lassen wollte. Die meisten Entscheidungen, in die sie de facto einbezogen werden, sind von eher bescheidener Tragweite. Wird Schülermitbestimmung zum Ritus, so besteht die Gefahr, dass sie sich auf triviale Fragen beschränkt (wohin geht der Schulausflug, wer darf das Kalenderblatt abreißen...) – weshalb viele Schüler aufatmen, wenn sie von solchen Mitwirkungs-Ritualen entlastet werden. Kommt hinzu, dass Kinder auch an vielen Tätigkeiten, die ihnen auferlegt werden, erst allmählich Geschmack finden. – Hätte sich Mozart als Kleinkind freiwillig für die Musik entschieden?

Doch das Eine schließt das Andere nicht aus: Das Selbstvertrauen, das zur Entscheidungsfähigkeit gehört, wird durch Mitwirkung bei sinnvollen, nicht trivialen Entscheidungen gestärkt. Andererseits wächst das Selbstvertrauen eines Kindes auch durch das Vertrauen, das Erwachsene in es setzen. Der Schweizer Pädagoge Fritz Oser nennt dies die „pädagogische Zumutung": Mütter, Väter, Lehrkräfte setzen in die Entwicklung von Fähigkeiten, von denen das Kind selber noch nichts weiß oder die es noch nicht richtig einzuschätzen vermag, Vertrauen (vgl. Kapitel 12.4).

2.8. Ausbildungssysteme im Vergleich

In den meisten Ländern wird mehr in die „höheren" Ausbildungen – Gymnasien, Fachhochschulen, Universitäten – investiert als in die Grundausbildung, in die Oberstufe mehr als in die Unterstufe oder gar in die Vorschulstufe. Die Begründungen dafür lauten: Höhere Ausbildungen sind komplexer und spezialisierter als elementarere; zudem verlangt die Entwicklung der modernen Technologie entsprechende Forschungskapazitäten und mit ihnen eine qualitativ überzeugende höhere Ausbildung.

Zugkräftige Argumente gibt es aber auch für die umgekehrte Akzentsetzung: Schon im Kleinkindalter werden bezüglich der weiteren Entwicklung die Weichen gestellt, also müssen Kinder vom zartesten Alter an seriös und kompetent begleitet werden. Gerade die emotionale Intelligenz – Empathiefähigkeit, Emotionswissen und Emotionsregulierung – entwickelt sich früh, und wenn die emotionale Entwicklung defizitär verläuft, stellen sich fast unweigerlich Verhaltensauffälligkeiten, Lernstörungen und ein vermindertes Selbstvertrauen als Folgen ein (Kapitel 5). Die Gesellschaft kann sich einen großen Teil des Aufwands für die Therapien lernunwilliger, verhaltensgestörter, gewaltbereiter Jugendliche sparen, wenn sie nur genügend in die Erziehung und Ausbildung im Vorschulalter investiert und zudem dafür sorgt, dass die Kinder auch nach der Einschulung die Lust am Lernen nicht verlieren. Das ist die Philosophie, die dem finnischen Bildungssystem zugrunde liegt.

Kasten 2.5.: Vorzüge des finnischen Schulsystems

> Vor Schuleintritt besuchen die Kinder mehrere Jahre lang einen Kindergarten. Es wird nicht weniger in die Ausbildung kleiner Kinder investiert als in den Unterricht an der Oberstufe oder am Gymnasium: Kleine Kinder lernen leichter, und das ist im Bereich des sozialen Lernens von besonderer Bedeutung. Fehlentwicklungen bei kleinen Kindern lassen sich später nicht mehr oder nur noch mit großem Aufwand korrigieren.
>
> Bis zum 9. Schuljahr findet keine Selektion statt. Somit besteht keine Gefahr, dass Kinder in Sonderklassen abgeschoben und stigmatisiert werden; dass stärkere Schüler mithelfen schwächere zu fördern, gehört zum Alltag.
>
> Kinder dürfen nicht beschämt, erniedrigt, gedemütigt oder blamiert werden – das ist eine pädagogische Grundregel, auf deren Einhaltung die Schulen strikt bestehen.
>
> Das soziale Prestige der Lehrkräfte ist so hoch wie das von Ärzten; die Arbeit der Kindergärtnerin und des Gymnasiallehrers gelten als gleichwertig, die Lohndifferenz ist gering. Zum Lehrerstudium werden nur die bestqualifizierten Bewerber/innen zugelassen.

> Lehrkräfte konzentrieren sich auf den Unterricht. Von therapeutischen Zusatzaufgaben sind sie entlastet. Dafür sind an den Schulen Sozialarbeiter, Psychologen und weitere Fachkräfte angestellt.
>
> Ein weiterer Faktor ist unbeabsichtigt: Da die Finnen nicht damit rechnen, ihre Sprache auch im Ausland anwenden zu können, lernen sie von Klein auf Sprachen wie Englisch, Schwedisch, Deutsch, Russisch; da im Gegensatz zu diesen Sprachen das Finnische nicht zur indogermanischen Sprachfamilie gehört, müssen sie mit der Erlernung dieser Sprachen einen besonderen Effort leisten; an diese besondere Herausforderung gewöhnen sie sich schon früh.
>
> Der Anteil der Ausländerkinder an finnischen Schulen ist relativ gering; dennoch sieht das Schulsystem vor, dass solche Kinder an der Schule im Prinzip auch in ihrer Muttersprache unterrichtet und die dafür zuständigen Lehrkräfte ins Lehrerkollegium eingebunden werden. Diese Maßnahme erhöht bei den Schüler/innen allgemein das Interesse an Sprachen und wirkt vorbeugend gegenüber dem andernfalls häufigen Fehlschluss, dass mangelhafte Kompetenz in der lokalen Sprache eine mangelhafte linguistische Kompetenz im Allgemeinen anzeige.
>
> Hinweis: Als Finnland sein Schulsystem in den sechziger und siebziger Jahren des 20. Jahrhunderts reformierte, orientierte es sich in hohem Maße am Schulsystem der DDR.

Im evaluativen Vergleich zwischen verschiedenen Ausbildungssystemen (z. B. in den PISA-Studien) stehen zwar Gesichtspunkte wie Effizienz oder Nutzen der Ausbildung für den „Wirtschaftsstandort soundso" im Vordergrund. Anliegen wie die Förderung der sozialen Kompetenz und der kreativen Kraft der Entscheidungsfähigkeit sind aber nicht minder wesentlich.

Ein Bildungssystem, das zu viel in die Oberstufe und zu wenig in die Kleinkinderziehung investiert, muss mit hohen „Nebenkosten" für die Beseitigung bzw. Milderung der Folgeschäden rechnen, die in den Bereichen Sozialkompetenz, Selbstbild und Lernmotivation entstehen können. Bildungssysteme, denen es nicht gelingt, ihre Schüler/innen vor Erniedrigungen zu bewahren, müssten dann konsequenterweise zur Schadensbegrenzung und -behebung bereit sein und ihre Schulen mit der nötigen Anzahl Psychologen, Psychotherapeuten und Sozialarbeiter ausstatten, denn die Lehrkräfte sind für diese Sonderaufgaben nicht ausreichend ausgebildet.

Zusammenfassung: Bei jeder Schulreform sollte die Frage nach den Ausbildungszielen explizit und offen diskutiert werden. Die Ausbildung von Fähigkeiten und Fertigkeiten erweitert die Freiheiten der jungen Menschen; unterschiedliche Bündel von Fertigkeiten und Fähigkeiten eröffnen unterschiedliche Perspektiven für die Lebensgestaltung. Es lohnt sich, bei entsprechenden Erwägungen zuweilen auch einmal von der gerade aktuellen Marktlage zu abstrahieren und stattdessen die Arbeiten von Martha Nussbaum über Lebensqualität und von Amartya Sen über Lebensstandard und Entwicklung zu konsultieren.

> „Die sich selbst zur Norm, zur Qualifikation gewordene,
> kontrollierbare Bildung ist als solche so wenig mehr eine
> wie die zum Geschwätz des Verkäufers degenerierte All-
> gemeinbildung." Theodor W. Adorno (1972, S. 106f.)

II. 3. Exzellenzkriterien.
Standards im Bildungswesen?

Als am 3.Oktober 1957 die (damalige) UdSSR den ersten Sputnik-Satelliten in die Erdumlaufbahn schoss, löste dies in den USA einen Schock aus: Im Griff nach dem Weltraum war man nicht mehr auf Platz eins. Wie war das möglich? Auf der Suche nach einer Antwort kam die Vermutung auf, das amerikanische Schulsystem sei zu wenig effizient. In den darauf folgenden Jahrzehnten hatte die Entwicklung schulischer (und insbesondere wissenschaftlich-technischer) Curricula in den USA höchste Priorität...

In Deutschland (und im gesamten deutschen Sprachraum) lösten die Ergebnisse der ersten PISA-Studie im Jahr 2000 tiefe Betroffenheit aus. Der PISA- und der Sputnik-Schock sind zwar nur bedingt miteinander vergleichbar: In den USA bangte man während der sechziger Jahre um die technische und naturwissenschaftliche Vorreiterrolle des Landes, in Deutschland und im deutschsprachigen Raum fürchtete man nach der Jahrhundertwende um die Exzellenz der heimischen Wirtschaft, zumal mit der Öffnung der Märkte der internationale Wettbewerbsdruck zunahm. In beiden Fällen mündete der Schock in eine Reform des Ausbildungswesens.

Denn „Schülerleistungen sind (...) ein Indiz für die wirtschaftliche und die damit zweifelsohne zusammenhängende soziale und politische Zukunft einer Nation" (Plöger 2005, S. 95).

3.1. Hintergründe der Standard-Diskussionen

Zu den Zielen der Reformschritte, die durch den PISA-Schock beschleunigt wurden, gehören die Erhöhung der „Wirksamkeit unseres Bildungssystems", das „regelmäßig systematisch überprüft", d.h. nicht nur intern, sondern auch extern „evaluiert werden" soll, die „Vergleichbarkeit schulischer Abschlüsse" und die „Durchlässigkeit des Bildungssystems", wobei die „Gleichwertigkeit der schulischen Ausbildung" garantiert werden soll (Thies 2005, S. 8f.). Die Vergleichbarkeit der Ausbildungen bedingt institutionelle Transparenz und Einheitlichkeit. Es geht also um mehrere Anliegen gleichzeitig: das Ausbildungswesen soll verbessert, die Konkurrenz zwischen den Schulen erhöht und die Selbstverantwortung der Schulen gestärkt, die „Leine" zu den Bildungsministerien also verlängert, aber zugleich gestrafft werden. „Schulentwicklung", „Qualitätssicherung" und „Standards" lauten dazu die wesentlichen Stichworte.

„Bildungsstandards zielen auf Schul- und Unterrichtsentwicklung" und sollen für die Evaluation, und zwar insbesondere eine von außen an die Schule herangetragene Evaluation, „die notwendigen Vergleichsmaßstäbe" liefern (Thies 2005, S. 11).

Denn: „Eine Schule, die mehr Autonomie erlangt, bedarf auch der Evaluation als eines Instruments, um ihre Qualität zu sichern und zu entwickeln" (Abs / Klieme 2005, S. 46).

Die Folgen sind unübersehbar: Die „Direktoren (…) werden zu Schulmanagern mit multifunktionalem Aufgabenprofil und Total-Quality-Supervisoren. Und die Schulaufsichtsbeamten werden umfunktioniert zu pädagogischen Beratern, zu Autonomie- und Projektberatern, zu Evaluationsmanagern" (Schirlbauer 2005).

Evaluation setzt verbindliche Kriterien voraus, und dies erklärt die Nachfrage nach „Standards". Betrachtet man die seit ein paar Jahren laufenden Debatten zu diesem Thema näher, so stellt man fest, dass die Grobziele der einzelnen Ausbildungen – Berufsbildungen, gymnasiale Ausbildungen usw. – meist nicht zur Diskussion stehen. Sie gelten als festgelegt, über sie wird in der Regel also nicht viel diskutiert. Nicht festgelegt sind hingegen die Feinziele und die Inhalte, über deren Erarbeitung die Grobziele erreicht werden sollen.

Was ist mit „Standards" gemeint? Eine vorläufige Antwort lautet: „Bildungsstandards (…) arbeiten die zentralen Kompetenzbereiche heraus, die im Laufe der schulischen Ausbildung aufgebaut werden sollen. Bildungsstandards formulieren die zu erreichende Zielebene bis zu einer bestimmten Jahrgangsstufe bzw. einem bestimmten Abschluss, während Lehrpläne den Weg zur Zielerreichung beschreiben und strukturieren." Bildungsstandards und Lehrpläne stehen also „in einem inhaltlichen Zusammenhang" und sind „Bestandteile eines einheitlichen Prozesses von Bildung und Erziehung" (Thies 2005, S. 11).

Jedes Ausbildungsprogramm ist letztlich eine normative Setzung. Dasselbe gilt auch für die Festlegung der entsprechenden Standards, wobei ein Standard selbst nichts Anderes ist als ein normativer Maßstab: Wer einen Beruf erlernen will, muss sich ein bestimmtes Ensemble von Fähigkeiten und Haltungen aneignen, nämlich diejenigen, von denen die qualifizierte Berufsausübung abhängt. Die Qualität einer Berufsausbildung zeigt sich nicht zuletzt an ihrem instrumentellen Nutzen.

Worin sind aber die *Qualitätsmaßstäbe für die schulische Grundausbildung* gegründet? Wodurch erhalten sie ihre Verbindlichkeit? Zunächst: Standards beziehen sich jeweils auf ein Ensemble von Fähigkeiten und Fertigkeiten, die alle Schülerinnen und Schüler erwerben müssen, um sich zu vollwertigen Erwachsenen entwickeln zu können. Auch wenn die Wichtigkeit bestimmter kognitiver und praktischer Fähigkeiten heute unbestritten ist, stellt sich dennoch die Frage, wer darüber entscheidet, welche Fähigkeiten jeweils zum Standard erhoben werden sollen. Diese Frage lässt sich weiter differenzieren: Wie sind solche Standards begründet? Durch langjährig gewachsene soziale Erwartungen? Durch eine ministerielle Weisung? Durch eine politische Entscheidung? Oder Wünsche von Seiten der Privatwirtschaft? Und wie stark ist ihre Verbindlichkeit? Legen Standards einen Anspruch auf höhere Effizienz fest? Oder einen darüber hinausgehenden qualitativen Exzellenzanspruch? Oder handelt es sich um einen Anspruch ethischer Natur – eine Annäherung an echte Chancengleichheit etwa (vgl. Kapitel 9)? Definieren sie die Bedingungen, unter denen die Absolventen einer Ausbildung eine gute Position im (internationalen) Wettbewerb erringen?

3.2. Exzellenzmaßstäbe einst und jetzt

Standards definieren keine Regeln und keine Normen im engeren Sinn, wie etwa die Norm, dass wir Versprechen halten sollen. Ein Standard schreibt nicht vor, dass man in einer bestimmten Situation etwas Besonderes *tun* oder *unterlassen* soll. Eher handelt es sich um einen Maßstab zur Beurteilung von Fähigkeiten und Fertigkeiten oder einer *Haltung* (bei einer Berufsausbildung: eines *Habitus*). Eine Haltung kann man beschreiben als die Neigung und die Bereitschaft, immer wieder bestimmte Dinge zu tun, entsprechende Handlungen der jeweiligen Situation angemessen immer wieder anders zu verrichten, was entsprechende Fähigkeiten voraussetzt.

Ein Standard schreibt also nicht vor, dass man so und so *handeln*, sondern dass man so und so *sein* bzw. die und die *Eigenschaften haben* möge. Es besteht also eine enge Nähe zwischen Tugenden und Standards, die nicht auf Zufall beruht.

Der Wittgenstein-Schüler G.H. von Wright sieht in den Tugenden so etwas wie „ideale Regeln" („ideal rules") und schreibt:

"Die von den Ideal-Regeln für die guten Mitglieder einer Klasse oder Art von Menschen geforderten Eigenschaften können die für die Menschen dieser Klasse oder Art charakteristischen *Tugenden* genannt werden. In einem erweiterten Sinne von ‚Tugend', der ungefähr dem griechischen *arete* entspricht, werden oft auch die charakteristischen Eigenschaften guter Werkzeuge Tugenden genannt" (von Wright 1979, S. 29). – „The features which ideal rules require to be present in good members of a class or kind of human beings can be termed the *virtues* characteristic of men of that class or kind. In an extended sense of 'virtue', roughly corresponding to the Greek *arete,* the characteristic properties of good instruments are often called virtues also" (von Wright 1963, S. 14).

Nach von Wright belegen ideale Regeln ("ideal rules") eine Zwischenstellung zwischen einer technischen Norm über den Einsatz eines geeigneten *Mittels* für einen gegebenen Zweck und einem *Muster* oder *Standard*. Die leitenden Ideale sind solche „des guten Lebens" (1979, S. 31) – „ideals of the good life and man" (1963, S. 16).

Vergleicht man die aktuelle Entwicklung im Bildungswesen mit den Paideia-Vorstellungen in der griechischen Antike (vgl. Kapitel 1.1.), so fällt zweierlei auf:

1. Die Idee von Gütekriterien ist in beiden Fällen von der Werkzeugherstellung inspiriert. Es bestehen auffallende Parallelen zwischen den Qualitäten eines Instruments, das eine bestimmte Funktion erfüllen soll, und denjenigen einer Fähigkeit oder Haltung. Ein gutes Messer ist ein Messer mit einer scharfen Klinge, einem soliden und bequemen Griff, sodass es sich leicht führen lässt, ohne dass man sich dabei verletzt. Ein guter Geiger ist einer, der rein, rhythmisch exakt, technisch makellos, ausdrucksvoll usw. spielt. Ein guter Schüler ist einer, der zuverlässig Lernfortschritte macht und im Allgemeinen keine Schwierigkeiten bereitet. Das „gut" bezieht sich bei Werkzeugen auf eine Funktion, bei Personen auf eine Tätigkeit oder ein Bündel von Tätigkeiten, die z. B. für die Ausübung eines Berufes wichtig sind. Diese Tätigkeiten müssen zwar nicht selber instrumenteller Natur sein, wie das Beispiel des Geigers zeigt. Dennoch liegt die Analogie zwischen Tätigkeit und Werkzeug auf der Hand. Auch den Griechen stand sie klar vor Augen, als sie über die aretai diskutierten (Kapitel I.3): Das Wort „*arete*" leitet sich vom Superlativ „der Beste" ab. So wie man Geräte im Hinblick

auf ihre funktionelle Tauglichkeit miteinander vergleicht, um herauszufinden, welches die Besten (*aristoi*) sind, kann man Handwerker darauf hin vergleichen, wie sie ihre *techne* (Handwerks-Kunst) beherrschen, und allgemein Menschen darauf hin, welche Haltungen sie erworben haben...

Wenn man von Standards spricht, überträgt man die Qualitätsforderung vom Gerät (dem Auto) auf seinen Hersteller (die Automobilfirma bzw. -Marke). Dasselbe geschieht mit den Standards im Bildungsmanagement: Man überträgt die Qualitätsforderung auf die Ausbildung, aus der die erwünschten Fähigkeiten und Haltungen hervorgehen sollen – English Conversation, Computerkenntnisse, Verhandlungsgeschick ...

Die Standard-Diskussion wird längst auch in der Lehrerbildung geführt – vor allem seitdem in den verschiedenen Ländern Europas die Ausbildung von Lehrkräften aus einer seminaristischen Tradition in eine Berufsausbildung mit starkem akademischem Gewicht übergeführt worden ist.

Dies „bedeutet gleichzeitig, dass sich die Lehrerinnen- und Lehrerbildung von einer langen Tradition verabschiedet, in der die Ausbildung – in der seminaristischen Tradition zumindest im Bereich der Allgemeinbildung – nicht ausschließlich auf Verwertungszusammenhänge ausgerichtet war" (Criblez 2003, S. 331).

Die Standard-Diskussion in der Lehrerbildung hängt inzwischen auch eng mit derjenigen an den Schulen zusammen. Eine Diskussion um Standards ist im Übrigen auch in anderen Branchen des Dienstleistungssektors entbrannt – etwa in der Intensivpflege.

Kasten 3.1.: Reformen und ihre Nebengeräusche

> Wie bei institutionellen Reformen generell, erzeugt die Reibung zwischen gegensätzlichen Interessen auch bei der Diskussion über die „wesentlichen" Standards unvermeidlich Nebengeräusche. Das Interesse, Innovationen zu ermöglichen, prallt mit dem Anliegen zusammen, den Besitzstand zu wahren. Viele Beteiligte erhoffen sich von einer Reform vor allem eine Aufwertung der eigenen Berufstätigkeit, einen Prestigezuwachs also. Dieses Motiv spielt auch bei der Überführung vieler Berufsausbildungen in Fachhochschulen immer wieder eine entscheidende Rolle – nach dem Motto: Wenn für die Pflegeberufe das Abitur verlangt wird, warum dann nicht auch für die Lehrberufe – und umgekehrt? Davon abgesehen eignen sich Reformen immer auch als Bühne, die den „Alphafiguren in der Szene" Gelegenheit zum „Pfauenradschlagen" bietet (Strittmatter 2003, S. 340).

2. Die Anwendung der Rolle von Gütekriterien im Bereich von Bildung und Erziehung hat sich im Laufe der Zeit grundlegend verändert. In vormodernen Gesellschaften konzentrierte sich die Idee der Kriterien auf die Entwicklung persönlicher Charaktereigenschaften oder Tugenden (Kap. I.3). Diese spielten die Rolle von Exzellenzmaßstäben für die Ausbildung eines individuellen Charakters, der in die jeweilige Gesellschaft passte. Jede Gesellschaft operierte mit einer Art „Tugendkatalog", dessen Zusammensetzung in engem Zusammenhang damit stand, wie die Gesellschaft organisiert war. In der antiken (griechischen) *polis* galten u. a. Weisheit, Klugheit, Mäßigkeit und Tapferkeit als wichtigste Tugenden, in frühkapitalistischen Gesellschaften Fleiß, Sauberkeit und Pünktlichkeit, Bescheidenheit...

Unter den heutigen Verhältnissen haben sich, wie sich aus der Diskussion um Bildungsstandards ablesen lässt, die Akzente grundlegend verschoben. Jede Bürgerin, jeder Bürger genießt die gleichen vom Staat geschützten Grundrechte, und dazu gehören das Recht auf kostenlose Grundausbildung und das Recht auf Arbeit. In einer modernen, am Wettbewerb orientieren Gesellschaft schließt dies, als Voraussetzung für einen erfolgreichen Eintritt ins Erwerbsleben, den Zugang zu einer geeigneten Berufsausbildung mit ein. Exzellenzstandards legen in diesem Zusammenhang die (idealen) institutionellen Bedingungen fest, innerhalb deren die einzelnen Personen ihre Ausbildung absolvieren. Standards formulieren also Erwartungen an die Adresse von Institutionen, wobei diesen Erwartungen auf Seiten der Individuen natürlich nicht einfach blanke Freiheitsrechte gegenüberstehen, sondern immer auch die Verpflichtung, den vorgeschriebenen Standards möglichst zu genügen. Aus diesem Grund stellen Standards im modernen Sinn eben nicht nur qualitative Maßstäbe für die Arbeit von Institutionen dar, sondern immer auch Zielbeschreibungen für Ausbildungsgänge.

In der aktuellen Diskussion um Standards kehrt sie also wieder, die Frage nach den guten bzw. hervorragenden Qualitäten bei Menschen – allerdings nicht so sehr im Hinblick auf die Charakter- und Persönlichkeitsbildung als vielmehr im Hinblick auf ihre Berufseignung. Wie den griechischen *aretai* liegt auch der Berufseignung letztlich ein Bündel von Haltungen zugrunde – in der Sprache der Soziologie: ein „Habitus".

3.3. An wen sind Standards adressiert?

Im Einzelnen wirft die Einführung von Bildungsstandards eine Reihe grundsätzlicher Fragen auf: An wen richten sich Bildungsstandards nun in erster Linie: an Institutionen, Schulen, Ausbildungsgänge, die verglichen werden sollen? Oder an Personen? Oder an bestimmte Gruppen (Kollektive)? Und wie funktionieren Standards? Muss eine Person – falls man Standards auf Personen bezieht – einem Standard als Muster qualitativ so ähnlich wie möglich werden? Oder steht der Standard für einen zu erreichenden Durchschnittswert, der möglichst von vielen übertroffen werden soll, den aber nie alle wirklich erreichen? Oder steht er für ein bestimmtes quantitatives Minimum, das alle Schüler erreichen und möglichst hinter sich lassen sollten - wenigstens 1,3 m hoch springen, beim Schreiben mit einer Tastatur wenigstens 90 Anschläge pro Minute zustande bringen usw.? Und was, wenn ein Teil der Lernenden das Ziel grundsätzlich nicht erreicht? Soll der Standard dann gesenkt werden? Die Antworten auf diese Fragen fallen alles andere als einheitlich aus.

Eine Folge der Einführung von Standards im Bildungswesen liegt darin, dass sich die Ausbildung auf ein Kerncurriculum konzentriert, auf das sich auch die meisten Evaluationen beziehen, und die nicht evaluierten Ausbildungsteile daneben vernachlässigt werden. Zudem besteht bei jeder spezifischen Leistungsbeurteilung die Gefahr, dass sich alle darauf konzentrieren, das unentbehrliche Minimum zu erreichen, während anspruchsvollere, aber auch tiefer liegende Leistungen weniger Aufmerksamkeit auf sich ziehen (Plöger 2005, S. 102).

3.4. Vielfalt der Standard-Definitionen: Unverbindliche Suche nach Verbindlichkeit

In der Literatur werden Standards nicht einheitlich beschrieben. Man begegnet einer erstaunlich großen, ja verwirrenden Vielfalt von Definitionen und Erläuterungen. Manche ergänzen sich gegenseitig, andere wiederum schließen sich gegenseitig aus.

Hilfreich ist die Unterscheidung von Standards nach drei untergeordneten Bereichen: (a) als Kriterium für *Kompetenzen* (Fähigkeiten, Fertigkeiten, Kenntnissen - *content standards*); (b) als Kriterium zur Festlegung von *Lernzielen*, wobei Lernverhalten nach Leistungsniveaus evaluiert wird (*performance standards*); (c) als Kriterium zur Festlegung der *Ressourcen und Hilfsmittel*, die die Möglichkeiten des Lernens bestimmen (*opportunity-to-learn standards*; vgl. Oelkers 2003, S. 137f).

Standards verbinden meistens Qualitäts- und Vergleichbarkeitskriterien. Der Standardbegriff wird aber auch für Vergleichskriterien ohne Qualitätsanspruch verwendet, und manchmal stehen sie umgekehrt für besonders hohe Qualitätsansprüche, die schwer vergleichbar sind.

1. Standard als Vergleichskriterium, ohne ausdrücklichen Qualitätsanspruch: Diese Definition eignet sich als Ausgangsbasis für weitere Differenzierungen. Standards dienen der Beschreibung von Fähigkeiten oder Fertigkeiten und sind insofern *deskriptiv*. Der normative Aspekt liegt darin, dass sie als *verbindlich* gelten oder, anders gesagt, dass ihnen gewisse (soziale) Erwartungen entsprechen, die als Bildungsziele formuliert werden und die festlegen, „über welche Kompetenzen Schülerinnen und Schüler zum Beispiel am Ende der Jahrgangsstufe 10 zur Erreichung des mittleren Schulabschlusses verfügen sollen (Thies 2005, S. 10). Solche Erwartungen sind nichts Neues – in Gestalt einheitlicher Prüfungsanforderungen in der Maturitäts- oder Abiturprüfung gibt es sie seit Jahrzehnten (ebd.).

Die fraglichen Kompetenzen müssen sich klar eingrenzen und beschreiben lassen. Nur so lässt sich eindeutig feststellen, „ob eine Schülerin oder ein Schüler über eine bestimmte Kompetenz verfügt oder nicht" (ebd.). Und nur so ist es möglich, einzelne Kompetenzen mit Hilfe ganz bestimmter Aufgabenstellungen zu testen.

Wenn im Bildungswesen von „exemplarischen" Kompetenzen die Rede ist, so sind mit Vorliebe Problemlösungskompetenzen gemeint. Fähigkeiten müssen sich, so gesehen, in Strategien der Problemlösung offenbaren – in Strategien, die im Prinzip von allen oder fast allen Schüler/innen eines Jahrgangs gefunden werden können. Tests setzen interpersonale Vergleiche voraus, und kognitive Fähigkeiten lassen sich nur anhand von beobachtbarem Problemlösungsverhalten testen… Problemlösungen resultieren gewöhnlich aus komplexen Verhaltenssequenzen. Wie identifiziert man die den einzelnen Teilleistungen zugrunde liegenden Fähigkeiten? Beruht die Übersetzung eines Satzes aus dem Shakespeare-Englischen auf derselben Fähigkeit wie die Übersetzung eines Satzes von John Le Carré? Oder sind es unterschiedliche Fähigkeiten? Beruhen das Spielen einer Querflöte und das Spielen einer Piccoloflöte auf derselben Fähigkeit? Und ist das Leseverstehen ein und dieselbe Kompetenz – gleichgültig ob man sich mit Goethes Faust oder mit einer Boulevardzeitung beschäftigt? Offenbar hängt die Fähigkeit, den Inhalt eines Textes zusammenzufassen, viel weniger von der Lesekompetenz allgemein ab, als vom Interesse für das jeweilige Thema (bzw. von der Fähigkeit, sich dafür zu begeistern). Werden bei intellektuellen Fähigkeiten die Transfermöglichkeiten von einem Themenbereich auf den anderen nicht häufig falsch eingeschätzt?

Beziehen sich Standards am Ende gar nicht auf Fähigkeiten, sondern auf einen „Lernstand" – einen statistisch festzulegenden Prozentsatz richtiger Antworten in einem bestimmten Gebiet – gleichgültig durch welche Fähigkeiten sie ermöglicht werden? Bildungsstandards wären dann neutral gegenüber „individuellen Lernwegen" und „individuelle[r] Planung des weiteren Lernens". Sie würden dann „gerade nicht den Prozess der Bildung" und auch nicht den der schulischen Grundausbildung festlegen, sondern stellten lediglich „eine normative Erwartung" dar, „auf die hin Schule erziehen und bilden soll. Die Wege dorthin, die genaue Einteilung der Lernzeit, der Umgang mit personellen Ressourcen sowie die Implementation von Standards" blieben den einzelnen Schulen bzw. den Bundesländern oder Kantonen überlassen (Thies 2005, S. 11). Bildungsstandards wären also etwas Ähnliches wie Berggipfel: Man kann sie auf verschiedenen Routen – längeren oder kürzeren – erreichen, aber man kann unterwegs auch abrutschen...

2. Standard als Kriterium für ein Bündel von besonderen, hervorragenden Kompetenzen: Das Kriterium verbindet sich (anders als 1.) mit einem Exzellenzanspruch, und seine Anwendung hat eine selektive Wirkung. Standards in diesem Sinn sind Qualitätsmaßstäbe oder Gütekriterien, bezogen auf besonders zentrale und wichtige Kompetenzbereiche. Kompetenzen, die diesen Standards entsprechen, gelten als mustergültig, „vorbildlich". Wie nahe ein(e) Schüler/in solchen Standards kommt, kann sich auf seine/ihre Bildungskarriere auswirken.

3. Standards nicht als Kriterien, sondern als Kompetenzen: Manche Autoren, wie Oelkers oder Thies, wenden den Standard-Begriff sogar auf Kompetenzen (Fertigkeiten und Fähigkeiten) als solche an: Kompetenzen sind „Dispositionen zur Bewältigung bestimmter Anforderungen. Solche Kompetenzen müssen erlernbar sein und im Schulkontext fach- bzw. lernbereichsspezifisch ausformuliert werden", da sie nur „an bestimmten Inhalten erworben werden können" (Thies 2005, S. 10).

4. Standard als Kompetenzbereich im Kontext professionellen Handelns: Standards in diesem Sinn beziehen sich ausschließlich auf professionelles Handeln. „Nur Experten verfügen über Standards, und insofern ein Laie ohne jegliche Voraussetzung das Gleiche in gleich guter Weise tun kann wie ein Professioneller, kann man nicht von Standards sprechen" (Oser 1997 I, S. 27f.).

Oser definiert Standards als „normativ bewertbare Kompetenzprofile, die in unterschiedlichen Anforderungskontexten von Lehrkräften beherrscht werden müssen". Diese Kompetenzen sind dem Anspruch nach messbar, vergleichbar „und damit auch optimierbar" (Oser/Renold 2005, S. 119). Oser unterscheidet hier zwischen zwei Typen von Fertigkeiten – nämlich zwischen „skills" (Geschicklichkeiten, Routinehandlungen) und Standards. Skills sind automatisierte Fertigkeiten, die „weitgehend gedächtnisentlastend ablaufen" und unter ähnlichen Bedingungen immer wieder ähnlich funktionieren. Standards hingegen werden von einer Reflexion auf das eigene Handeln begleitet, die eine optimale Anpassung dieses Handelns an die gegebenen Umstände ermöglicht.

Oser zählt nicht weniger als 88 solcher Standards für den Lehrberuf auf; diese Aufzählung ist noch nicht vollständig, da z.B. die Dimensionen der Interkulturalität und der Bildung für Nachhaltigkeit unberücksichtigt bleiben. Ein Standard in diesem Sinn fungiert auch als Kompass für die entsprechende Berufsausbildung und ihre Evaluation. Nicht die Kompetenzen der Ausbildungs-Absolventen, sondern die Ausbildungen selbst (bzw. ihre Teile) werden evaluiert. Dennoch fokussiert die Evaluation letztlich wiederum ein bestimmtes Ensemble von Kompetenzen, das die Absolventen ganz oder teilweise erworben haben. Oser bindet die als Standards festzulegenden Kompetenzen an vier Kriterien (ebd.): Sie müssen (1) theoretisch reflektiert, (2) empirisch verifiziert sein, sich (3) qualitätsmäßig evaluieren lassen und (4) praktisch erprobt sein.

Kasten 3.2.: Vier Kriterien für Standards (nach Oser 1997 I)

> Kriterium der Theorie: „Es muss Theorien (nicht falsifizierte Hpyothesensysteme) darüber geben, welche Bedingungen zu optimalem Lernen führen."
>
> Kriterium der Empirie: „Es müssen zumindest einzelne Forschungsresultate zu den komplexen Handlungsformen vorgelegt werden können."
>
> Kriterium der qualitativen Evaluierbarkeit: „Man unterscheidet nicht mehr absolut gutes oder schlechtes Unterrichten, aber es gibt Wissen über Expertenhandeln, das hinsichtlich verschiedener Aspekte wirkungsvoller ist als Novizenhandeln."
>
> Kriterium der Ausführbarkeit: „Ein Standard muss [...] in der Praxis [...] einsetzbar sein [...]. Standards sind repetierbar, sie können als komplexe, in die Situation eingebettete Verhaltensweisen eingeübt werden" (Oser 1997 I, S. 29).

Die ersten beiden Kriterien und das letzte – Reflexivität, empirische Nachweisbarkeit und Repetierbarkeit – sind auch für die Festlegung von Standards für Kompetenzen in der schulischen Grundausbildung sinnvoll.

5. Standard als Anforderungskriterium für Evaluationsprozesse. Die Evaluation selbst, z. B. von Lehrveranstaltungen, ist ein hochkomplexer Prozess – vor allem wenn die Evaluation einen positiven Einfluss auf die Unterrichtsverbesserung haben soll. Es ist daher kein Wunder, dass an die Evaluation ihrerseits Maßstäbe angelegt werden müssen (Schmidt/Tippelt 2005, bes. S. 231f.). – Wo Qualitätsentwicklung praktiziert wird, sollte konsequenterweise auch der Weg zur Entwicklung der Qualität von Qualitätsentwicklung eingeschlagen werden.

Zwischen den verschiedenen Standardbegriffen gibt es also beachtliche Bedeutungsunterschiede. Wenn es das Ziel der Einführung von Standards sein sollte, parallele Ausbildungen vergleichbar zu machen, das Bildungswesen also zu vereinheitlichen, so überrascht diese Vielfalt, und man wird sich fragen müssen, ob sie dem Ziel der Vereinheitlichung wirklich förderlich ist.

Zu Recht kritisiert Oelkers: „Standards scheinen zu einer Art Lebensretter für das Bildungssystem zu werden. Wenigstens ist auffällig, dass vom Kindergarten bis zur universitären Lehrerbildung seit kurzem immer von Standards die Rede ist, wenn notwendige (...) Reformen vorgeschlagen werden." Dabei ist der Begriff ‚Standard' „vor wenigen Jahren noch überhaupt gar nicht gebräuchlich" gewesen, während er „heute wie eine Zauberformel gebraucht wird, der die Lösung aller Probleme zugetraut wird. Auffällig ist dabei, dass selten eine klare Definition verwendet wird und oft nur ein semantischer Austausch stattfindet" (Oelkers 2003, S. 135).

Unglücklicherweise kommen bei manchen Autoren verschiedene Bedeutungen des Standard-Begriffs nebeneinander zum Zuge, ohne dass sie auf die Differenzen in ihrer Begriffsverwendung hinweisen, was die Suche nach Transparenz und Einheitlichkeit noch weiter erschwert.

Oelkers selbst verwendet den Standard-Begriff unmittelbar hintereinander in zweierlei Weise: (a) „Standards haben drei zentrale Anforderungen: Sie müssen erfüllbar sein, beschränkt werden können und überprüfbar sein." (b) „Man muss sie innerhalb einer bestimmten Zeit lernen können, was voraussetzt, dass sie nach Prioritäten geordnet sind" (Oelkers 2003, S. 136). Ein Standard ist hier einmal Maßstab, das andere Mal das Gemessene.

Tabelle 3.3.: Überblick über die unterschiedlichen Standard-Definitionen:

Standard als	Gegenstandsbereich	Aspekte des Gegenstandsbereichs
Vergleichs-kriterien	1. Neutraler Vergleichsmaßstab (ohne speziellen Güteanspruch) für Kompetenzen bzw. für Ausbildungen	Erleichtert die Durchlässigkeit zwischen Ausbildungen bzw. zwischen Ausbildungsteilen
Güte- oder Qualitätskriterien	2. *Muster*, Exzellenzkriterium für Kompetenzen bzw. für Ausbildungen, Vorzeige-Beispiel	Soll „optimales Lernen" erkennbar machen und ermöglichen (Oser 1979, I S. 29)
Gemessenes (Schülerniveau)	3. Kompetenzen, Fähigkeiten, Fertigkeiten von Schülern	Kompetenz ohne Reflexionswissen
Gemessenes (Lehrerniveau)	4. Professionelle Handlungs-Kompetenz von Berufsleuten (Lehrkräften)	Reflexivität (Wissen um das WIE des eigenen Handelns) gehört mit zur Kompetenz
Evaluationsmaßstab	5. Kriterium für die Qualität der Evaluation	Evaluation der Qualität der Evaluationsmethoden selbst

Versucht man, aus den verschiedenen Definitionen des Standardbegriffs im Bildungswesen die Quintessenz herauszuholen, so kommt in etwa folgende Definition heraus: Ein Standard ist ein Gütekriterium oder ein Maßstab, der sich auf ein bestimmtes Ensemble von Fähigkeiten und Fertigkeiten (mit oder ohne Exzellenzcharakter) bezieht, die in einer Ausbildung erworben oder aufgebaut werden. Standards sollen die Evaluation erlernter Kompetenzen erleichtern und die Ergebnisse ähnlicher Ausbildungen vergleichbar machen.

3.5. Messen oder Evaluieren?

Die Einführung von Standards steht im Zusammenhang mit dem Anspruch, Ausbildungsergebnisse bzw. die im Unterricht erworbenen Schülerkompetenzen zu messen und zu vergleichen. Die These von der quantitativen Vergleichbarkeit von Lernleistungen beruht auf einer Reihe von Voraussetzungen:

1. Die entsprechenden Lernergebnisse – abrufbares Wissen oder konkrete Handlungsvollzüge – müssen klar identifizierbar und messbar sein. Doch nicht alles, was gelernt wird, mündet in direkt messbare Resultate. Zählbar und messbar sind zunächst einmal klar definierbare „Fehler", etwa in der Rechtschreibung oder im Einmaleins. Messbar sind sodann die Artikuliertheit in der mündlichen Sprache sowie motorische Fertigkeiten – Hoch- und Weitsprung z.B. oder die Geschwindigkeit und Rhythmik körperlicher Bewegungsabläufe (die Koordination von Fingerbewegungen beispielsweise), Reaktionsgenauigkeit usw. Messbar sind schließlich Unreinheiten in der Musik, Ungenauigkeiten in nachahmenden oder kopierenden Tätigkeiten. Einer Messung weniger direkt zugänglich sind hingegen Qualitäten wie Kreativität, Einfallsreichtum, Entscheidungsfreude...

„Bildung ist nicht ‚im Kopf' ", hat einmal der Philosoph Ryle (1963, S. 36ff.) gesagt. Und Oelkers (2003, S. 118) ergänzt: sondern sie „zeigt sich in Haltungen des Lernens und Leistungen des Problemlösens". Aber überall wo kognitive Anteile in eine Leistung eingehen, müssen diese aus dem „gemessenen" Ergebnis *durch Interpretation erschlossen* werden. Damit schleicht sich ein subjektives Element in die Messung ein. Konsequenterweise plädieren deshalb manche Pädagogen dafür, eher von *Evaluation* als von Messung zu sprechen.

2. Da nicht alles, was Gegenstand von Lernprozessen ist, anhand von Standards evaluiert werden soll, drängt sich eine Reihe von weiteren Fragen auf: Welche Teile einer Ausbildung sollen evaluiert werden und welche nicht? Wie begründet man die Auswahl? Wie lässt sich vermeiden, dass Leistungen, die nicht gemessen werden, nicht in die Zweitrangigkeit abgleiten und der Vernachlässigung anheimfallen?

3. Für die Messung bzw. Evaluation wird Objektivität unterstellt. Eine Wissenschaftstheorie der erziehungswissenschaftlichen Messung existiert nicht. Die Effizienzkriterien, die in Bildung und Unterricht eine zunehmend wichtige Rolle spielen, sind stark auf die ökonomische Dimension ausgerichtet und beschränken sich weitgehend auf Aspekte wie Ausbildungskosten, wirtschaftlicher Nutzen der Ausbildungsgänge und der Abschlüsse, Anzahl der Absolventen pro Jahrgang, Gehaltswirksamkeit der Ausbildung usw. Häufig wird unterstellt, man könne menschliche Leistungen wie die Leistungen von Motoren oder technischen Geräten messen. Hier gibt es aber tiefer liegende Unterschiede, denen der folgende Abschnitt gewidmet ist.

3.6. Die Evaluation einer Leistung verändert die Natur dieser Leistung selbst

Bekanntlich liegen im pädagogischen Kontext „Spiel" und „Ernst", „Spiel" und „Arbeit" besonders nahe beieinander. Auch wenn sich das Gemeinsame an Spielen (Regelspiele, Wettbewerbsspiele, Sprachspiele, Patiencen usw.) nicht konzis definieren lässt, ist es kennzeichnend für ein Spiel, dass es aus dem „Ernstzusammenhang" des Lebens herausgehoben ist und gleichsam einen Zweck in sich selbst darstellt. „Spielerisch" lernen heißt immer auch lustvoll lernen, aus eigenem Antrieb, zwanglos und ohne Schielen auf einen späteren Nutzen. Spielerisches Lernen erfolgt vergleichsweise leicht, unverkrampft. Sobald aber Spiele und spielerische Aktivitäten als Anlässe zum Üben und Trainieren auf ein übergeordnetes Ziel hin instrumentalisiert werden, verlieren sie ihren Selbstzweckcharakter, und daraus ergibt sich für viele Schüler die Gefahr von Unlusterfahrungen.

Eine negative Evaluation wirkt frustrierend, entmutigend und senkt unter Umständen den Leistungspegel, bei einer positiven Evaluation geschieht tendenziell das Umgekehrte. Hier zeigt sich ein Paradox: Beobachtung und Messung von Schülerleistungen sind, anders als in der Physik, keine neutralen Tätigkeiten, sondern beeinflussen direkt oder indirekt die Leistungen, die man beobachten und messen will. Dieser Einfluss kann günstig oder ungünstig sein (vgl. Kapitel 8).

Tabelle 3.4.: Unterteilung von Tätigkeiten in solche mit und ohne ein Ziel

	In der Handlungstheorie unterscheidet man drei Typen von Aktivitäten (vgl. Arendt 1960): zielgerichtetes Handeln, Hervorbringen (bzw. Produzieren) und Tätigsein als Selbstzweck.		
	Zielgerichtetes Handeln	*Hervorbringendes (produzierendes) Handeln*	*Tätigkeit als Selbstzweck*
Beispiele	nach Berlin reisen, den Reisepass abholen, die Semestergebühren bezahlen, eine Wunde verbinden, einen Brief beantworten, eine Information einholen	etwas basteln, einen Baum pflanzen, einen Brief schreiben, ein Bild malen, eine Geige bauen, einen Artikel schreiben, einen Konflikt schlichten, eine Vereinbarung treffen	schwimmen, wandern, einen Spaziergang unternehmen, meditieren, musizieren, Theater spielen, Urlaub machen, etwas beobachten, sich unterhalten, ein Fest feiern

Tätigkeiten aller drei Typen sind pädagogisch wertvoll. Indem man musiziert, übt man zugleich sein Instrument; indem man etwas beobachtet, trainiert man seine Konzentrationsfähigkeit und macht unvermutete Entdeckungen. Mit ihrer Subsumtion unter eine pädagogische Zielsetzung verwandelt sich die Spielwiese gleichsam in eine Produktionsstätte. An sich zweckfreien Tätigkeiten – laufen, spielen, tanzen, Geschichten erzählen und anhören – wird eine didaktische Verzweckung übergestülpt. Die intrinsische Motivation weicht einer extrinsischen. Auch wenn eine Tätigkeit spielerisch zielgerichtet ist (z.B. Fußball spielen, um im Match zu gewinnen), wird sie durch Einbindung in den Sportunterricht einer übergeordneten Zwecksetzung unterworfen.

Verfestigt sich die pädagogische Zielsetzung zum Zwang, vorgegebene Standards zu erfüllen, so geraten der Spiel- und Lustcharakter noch mehr in Bedrängnis. Die dem Lernen zugrunde liegenden Motive – Freude, Neugier, Spaß – schwächen sich ab oder verlieren sich. An ihre Stelle tritt das Motiv, im Wettbewerb gut abzuschneiden. Schwächere Schüler/innen sammeln Unlusterfahrungen, die womöglich in ihrem späteren Leben Spuren hinterlassen.

3.7. „Standards" und „Tugenden" im Vergleich

Mit einer „Tugend" assoziieren wir eine für das Leben in der Gemeinschaft wertvolle Haltung. Wie die Beispiele Mut, Tapferkeit, Zivilcourage und Humor belegen, ist die moralische Komponente dabei nicht obligatorisch. Mit den Standards verhält es sich ganz ähnlich: Tugenden wie Standards sind an soziale Erwartungen gekoppelt, und bei Nichterreichen bestimmter Standards gerät die betreffende Person unter Gruppendruck – ähnlich wie eine Person, deren Haltungen in der Gesellschaft auf negative Wertschätzung stoßen.

„Man blamiert sich, wenn man ‚Faust' für ein Drama von Schiller hält, das mit einem ‚zerbrochenen Krug' endet, oder wenn man, noch schlimmer, Mozart mit der Kugel des Salzburger Konditors Paul Fürst gleichsetzt. Die Toleranz endet dort, wo sichtbares Nichtwissen nicht ausgeglichen wird (…): Wer etwas nicht kann, ist gehalten es zu lernen, und zwar als Reaktion auf die Verletzung von Erwartungen" (Oelkers 2003, S.49).

Zwischen Standards und Tugenden gibt es also eine Vielzahl von Gemeinsamkeiten: Beide bauen auf Fähigkeiten und Fertigkeiten auf, die systematisch geübt und trainiert werden müssen. Diese können in beiden Fällen, wenn sie nicht regelmäßig aktiviert und kultiviert werden, wieder verloren gehen. Standards wie Tugenden stehen für Exzellenz. Und beide sind gleichermaßen doppeldeutig – als Maßstab einerseits und gemessene Kompetenz andererseits.

Aber es gibt auch charakteristische Unterschiede: In unserer Gesellschaft wird mit Selbstverständlichkeit erwartet, dass ein Kind lesen und schreiben lernt. Vielleicht hofft man, dass es auch bestimmte sozial wertgeschätzte Haltungen (Großzügigkeit, Hilfsbereitschaft, Humor…) erwirbt, aber Erwartungen in dieser Richtung sind viel weniger selbstverständlich, weniger stark, weniger eindeutig. Die Förderung sprachlicher oder naturwissenschaftlicher Kenntnisse ist ein Metier, mit dem viele Spezialisten Geld verdienen. Die Förderung bestimmter sozial wertgeschätzter Haltungen bliebe als Metier vermutlich eher brotlos. Und doch genießt, wer bestimmte, nicht alltägliche Tugenden erworben hat, wie Zivilcourage, Humor oder emotionale Sensibilität, bei seinen Mitmenschen eine hohe Beliebtheit – gerade weil man diese Haltungen nicht als selbstverständlich voraussetzt. Zum Vergleich: Wer ausschließlich die Standards seiner

Profession erfüllt und entsprechenden Erwartungen genügt, mag geachtet sein, er ist deswegen aber nicht unbedingt beliebt.

Zwischen Standards und Tugenden bestehen aber noch tiefer greifende Unterschiede: Bei jenen entfällt der Umstand, dass die positive, sozial wertgeschätzte Haltung zwischen zwei negativen liegt. Mehr noch, Standards beziehen sich gar nicht in jedem Fall auf Haltungen. Umgekehrt entfällt bei den Tugenden die Forderung, messbar zu sein; dies spricht allerdings nicht gegen die Möglichkeit zwischenmenschlicher Vergleiche des Typs: „Sokrates war weiser als Alkibiades", „König Salomon war gerechter als David und Loriot humorvoller als Bundeskanzler Helmut Kohl" – so wie jenseits aller Leistungsmessung der intuitive Leistungsvergleich zwischen Schülern („Marie hat ein besseres Gedächtnis als Max") immer möglich ist.

3.8. Die Frage nach ethischen „Standards"

Wer von Standards spricht, denkt im Allgemeinen nicht an die Ethik. Gibt es aber nicht doch so etwas wie moralische oder ethische Standards – Standards, die sich unabhängig von der Profession, die jemand erlernt, rechtfertigen lassen? Standards, von denen sich einige - wie Höflichkeit, Freundlichkeit, Hilfsbereitschaft, Humor, Einfühlungsfähigkeit, Selbstbeherrschung – vielleicht sogar einer Kulturen übergreifenden Wertschätzung erfreuen?

Manche der bewährtesten Kompetenzen – Fähigkeiten, die die längsten Zeiträume überdauert haben, – tauchen in den Standard-Diskussionen nicht oder lediglich am Rande auf: die Kompetenz z.B., sich in den anderen einzufühlen, seine Emotionen in der Gegenwart anderer zu zügeln, die Wirkung des eigenen Handelns aus der Sicht der Betroffenen zu betrachten usw. Das ist bemerkenswert, denn diese Kompetenzen sind für das Zusammenleben seit jeher grundlegend, und sie haben ihre Aktualität nie verloren ...

Bezeichnenderweise findet man eine gewisse Sensibilität für ethische Fragen am ehesten bei Autoren, die der flotten Einführung von Bildungsstandards kritisch gegenüberstehen.

Plöger beispielsweise plädiert dafür, „in der heutigen Diskussion um Bildungsstandards (...) die ästhetische, soziale, ethisch-moralische und weltanschaulich-religiöse Dimension" mit zu berücksichtigen, selbst wenn Lernziele mit ethischer oder sozialer Ausrichtung schwerer zu bestimmen sind als rein kognitive und pragmatische. So müsste etwa „die Didaktik des Physikunterrichts (...) auch die potentielle Ambivalenz naturwissenschaftlicher Erkenntnisse und das Problem des verantwortlichen Umgangs damit in der technischen Realisierung thematisieren" (Plöger 2005, S. 100f.).

Ganz analog ist aber auch der verantwortliche Umgang mit Standards ein zentrales bildungsethisches Thema. Und zwar kommt es nicht nur auf den verantwortlichen Umgang mit ihnen an, sondern auch auf die kritische Berücksichtigung ihrer unbeabsichtigten Nebenfolgen.

II. 4. Vorbeugen gegen Diskriminierung und Gewalt

Die Terroranschläge vom 11. September 2001 auf das New Yorker World Trade Center sind beispielhaft für die Ausmaße an Brutalität, die menschliche Gewaltaktionen annehmen können. Über das Fernsehen hat ein Großteil der Weltöffentlichkeit als Beobachter an ihnen teilgenommen, was erheblich zu ihrer enormen politischen Wirkung beigetragen haben dürfte. Ein offener Gewaltakt, der sich vor Zeugen abspielt, ist leichter dokumentierbar und lässt sich entsprechend leichter verurteilen als versteckte Gewalt.

Doch was ist das – *Gewalt*? Und in welchem Zusammenhang steht Gewalt zur *Diskriminierung*? Beiden Phänomenen ist gemeinsam, dass sie zur Haltung des Respekts, der Achtung (Kapitel I. 4) in einem eindeutigen Gegensatz stehen. – In diesem Kapitel sollen zunächst die Grundbegriffe geklärt und anschließend die verschiedenen Facetten der Gewalt erläutert werden. Die ethisch zentrale Frage lautet dann: Gibt es legitime Formen der Gewaltanwendung? Welches sind dafür die Kriterien? Das Kapitel schließt mit einem Überblick über die Vielfalt der Motive und Ursachen, die gewalttätigem Verhalten zugrunde liegen können. Denn Klarheit über die möglichen Motive und Ursachen ist eine notwendige Voraussetzung für jede wirksame Vorbeugung.

4.1. Was ist Gewalt?

Unter „Gewalt" versteht man zunächst einen Akt körperlicher Aggression mit oder ohne Verletzungsfolgen. Dabei wird meistens angenommen, die zugrunde liegende Handlung sei beabsichtigt oder sogar geplant, wie bei einem Überfall. Wir sprechen aber auch von „höherer Gewalt" und schreiben Naturphänomenen – Lawinen, Flutwellen, Stürmen, Vulkanausbrüchen – Gewalt zu, obwohl die Natur keinerlei Absichten kennt. Das Absichtsmoment gehört hingegen zu jeder von Menschen ausgeübten Form von Gewalt.

Vom Aspekt der Absichtlichkeit abgesehen, stecken im Gewaltbegriff zwei Elemente: physische Kraft, die uns verletzen kann, einerseits, Zwang andererseits. Die Beispiele reichen von einer Ohrfeige über einen bewaffneten Überfall bis zu einer Vergewaltigung. Gegen eine Person Gewalt ausüben heißt entweder, ihre physische und psychische Integrität verletzen oder ihr glaubhaft mit einer solchen Verletzung drohen.

Das Motiv ist häufig (wenn auch nicht immer) Zwang: Dem Opfer wird eine Leistung abnötigt, die es freiwillig nicht erbringen würde.

Obwohl die Anwendung von Gewalt meistens einen handfest physikalischen Charakter hat, umfassen Gewalterfahrungen meist auch eine psychische Komponente. Das Opfer erleidet einen Schock und eine Demütigung. Brutale Gewalt traumatisiert und reißt psychische Wunden auf, die manchmal schwerer verheilen als körperliche Verletzungen. Dieser Aspekt rückt Gewaltakte in die Nähe von Diskriminierung.

4.2. Eine Phänomenologie der Gewalt

4.2.1. Offene und versteckte Gewalt

Gewalt wird selten so offen zelebriert wie am 11. September 2001. Viele Gewaltakte gelangen spät oder nie an die Öffentlichkeit. Es gibt auch Formen von Gewalt, die gar nicht auf Anhieb als solche erkennbar sind. Denn Gewalt oder Gewaltbereitschaft äußert sich nicht immer in motorischem Verhalten. Häufig manifestieren sie sich sprachlich, in aggressiven Werbespots, in Witzen oder in Stammtischgesprächen. Das Element der physischen Kraftanwendung kann dabei völlig fehlen. In diesem Zusammenhang spricht man manchmal von symbolischer Gewalt.

Auch kollektive Formen von Gewalt spielen sich oft dort ab, wo niemand hinblickt, und bleiben lange unerkannt. Mobbing und kollektive Diskriminierung zum Beispiel (vgl. Kapitel I. 4.6). Eine Gesellschaft, die eine Minderheit ausgrenzt und sie ihrer legitimen Rechte beraubt, übt zwar nicht unbedingt physische Gewalt auf sie aus, wohl aber psychische. Noch schwerer zu erkennen sind im Allgemeinen Formen so genannter „struktureller Gewalt". Diesen Gewaltformen gelten die folgenden Erläuterungen.

4.2.2. Politische Gewalt

In der Politik wird der Gewaltbegriff häufig in ganz anderer Weise, und zwar in einem positiven Sinn, benutzt. Man spricht z. B. von den drei „Gewalten" in einem Staat (Exekutive, Legislative, Judikative). – Was hat dies mit Gewalt im bisher besprochenen Sinn zu tun? Im Staat leisten die Bürger allseitig Verzicht auf Gewaltanwendung gegenüber ihresgleichen und delegieren damit das Recht auf Gewaltgebrauch an den Staat bzw. an dessen zuständige Organe. Daraus entsteht das so genannte *Gewaltmonopol* des Staates. Mit der Gewaltenteilung wird garantiert, dass die Gruppen, die sich in dieses Monopol teilen, sich gegenseitig kontrollieren und ausbalancieren.

Staatliche Funktionäre sind Machtträger und verfügen über eine Zwangsbefugnis: Der Polizist, der Zoll- und der Steuerbeamte – sie alle können Bürger zu bestimmten Handlungen oder Unterlassungen zwingen. Dafür stehen letztlich das Gesetz, gesetzliche Erlasse oder Dekrete. Der Bürger hat zwar die Möglichkeit Einsprache zu erheben, aber der Sphäre des staatlichen Gewaltmonopols kann er sich nicht entziehen.

Die Schaffung des staatlichen Gewaltmonopols verdankt sich dem allgemeinen Bedürfnis, Machtkämpfe zwischen den Menschen in Grenzen zu halten. Denn es gehört zur Dialektik solcher Kämpfe, dass Gewaltanwendung neue Gewalt schürt (Kapitel I. 12.2.2). Die Daseinsberechtigung des Staates liegt zum Teil gerade in seiner befriedenden Funktion, wobei er potentielle Störenfriede durch glaubwürdige Sanktionsdrohungen davon abhält, Gewalt zu praktizieren. Zur Durchsetzung von Zwang reicht meistens die Androhung von Gewalt aus. Staatliche Organe greifen selbst nur im äußersten Fall zu physischer Gewalt. Politische Gewalt, so lässt sich also zusammenfassen, bedeutet Macht, die sich gewöhnlich mit Hilfe bloßer Drohgebärden – also symbolischer Gewalt – die erforderliche Achtung verschafft.

4.2.3. Strukturelle Gewalt

Staat, Wirtschaft und gesellschaftliche Strukturen wirken sich nicht immer auf alle davon Betroffenen günstig aus. Es gibt subtile Formen institutioneller Unterdrückung, und ihnen gilt der Begriff der „strukturellen Gewalt". Dieser Begriff wird gewöhnlich dem norwegischen Friedensforscher Johan Galtung zugeschrieben (Galtung 1974). Bereits Herbert Marcuse hatte in den sechziger Jahren auf die Wirkung verbreiteter institutioneller Missstände hingewiesen, die von den Betroffenen ähnlich erlebt werden wie illegitime, also quasi gewalttätige Zwangsausübung. Wesentlich am Konzept der strukturellen Gewalt ist die Idee, dass Gewalt nicht nur von Personen oder Kollektiven, sondern auch von Institutionen und institutionellen Strukturen ausgehen kann.

Galtung definiert strukturelle Gewalt als Ursache für die Diskrepanz zwischen der Entwicklung, die für eine Person unter günstigen Bedingungen *möglich wäre*, und der Entwicklung, die diese Person wirklich realisiert. Es gibt verschiedene Möglichkeiten, wie eine solche Diskrepanz entstehen kann.

Kasten 4.1.: Johan Galtungs Definition struktureller Gewalt

„Gewalt ist präsent, wenn Menschen so beeinflusst werden, dass das, was sie tatsächlich körperlich und geistig zustande bringen, unterhalb von dem bleibt, was sie zustande bringen könnten" (Galtung 1975, S. 110f.; Übersetzung tk).

„Wenn das Potential höher ist als das in Wirklichkeit Realisierte, dann ist die Differenz per Definition vermeidbar, und wenn sie vermeidbar ist, dann ist Gewalt im Spiel" (Galtung 1975, S. 111).

Beispiel: Wenn im 18. Jahrhundert Menschen an Tuberkulose starben, so ist dabei keine Gewalt im Spiel. Wo immer dasselbe aber heute geschieht, handelt es sich um eine Folge struktureller Gewalt. Denn medizinische Technologie und *Know-how* sind vorhanden, werden aber nicht eingesetzt, d.h. sie werden den Opfern vorenthalten.

Es können materielle wie institutionelle Hindernisse im Spiel sein, ebenso ein asymmetrischer Zugang zu wesentlichen Teilen der Infrastruktur oder zu wesentlichen Informationen usw. Strukturelle Gewalt kann also psychisch so gut wie physisch wirken.

Galtungs Definition birgt allerdings mehrere Probleme. Erstens verfügen manche Menschen über Potentiale, deren Entfaltung das Zusammenleben erschweren oder verunmöglichen würde, Aggressivität oder Mythomanie zum Beispiel. Die Zurückbindung solcher Potentiale ist keineswegs mit struktureller Gewalt gleichzusetzen. Zweitens hängt, was jeweils möglich ist, von den verfügbaren Ressourcen, der verfügbaren Technologie und vom verfügbaren Wissen ab. Wie immer man die vorhandenen Ressourcen zwischen den Menschen aufteilt, es wird stets Menschen geben, die einen Teil ihrer Potentiale noch besser entwickeln könnten, wenn man ihnen einen überproportionalen Teil der Ressourcen zugestände. Drittens ist die Entwicklung von Fähigkeiten und Fertigkeiten nie bis ins Letzte planbar, und Menschen stehen zueinander oft in einem Wettbewerb. Vielleicht hatten Hillary Clinton und Barack Obama beide das Zeug zum amerikanischen Präsidenten. Da Hillary aber in den Vorwahlen unterlag, fiel sie aus dem Rennen um die Präsidentschaftskandidatur. Dies bedeutet aber noch lange nicht, dass sie struktureller Gewalt zum Opfer gefallen wäre.

Dennoch ist es sinnvoll, an der kritischen Idee, die Galtungs Überlegungen zugrunde liegt, festzuhalten. Die Definition müsste aber anders lauten und um die Dimension der „strukturellen Diskriminierung" erweitert werden.

Kasten 4.2.: „Strukturelle Gewalt" – „strukturelle Diskriminierung"

> Unter struktureller Gewalt bzw. Diskriminierung ist die Gesamtheit von institutionellen, systemischen und gesellschaftlichen Strukturen zu versehen, die Gruppen oder Einzelpersonen bei der *legitimen Ausübung ihrer Grundrechte* behindern und / oder die Bedingungen ihrer Selbstachtung über Gebühr beschneiden bzw. unterminieren (eigene Definition).

4.3. Ethische Fragen

Im Zusammenhang mit Gewalt stellen sich vor allem zwei ethische Fragen: Erstens die Frage, unter welchen Bedingungen der Gebrauch von Gewalt ethisch zu legitimieren ist und wie die entsprechenden Kriterien lauten. Bei der Beantwortung dieser Frage gilt es zwei Aspekte zu berücksichtigen – das Ziel und die Mittel des Gewalteinsatzes. Notwehr und Friedenssicherung sind legitime, Rache und Bereicherungsbedürfnisse illegitime Ziele. In einem *gerechten Staat* ist die Androhung bzw. Ausübung von Gewalt gegen äußere sowie auch gegen innere Bedrohungen legitim, in einem *Unrechtsstaat* dagegen ist es die Ausübung zivilen Ungehorsams. Doch in all diesen Situationen ist der Einsatz von Gewalt nur zu rechtfertigen, wenn die Mittel verhältnismäßig sind, die aufgebotene Gewalt also weniger Schaden stiftet als das Übel, das man verhindern will. Einen Angreifer zu töten ist auch in Notwehrsituationen illegitim, wenn dieser keine Waffe trägt. Die wichtigsten Güter, zu deren Schutz notfalls Gewalt eingesetzt werden kann, sind die elementarsten Menschenrechte.

Es gilt also: So wenig Gewalt wie möglich, nämlich nur so viel wie zum Schutz aller Bürgerinnen und Bürger unbedingt notwendig ist. Zu Eskalationen und gewalttätigen Machtkämpfen darf es nicht kommen. Die Schonung des Lebens und der Integrität Unbeteiligter ist oberstes Prinzip.

Aus diesen Kriterien folgt, dass Diskriminierung – die Verweigerung von Achtung und die Verletzung von Menschenrechten – ethisch niemals gut geheißen werden kann.

4.4. Bedingungen, die eine Tendenz zur Gewalt begünstigen

Die Mehrzahl der Faktoren, die im Folgenden zur Sprache kommen, stellen Bedingungen dar, die für die Entstehung einer Disposition oder Motivation zur Gewaltanwendung förderlich sind. Diese Faktoren reichen von psychologischen Motiven über soziale Verhältnisse bis hin zu technologischen Errungenschaften, wie Waffen oder Videospiele. Keiner dieser Faktoren ist so zu verstehen, dass sein Eintreten zwingend die Anwendung von Gewalt zur Folge hätte. Der Kausalzusammenhang ist in den meisten Fällen statistischer Natur.

In den psychologischen und sozialpsychologischen Theorien ist statt von Gewalt häufig von Aggression die Rede. Die Bedeutungen der beiden Begriffe überlappen sich: Obwohl „Aggression" so viel wie „Angriff" heißt und „Aggressivität" für die Disposition andere anzugreifen steht, führt Aggressivität keineswegs immer zu physischer Gewaltanwendung. Der Begriff steht also für die bloße Bereitschaft. Umgekehrt liegt nicht jeder Gewaltanwendung Aggressivität zugrunde: Der Vollzugsbeamte, der einen Verdächtigen verhaftet, repräsentiert die Staatsgewalt, und seine Handlung ist normalerweise völlig aggressionsfrei.

4.4.1. „Theorien", die wenig oder nichts erklären

a. *These von der angeborenen Aggressivität; Trieb-Instinkt-Modell*: Biologen wie Konrad Lorenz (1963) und Eibl-Eibesfeldt (1970) gehen von einem angeborenen Aggressionsinstinkt bzw. von einer angeborenen Neigung zum Bösen aus. Bei manchen Tieren (nicht bei allen!) lässt sich tatsächlich eine spontane Bereitschaft zum Kampf beobachten, wenn es darum geht, das Territorium zu verteidigen, einen Rivalen abzuwehren oder einen dominanten sozialen Rang zu markieren. Diese Autoren nehmen an, der angeborene Aggressionstrieb richte sich ebenso gut nach außen wie nach innen, als Autoaggression gegen den Täter selbst.

Kritik: Die Rede von angeborenen Aggressionstendenzen ist zum Teil irreführend und zum Teil nichtssagend. Irreführend ist sie, weil sie die menschliche Aggression mit dem instinktgesteuerten Angriffsverhalten bei Tieren in Parallele setzt, obwohl sie nie instinktgeleitet ist: Der Mensch verhält sich reflexiv zu seinen Affekten, er kann seine Aggressionen kontrollieren und dosieren.

Nichtssagend ist sie, weil sie den Eindruck erweckt, der Mensch sei „von Natur aus" aggressiv. Zwar haben alle Fähigkeiten, die ein Mensch irgendwann ausbildet, irgendwelche angeborenen Anlagen zur Voraussetzung. Doch daraus lassen sich keine klaren Schlussfolgerungen ziehen. Ein Säugling verhält sich niemals aggressiv. Aggression ist ein feindseliger Akt, der Säugling aber unterscheidet zunächst nicht einmal klar zwischen sich selbst und einer anderen Person, geschweige denn zwischen Freund und Feind. Aggressives Verhalten ist erlernt.

Die Anhänger der Theorie von der angeborenen Aggressivität begehen einen „naturalistischen Fehlschluss" (vgl. Kapitel I. 2), wenn sie die angeblich aggressive Natur des Menschen als Argument für die Entschuldbarkeit von Aggressionen missbrauchen.

b. *Frustrations-Aggressions-These* (Dollard u. a. 1939 und kritisch dazu Fromm 1977, S. 88-90): Diese These behauptet, aggressives Verhalten setze stets das Vorhandensein von Frustration voraus, und umgekehrt führe Frustration stets zu Aggression. In dieser pauschalen Form ist die These jedoch falsch. Aggressionsakte können durch ganz andere Ursachen als Frustrationen ausgelöst werden. Und die Behauptung in der Gegenrichtung, Frustrationen lösten immer Aggressionen aus, ist maßlos übertrieben. Einleuchtend ist lediglich, dass jemand, dessen Wünsche sich leicht erfüllen, keinen Grund hat, sich anderen gegenüber aggressiv zu verhalten: Wer Geld im Überfluss besitzt, wird keinen Raubüberfall begehen. Aber die These, dass Frustration zwingend Aggression auslöse, behauptet viel zuviel: Jede Kulturleistung verlangt den Menschen Anstrengungen, Einschränkungen und gewisse Frustrationen ab. Dennoch erwarten wir voneinander, dass wir mit dieser Situation aggressionsfrei umgehen können.

Der wahre Kern der Frustrations-Aggressions-Hypothese beschränkt sich auf die Tatsache, dass eine bestimmte Art anhaltender Frustrationen – nämlich Kränkungen und Demütigungen – aggressivem Verhalten Vorschub leisten. Gekränkt oder gedemütigt fühlen sich Menschen, wenn sie nicht so behandelt werden, wie es ihrem Selbstwertgefühl entspricht.

4.4.2. Gehirnforschung

Neuere gehirnphysiologische Untersuchungen belegen einen Zusammenhang zwischen Schädigungen in gewissen Gehirnregionen (in der Regel im präfrontalen Kortex) und einer erhöhten Tendenz zu aggressivem Verhalten. Solche Schädigungen sind manchmal durch Anlage in Kombination mit früher sozialer Verwahrlosung, manchmal aber auch durch entsprechende Kopfverletzungen bedingt (Roth 2003, S. 347).

4.4.3. Lerntheorien

Es gibt eine Reihe von lerntheoretischen Ansätzen, die aggressives Verhalten auf Lernprozesse zurückführen:

a. *Klassisches Konditionieren (Pawlow) bzw. operantes Konditionieren (Skinner)*; Beispiele: i) Soldaten, die darauf abgerichtet werden auf Personen wie auf Stoffpuppen zu feuern, überwinden ihre Scheu, auf ihresgleichen zu schießen; ii) Kinder können lernen, ihre Wünsche mittels Quengeln durchzusetzen, wenn ihre Eltern ihnen diese Unsitte nicht abgewöhnen; und wenn Quengeln nichts mehr nützt, lernen sie, mit Drohungen zu arbeiten oder direkt tätlich zu werden. In diesem Beispiel konditionieren die Eltern ihre Kinder zum Quengeln und Drohen, und diese konditionieren ihre Eltern zum Nachgeben...

b. *Modell-Lernen* (Bandura 1979). Personen, denen es gelingt, mittels aggressiven Akten und Drohungen ihre Wünsche zu erfüllen, ohne Sanktionen einzustecken, finden leicht Nachahmer. Als „Modelle" solcher Art kommen nicht nur Kinder und Jugendliche in Frage, sondern auch Erwachsene, selbst Figuren in Gewaltfilmen.

c. *Gewaltszenen in Videospielen*. Auch wenn die meisten Jugendlichen, die sich in ihren Spielen gelegentlich an Gewalt delektieren, trotzdem nicht besonders aggressiv werden, lässt sich bei einer Minderheit ein erhöhtes Risiko dieser Art nicht ausschließen. Konditionierungseffekte, Modell-Lernen und eine (eventuell durch emotionale Defizite mitbedingte) Tendenz zur Verwechslung der Wirklichkeit mit dem Spiel können Entwicklungen in die falsche Richtung verstärken.

4.4.4. Psychologische Erklärungen

a. *Aggression als Verteidigung der eigenen Person und ihrer Freiheit* (zum Folgenden: Fromm 1977, S. 219-243): So wie Tiere zur Verteidigung von Nahrung, Lebensraum, Geschlechtspartner und Jungen zu defensiver Aggression, Drohgebärden und Fluchtreaktionen neigen, so reagieren auch Menschen manchmal aggressiv, wenn sie fürchten, Gesundheit, Freiheit, Eigentum oder gar das Leben stünden auf dem Spiel.

Anders als beim Tier, dient Aggressivität beim Menschen manchmal der Vorbeugung gegen *künftige Bedrohungssituationen* oder auch gegen mögliche, vielleicht auch bloß eingebildete Bedrohungslagen. Gegenstand einer aggressiven Verteidigung kann alles sein, was einem „heilig" ist – die Aufrechterhaltung des psychischen Gleichgewichts, das gewohnte Orientierungs- und Wertesystem, die eigene Würde, die individuellen oder kollektiven Ideale, denen man anhängt. Anders als bei Tieren, können bei Menschen paranoide Einstellungen und der Einfluss von Gehirnwäsche das Aggressionspotential verstärken.

b. *Aggression zur Wahrung von* Freiheit: Seit Urzeiten kämpfen unterdrückte Völker um ihre Freiheit. „Freiheit" meint in diesem Zusammenhang Freiheit von Unterdrückung und Ausbeutung, nicht Freiheit von aller Art von Beschränkungen und Grenzen.

Denn ohne Beschränkungen gibt es keine Ordnung und ohne Ordnung keine Strukturen, die unserer Selbstentfaltung einen festen Rahmen geben.

c. *Aggression als Reaktion auf Kränkungen (Verteidigung des eigenen Narzissmus)*: Fast alle Menschen verhalten sich bis zu einem gewissen Grade narzisstisch – in dem Sinn, dass – wie es Fromm ausdrückt – „nur die Person selbst, ihr Körper, ihre Bedürfnisse, ihre Gefühle, ihre Gedanken, ihr Eigentum (...) als völlig real erlebt" und mit emotionaler Bedeutung belegt wird (Fromm 1977, S. 226). Jeder Angriff darauf wird abgewehrt. Auf geringschätzige Behandlung und Bloßstellung reagieren Menschen häufig „mit intensivem Zorn oder mit Wut" (ebd.). Dabei können auch unbewusste bzw. verdrängte Motive und nicht akzeptierte Wahrheiten eine Rolle spielen.

„Wer die Wahrheit über ein bestimmtes Regime sagte, ist von den Machthabern, deren Zorn er erregte, von jeher verbannt, ins Gefängnis geworfen oder umgebracht worden. Natürlich lautet die einleuchtende Erklärung dafür, dass solche Menschen dem jeweiligen System gefährlich waren und dass man den Status quo am besten schützen konnte, wenn man sie beseitigte." Der tiefere Grund für diese Praktiken liegt darin, „dass der, der die Wahrheit sagt, den Widerstand derer mobilisiert, die die Wahrheit verdrängen" (Fromm 1977, S. 232).

d. *Aggressives Verhalten aus Konformismus*: Menschen können sich zu hochgradig aggressiven Akten hinreißen lassen, ohne selbst Aggressionen zu verspüren – dann nämlich, wenn ihnen solche Akte befohlen werden. Diese Beobachtung bezieht sich nicht nur auf autoritäre, hierarchische Gesellschaften mit ausgeprägten Befehlsstrukturen. Stanley Milgram hat gezeigt, dass Konformismus und Gehorsam auch in demokratischen Gesellschaften Gewaltbereitschaft erzeugen können (vgl. Kasten 4.6).

Ähnlich wie der Befehl einer echten oder vermeintlichen Autorität wirkt auch der Gruppendruck. Jugendliche neigen in der Peer-Gruppe leichter dazu, bei aggressiven Aktionen mitzuwirken als allein, weil sie sich von dieser gedeckt und bestätigt fühlen, wobei sie aggressives Verhalten als ein Indiz für Mut missdeuten. Man schlägt zu, weil man dazugehören, der Gruppe imponieren und nicht als Feigling gelten will. Diese Tendenz zum Konformismus ist paradoxerweise gerade in Gesellschaften mit profiliertem Individualismus tief verankert. In seiner Wirkung drosseln lässt er sich nur durch kritische Selbstreflexion, eine zuverlässige Gefühlskontrolle und eine sichere Intuition für die Grenzen dessen, was man anderen zumuten darf.

Kasten 4.3.: Das Milgram-Experiment (Milgram 1974)

Milgram suchte per Inserat Personen, die angeblich an einem Lerntest mitwirken sollten, und zwar in der Rolle eines Lehrers, der angewiesen wurde, einem Schüler mit Hilfe eines Elektroschock-Geräts das Lernen sinnloser Silben beizubringen: Auf jede falsche Antwort sollte er dem Schüler einen Schock verabreichen und bei jeder weiteren falschen Antwort diesen Schock verstärken. Weit über die Hälfte der Versuchspersonen gehorchten, indem sie die Stromstärke sukzessive bis auf 430 Volt erhöhten, nur weil der Versuchsleiter, ein ihnen unbekannter Herr in weißem Kittel, es ihnen so gebot. (Der Schüler war ein Schauspieler und die Elektroschockanlage ohne Strom, was die Versuchspersonen aber nicht wussten.)

e. *Sucht und* Gier: Aggressive Akte dienen häufig als Mittel zur Erfüllung starker eigener Interessen. Problematisch ist dies vor allem dann, wenn diese Interessen rein subjektiv, schlecht begründet und unnötig sind. Erich Fromm spricht hier von Gier:

> „In unserer Kultur wird die Gier erheblich verstärkt durch all jene Maßnahmen, die dazu dienen, jedermann zum Konsumenten zu machen. Natürlich muss ein gieriger Mensch nicht aggressiv sein, vorausgesetzt dass er Geld hat, sich zu kaufen, was er haben möchte. Aber der Gierige, der nicht die nötigen Mittel besitzt, muss zum Angriff übergehen, wenn er seine Wünsche befriedigen will" (Fromm 1977, S. 235).

So gibt es beispielsweise eine Minderheit von Drogensüchtigen, die zur Mittelbeschaffung vor Gewalt nicht zurückschrecken.

4.4.5. Sozialpsychologie

Die Neigung zur Aggression kann schließlich durch eine Reihe sozial bedingter Risikofaktoren mit verursacht sein:

a. *Kinder unverheirateter Mütter im Alter von Teenagern*: Der erhöhte Stress, unter dem solche Mütter leben (vorzeitiger Abbruch der Ausbildung, mangelndes Einkommen, Partnerprobleme, ungeeignete Unterkunft), wirkt sich negativ auf die Kinder aus.

b. *Kinder von Eltern mit besonderen psychischen Belastungen* werden mit erhöhter Wahrscheinlichkeit aggressiv, sofern mehrere der folgenden Bedingungen eintreten:

• Asoziale bzw. antisoziale Eltern;

• fehlende Geborgenheit infolge unsicherer Bindung der Kinder an die Eltern;

• Aufwachsen in einem Milieu, das von Gewalt geprägt ist;

• Depressivität der Mutter oder beider Eltern;

• Alkohol- und/oder Drogen-Abhängigkeit der Eltern (in diesem Fall werden vor allem die Söhne aggressiv, die Töchter entwickeln häufiger ein gestörtes Sozialverhalten).

c. *Ungünstiger sozioökonomischer Status*: Eltern arbeiten überdurchschnittlich lange, stehen unter erhöhtem Stress, haben wenig Zeit für ihre Kinder und zuwenig Mittel für ihre Betreuung oder einen Krippenplatz. In Konfliktsituationen reagieren sie ungeschickt und provozieren die Kinder dazu, in einen Machtkampf zu treten.

d. *Teufelskreise*: Aggressive Kinder werden von pro-sozialen Kindern zurückgewiesen und suchen Anschluss an andere Außenseiter. Unbeaufsichtigte Kinder bilden Cliquen, in denen sich problematische Verhaltensweisen gegenseitig verstärken.

e. *Erzieherisches Versagen*: Gefährdet sind vor allem Kinder von Eltern, die nicht über Gefühle sprechen (vgl. Kapitel 5), ihren Zöglingen keine klaren Grenzen setzen, ihnen kein Bewusstsein für soziale und moralische Regeln vermitteln und eventuell selbst zur Anwendung von Gewalt neigen.

f. *Opfer-Täter-Syndrom*: Sexuell missbrauchte Kinder ohne Zugang zu einer Therapie neigen später häufig ebenfalls zu sexuellem Missbrauch.

4.5. Emotionale Intelligenz und Gewaltprävention

Dieses Kapitel bietet eine Kontrastfolie zum Kapitel I. 4 über Achtung und Respekt. Das Gegenteil von Achtung ist Diskriminierung, und Diskriminierung ist ethisch auf keine Weise zu legitimieren. Der Einsatz von Gewalt lässt sich hingegen in Ausnahmefällen rechtfertigen, nämlich dann, wenn er dazu dient, Schlimmeres zu verhüten und wenn die eingesetzten Mittel verhältnismäßig sind. Der Aufbau von Achtung oder Respekt ist im Übrigen die sicherste Gewaltprävention. Eine wesentliche Voraussetzung hierfür ist eine emotionale Entwicklung ohne größere Defizite.

Emotionale Fehlentwicklungen erhöhen aus zwei Gründen die Neigung zu Aggressivität. Zum einen ist die Fähigkeit zur Kontrolle aggressiven Verhaltens vermindert und zum anderen die Gefahr einer fehlerhaften Deutung sozialer Situationen erhöht. Bedrohungsgefühle lösen leicht Aggressionen aus, auch wenn sie auf falschen Situationsanalysen beruhen.

Im Bereich der emotionalen Intelligenz lassen sich drei Typen von Schwierigkeiten ausmachen:

a. die Schwierigkeit, die eigenen Gefühle wahrzunehmen und korrekt zu verbalisieren, sich über Emotionen zu verständigen und sie zu kontrollieren; in der Folge überwiegen häufig die negativen Emotionsäußerungen, und die Betroffenen laufen Gefahr, sich in unvorhergesehenen Situationen unangemessen zu verhalten.

b. die Schwierigkeit, sich in Andere einzufühlen und ihre Gefühle zu erschließen bzw. ihren Emotionsausdruck richtig zu verstehen; oder auch von der Situation ausgehend, in der sich die andere Person befindet, korrekt auf ihre Gefühle zu schließen.

c. eine Unfähigkeit, soziale Situationen korrekt einzuschätzen und die emotionale Interaktion zwischen den Menschen korrekt zu entschlüsseln. Dem Aufbau der emotionalen Intelligenz gilt deshalb das folgende Kapitel.

Als Fazit dieses Kapitels lässt sich festhalten, dass die Ausübung von Gewalt – anders als die Ausübung von Macht – ethisch fast immer abzulehnen ist. Die Ausübung von Gewalt bedeutet für das Opfer meistens zugleich eine *Diskriminierung*. Wer gegen jemanden Gewalt anwendet, verletzt also fast immer das ethische Grundgebot der wechselseitigen *Achtung* (Kapitel I.4).

Die einzige legitime Form der Gewalt liegt in der Anwendung von *Gegengewalt* – d.h. in der Anwendung von Gewalt zur Abwehr illegitimer Gewaltanwendung. Darunter fallen die Gewaltausübung in Notwehrsituationen und die Abwehr von Angriffen auf eine legitime Staatsordnung. Die Konzentration des Gewaltmonopols auf staatliche Organe hat den Sinn, Machtkämpfen, die ausarten könnten, vorzubeugen.

Bei Privatpersonen ist die Ausübung von Gewalt fast immer mit Aggressionen verbunden. Die Domestizierung von Aggression ist demzufolge eine der wichtigsten Aufgaben der Erziehung. Aus diesem Grunde nimmt in diesem Kapitel die Diskussion der wichtigsten Theorien über die Entstehung von Aggressivität besonders breiten Raum ein. Ihre Kenntnis ist für jede *Gewaltprävention* von herausragender Bedeutung.

„Den Emotionen kommt in der moralischen Entwicklung eine Schrittmacherfunktion zu, da es Emotionen sind, die die Aufmerksamkeit des Kindes steuern und seine Erfahrungen strukturieren. Was das Kind betroffen macht, ist auch dasjenige, worüber es nachdenkt (...)."

„Kinder vermögen moralisch zu empfinden, lange bevor sie in der Lage sind, ihr Empfinden zu begründen. Eine ausschließlich kognitive Theorie der moralischen Entwicklung ist nicht fähig, diese Tatsache zu erkennen." Walter Herzog (1991 / 92, S. 54)

II. 5. Entwicklung der Emotionen und der Empathie

Im Bereich der Moralentwicklung ist die kognitive Dimension am besten erforscht. Piaget und Kohlberg haben vor allem die Entwicklung der Urteilsfähigkeit untersucht und der emotionalen Dimension – der Funktion der Emotionen in all ihrer Vielfalt, dem Wissen über Emotionen, der Gefühlsregulierung und der Empathie (Einfühlungsfähigkeit) – nur geringe Aufmerksamkeit geschenkt (Kapitel I. 5). All diese Fähigkeiten sind für den Aufbau ethischer Kompetenzen im weiteren Sinn von substantieller Bedeutung.

5.1. Was sind Emotionen?

Emotionen sind Körperzustände, die vier Aspekte aufweisen – einen physiologischen, einen motivationalen, einen Gefühls- und einen kognitiven Aspekt.

Physiologischer Aspekt: Jeder Emotion entspricht ein bestimmter Körper- und Gehirnzustand. Manche Emotionen gehen mit sichtbarer körperlicher Erregung einher, andere äußern sich viel diskreter oder sind kaum noch wahrnehmbar.

Motivationaler Aspekt: Emotionen beeinflussen und steuern unser Tun und Lassen, unsere Absichten, Neigungen, Handlungsmotive. Bei der Unterscheidung zwischen *angenehm* und *unangenehm* sind stets Emotionen im Spiel. Affekten, d. h. starken Emotionen, fühlen wir uns passiv ausgeliefert – wir *erleiden* sie gleichsam. Der Gegensatz zwischen Handeln und Erleiden von Affekten hat sich in der Etymologie der Wörter *aktiv* und *passiv* niedergeschlagen. Das griechische Wort für Leidenschaft, *pathos*, steht zugleich für Leiden, Erdulden, Geschick und Missgeschick.

Kognitiver Aspekt: Gefühle drücken eine Art intuitives Proto-Urteil (ohne Satzstruktur) aus. Eine Emotion macht gewissermaßen ein ganz persönliches (subjektives) Werturteil sichtbar. Wir lesen aus den Emotionen eine Botschaft heraus, wir deuten den Körperausdruck – die Mimik, Gestik, Stimmlage, Körperhaltung usw. – als Zeichen beispielsweise der Sympathie oder Antipathie, der Billigung oder Missbilligung. Und wir sind in der Lage, auf der emotionalen Ebene miteinander zu kommunizieren.

Gefühlsaspekt: Ein Gefühl ist das Erlebnis, das eine Person von ihren eigenen Emotionen hat. Das Gefühl ist also nur die subjektive Seite einer Emotion. Wir können mit anderen Personen mitfühlen, von ihrem Emotionsausdruck auf ihre Gefühle schließen (und uns dabei auch irren!). Wir haben aber keinen direkten Zugang zu ihrem Gefühlsleben. Gefühle sind „privat". Sie sind innere Erlebnisse, die durch äußere Erfahrungen – Begegnungen, Handlungssituationen usw. – oder durch innere (kognitive und psychische) Prozesse geweckt werden – Gedanken, Erinnerungen, Träume etwa.

Gefühle sind nicht mit Sinnesempfindungen gleichzusetzen. In der Umgangssprache wird allerdings nicht immer klar zwischen Gefühlen und Empfindungen unterschieden. Man sagt z. B. „Eis fühlt sich kalt an"; „er empfand keine Angst"; „Du bist sehr empfindlich" (im Sinn von „emotional sensibel"). Empfindungen sind im Allgemeinen stärker körperbezogen als Gefühle, sie lassen sich auch nicht wie diese durch Gedanken oder Vorstellungen auslösen. In die Gefühle einer anderen Person kann man sich einfühlen, in ihre Empfindungen – ihre Zahnschmerzen z. B. – hingegen nicht.

5.2. Emotionen und Urteile

Wie bereits angedeutet, enthalten Emotionen oder Gefühle, im Gegensatz zu bloßen Empfindungen, wie frieren oder Durst haben, einen Urteilskern. Ekel beispielsweise steht für das Urteil: „das ist unappetitlich!"; Stolz für: „meine Leistung entspricht der sozialen Norm oder übertrifft sie". Emotionen sind aber keine Urteile im engeren Sinn und drücken keine eigentlichen Einsichten aus – so wenig wie die emotionale Intelligenz mit der kognitiven Intelligenz gleichgesetzt werden kann. – In der folgenden Tabelle werden die Gefühlsbeispiele (linke Spalte) durch eine Verbalisierung des entsprechenden Quasi-Urteils ergänzt (rechte Spalte).

Tabelle 5.1.: Die Aussagekraft von Emotionen

Emotion	Zugrunde liegendes Proto-Urteil
Angst	Hier ist es gefährlich / Ich bin bedroht.
Trauer	Ich leide unter einem menschlich bedeutenden Verlust.
Lust	Das gefällt mir / Das ist angenehm.
Frustration	Das ist (alles) vergeblich.
Ärger	Das ist unangenehm und hätte vermieden werden können.
Neid	Die andere Person hat es besser als ich, und sie hat es nicht verdient.

Nun sind Emotionen natürlich also keineswegs mit Urteilen gleichzusetzen. Zwischen beiden bestehen wesentliche Unterschiede: Urteile erfüllen die intersubjektive

Funktion der Verständigung. Sie können wahr oder falsch sein, sind verstehbar und diskutierbar, also niemals bloß subjektiv. Anders die Emotionen: Mit ihnen erheben wir keinen Wahrheitsanspruch, sie repräsentieren keine äußeren Sachverhalte, sondern die eigene Befindlichkeit. Emotionen lassen sich über die Stimme, den Gesichtsausdruck, die Körperhaltung und die Art der Körperbewegungen erschließen oder erraten. Sie sind sowohl Gegenstand als auch Mittel der Kommunikation. Aber wir argumentieren nicht mit ihnen.

Emotionen liegen gleichsam in der Mitte zwischen Empfindungen und Urteilen. Empfindungen enthalten keine Urteile, und umgekehrt lösen Urteile keine Empfindungen aus. Urteile sind rein intellektuell und, wie andere rein intellektuelle Tätigkeiten – eine Rechnung überprüfen oder einen logischen Sachverhalt feststellen – oft ziemlich arm an emotionalem Gehalt. Dennoch können auch sie von Emotionen begleitet oder gefolgt sein. Das geschieht häufig bei plötzlichen Einsichten, die z. B. Überraschung, Freude, bzw. Enttäuschung, Bestürzung auslösen.

Tabelle 5.2.: Empfindungen, Gefühle, Urteile

körperlicher Bereich: Empfindungen	psychischer Bereich: Emotionen, Gefühle	geistiger / intellektueller Bereich: Urteile
kognitiver Gehalt elementar und gering. Empfindungen sind „privat"	reicher kognitiver Gehalt, der aber subjektiv bleibt: Gefühle sind „privat"	kognitiver Gehalt ist hoch und häufig reflexiv; er ist intersubjektiv mitteilbar
sie sind situationsgebunden	← ← ← → → →	ihre Geltung übersteigt die konkrete Situation

5.3. Emotionen und Wertungen

„In unserer Lebenserfahrung sind die Gefühle und das leibliche Befinden die Faktoren, die merklich dafür sorgen, dass irgendetwas uns angeht und nahegeht. Denken wir sie weg, so wäre alles in gleichmäßige, neutrale Objektivität abgerückt. Sogar der Einzelne für sich selbst wäre dann nur ein Objekt unter Objekten" (Schmitz 1989, S. 107).

Immer wenn wir eine *Wertung* vornehmen, spielen *Gefühle* eine entscheidende Rolle – so wie bei der *Feststellung* einer Tatsache die *Wahrnehmung*. Jeder Entscheidung liegt wiederum eine Wertung zugrunde. Die Gefühle sind sozusagen unsere „Wertorgane" – selbst wenn in unsere Wertungen immer auch Einsichten, Argumente und Überzeugungen mit eingehen.

„Eine Emotion ist ein psychisches System, das (…) Anlässe in ihrer Bedeutung für die eigene Motivbefriedigung bewertet" (Holodynski 2006, S. 83).

Dabei stehen sich fast immer zwei konträre Gefühle gegenüber: Freude und Kummer, Liebe und Hass, Überraschung und Enttäuschung, Stolz und Scham. Das eine steigert, das andere vermindert unsere Motivation. Der Philosoph Baruch de Spinoza hat schon im 17. Jahrhundert auf die rationale Anordnung unseres Gefühlsapparats und seine Rolle für unser ethisches Verhalten hingewiesen (Spinoza 1677, bes. S. 167-185).

Die meisten Gefühle enthalten also entweder unmittelbar eine Lust- oder eine Unlustkomponente. Wir ziehen die angenehmen Gefühle den unangenehmen vor, doch im Allgemeinen verzichten wir darauf, Dauer und Intensität der Lust à tout prix zu maximieren: Unmittelbaren Lustgewinn ordnen wir der Sicherung eines längerfristig angenehmen Lebensgefühls unter; und unser Emotionsverhalten passen wir den sozialen Erwartungen an. Hier gilt das Sprichwort: „Das Bessere ist oft der Feind des Guten."

5.4. Haltungen und Dispositionen

Kleine Kinder zeigen ihre Emotionen ungefiltert. Mit zunehmendem Alter schwächt sich der Emotionsausdruck ab, und viele Emotionen werden im äußeren Verhalten praktisch unsichtbar. Zu unseren Emotionen nehmen wir häufig eine reflexive Beziehung ein. Diese ist für die Gefühlskontrolle eine direkte Voraussetzung. Wie wir uns zu unseren Emotionen und Empfindungen verhalten – ob wir wehleidig sind oder nicht, ob wir unsere Wut und unseren Zorn beherrschen lernen, ob wir eitel sind usw. – ist nicht zuletzt eine Frage der Haltung (vgl. Kapitel I. 3).

Auf den Umgang mit Emotionen beziehen sich Haltungen wie die Selbstbeherrschung (Kontrolle der Emotionen, gemäß den Erwartungen der sozialen Umgebung), die Sensibilität (Fähigkeit und Bereitschaft, sich in die Situation der Anderen einzufühlen und zu ihren Emotionen Stellung zu nehmen), die Versöhnlichkeit (Fähigkeit, den Groll auf jemanden zu überwinden) und die Liebenswürdigkeit (Fähigkeit, dem Gegenüber mit Sympathie zu begegnen).

5.5. Das Einfühlungsvermögen (die Empathie)

Es ist uns normalerweise nicht vollkommen egal, ob es unseren Familienmitgliedern, Freunden und Bekannten gut geht oder nicht. Wir freuen uns, wenn sie glücklich sind und Erfolg haben, und wir sind bekümmert, wenn sie einen Unfall erleiden. Auch das Leiden uns weniger nahe stehender Menschen lässt uns häufig nicht gleichgültig. Selbst der Bericht über das in einem fernen Land durch eine Naturkatastrophe herbeigeführte Leiden dämpft, wenn wir davon erfahren, unsere Stimmung und veranlasst uns womöglich zu einer Spende. Der Mensch ist also gerade nicht ausschließlich der rationale Egoist, den die meisten Ökonomen in ihm zu sehen glauben. Davor bewahrt ihn sein Einfühlungsvermögen.

Adam Smith (der Begründer der Nationalökonomie und Markttheorie) hat auch ein Buch über die ethischen Gefühle geschrieben. Es beginnt mit dem Satz:

„Man mag den Menschen für noch so egoistisch halten, es liegen doch offenbar gewisse Prinzipien in seiner Natur, die ihn dazu bestimmen, an dem Schicksal anderer Anteil zu nehmen, und die ihm selbst die Glückseligkeit dieser anderen zum Bedürfnis machen, obgleich er keinen anderen Vorteil daraus zieht, als das Vergnügen, Zeuge davon zu sein" (Smith 1759, S.1).

Die Fähigkeit, emotional am Befinden Anderer teilzunehmen, ist eine der Grundlagen des menschlichen Zusammenlebens. Im Deutschen gibt es dafür zwei plastische bildliche Ausdrücke: *Einfühlung* und *Empathie* [griech.: empathein = wörtlich: sich in andere „hineinleiden"]. Was unsere Empathie mobilisiert, spricht uns an. Die Lektüre eines Romans regt die Phantasie und die Einfühlungskraft an. Wir erinnern uns leichter an Geschichten als an theoretische Gedankengänge und leichter an eigene Erlebnisse als an Geschichten – entsprechend der abgestuften Intensität der emotionalen Beteiligung.

Schon Kleinkinder sind fähig, sich *empathisch* in eine andere Person hineinzuversetzen – viele Jahre bevor sie *intellektuell* dazu in der Lage sind.

Wie gehen wir vor, oder anders gefragt, was geschieht genau, wenn wir uns in eine andere Person einfühlen? Zunächst heben wir die Distanz zu ihr auf, indem wir uns probeweise vorstellen, wir befänden uns in ihrer Lage. Dabei stellen sich unwillkürlich Gefühle ein – etwa so, wie wenn in ein Loch, das man in den Boden gegraben hat, das Grundwasser einsickert. Wir nehmen diese Gefühle (allerdings in abgeschwächter Form) für diejenigen, die wir hätten, befänden wir uns wirklich in der Lage der anderen Person.

Wer auf die besondere Situation einer anderen Person empathisch reagiert, hat deswegen nicht unbedingt die gleichen Gefühle wie diese. Vielleicht stellen sich ganz andere Gefühle ein. Auf der emotionalen Ebene besteht dann zwischen den beiden Personen eine Differenz, ihre Emotionen stehen miteinander nicht im Einklang (Smith 1759, S. 6f.).

Kasten 5.3.: Wie gut wir uns in die andere Person einfühlen können, hängt von der Situation ab.

Wenn uns beispielsweise jemand von einem unbedeutenden Ärgernis berichtet, um unser Mitgefühl zu erregen, dann fällt es uns schwerer, ihre Gefühle nachzuvollziehen, als wenn der Bericht von einem Todesfall in der Familie handelt. Auf den Bericht über einen großen Kummer reagieren wir in der Regel mitfühlend; der Bericht über eine kleine Frustration löst dagegen eher Belustigung aus – oder Verärgerung über die Zumutung mitleiden zu sollen.

Es ist schwieriger, sich in den Zorn als in die Freude oder die Trauer des Anderen einzufühlen. Dies deswegen, weil man beim Zorn die Umstände und die Handlung kennen muss, die die betroffene Person emotional in Wallung gebracht haben.

5.6. Die Bedeutung der Emotionen für die Kommunikation

Die menschliche Kommunikation wird von komplexen Interaktionen auf der Gefühlsebene begleitet. Dem Einfühlungsvermögen kommt dabei eine zentrale Bedeutung zu.

Menschheitsgeschichtlich ist der Austausch emotionaler Signale wesentlich älter als die sprachliche Verständigung. So wie die Lautsprache ohne die Gebärdensprache wohl kaum hätte entstehen können, so dürfte sich die Fähigkeit, sprachlich zu kommunizieren, schwerlich ohne die Grundlage einer „emotionalen Verständigung" entwickelt haben.

Kasten 5.4.: Emotionen und Emotionswissen in der Kommunikation

---

1. Wir *haben* Emotionen bzw. Gefühle; sie können sich als Reaktionen auf das Verhalten Anderer einstellen.

2. Sie drücken ein *wertendes Proto-Urteil* aus.

3. Zu unseren Emotionen *verhalten* wir uns *reflexiv*.

4. Wir kontrollieren (oder versuchen zu kontrollieren):

   a. die Stärke unserer Emotionen und

   b. welche Emotionen / Affekte wir anderen zeigen bzw. welche wir vor ihnen verbergen wollen.

5. Wir *reagieren* auf die Emotionen anderer – verbal oder mit eigenem Emotionsverhalten; die anderen nehmen unsere Reaktion (vielleicht) wahr und lassen sich von ihr beeinflussen.

6. Wir stellen uns die andere Person in ihrer Lage vor und *schreiben* ihr (via *Empathie*) bestimmte Gefühle *zu*; durch Beobachtung ihres Verhaltens stellen wir fest, ob sie die ihr zugeschriebenen Emotionen wirklich zeigt.

7. Wir *beurteilen* diese Emotionen *wertend*, wir heißen sie gut oder missbilligen sie.

8. Wir wissen, dass andere Personen zu alle dem (1.-7.) ebenfalls in der Lage sind und dass sie in ähnlicher Weise unsere eigenen Emotionen „evaluieren".

9. Wir wissen, dass andere Personen unsere Empathiefähigkeit, unsere Sensibilität für ihr emotionales Befinden zu schätzen wissen.

10. Wir kennen die gegenseitigen sozialen Erwartungen im Umgang mit unseren Emotionen und sind bereit, unsere Gefühle so weit zu *beherrschen*, dass andere Personen sie gutheißen oder zumindest nachvollziehen können. Wir kennen die wichtigsten Sitten und Konventionen über den Umgang mit unseren Emotionen.

Die Kommunikation über Emotionen läuft zum großen Teil unbewusst oder halbbewusst ab, obwohl wir unsere emotionale Befindlichkeit laufend gegenseitig beeinflussen. Ob zwei Personen sich verstehen, hängt wesentlich davon ab, ob sie auf der emotionalen Ebene Harmonie herzustellen vermögen oder nicht.

Bei der Bearbeitung von Konflikten und beim Austragen von Meinungsverschiedenheiten ist es angebracht, die Emotionen nicht deutlich zu zeigen, weil sie eine Wertung enthalten, mit deren Ausdruck wir das Gegenüber verletzen könnten. Die verletzende Wirkung entfällt, wenn wir dem Anderen in „Ich-Botschaften" über unsere Gefühle berichten. Mit einem Gefühlsprotokoll sagen wir etwas über uns selber aus, wir fällen also kein Werturteil über die andere Person und können sie deshalb auch nicht verletzen.

Tabelle 5.5.: Was soziale und moralische Emotionen ausdrücken (moralische Emotionen sind kursiv gesetzt)

Soziale und moralische Emotionen	*Zugrunde liegendes Urteil*
Stolz / Scham	Ich hab's gut gemacht/Ich kann mich vor den Anderen sehen lassen. / Ich habe in den Augen der Anderen versagt.
Zorn	Du hast / Jemand hat mir Unrecht getan (Tendenz zur Vergeltung).
Dankbarkeit	Du / er / sie ha(s)t mir geholfen (Gegenteil des Übelnehmens; Tendenz zu positiver Vergeltung).
Eifersucht	Der / die Andere verdient die Zuwendung weniger als ich.
Sadismus/Schadenfreude	Es ist gut, dass der/die Andere leidet.
Mitleid	Jemand leidet, und das ist nicht gut.
Sympathie / Antipathie	Ich mag die andere Person / Ich mag die andere Person nicht.
Achtung / Verachtung	Die andere Person verhält sich i. A. gemäß den sozialen Erwartungen / entgegen den sozialen Erwartungen

Emotionale Reaktionen sind die ursprünglichste Form von Sanktionen im Bereich der Moral. Groll/Übelnehmen, Empörung/Entrüstung und Schuldgefühle sind unter den moralischen Emotionen die drei „Klassiker" (vgl. Kapitel I. 1, Tabelle 1.5). Das positive Pendant zum Übelnehmen ist die Dankbarkeit und zur Entrüstung die (moralische) Bewunderung.

5.7. Die emotionale Seite der Moralentwicklung

Im Laufe seiner Entwicklung wird sich das Kind der eigenen Emotionen zunehmend bewusst, es lernt, sie zu verbalisieren und nach den Erfordernissen des Augenblicks zu regulieren. Nicht zuletzt begreift es immer besser, welche Anlässe welche Gefühle auslösen. Parallel dazu entwickelt sich die Einfühlungsfähigkeit. Lange bevor Kinder bewusst über eigenes und fremdes Handeln nachdenken, reagieren sie auf die Emotionen anderer mit Empathie. Die Empathiefähigkeit ist auch die Voraussetzung dafür, dass Kinder für die Gefühle der anderen ein Interesse entwickeln und diese immer geschickter beeinflussen. In diesem Kontext entwickelt sich nicht zuletzt ein intuitives moralisches Wissen.

Kasten 5.6.: Die Bedeutung der Empathie für die Moralentwicklung

„Die Erfahrung, dass eine soziale Handlung einen anderen Menschen verletzt oder tötet, führt unmittelbar zur Identifizierung der Handlung als schlecht oder böse. Die Verletzung von Leben hat eine intrinsische moralische Autorität. Ein Kind, das ein anderes schlägt, das daraufhin zu weinen beginnt, braucht keine Belehrung durch Erwachsene. Es vermag unmittelbar zu erkennen, dass es etwas falsch gemacht hat."

„Das Töten eines Menschen" ist verwerflich – aber nicht „weil es eine Übereinkunft verletzt, sondern weil es die Integrität menschlichen Lebens zerstört. Wie die Logik – folgen wir Piaget – durch reflektierende Abstraktion von Handlungsstrukturen konstruiert wird, ist die Moral selbst erarbeitet, aufgrund von Erfahrungen in sozialen Transaktionen".

„(B)ei den Gründen, die Kinder für das Teilen anführen, [spielt] der Gehorsam gegenüber Erwachsenen praktisch keine Rolle (...). Auch die Idee der Gerechtigkeit scheint intuitiv erkannt und spontan elaboriert zu werden, wobei die beim Teilen entstehenden Konflikte einen wesentlichen Anlass für das entstehende Gerechtigkeitsbewusstsein bilden" (Herzog 1991/92, S. 54ff.).

Im großen Ganzen verlaufen die Entwicklung der Gefühle und die Entwicklung des Einfühlungsvermögens parallel zur kognitiven Entwicklung gemäß der Theorie Piagets (Kesselring 1999). – Im Folgenden soll zunächst die Entwicklung der Gefühle sowie des Wissens über Gefühle, anschließend die Entwicklung der Empathie und der Fremdwahrnehmung dargestellt werden.

5.7.1. Entwicklung der Gefühle und des Gefühlswissens

Die Reihenfolge, in der sich die verschiedenen Gefühle in der kindlichen Entwicklung einstellen, ergibt sich aus der unterschiedlichen Komplexität der zugrunde liegenden Proto-Urteile.

a. Säuglingsalter (Geburt bis 2 Jahre): Ob es angeborene Emotionen gibt, ist eine offene Frage. Jedenfalls zeigen sich einige Wochen oder Monate nach der Geburt gewisse Vorläufer der Emotionen, nämlich: *Distress* (unangenehme Gefühle), *Ekel*, *Erschrecken* und *Interesse*. Hinzu kommt ein endogen bewirktes *Wohlbehagen*.

In diesen Vorläuferemotionen kann man auch Reflexe sehen, mit denen das Kind auf bestimmte innere oder äußere Situationen reagiert. Diese Reflexe verändern sich, ihr Ablauf wird komplexer, durch Lernen werden Verhaltensgewohnheiten erworben.

Diese Lernprozesse unterliegen dem Einfluss der engsten Bezugspersonen. Diese reagieren auf das Emotionsverhalten des Säuglings mit Tonfall, Gestik, Mimik, z. B.

Stirnrunzeln, sie interpretieren seine Gefühle und spiegeln sie übertrieben deutlich im eigenen Ausdruck. Stößt sich der Säugling irgendwo in schmerzhafter Weise, so zeigt die Bezugsperson ein schmerzverzerrtes oder trauriges Gesicht, das jener nachahmen lernt („affektreflektierendes Spiegeln", nach Holodynski 2006). Dabei lernt er den Schmerzausdruck mit der Schmerzsituation zu assoziieren: kleine Schürfung – unangenehme körperliche Empfindungen. Solange der Säugling sein Gesicht noch nie gesehen hat und es im Spiegel nicht als sein Gesicht erkennt, bleibt allerdings unklar, wie es ihm gelingt, die Mimik anderer Personen zu imitieren. Unklar ist ebenfalls, ob mit solchen Verhaltensgewohnheiten auch schon von Anfang an bestimmte Emotionen einhergehen.

b. Zweijährige Kinder: Vom zweiten Lebensjahr an erweitert sich die Ekelreaktion, die ursprünglich von saurem oder bitterem Geschmack im Mund ausgelöst wird, auf immer weitere „unappetitliche" Dinge. Ekel vor Würmern, Schlangen, Spinnen wird durch Interaktion mit den Bezugspersonen erlernt. Ein elementares „Alphabet" des Gefühlsausdrucks erwirbt das Kind noch bevor es die ersten Fortschritte beim Erwerb der akustischen Sprache zeigt.

Mit zwei Jahren haben Kinder ein Ich-Bewusstsein. Sie wissen um ihre Gefühle und auch um die Gefühle anderer Personen. Die gefühlsmäßige Abgrenzung bereitet aber anfangs noch Schwierigkeiten, wie sich nicht zuletzt beim Symbol- und Phantasiespiel zeigt, wo die Kinder nicht nur Menschen, Tiere und sogar Dinge symbolisch repräsentieren, sondern ihnen außerdem auch Gefühle zuschreiben. Während jüngere Kinder Spiel und Realität mitunter noch verwechseln, halten sie ältere (ab 3-4 Jahre) klar auseinander. Sie sind sich also bewusst, dass sie im Phantasiespiel nur so tun als ob. Sie schreiben ihren Puppen Wünsche und Gefühle zu und verkünden zum Beispiel, der Teddybär freue sich, weil er etwas zu essen bekomme usw.

Sobald sich das Kind als selbständige Person wahrnimmt, erkennt es sein Gesicht im Spiegel (mit ca. 1,5 bis 2 Jahren; Hoffman 2000, S. 69ff.), und gleichzeitig erkennt es auch seine Gefühle als die seinigen und assoziiert mit dem Emotionsausdruck des Anderen dessen Emotionen. Es erkennt, dass eine andere Person andere Gefühle, Wünsche und Absichten haben kann als es selber. Damit entwickelt sich auch die Empathiefähigkeit weiter. Das Kind erkennt nun auch immer deutlicher, dass es zwar fremde Emotionen beeinflussen kann, ein direkter Zugang zu den Gefühlen anderer Personen aber unmöglich ist.

c. Drei- bis sechsjährige Kinder: Etwa im Alter von drei Jahren lernen Kinder, mit ihren Emotionen (Erschrecken, Angst, Unwohlsein) selber fertig zu werden, Frustrationsquellen auszuschalten und sich beispielsweise nach einem erschreckenden Geräusch selbständig zu beruhigen. Säuglinge sind im Gegensatz dazu auf eine Bezugsperson angewiesen, die ihnen bei der Überwindung negativer Gefühle hilft. Mit drei Jahren verhalten sich Kinder zudem zu ihren Wünschen reflexiv: Sie lernen, ihnen Ausdruck zu verleihen, und gewöhnen sich daran, dass viele Wünsche nicht sofort erfüllt werden. Sechsjährige sind weitgehend in der Lage, mit emotionsgeladenen Situationen generell selbständig umzugehen.

Mit etwa sechs Jahren weiß das Kind auch schon um die Privatheit der Gefühle, es weiß, dass es anderen Personen Gefühle vortäuschen bzw. verheimlichen kann: Es simuliert z. B. Freude und versteckt vor der Tante seine Enttäuschung über ein Geschenk, das diese mitgebracht hat. Es weiß nun aus Erfahrung, in welchen Situationen man welche Emotionen hat, und ist in der Lage, bestimmten Situationen die entsprechenden Gefühle zuzuordnen und umgekehrt den Gefühlen die passenden Situationen (Harris 1992, S. 71f.). Dies gilt selbst dann, wenn es die betreffende Situation nicht aus eigener Erfahrung kennt, wenn das fragliche Gefühl beispielsweise von bestimmten Wünschen abhängt, die es selber gar nicht hat.

d. Schulkinder (6 bis 12 Jahre): Schon mit sechs Jahren versteht ein Kind, Gefühle als innere Signale wahrzunehmen, die der Verhaltensregulierung dienen. Es erkennt, dass verschiedene Personen mit demselben Ereignis unterschiedliche Gefühle verbinden können und dass ein und dasselbe Ereignis manchmal mehrere, ja sogar widersprüchliche Gefühle gleichzeitig hervorruft. Des Weiteren wird es auf den Einfluss von Normen auf Gefühle aufmerksam: Stolz und Scham z. B. sind an das Bewusstsein gebunden, dass man einer sozialen Norm entsprochen bzw. nicht entsprochen hat. Dankbarkeit drückt aus, dass die Person, der sie gilt, zu unseren Gunsten mehr getan hat, als sie, gemessen an einer Norm, hätte tun müssen, und Schuldgefühle sind der emotionale Ausdruck dafür, dass man den eigenen moralischen Maßstäben nicht genügt hat.

e. Scham und Stolz – die Phasen ihrer Entwicklung (nach Holodynski und Harris): Scham und Stolz sind komplexe soziale Emotionen. Sie bilden sich bei Kindern erst nach und nach aus, und das Wissen über die genaue Bedeutung von Stolz und Scham hinkt der Entwicklung der Gefühle selber hinterher.

Kasten 5.7.: Bedeutungselemente bei den Emotionen Stolz und Scham

---

Stolz und Scham enthalten folgende Bedeutungselemente:

• für die Handlung, auf die sich unser Stolz oder unsere Scham bezieht, *sind wir selber verantwortlich*;

• diese Handlung wird von anderen Personen geschätzt und gelobt bzw. kritisiert;

• die Handlung entspricht einer sozialen oder moralischen Norm (einem Standard) bzw. entspricht ihr (bzw. ihm) nicht.

Schon Kleinkinder werden von ihren Bezugspersonen über Mimik, Tonfall, Körperbewegungen darüber informiert, welches Verhalten wertgeschätzt wird. Die Bezugsperson hat am erfolgreichen Verhalten des Kindes Freude, und dieses Gefühl überträgt sich auf das Kind, das nun eine ähnliche Emotion zeigt, ohne dafür die Gründe zu kennen.

Die Genese der ersten Schamemotionen läuft parallel: Auf unwillkommenes Verhalten reagiert die Bezugsperson mit Emotionen, die Enttäuschung, Ärger und Unzufriedenheit ausdrücken und dem Kind signalisieren, dass die Beziehung beschädigt ist.

Dieses antwortet mit Gesten der Niedergeschlagenheit und Trauer, der Unterwerfung oder des Rückzugs.

Später bemühen sich die Kinder herauszufinden, welche Handlungen von der Bezugsperson besonders geschätzt werden, und betätigen sich dann mit Vorliebe entsprechend. Sie blicken die Bezugsperson erwartungsvoll an und hoffen auf Bestätigung. Zum Beispiel zeichnen sie gerne, nachdem sie für ihre Zeichnungen gelobt worden sind. Es stellt sich ein positiver Übungseffekt ein, die Motivation wächst. Kritische Rückmeldungen hemmen umgekehrt die Tätigkeit oder führen zu ihrem Abbruch. Die Häufigkeit von Lob und Tadel hat einen nicht zu unterschätzenden Einfluss auf das Selbstbild.

In einer späteren Phase zeigen die Kinder von sich aus Stolz- und Schamverhalten, wenn ihnen etwas besonders gut gelungen ist oder wenn sie umgekehrt etwas falsch gemacht haben. In entsprechenden Situationen offenbaren sie diese Emotionen auch schon, bevor die Bezugsperson bzw. der Erwachsene ihre Handlung bewertet – vorausgesetzt, ein Erwachsener ist anwesend. Ist niemand präsent, so stellen sich Stolz und Scham nicht ein.

Schließlich zeigen Kinder Stolz und Scham genau dann, wenn sie sich bewusst sind, *am Maßstab einer sozialen Norm gemessen gut oder nicht gut* abgeschnitten zu haben. Diese Gefühle haben die ältesten Kinder auch dann, wenn es keine erwachsenen Zeugen gibt und das entsprechende Verhalten unbeobachtet bleibt. Dies lässt darauf schließen, dass sich das normative Wissen nun internalisiert hat. Diese vierte Phase beginnt etwa im Alter von acht Jahren, also kurz nach der Einschulung.

Fragt man nun aber Kinder, was es bedeute, stolz zu sein bzw. sich zu schämen, so antworten die Jüngsten, es heiße, dass man sich freue. Etwas ältere Kinder bringen diese Freude mit einem Erfolg, den man errungen hat, in Verbindung. Noch ältere Kinder entdecken, dass sich in Stolz und Scham die Überzeugung eines Beobachters spiegeln, doch schreiben sie diese Emotionen dem Beobachter und nicht dem Handelnden zu. Mit etwa acht Jahren schließlich begreifen sie, dass man stolz ist, wenn man eine Leistung vorzuweisen hat, die der Beobachter wertschätzt bzw., etwas später, eine Leistung, die nach einem in der sozialen Gruppe oder Gesellschaft gültigen Maßstab als erfolgreich gilt.

f. Das Phänomen des „happy victimizer": An dieser Stelle sei noch einmal an die Forschungen G. Nunner-Winklers über den „happy victimizer" (vgl. Kapitel I. 5.4) erinnert: Die Mehrzahl der Kinder unter acht Jahren schreiben einem kleinen Übeltäter, der einem anderen Kind Süßigkeiten gestohlen oder es von der Schaukel gestoßen hat, keine Gewissensbisse zu und meinen, er fühle sich gut, weil er nun die Süßigkeiten besitze bzw. weil er die Schaukel selbst benützen könne. Viele dieser Kinder übertreten, wenn sie unbeobachtet sind, selbst entsprechend häufig die geltenden Normen.

Diese Tatsache erscheint überraschend, denn schon Dreijährige urteilen in der Mehrheit, es sei schlimmer, andere zu schlagen oder ihnen das Spielzeug wegzunehmen, als sein Zimmer nicht aufzuräumen. Offenbar hat bei der Mehrheit der Kinder unter acht

Jahren diese frühe, auf Empathie mit den Opfern beruhende Einsicht keinen Einfluss auf die Gefühlszuschreibung.

Um dieses Phänomen zu verstehen, muss man sich mehrere Gesichtspunkte vergegenwärtigen: Ein drei- bis vierjähriges Kind ist in der Lage, sich in ein Opfer, das geschlagen wird, einzufühlen, und es urteilt, man dürfe andere Kinder auf keinen Fall schlagen. Bis ins Alter von 7 bis 8 Jahren können sich Kinder aber intellektuell noch nicht auf den Standpunkt anderer Personen stellen und verstehen deshalb die wahre Natur sozialer und moralischer Regeln noch nicht. In diesen Regeln kristallisieren sich wechselseitige soziale Verhaltenserwartungen. Es ist also nicht weiter erstaunlich, dass die meisten Fünf- oder Sechsjährigen, die noch nicht wissen, was Normen sind, auf die Gegenwart eines beobachtenden Erwachsenen, der sie eventuell tadelt, angewiesen bleiben, damit sie der Versuchung zu stehlen und jemandem weh zu tun widerstehen. Sie können sich zwar ins Opfer einfühlen, aber diese Einfühlung hat auf die Handlungsmotivation eine geringere Wirkung als die Freude an den gestohlenen Süßigkeiten oder an der frei gewordenen Schaukel. Dass das Leiden des Opfers schwerer wiegt als das angenehme Gefühl des Täters, lernen Kinder von den Erwachsenen, die ihnen in konkreten Situationen immer wieder die Gefühle der Opfer in Erinnerung rufen oder direkt gebieten, sich anderen gegenüber freundlich zu verhalten Wenn also ein Erwachsener im Raum ist, wird ein Kind nicht so leicht klauen oder einem anderen Kind weh tun. Ein nächster Schritt besteht darin, dass die Kinder die Natur einer moralischen Norm begreifen: Wir erwarten gegenseitig voneinander, dass wir uns nicht bestehlen und uns nicht weh tun, und wir erwarten dies schließlich auch von uns selber. Erst von diesem Augenblick an verspüren Kinder, die eine Norm übertreten haben, Schuldgefühle im engeren Sinn; erst jetzt erkennen sie auch die Normverletzung im Verhalten des kleinen Diebs bzw. Aggressors und schreiben ihm Schuldgefühle zu. Diese Wende erfolgt bei den Kindern im Durchschnitt etwa im Alter von 8 Jahren.

5.7.2. Entwicklung der Empathiefähigkeit und der Fremdwahrnehmung

Indem sich das Kind das Gefühls-„Alphabet" aneignet, lernt es auch, den entsprechenden Gefühlsausdruck bei anderen zu erkennen und die entsprechenden Emotionen hinzu zu assoziieren. Damit ist ein erster wichtiger Schritt in Richtung Empathiefähigkeit geleistet. – Die Entwicklung dieser Fähigkeit unterteilt Hoffman in vier Stadien:

„Erstens scheint das Kind während der meisten Zeit des ersten Lebensjahres eine Verschmelzung des Selbst mit den anderen zu erleben.

Zweitens erreicht es im Alter von ungefähr 11 bis 12 Monaten ‚Eigenpermanenz' [d.h. es schreibt seine Empfindungen, einschließlich der kinästhetischen, seinem eigenen Körper zu] und wird sich der anderen als körperliche, vom Selbst unterschiedene Wesenheiten bewusst." Dabei betrachtet es die inneren Zustände (Gefühle) einer Person noch nicht als privat.

Drittens schreibt das Kind mit etwa zwei bis drei Jahren anderen Personen „innere Zustände" zu, die sich von den eigenen deutlich unterscheiden können. „Diese dritte Stufe bildet den ersten Schritt zur Rollenübernahme, die sich während der folgenden Jahre in immer komplexeren Formen weiterentwickelt.

Schließlich nimmt das Kind – in der späten Kindheit, oder vielleicht auch früher, die Forschung ist hier nicht schlüssig – eigene Identitäten und Lebenserfahrungen der anderen wahr, die über die direkt wahrgenommene Situation hinausgehen" (Hoffman 1983, S. 247f.; vgl. Hoffman 2000, S. 64).

Im Folgenden ein paar Beispiele zur Empathieentwicklung (vgl. dazu Hoffman 2000, Kap. 3, S. 83ff.).

a. Reaktives Schreien bei Neugeborenen: Verfügen Säuglinge über Empathiefähigkeit? Wohl kaum. – Am Anfang der Entwicklung steht eine reflexartige Nachahmungstendenz. Vom ersten Tag nach der Geburt an beginnen Babys zu schreien, wenn sie neben sich ein anderes Baby schreien hören (Gefühlsansteckung). Und zwar reagieren sie so, als fühlten sie sich selber unwohl. Diese Reaktion erfolgt jedoch weder, wenn man ihnen das eigene Schreien auf Tonband vorführt, noch wenn man ihnen ein dem Baby-Schreien ähnliches, künstlich erzeugtes Schreigeräusch vorführt. Das Neugeborene reagiert also auf das Unwohlsein eines anderen Babys so, als wäre es selber in dessen Situation, ja als wäre es mit dem schreienden Kind körperlich und emotional eins. Dieses Verhalten kann vielleicht auch durch eine Mischung aus Nachahmung, Konditionierung und Assoziationslernen erklärt werden.

b. Erste Nachahmung (1. Lebensjahr): Im Verlauf des ersten Lebensjahrs lernt der Säugling, den Ausdruck, mit dem eine andere Person auf eine emotionale Situation reagiert (z. B. Erschrecken über ein plötzliches Geräusch), nachzuahmen. Dabei bringt er den Emotionsausdruck mit dem entsprechenden Gefühl in Verbindung; doch da er noch kein klares Ich-Bewusstsein hat, schreibt er dieses Gefühl weder klar sich selbst noch der anderen Person zu – als ob Gefühle etwas wären, woran mehrere Menschen teilhaben könnten. Diese Auffassung verliert sich allmählich, sobald das Kind sich als eigenständige Person zu empfinden beginnt (ca. 8 Monate). Ein Säugling der lächelt, wenn ihn seine Mutter anlächelt, oder der Trauer mimt, wenn seine Mutter traurig ist, tut dies jedenfalls noch nicht aus Einfühlung. So schreit zwar ein halbjähriges Kind nicht mehr unmittelbar, wenn neben ihm ein anderes zu schreien beginnt, sondern sieht sich erst nach diesem um; danach macht es ein melancholisches Gesicht und beginnt schließlich selbst zu schreien, falls das andere Baby anhaltend schreit. Dasselbe lässt sich beobachten, wenn es seine Mutter anhaltend weinen sieht. Häufig macht es dabei erst eine melancholische Miene, bevor es zu weinen beginnt.

c. „Egozentrische Empathie" (ab ca. 10 Monaten): Dieser Begriff ist nur scheinbar widersprüchlich, er bedeutet, dass das Kind am Missgeschick eines anderen Anteil nimmt, sich dann jedoch mit Hilfe einer egozentrischen Strategie Erleichterung verschafft (a.a.O., S. 67ff.). Beispielsweise beobachtet ein Baby, wie ein anderes Kind hinfällt und zu weinen beginnt. Es schaut zu diesem hin, fängt selber an zu schreien und steckt dann den Daumen in den Mund oder begibt sich zu seiner Mutter, um getröstet zu werden, so als wäre es selber hingefallen. Das Kind weiß sich vom anderen Kind physisch getrennt, doch auf der Gefühlsebene fehlt noch der Unterschied zwischen „mein" und „dein". Auf eigenes Unwohlsein und auf das Unwohlsein eines Gespielen reagiert das Kind in gleicher Weise.

d. „Quasi egozentrische Empathie": Mit etwa anderthalb Jahren lernt das Kind, sich im Spiegel selbst zu erkennen (Hoffman 2000, S. 69ff.). Das heißt, es begreift seinen Körper nicht mehr nur als sensomotorische und kinästhetische Einheit, sondern weiß, dass sein Körper etwas ist, das man von außen wahrnehmen und sich vorstellen kann. Anderen Personen schreibt es zwar schon eigene Emotionen zu, doch beim Versuch, proaktiv, z. B. tröstend, auf sie einzuwirken, bleibt sein Verhalten egozentrisch. Ein zweijähriger Junge z.b. bringt seinem weinenden Freund den eigenen Teddybär, nicht dessen eigenes Lieblingstier. Oder er führt das Kind, das hingefallen ist, nicht zu dessen Mutter (die anwesend ist), sondern zu seiner eigenen...

e. Wirkliche Empathie und dezentrierte Tröstungsstrategie (ab 2-3 Jahren): Das Kind rekonstruiert nun die Situation des Anderen aus dessen eigener emotionaler Perspektive (Voraussetzung ist, dass es diese Situation miterlebt). Beispielsweise nimmt ein Kind (2 Jahre und 3 Monate) während einer Autofahrt wahr, dass einem anderen Kind der Teddybär fehlt, und erfährt, dieser sei zuhause geblieben. Kaum nähert sich das Auto dem Zuhause dieses Kindes, sagt es: „So, jetzt hast du dann wieder deinen Teddybären!" Das Kind schreibt dem Anderen also nicht mehr nur ein äußeres, sondern auch ein inneres Ich zu, das eigene seelische Erfahrungen macht. Ich und Du sind nun auf allen Ebenen getrennt (Hoffman 2000, S. 71ff.).

f. Differenzierte Empathie (frühe Kindheit): Neu ist, dass Kinder auch auf komplexere Gefühle anderer empathisch reagieren, z. B. auf die Enttäuschung von B, wenn C sein Geheimnis an Dritte verrät, oder auf das Gefühl des Gesichtsverlusts von D, wenn es sich helfen lassen muss.

g. Koordination von emotionalem Ausdruck und Gefühlen: Im Alter von 3-5 Jahren wissen Kinder um den Zusammenhang von körperlichem Ausdruck bzw. Gesichtsausdruck und Gefühlen, und sie wissen, dass bestimmte Situationen bestimmte Emotionen auslösen können (sie wissen dies auch dann, wenn sie die betreffende Situation selber nie erlebt haben). Ein Kind weiß nun auch, dass verschiedene Personen in der gleichen Situation unterschiedliche Gefühle haben können, es entdeckt, dass jemand eine andere Emotion zeigen kann als die, die man ihm empathisch zuschreibt.

h. Empathie mit metakognitiven Elementen: Wenn sich ein Kind (ab 6 bis 7 Jahre) in die Lage eines anderen versetzt, interpretiert es dessen Situation stets mit Hilfe der kognitiven Mittel, die ihm in den jeweiligen Entwicklungsstadien zur Verfügung stehen. Mit drei bis vier Jahren schreibt es anderen Personen Wünsche und Absichten zu, mit sechs Jahren bildet es zutreffende Hypothesen darüber, was der Andere weiß und was er nicht weiß. In einer Studie wird den Probanden von einem Mädchen erzählt, das Coca-Cola nicht mag, dafür umso lieber Milch trinkt. Dieses Mädchen erhält in einer Feldflasche, die sonst immer mit Milch gefüllt ist, Coca-Cola, weil jemand heimlich die Getränke vertauscht hat. Die Probanden sollen nun angeben, wie sich das Mädchen fühlt, sobald es merkt, dass die Flasche Cola statt Milch enthält. Schon drei- bis vierjährige Kinder erkennen korrekt, dass das Mädchen traurig und enttäuscht reagieren wird – auch wenn sie selbst die Vorliebe für Milch nicht teilen und sich über die Coca-

Cola freuen würden. Sie können sich also die Wünsche anderer vorstellen und ihnen entsprechende Emotionen zuschreiben (Harris 1992, S. 75).

i. Empathie mit sozialen Gefühlen und mit der Erfahrung des Anderen: 8- bis 9-jährige Kinder berücksichtigen spontan, dass jemand vor einer Aufgabe Angst hat, bei der er schon einmal gescheitert ist oder bei dessen Lösung er unangenehme Erfahrungen gemacht hat. Sie berücksichtigen auch den Einfluss von Erfahrungen auf das Selbstwertgefühl. Sie wissen etwa, dass man sich schlechter fühlt, wenn man bei einer Aufgabe wegen Unfähigkeit scheitert, als wenn dies aufgrund mangelnder Anstrengung geschieht.

k. Empathie in der Adoleszenz: Heranwachsende wissen z. B., dass es Menschen nicht einfach Freude bereitet, wenn ihnen geholfen wird, sondern dass ihnen die Hilfe peinlich ist. Ältere Jugendliche nehmen auf diesen Umstand Rücksicht und fragen zuerst, bevor sie jemandem helfen. Bereits ein 12- bis 13-jähriger Jugendlicher ist in der Lage, zwischen Emotionen, die in einer bestimmten Situation als typische zu erwarten sind, und untypischen zu unterscheiden. Wenn jemand traurig ist, nachdem er einen Preis gewonnen hat, so ist dies untypisch, und der Jugendliche folgert, dass in diesem Fall die Trauer besonders tief sein muss (Hoffman 2000, S. 77).

l. Erwachsenenalter: Erwachsene berücksichtigen im Durchschnitt stärker als Kinder oder Jugendliche, ob man jemandem durch Zeigen von Mitgefühl einen Dienst erweist oder nicht. Wer unter einer Krankheit oder einem Todesfall leidet oder gelitten hat, weiß wie es ist, wenn man ständig von Anderen darauf angesprochen wird. Echtes Mitgefühl lässt auch Raum dafür, auf bestimmte Aspekte der Befindlichkeit des Anderen nicht einzugehen. – Die Entwicklung der Empathie in der Adoleszenz und im Erwachsenenalter ist relativ schlecht erforscht (Hoffman 2000, S. 77ff.). Es ist aber keine Frage, dass zwischen den Erwachsenen große Unterschiede in der Empathiefähigkeit bestehen, wobei auch das Wissen über menschliche Gefühle bei verschiedenen Personen unterschiedlich differenziert ist (zu den Gesetzmäßigkeiten des Gefühlslebens und der Empathie ist immer noch lesenswert: Smith 1759).

Kleines Fazit: Dieses Kapitel will den Eindruck korrigieren, den Kapitel I. 5 erweckt haben mag, dass sich die ethischen Kompetenzen ausschließlich oder doch überwiegend über die Training des Intellekts – nämlich des moralischen Urteils – entwickeln. Die Schulung der moralischen Urteilskompetenz ist zwar von entscheidender Bedeutung, doch dasselbe gilt für die Schulung der *emotionalen Intelligenz*. Empathie entwickelt sich bei Kindern zwar bereits sehr früh, aber sie kann unter ungünstigen sozialen Verhältnissen auch leicht verkümmern.

Wer Kinder darin unterstützt, ihre eigenen Gefühle zu verstehen und die Emotionen anderer Menschen nicht nur wahrzunehmen, sondern auch richtig zu deuten, leistet einen wesentlichen Beitrag zur Gewaltprävention.

> „Der Erzieher tut gut [daran], die Strafe aus dem Bereich der Erziehungsmittel gänzlich zu streichen." (...) „Man kann mit Kindern auch energisch umgehen, ohne sie erzieherisch im geringsten zu belasten."
>
> Marcel Müller-Wieland (1989, S. 56)
>
> „Es ist unpopulär, festzuhalten, dass zur Erziehung auch die Strafe gehört. (…) Wer (…) mit der Rohrstock-Pädagogik auch das schulische Sanktionswesen aufgibt, sprich ‚humanisieren' will, leistet der Jugend einen Bärendienst. Er nimmt ihr die Möglichkeit, die Regeln demokratischer, rechtsstaatlicher (…) Auseinandersetzung einzuüben. Nur daraus kann eigenverantwortliches Handeln erwachsen." Urs Rauber (2002, S. 29)

II. 6. Sanktionswesen: Strafen und Belohnen

Strafen und Belohnen, Lob und Kritik gehören zu den ältesten Methoden, Kinder an eine Ordnung zu gewöhnen und sie in das System der Regeln und sozialen Erwartungen einer Gesellschaft einzuführen. Die Frage, wie wir unfolgsame Kinder bestrafen und ob wir sie überhaupt bestrafen sollen, sind Grundfragen der Pädagogik. Zugleich handelt es sich um Fragen, deren Bezug zur Ethik deutlich auf der Hand liegt.

Im vorliegenden Kapitel geht es darum, unterschiedliche Begründungen für Sanktionen nebeneinander zu stellen sowie Nutzen und Nebenfolgen von Strafen und Belohnungen zu thematisieren. Es geht also nicht um eine Theorie der „idealen Strafe".

Auch wenn Wirksamkeit und Nutzen nicht die einzigen Kriterien sind, auf die es bei Sanktionsprozessen ankommt, ist es doch kein Zufall, dass die überzeugendste Theorie der Strafe aus dem Utilitarismus stammt (Wolf 1992). Deswegen steht dieses Kapitel zu demjenigen über die utilitaristische Ethik (Kapitel I. 6) in einer engen Beziehung.

6.1. Was ist eine Strafe?

Vom amerikanischen Rechtsphilosophen H.L.A. Hart (1959/60) inspiriert, definiert Jean-Claude Wolf den juristischen Strafbegriff folgendermaßen:

> Strafen sind „Übel, welche einem Gesetzesbrecher von einer menschlichen Instanz absichtlich als Übel zugefügt werden, wobei diese Instanz von der Rechtsordnung autorisiert ist, deren Gesetze der Täter verletzt hat" (Wolf 1992, S. 18 und 64).

In der Pädagogik richten sich Strafen nicht nur gegen Gesetzes- oder Regelverstöße, sondern gegen ein breiteres Spektrum von Handlungen, und die strafende Instanz ist von der Rechtsordnung für gewöhnlich nicht speziell autorisiert. Eine auf den pädagogischen Kontext zugeschnittene Definition der Strafe liefert Hobmair:

„Strafe und Bestrafung sind vom Erzieher eingesetzte Verhaltenskonsequenzen, die eine unangenehme Wirkung haben und damit erreichen sollen, dass das nicht erwünschte Verhalten vom zu Erziehenden weniger häufig beziehungsweise nicht mehr gezeigt wird" (Hobmair 1998, S. 221).

Nach dieser Definition muss eine Strafe also erstens eine unangenehme Wirkung haben, sie soll nicht bloß lehrreich oder wirkungsvoll sein. Zweitens ist es das Ziel der Strafe, dass unerwünschtes Verhalten seltener wird; das Wort „unerwünscht" umfasst viel mehr als Regelverstöße, seine Bedeutung bleibt aber unbestimmt: Eine Handlung kann subjektiv oder objektiv unerwünscht sein, was nicht auf dasselbe hinausläuft. Drittens erwähnt die Definition als Bestrafenden den Erzieher. Nach behavioristischer Lehre ist auch das operante Konditionieren eine Form von Erziehung, und hier dient die Strafe zur Herbeiführung *irgendeines* erwünschten Verhaltens. Ethische Kriterien fehlen völlig. Viertens ist eine unangenehme Wirkung, die nicht vom Erzieher verordnet wird, z. B. das Versäumen des Zuges als Folge zu langen Herumtrödelns, nach der angeführten Definition keine Strafe.

Die Definition Hobmairs ist zwar viel umfassender als diejenige Wolfs, aber dennoch schließt sie eine Reihe von Situationen aus, in denen jemand auf ein Kind erzieherisch einwirkt, indem er ihm etwas Unangenehmes zufügt. Beispielsweise arrangieren Erzieher die Umstände häufig so, dass Fehlverhalten automatisch, ohne Intervention einer Autorität, schmerzliche Folgen hat: Weil der Junge versäumt hat Brot zu holen, gibt es kein Brot zum Frühstück... Sodann erziehen sich Kinder häufig auch gegenseitig, wobei nicht selten Praktiken zur Anwendung kommen, die mit Hobmairs Definition von Strafe weitgehend konform sind. Dazu gehören persönliches Übelnehmen, Unfreundlichkeit, Schikane und Rache. Zwischen diesen Praktiken und einer Strafe sind die Grenzen fließend. Deshalb trifft man auch immer wieder auf pädagogische Stimmen, die dafür plädieren, gänzlich straffrei zu erziehen (vgl. das erste Motto zu diesem Kapitel).

Es gibt noch einen zweiten Grund, weshalb Strafen in der Pädagogik manchmal verpönt sind: Wie bereits erwähnt, passt die Strafdefinition von Hobmair auch auf jedes *Konditionieren*. Der elektrische Schlag, den eine Kuh erhält, wenn sie den Elektrozaun am Rand der Weide berührt, veranlasst sie zurückzuweichen. Die Theorie der Konditionierung ist zwar eine der renommiertesten Lerntheorien. Das Arbeiten mit Zuckerbrot und Peitsche ist aber schon bei der Dressur von Tieren ethisch fragwürdig. Erst recht ungeeignet ist es dort, wo man bei jungen Menschen Lernprozesse fördern will: Einsicht ist hier mindestens so wichtig wie bloße Gewöhnung.

Folgt aus alledem aber wirklich, dass Strafen in der Erziehung nichts zu suchen haben? Kaum. Zu folgern ist etwas anderes: Aus pädagogischer Sicht sind Strafen zu befürworten, wenn sie drei Bedingungen erfüllen: Sie müssen

a. *pädagogisch sinnvoll*,

b. *gerecht* und

c. *wirksam bzw. effizient* sein.

Diese drei Bedingungen gleichzeitig zu erfüllen, ist allerdings nicht einfach. Die erste Bedingung ist rein pädagogischer, die zweite rein ethischer Natur. Das dritte Kriterium erscheint vordergründig als das wichtigste: Auf eine Strafe, die nichts bewirkt, sollte man besser verzichten. Nun können aber auch wirksame Strafen pädagogisch ungünstige Nebenfolgen haben und/oder ungerecht sein. Worauf es letztlich ankommt: Sanktionen sollen so gewählt werden, dass sie der bestraften Person *einleuchten*, dass sie zu einer „besseren" Einsicht gelangt und diese Einsicht auch handlungswirksam wird.

Vielleicht gibt es so etwas wie die „ideale Strafe" gar nicht. Im Einzelfall hängt die Frage, welche Sanktion angebracht ist, von einer Vielzahl situativer Faktoren ab. Doch diese bestimmen das Geschehen nie allein. Von erheblicher Bedeutung ist immer auch, wie der Erzieher selbst die Vor- und Nachteile seiner Sanktionspraxis einschätzt. Diese Einschätzung setzt unweigerlich auch ein theoretisches Wissen voraus. Aus diesem Grunde soll in den nächsten Abschnitten die Frage nach Sinn und Zweck des Strafens auf breiterer Ebene diskutiert werden.

6.2. Weshalb strafen?

Im Folgenden werden vier verschiedene Theorien über Sinn und Zweck von Sanktionen dargestellt – Theorien, die in der Pädagogik unterschwellig alle eine Rolle spielen (zu den ersten drei vgl. Wolf 1992, der sie als „utilitaristische", „retributive" und „nicht-klassische retributive" Theorie bezeichnet). Diese Theorien sind nicht alle gleich plausibel. Einige erscheinen auf den ersten Blick zwar einleuchtend, erweisen sich aber, sobald man sich ihre Begründung und/oder ihre Konsequenzen vor Augen führt, als ganz oder teilweise problematisch. Andere wiederum lassen bei näherem Hinsehen den Charakter einer Strafe im engeren Sinn vermissen.

6.2.1. Strafe als Vergeltung

Fast immer, wenn wir von (Be-)Strafen sprechen, schwingt in unserem Hinterkopf die Idee der Vergeltung mit. Zahlreiche Sprichwörter spielen darauf an: „Wer nicht hören will, muss fühlen!"; „Auge um Auge, Zahn um Zahn!"; „Wie du mir, so ich dir".

Strafe als Vergeltung zeichnet sich durch folgende Charakteristika aus:

a. Wer unter einer Strafe eine Vergeltungsmaßnahme versteht, stellt die Absicht des Täters in Rechnung: Deswegen wäre es unangemessen, an einem Tier Vergeltung üben zu wollen. Einen Wolf oder Bären, der Schafe reißt, bestrafen zu wollen, wäre fast so infantil, wie einen Fluss, der über die Ufer tritt, rituell zu bestrafen.

b. Die Theorie der Vergeltung orientiert sich an der Vergangenheit: Man schlägt, weil man zuvor geschlagen worden ist. „Du hast angefangen!" ist der typische Satz dessen, der zurückschlägt. Auf die Folgen des eigenen Handelns wird nicht reflektiert.

c. Vergeltung erinnert an Rache: Sie ist ein archaisches Motiv, vielleicht sogar das älteste Bestrafungsmotiv in der Geschichte der Menschheit. In pädagogischen Kontexten ist dieses Motiv aber kontraproduktiv. – Trotz der überwiegend negativen Aspekte liegt der vergeltungsorientierten Sanktion ein positiver Kern zugrunde:

Positive Aspekte:

- Ein Kind, das die Schläge, die es eingesteckt hat, zurückgibt, gilt nicht als Schwächling und braucht sich nicht zu schämen. Vergeltungsakte beweisen die Fähigkeit zur Selbstverteidigung oder auch zur Verteidigung der eigenen Gruppe.
- Vergeltung ist auf Symmetrie gerichtet. Wer Vergeltung übt, will das Gleichgewicht zwischen den Parteien wieder herstellen bzw. zum status quo antes [= Zustand vor der Verletzung] zurückkehren.

Aber die *negativen Aspekte* bleiben unübersehbar:

- Die materielle Wiederherstellung des status quo antes ist oft unmöglich: Das bei einem Raubüberfall getötete Opfer wird mit der Bestrafung der Mörder nicht wieder lebendig. Den Mord an einem Familienmitglied zu rächen, indem man einen Verwandten des Mörders tötet, ist eine archaische Praxis und in zivilisierten Gesellschaften undenkbar.
- Vergeltungsakte zielen auf die (Wieder-)Herstellung eines verletzten *Machtgleichgewichts*. Sie signalisieren also einen Machtkampf (vgl. Kapitel I. 12.2.2). Wenn sich zwei Personen fortwährend ärgern oder prügeln, erscheint jeder Schlag zugleich als Reaktion auf einen erhaltenen Schlag und als neuer Auslöser. Die Frage, wer angefangen hat, wird sinnlos. *In der Erziehung ist Vergeltung als Motiv für Strafe daher immer verkehrt.* Sich auf einen Machtkampf mit Schüler/innen einzulassen, ist das Törichteste, was eine Lehrkraft tun kann…

6.2.2. Strafe als Vorbeugung oder Abschreckung

Häufig dient Strafe der Vorbeugung gegen schädliches (bzw. unerwünschtes) Verhalten. Man straft, um größere Übel zu vermeiden. Dieses Motiv ist ebenfalls uralt. Keine geordnete Gesellschaft kann lange überleben, wenn sie gegen destruktive Verhaltensweisen nichts unternimmt. Zu einer Strafe, die als Verhinderung von als schädlich eingestuften Verhaltensweisen gedacht ist, gehören folgende Aspekte:

a. Es soll sichergestellt werden, dass der Täter (oder auch ein möglicher Nachahmer) eine schädliche Handlung nicht wiederholt: Dabei spielt es keine Rolle, ob das zu verhindernde Verhalten beabsichtigt war oder nicht. Im Vordergrund stehen die materiellen und immateriellen Folgen: Die Theorie ist *utilitaristisch* [= nutzenorientiert] und *konsequentialistisch* [= folgenorientiert]. Mit dieser ihrer doppelten Orientierung erweist sich der Utilitarismus als die beste ethische Theorie zur Begründung von Strafe. Der Utilitarist kalkuliert sowohl die Folgen der zu bestrafenden Handlung als auch diejenigen der Strafmaßnahme selbst und wägt sie gegeneinander ab.

b. *Vorbeugung und Abschreckung sind* – anders als das Motiv der Vergeltung – *zukunftsgerichtet.*

c. *Im juristischen Recht unterscheidet man zwischen Spezial- und Generalprävention*: Eine Maßnahme, mit der man verhindert, dass der Täter seine Tat wiederholt, hat den Charakter einer *Spezialprävention*. Sollen alle nur möglichen Personen an der Ausführung einer schädlichen oder unerwünschten Handlung gehindert werden, so fällt die Maßnahme unter den Begriff der *Generalprävention*.

d. *Vorbeugende Wirkung* erzeugen Strafen manchmal (nach Durkheim 1988, S.152f., 158) auch *dadurch, dass sie zugleich die „Solidarität unter den Rechtschaffenen" bzw. der „ehrenbaren Leute" festigen.*

Kasten 6.1.: Beispiele für General- und Spezialprävention

> Eine hohe Buße soll Verkehrssünder abschrecken, ihr gesetzwidriges Verkehrsverhalten zu wiederholen. Ein gefährlicher Täter wird eingesperrt, einem grob fahrlässigen Autofahrer wird der Führerschein entzogen (*Spezialprävention*). Mit dieser Maßnahme soll die Gesellschaft vor dem Täter geschützt werden.
>
> Im Mittelalter und in der frühen Neuzeit wurden Gewaltkriminelle öffentlich gehängt oder gerädert. Schauprozesse dienten der allgemeinen Abschreckung (*Generalprävention*).

Positive Aspekte:

• Ein geordnetes Zusammenleben ist einem ungeordneten vorzuziehen. Jede wohlorganisierte Gesellschaft hat ihre geschriebenen und ungeschriebenen Regeln und Tabus... Wer für ein Minimum an sozialer Ordnung eintritt, sollte sich auch für ihre Respektierung einsetzen.

• Die abschreckende bzw. vorbeugende Maßnahme sollte nach utilitaristischen Kriterien nicht mehr Leiden verursachen als zur Zielerreichung unbedingt nötig. Häufig reicht die *Androhung einer Strafe* dazu bereits aus. Das Statuieren eines Exempels von Zeit zu Zeit verschafft der Drohung Glaubwürdigkeit. Der (potentielle) Täter wird nicht konditioniert, sondern als autonome Persönlichkeit wahrgenommen.

Negative Aspekte:

• Wenn Vorbeugung und Abschreckung das Strafmotiv sind, bleibt kein Platz für den Aspekt der Gerechtigkeit: Drastische Strafen sind abschreckender als milde, und sie können in gewissen Situationen deswegen effizienter sein. Die abschreckende Wirkung ist auch dann garantiert, wenn man Unschuldige hinrichtet. Eine effiziente Abschreckung und eine gerechte Strafe sind also nicht das Gleiche.

• Selbst drastische Strafen verfehlen aber oft ihr Abschreckungsziel. In den USA hat die Einführung der Todesstrafe zu keiner spürbaren Senkung der Gewaltkriminalität geführt.

6.2.3. Strafe als Wiedergutmachung

Zum Bedeutungsfeld von „Wiedergutmachung" gehören die Wörter „Entschuldigung", „Sühne" und „Versöhnung". Die zu fordernde Wiedergutmachung richtet sich an zwei Adressaten: zum einen an den direkt Geschädigten bzw. an die Gruppe der Geschädigten, zum anderen an die Gesellschaft als Ganzes. Denn neben der konkreten, materiellen Schädigung bedeutet ein Vergehen auch einen Verstoß gegen das Regel- oder Ordnungssystem. Ein Verbrechen, das in einer Gesellschaft ungesühnt bleibt, verletzt und schwächt das öffentliche Rechtssystem und stellt damit eine Irritationsquelle dar. Sühne wirkt wie das Ausheilen der geschlagenen Wunde: Die Integrität der Gesellschaft wird wieder hergestellt. Schwere Vergehen sind durch den Staat selbst dann zu bestrafen, wenn der direkt Geschädigte dem Täter verziehen hat.

Kasten 6.2.: Die Wiedergutmachung umfasst mehrere Ebenen

---

1. *Materielle Ebene*: Der Täter muss den entstandenen Schaden beheben, die entstandenen Kosten übernehmen.

2. *Geistige / psychische Ebene*: Hierher gehören beim Geschädigten Verzeihung und beim Täter Reue. Im Akt der Wiedergutmachung wandelt sich der Täter, und zwar durch Einsicht. Nur so kann seine persönliche Integrität (vgl. Kapitel 12. 1, S.319) wieder hergestellt werden. Er muss Buße tun, aufrichtige Reue zeigen. Wiedergutmachung hat eine tief emotionale Bedeutung.

In archaischen Gesellschaften wurden nicht mehr tragbare Delinquenten aus der Gesellschaft ausgeschlossen, verbannt, im Extremfall getötet. Die (noch heute praktizierte) Todesstrafe ist im Grunde archaisch. Oft liegen ihr aber ökonomische Motive zugrunde.

3. *Soziale Ebene*: Die Beziehung des Täters zur Gesellschaft wurde durch die Tat gestört und muss wiederhergestellt werden. Ein ungesühntes Verbrechen ist für *die Gesellschaft als Ganzes* ein moralischer Makel (so jedenfalls in vormodernen Gesellschaften). Die Sühne hat die Wiederherstellung der Integrität der Gesellschaft als solcher zum Ziel, nicht nur die des Täters.

Positive Aspekte:

• Wiedergutmachung setzt auf die Aktivität des Täters: Er soll dafür sorgen, dass der angerichtete Schaden im Rahmen des Möglichen behoben wird.

• Hat der Täter mit Absicht gehandelt, so soll er zur besseren Einsicht (zur „Umkehr") gebracht werden; hat er den Schaden ohne Absicht angerichtet, so entfällt dieser Aspekt der Strafe. – Dieses Motiv steht in krassem Gegensatz zu demjenigen der Vergeltung, das den Geschädigten selber sozusagen blind aktiv werden lässt.

• Der andere Aspekt der Wiedergutmachung ist die Behebung des Makels, den für die Gesellschaft das ungesühnte Vergehen darstellt.

Negative Aspekte:

• Nicht jeder Schaden kann eins zu eins wieder gut gemacht werden, massive Diskriminierung oder Mord zum Beispiel.

• Die Idee, ein Schaden könne stets wieder gut gemacht werden, kann zu destruktiven Aktionen verleiten.

• Zudem erhebt sich die Frage, ob eine Wiedergutmachungsaktion wirklich eine Strafe darstellt: Das Prinzip der Wiedergutmachung gilt unabhängig davon, ob der Täter den Schaden vorsätzlich verursacht hat oder nicht. Bestrafen im engeren Wortsinn kann man eine Person aber eigentlich nur, wenn sie eine Schuld (Vorsatz oder Fahrlässigkeit) trifft.

• Strafe im Sinn von Sühne hat eine klar moralische Bedeutung, die Behebung eines Schadens nach einem Verkehrsunfall dagegen eine rein wirtschaftliche, wobei der moralische Aspekt fehlt. Den Schadenersatz übernimmt oft eine Versicherung – die Grenzen zur rein ökonomischen Schadensabwicklung sind also fließend.

6.2.4. Strafe als erzieherische Maßnahme

Das unmittelbare Motiv der pädagogischen Strafe ist es, den Täter zu „bessern". Der Wiederholung eines unerwünschten Verhaltens beugt man nicht durch Vergeltungsakte oder Machtdemonstrationen vor, sondern dadurch, dass man den Täter „erzieht". Wie bei pädagogischen Maßnahmen allgemein, ist auch bei strafrechtlichen Erziehungsmaßnahmen die (Wieder-)Eingliederung eines Menschen in die Gesellschaft eines der Hauptziele.

Was ist aber unter einer Strafe als erzieherische Maßnahme genau zu verstehen? Auf zwei Ebenen ergeben sich Doppeldeutigkeiten:

a. Doppeldeutigkeit bei den Erziehungs-Mitteln: Im Extremfall kann sich Erziehung auf operantes Konditionieren beschränken: Der Täter wird so abgerichtet, dass er sich das unerwünschte Verhalten abgewöhnt (ein schockierendes Beispiel zeigt der Film „Clockwork Orange" von Stanley Kubrick). Die Erziehung kann aber auch darauf abzielen, beim Täter einen Gesinnungswandel auszulösen bzw. ihn zu besserer Einsicht zu führen.

b. Doppeldeutigkeit beim Erziehungsziel: Welches ist die „richtige" Gesinnung? Bekanntlich arbeiten auch Diktaturen damit, dass sie Oppositionelle und Dissidenten in Umerziehungslager stecken (vgl. Solschenizyn 1974-1991).

Der Versuch, Einsicht und Gesinnung einer anderen Person zu manipulieren, ist eigentlich ein Widerspruch in sich, denn Einsicht und Gesinnung beruhen auf Überzeugungen, und eine Überzeugung ist das Ergebnis eines eigenständigen Überlegungsprozesses durch die betroffene Person.

Junge Menschen durch eine klare Darlegung von Gründen zu durchdachten eigenen Überzeugungen zu verhelfen, ist der Königsweg der pädagogischen Einflussnahme.

Nur wer sich selbst von der Richtigkeit eines Standpunkts überzeugt hat, kann von sich sagen, er habe seine Überzeugung wirklich in Freiheit gewonnen. Die Behauptung, wer einen Schüler bei dieser Art der Überzeugungsbildung unterstütze, bestrafe ihn zugleich, klingt völlig unplausibel. Dieses vierte Strafkonzept zeigt also eine tiefe Ambivalenz.

Fazit: Betrachtet man die vier Straftheorien im Überblick, so stellt man leicht fest, dass nur die erste und die zweite den genuinen Charakter einer Strafe zu erklären vermögen. Eine Strafe ist eine unangenehme Reaktion auf ein als fehlerhaft empfundenes Verhalten, die dazu dient, dieses Verhalten in Zukunft zu unterbinden. Was Aktionen zur Wiedergutmachung betrifft, so können sie vom Betroffenen im Einzelfall zwar als Strafe empfunden werden, ihre Zielsetzung ist aber eine ganz andere. Die Erziehungsstrafe schließlich hat entweder den Charakter einer Gehirnwäsche und trägt in diesem Fall die Züge von Vergeltung und Vorbeugung gleichermaßen. Oder sie ist darauf ausgerichtet, die fehlbare Person durch ein Gespräch, durch Argumente oder durch Sensibilisierung dazu zu bringen, dass sie das kritisierte Verhalten nicht wiederholt – und zwar aus Einsicht in die Fehlerhaftigkeit dieses Verhaltens, nicht aus bloßer Furcht vor der Überlegenheit des Erziehers. In diesem Fall handelt es sich aber nicht mehr um eine Strafe, sondern um eine „pädagogische Intervention", so wie wenn man einem Schüler hilft, die orthographischen Regeln oder die mathematischen Grundoperationen besser zu verstehen. Wenn man pädagogische Interventionen dieser Art mit Strafen gleichsetzen würde, nähme selbst gewöhnlicher Unterricht den Charakter einer Strafe an.

6.3. Spontane Strafen. Versteckte und offene Strafen

Pädagogik und Erziehung haben es mit der Beeinflussung von jungen Menschen zu tun. Wie in Kapitel I. 12 gezeigt wurde, liegen die unterschiedlichen Formen der Beeinflussung zwischen zwei Extremen: der Zwangsausübung auf der einen, der reinen Überzeugungsarbeit auf der anderen Seite. Die Bestrafung liegt klar in der Nähe der Zwangsausübung. Daraus folgt im Umkehrschluss, dass die pädagogische Arbeit, die auf jegliche Zwangsanwendung verzichtet, auch kein Moment der Strafe umfasst. Unter den pädagogischen Maßnahmen, die im Mittelfeld liegen, gibt es aber viele, die vom Pädagogen zwar nicht als Strafe intendiert sind, vom Schüler aber als solche empfunden werden. Der Entzug der Anerkennung als Reaktion auf ein kritikwürdiges Verhalten ist ein Beispiel.

> Für die Kinder „haben verschiedene Verhaltensweisen der Erwachsenen Strafcharakter, so alle Reaktionen der Eltern oder Lehrkräfte als Antwort auf das Verhalten der Kinder, die deutliche Unlustgefühle provozieren und nur dank einer Machtposition durchgesetzt werden können. Sie vermitteln den Kindern das Gefühl, bestraft zu werden, ohne dass jemand davon spricht" (Guggenbühl 1996, S. 53).

Als Strafe empfinden Kinder manchmal spontane Verhaltensweisen, wie die folgenden:

- Man reißt das Kind von einem Gefahrenherd zurück, um einem Unfall oder Missgeschick vorzubeugen.
- Man reagiert unkontrolliert aus einem Zustand der Überforderung heraus: „Ich konnte nicht mehr, die Nerven sind mir durchgegangen!" (Guggenbühl 1996, S. 53).
- Man zeigt, ohne viel zu überlegen, eine positive oder negative Emotion, z.B. Überraschung oder Dankbarkeit einerseits, Enttäuschung oder Empörung andererseits (vgl. die verschiedenen moralischen Emotionen – Empörung, Groll und Gewissensbisse, Kapitel I. 1.9).
- Man ändert sein „Bild" von der Person, die sich „schlecht" verhalten hat: Man überdenkt seine Beziehung zu ihr, distanziert sich, reagiert reserviert, man signalisiert Enttäuschung oder zieht sich zurück.
- Eine Gefahr bei jeder Art von spontaner Strafe liegt darin, dass der Erwachsene seine in der Beziehung zum Kind erlittenen Frustrationen auslebt.

„Als Mutter, Vater oder Erzieher sind wir normalerweise bemüht, (...) feindliche Gefühle den Kindern gegenüber zu verbergen. Wir vergessen die Mühsal und die Energien, die wir für die lieben Kleinen aufbringen. (...) Verdrängte Persönlichkeitsanteile, die wir aus Liebe zu den Kindern und aus moralischen Gründen nicht zulassen, finden in der Strafe Gelegenheit, aus der Unterwelt herauszutreten" (Guggenbühl 1996, S.55f.).

Kasten 6.3: Verdeckte Strafen sind unbedingt zu vermeiden!

Als verdeckte Strafen bezeichnet man Reaktionen, bei denen nicht ausdrücklich eine Strafe ausgesprochen wird, die das Kind aber als persönliche Herabsetzung empfindet. Das Kind „bleibt chancenlos. Ohne es vorher realisiert zu haben, muss es erleben, dass von seinem Verhalten das Maß der Zuwendung abhängt. Für das Kind ist jedoch nicht klar, was an ihm ‚ungut' sein soll. Oft münden solche heimliche Strafen in eine Pathologisierung des kindlichen Charakters" (Guggenbühl 1996, S. 54).

„Eine Strafe ist (...) nur sinnvoll, wenn sich ein Kind dadurch aufgefordert fühlt, Ich-Stärke und eigene Abwehrkräfte gegen das Unheimliche der menschlichen Psyche zu entwickeln. Dazu muss es die Strafe als eine Maßnahme gegen das eigene Fehlverhalten erkennen, durch die Eltern oder Lehrer eine Haltung ausdrücken, an der es sich orientieren kann, einen Gegenpol, durch den es seine eigene Position finden kann. Gestraft werden soll offen, damit sich keine kaschierten Strafhandlungen einschleichen, und innerhalb einer Beziehung, in der sich das Kind als wertvoller Mensch erlebt. So hat es anschließend die Chance, sich wieder in einem anderen Licht darzustellen" (Guggenbühl 1996, S. 56f.).

Grundsätzlich gilt aber:
- Kein Liebesentzug,
- Keine (länger anhaltende) Gesprächsverweigerung,
- Klare Regeln, die allen Beteiligten bekannt sind und die von allen akzeptiert werden (aufgrund von Einsicht, nicht infolge von Einschüchterung).

6.4. Strafpraktiken in der Schule

Es gibt viele pädagogische Maßnahmen, die ihr Ziel nicht erreichen oder durch nachteilige Nebenwirkungen den Wert der Zielerreichung schmälern, auch wenn gegen diese Maßnahmen keine moralischen Bedenken im engeren Sinn sprechen. Dies gilt ganz besonders für Strafen.

Kasten 6.4.: Ungeeignete Strafmaßnahmen

> „Soll die Isolierung als erzieherische Maßnahme bezwecken, den Gemaßregelten in seiner Vereinsamung zu treffen, so wirkt sie verderblich."
>
> „Pädagogisch abträglich ist auch jede Form des strafweisen Freiheitsentzugs. (...) Der äußere Freiheitsentzug wirkt sich in der Einstellung des Erlebenden mehr im Sinne der inneren Abneigung und Empörung aus als im Sinne inniger Besinnung."
>
> „Alle Arbeitsstrafen sind erzieherisch verfehlt. All die Strafaufgaben, seitenweises Abschreiben oder wiederholtes Schreiben eines ermahnenden Satzes, Arbeiten ohne Sinn, verderben die rechte Einstellung zur Arbeit."
>
> „Verbindet der Erzieher hingegen sinnvolle Arbeiten mit dem Strafgebot, so ist die depravierende [= zerstörerische] Wirkung solchen Tuns noch stärker. Der Betroffene lernt so auch noch sinnvolle Arbeit [zu] verabscheuen" (Müller-Wieland 1989, S. 56-70).

In der Schulpraxis haben sich vielerorts zwei sich ergänzende Sanktionsmethoden eingebürgert – eine persönliche und eine unpersönliche.

Unpersönlich ist eine Methode, die die Sanktion ganz auf Regeln abstützt: Die Schüler/innen kennen die geltenden Normen und wissen auch über die Konsequenzen Bescheid, die Übertretungen nach sich ziehen. Bei dieser Methode hat Strafe nie den Charakter einer Vergeltung. Das Sanktionssystem ist transparent und gilt für alle Schüler/innen gleichermaßen. Dieses System wird manchmal mit einer Strichliste ergänzt: Ein/e Schüler/in kann sich drei, vier, fünf Verstöße leisten, ehe er/sie mit einer Strafmaßnahme rechnen muss. Dieses Verfahren hat neben allen emotionalen Vorteilen den Nachteil, dass die einzelnen Striche oder Einträge – eben weil sie keine unmittelbaren Folgen haben – die Schüler/innen auch nicht zum Nachdenken anregen, ihnen nicht zur Einsicht in ihr Fehlverhalten verhelfen.

Die andere Methode legt Gewicht auf die *persönliche Beziehung* zwischen dem Erzieher und dem Kind. Diese Beziehung bleibt von den Wirkungen eines Fehlverhaltens und von strafenden Eingriffen nicht unberührt:

> „Während der Strafhandlung stehen nicht Verständnis, Schutz und Empathie im Vordergrund, sondern die Ablehnung einer bestimmten Verhaltensweise. ‚Es geht nicht, dass du deiner Schwester ins Gesicht spuckst, zur Strafe gehst du zu Fuß nach Hause!' Eine temporäre Entfremdung zwischen dem Erwachsenen und dem Kind stellt sich ein. Dieses Entfremdungserlebnis ist für viele Eltern schwierig. Sie fürchten um die Beziehung zum Kind und wünschen sich die vorherige intime Vertrautheit zurück. Das Aushalten der Distanz ist jedoch wichtig,

damit sich im Kind andere Kräfte konstellieren. Ein rasches Nachgeben oder ein Verzicht auf die Strafe raubt dem Kind die Möglichkeit, das Vertrauen der Eltern oder des Lehrers wiederzugewinnen; vor sich selbst kann es damit nicht den Beweis erbringen, dass es seine asozialen Tendenzen kontrollieren kann" (Guggenbühl 1996, S. 56).

Und: „Die Strafe anerkennt, dass das Kind auch von unheimlichen, zerstörerischen Kräften umgetrieben wird. Durch die pädagogische Strafe wird es in seinem Widerspruch akzeptiert. Dem Kind wird bedeutet, dass es seinen asozialen Tendenzen und Egoismen seinen Willen entgegensetzen kann. (...) Durch die Strafe partizipiert der Erwachsene an der unheimlichen Seite des Kindes, das mit seiner Gier, seinem Sadismus oder seinen Machtgelüsten nicht mehr ganz allein ist. Die Strafe wird zu einem gemeinsamen Ringen mit den inneren Dämonen" (a.a.O, S. 55).

Sinnvoll ist eine Praxis, die mit beiden Methoden zugleich arbeitet: Für kleine Verstöße gegen die Ordnung ist ein unpersönliches Sanktionssystem angemessen. Bei groben und/oder anhaltenden Regelverletzungen und bei Neigung zu gewalttätigen Aktionen ist die individuell angepasste Reaktion – insbesondere, wenn zwischen Täter und Erzieher eine persönliche Beziehung besteht – wirkungsvoller. Sie sollte allerdings überlegt erfolgen und nicht mit einem Akt der Vergeltung verwechselt werden können.

6.5. Belohnen

Die Praxis des Belohnens ist weniger heikel als die der Bestrafung. Dennoch kann auch sie Anlass zur Diskussion geben. Im Folgenden soll auf ein ethisches und ein pädagogisches Problem aufmerksam gemacht werden.

1. Ethisches Anliegen: Wenn man Kinder belohnt, sollte man dies nach transparenten Maßstäben und einigermaßen konsequent tun. Auf keinen Fall darf man Kinder, die einem sympathischer sind, gegenüber anderen bevorzugen. Belohnungen müssen *gerecht* sein.

2. Pädagogisches Anliegen: Belohnungen sollten ferner *sinnvoll* eingesetzt werden. Wiederholtes oder regelmäßiges Belohnen darf nicht dazu führen, dass die erwünschte Leistung nur noch um der Belohnung willen erfolgt und ohne diese verschwindet. Es gibt deswegen vereinzelt Stimmen, die davon abraten, Kinder überhaupt zu belohnen (z.B. Müller-Wieland 1989, S. 71ff.). So weit braucht man aber nicht zu gehen: Eine Belohnung kann als Ermunterung zu besonderen Leistungen durchaus sinnvoll sein – unter der Voraussetzung, dass diese Leistung nicht dauerhaft erbracht werden muss. Ein Abiturpreis für eine herausragende fachliche Leistung wäre ein Beispiel.

Die natürlichste und zugleich nachhaltigste Art der Belohnung liegt in der anerkennenden Aufmerksamkeit (Achtung durch Andere, die man mit einem besonders verdienstvollen Verhalten erntet). In diese Richtung hat John Locke schon im 17. Jahrhundert gewiesen, als er empfahl, Strafe und Belohnung auf die Gefühle von Ehre und Schande auszurichten (Kasten 6.5).

Kasten 6.5a.: John Locke über Lob und Strafe

Kritikwürdiges Verhalten soll den Entzug der Anerkennung zur Folge haben.

„Wenn man sie" (die Kinder) „einmal so weit gebracht hat, dass sie aus Scham ihre Fehler ablegen und das angenehme Gefühl, dass man gut über sie denkt, schätzen, dann mag man sie leiten, wohin man will, und alle Wege der Tugend werden ihnen gefallen" (Locke 1684/ 1933, S. 53).

In diesem Zusammenhang gibt Locke den Ratschlag, Kritik und Tadel an Kindern nur unter vier Augen vorzubringen, Lob aber vor weiteren Zeugen auszusprechen. Man erspart dem Kind damit Demütigungen und stärkt sein Selbstwertgefühl.

Kasten 6.5b.: Reflexionen zu Locke

Wichtig ist, dass Kritik – und sei sie noch so massiv – nicht die Würde der Person, sondern ausschließlich den Wert ihres Handelns in Frage stellt. Das Gefühl für die Menschenwürde darf unter den Zeichen der Schande nicht leiden.

Dennoch muss kritisch gegen Locke – die Frage erlaubt sein, ob es bei krassem Fehlverhalten nicht doch zuweilen angebracht ist, den Täter vor einem Publikum zu kritisieren.

Person und Verhalten konsequent zu trennen, ist bei wiederholt krassem Fehlverhalten keineswegs immer leicht. Eine Strafe kann deswegen von einer zeitweiligen zwischenmenschlichen Entfremdung begleitet werden: Das Verhältnis zu Bezugspersonen kühlt sich ab, das bestrafte Kind fühlt sich auf sich selbst zurückgeworfen. Die Entfremdung darf aber nicht so weit gehen, dass das Kind die Stütze durch die Bezugspersonen (das Gefühl, geliebt zu werden) dauerhaft verliert.

Lob und Tadel sind wertvoll, wenn sie dazu beitragen, beim Schüler eine entsprechende Einsicht auszulösen. In diesem Zusammenhang gilt es allerdings die Wirkungen der Reflexivität zu bedenken: Während Kleinkinder und Unterstufenschüler Lob und Tadel wörtlich nehmen, machen sich ältere Schüler vermehrt Gedanken über die Umstände von Lob und Kritik. Das Lob eines unbeliebten Lehrers kann leicht das Gegenteil dessen bewirken, was dieser damit intendiert. Auch unterscheiden Schüler mit zunehmendem Alter immer klarer zwischen der Bedeutung von Lob, das ausgezeichneten, und demjenigen, das mittelmäßigen Leistungen gilt. Wird ein mittelmäßiger oder schwacher Schüler gelobt, so wird das Lob tendenziell negativ interpretiert: „Der hat es nötig!", wogegen ausbleibendes Lob nach einer ausgezeichneten Leistung als Hinweis darauf gedeutet wird, dass von dem betreffenden Schüler eine gute Leistung erwartet wurde. Mitunter werden sogar gute Schüler-Leistungen kritisiert, nämlich dann, wenn die Lehrkraft etwas noch Besseres erwartet hat. Kritik kann also Ausdruck besonders hoher Erwartungen sein und Lob Ausdruck besonders niedriger Erwartungen. Auf diesen Zusammenhang reflektieren Oberstufenschüler manchmal stärker, als dies die Lehrkräfte in ihrem Verhalten berücksichtigen (Ulich 2001, S. 81f.).

„Probleme [werden] am besten durch Kooperation und nicht durch einen Machtkampf bewältigt."

Thomas Gordon (1981, S. 193)

II. 7. Kooperative Konfliktlösungen: Verhandeln und Vermitteln

In diesem Kapitel geht es um Interaktionsprozesse, die eine Einigung zum Ziel haben. Solche Interaktionen haben den Charakter von Verhandlungen: Die Betroffenen handeln eine Lösung aus und müssen vielfach dabei Kompromisse eingehen. Verhandelt werden muss, wenn es darum geht, Konflikte und Interessenkollisionen zu lösen oder Uneinigkeit über gemeinsame Regeln und Zielsetzungen zu überwinden. Verhandelt wird also auch dann, wenn es um die Absprache einer gemeinsamen Aktion mit klar differenzierten Rollen geht: Die Beteiligten verfolgen unterschiedliche Pläne und unterschiedliche Interessen, und die Vereinbarung wird nicht unbedingt für alle denselben Nutzen abwerfen, sondern mit ungleichen Opfern verbunden sein. Hauptsache ist, dass niemand sich diskriminiert fühlt.

Das Ziel der Verhandlung – die Einigung – wird zwar nicht über einen Diskurs im engeren Wortsinn erreicht; dennoch lohnt es sich, das Gegenüber nicht nur als Tauschpartner oder Konkurrenten, den man über den Tisch ziehen möchte, sondern vor allem auch als *Kooperationspartner* zu betrachten. Die kooperative Haltung sollte sich mindestens auf das Ziel – die Lösung des Konflikts – beziehen. Noch besser, wenn sie sich darüber hinaus auch auf die Mittelwahl erstreckt. Von dieser Haltung hängt für den Verhandlungserfolg – so paradox es klingen mag – Entscheidendes ab.

Das vorliegende Kapitel steht daher in enger Parallele mit dem Kapitel I. 7. über Ethik und Kooperation.

7.1. Was ist ein Konflikt?

Ein Konflikt ergibt sich aus einer Unstimmigkeit oder einem Interessengegensatz zwischen zwei Personen bzw. Parteien: Die Erfüllung der Interessen der einen Partei schließt die Erfüllung der Interessen der anderen Partei aus. Zumindest gehen die Parteien davon aus, dass ein solches Ausschlussverhältnis besteht.

Selbst wenn sie ursprünglich aus einer harmlos erscheinenden Sachfrage entsprungen sind, beschädigen Konflikte früher oder später das persönliche Einvernehmen der Betroffenen. Bei Konflikten sind mehrere Ebenen tangiert: Neben der Sachebene die Gefühlsebene, die zwischenmenschliche und die Ebene der vertretenen Werte sowie gegebenenfalls die institutionelle Ebene. Ungelöste Konflikte sind häufig die Ursache (und nicht die Folge) von tätlichen Auseinandersetzungen, Gewalt oder Trennungen. So gesehen, dient die Vertrautheit mit Strategien der Konfliktlösung immer auch der Vorbeugung gegen Gewalt.

> „Das Hauptproblem in der Diskussion um ‚Gewaltprävention' ist daher (...) nicht die zunehmende Gewaltbereitschaft von Kindern und Jugendlichen, sondern die Tatsache, dass unsere Lösungen für Konflikte und unser Herangehen an Konfliktlösungen unzulänglich sind" (Faller, S. 15).

In einen Konflikt können (anders als bei einem bloßen Streit) mehr als zwei Parteien involviert sein. Bei politischen Konflikten agiert hinter den Parteien, die in vorderster Front gegeneinander operieren, manchmal eine Vielfalt von Interessengruppen, die unter sich ebenfalls uneins sind. Im Konflikt zwischen Israel und Palästina stehen auf palästinensischer Seite unter anderem die Fatah und die Hamas in einem Antagonismus zueinander und auf israelischer die verschiedenen politischen Parteien.

7.2. Kontraproduktive Konfliktlösungsstrategien

Die Art, wie Menschen sich in Konflikten verhalten, beeinflusst den Verlauf des Konflikts. In vielen Fällen geschieht das Gegenteil dessen, was die Akteure intendieren: Oft leugnet die eine Seite ihre Beteiligung am Konflikt und schiebt ihn von sich weg. In der Folge sieht sie sich umso tiefer in ihn verwickelt. Es sind v. a. drei Strategien, die die Lage verkomplizieren und zur Eskalation führen können:

1. Eine Partei oder beide machen die Gegenpartei für den Konflikt verantwortlich. Dieses Verhalten ist insofern egozentrisch, als es die eigene Position naiv mit dem „Richtigen" oder „Guten" assoziiert und die Ursache für alles was schief läuft, auf die andere Seite projiziert. Die Lösung von Konflikten setzt bei beiden Parteien die Überwindung dieses Egozentrismus voraus.

2. Eine Partei oder beide versuchen, die andere mit Drohgebärden zum Einlenken zu zwingen. Bei Konflikten zwischen Lehrer und Schüler ist diese Strategie keine Seltenheit. Sie führt jedoch so gut wie nie zu einer echten Lösung, weil die unterliegende Partei gewöhnlich nicht einfach klein beigibt, sondern aktiven oder passiven Widerstand leistet und sich der weiteren Zusammenarbeit verweigert.

3. Eine Partei oder beide verhalten sich der anderen gegenüber so, als stünden sie zueinander in einem Wettbewerb bzw. als gälte die Devise, dass der Stärkere gewinnt: Sie werben womöglich um Bündnispartner oder versuchen Tatsachen zu schaffen, die den eigenen Standpunkt stärken. Doch diese Devise verschärft eher den Konflikt, als dass sie ihn abschwächt.

7.3. Verhandeln: Das Ausbalancieren von Interessen

Eine Verhandlung ist eine besondere Form kommunikativer Interaktion. Ihr liegt das Tauschparadigma zugrunde, und der Tausch enthält ebenso Aspekte von Wettbewerbs-

wie von Kooperationsverhalten. Dem klassischen Tausch auf dem orientalischen Basar geht eine Phase des Feilschens vorher: Der Käufer will den Preis drücken, der Verkäufer ihn so hoch wie möglich halten. Gefeilscht werden kann nur, weil Käufer und Verkäufer keine Monopolisten sind und keiner in der Lage ist, dem anderen den Preis zu diktieren. Treffen sie sich schließlich irgendwo zwischen den Ausgangspositionen, so kommt es zum Handel. Das bedeutet, dass nun beide kooperieren, d. h. ihren Teil dazu beitragen, das Geschäft zum Abschluss zu bringen: Der Verkäufer tritt dem Käufer das vereinbarte Gut ab und dieser entrichtet den ausgemachten Preis.

Ähnlich verhält es sich beim Verhandeln. Die Einigung, die man mit einer Verhandlung anstrebt, stellt sich häufig als Kompromiss dar - nämlich dann, wenn die Beteiligten um der Einigung willen von ihren Maximalforderungen abrücken müssen. Die Parteien machen sich gegenseitig Zugeständnisse, und zwar wenn möglich dort, wo es sie am wenigsten schmerzt. Kurz, der Weg zur Einigung ist der „Kuhhandel". Einigen sich die Beteiligten, so gewinnen sie mehr, als wenn sie sich nicht einigen.

Kasten 7.1.: Der Kuhhandel

> Früher oder später in einem Verhandlungsprozess stellt jede Partei der anderen bestimmte Konzessionen in Aussicht, falls diese ebenfalls Zugeständnisse anzubieten hat. Jede Partei klärt also vorgängig für sich, bei welchen Traktanden sie einigermaßen schmerzfrei Konzessionen riskieren kann. Auf diese Weise versuchen die Beteiligten, mit einem Minimum an Zugeständnissen ein Maximum an Gegenkonzessionen zu erwirken. Das Muster, dem die Verhandlung folgt, ist der Tausch (Sartori 1997, Kap. 8.).

Dennoch tun die Konfliktparteien oder -partner gut daran, sich nicht nur am Paradigma des Wettbewerbs, sondern auch an demjenigen der Kooperation zu orientieren. Damit ist nicht gemeint, dass sie sich von Anfang an ausschließlich als Kooperationspartner verstehen müssten (das erschiene zumindest auf den ersten Blick paradox). Doch zu einer gütlichen Absprache kommt es nur, wenn beide willens sind, ihre Uneinigkeit zu überwinden und sich aufeinander zuzubewegen.

„In dem Maße, wie man von der ‚Politik als Krieg' weg und in die Nähe der ‚Politik als Verhandlung' kommt, ist es angebracht zu sagen, man bewege sich von der Nullsummenpolitik weg zur Positivsummenpolitik" (Sartori 1997, S. 223).

Das bedeutet konkret, dass Verhandlungen nach Regeln geführt werden sollten, die mehr mit einem argumentativen Diskurs als mit einer (polemischen) Debatte gemeinsam haben: Das Interesse an einer Einigung steht im Vordergrund. Drohungen, Zwang und Überredung sind unzulässig, sie erschweren eine Lösung eher, als dass sie sie fördern, oder verhindern sie gar.

Ohne kooperative Haltung auf beiden Seiten kommt eine Einigung also kaum zustande. Doch auch während des Prozesses der Konfliktbewältigung selbst empfiehlt sich eine kooperative Haltung: Bevor sie sich auf den „Kuhhandel" einlassen, sollten sich die Beteiligten nicht nur über die eigenen Interessen Klarheit verschaffen, sondern auch über diejenigen der Gegenseite. Wer diese ausreichend kennt, verhandelt erfolgreicher als wer sie nicht kennt, denn er ist besser in der Lage zu entdecken, in welcher

Beziehung sich die Interessen des Gegenübers zu den eigenen verhalten. Oft zeigt es sich, dass sie sich in größerem Ausmaß überschneiden, als die Verhandlungspartner ursprünglich angenommen haben. Die Beteiligten sollten also bereits bei der Aufdeckung ihrer Interessen kooperieren: Transparenz und Objektivität dienen beiden Seiten.

7.4. Kooperative Lösung von Lehrer-Schüler-Konflikten (nach Thomas Gordon)

Über Konfliktlösungen im Schulbereich ist viel geschrieben worden. Ein inzwischen klassischer Autor in diesem Zusammenhang ist Thomas Gordon. Er beginnt seine Analysen mit der Feststellung, dass Lehrer Konflikten gewöhnlich nach einer von zwei fehlerhaften Methoden beizukommen versuchen. Sie spielen entweder ihre Macht aus, indem sie den Schülern eine Lösung aufzwingen. Oder sie verfallen in die gegenteilige Strategie, indem sie diesen ihren Willen lassen und sich aus dem Feld zurückziehen. Im ersten Fall reagieren sie autoritär, im zweiten permissiv. In beiden Fällen ernten sie negative Emotionen – das eine Mal die Ressentiments der Schüler, das andere Mal die eigenen Frustrationen. Beides löst den Konflikt nicht dauerhaft: Die Schüler ziehen sich aus der Interaktion zurück und werden aufmüpfig, oder sie fühlen sich ermuntert zu tun, was sie wollen. Damit sind neue Konflikte vorprogrammiert. Es nützt auch nichts, wenn der Lehrer sich in seiner Unsicherheit zwischendurch autoritär gibt – die Schüler empfinden ihn dann als inkonsequent und unglaubwürdig.

Die Schlussfolgerung liegt auf der Hand: Will man Konflikte beilegen, so darf man sie nicht nach dem Schema Macht – Ohnmacht anpacken:

> „Dem Zwang eines autoritären Lehrers gelingt es nie, einen Schüler zu erziehen oder zu beeinflussen. Der Schüler entscheidet nur, ob er kämpfen, sich unterwerfen oder zurückziehen soll, bis die Macht gewichen ist und er sich wieder nach eigenem Gutdünken verhalten kann. Daher verringern Lehrer durch einen Machtgebrauch tatsächlich ihren Einfluss als Vermittler von ethischen Werten" (Gordon 1981, S. 184f.).

Es mag auf den ersten Blick paradox erscheinen: Wer wirklichen Einfluss ausüben möchte, muss darauf verzichten, seine Macht auszuspielen. Das Paradox besteht aber nur scheinbar: Wirkliche Macht setzt Legitimität – die freie Anerkennung der Abhängigen – voraus.

Man kann das vorliegende Problem auch anders beschreiben: Es besteht in der stillschweigenden Annahme, die Konfliktparteien stünden sich als Wettbewerbsparteien gegenüber; das ist der Grund, weshalb sie sich eine mögliche Lösung nur nach dem Muster von Sieg und Niederlage vorstellen können. Die Strategie der Kooperation, die Gordon stattdessen empfiehlt, ist in einem schulischen Ambiente, das durch Machtasymmetrien geprägt ist, zweifellos ungewöhnlich. Sie sollte den Schüler/innen, die es nicht gewohnt sind, ihren Lehrkräften gleichsam auf gleicher Augenhöhe zu begegnen, vorgängig erklärt werden – andernfalls kommt es bei der Konfliktbearbeitung leicht zu Missverständnissen.

Kasten 7.2.: Phasen der Konfliktlösung (nach Gordon 1981, S.197-204)

Je nach Art des Konflikts wird eine Reihe von Phasen rascher oder langsamer durchlaufen. In einfachen Fällen können diese auf eine Sitzung konzentriert werden, in komplizierteren erstrecken sie sich über mehrere Sitzungen. Für beide Seiten – Lehrkräfte wie Schüler – gelten dieselben Regeln.

1. Phase, Definition des Problems (Konflikts): Es wird ausgelotet, wie sich der Konflikt auf die Betroffenen auswirkt. Beide Parteien müssen sich davon ein Bild machen. Danach versuchen sie, sich über die Beschreibung des Konflikts zu einigen. Es gelten folgende Regeln: Alle sprechen in so genannten „Ich-Botschaften" über ihre Gefühle und Bedürfnisse. Diese sollten aber nicht künstlich aufgebauscht werden. Die entsprechenden Äußerungen werden von allen Beteiligten zur Kenntnis genommen (aufmerksames Zuhören ist Voraussetzung!), aber nicht kommentiert und erst recht nicht gewertet. Auch Wünsche bezüglich der Konfliktlösung werden in dieser Phase nicht geäußert. Wünsche und Bedürfnisse sind zukunftsgerichtet – zunächst geht es aber um eine Bestandsaufnahme, und dabei steht die Verarbeitung der Gefühle im Vordergrund. Diese ist vergangenheitsorientiert; beides ist in dieser Phase strikt zu trennen.

2. Phase, Sammlung möglicher Lösungen: In einem Brainstorming schlagen die Beteiligten Lösungen vor, und alle Vorschläge werden schriftlich festgehalten, aber wiederum nicht kommentiert oder gewertet oder auch noch nicht begründet oder rechtfertigt. Ziel dieser Phase ist es, eine möglichst reichhaltige Sammlung von Lösungs-Ideen zu erarbeiten. Auch wenn eine Lehrkraft den Prozess moderiert und die Schüler/innen einzeln um Ideen bittet, ist sie auf der Sachebene genau so an die Regeln gebunden wie die Schüler/innen.

3. Phase, Wertung der Lösungsvorschläge: Die „brauchbarsten" Lösungsideen werden ausgewählt – entweder indem die Beteiligten auf einer Liste mit Strichen oder Farbpunkten die besten Vorschläge markieren oder indem sie frei ihre Meinungen äußern. Die Person, die diesen Prozess leitet, achtet bei ihren Formulierungen darauf, keine Antwort vorwegzunehmen. Beispiel: „Jetzt ist es Zeit herauszufinden, welche Vorschläge ihr gut oder schlecht findet. Zieht ihr bestimmte Lösungen vor? Was haltet ihr von jeder der gesammelten Ideen? Welches sind die besten?" (a.a.O., S. 200) In dieser Phase sind sachliche, in „Ich-Botschaften" gekleidete Begründungen und Analysen sowie Gegenfragen erwünscht; als Begründungsbasis gelten, wie in Phase 1, die eigenen Gefühle und Bedürfnisse. Alle sollen sich äußern, denn alle werden mit dem Ergebnis zufrieden sein müssen.

4. Phase, Entscheidung: Nun wird nach einer konkreten Lösung, und zwar nach der für die betroffenen Parteien besten Lösung, gesucht. Der Entscheid sollte nicht durch eine Abstimmung herbeigeführt werden, denn damit würden die Beteiligten in Sieger und Verlierer unterteilt, und die Verlierer wären wenig motiviert, die Lösung mitzutragen. Nicht bindende Probeabstimmungen können hingegen informativ sein – sie geben Aufschluss darüber, welchen Rückhalt die zur Diskussion stehenden Lösungen in der Gruppe haben. Kommt es zu einer Einigung, so sollte sie schriftlich fixiert und von allen Anwesenden unterschrieben werden. Sie hat Vertrags-Charakter, die schriftliche Verankerung beugt späteren Missverständnissen und Erinnerungstäuschungen vor.

5. Phase, Realisierung der Entscheidung: Um die Lösung umzusetzen, muss geklärt werden, wer was tun muss. Die kollektive Verantwortung ist nun nach den Rollen der Beteiligten zu differenzieren. Wenn ein Streitpunkt etwa die „Sauberhaltung" ist, was heißt das Wörtchen „sauber" genau? Auf welche Räume bezieht sich die Regelung? Wie sieht der Zeitplan aus? Wer kontrolliert? Auch hier ist eine schriftliche Vereinbarung nützlich.

> *6. Phase, Beurteilung des Erfolgs*: Es ist das beste Zeichen des Erfolgs, wenn der Konflikt verschwindet, wenn alle mit der Lösung dauerhaft zufrieden sind. Manchmal zeigt sich, dass die Konfliktregelung verbessert, an veränderte Umstände angepasst oder effizienter gestaltet werden muss. Welche Verpflichtungen haben sich als unrealistisch oder als schwierig erwiesen? Wer fühlt sich mit der Lösung überfordert?
>
> „Das Einhalten einer Verpflichtung fällt Menschen häufig viel schwerer, als sie ursprünglich vermutet hatten. Deshalb ist eine Befragung der Beteiligten von Zeit zu Zeit durchaus gut um herauszufinden, ob sich ihre Meinung geändert hat" (a.a.O., S. 203).

Zweierlei zeichnet die Methode Gordons aus: Erstens, alle am Lösungsprozess Beteiligten verhalten sich zueinander nicht als Gegner, sondern als Gleichgesinnte, indem sie sich auf das gemeinsame Ziel konzentrieren, eine Regelung zu erarbeiten, bei der sich niemand unwohl fühlt. Das ist Kooperation. Nirgends lernen Schüler/innen wechselseitigen Respekt so direkt wie in Situationen echter Kooperation. Zweitens gibt es keine Verlierer, und niemand wird an den Rand gedrängt. Unter dieser Voraussetzung können sich am Ende alle mit dem Ergebnis identifizieren und sich bereit erklären, für die Einhaltung der Regelung einzutreten. Wenn niemand den anderen eine Regelung aufoktroyiert, muss auch niemand den Polizisten spielen. Diese Methode versagt allerdings bei Wertekonflikten – genauer: bei Konflikten über den Lebensstil und die persönliche Lebensgestaltung.

7.5. Verhalten bei Wertekonflikten

Das Vorliegen eines Konflikts um rein persönliche Werte verrät sich darin, dass Ich-Botschaften nichts mehr ausrichten, weil sie vom Gegenüber nicht verstanden werden. Worin liegt das Besondere an einem Wertekonflikt? Im Unterschied zu den juristischen Gesetzen und sozialen Regeln, die wir einhalten müssen, wählen wir uns unsere persönlichen Werte, unsere Lebensziele, unseren Lebensstil selber. Auch für ihre Geschmacksurteile, die Wahl ihrer Freunde, ihres Aussehens, ihrer religiösen und politischen Überzeugungen usw. ist jede Person selbst verantwortlich.

> „Schüler widersetzen sich der Lösung von Problemen, (...) von denen sie glauben, sie gingen den Lehrer nichts an. Schüler unterscheiden sich in dem Punkt absolut nicht von Erwachsenen" (a.a.O., S. 249).

Wer ist schon dazu bereit, darüber zu verhandeln, wie er sich kleiden und ob er sich einen Bart wachsen lassen soll bzw. ob sie sich schminken, oder auch, ob sie zu einem anderen Bekenntnis konvertieren soll? Schüler/innen sind dazu so wenig bereit wie es Lehrkräfte wären...

Können Erzieher/innen auf die Wertvorstellungen von Schülern also gar nicht einwirken? Doch – wenigstens bis zu einem gewissen Grade. Es gibt mehrere Möglichkeiten, wie sich der Erwachsene bei Wertdifferenzen mit Schülern verhalten kann: Er sendet Ich-Botschaften aus, in denen er dem Schüler mitteilt, dass er sich durch ein bestimmtes Verhalten gestört fühlt: „Wenn Du dieses Wort benutzt, beleidigt mich dies und ich nehme es Dir übel" (a.a.O., S. 252). Man kann sich dem Schüler auch als Berater anbieten, aber das muss diskret und mit Fingerspitzengefühl erfolgen. Auf keinen Fall darf man sich aufdrängen, sonst muss man damit rechnen, als Besserwisser, Prediger, Nörgler dazustehen.

Kasten 7.3.: Wie kann eine Lehrkraft Schüler/innen in Wertfragen beraten?

„1. Ein erfolgreicher Berater macht erst gar keinen Versuch, seinen Klienten zu ändern, wenn er nicht absolut sicher ist, dass er dazu beauftragt wurde.
2. Er trifft mittels Fakten, Informationen und Daten angemessene Vorbereitungen.
3. Er gibt seinen Rat prägnant, kurz und nur einmal – er drängt ihn nicht auf.
4. Er überlässt dem Klienten die Verantwortung für die Veränderungsbemühungen" (Gordon 1981, S. 254).

7.6. Konflikte lösen nach dem Harvard-Konzept

Das in den siebziger Jahren an der Harvard-Universität entwickelte „Harvard Negociation Project" (Fisher/Ury/Patton 1984) weist in eine ähnliche Richtung wie Gordons Methode. Es bezieht sich nicht nur auf Konflikte im Schulalltag, sondern auf alle Arten von Konflikten – einschließlich solchen aus den Bereichen Wirtschaft und Politik – und geht dabei methodisch noch einen deutlichen Schritt weiter als Gordon.

Zunächst aber bestehen zwischen Gordons Methode und dem Harvard-Konzept enge Parallelen: Beide schenken bei der Analyse des Konflikts den Emotionen, die auf beiden Seiten im Spiele sind, besondere Beachtung. Beide erklären diese Emotionen gegenüber einer Wertung für tabu. Und beide weisen sie die Auffassung zurück, es gehe bei Konfliktlösungen um Gewinnen und Verlieren; diese Einstellung sei vielmehr durch Aufbau einer Kooperationsbeziehung zu überwinden.

Während bei Gordon, der sich auf das Schulmilieu beschränkt, die Initiative zur Konfliktlösung im Allgemeinen vom Lehrer ausgeht und dieser aufgrund seiner höheren Stellung meistens über das Konfliktlösungsverfahren entscheidet, stehen sich im Harvard-Konzept zwei gleich mächtige Kontrahenten gegenüber, und jeder kann selbst entscheiden, ob er „hart" oder „weich" verhandeln will. Hart verhandeln bedeutet, auf der eigenen Position beharren, den Kontrahenten als Gegner behandeln, ihm Misstrauen entgegenbringen, auf einen Sieg, nicht auf eine Übereinkunft hinsteuern usw.; weich verhandeln dagegen bedeutet Rücksichtnahme auf die Position des Kontrahenten und Kompromissbereitschaft. Wer „nett" verhandelt, betrachtet sein Gegenüber als menschliche Person und setzt Vertrauen höher als Misstrauen, und er ist bereit, von seiner Position abzurücken, um eine Übereinkunft zu erzielen.

Eine Schlüsselstelle für das Verständnis des Harvard-Konzepts liegt in der Frage, wie man vorgehen soll, wenn man sich für eine kooperative, menschliche („weiche") Methode entscheiden möchte, der Gegner aber womöglich „hart" verhandelt und sich an das Paradigma „Sieg oder Niederlage" hält. Man steht dann vor dem folgenden Problem:

„Wenn der eine hart feilscht und auf Konzessionen besteht, gar zu Drohungen greift, und der weiche Verhandlungspartner Konfrontationen vermeiden will und auf Übereinkünfte hofft, entscheidet sich das Spiel zugunsten des harten Partners." Die Übereinkunft „wird mit Sicherheit für den harten Positionskämpfer vorteilhafter sein als für den weichen" (Fisher et al. 1984, S. 29).

Die Problemlösung besteht darin, dass man weder grundsätzlich weich noch grundsätzlich hart verhandelt, sondern sich Personen gegenüber „weich" verhält, in der Sache aber „hart", d. h. bestimmt, auftritt. Man bleibt also freundlich und zuvorkommend und geht gleichzeitig der Gefahr, als der Schwächere zu unterliegen, aus dem Weg.

7.6.1. Faustregeln zum erfolgreichen Verhandeln

Erstens, nicht um Positionen feilschen: Um eine Position feilschen heißt, auf einem Standpunkt beharren und Druck machen, damit der Andere nachgibt. Wer sich so verhält, denkt in Kategorien von Sieg und Niederlage. Dieses Vorgehen macht einen unflexibel und unfähig, sich dem Kontrahenten anzunähern. Beharrt dieser ebenfalls auf seiner Position, so kommt es zu endlosen Grabenkämpfen. Eine Einigung (falls sie überhaupt möglich ist) setzt Kompromisse voraus, die für beide Parteien ungünstiger ausfallen, als wenn beide Seiten flexibel reagierten.

Zweitens, Menschen und Probleme getrennt voneinander behandeln: Diese Faustregel entspricht der kooperativen Haltung bei Gordon. Es ist klar, dass ich einer Person, mit der ich kooperieren möchte, menschlich begegne – als einem Wesen mit Interessen, Bedürfnissen, Emotionen und Wünschen. Nicht darin, dass wir Menschen sind, unterscheiden wir uns, sondern wir unterscheiden uns in den Inhalten unserer Interessen, Bedürfnisse, Emotionen und Wünsche. Aus dieser Einsicht ergibt sich, dass wir

- unser Gegenüber besser nicht attackieren sollten (man würde damit seine Aufmerksamkeit für die Sache blockieren und eine Retourkutsche riskieren),
- uns aktiv um sein Verständnis bemühen und
- die persönliche Beziehung zu ihm nicht mit Sachfragen vermischen sollten.

Dies nennt das Harvard-Konzept eine „weiche" Einstellung gegenüber der Person.

Die persönliche Beziehung umfasst vier Ebenen: a. die der Emotionen, b. der Vorstellungen, c. der Äußerungen (Kommunikation) und d. der Interessen.

a. Die *Emotionen* des anderen, die bei harten Auseinandersetzungen immer involviert sind – Angst, Bedrohungsgefühl, Unsicherheit, Ärger, Nervosität –, gilt es ernst zu nehmen. Nicht zuletzt davon hängt es ab, ob es zum Kampf und Stillstand kommt oder ob eine gemeinsame, kooperative Suche nach einer Einigung möglich wird.

b. Jede Streitlösung läuft über *Vorstellungen* (von der Streitsache, aber auch von den Werten, die involviert sind). Die Gegenpartei sollte unsere Vorstellung kennen und wir die ihrigen. Spricht sie nicht direkt darüber, so müssen wir ihre Vorstellung indirekt aus ihren Äußerungen erschließen und versuchen, uns in ihre Lage zu versetzen. Jede Gemeinsamkeit in den Vorstellungen, die sich entdecken lässt, ist einer Lösung förderlich.

    c. Damit *Kommunikation* gelingen kann, müssen die Emotionen abgeklungen sein. Daher werden bei den ersten Begegnungen die Gefühle thematisiert und „Dampf abgelassen". Ferner müssen beide Parteien bereit sein, sich gegenseitig zuzuhören und sich um ein Verständnis für die Gegenseite zu bemühen. Wo nötig, kann man Rückfragen stellen und kurz wiederholen, was der andere gesagt hat („Habe ich Sie richtig verstanden, Sie wollen sagen..."), um Missverständnissen entgegenzuwirken.

    d. Die Ebene der Interessen ist besonders wichtig; ihr gilt der folgende Abschnitt.

7.6.2. Die Kluft zwischen den Positionen verkleinern und das Spektrum der Lösungsoptionen erweitern

Es erleichtert die Suche nach einer gemeinsamen Lösung (vgl. Gordons 2. Phase), wenn man sich die verschiedenen Interessen, die auf beiden Seiten im Spiel sind, vergegenwärtigt. Sobald man strikt zwischen Person und Sache trennt, wird es möglich, den Gegenspieler zu ermuntern, seine Interessen offen und unverkürzt zu thematisieren und diese in die eigenen Überlegungen mit einzubeziehen.

Liegen die Interessen der Betroffenen einmal klar auf dem Tisch, so können sie damit beginnen, ihre Positionen einander anzunähern. Dies setzt voraus, dass beide Seiten bereit sind, ihre Standpunkte zu verändern. Die Devise lautet, den Kuchen zu vergrößern, bevor man ihn teilt. Das ist leichter möglich, wenn beide Seiten auch die Interessen der anderen genau kennen. Für beide Parteien ist es also vorteilhaft, wenn sie sich auch auf den Standpunkt der Gegenpartei stellen und nach Lösungen suchen, die deren Interessen entgegenkommen.

Es muss natürlich vermieden werden, dass die Gegenpartei eine bloße Wahlmöglichkeit als ein konkretes Angebot missversteht. Man kann dem z. B. dadurch vorbeugen, dass man auch Vorstellungen mit einbringt, von denen es offensichtlich ist, dass man sie selber ablehnt: „Ich könnte Ihnen ja das Haus umsonst geben, oder sie könnten mir auch zwei Millionen in bar dafür geben, oder..." (Fisher et al. 1984, S. 99).

Bei sorgfältiger Exploration der dominanten Interessen zeigen sich fast immer Lösungswege, an die anfangs niemand gedacht hat und die es beiden Parteien ermöglichen, ihre Interessen in einem weiten Ausmaß zu wahren. Wenn schon der Kuhhandel ein Positivsummenspiel ermöglicht, so gilt dies für das kooperative Eingehen auf die Interessen der Gegenseite erst recht.

Zuweilen sind es gemeinsame Interessen, zuweilen gegensätzliche bzw. einander ergänzende, die weiterhelfen. Ein gemeinsames Interesse kann der gute Ruf sein, der bei beiden Parteien auf dem Spiel steht, falls sie sich nicht einigen können. Ein triviales Beispiel für die Förderlichkeit einander ergänzender Interessen ist eine Mietwohnung: Der Mieter möchte die Wohnung, der Vermieter die regelmäßige Mieteinnahme...

Kasten 7.4.: Beispiele für kooperative Erforschung der gegenseitigen Interessen

> Zwei Schwestern streiten sich um eine Orange. Nach langem Gerangel teilen sie sie 50 / 50. Später stellt sich heraus, dass die eine am Fruchtfleisch und die andere an der Schale zum Kuchenbacken interessiert ist. Die eine wirft die Schale und die andere das Fruchtfleisch weg.
>
> Der Durchbruch bei den Friedensverhandlungen zwischen Israel und Ägypten in Camp David (1978) gelang, als beide Parteien zur Kenntnis nahmen, dass Israel mit der 1967 eroberten Halbinsel Sinai vor allem ein Sicherheitsinteresse und Ägypten ein territoriales Interesse verband: Israel wollte, dass Ägypten an der Grenze zu Israel keine Panzer mehr aufstellt, und Ägypten argumentierte, die Halbinsel sei seit jeher ägyptisches Territorium gewesen. Die Einigung sah dann so aus, dass Israel den Sinai bis zum letzten Zentimeter zurückgab und Ägypten sich verpflichtete, auf kriegerische Aktivitäten gegen Israel zu verzichten.

7.7. Orientierung an sachlichen Gesichtspunkten

Hilfreich bei der Suche nach Lösungen ist die Orientierung an klaren Kriterien und sachlichen Beurteilungsgesichtspunkten – und zwar auch dann, wenn die Gegenpartei auf ihrem Willen beharrt oder mit Drohungen und Einschüchterungsversuchen arbeitet. Stellt man ihr nur den eigenen Willen entgegen, so entwickelt sich leicht ein Machtkampf. Besser ist der sachliche Hinweis darauf, dass die anzustrebende Vereinbarung sich an bewährten Regeln oder Traditionen, an Kriterien der Fairness, der Effektivität und Sachbezogenheit orientieren sollte: Dieser sachliche Hinweis signalisiert Überlegenheit. Kann man der Gegenpartei beispielsweise nachweisen, dass sie in einem Präzedenzfall schon einmal anders entschieden hat, so kann sie diesen Nachweis nicht einfach in den Wind schlagen.

„Beim Feilschen um Positionen verbringen die Verhandlungspartner viel Zeit mit der Selbstverteidigung und mit dem Angriff auf die Gegenseite. Wer stattdessen objektive Kriterien verwendet, nutzt normalerweise seine Zeit effektiver durch Gespräche über mögliche Prinzipien und Lösungen" (Fisher et al. 1984, S. 124).

7.8. Mediation: Die Bedeutung der dritten Person

Häufig beauftragen die Parteien jemanden mit der Verhandlungsführung. Dieser Auftrag muss klar erteilt sein, damit der Unterhändler genau weiß, welches die Interessen seiner Mandanten sind und wie weit er mit einem allfälligen Angebot an die Gegenseite gehen darf. Wird die Verhandlung von Unterhändlern geführt, so gilt im Prinzip dasselbe, wie wenn die Betroffenen selbst verhandeln. Unterhändler sind emotional allerdings nicht so stark betroffen wie ihre Auftraggeber; aufgrund ihrer Weisungsgebundenheit sind sie andererseits auch weniger frei in der Gestaltung von Lösungswegen.

Anders ist die Situation, wenn man nicht einen Unterhändler, sondern einen Mediator oder eine Mediatorin (Vermittler/in) einschaltet. Dies empfiehlt sich, wenn die

Konfliktparteien nicht allein miteinander klarkommen, wenn die emotionalen Beziehungen zwischen ihnen zu stark strapaziert sind, um eine direkte Verhandlung zu erlauben, wenn der Streit besonders komplex ist oder wenn die beiden Parteien sich ihrerseits aus mehreren Gruppen mit unterschiedlichen Interessen zusammensetzen. Der Mediator baut dann gleichsam eine Brücke für eine *kooperative Kommunikation* zwischen den Parteien. Dazu muss er natürlich von Beginn an selbst mit jeder Partei kooperativ kommunizieren können. Dabei gilt es eine Reihe von Kriterien zu berücksichtigen. Der Mediator muss:

- beiden Parteien gegenüber neutral und von beiden anerkannt sein;
- beiden Parteien Vertraulichkeit garantieren;
- gewährleisten, dass sie mit der Art, wie der Konflikt gelöst wird, keine eigenen Interessen verbindet.

Worin besteht die Aufgabe eines Mediators? Er leitet die Verhandlung formell, er sorgt dafür, dass der Aushandlungsprozess in allen Etappen korrekt abläuft und wacht darüber, dass am Ende bei den Beteiligten Klarheit darüber herrscht, wie die ausgehandelte Regelung im Einzelnen aussieht und welche Rechte und Pflichten sie für alle Betroffenen mit sich bringt. Er schlägt aber nicht selber Lösungen vor und übt auch keinen Druck auf die Parteien aus.

Kasten 7.5.: Phasen der Konfliktlösung mit Mediation

1. Phase, Klärung der Rolle der Mediation: Der Mediator erläutert die Ziele der Mediation, das Verfahren selbst und seine Regeln sowie die eigene Rolle; schließlich versichert er sich, dass alle mit dem Vorgehen und den Bedingungen einverstanden sind.

2. Phase, Klärung der Sichtweisen der Konfliktparteien: Zwischen den Parteien wird eine erste, indirekte Kommunikation hergestellt, die über den Mediator läuft. Die Parteien tragen ihre Standpunkte vor; der Mediator sorgt dafür, dass die Kontrahenten wechselseitig ihre Standpunkte kennen; Unklarheiten werden durch Nachfragen beseitigt. Die wichtigsten Punkte werden notiert, die Reihenfolge ihrer Behandlung wird festgelegt und alles bis dahin Erarbeitete zusammengefasst (entspricht Phase 1 bei Gordon).

3. Phase, Konflikterhellung: Zwischen den Konfliktparteien wird schrittweise eine direkte Kommunikation hergestellt. Die Motive und Gefühle aller Betroffenen werden thematisiert. Die Mediator/in fragt nach bzw. lässt nachfragen und besteht auf Klärung. Die Parteien selbst halten Rückblick auf das bisherige Geschehen und artikulieren erstmals ihre Wünsche zum weiteren Vorgehen (entspricht immer noch der Phase 1 bei Gordon).

4. Phase, Suche nach Problemlösung: Die Konfliktparteien treten Seite an Seite und suchen gemeinsam nach Lösungen. Der Mediator setzt meistens dazu ein Brainstorming ein. Die vorgebrachten Vorschläge werden diskutiert und nach ihrer Akzeptabilität rangiert. Es beginnt die Suche nach einer Einigung (entspricht den Phasen 2 und 3 bei Gordon).

5. Phase, Konsensfindung und Vereinbarung: Diese wird genau ausformuliert, schriftlich festgehalten, von allen Betroffenen (z. B. durch Vorlesen) zur Kenntnis genommen und unterschrieben. Das Ziel der Mediation ist erreicht, wenn die Parteien allein miteinander zurechtkommen (vgl. Phasen 4 und 5 bei Gordon). (nach Faller, 1998, S. 38)

Die Rolle des Mediators ist nicht diejenige eines Schiedsrichters: Er beschränkt sich auf die formelle Leitung der Verhandlungen. Für die Konfliktparteien ist der Beizug eines Mediators in der Regel vorteilhaft, weil sie an der Aushandlung der Konfliktlösung selbst beteiligt bleiben, während ein Schiedsrichter ihnen die Lösung aufoktroyiert. Gerichtliche Streitfälle enden deswegen häufig mit einem außergerichtlichen Vergleich.

> Die Erfahrung, dass schwere Konflikte leichter gelöst werden können, wenn eine neutrale Drittperson beigezogen wird, „ist in vielen – vor allem alten – Kulturen in bestimmten informellen oder sogar institutionalisierten Formen verankert. So gibt es in den Dörfern vieler Länder des Nahen und Fernen Ostens bis heute allgemein anerkannte oder sogar gewählte Personen, die in Konflikten vermitteln" (Faller 1998, S. 35).

In modernen Gesellschaften ist diese Tradition lange in Vergessenheit geraten. Erst in den letzten Jahrzehnten wurde sie wieder aufgegriffen – zunächst in den USA, inzwischen vermehrt auch in Europa.

Fazit: Konflikte ergeben sich häufig aus dem Versuch, unvereinbar erscheinende Ansprüche nach der Idee eines Wettbewerbs, in dem es absolute Sieger und Verlierer gibt („alles oder nichts"!), zu regeln. Dieser Versuch führt zwangsläufig zu einem Machtkampf. Machtkämpfe enden unversöhnt und führen daher nicht zu langfristig tragbaren Lösungen. Eine nachhaltige Entwirrung von Konflikten setzt stets die Zusammenarbeit aller Betroffenen voraus – die Ausrichtung auf ein gemeinsames Ziel, nämlich eine Konfliktlösung auf der Basis einer Einigung. Dieses Ziel lässt sich leichter und in einer für beide Seiten vorteilhafteren Weise erreichen, wenn jede Partei die Interessen und Motive der Gegenpartei ernsthaft und in kooperativem Geiste exploriert, als wenn sie sich stur und ausschließlich bloß an den eigenen Interessen orientiert.

„Für das moderne Bildungswesen ist die Berufung auf das Prinzip der Leistung die zentrale Legitimationsfigur für die Regelung des Zugangs zu unterschiedlichen Bildungsabschlüssen."

Winfried Kronig (2007, S. 9)

II. 8. Beurteilen, Noten geben, Selektieren

Lehrkräfte sollen mit ihrem Einsatz die Schüler/innen nicht nur fördern, sondern sie auch beurteilen, ihre Leistungen bewerten und mit denen anderer Schüler/innen vergleichen. Sie unterwerfen sie also, ob sie wollen oder nicht, einem Selektionsprozess. Damit geraten die Auszubildenden in ein Wettbewerbsambiente, dem sie sich, auch wenn die Konkurrenzsituation nicht ausdrücklich als solche propagiert wird, nicht entziehen können. Aufgrund dieses Zusammenhangs korrespondiert das vorliegende Kapitel über die Leistungsbeurteilung mit dem Kapitel 8 über den Wettbewerb im I. Teil.

Der *Selektionsauftrag* der Lehrkraft steht in einem Spannungsverhältnis zu ihrem *Förderungsauftrag*. Dieser ist den Lehrkräften in der Regel deutlicher bewusst als jener und entspricht ihrem Selbstverständnis besser. Schülerbeobachtung, Beurteilung, Leistungsevaluation und die daraus sich ergebenden Empfehlungspraktiken stellen also eine Herausforderung eigener Art dar – an die Lehrkräfte, aber auch an das Schul- und Bildungssystem als Ganzes. Diese Herausforderung ist eindeutig ethischer Natur. Die wichtigsten ethischen Gesichtspunkte sind die der *Förderung* und der *Gerechtigkeit* – oder genauer der *Chancengleichheit*. Diese ist das Thema des anschließenden 9. Kapitels.

8.1. Beurteilungsgegenstand: die schulische Leistung

Das Fortkommen in der Gesellschaft soll nicht von der sozialen Herkunft, von Beziehungen, vom Aussehen oder Geschlecht abhängen, sondern von der Leistungsfähigkeit. Gegenstand schulischer Beurteilung ist daher ausschließlich „die individuell erbrachte Leistung am Ende eines jeweils vorgegebenen Zeitabschnitts" (Kronig 2007, S. 9). Das war noch im 19. Jahrhundert anders: Mädchen beispielsweise oder auch Knaben aus der Unterschicht waren unabhängig von ihren Leistungen nicht zu höheren Ausbildungen zugelassen.

Was Lehrkräfte an ihren Schülern beurteilen, sind also im Wesentlichen intellektuelle, manuelle und körperliche Leistungen – in der Sprache Pestalozzis also „Kopf" und „Hand". In einem gewissen (allerdings geringeren) Ausmaß fällt auch die Sozialkompetenz, die Leistung des „Herzens", bei der Beurteilung mit ins Gewicht.

Das Konzept der Leistungsmessung hängt, wie erwähnt, mit der modernen Konzeption der Chancengleichheit zusammen:

„Von den Zuteilungskriterien scheint dasjenige der Leistung bisher das gerechteste zu sein." Die „Leistungsschule" der Gegenwart „verbindet das Gleichheitspostulat mit hohen gesellschaftlichen Leistungsstandards". – „Gleichheit bedeutet gleiche Startchancen, das Einräumen von Möglichkeiten für jeden, seine Anlagen nach allen Seiten hin auszubilden, d. h. seine Leistungsfähigkeit und Leistungsbereitschaft zu entwickeln" (Kleber 1978, S. 41 und 44).

Anders als Geschlecht und soziale Stellung, ist die Leistung des Einzelnen diesem selber zuzurechnen: Jeder ist seines eigenen Glückes Schmied – so jedenfalls lautet die gängige Überzeugung. Wie in Kapitel 9. gezeigt werden soll, entspricht sie allerdings nicht immer ganz der Realität.

8.2. Kleine Wissenschaftstheorie des Messens

Leistungstestverfahren sind stark an naturwissenschaftliche Methoden angelehnt. Tatsächlich bestehen gewisse Analogien zu den Messungen im klassischen naturwissenschaftlichen Sinn. Zunächst einmal müssen Tests vergleichbar und jederzeit reproduzierbar sein. Wären sie es nicht, so fehlte ihnen jegliche Verbindlichkeit. Mit Tests wollen wir etwas über die Leistungsfähigkeit oder Disposition von Schüler/innen im Vergleich zu denjenigen anderer Schüler/innen erfahren. – So viel zu den Analogien zwischen naturwissenschaftlichen Messverfahren. Da die schulische Leistungsmessung zu den sozialwissenschaftlichen Verfahren gehört, stellen sich hier einige besondere Probleme:

Tests müssen *gerecht* sein, und zwar gerecht im Sinne von fair, wobei das Wörtchen „fair" auf den Wettbewerbszusammenhang hinweist, in dem sich die Schüler untereinander befinden (vgl. Kapitel I. 8). Fair verhält sich eine Lehrkraft, die keinem Schüler einen Wettbewerbsvorteil einräumt und die sich bei der Leistungsbeurteilung nicht von Sympathien oder Loyalitätsgesichtspunkten leiten lässt. Fair verhält sich der Schüler, der sich bei Leistungstests keiner unerlaubten Hilfsmittel bedient – so wie der fair spielende Sportler auf Doping verzichtet.

Für die Interpretation und Vergleichbarkeit der gemessenen Leistungen ist es nicht gleichgültig, wie die Messresultate dargestellt werden. Gewöhnlich geschieht dies mittels einer *Ordinal- oder Rangskala*. Sie bringt die Schüler nach der Qualität ihrer Leistungen in eine Reihenfolge. Es gibt einen höchsten und einen niedrigsten Rang, irgendwo zwischen beiden liegt der Median, d. h. die Rangposition, oberhalb deren ebenso viele Ränge liegen wie unterhalb. Der Median ist nicht zu verwechseln mit dem Durchschnitt aller gemessenen Werte und auch nicht mit dem Messwert, der exakt zwischen dem höchsten und dem tiefsten gemessenen Wert liegt. In einer Klasse entspricht der höchste Wert beim Hochsprung vielleicht 2,05 m, der tiefste 1,25 m. Das numerische Mittel dieser Werte liegt bei 1,65 m. Die Sprunghöhe, die dem Median entspricht, liegt aber wahrscheinlich höher oder tiefer – je nachdem, ob mehr Sprünge in die obere oder in die untere Skalenhälfte zu liegen kommen.

Von der Ordinalskala unterscheidet sich die *Intervallskala*, bei der die Abstände zwischen den Rangpositionen gleich (äquidistant) sind. Eine solche Skala wird etwa bei der Temperaturmessung benützt: Die Differenz zwischen 100 Grad und 99 Grad beträgt genau gleich viel wie die zwischen 20 und 19 Grad.

Von der Intervallskala unterscheidet sich wiederum die *metrische Skala*. Hier sind nicht nur die Intervalle konstant, sondern auch bestimmte Größenverhältnisse. Dies ist bei der Längen- oder Zeitmessung der Fall, nicht aber bei der Temperaturmessung: Man kann nicht sagen, dass 50 Grad doppelt so warm sind wie 25 Grad, denn 0 Grad Celsius markiert nicht den physikalischen Temperatur-Nullpunkt. Analoges gilt von der Messung des Intelligenzquotienten: Man kann nicht sagen, eine Person mit IQ 140 sei „genau doppelt so intelligent" wie eine mit IQ 70. Die Intelligenzmessung kennt keinen klar definierten Nullpunkt, und ähnliches gilt wiederum bei den meisten Schülerleistungen und Kompetenzen, die in der Schule getestet werden.

Eine metrische Skala verwenden viele (wenn auch keineswegs alle) naturwissenschaftlichen Messungen – wie die Messung von Dichte, Druck, Geschwindigkeiten, Beschleunigungen (so weit sie sich nicht der Lichtgeschwindigkeit nähern).

Aber auch wenn die Beurteilung schulischer Leistungen nicht mit naturwissenschaftlichen Messungen gleichgesetzt werden kann, muss sie gewissen Grundansprüchen genügen.

Kasten 8.1.: Geltungsansprüche einer Beurteilung (nach Strittmatter 2004)

A. Strittmatter (2004) charakterisiert die wesentlichen Geltungsansprüche folgendermaßen:

„*Validität*: Was gemessen wird, entspricht dem, was man messen will. Und das, was man messen will, ist eine anerkannt bedeutsame Fähigkeit (Kompetenz). Die Testaufgaben bilden diese Kompetenz ausreichend ab (...), entsprechen dem Lehrplan (...) bzw. erlauben eine gute Bewährungsprognose für künftige Berufs- oder Studiumssituationen (...).

Objektivität: Die Beurteilung ist nicht willkürlich. Mehrere unabhängige Beurteilende würden zum selben Urteil gelangen, gleich korrigieren und dieselbe Note setzen. Es fließen namentlich keine Vorurteile zur Person in die Bewertung ein.

Reliabilität: Die Wiederholungszuverlässigkeit einer Messung ist hoch. Es handelt sich nicht um eine flüchtige Momentaufnahme. Die Lernenden würden bei einer Wiederholung des Tests wieder ungefähr die gleichen Resultate erzielen, weil sie die gemessene Fähigkeit dauerhaft besitzen (also nicht als zufällige Tagesform) und der Test auch wirklich diesen Sachverhalt prüft.

Vergleichbarkeit: Die Geprüften sollen in ihrer Leistungsfähigkeit mit anderen verglichen werden können. Die Note 5 sollte in allen parallelen Klassen und Schulen möglichst dasselbe bedeuten".

8.3. Notengeben: Ziffern oder Zahlen?

Wenn wir Schülerleistungen quantifizieren, gehen wir von einer einfachen Philosophie der Leistungsmessung aus. Grundlage ist eine Skala von gewöhnlich mindestens vier und höchstens zehn Werten (an französischen Universitäten sind es 20). Einer Sechserskala beispielsweise lassen sich die Prädikate „sehr gut", „gut", „befriedigend", „ausreichend", „ungenügend" und „mangelhaft" zuordnen.

Die Benotungspraxis dient mehreren Zielen gleichzeitig: a. der Rückmeldung an die Schüler, die gegebenenfalls ihre Leistungen korrigieren können; b. dem Leistungsvergleich zwischen mehreren Schülern – sei es derselben Klasse oder auch verschiedener Klassen; c. der Information an weiterführende Schulen oder an Lehrmeister, die daraus entsprechende Konsequenzen ziehen. Diese dritte Funktion hat selektiven Charakter.

Rein verbale Beurteilungen entziehen sich einem Leistungsvergleich. Um die Beurteilung einem solchen Vergleich zugänglich zu machen, verwendet man entweder Buchstaben – A, B, C, D, E, F – oder (häufiger) Ziffern. In beiden Fällen lassen sich Noten einer Ordinal- oder Rangskala zuordnen: A steht für eine bessere Leistung als B, B für eine bessere als C usw. Benützt man eine Ordinalskala, so bringt man die gemessenen Leistungen in eine Rangfolge. Dem Medianwert entspricht die Leistung des Schülers, zu dessen Rangposition es ebenso viele höhere wie niedrigere Ränge gibt. Über die Abstände zwischen den Leistungsniveaus und über das Niveau, das dem Median entspricht, sagen Buchstaben jedoch nichts aus.

Häufiger als Buchstaben werden Ziffern verwendet. Dabei wird häufig unterstellt, die Niveauabstände seien gleich (äquidistant). Interpretiert man Noten als Zahlen, so setzt man gewöhnlich voraus, dass die folgenden Bedingungen gelten:

a. Leistungen sind quantifizierbar: Diese Annahme beruht allerdings auf einer Idealisierung, denn Leistungen unterscheiden sich, wie menschliche Eigenschaften allgemein, primär in qualitativer Hinsicht, und Qualitätsunterschiede lassen sich nur selten, wie beispielsweise beim Hochsprung, eindeutig quantifizieren.

b. Es steht fest, wo die zu erwartenden Leistungsextreme liegen: Das trifft aber nicht immer zu. Somit stellt sich die Frage, ob der im Hochsprung klassenbeste Schüler für seine Sprungleistung die beste Note erhalten soll und der Kollege, der die geringste Höhe erreicht, die schlechteste. Das ist wenig plausibel. Hier hilft der Vergleich mit den entsprechenden Leistungen in den Parallelklassen innerhalb oder außerhalb des Schulhauses weiter und allenfalls der Vergleich mit dem ganzen Jahrgang in der gleichen Region bzw. im gleichen Land...

Die (am Beispiel mancher naturwissenschaftlicher Messungen inspirierte) Annahme, schulische Leistungsmessungen ließen sich auf einer metrischen Skala abbilden, verleitet zu einer Reihe unsinniger Praktiken, zu denen etwa die Errechnung von Werten bis zur zweiten oder dritten Stelle hinter dem Komma, die Bildung von Notendurchschnittswerten aus mehreren Einzelnoten und das Auf- und Abrunden gehören. Manche Lehrkräfte gehen so weit, ihr schlechtes Gewissen wegen ungenauer Leistungsquantifizierung damit zu kompensieren, dass sie den Schülern die schlechteste Note einer Testreihe erlassen. Strittmatter sieht in diesem Notenfetischismus eine Art „Ablasswesen":

„Du darfst Anforderungen missachten oder nicht erfüllen, sofern du dafür entweder mit einer schlechten Note bezahlst oder auf einem anderen Gebiet eine kompensierende gute Note erlangst. In beiden Fällen lassen wir dich dann mit deinem Nichtkönnen in Ruhe" (Strittmatter 2004).

Kasten 8.2.: Die Normalverteilung oder die Gaußsche Glockenkurve

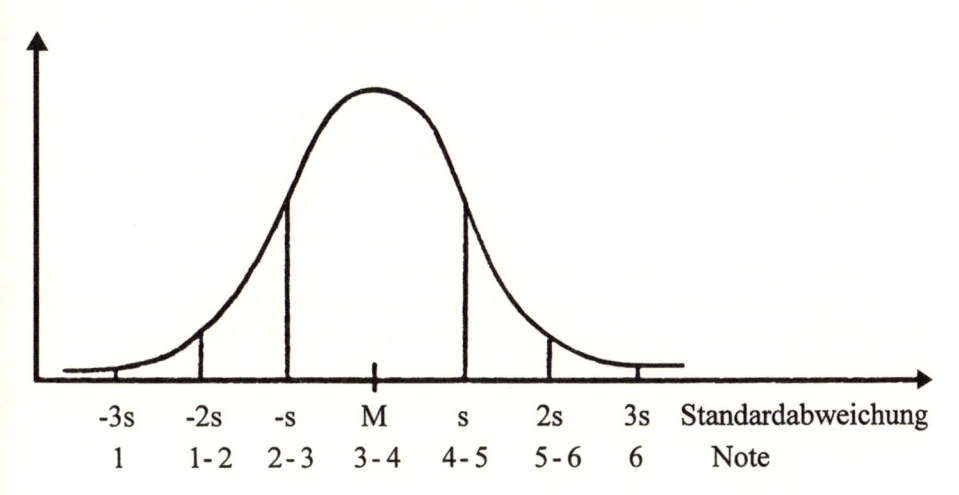

-3s	-2s	-s	M	s	2s	3s	Standardabweichung
1	1-2	2-3	3-4	4-5	5-6	6	Note

„M" steht für das arithmetische Mittel aus allen Werten (= Mittelwert). „s" steht für die Standardabweichung – ein Maß für die Streuung. Im vorliegenden Beispiel liegen zwischen –s und +s 68% aller Fälle und zwischen –2s und +2s 96% aller Fälle.

Manche Lehrkräfte gehen zudem davon aus, dass die Leistungen der Schüler einer Klasse den Bedingungen einer „Normalverteilung" entsprechen (diese lässt sich in der so genannten „Glockenkurve", die nach dem Mathematiker Gauß benannt ist, abbilden; vgl. Kasten 8.2). Dies ist jedoch ein Irrtum. Es trifft zwar zu, dass in der Gesamtbevölkerung durchschnittliche Leistungen wesentlich häufiger sind als ausgezeichnete Leistungen einerseits und mangelhafte andererseits. Die meisten Menschen lesen in einem leichten Roman vielleicht 30 oder 40 Seiten pro Stunde. Einige Menschen lesen mehr als 40, andere weniger als 30 Seiten. Nur wenige schaffen mehr als 60 oder weniger als 10. Vergleicht man die Größe der Gruppen derer, die ungefähr gleiche Leistungen erbringen, so stellt man fest: Je näher man der Durchschnittsleistung kommt, desto größer fallen die betreffenden Leistungsgruppen aus, während die Gruppen immer kleiner werden, je weiter man sich vom Durchschnittswert entfernt. Dies eben kommt in der Gaußschen Glockenkurve zum Ausdruck. Sie bildet die Verteilung ab, die in größeren Populationen als „normal" gilt: Die meisten Messdaten liegen in der Nähe des Mittelwerts, und mit wachsender Distanz vom Mittelwert nimmt nach beiden Seiten die Datenhäufigkeit ab. Je steiler die Kurve, desto größer die Standardabweichung.

Dies alles klingt, rein mathematisch betrachtet, recht imposant – es ist aber für die Erhebung schulischer Leistungen im Klassenverband teils irrelevant und teils irreführend. Denn die in großen Populationen „normale" Verteilung – z. B. der Körpergröße, des Körperumfangs, des Gewichts, des Intelligenzquotienten usw. – ist in einer gewöhnlichen Klasse selten zu finden. Das ist ziemlich trivial, wie folgendes Beispiel zeigt: Obwohl sich in der Gesamtbevölkerung auf 100 weibliche Geburten 102 männliche ereignen, wird man diese Relation in einer Klasse nicht allzu häufig finden. Aus den gleichen Gründen ist die Wahrscheinlichkeit gering, dass die Leistungsniveaus der Schüler einer Klasse in ihren relativen Häufigkeiten genau die Gaußsche Glockenkurve nachbilden. Eine Klasse ist eben nicht das Abbild der Gesamtgesellschaft im Kleinen. Kommt hinzu, dass erfolgreicher Unterricht dazu führen sollte, dass höhere Leistungsniveaus häufiger auftreten als niedrige. Der Versuch, die tatsächlichen Leistungsprofile in einer Klasse in die Gestalt einer Glockenkurve zu pressen, ist nicht nur sachlich unsinnig, sondern auch eklatant ungerecht, weil er die Lehrkraft zwingt, jede Vergabe des Prädikats „ausgezeichnet" durch eine Vergabe des Prädikats „mangelhaft" zu kompensieren. Bekanntlich weichen nicht selten auch größere Populationen hinsichtlich Durchschnittsleistung und Verteilung der Leistungsgruppen erheblich voneinander ab, wie nicht zuletzt die PISA-Studie belegt.

Auch in anderer Hinsicht lassen die vorherrschenden Beurteilungspraktiken zu wünschen übrig (vgl. Kasten 8.3).

Kasten 8.3.: Die tatsächliche Beurteilungspraxis erfüllt die in sie gesetzten Erwartungen in keiner Weise

> „*Schlechte Validität*: Es ist oft unklar, was eine 3 oder eine 5 in Französisch, Geschichte oder Mathematik inhaltlich bedeutet, was ein Lernender, eine Schülerin wirklich kann und was nicht. (...) Die prognostische Validität, die Vorhersage von Erfolg (…) ist im besten Fall sehr kurzfristig gegeben (…). So gibt es etwa keinerlei Zusammenhang zwischen Maturanoten und Studienerfolg an Hochschulen.
>
> *Schlechte Objektivität*: Die unabhängige Nachkontrolle ergibt sogar bei Mathematikproben eine Differenz von zwei bis drei Notenpunkten. Beim Vergleich zwischen Schulnoten und den Resultaten in Tests (etwa TIMSS oder PISA) ergaben sich Differenzen von bis zu vier *Notenpunkten (….)*.
>
> *Schlechte* Reliabilität: Die Wiederholungszuverlässigkeit bei ‚hausgemachten', also nicht aufgrund von Kompetenzmodellen erstellten Prüfungen ist mäßig bis schlecht. (...)"
>
> *Schlechte Vergleichbarkeit*: Die Beurteilungsergebnisse von Schulen verschiedener Regionen sind kaum vergleichbar. „Häufig ist eine Vergleichbarkeit nicht einmal innerhalb derselben Schule gegeben: Eine 4 bei Lehrer X entspricht einer 3 oder einer 5 bei Parallelklassen-Lehrerin Y" (Strittmatter 2004, S. 8).

Falsche Vorstellungen zur Wissenschaftstheorie der Leistungsmessung führen oft zu abwegigen Beurteilungspraktiken. Die Aussagekraft von Noten ist nicht zuletzt deshalb gering und missverständlich. Anton Strittmatter geht mit diesen Praktiken hart ins Gericht (vgl. Kasten 8.3).

8.4. Was wird mit der schulischen Leistung eigentlich gemessen?

Auch was die Natur und Entstehungsbedingungen von Schulleistungen betrifft, geht man bei Leistungstests gewöhnlich von Annahmen aus, die die Verhältnisse nicht nur vereinfachen, sondern häufig auch verfälschen:

- Die beurteilte Leistung hat Ergebnis-, nicht Prozesscharakter. Sie wird als Resultat vorausgehender Lernprozesse verstanden, nicht als Teil eines aktuellen Lernprozesses.
- An der Leistung interessiert der intellektuelle Aspekt, nicht die zugrunde liegende Motivation.
- Die Schulleistung gilt als Produkt von Fähigkeit und Fleiß. Fleiß wird, wie das Interesse, gewöhnlich stillschweigend vorausgesetzt. Die Note steht schließlich für die Fähigkeit allein (Kleber 1978, S. 49).
- In die Leistungsbeurteilung gehen oft auch weitere verdeckte Aspekte mit ein, wie Loyalität und Anpassungsbereitschaft.
- Die beurteilte Leistung wird dem Schüler und nur ihm zugerechnet; die Bestnote im Zeugnis z. B. bedeutet niemals: „Dieser Schüler hatte Glück mit seinem Lehrer!"

„Die Verantwortung für das, was als Schulleistung gemessen wird, fällt ganz auf den Schüler" (Kleber 1978, S. 50). Diese Sicht der Dinge erinnert an das Modell der medizinischen Diagnose. Schulleistungsstörungen rücken in die Nähe dessen, was in der Medizin als Krankheit gilt. „Statt die komplexe Lernsituation in vielfältiger Weise zu überprüfen und zu verbessern, kuriert man am Schüler als einem ‚Patienten'" (ebd.).

Es gibt aber auch eine andere Sichtweise, die dieser ersten völlig entgegengesetzt ist: Der Erfolg oder Misserfolg des schulischen Unterrichts – so diese zweite Sicht – schlägt sich in der Schülerleistung sehr wohl nieder, genau so wie übrigens auch die üppigen oder kümmerlichen Früchte elterlicher Förderungsbemühungen. Der Einfluss dieser Faktoren ist nicht unerheblich. Wären die beurteilten Leistungen wirklich bloß auf den Einsatz des Schülers bzw. der Schülerin zurückzuführen, so erwiesen sich alle Diskussionen über die Qualität von Schule als überflüssig. Und doch wollen wir die Qualität unserer Schulen verbessern. Dabei gehen wir davon aus, „dass eine Weiterentwicklung von Schule und Unterricht an den Schülerleistungen ablesbar ist" (Strittmatter 2004, S. 10).

Während also auf der einen Seite die Schülernote als Ergebnis von beidem steht – erstens der Leistungsfähigkeit des Schülers und zweitens des Unterrichtsgeschehens –, misst man auf der anderen Seite letztlich auch die Schulqualität an eben denselben beiden Größen.

8.5. Leistungsmessungen beeinflussen die Leistungen selbst

Zwei weitere Besonderheiten der schulischen Leistungsmessung ergeben sich aus der Tatsache, dass sowohl die Lehrkraft als auch der Schüler lebendige, der Überlegung fähige, aber auch beeinflussbare und keineswegs perfekte Lebewesen sind. Schule und Bildungswesen verfügen nicht über automatische Messgeräte zur Beurteilung kognitiver Schülerleistungen – die Messung wird durch fehlbare Personen vorgenommen und stützt sich auf selektive Beobachtung. Aufgrund schwankender Aufmerksamkeit, wie sie für Menschen typisch ist, schleichen sich Unregelmäßigkeiten ein. Die Leistungsmessung als solche ist relativ unpräzise. Lehrkräfte, die eine große Zahl von Aufsätzen oder Zeichnungen beurteilen müssen, können davon ein Lied singen. Im Laufe der Beurteilung schleichen sich „Halo- und Erwartungseffekte, Reihungs- und Kontrasteffekte" ein (Strittmatter 2004, S. 11). Hinzu kommen subjektive Faktoren, wie Sympathie und Antipathie, Ermüdung und Konzentrationsmangel – lauter Zufallselemente, die ein verhältnismäßig starkes Gewicht erhalten.

Von nicht geringerer Bedeutung ist eine andere Tatsache: *Die Messung menschlicher Leistungen hat selbst einen Einfluss auf das Gemessene.* Einerseits finden während Tests selbst Lernvorgänge statt, andererseits kann der Schüler dabei auch ermüden. Vor allem wirkt sich das Ergebnis (bzw. seine Rückmeldung) selber positiv oder negativ auf künftige Leistungen aus. Das ist auch gut so, denn sonst gäbe es keinen Zusammenhang zwischen Beurteilen und Fördern. Aber das bedeutet auch, dass die Leistungsmessung etwas grundlegend anderes ist als irgendeine naturwissenschaftliche Messung. Ein Astronom, der die Entfernung eines Sterns zu bestimmen versucht, oder ein Physiker, der die Temperatur in einem Hochofen misst, beeinflusst durch sein Tun den zu messenden Wert nicht. Und die Höhe des Mount Everest bleibt bei jeder Messung dieselbe. Ganz anders ist die Situation, wenn man Schülerleistungen misst: Diese verändern sich unter dem Einfluss der Messung. Hier gilt die Sentenz des Heraklit: Es ist nicht möglich, zweimal in denselben Fluss zu steigen. Das Bildungswesen hat es hier mit einem echten Paradox zu tun: Während das, was gemessen wird, niemals *nur* die Schülerleistung ist, beeinflusst jedenfalls das Verfahren der Leistungsmessung selbst die Leistung. Für Wiederholungstests sind deswegen besondere – alles andere als triviale – Vorkehrungen erforderlich (vgl. Ingenkamp / Lissmann 2005, S. 55).

8.6. Wie verlässlich sind Notenvergleiche?

Wissenschaftliche Vergleiche der Notengebung, die seit den vergangenen fünfzig Jahren immer wieder, auch in verschiedenen Ländern, angestellt worden sind, bestätigen das oben Gesagte. Noten hängen keineswegs von den Schülerleistungen allein ab. Es handelt sich hier um einen Missstand, der seit langem bekannt, aber bis heute nicht wirklich behoben ist.

Es gibt eine ganze Reihe äußerer Faktoren, die ebenfalls einen erheblichen Einfluss haben – den Lehrkräften allerdings selten klar bewusst sind:

1. Noten in verschiedenen Fächern sind nicht miteinander vergleichbar. Eine berliner Studie über die Benotungspraktiken, die sich über den Zeitraum von 1991 bis 1996 erstreckt (Thiel / Valtin 2002), kommt zu ernüchternden Ergebnissen: Die Leistungsbeurteilung fällt in verschiedenen Fächern unterschiedlich streng bzw. milde aus.

„In den stark selektiven Hauptfächern (Deutsch, Mathematik, Fremdsprache) wird viel strenger zensiert als in den nicht selektiven Hauptfächern und den Nebenfächern. Am mildesten wird in musischen oder technischen Fächern (Sport, Bildende Kunst, Musik usw.) zensiert" (Thiel/Valtin 2002, S. 69).

2. Noten in denselben Fächern sind über verschiedene Schuljahre hinweg nicht miteinander vergleichbar. In tieferen Klassen erhalten die Schüler bessere Noten als in höheren. Diese Tendenz zeigt sich im Wesentlichen unabhängig vom Fach.

3. Noten bei Mädchen und Jungen sind nicht vergleichbar (vgl. Kasten 8.4).

Kasten 8.4.: Mädchen und Jungen erhalten in manchen Fächern unterschiedliche Noten

---

Mädchen erhalten in manchen Fächern bessere Noten als Knaben:
- in der 2. Klasse in Musik, Kunst und Handschrift
- in der 3. Klasse in Rechtschreibung und Kunst
- in der 4. Klasse in Deutsch, Lesen, Texte verfassen, Rechtschreibung und Kunst
- in der 5. Klasse in Deutsch, mündlicher Sprachgebrauch, Lesen, Texte verfassen, Rechtschreibung, Geschichte, Biologie, Englisch und Kunst
- in der 6. Klasse in Deutsch, Lesen, Texte verfassen, Rechtschreibung, Biologie, Englisch und Kunst

Knaben erhalten in den folgenden Fächern bessere Noten als die Mädchen:
- in der 3. Klasse in Mathematik
- in der 4. Klasse in Sport

Wie sind diese Bewertungsunterschiede zu erklären? Teilweise sicher durch tatsächliche Unterschiede in den Schulleistungen und durch unterschiedliche geschlechtsspezifische Interessen.

Doch dies „erklärte nicht alles: Es stellte sich zugleich heraus, dass Mädchen in vielen Fällen bessere Zensuren als erwartet erhielten". Dabei waren die Unterschiede „beim Lesen in Klasse 5 und 6 sowie beim Rechtschreiben in Klasse 5 statistisch bedeutsam" (Thiel / Valtin 2002, S. 71f.).

4. Noten aus verschiedenen Schulklassen sind nicht vergleichbar. Mitunter erhalten sogar innerhalb einer Klasse Schülerinnen oder Schüler mit gleicher Testleistung ganz unterschiedliche Noten.

Es „zeigten sich große Unterschiede in den Verteilungen, z. B. erreichten fast alle Schülerinnen und Schüler der besten Klasse (…) bessere Ergebnisse als (…) alle Schülerinnen und

Schüler der schlechtesten Klasse (...). Die Mittelwerte der schlechtesten Klassen sind etwa halb so groß wie in den drei besten Klassen." – „Es ergaben sich also auffällige Leistungsunterschiede, die sich jedoch in den Zeugniszensuren nicht annähernd widerspiegel[te]n" (beide Zitate: Thiel / Valtin 2002, S. 73ff.).

Ähnliche Beobachtungen stellte Ingenkamp bereits anfangs der siebziger Jahre fest (Ingenkamp 1971). – Konsequenz:

„Die Leistungsbewertung nach klasseninternem Bezugssystem ist in hohem Grade ungerecht." Das Schicksal eines Schülers hängt sehr wesentlich „davon ab, in welche Schulklasse er zufällig eingeschult wurde" (Kleber 1978, S. 46).

Dieses Ergebnis, das jüngst durch eine schweizerische Studie bis ins Einzelne bestätigt wurde (Kronig 2007), läuft der Idee der Chancengleichheit diametral zuwider (vgl. Kapitel 9).

8.7. Jahrgangsweise Vergleichstests

Seit Ende der fünfziger Jahre ist als Gegenmodell zum engeren Gruppenbezug ein „überregionaler Gruppenbezug" und damit der „standardisierte Schulleistungstest" im Gespräch (Kleber 1978, S. 47). Der Vorteil dieses Verfahrens liegt in einem höheren Maß an Vergleichbarkeit und Gerechtigkeit. Es führt aber auch Nachteile mit sich:

Die Durchführung von Vergleichstests setzt die Schüler einem umfassenden Wettstreit aus. Dies stimuliert zwar zweifellos die besseren bzw. die ehrgeizigeren Schüler. Weniger ehrgeizige aber werden abgeschreckt. Mit der Notwendigkeit, den Unterricht auf solche Vergleichstests auszurichten, wird es jedenfalls sehr viel schwieriger (wenn nicht fast gänzlich unmöglich), die schwächeren Schüler für die Unterrichtsinhalte als solche zu begeistern, sie „intrinsisch zu motivieren".

„Wenn es darum geht, aus dieser großen Anzahl die Stärksten herauszufiltern, so scheint dieses Vorgehen angezeigt. Es entspricht einem natürlichen Auslesesystem, bei dem konsequenterweise alle Schwächeren ohne Skrupel geschädigt werden. Es ist für ein humanes Gesellschaftssystem unangemessen. Wird die letzte Konsequenz nicht gezogen, so ist es ein höchst unökonomisches Vorgehen, denn es produziert eine hohe Anzahl von Schwachen, die durch dieses System viel weniger leisten können, als ihnen unter weniger schädlichen Bedingungen möglich wäre, und diese relativ hohe Zahl von Individuen muss auf Kosten der Restgruppe mit unterhalten werden. (...) Unter Erwägungen der Humanitätsdimension einer Gesellschaft ist eine Einengung des Konkurrenzverhaltens eine dringende Forderung" (Kleber 1978, S. 51).

„Im Klima des feindseligen Wettbewerbs wird dasjenige Kind belohnt, das über jedermann, der sich mit ihm zu messen sucht, ungerührt hinweggeht. Beschämung trifft dasjenige Kind, das lieber eine schlechte Note bekommen möchte, als seinem besten Kameraden gegenüber aufzutrumpfen" (Redl 1971, S. 186).

Bei überregionalen Leistungstests fühlen sich auch die Lehrkräfte und unter Umständen ganze Schulen in einer Wettbewerbssituation. Das bringt zwar einen Motivationsschub – allerdings einen Schub an „extrinsischer Motivation", diesmal auf Seiten der Lehrkräfte, die allen Grund haben, den Stoff, auf den sich die Tests beziehen, besonders seriös und gründlich zu vermitteln.

Es entsteht aber die Gefahr, dass der Unterricht allzu sehr auf die Vergleichstests ausgerichtet wird. Die Engländer nennen dies „*teaching to the test*". Hier besteht die Gefahr, dass nicht mehr der Stoff, sondern die Rangposition im Wettbewerb zum Hauptmotiv des Unterrichtsgeschehens gerät. In der TIMSS- und der PISA-Studie wird der schulische Bildungs- (bzw. Ausbildungs-) Erfolg ganzer Länder rangiert und verglichen, d. h. es werden nationale Bildungssysteme insgesamt zueinander in Konkurrenz gesetzt.

8.8. Beurteilungssystem unter pädagogischen Gesichtspunkten

Da Leistungsbeurteilungen ganz unterschiedlichen Zwecken dienen, ist es ein Gebot der Transparenz, dass man diese Zwecke offen beim Namen nennt. Sie dienen als Grundlage einerseits für die Leistungsförderung, andererseits für eine Selektion und als Informationsbasis zu Händen von Lehrmeistern und weiterführenden Schulen. Wegen dieser unterschiedlichen Zielsetzungen empfiehlt es sich, neben dem kriteriengestützten Gruppenvergleich eine individualisierende, förderorientierte Beurteilungspraxis zu betreiben. Bei dieser zweiten Beurteilungspraxis treten Gesichtspunkte der Gerechtigkeit und der allgemeinen Vergleichbarkeit zugunsten der Schülerförderung in den Hintergrund.

Die Berücksichtigung der individuellen Lernbiographie kann zu einer Differenzierung des Bildes führen, das punktuelle interpersonelle Leistungsvergleiche liefern: Wie sind die Leistungen zweier Schüler A und B im Vergleich zueinander zu beurteilen, wenn bei A zwar die Leistung besser ist als bei B, bei B aber in einem gegebenen Zeitraum größere Fortschritte als bei A zu beobachten sind? Und was, wenn A zu Hause stärker gefördert wird als B? Oder wenn B aufgrund schwieriger Verhältnisse im Elternhaus in stärkerem Umfang aus Eigeninitiative gearbeitet hat als der im Hinblick auf die erzielten Resultate besser dastehende Schüler A. – Geben Differenzierungen dieser Art nicht sogar zuverlässigere Informationen für eine langfristige Leistungsprognose als der punktuelle Leistungsvergleich?

Die individualisierende Beurteilungsform erweist sich also als eine unerlässliche Ergänzung zum standardisierten Schulleistungstest. Auch für den Lehrmeister sind beide Informationen im Sinne einer Entscheidungsgrundlage für die Auswahl der Auszubildenden hilfreich. Daher betreiben Schulen immer häufiger beide Arten von Leistungsbeurteilung nebeneinander, und manchmal auch kombiniert, wobei häufig fast zwangsläufig Kompromisse eingegangen werden. – Für die Aufzeichnung der individuellen Lernbiographie gibt es verschiedene Möglichkeiten:

a. Direkte Leistungs-Vorlage [DLV]: Bei dieser Beurteilungsmethode (Vierlinger 2000) steht nicht die Vergleichbarkeit des Leistungsprofils verschiedener Schüler –

also nicht die „Kollektivnorm" – im Vordergrund, sondern das ganz spezifische Kompetenz- und Leistungsprofil des einzelnen Schülers – die „Individualnorm". Die Informationen dafür sind viel detaillierter und differenzierter – das kann auch bei der Lehrstellensuche von Vorteil sein. Vgl. das folgende Urteil eines Spenglermeisters:

> „Da kann ich mir gezielt das ansehen, was für meinen Betrieb von Bedeutung ist (...). Was sagt mir die Note ‚drei' in Mathematik? Steht dahinter viel Geometrie, die mich wegen des Blechverschnittes besonders interessiert, und wenig Arithmetik? Oder ist es umgekehrt? Kommt die Note von einem hoch engagierten Lehrer, der die Klasse auf ein bewundernswertes Niveau gebracht hat und dennoch für die Durchschnittsleistung ein Befriedigend gegeben hat? Oder kommt sie von einem pädagogischen ‚Schwerenöter', der kaum vorangekommen ist und dann auch noch mild benotet hat?" (Vierlinger 2000, S. 91).

Auch die Schüler kommen mit dieser Art Beurteilung gut zurecht:

> „Die Schüler lernen durchaus zu verstehen, dass der eine Bewundernswertes schafft und der andere nur Kümmerliches. Aber daran nimmt das Klima des Miteinander keinen Schaden; denn die Unterschiede müssen nicht zu Differenzen innerhalb einer Rangreihe umgemünzt werden, wie das bei Noten zwangsläufig geschieht" (a.a.O., S. 95).

b. Das Portfolio: Eine mit der direkten Leistungsvorlage verwandte Möglichkeit ist das Portfolio. Der Schüler stellt eine repräsentative Auswahl eigener Arbeiten zusammen und dokumentiert damit den eigenen Werdegang – die Rückfälle ebenso wie selbstverständlich die Fortschritte. Das Portfolio wird vielerorts sogar ohne Ergänzung durch einen Jahrgangsvergleich verwendet.

Fazit: Es gibt kein absolut ideales Beurteilungs- und Benotungssystem. Doch daraus folgt nicht, dass die überlieferten Beurteilungssysteme alle unterschiedslos beibehalten werden sollten. Manche beruhen auf falschen Annahmen und sind in der Anwendung ungenau, andere, wie die Notengebung, die die Gaußsche Glockenkurve nachbilden soll, nehmen offensichtlich eine ungerechte Leistungserhebung in Kauf, wieder andere sind kaum aussagekräftig.

Das Ziel, förderorientiert und zugleich gerecht zu beurteilen, legt nahe, individualisierende Beurteilungen und breit abgestützte, eventuell jahrgangsübergreifende Leistungsvergleiche miteinander zu kombinieren. Den ersteren kommt sicher mehr Gewicht zu: Sie sind letztlich aussagekräftiger und beugen der Gefahr eines *teaching to the test* vor.

II. 9. Chancengleichheit im Bildungswesen

In den meisten modernen Gesellschaften ist die soziale Ungleichheit kaum geringer, als sie es in den vorindustriellen Gesellschaften gewesen ist. Sie wird aber nur dann als ungerecht empfunden, wenn sie sich aus Standes- und Geschlechtsunterschieden herleitet.

Ob wir eine Gesellschaftsordnung als gerecht betrachten (vgl. Kapitel I.9), hängt deswegen in hohem Grade davon ab, wie der Zugang der Bürgerinnen und Bürger zu den verschiedenen gesellschaftlichen Positionen geregelt ist. Der Schlüsselbegriff in diesem Zusammenhang lautet „Chancengleichheit". Er bedeutet, dass die Ausbildungs- und beruflichen Aufstiegschancen von der sozialen Herkunft unabhängig sein sollen. Soziale Ungleichheit gilt also dann nicht als ungerecht, wenn sie das Ergebnis eines fairen Wettbewerbs ist, in dem alle die gleichen Startbedingungen haben und in dem nur die Leistung zählt.

9.1. Domänen der Chancengleichheit

Als Mitte des 20. Jahrhunderts in den USA der Begriff „equality of opportunities" aufkam, bedeutete er, dass die verschiedenen ethnischen Gruppen sich für die gleichen Ausbildungen sollten entscheiden können.

Kasten 9.1.: „Brown against School Board"

> In den fünfziger Jahren klagten im US-Bundesstaat Arkansas die Eltern von dreizehn schwarzen Schüler/innen gegen die Rassentrennung im Schulwesen. Afroamerikanische und weiße Kinder besuchten schon in der Unterstufe getrennte Schulen – mit der Folge, dass viele Kinder einen wesentlich längeren Schulweg hatten als ihre Nachbarn anderer Hautfarbe. Am 17. Mai 1954 entschied das zuständige Gericht, dass diese Praxis gegen das Gleichheitsprinzip, genauer: gegen die *Equal Protection Clause* verstoße – und zwar auch dann, wenn für beide ethnische Gruppen pro Kind gleich viele Mittel eingesetzt werden. Dieser Gerichtsentscheid („Brown against School Board") bildete in den USA einen Markstein auf dem Wege einer integrativen Bildungspolitik gegenüber dem schwarzen Bevölkerungsteil (vgl. Coleman 1966).

Während der darauf folgenden Jahrzehnte gewann die Diskussion um Chancengleichheit im Bildungswesen auch in Europa an Gewicht. Sie wurde nacheinander in mehreren Bereichen geführt: a. im Bereich *soziale Klassenunterschiede;* b. bei der Frage der *Gleichstellung von Mädchen und Jungen;* c. in Hinsicht auf die *unterschiedliche kulturelle und linguistische Herkunft*; d. in der *Sonderpädagogik* und schließlich e. bei *leistungsschwachen Kindern und Kindern mit Lernbehinderungen*. Kurz, alle Kinder, gleich welcher Schichtzugehörigkeit, gleich welchen Geschlechts, gleich welcher Nationalität und geographischen Herkunft, sollen im Prinzip gleiche Ausbildungschancen haben; und Kinder mit Lernbehinderungen oder andersartigen Handicaps sollen eine *so gute Ausbildung wie möglich* erhalten.

Bekanntlich gibt es kaum eine politische Partei, die nicht in irgendeiner Weise für Chancengleichheit einträte. Und doch ist Chancengleichheit nur ein Qualitätskriterium unter mehreren für das Bildungswesen. Zwei andere Kriterien sind eher utilitaristischer Natur – Effizienz und bestmögliche Qualität. Man kann eine Schule nicht in allen Richtungen gleichzeitig optimieren – Chancengleichheit, Effizienz und Qualität sind verschiedene Dinge.

9.2. Chancengleichheit – ein vieldeutiger Begriff

Der Begriff „Chancengleichheit" steht zunächst einmal für die gleiche Aussicht auf gute Ausbildung und Karriere *für alle, die gleich begabt und gleichermaßen leistungsbereit* sind. Es werden also nicht die gleichen Ausbildungs- und Karrierechancen *für alle überhaupt* angestrebt, sondern nur für die gleichermaßen Leistungsfähigen. Diesem Verständnis von Chancengleichheit entsprechen z.B. die Auffassungen des Utilitaristen Peter Singer (Singer 1984) und des Gerechtigkeitstheoretikers John Rawls (Rawls 1971; vgl. I. 9.7.2).

Bei näherem Hinsehen entdeckt man nun aber unterschiedliche Auffassungen darüber, was Chancengleichheit genau bedeutet. Diese Auffassungen hängen mit unterschiedlichen Vorstellungen darüber zusammen, wie ein Kind die Fähigkeiten und Fertigkeiten erwirbt, die seinem Leistungsverhalten zugrunde liegen. Die drei gängigsten Konzepte von Chancengleichheit sind die folgenden:

1. *Chancengleichheit als gleich intensive Förderung der Leistungsschwachen und der Leistungsstarken*: In der Schule gelten die gleichen Rahmenbedingungen für alle. Außerdem gilt das Prinzip der Gleichbehandlung. Keinem Kind darf ein geringeres Maß an Förderung zugemutet werden als den anderen. Die Gesellschaft soll in die Ausbildung der Begabteren nicht mehr und nicht weniger investieren als in die der weniger Begabten.

Kommentar: Die wohl konsequenteste Methode, Chancengleichheit in diesem Sinn zu verwirklichen, besteht darin, dass man die Schüler keiner ethnischen oder sozialen Segregation unterwirft und dass man während der obligatorischen Schulzeit auf Selektionsverfahren verzichtet. Denn mit der Idee gleicher Förderung für alle sind Selektionspraktiken streng genommen nicht kompatibel.

Die Befürworter einer Separierung der Schüler nach Anspruchsniveaus zerfallen in zwei Lager mit einander entgegen gesetzten Konzepten zur Chancengleichheit.

2. *Chancengleichheit als intensivere Förderung der Leistungsstarken*: Da – wie es heißt – jeder selbst seines Glückes Schmid ist, trägt auch jeder die alleinige Verantwortung für sein Leistungsprofil, seine Begabung, seine Intelligenz. Dank der Gleichheit der Rahmenbedingungen (gleiches Schulsystem für alle) zeigt sich im Wettbewerb am besten, wer tüchtiger bzw. leistungsfähiger ist. Selbst wenn alle genau gleich intensiv gefördert werden (vgl. 1.), profitieren doch die leistungsstarken Schüler offensichtlich mehr als die leistungsschwachen. Diese Asymmetrie lässt sich aber mit der Natur der Zielgruppen begründen. Manche Vertreter des Wettbewerbsprinzips gehen noch weiter und argumentieren: Es widerspricht der Idee der Chancengleichheit auch nicht, wenn die Gesellschaft von einem bestimmten Zeitpunkt an in die Förderung der Begabteren mehr investiert als in die der weniger Begabten. Als die Begabtesten gelten diejenigen, die schon vor (oder während) der ersten Schülerselektion am besten abgeschnitten haben. Je früher die erste Selektion stattfindet, desto eher kann man mit der besonderen Förderung der Leistungsfähigsten beginnen. Für dieses Vorgehen gibt es im Übrigen gute utilitaristische Gründe: Jede Sonderinvestition, die die Gesellschaft in ihre „Zugpferde" steckt, bringt langfristig auch der Gesellschaft selbst erhöhten Nutzen.

Kommentar: Das ist die „meritokratische" Interpretation von Chancengleichheit. Erfolg ist das persönliche Verdienst jedes Einzelnen. „Das Prinzip rechtfertigt die Sieger (sie haben ihre Chance genutzt), und es versöhnt die Verlierer (sie hatten die gleiche Chance)" (Heid 1988, S. 7). Dieser Auffassung begegnet man häufig bei Mitte-Rechts-Parteien. Ihr zufolge empfiehlt sich eine frühe und mehrfache Selektion im Schulwesen. Kritisch anzumerken ist jedoch, dass die ohnehin Privilegierten durch ein solches Selektionssystem noch weiter privilegiert werden. Die Kritiker sehen darin einen Verstoß gegen das Gleichbehandlungsprinzip.

3. *Chancengleichheit als intensivere Förderung der Leistungsschwachen*: Bei dieser Variante geht es darum, die negativen Auswirkungen ungünstiger sozialer Einflüsse auf das Selektionsergebnis zu minimieren. Das Leistungsprofil einer Person ist ja nicht nur das Ergebnis ihrer natürlichen Begabung, sondern auch der Milieubedingungen, unter denen sie aufgewachsen ist. Für beides ist sie nicht selber verantwortlich. Die Schule gehört selbst zu den wichtigsten gesellschaftlichen Institutionen, die die Entwicklung einer Person prägen. Es ist ihre Aufgabe, Kinder und Jugendliche aus Milieus mit sozialer Benachteiligung, bildungsfernen Elternhäusern etwa, besonders intensiv zu fördern, damit sie einen gleich guten Zugang zu weiterführenden Schulen und anspruchsvolleren Berufen erhalten wie ihre Kameradinnen und Kameraden aus privilegierteren Verhältnissen. Das bedeutet nicht, dass zum Ende des Schulobligatoriums alle Schüler/innen das gleiche Leistungsprofil aufweisen sollen (durch unterschiedliche Erbfaktoren bedingte Begabungsunterschiede lassen sich nicht beliebig ausgleichen), wohl aber, dass die Kinder aus allen sozialen Schichten proportional auf die verschiedenen Ausbildungsniveaus, einschließlich Gymnasium und Universität, verteilt werden sollen (Kronig et al. 2000, S.48).

In einer weiteren Variante von Chancengleichheit (3.a) wird zusätzlich die Forderung erhoben, dass auch Benachteiligungen, die man nicht dem sozialen Milieu anlasten kann – z.B. angeborene, durch Unfall, Krankheit oder eine Migrationsgeschichte bedingte Behinderungen bzw. Belastungen – über spezielle Förderung so weit wie möglich verringert werden sollten. Je nach Art und Stärke der Benachteiligung sind die Zielformulierungen unterschiedlich.

Kommentar: Die besondere Förderung sozial benachteiligter Schüler/innen hat kompensatorischen Charakter. Schüler mit privilegierter Herkunft erhalten eine geringere Förderung. Chancengleichheit in diesem Sinn bedingt also eine ungleiche Verteilung der Fördermaßnahmen, das heißt eine ungleiche Behandlung. Diese Auffassung ist v.a. bei Links-Parteien in Gebrauch. Ihr liegt ein „radikal-demokratisches Verständnis der Chancengleichheit" zugrunde (Prengel 1995, S.22).

Nach dem Verständnis der ersten Position lehnt sich Chancengleichheit an die Idee der Verfahrensgerechtigkeit an, nach dem Verständnis der zweiten an die Idee des persönlichen Verdiensts und nach dem Verständnis der dritten an die Bedürfnis- oder Bedarfsgerechtigkeit. Man muss sich zwischen diesen Definitionen entscheiden, denn man kann sich nicht gleichzeitig an mehr als an einer orientieren. Keine führt zu vollständiger Gerechtigkeit. Bei der ersten und zweiten Definition entfällt der Gesichtspunkt der Bedürfnisgerechtigkeit, bei der ersten und dritten derjenige des persönlichen Verdienstes, bei der zweiten und dritten derjenige der Verfahrensgerechtigkeit.

Die drei Positionen unterscheiden sich nicht nur hinsichtlich der Strategie, die sie empfehlen, sondern auch hinsichtlich der Begründungen, die sie dafür liefern. Die dritte Position ist die theoretisch differenzierteste. Sie legt den Finger auf die Unterscheidung zwischen gesellschaftlich bedingten Ursachen und Ursachen, die eine Person selbst zu verantworten hat. Die sonderpädagogische Variante (3.a) zieht zusätzlich noch natur- oder zufallsbedingte Benachteiligungen in Betracht. Auf diese Differenzierung geht weder die erste noch die zweite Position ein. Die zweite rechnet Erfolg und Leistung der Einfachheit halber gänzlich der betroffenen Person zu (zur Klassifizierung der Ursachen von sozialer Ungleichheit (vgl. Kapitel I.: Kasten 9.8, S. 133). Von diesen drei Chancengleichheits-Konzepten geht das letzte also auf die größte Anzahl von Faktoren ein. Dieses Konzept ist auch am schwierigsten in die Praxis umzusetzen. Die zweite Konzeption erfreut sich der größten Beliebtheit – wohl deshalb, weil sie zum Erhalt der überlieferten Sozialstrukturen beiträgt und weil sie die höchste ökonomische Effizienz verspricht.

Eine etwas einfachere Differenzierung des Begriffs der Chancengleichheit hat Coleman (1990, S. 63f.) vorgenommen, nämlich zwischen „equality of input school resources" und „equality of results of schooling" – und beide verworfen: Die erste Variante – gleiche Mittel für alle Schüler/innen – würde nicht zu echter Gerechtigkeit führen, und die zweite ist illusorisch. Coleman folgert, „Gleichheit der Bildungschancen" („equality of educational opportunity") sei ein sinnloser Begriff – „it is not a meaningful term").

Diese Auslegeordnung über die verschiedenen Versionen von Chancengleichheit mag genügen, um die Dimensionen der Gerechtigkeitsproblematik im Bildungswesen aufzuzeigen. Eine Gesellschaft, die das Prinzip der Chancengleichheit (in irgendeiner Variante) erfüllen würde, wäre jedenfalls nicht vollumfänglich gerecht, da sie nicht alle Varianten zugleich berücksichtigen kann. In diesem Zusammenhang sei noch einmal daran erinnert, dass Rawls die Chancengleichheit mit dem sogenannten „Differenzprinzip" ergänzt (vgl. Kapitel I. 9.7.2).

In den folgenden Abschnitten geht es um die Erörterung von Maßnahmen, die für die Verwirklichung von Chancengleichheit förderlich oder umgekehrt hinderlich sind.

9.3. Dient die Separierung von Lerngruppen der Förderung oder der Selektion?

Für die Differenzierung von Lerngruppen mit unterschiedlichen Anspruchsniveaus gibt es zwei unterschiedliche Motive: (1) man will die Schüler durch geeignete Gruppenbildung optimal fördern, bzw. (2) man will sie je nach Begabungsprofil unterschiedlichen Laufbahnen zuführen.

Die Einteilung der Schüler nach Anspruchsniveaus ist nur dann eine echte Fördermaßnahme, wenn sie auf ausgewählte Fächer beschränkt und wenn sie auf die Möglichkeit hin angelegt ist, die Gruppen später wieder zusammen zu führen oder neu zu mischen. Ein gutes Beispiel ist die Bildung spezieller Klassen zur sprachlichen Förderung von Migrantenkindern, die die Lokalsprache noch nicht genügend beherrschen, die aber so bald als möglich in Regelklassen integriert werden sollen.

Ganz anders ist die Situation von Schüler/innen mit Lernschwächen, die in Sonder- oder Kleinklassen überwiesen werden. Diese Maßnahme wird zwar gerne – und in der Regel auch durchaus zu Recht – damit begründet, dass sie der optimalen Förderung dieser Schüler/innen diene. Man sollte aber nicht übersehen, dass sich solche Klassen in erster Linie durch eine Reduktion des Lernstoffes auszeichnen, und dass in ihnen leistungsstärkere Schüler, die als Tutoren und Vorbilder wirken könnten, fehlen. Es ist daher nicht erstaunlich, dass es nur einer kleinen Minderheit (2-3%) der Absolventen solcher Klassen gelingt, in eine Regelklasse zurückzukehren. Die Zuweisung von Kindern in Klassen mit tieferem Anspruchsniveau ist also fast immer unumkehrbar, das heißt, sie stellen eine selektive Maßnahme dar. Für viele der betroffenen Kinder ist diese Weichenstellung stigmatisierend.

„Je kleiner das Platzangebot von Schulen mit niedrigen Anforderungen ist, desto negativer wird die Bewertung des Schultyps in der öffentlichen Bewertung" (Kronig 2007, S.21f.).

9.4. Wird ein Schüler negativ selektiert, weil er schwache Leistungen erbringt, oder erbringt er schwache Leistungen, weil er eine negative Selektion erfahren hat?

Auf den ersten Blick scheint die Selektion im Bildungswesen wie ein Sieb zu funktionieren, das die einen für eine anspruchsvollere Förderung zurückbehält und die anderen durchfallen lässt. Dieser Vergleich ist jedoch irreführend. Denn ein Sieb lässt Qualität und Format der gesiebten Partikel unbeeinflusst, wogegen sich die schulische

Selektion auf die selektionsrelevanten Eigenschaften der Schüler/innen selber auswirkt (vgl. auch Kapitel 8.5). Werden nämlich Schüler/innen in Klassen mit unterschiedlichem Anspruchsniveau eingeteilt, so stellen sie sich, selbst wenn ihr Leistungsprofil zum Zeitpunkt der Zuteilung ähnlich ist, auf das neue Anspruchsniveau ein und passen sich an die höheren oder niedrigeren Erwartungen an, die man ihnen entgegenbringt. Auch Kinder, die in eine Sonderklasse eingewiesen werden, passen sich an. Sie gelten als vermindert leistungsfähig bzw. unterdurchschnittlich intelligent, und häufig internalisieren sie diesen Ruf, was sich ungünstig auf ihr Selbstwertgefühl auswirkt.

Selektive Maßnahmen entfalten also fast unweigerlich einen Pygmalion-Effekt. Die Prognosen, die wir über die künftige Leistungsfähigkeit von Schülern stellen, bewahrheiten sich häufig, und dies nicht so sehr deswegen, weil sie objektiv richtig wären, sondern vielmehr (oder zumindest auch) deswegen, weil sie die Interaktion Lehrer-Schüler und das Selbstverständnis der Schüler im Sinne der Prognose beeinflussen.

Es ist wohl den meisten Lehrkräften bewusst, dass die Überweisung von Schüler/innen in Klassen mit unterschiedlich hohem Anspruchsniveau eine Selektion mit gewöhnlich irreversiblen Folgen darstellt. Die Schüler/innen zu fördern, ist ein Motiv, zu dem sich Lehrkräfte jederzeit gerne bekennen. Nicht selten wird die schulische Selektion ebenfalls mit dem Motiv der besseren Förderung begründet. Dass man damit aber oft auch das künftige Leistungsprofil seiner Schüler beeinflusst, ist schwerer zu akzeptieren und wird gerne verdrängt. Es fällt leichter sich einzureden, man führe bloß die Bestimmung aus, die das Schicksal den Schülern zugedacht hat, als dass man selber Schicksal spielt (Streckeisen et al. 2007, bes. Kapitel 5).

9.5. Welche Chancengleichheit wollen wir?

Die Frage, mit welchen Maßnahmen wir in unserem Bildungssystem die Chancengleichheit verbessern wollen, lässt sich wegen der unterschiedlichen Definitionen dieses Begriffs nicht allgemein beantworten. Davon abgesehen, ist Chancengleichheit nicht das einzige und, wie es scheint, auch nicht das vordringlichste Anliegen der Bildungspolitik. Die Ausbildung soll nämlich qualitativ möglichst anspruchsvoll und zugleich möglichst effizient sein. Mit diesem Ziel scheint die „meritokratische" Interpretation von Chancengleichheit am ehesten vereinbar, weshalb sie gewöhnlich bevorzugt wird. Wer dagegen vor allem die Wirkung sozial bedingter Ungleichheiten mildern will, kann nicht ohne weiteres zugleich die Qualität der Ausbildung verbessern.

Wie oben (Abschnitt 9.2) dargelegt wurde, steht die „meritokratische" Konzeption dem Ideal der Gerechtigkeit weniger nahe als die anderen beiden Konzepte. Betrachtet man das meritokratische Konzept aus kritischer Distanz, so kann man sich sogar fragen, ob es wirklich die erhoffte Gewähr für höchste Ausbildungsqualität bietet. Denn die Annahme, alle Schüler/innen seien selbst die Schmiede ihres Glücks und als solche für ihren schulischen (Miss-)Erfolg persönlich verantwortlich, läuft auf eine Überforderung vor allem der schwächeren hinaus, die leicht abgehängt werden. Eine Bildungspolitik, die dies in Kauf nimmt, droht soziale Folgekosten zu generieren, die nicht unterschätzt werden sollten, auch wenn sie an anderer Stelle, nämlich in der Sozialpolitik, anfallen. Je früher in einem Schulsystem die selektiven Weichenstellungen erfolgen (in vielen Ländern geschieht dies bereits nach dem vierten Schuljahr), desto früher macht sich die Ausrichtung der Schulleistungen am Wettbewerbsprinzip bemerkbar, und desto früher bleiben die Kinder aus bildungsfernen Elternhäusern auf der Strecke. Umgekehrt bietet ein Schulsystem, das seine selektive Wirkung spät (oder erst am Ende der obligatorischen Ausbildung) entfaltet, den Vorteil, dass die Schüler/innen umso länger von einem überwiegend kooperativen Ambiente profitieren und entsprechend das Ethos von Kooperation und Fairplay internalisieren (vgl. Kapitel I. 7 und 8).

Jede einzelne Person, die wegen Scheiterns in der Schule ihr Selbstwertgefühl verliert und sich enttäuscht oder gedemütigt von weiteren Bildungsbemühungen abwendet, schmälert die Erfolgsbilanz des Bildungssystems.

Im Folgenden soll die Chancengleichheits-Forderung aus der Perspektive der verschiedenen eingangs angeführten Kontexte (a. bis e.) beleuchtet werden. Die Diskussion in der Sonderpädagogik (d.) soll am Anfang stehen.

9.6. Maximierung der Bildungschancen für behinderte Kinder

In der Sonderpädagogik dreht sich die Diskussion über Chancengleichheit um zwei ganz verschiedene Anliegen. Dem einen zufolge sollen behinderte Kinder – vor allem Kinder mit leichten Behinderungen – *die gleichen Ausbildungs- und Verwirklichungs-Chancen* erhalten wie nicht behinderte Kinder. Dieses Anliegen ist nicht immer erfüllbar, denn Menschen mit Behinderungen können wir gewöhnlich nicht die gleichen Leistungen abverlangen wie Menschen ohne Behinderungen. Ihre beruflichen und sozialen Aufstiegschancen sind eingeschränkt.

Ganz anders das zweite Anliegen: Versteht man die Forderung von Chancengleichheit so, dass der Zugang zu guten Ausbildungsinstitutionen von der sozialen Schichtzugehörigkeit unabhängig sein soll, so bedeutet dies, dass alle behinderten Menschen, gleich aus welcher sozialen Schicht und ethnischen Gruppe, von besonderen Fördermaßnahmen sollen profitieren können, doch sagt sie über den Förderungserfolg nichts aus und kann es auch nicht, denn es gibt viele Typen von Behinderungen und entsprechend eine Vielzahl unterschiedlich spezialisierter Sonderklassen. Prengel zählt für Deutschland deren zehn auf: „Lernbehinderte, Sprachbehinderte, Verhaltensgestörte, Geistigbehinderte, Körperbehinderte, Blinde, Sehgeschädigte, Gehörlose, Schwerhörige, Kranke" (Prengel 1993, S.140).

Zwei weitere Forderungen – auch, aber nicht nur an das Bildungswesen – sind ebenfalls zwingend: Behinderte sollen weder in ihrer Kindheit und Jugend noch später diskriminiert werden, und sie sollten eine ihren Fähigkeiten entsprechende Beschäftigung finden. Die soziale Anerkennung darf hier nicht an die Leistung geknüpft werden – es sei denn, die Leistung werde nach dem Maßstab der Behinderung beurteilt, der sie abgerungen wird. Nicht minder wichtig ist ein anderer Aspekt: Behinderte Menschen haben häufig eine besondere Ausstrahlung auf andere Menschen – sie üben auf ihre soziale Umgebung also eine integrative Wirkung aus, deren Bewertung sich den üblichen ökonomischen Kategorien entzieht.

9.7. Maximierung der Bildungschancen für „leistungsschwache" Kinder

Nicht alle Behinderungen sind angeboren oder gehen auf Krankheit oder Unfall zurück. Auch anhaltend ungünstige Einflüsse durch ein Milieu sozialer Benachteiligung können zu Behinderungen führen. Wie fördert man die betroffenen Schüler am besten? Soll man sie eher in gesonderten Klassen unterrichten (Separationsmodell) oder eher in Regelklassen (Integrationsmodell)?

Die wichtigsten *Argumente für Separation* lauten (Kronig et al. 2000, S.64): Sowohl die *leistungsstarken* wie auch die *leistungsschwachen* Schüler profitieren: die leistungsstarken, weil sie im Unterricht nicht auf die schwachen Rücksicht zu nehmen brauchen, und die leistungsschwachen, weil man in gesonderten Klassen besser auf sie eingehen kann und weil sie von Demütigungen verschont bleiben.

Es gibt aber auch zugkräftige *Argumente zugunsten der Integration* (ebd.): Erstens werden Schüler in Sonderklassen in geringerem Umfang gefordert als in regulären Klassen. Die Maßstäbe sind weniger anspruchsvoll, und es fehlen die leistungsstärkeren Schüler, die die schwächeren stimulieren. Alles in allem leisten schwächere Schüler in Regelklassen mehr als in Sonderklassen. Zweitens gelten Sonderklassen als Sammelbecken für Schulversager. Absolventen solcher Klassen werden negativ etikettiert, stigmatisiert und isoliert. Im Wettbewerb um Lehrstellen sind sie in der Regel benachteiligt, selbst wenn sie gleich viel leisten wie Schüler, die eine Regelklasse besucht haben – es sei denn, die Lehrkräfte beteiligen sich aktiv an der Lehrstellensuche und setzen sich engagiert für ihre Schützlinge ein. Drittens liegt bekanntlich der Anteil der Schüler aus Sonderklassen, die später wieder in Regelklassen zurückkehren, sehr tief, die Zuweisung in eine Sonderklasse erscheint damit praktisch als Einbahnstraße. Viertens setzt die Selektion von Schüler/innen in Regel- und Sonderklassen allgemein handhabbare Kriterien voraus, und diese sind bis heute ein Desiderat. Eine klare Definition einer „Lernbehinderung" beispielsweise gibt es noch nicht.

„Es bestehen empirisch gut begründete Zweifel daran, dass vergleichbare Kinder in Sonderklassen besser gefördert werden können als in Regelklassen" (a.a.O., S. 65). Diese Befunde sprechen dafür, dass man leistungsschwache Schüler in Regelklassen integriert. In vielen Ländern – USA, skandinavische Länder, Italien und zum Teil England – sind Sonderschulen denn auch aufgelöst bzw. abgeschafft worden (a.a.O., S. 67).

Die Argumente zugunsten von Integration überwiegen also deutlich diejenigen zugunsten von Separation. Aus der Perspektive der leistungsstärkeren Schüler erscheint die Situation auf den ersten Blick in einem anderen Lichte: In Klassen mit integrierten schwächeren Schülern erhalten die leistungsstarken ein geringeres Maß an direkter Aufmerksamkeit und Förderung. Dieses Ambiente bietet ihnen jedoch auch wieder besondere Chancen: Sie können ihre Kenntnisse vertiefen, indem sie schwächeren Mitschülern als Tutoren zur Seite stehen oder ihnen Aufgabenhilfe leisten. Soziale Kompetenzen, wie gegenseitiger Respekt, Solidarität und Rücksichtnahme auf Schwächere, sind in leistungshomogenen Klassen viel schwerer erlernbar.

9.8. Zur Unterscheidung zwischen „leistungsstark" und „leistungsschwach"

Die Unterscheidung zwischen größerer und geringerer schulischer Leistungsstärke basiert, wie erwähnt, nicht immer auf klaren Kriterien und bleibt oft dem Ermessen der Lehrkräfte überlassen. Diese urteilen unterschiedlich streng. Einen Maßstab zur Leistungsbeurteilung gewinnen sie zunächst aus dem Vergleich mit anderen Schüler/innen des Klassenverbands, sodann durch Erfahrungen, die sie mit anderen Klassen derselben Stufe gemacht haben. Kaum ein Lehrer überblickt das Leistungsniveau eines ganzen Jahrgangs. Die Selektion von Schüler/innen erfolgt also gewöhnlich kaum auf der Basis objektiver Kriterien. Dies gilt nahe liegender Weise auch dort, wo es um die Einweisung von Schüler/innen in Sonderklassen für lernbehinderte Kinder geht. Wie Kronig für schweizerische Verhältnisse festgestellt hat, überlappen sich die Leistungsprofile von Schüler/innen, die eine Regelklasse besuchen, großenteils mit denjenigen von gleichaltrigen Schüler/innen in der gleichen Region, die eine Sonderklasse besuchen. Obwohl sich bei den Sonder- und den Regelklassen die Mittelwerte (d.h. die Leistungsprofile der Schüler, die in diesen Klassen genau den mittleren Rang einnehmen) klar unterscheiden, trifft man in Sonderklassen viele Schüler/innen an, deren Leistungsprofil demjenigen von Regelschülern entspricht (Kronig 2003, S.133). Es gibt mitunter sogar Sonderschüler, die in einer Regelklasse zur besseren Klassenhälfte gehören würden (Kronig et al. 2000). Auf der Sekundarstufe ist die Abgrenzung der Leistungen nicht einfacher: In den Klassen mit Grundanspruch findet man erstaunlich viele Schüler/innen, die nach ihrem Leistungsprofil eher in eine Klasse mit erweitertem Anspruch, und dort zuweilen sogar in die obere Hälfte gehörten (Kronig 2007, S.29).

Der Verdacht, dass der Bildungserfolg von Zufällen abhängt, ist also nicht ganz von der Hand zu weisen. Und er wird durch den Umstand noch weiter erhärtet, dass die Wahrscheinlichkeit einer Überweisung in eine Sonderklasse steigt, je mehr Sonderklassen es gemessen an der Anzahl Regelklassen gibt – die Grenze zwischen leistungsstark und leistungsschwach verschiebt sich entsprechend nach oben. Die Anwendung von Selektionskriterien für die Einweisung in eine Sonderklasse hängt also immer auch von den verfügbaren Plätzen in den Sonderklassen ab. Die Chancen für ein Kind, mit einer Sonderklasse vorlieb nehmen zu müssen, sind von Region zu Region und häufig sogar von Gemeinde zu Gemeinde unterschiedlich hoch. In der Schweiz beispielsweise beträgt diese Wahrscheinlichkeit im Kanton Baselland 4,0% und im Kanton Waadt 4,1%, im Kanton Appenzell Ausserrhoden dagegen lediglich 0,6%. Sie ist dort also fast sieben Mal niedriger (Kronig 2007, S.16).

9.9. Maximierung der Bildungschancen für Kinder mit Migrationshintergrund

Seit den achtziger Jahren ist auch die vormals so genannte „Ausländerpädagogik" in den Sog der Diskussion über Chancengleichheit geraten. In der Zwischenzeit ist die „Ausländerpädagogik" einer „Interkulturellen Pädagogik" gewichen (dazu Kapitel 10).

Dass aus dem anderssprachigen Ausland zugezogene Kinder häufig nicht in der Lage sind, dieselben schulischen Leistungen zu erbringen wie einheimische Kinder, hat viele Gründe: Für sie ist die Unterrichtssprache eine Fremdsprache, und sie bewegen sich zwischen zwei Kulturen mit unterschiedlichen Wertesystemen, was die Ausbildung einer persönlichen Identität erschwert. Ihre Eltern sind häufig überfordert und leisten wenig Unterstützung, z.B. bei den Hausaufgaben. Hinzu kommt ein erhöhtes Risiko diskriminiert zu werden (vgl. Kapitel I. 4.6). Eine weitere Erschwernis bildet in manchen Fällen die Ungewissheit über die eigene Zukunft: Wie lange wird ihre Familie im Gastland bleiben? Wollen die Eltern ins Herkunftsland zurückkehren? Droht eine Ausweisung?

Diese vielfältigen Schwierigkeiten wirken sich zwar nicht immer negativ aus: Manche Kinder begegnen ihnen mit besonderer Willenskraft und besonderem Fleiß und wachsen an ihnen: Sie beherrschen am Ende mehr Sprachen, sammeln mehr Lebenserfahrung und mehr Kenntnisse über die Alltagsnöte der Menschen in unterschiedlichen Gesellschaften, und sie werden toleranter und flexibler als ihre in einer monokulturellen Umgebung aufwachsenden Kameraden, weil sie als Brückenbauer zwischen den verschiedenen „Kulturen" vermitteln. Viele Kinder jedoch ringen weniger erfolgreich mit den gehäuften Schwierigkeiten und sind auch bei der Berufswahl benachteiligt.

Während die einstige Ausländerpädagogik im Grunde auf eine Sonderpädagogik für Ausländerkinder hinauslief, zielt die Interkulturelle Pädagogik darauf ab, einheimische Kinder und Kinder mit Migrationshintergrund in gemeinsamen Gruppen auszubilden (vgl. Kapitel 10). Trotzdem: Es ist bisher weder in Deutschland noch in Österreich noch in der Schweiz gelungen, die Sonderpädagogik für Ausländerkinder wirklich zu überwinden. Dies zeigt sich darin, dass Schüler mit Migrationshintergrund im Durchschnitt viel häufiger in Sonderklassen eingewiesen werden als einheimische Kinder. Die Überweisungsquoten unterscheiden sich einerseits nach Herkunftsländern bzw. Herkunftsregionen der Schüler/innen und andererseits nach Bundesländern bzw. in der Schweiz nach Kantonen, wenn nicht sogar nach Gemeinden (Kästen 9.2 – 9.5).

Auf der Oberstufe sind Jugendliche nicht-deutscher Muttersprache in analoger Weise überproportional häufig in den Klassen mit dem niedrigsten Leistungsanspruch anzutreffen (dies gilt allerdings nicht für alle Herkunftsländer gleichermaßen). Sie haben es deutlich schwerer als die Einheimischen, einen Platz in einer höheren Mittelschule oder eine Lehrstelle mit gehobenem Anspruchsniveau zu finden.

Der Vergleich zwischen den Tabellen 9.2 und 9.3 zeigt: Der Anteil Schüler/innen mit Migrationshintergrund, die ein Gymnasium oder umgekehrt eine Sonderschule besuchen, ist von Herkunftsland zu Herkunftsland verschieden. Der Anteil Schüler/innen pro Herkunftsland, die ein Gymnasium bzw. umgekehrt eine Sonderschule besuchen, ist aber in Deutschland bzw. in der Schweiz zum Teil ebenfalls recht unterschiedlich. Am augenfälligsten sind diese Unterschiede mit Bezug auf Schülergruppen aus Griechenland, Italien und Portugal.

Wie aus den Kästen 9.4 und 9.5 hervorgeht, bestehen sowohl in Deutschland als auch in der Schweiz regionale Unterschiede in der Wahrscheinlichkeit, mit der ein Ausländerkind in eine Sonderschule eingewiesen wird. Diese Unterschiede sind in der Schweiz allerdings extremer als in Deutschland, und auch die Ursachen sind in den beiden Ländern wohl nicht genau dieselben. In Deutschland spielen der regional unterschiedlich hohe Ausländeranteil und die unterschiedliche Herkunft der Ausländerkinder wohl eine größere Rolle als in der Schweiz, in der die Anzahl verfügbarer Ausbildungsplätze in Sonderschulen stärker ins Gewicht zu fallen scheint.

Kasten 9.2.: Anteil der Ausländerkinder, die in Deutschland a) ein Gymnasium, b) eine Sonderklasse besuchen (in Prozent, nach Herkunftsländern. Quelle: Statistisches Bundesamt. Referenzbasis: 2003)

Herkunfts-land bzw. -Region	a) besuchen ein Gymnasium	b) besuchen eine Sonderschule	Herkunfts-land bzw. -Region	a) besuchen ein Gymnasium	b) besuchen eine Sonderschule
Finnland	42,4 %	0,75 %	Griechenland	11,1 %	5,5 %
Schweiz	36,3 %	1,17 %	Portugal	8,6 %	7,24 %
Schweden	29 %	2,49 %	Italien	6,5 %	8,9 %
Frankreich	28 %	1,9 %	*Afrika*	*6,18 %*	*7,5 %*
Dänemark	27,75 %	1,75 %	Mazedonien	6,13 %	7,1 %
Russische Föderation	23,9 %	2,6 %	Türkei	5,64 %	6,77 %
Norwegen	22,4 %	0,8 %	Jugoslawien (= Serbien, Montenegro)	4,3 %	15,08 %
Polen	21,7 %	3,15 %			
Rumänien	20,14 %	4,18 %	*Insgesamt ausländische Schüler/innen*	9,63 %	7,13 %
Slowenien	18,13 %	5,9 %			
Spanien	14,9 %	5,3 %			
Asien	*13,6 %*	*5,34 %*			

Kasten 9.3.: Anteil der Ausländerkinder, die in der Schweiz a) ein Gymnasium, b) eine Sonderklasse besuchen (in Prozent, nach Herkunftsländern. Quelle: Bundesamt für Statistik: Schülerinnen, Schüler und Studierende 2006/07)

Herkunfts-land bzw. -Region	a) besuchen eine Maturitätsschule	b) besuchen eine Sonderschule	Herkunfts-land bzw. -Region	a) besuchen eine Maturitätsschule	b) besuchen eine Sonderschule
Deutschland	37,8 %	3,3 %	Türkei	8,4 %	15,7 %
Frankreich	33,0 %	3,85 %	Ex-Jugoslawien	7,3 %	12,76 %
Österreich	28,9 %	4,9 %			
Griechenland	21,4 %	8,07 %	*Insgesamt schweizerische Schüler/innen*	*22,3 %*	*4,24 %*
Spanien	19,7 %	8,7 %			
Italien	14,9 %	7,8 %			
Portugal	13,3 %	9,7 %	*ausländische Schüler/innen*	*17,9 %*	*10,9 %*
Liechtenst.n	10,2 %	9,7 %			

Kasten 9.4.: Wahrscheinlichkeit, dass ein Kind nicht deutscher Muttersprache in eine Sonderklasse eingewiesen wird – Verhältnisse in Deutschland (bezogen auf das Schuljahr 1999/2000)

> In Baden-Württemberg ist die Wahrscheinlichkeit, dass ein Kind mit Migrationshintergrund in eine Klasse mit Förderschwerpunkt Lernen eingewiesen wird, fast vier Mal höher als bei einem einheimischen Kind, im Saarland fast dreieinhalb Mal. In Niedersachsen beträgt der entsprechende Faktor 3,3; in Hessen 2,7; in Nordrhein-Westfalen 2,6; in Bayern und Rheinland-Pfalz immerhin noch 2,4. In Schleswig-Holstein und in Bremen beläuft er sich auf 1,9 und in Berlin auf 1,1. Sehr viel niedriger ist er in den neuen Bundesländern, wo er zwischen 0,2 und 0,5 schwankt. Migrantenkinder sind dort also im Vorteil. Allerdings ist ihr Anteil dort zehn- bis zwanzigmal niedriger als in den alten Bundesländern (Kronig 2003, S.137).

Kasten 9.5.: Wahrscheinlichkeit, dass ein Kind nicht deutscher Muttersprache in eine Sonderklasse eingewiesen wird – Verhältnisse in der Schweiz (bezogen auf das Schuljahr 2000/01)

> Im Kanton Appenzell Ausserrhoden beträgt diese Wahrscheinlichkeit 0,5, im Kanton Aargau 15,9% und in Uri sogar 16,2%.
>
> Für ein fremdsprachiges Kind ist im Kanton Uri die Wahrscheinlichkeit, dass es eine Sonderklasse besucht, *zweiunddreißig mal* und im Kanton Aargau *dreißig mal* höher als im Kanton Appenzell Ausserrhoden (nämlich 16,2% bzw. 15,9% im Gegensatz zu 0,5%). Im Kanton Zürich ist die Wahrscheinlichkeit, dass ein Kind mit Migrationshintergrund in eine Sonderklasse überwiesen wird, sieben mal größer als die bei einem einheimischen Kind, wogegen im Kanton Ausserrhoden die Wahrscheinlichkeit einer solchen Überweisung für einheimische Kinder sogar leicht höher ist (alle Zahlen: Kronig 2007, S.16).

Zu erwähnen ist schließlich, dass die Zuweisungspraktiken und -Quoten auch in der Zeitdimension variieren. So verändert sich innerhalb der Gruppe der überwiesenen Kinder vor allem die Zusammensetzung nach Nationalitäten immer wieder. Betrachtet man die Kinder von Einwanderern als Gesamtgruppe, so hat sich bei ihnen, gemäß einer Studie aus der Schweiz, die Wahrscheinlichkeit, in eine Sonderklasse eingewiesen zu werden, zwischen 1980 und 2000 fast verdreifacht (Kronig 2007, S.23). Für Kinder aus Ex-Jugoslawien hat sich diese Wahrscheinlichkeit sogar vervierfacht; für Kinder aus Spanien ist sie um mehr als siebzig Prozent gestiegen; für Kinder aus der Türkei um fünfzig Prozent; für Kinder aus Italien um zwanzig Prozent, für Kinder aus Griechenland ist sie im Jahr 2000 gleich hoch gewesen wie 1980 (Kronig et al. 2000, S.14). Umgekehrt hat sich in dieser Frist die Wahrscheinlichkeit, in einer Sonderklasse hängen zu bleiben, für einheimische Kinder und zeitweilig auch für Kinder bestimmter immigrierter Gruppen verringert (Kronig et al. 2000, 15f.).

Die Forschung führt die Benachteiligungen von Schüler/innen mit Migrationshintergrund im Wesentlichen auf zwei sich wechselseitig ergänzende Ursachen zurück:

1. Theorie der sprachlichen Defizite: Schüler/innen mit Migrationshintergrund sind in sprachlicher Hinsicht benachteiligt. Wenn sie die Lokalsprache nicht zureichend verstehen, färbt dies auf ihre übrigen Schulleistungen ab. Die Sprachkompetenz ist nun einmal für den Schulerfolg wesentlich. Zwar werden die Kenntnisse in Mathematik von den Lehrbetrieben gewöhnlich stärker gewichtet als die Beherrschung der Lokalsprache. Da aber Kinder mit Migrationshintergrund während ihrer schulischen Ausbildung aus sprachlichen Gründen verminderte Chancen haben, einen Klassenzug mit gehobenem Anspruchsniveau zu besuchen, verfügen sie bei Schulaustritt auch über geringere mathematische Kompetenzen als ihre einheimischen Kolleginnen und Kollegen (Müller 2001).

Bei der Leistungsbeurteilung von Kindern nicht deutscher Muttersprache schleichen sich allerdings gerne zwei Arten von Fehlschlüssen ein, die das Bild in ungünstiger Weise verfälschen: von mangelhaften Deutschkenntnissen wird häufig vorschnell auf eine unterdurchschnittliche Sprachkompetenz und von dieser dann weiter auf ein unterdurchschnittliches schulisches Leistungsprofil geschlossen. Das Risiko dieser Fehlschlüsse nähme ab, wenn die Schulen mit hohem Ausländeranteil enger mit den Leiterinnen von Kursen in heimatlicher Sprache und Kultur (vgl. Kasten 10.3 in Kapitel 10) kooperieren würden.

2. Theorie der „Unterschichtung": Die ethnische Gruppe, die als letzte eingewandert ist, übernimmt in der Gesellschaft den untersten Platz; die Gruppe, die diesen Platz zuvor eingenommen hat – gleichgültig, ob einheimisch oder eingewandert –, rückt in der gesellschaftlichen Hierarchie nach oben (Hofmann-Nowotny 1973, S.24).

Ähnliche Theorien wie die von der Unterschichtung hat es schon in früheren Jahrzehnten gegeben. Statt von Unterschichtung hat beispielsweise Hannah Arendt (1981, S.208) vom Phänomen der „Paria" gesprochen (ein Wort, das ursprünglich die Kastenlosen oder „outcast" in Indien bezeichnet hat). Die Gruppe, die als letzte zugewandert ist und die ihre frühere Lebensform großenteils beibehält, nimmt in der sozialen Hierarchie die Position der „Paria" ein. In dem Grade, wie sie sich den lokalen Bräuchen anpassen und die dominanten Werte übernehmen, steigen die Mitglieder dieser Gruppe in der Gesellschaft auf und erlangen sozusagen die Stellung von „Parvenus". Neu Hinzugewanderte rücken in die untersten Plätze nach. Der soziale Aufstieg ist stets zugleich ein Anpassungsprozess:

„Die Parvenu-Haltung hingegen versucht (…) vom Ort der Unterdrückung aufzusteigen durch Abstreifen alles dessen, was an das ‚Anderssein' erinnert und Aneignung alles dessen, was den Bessergestellten vorbehalten ist" (Prengel 1993, S. 14f.).

Die beiden Erklärungsstränge überlappen sich gegenseitig – ein Großteil der Kinder mit Migrationshintergrund ist also doppelt benachteiligt (Rüesch 1998, S.297; Kronig et al. 2000, S.42). Dass die soziale Schichtzugehörigkeit nicht allein ausschlaggebend ist, geht nicht zuletzt daraus hervor, dass bei Unterschichtkindern mit Migrationshintergrund die Überweisungsquote in Sonderklassen höher ist als bei einheimischen Unterschichtkindern.

Kasten 9.6.: Kritik an der Theorie der „Unterschichtung" und der Rede von „Paria"

> Die Theorie der „Unterschichtung" ist nicht allgemein gültig, und die Rede von „Paria" ist in diesem Zusammenhang zudem irreführend.
>
> Die Zuwanderung nach Europa findet heute aus verschiedensten Richtungen statt. Viele Zuwanderer kommen nicht in die Sogwirkung der „Unterschichtung" oder entziehen sich ihr erfolgreich: Immigranten aus einigen EU-Ländern, aus Ostasien oder den USA nehmen auf Anhieb gehobene soziale Stellungen ein. Das Phänomen der „Unterschichtung" setzt besondere Bedingungen voraus: Die Neuankömmlinge passen sich längerfristig nicht an die Lokalkultur an, versuchen auch nicht, sie umzugestalten, und entfalten kein aktives Wirtschaftsleben, wie es etwa die Chinesen überall dort tun, wohin sie auswandern.
>
> Die Paria in Indien, die Kastenlosen, rekrutieren sich nicht aus den Nachfahren eingewanderter Gruppen, sondern im Gegenteil aus den Nachkommen der einstigen Urbevölkerung. Es waren die im 2. Jahrtausend vor Christus aus dem Norden auf den Subkontinent vordringenden Arier, die das Kastensystem mitbrachten und die lokale Bevölkerung in die Position der „outcast" verbannten. Auch die Europäer, die auf andere Kontinente vorstießen, haben dort regelmäßig die lokalen Bevölkerungsgruppen unterjocht, wenn nicht gar versklavt oder ausgerottet.

9.10. Bildungschancen bei den Geschlechtern

Ein eigenes Thema ist die Gleichstellung zwischen den Geschlechtern (zum Folgenden Prengel 1995, Kap. IV sowie Grünewald-Huber 1997). Die entsprechende Forderung ist von den modernen westlichen Gesellschaften ausgegangen und gewinnt inzwischen auch in Lateinamerika und Ostasien zunehmend an Boden. In diesem Kontext gilt es zu bedenken, dass in vielen nicht industrialisierten Gesellschaften – und insbesondere in den Gesellschaften an den Rändern der globalisierten Märkte, aus denen viele Migranten nach Mitteleuropa kommen (Tobler Müller 1998; Tobler Linder 2002), das Verhältnis zwischen den Geschlechtern, aber auch das zwischen den Generationen ganz anders organisiert ist als in den modernen westlichen Gesellschaften – aus Gründen, die mit dem Fehlen von staatlichem Schutz und sozialen Institutionen zusammenhängt: Die Familien sind dort Großfamilien (drei Generationen unter einem Dach) und stellen zugleich Schutz- und Produktionsgemeinschaften dar. Für die außerhäuslichen Schutzaufgaben sind die Männer zuständig, nicht weil sie das stärkere Geschlecht verkörpern (das ist ein Mythos), sondern weil sie für die Reproduktion der Gesellschaft entbehrlicher sind als die Frauen. Den Frauen sind deshalb die (weniger gefährlichen) hausinternen Angelegenheiten anvertraut.

Die Gleichstellung der Geschlechter setzt moderne Verhältnisse – einen Staat, gut funktionierende Vorsorgeinstitutionen und Sozialversicherungen voraus, wie sie der moderne westliche Staat bietet. Die Familie ist hier weder Produktions- noch Schutzgemeinschaft. Ihre Aufgabe beschränkt sich auf die Aufzucht von Kindern, weshalb sich die Struktur der Großfamilie erübrigt. Es reicht die der Kleinfamilie, die inzwischen zum Teil bereits von der Patchwork-Familie abgelöst wird.

Auch in unseren Gesellschaften ist die Gleichstellungsforderung – anders als die der freien Partnerwahl – relativ jungen Datums. Der Zugang der Frauen zu höheren Schulen und Universitäten und das aktive sowie passive Wahlrecht sind erst im Laufe des 20. Jahrhunderts „formal erreicht und verfassungsmäßig verankert" worden (Prengel 1995, S. 113). An Gymnasien sind inzwischen die Mädchen in der Überzahl. Mit dem Status der Frau hat sich in den westlichen Gesellschaften auch die Einstellung gegenüber „Frauen-" und „Männerberufen" gewandelt. In den Pflegeberufen z.B. trifft man zunehmend Männer, in den Arzt- und Seelsorgeberufen (Pfarrer, Theologen) sowie in der Politik zunehmend Frauen an. Dennoch hinkt die soziale Realität dem Ideal der formalen Gleichstellung immer noch hinterher. In den Domänen, in denen sich Macht konzentriert – bei Führungspersonen insbesondere in der Wirtschaft –, ist der Frauenanteil noch deutlich zu niedrig.

Was die Koedukation betrifft, so scheint es auf den ersten Blick, als ob mit ihrer Einführung die gravierendsten Ungerechtigkeiten beseitigt worden wären: Die zuvor unterschiedlichen Ausbildungsdauern und -niveaus zwischen den Geschlechtern sind inzwischen ausgeglichen (Grünewald-Huber, S.28). Indem Mädchen und Jungen von der Einschulung an in gemischten Klassen unterrichtet werden, kann sich zwischen ihnen von früh an ein Partnerschafts-Verhältnis ausbilden – so zumindest die allgemeine Erwartung.

Blickt man näher hin, so stellt man allerdings fest, dass geschlechtergemischte Klassen in der Regel ein Ambiente bieten, das sich unterschiedlich auf die Geschlechter auswirkt. Von Chancengleichheit kann nicht wirklich die Rede sein (Ulich 2001, S.111ff.). Insgesamt profitieren in koedukativen Klassen überwiegend die Knaben; die Mädchen erleiden zum Teil deutliche Nachteile (Kasten 9.7). Es ist allerdings unwahrscheinlich, dass die beobachteten Asymmetrien unabänderlich sind. Je genauer man ihre Ursachen kennt, desto besser kann man ihnen entgegenwirken.

Kasten 9.7.: Koedukation benachteiligt tendenziell die Mädchen

- Mädchen schätzen sich in geschlechtergemischten Klassen bei gleichen Schulleistungen negativer ein und halten sich für weniger klug als Knaben (Grünewald-Huber 39f.).
- Mädchen, die in reinen Mädchengruppen gerne die Führung übernehmen, geben diese in gemischten Gruppen oft an einen Jungen ab.
- Gleichzeitig sind sie in der Oberstufe den Jungen voraus. Diese kompensieren ihre Defizite damit, dass sie sich unordentlicher und auffälliger verhalten als Mädchen, mehr Aufmerksamkeit beanspruchen und den Unterricht häufiger stören (Leitgeb 1991, S.65).
- Mädchen empfinden das Verhalten der Jungen als schwieriger als Jungen das Verhalten der Mädchen. Diese befürworten einen phasenweise getrennten Unterricht daher eher als die Jungen (Grünewald-Huber 1997, S. 43 und S. 53).
- Von Mädchen werden höhere soziale Anpassungsleistungen verlangt als von Jungen;
- Auf die Mädchen wirkt sich die Wettbewerbsorientierung in der Schule negativer aus; sie leiden häufiger unter Erfolgsangst als Jungen;

- Die Lehrinhalte kommen den männlichen Interessen mehr entgegen als den weiblichen; die Didaktik ist von Männern für männliche Schüler konzipiert: in den Naturwissenschaften überwiegt eine analytisch-zergliedernde Sicht;

- Mädchen sind dem Dilemma ausgesetzt, bei hohem Einsatz in der Schule als Streberinnen und also unweiblich, und bei niedrigem Engagement umgekehrt als unqualifiziert und damit ‚typisch weiblich' zu gelten; bei einem mittleren Einsatz rücken sie in die Grauzone zwischen den Extremen und entgehen häufiger der Aufmerksamkeit der Lehrkraft;

- „Bei vergleichbaren schulischen Qualifikationen erhalten Männer klar häufiger als Frauen Lehrstellen in Berufen mit höherem Ansehen. (…). Typische Frauenberufe erreichen in der Regel nicht den gleichen Status wie typische Männerberufe" (Haeberlin et al. 2004, S.24).

In zwei Bereichen sind bei Koedukation die Jungen benachteiligt:

- Weil die körperliche Reifung bei den Jungen später erfolgt als bei den Mädchen, sind vor allem die Spätentwickler benachteiligt; sie sind in die Peer-Gruppe schlecht integriert und für die Mädchen eher uninteressant, was sich negativ auf ihr Selbstwertgefühl auswirkt.

- „Jungen werden von Lehrerinnen wie Lehrern sehr viel häufiger abgelehnt und negativ etikettiert als Mädchen." Sie „sind auch deutlich öfter als Mädchen von Selektionsmaßnahmen der Schule (Sitzenbleiben, Einweisung in eine Sonderschule) betroffen" (Ulich 2001, S.113).

Zur Verminderung der Nachteile für Mädchen bieten sich folgende Strategien an: 1. Sich im Unterricht stärker nach den Mädchen als nach den Jungen richten. „Ich habe im Koedukationsunterricht immer die Erfahrung gemacht: Wenn man sich nach den Mädchen richtet, ist es auch für die Jungen richtig, umgekehrt aber nicht" (Wagenschein 1965, S.350). 2. Den Unterricht zeitweilig mit Geschlechtertrennung durchführen (Grünewald-Huber 1997, S.34, 39).

Fazit: Trotz des großen politischen Gewichts, das der Forderung nach Chancengleichheit in den meisten zeitgenössischen Gesellschaften zukommt, stößt ihre Umsetzung auf Schwierigkeiten. Die Idee der Chancengleichheit erweist sich als mehrdeutig, und Chancengleichheit nach dem einen Konzept ist nicht vereinbar mit Chancengleichheit nach einem anderen Konzept. Am gerechtesten, aber zugleich auch am anspruchsvollsten ist jenes Konzept, das eine besondere Förderung der sozial Benachteiligten vorsieht. Von diesem Ziel sind die Bildungssysteme im deutschen Sprachraum aber weit entfernt. Dies zeigt sich unter Anderem besonders empfindlich im Bereich der Sonderpädagogik. Was die Koedukation betrifft, sind zwar große Fortschritte erzielt worden, doch zeigt sich inzwischen, dass die Mädchen in geschlechtergemischten Klassen in der Regel benachteiligt sind. Eine Herausforderung eigener Art ist die Verwirklichung von Chancengleichheit bei Kindern mit Migrationshintergrund. Es scheint, dass in dieser Domäne die Bildungsinstitutionen der meisten europäischen Länder erst am Anfang einer vermutlich längeren Entwicklung stehen.

II. 10. Pädagogik der Vielfalt

Ein Lehrplan hat pro Schultyp (oder Schule) und Jahrgang einheitlichen Charakter. Die Voraussetzungen, die die Schüler/innen mitbringen, sind hingegen äußerst mannigfaltig. Statt von Vielfalt wird häufig auch von Heterogenität gesprochen. Die Dimensionen der Vielfalt sind im Übrigen selber vielfältig. Im schulischen Unterricht hat man es mit Begabungs- und Leistungsfähigkeits-Unterschieden, Charakter- und Temperamentsunterschieden, dem Unterschied zwischen Kindern mit und ohne Behinderungen, sozialen Unterschieden und natürlich der Geschlechterdifferenz zu tun. Hinzu kommen seit zwei Jahrzehnten die Unterschiede in der „multikulturellen" oder „interkulturellen" Dimension, die sich mit allen anderen Unterschieden überkreuzen. Diese Vielfalt mit der Einheitlichkeit der schulischen Programme in möglichst „effizienter" und zugleich „gerechter" Weise zu versöhnen, stellt eine wesentliche Herausforderung an die Bildungspolitik dar.

Sollen die Schüler in heterogenen Gruppen unterrichtet, oder sollen sie je nach ihren Voraussetzungen in einigermaßen homogene Lerngruppen eingeteilt werden? Anders gefragt: Soll integriert oder soll separiert werden? Wenn man integriert, sollen die Klassen dann so zusammengesetzt werden, dass sie Schülerinnen und Schüler mit möglichst vielen Arten von unterschiedlichen Voraussetzungen vereinigen? Oder soll man wenigstens in der einen oder anderen Hinsicht eine gewisse Homogenität anstreben? Wie weit soll der Unterricht individualisiert werden? Welche Ansprüche auf Sonderbehandlung dürfen Kinder und ihre Eltern stellen? Welche Regeln gelten für alle?

Es ist noch nicht lange her, dass die „Pädagogik der Vielfalt" in den Erziehungswissenschaften zum Schlagwort geworden ist (Prengel 1995). *Vielfalt* ist eine nahe liegende Folge von *Integration*, und Integration ist, wie aus Kapitel 9 hervorgeht, eine der wesentlichen Voraussetzungen für die Verbesserung der Chancengleichheit. Die Integration von Kindern mit Lernschwächen und Lernbehinderungen stellt eine Schule allerdings vor andere Herausforderungen als die Integration von Kindern mit Migrationshintergrund. Koedukation verfolgt ein analoges Anliegen, auch wenn hier nicht von Integration die Rede ist. Es ist also kein Zufall, dass die Integrationsdiskurse in den verschiedenen Bereichen weitgehend getrennt voneinander geführt werden…

In diesem Kapitel geht es um ethische Perspektiven der Integration. Was bedeutet Integration und was ist Toleranz? Wie überwinden wir die Befangenheit in unserer Perspektive oder unserem Weltbild, und welche Art von Lernprozessen müssen wir absolvieren, um zur Koordination verschiedener oder sogar gegensätzlicher Wertvorstellungen fähig zu werden? Welche Herausforderungen bietet der Alltag an Schulen mit besonders ausgeprägter Heterogenität?

10.1. Integration im Kontext der Schule

Im Bereich der Interkulturalität bedeutet soziale Integration die Eingliederung zugewanderter Personen und Gruppen, wobei diese ihre Tradition, ihre Religion, ihre Lebensformen im Gastland sollen behalten können, so weit sie mit dessen Gesetzen und mit den Menschenrechten nicht in Widerspruch geraten. Auch ihre Herkunftssprachen sollen sie weiterhin pflegen können, wobei allerdings erwartet wird, dass sie auch die Sprache des Gastlandes erlernen – die Kinder und (seltener) ihre Eltern erhalten darin speziellen Förderunterricht.

Bei Personen mit Behinderungen bedeutet soziale Integration die Ermöglichung ihrer Teilnahme am Leben der übrigen Menschen. Dies ist nicht bei allen Arten von Behinderung gleichermaßen möglich und setzt natürlich geeignete technische Hilfsmittel bzw. Instrumente voraus: rollstuhlgängige Rampen, Hörgeräte, Ausstattung von Ampeln mit Summtönen für Blinde usw. (ihre Finanzierung ist eine Frage der Wirtschaftskraft und der politischen Mehrheiten, die die entsprechenden Prioritäten setzen).

Im schulischen Bereich bedeutet Integration das Zusammenführen von Kindern, deren Ansprüche, Fähigkeiten, Bedürfnisse zum Teil weit auseinander klaffen, in eine einheitliche Lerngruppe. Schulische Integration hat zwei Gesichter; je nachdem ist das Gegenteil von Integration Separation oder Selektion. Schüler, die man separiert, können später wieder zusammengeführt werden, und oft erfolgt die Separation nur in einzelnen Fächern. Geschlecht, Muttersprache und Kulturzugehörigkeit, Sozialverhalten und Leistungsfähigkeit sind die üblichen Motive für eine vorübergehende Separation. Anders die Selektion – sie bedeutet in der Regel einen Laufbahnentscheid oder bereitet einen solchen vor (vgl. Kapitel 9).

Zur Idee der Integration gehört also, dass man Selektionsmaßnahmen vermeidet, aber das bedeutet nicht, dass man auf Separation verzichtet. Ja, Separation und Differenzierung sind praktisch unvermeidlich, sie bieten den Schüler/innen aber auch Vorteile. Vielfach gehören jene nicht mehr bloß einer einzigen Gruppe an, sondern je nach Fach unterschiedlichen Gruppen. Ein Schüler kann die Gruppe jederzeit wechseln, wenn er seine Leistungen steigert oder in ihnen nachlässt. Während also Separationsmaßnahmen die Bedingungen für Chancengleichheit verbessern helfen, hat Selektion eher die umgekehrte Wirkung.

10.1.1. Integration von Unterschichtkindern, Integration von Kindern mit Lernschwächen

Es gibt mehrere Beispiele integrativer Schulsysteme und Schulen, deren Absolventen im internationalen Vergleich überdurchschnittlich gut abschneiden. Zu den Merkmalen solcher Schulsysteme und Schulen gehört, dass Schüler mit Lernschwächen und Verhaltensauffälligkeiten, einschließlich ADS (Aufmerksamkeitsdefizit-Störung) oder ADHS (ADS mit motorischer Hyperaktivität und Impulsivität), Regelklassen besuchen und dort grundsätzlich während der gesamten schulischen Ausbildung individuell gefördert werden. Das Beauchamps-College in England beispielsweise proklamiert in diesem Zusammenhang ausdrücklich eine Haltung des Respekts als Grundeinstellung aller gegenüber allen (Rüdell 2005). Und es ergänzt die üblichen Leistungsstandards mit besonderen Standards im Sozialverhalten: Kein Kind darf gedemütigt, kein Kind diskriminiert, kein Kind ausgegrenzt werden.

Das finnische Schulsystem (vgl. Kapitel 2.8) verfolgt insgesamt ähnliche Prioritäten. Die Kinder durchlaufen dort das Schulobligatorium, ohne jemals eine Selektion im Sinne einer Laufbahnentscheidung zu erfahren. Zudem werden sie vom zartesten Alter an in Kindergruppen und Kindergärten individuell gefördert. Schwächen und Handicaps werden früh entdeckt und durch gezielte Fördermaßnahmen behoben, und so kann sich auch schon beizeiten ein gesundes Selbstwertgefühl entwickeln. Der frühe Beginn einer systematischen Förderung aller Kinder zahlt sich wirtschaftlich aus. Allerdings bedingt das finnische Modell eine enge Zusammenarbeit der Lehrkräfte mit spezialisierten Fachpersonen. Schulen, die eine integrative Pädagogik anstreben, aber den notwendigen zweiten Schritt, die Bindung spezialisierten Fachpersonals an die Schule und ihre Kooperation mit dem Kollegium, nicht ebenfalls vollziehen, erzielen weit schlechtere Ergebnisse.

10.1.2. Integration von Kindern mit Behinderungen

Ob und wie weit behinderte Kinder in Regelklassen integriert werden können, hängt von Art und Stärke der Behinderung ab. Eine solche Integration kann natürlich mit erheblichen praktischen Schwierigkeiten verbunden sein. Bei Blinden und Gehörlosen ist sie praktisch unmöglich. Die Kommunikation mit Blinden muss ohne optische Hilfsmittel auskommen. Gehörlose verständigen sich untereinander in der Gebärdensprache, die Menschen mit gesundem Gehör wie eine Fremdsprache lernen müssen. Kinder mit körperlichen Handicaps, Schwerhörigkeit, Legasthenie, Dyskalulie oder ADS können hingegen im Prinzip eine Regelklasse besuchen. Wo sich Integration als möglich erweist, sollte sie auch ins Auge gefasst werden – mitsamt den notwendigen organisatorischen Anpassungen. Dazu gehört neben der inneren auch eine äußere Differenzierung: In manchen Fächern muss man die Gruppenzusammensetzung verändern können. Vor allem aber bedarf es der Mithilfe von spezialisierten Fachpersonen – Psychologen, Sozialpsychologen, Sozialarbeiterinnen, Logopädinnen, Physiotherapeuten usw., die womöglich an den Schulen angestellt sein sollten. Schließlich setzt sie eine Sensibilisierung der nicht behinderten Kinder für die Bedürfnisse der behinderten voraus. Kinder mit Behinderungen dürfen weder diskriminiert noch ausgegrenzt werden.

Es liegt auf der Hand, dass wir Diskriminierungs- und Ausgrenzungsprozessen nur dann erfolgreich begegnen können, wenn wir mit den Prozessen und Mechanismen, die ihnen zugrunde liegen, ausreichend vertraut sind. Zu diesen Mechanismen gehört, dass wir die eigene Verletzlichkeit auf Behinderte projizieren:

> „Insgesamt gilt, dass gegen das Leiden, das Behinderung auch immer bedeutet, eine hohe Abwehr existiert, die immer mit starken Aggressionen verbunden ist." – Diese Abwehr „ist zu verstehen als Projektion und Delegation verdrängter Empfindungen des Selbst-Behindert-Seins der sogenannten Nichtbehinderten. (...) Abhängig von anderen sein, auf Hilfe angewiesen sein, körperlich verletzt sein, diskriminiert werden, nicht mithalten können, krank, sogar

sterbenskrank sein, sind existentielle Erfahrungen in jeder Lebensgeschichte. Im Zusammensein aller Menschen haben diese schmerzlichen Erfahrungen eine Chance, nicht mehr verdrängt [und] ausgegrenzt (...) zu werden" (Prengel 1995, S. 165f.).

Wirksame „Akzeptanz von Behinderung [ist] nur über das Bewusstwerden der Aggression gegen das Leid möglich." – „Die ‚normalen' Kinder bzw. Erwachsenen haben Trauerarbeit zu leisten, weil sie sich mit der Behinderung irgendwie identifizieren, ihre eigenen Behinderungen nach außen projizieren und dann durch Trauerarbeit mit ihnen leben lernen" (a.a.O, S.165).

Kasten 10.1.: Erfahrungen mit der Integration behinderter Kinder in Regelklassen

> Eine Lehrerin berichtet: „Den David mit seiner Sprachbehinderung, das haben die anderen auch begriffen: sie haben erst mal gelernt, ihn zu verstehen, auch zu Anfang, als er noch undeutlich sprach. Es wurde also immer mehr, was sie verstehen konnten, was er meinte. Sie haben auch jetzt ganz intensiv in der zweiten Klasse gelernt, (...) dass, wenn er ein Wort falsch sagt, dass sie es ihm richtig vorsprechen. Dass sich da also auch keiner drüber lustig macht, sondern sie sagen eben, so heißt es. Und er ist inzwischen auch soweit, er spricht es nach, für ihn ist es auch ein Bedürfnis geworden, das richtig zu lernen" (Prengel 1990, S.211).
>
> Ein Wissenschaftler berichtet: „In einer Sondereinrichtung, wo die Kinder unter ihresgleichen sortiert sind, die Körperbehinderten bei den Körperbehinderten, die Sprachbehinderten bei den Sprachbehinderten" fehlt der Kontakt zwischen Nichtbehinderten und Behinderten. „Ich glaube, dass der Kontakt eben deswegen notwendig ist, weil die Kinder (...) von sechs bis zehn, elf Jahren keineswegs nur von den Erwachsenen lernen, sondern auch ganz, ganz viel von ihren gleichaltrigen Schulkameraden. Man darf behinderten Kindern diesen Entwicklungsanreiz nicht mehr nehmen, indem man sie unter ihresgleichen tut" (a.a.O., S.211f.).

10.1.3. Geschlechterverhältnis: Koedukation

Wie jüngere Forschungen belegen, führt Koedukation keineswegs zu einer Angleichung der Geschlechter aneinander, sondern eher zu einer Akzentuierung charakteristischer Unterschiede. Allgemein gilt, dass sich die Schülerinnen in gemischten Klassen tendenziell ‚weiblicher' und die Schüler ‚männlicher' verhalten als in getrennten Klassen (Grünewald-Huber 1997, S. 37f.). Geschlechtsspezifische Interessen verfestigen sich eher, als dass sie sich abmildern. Diese Akzentuierung der Geschlechterunterschiede hemmt paradoxerweise den Fortschritt in Richtung Gleichstellung, die ja mit Koedukation eigentlich angestrebt wird. Statt dass sich in gemischten Klassen die Mädchen vermehrt für traditionell männliche Berufe entscheiden und die Jungen vermehrt für traditionell weibliche, wählen vor allem die Mädchen häufig typische Frauenberufe – anders als die Absolventinnen reiner Mädchenklassen. Und in gemischtgeschlechtlichen Gymnasien entscheiden sich prozentual weniger Schülerinnen zu einem naturwissenschaftlichen Studium als in reinen Mädchengymnasien (a.a.O., S.32).

Viele kleinere Untersuchungen, die punktuell an einzelnen Schulen und Klassen durchgeführt wurden, fügen sich wie Mosaiksteine zu einem Gesamtbild.

Kasten 10.2.: Koedukation begünstigt die Pointierung der Geschlechterunterschiede

In gemischten Klassen fällt die Wahl der Optionsfächer häufig ausgeprägter geschlechtsspezifisch aus als in Klassen mit Geschlechtertrennung (Grünewald-Huber 1997, S. 28).

„Jungen, die unter ihresgleichen passiv und ‚profillos' wirkten, [wurden] in einer Gruppe mit einem oder mehreren Mädchen plötzlich aktiv" und zeigten Führungswillen, wogegen „Mädchen, die sich in einer Mädchengruppe selbstsicher und initiativ verhielten, im Beisein von Jungen ihren Entscheidungs- und Führungsanspruch schlagartig aufgaben" (a.a.O. S. 37).

In geschlechtergemischten Klassen entfalten die Jungen ihre sozialen Kompetenzen – Einfühlungsvermögen, Geduld, Anpassungs- und Kooperationsbereitschaft, Engagement für Andere u. a. – weniger deutlich als in reinen Jungenklassen.

10.2. Pädagogik kultureller Vielfalt: Integration von Kindern aus zugewanderten Familien

Kulturelle und ethnische Vielfalt stellt für eine Gesellschaft eine Bereicherung dar. Je größer die kulturelle Diversität, desto höher ist im Allgemeinen auch ihre Innovationsfähigkeit. Doch wo unterschiedliche Lebensformen und unterschiedliche Wertesysteme auf engem Raum koexistieren, wächst auch das Risiko von Konflikten. Wie man dieser Gefahr vorbeugen will, ist eine Frage der Politik. Trotz seiner Popularität genügt hier das *Lob der Differenz* bei weitem nicht.

Damit eine Gesellschaft mit kultureller und ethnischer Vielfalt gut zurecht kommt, müssen sich die Beteiligten – das ist eine Grundvoraussetzung – untereinander verständigen können. Ihre Kooperation darf nicht permanent von Missverständnissen, Ausgrenzungen, Kränkungen und Diskriminierungen überschattet werden (Kapitel I. 4.6). Zur Verhinderung von Fehlentwicklungen braucht es zweierlei, eine vernünftige Integrationspolitik, wobei Einbürgerung und Zulassung des Doppelbürgerstatus für eingewanderte Personen einen hohen Stellenwert verdienen (Böcker/Thränhardt 2003; Hunger et al. 2001), und eine gut durchdachte Bildungspolitik. Diese hat sich im deutschen Sprachraum während der vergangenen Jahrzehnte tiefgreifend gewandelt: von der „Ausländer-" zur „Integrationspädagogik".

10.2.1. Ausländerpädagogik versus Integrationspädagogik

a. Die „Ausländerpädagogik" der sechziger und siebziger Jahre: Man erwartete von den Ausländerkindern, dass sie sich an die Lebensgewohnheiten und den Verhaltenskodex des Gastlandes anpassen und dessen Wertesystem übernehmen würden. Es galt als selbstverständlich, dass der Anpassungsprozess nur in einer Richtung erfolgen sollte. Man sprach deshalb auch von „Assimilation": Wer als Ausländer zugezogen war, sollte werden wie ein Einheimischer.

b. Die „Integrationspädagogik" – ausgelöst durch die sich wandelnde Migrationspolitik seit den achtziger Jahren – geht hingegen davon aus, dass Anpassungsprozesse in beide Richtungen zu erfolgen haben: Die einheimische Bevölkerung muss auf die berechtigten Bedürfnisse der eingewanderten Gruppen ebenso Rücksicht nehmen wie diese auf jene. Es wäre auch dringend zu diskutieren, ob ein Bildungswesen, das der Vielfalt an Sprachen und kulturellen Traditionen, die unsere Gesellschaft prägen, gerecht werden möchte, gut daran tut, am unausgesprochenen Ideal der Einsprachigkeit festzuhalten. Weshalb nicht vom „monolingualen Habitus" (Bourdieu) abrücken, wenn manche Länder, wie Finnland, Indien, Malaysia und manche afrikanischen Staaten, längst mit Erfolg ein Ideal der Mehrsprachigkeit verwirklichen?

Die Konzepte der Assimilation und der Integration haben bei aller Unterschiedlichkeit eines gemeinsam: Sie zielen darauf ab, Kinder aus eingewanderten Familien in Regelklassen zu integrieren; und zu diesem Zweck sehen beide vor, dass frisch aus dem Ausland zugezogene Kinder während der ersten Monate nach ihrer Übersiedlung in der Lokalsprache (Deutsch) besonders gefördert werden, also vorübergehend gesonderten Unterricht erhalten. Während jedoch die auf Assimilation ausgerichtete Ausländer-Pädagogik in ihrem Kern auf eine Sonderpädagogik für Ausländer, also für eine Minderheit, hinausläuft, richtet sich die Integrationspädagogik an alle Schüler/innen: Integration mutet den einheimischen Kindern und den Lehrkräften genauso Lern- und Gewöhnungsprozesse zu wie den Kindern mit allochthonen kulturellen Wurzeln.

Kasten 10.3.: Der HSK-Unterricht (HSK = „heimatliche Sprache und Kultur")

> Seit den achtziger Jahren organisieren in manchen Ländern Europas Ausländergruppen für ihre Kinder Kurse in der Herkunftssprache. Diese Kurse werden teils über die Botschaften der betreffenden Länder und teils über private Organisationen und Fördervereine finanziert und in günstig zu mietenden oder gratis zur Verfügung gestellten Räumen durchgeführt.
>
> Unterschiedlichste linguistische Gruppen haben unabhängig voneinander ähnliche Initiativen ergriffen. Die Motive waren zum Teil unterschiedlich: Die Kinder sollten die Sprache ihrer Eltern erlernen, weil diese sich die Option auf eine Rückkehr in ihre Heimat offen halten bzw. weil sie ihren Kindern die Identifikation mit ihrer kulturellen Herkunft erleichtern wollten oder schließlich weil solide muttersprachliche Kenntnisse eine notwendige Voraussetzung für den Erwerb einer Fremdsprache (einschließlich des Deutschen) darstellt. In manchen Regionen besucht etwa ein Drittel bis die Hälfte der Kinder mit Migrationshintergrund neben der Schule einen solchen Sprachkurs.
>
> Eine enge Zusammenarbeit zwischen den für die Vertiefung der Erstsprache und den für den Erwerb von Deutsch als Zweitsprache zuständigen Lehrkräften ist wünschenswert, ja unerlässlich für die Einschätzung der sprachlichen Fähigkeiten der betroffenen Kinder. Es wäre daher vorteilhaft, diese Kurse formell an die Schulen (wenigstens an diejenigen mit hohem Anteil an Kindern nicht-deutscher Muttersprache) zu holen und in den regulären Stundenplan einzubauen. Dieser Schritt dürfte bis auf Weiteres allerdings wohl kaum mehrheitsfähig sein und daher nur in seltenen Fällen gelingen.
>
> Immerhin gibt es vereinzelt Schulen, die mit dem guten Beispiel vorangehen – in Basel beispielsweise die Schule Sankt Johann (Allemann-Ghionda 1999, Kapitel 4; Rüesch 1999, 4. Kapitel; Steuerungsgruppe Modell St. Johann 2003).

Zu den integrationspädagogischen Maßnahmen gehören z.B.

- Deutschkurse für Eltern nicht-deutscher Muttersprache;

- Zusammenarbeit mit den (in der Regel nicht durch den Staat entlohnten) Lehrkräften in den Herkunftssprachen eingewanderter Gruppen; vgl. Kasten 10.3.

- Überwindung der Ausrichtung unserer Schulen ausschließlich auf die Landessprache;

- Persönliche Betreuung Jugendlicher (mit Migrationshintergrund) bei der Stellensuche usw.

10.2.2. Exkurs zum Begriff der Kultur

Der Kultur-Begriff gehört zu den kontroversesten Begriffen der Soziologie und der Völkerkunde – nicht zuletzt deshalb, weil die Art, wie er verwendet wird, sowohl zur Ausgrenzung als auch zur Exotisierung oder Romantisierung beiträgt (Auernheimer 2007, S.73). Und doch kann man auf den Gebrauch des Kultur-Begriffs schon deswegen nicht verzichten, weil er in Zusammensetzungen wie „multikulturell", „interkulturell", „transkulturell", „Kulturunterschiede" usw. vorkommt. Nach Auernheimer machen vor allem zwei Aspekte die Bedeutung von „Kultur" aus:

„(a) der symbolische Charakter" und „(b) die Orientierungsfunktion von Kultur". Werte und Normen gehören zu den elementaren Bestandteilen von Kultur, wobei viele Normen unkodifiziert bleiben. Sie „kommen eher in den stillschweigenden Verhaltenserwartungen des Alltags zur Geltung". „Die kulturelle Praxis umfasst" aber ebenso „die symbolische Seite der gesellschaftlichen Praxis, wo Sinn und Bedeutung auch rein technischer Vorgänge und instrumenteller Handlungen produziert, repräsentiert und kommuniziert werden" (a.a.O., S.73f.).

Diese Beschreibung bietet den Vorzug, dass sie die Gründe deutlich macht, weshalb es so schwierig ist, verschiedene „Kulturen" klar gegeneinander abzugrenzen: Ein „Volk" lebt meistens nicht bloß eine einzige Kultur, sondern verschiedene Kulturen. Jede Gruppe pflegt gewissermaßen ihre eigene Kultur – Wörter wie „Schulkultur" oder „Betriebskultur" haben durchaus ihren Sinn. Kulturen sind auch niemals statisch, sondern unterliegen permanentem Wandel. Eine der wichtigsten Ursachen dieses Wandels ist die enge Interaktion zwischen den Kulturen (Ensembles an kollektiv geteilten Werten, Normen, Symbolen, Sinngehalten) bzw. zwischen den Menschen, die sie vertreten. Unsere eigene Kultur können wir uns nicht direkt vor Augen führen. Im Gegenteil: „Kultur im weitesten Sinne ist das, was dich zum Fremden macht, wenn du von daheim fort bist" (Greverus 1978, S.11).

10.2.3. Missverständnisse und Kränkungen

Dem friedlichen Zusammenleben von Menschen unterschiedlicher „Kulturen" (bzw. kultureller Traditionen) bieten sich vor allem zwei Probleme: Zum einen eine Tendenz zur Macht-Asymmetrie: Immigranten sind vom Wohlwollen der Einheimischen abhängig und müssen sich unterordnen. Der Einheimische ist immer in Versuchung, über den Fremden Macht auszuüben – selbst dann, wenn er sich bemüht, den Anderen und Fremden zu verstehen (Auernheimer 2007, S.53, 55). Die beste Vorbeugung gegen diese paternalistische Haltung sind verlässliche demokratische Strukturen und ein politisches Mitbestimmungsrecht für Ausländer, zumindest auf Gemeindeebene.

Zum anderen die Stereotypenbildung: Vorurteile gegenüber Fremden sind meistens negativ (Kapitel 4.2.3). Bei der Bildung von Stereotypen ist fast immer eine Projektion eigener Mängel auf eine Migrantengruppe im Spiel:

> „Wir alle sind in der Gefahr, unsere Ideale mit der fremden Realität zu vergleichen (...). Ein eklatantes Beispiel dafür ist die Rolle der Frau. Empirische Untersuchungen belegen übrigens, wie falsch das Bild von der unterdrückten, auf ihre Mutterrolle reduzierten Migrantin ist (...). Einige Autorinnen äußern den Verdacht, dass hier oft die eigene verleugnete Situation auf die fremden Frauen projiziert wird" (Auernheimer 2007, S.142).

Um der Versuchung solcher Projektionen entgegenzuwirken, müssen wir uns die eigenen Schattenseiten zu Bewusstsein bringen. Das bedingt im Grunde eine ähnliche Art von Trauerarbeit, wie sie A. Prengel für die Normalisierung unserer Beziehung mit behinderten Menschen empfiehlt.

10.3. Interkulturelles Lernen: Überwindung einer autozentrierten Haltung

In zwei frühen Aufsätzen über interkulturelle bzw. „internationale" Erziehung stellt Piaget eine der Grundideen seiner Entwicklungspsychologie ins Zentrum: Kinder müssen lernen, ihren Egozentrismus zu überwinden, und dies geschieht durch „Koordination mit den anderen Perspektiven" (Piaget 1931, S.113; zu Piagets Egozentrismus-Begriff vgl. Kesselring 1999, S. 94-99).

Mit diesen Begriffen spielt Piaget auf Beobachtungen an, die er angestellt hat, indem er Kinder vor eine Gebirgslandschaft aus Pappmachée setzte und sie bat, aus mehreren Abbildungen dieser Gebirgslandschaft diejenige herauszulesen, die der Perspektive der dem Kind gegenüber sitzenden Puppe entspricht. Es hat sich gezeigt, dass kleinere Kinder anfangs auf die Perspektivenunterschiede überhaupt nicht achteten, so als gebe es nur eine einzige Perspektive – die eigene. Etwas ältere Kinder waren sich der Perspektivendifferenz zwar bewusst, blieben aber unfähig, dem Blickwinkel der Puppe das richtige Bild zuzuordnen. Erst später, sobald sie in der Lage waren, vor ihrem geistigen Auge die verschiedenen Standorte und Perspektiven in einem System zu koordinieren, gelang ihnen die korrekte Zuschreibung der Perspektiven. Sie berücksichtigten nun auch die Links-Rechts-Vertauschung bei einer Drehung um 180 Grad usw.

Die ersten beiden Haltungen nannte Piaget „egozentrisch": Kinder bleiben anfangs befangen in ihrer eigenen Perspektive, und sie werden sich ihrer Perspektive auch nicht bewusst, weshalb sie sie verabsolutieren. Sie können sich zunächst nicht vorstellen, dass eine andere Person die Dinge aus einem anderen Blickwinkel wahrnimmt: Später zweifeln sie zwar nicht mehr an dieser Tatsache, aber es gelingt ihnen nicht, diesen Blickwinkel zu rekonstruieren.

Dezentrierungs-Prozesse sind für die menschliche Entwicklung vom Kleinkind- bis weit ins Erwachsenen-Alter hinein in verschiedenen Erfahrungskontexten charakteristisch. Wo es um die Begegnung mit fremden Gesellschaften/Kulturen/Traditionen geht, ist die Überwindung einer autozentrierten Haltung (vgl. „Ethnozentrismus", „Eurozentrismus") nahe liegender Weise ein besonders anspruchsvoller Prozess. Manchen Personen gelingt er nie wirklich ...

> „Die internationale Idee in welcher Form auch immer kann nur im Verzicht auf die Absolutheit des eigenen Standpunkts bestehen, im Verzicht auf jegliche falsche Absolutheit überhaupt, im Bemühen, die Dinge und die Meinungen in Bezug zueinander zu setzen. Eine sehr schlichte Idee, wie man sieht, aber gerade wegen ihrer Schlichtheit schwer zu verwirklichen. Die Wahrheit [muss] mühsam, durch die Koordination mit den anderen Perspektiven, erarbeitet werden" (Piaget 1998, S.113).

Die Fähigkeit zu interkulturellen Begegnungen durchläuft in ihrer Entwicklung im Prinzip ähnliche Etappen – Piaget zufolge sind es deren drei (vgl. Tabelle 10.4) – wie die Fähigkeit zur Koordination der räumlichen Perspektiven. Analoges gilt für die Entwicklung von Integrations- und Toleranz-Konzepten.

Tabelle 10.4.: Die Kunst, sich selbst mit fremden Augen wahrzunehmen:

	I. Strikte Zentrierung (Verabsolutierung) d. eigenen Standpunkts	II. Lockere Zentrierung, teilweise Dezentrierung	III. Dezentrierung: Relativierung des eigenen Standpunkts
Kognitive Haltung	Unfähigkeit, zwischen der eigenen Perspektive und fremden Perspektiven zu unterscheiden	Anerkennung anderer Perspektive(n), bei gleichzeitiger Unfähigkeit, diese mit der eigenen Perspektive sinnvoll zu koordinieren.	Vollständige Überwindung der Zentrierung: Fähigkeit zu einer sinnvollen Koordination der Perspektiven.
Beispiel: Raumorientierung beim Kleinkind	Dreijährige unterscheiden noch nicht zwischen rechts und links.	Fünf- bis Sechsjährige unterscheiden meist zwischen rechts und links, begreifen aber nicht die Links-Rechts-Vertauschung bei einer Drehung um 180 Grad.	Achtjährige ordnen den eigenen Standpunkt in ein räumliches bzw. soziales Referenzsystem ein und begreifen die Vertauschung von links und rechts bei einer Drehung um 180 Grad.
Beispiel: Umgang mit fremden Traditionen oder Kulturen	Die eigenen Lebensgewohnheiten stellen für alle die Leitkultur dar. Fremde Lebensgewohnheiten werden ignoriert bzw. nicht ernst genommen. *Zurückweisung des Fremden*	Andere Kulturen werden zur Kenntnis genommen, allerdings nur flüchtig. Sie werden entweder abgewertet oder idealisiert. *Abwertung oder Romantisierung des Fremden*	Koordination verschiedener Lebensformen bzw. kultureller Wertsysteme. Bereitschaft, die eigene Kultur, das eigene Wertesystem aus der Sicht des Gegenübers zu beurteilen. *Unvoreingenommene Auseinandersetzung*

Eine gute Übung, um sich mit solchen Lernprozessen vertraut zu machen, ist der Versuch, sich selbst bzw. die eigenen Lebensgewohnheiten aus einer Fremdperspektive zu betrachten und zu beurteilen – so wie dies Montesquieu als erster Europäer mit seinen Lettres Persanes (1721) getan hat. Wenn beispielsweise Migranten aus Afrika oder Südasien nicht wissen, wie unser Staat funktioniert und wie sich die Kranken- oder die Arbeitslosenversicherung finanzieren, könnte dies einfach daran liegen, dass sie aus Gesellschaften stammen, in denen es solche Institutionen nicht gibt, ja in denen die staatlichen Strukturen vielleicht nur schwach ausgebildet sind. Wer sich dieses Problem nicht klar macht, kommt nicht auf die Idee, dass für Immigranten hier Informationsbedarf bestehen könnte.

Sowohl psychologisch, beim Einzelnen, als auch politisch, in einer Gesellschaft, setzt das Erreichen der dritten Phase vielfältige Koordinationsleistungen voraus, die nicht selten aus relativ schmerzvollen Erfahrungen resultieren. Was eingewanderte Minoritäten an Folklore und kulinarischen Spezialitäten mitbringen, findet in der Regel leichter Akzeptanz als ihre Lebensformen, vor allem wenn diese mit dem einheimischen Wertesystem nicht durchgängig kompatibel sind.

10.4. Stufen der Toleranz

Der moderne Toleranzbegriff ist nicht eindeutig. Wer seiner Geschichte nachgeht, lernt unterschiedliche Toleranzkonzepte kennen, die sich drei Stadien einer Entwicklung von starkem Autozentrismus in Richtung Dezentrierung zuordnen lassen.

10.4.1. „Repressive Toleranz": Distanzierte Duldung und Bekehrungsversuche

Die eigene Position (Haltung, Überzeugung) wird verabsolutiert. Man identifiziert sich z.B. mit dem eigenen Glaubenssystem so unmittelbar, dass man sich nicht vorzustellen vermag, was es hieße, in ein fremdes Glaubenssystem hineingeboren zu werden. Die eigene „Kultur" ist als einzige zivilisiert, alle anderen, so weit sie von der eigenen abweichen, sind barbarisch: Man kann ihre Anhänger nur bedauern.

Die Toleranz bleibt hier einer starken Form von Autozentrierung verhaftet. Sie manifestiert sich oft in pervertierter Form – in der Sorge um das Seelenheil der Andersdenkenden und im Bemühen, sie zu ihrem Heil zu zwingen, indem man sie zur richtigen Auffassung bekehrt. Die Barbaren müssen zur Zivilisation, die Ungläubigen zum richtigen Glauben geführt werden, um der ewigen Verdammnis zu entrinnen. Der Einsatz von Gewalt ist erlaubt, denn er geschieht zum Wohle der Betroffenen ...

10.4.2. Toleranz als Lebenlassen des Andersgläubigen

Obwohl man die eigene Position (Haltung, Überzeugung, Wertesystem) noch immer als die einzig richtige betrachtet, nimmt man die Existenz anderer Positionen bzw. Wertesysteme ernst: Man anerkennt, dass es ihnen gelingt, ihre Anhänger zu überzeugen. Und man anerkennt auch die Tatsache, dass man die fremde Position nicht widerlegen kann, dass sie also vielleicht einen wahren Kern enthält. Man ist zwar weiterhin von der Überlegenheit des eigenen Wertesystems überzeugt, gibt aber zu, seine Wahrheit nicht definitiv bewiesen zu haben (ähnliche Argumentation in: Mill 1859, 2.Kapitel).

Diese Auffassung trägt paternalistische Züge: Man leugnet die Differenzen zu anderen Wertesystemen nicht mehr, betrachtet aber doch nur das eigene als das eigentlich wahre; man bringt den fremden Überzeugungen keine echte Wertschätzung entgegen. Dennoch ist eine beginnende Offenheit unverkennbar. Diese kann auch in eine romantisierende Attitüde – in einseitige Bewunderung des „Fremden" – umkippen. Man weist dem Andersdenkenden jedoch weiterhin einen Ort am Rande der Gesellschaft zu. Dort lebt er einigermaßen unbehelligt, aber marginalisiert.

10.4.3. Toleranz als Anerkennung des Andersgläubigen

Die dritte Form von Toleranz zeichnet sich dadurch aus, dass man für das eigene Wertesystem keine grundsätzlich höhere Wahrheit mehr beansprucht. Mehr noch: Man ist sich bewusst, dass dieses System seine Qualität in der Auseinandersetzung mit anderen Positionen gewonnen hat und dass es sich dank solcher Auseinandersetzungen auch weiter entwickelt. Die „höhere Wahrheit" kommt durch den Diskurs, durch den Austausch mit Vertreterinnen und Vertretern anderer Überzeugungen zustande. Die Anerkennung der Notwendigkeit dieses Austauschs – und der Notwendigkeit anderer Überzeugungen! – erweist sich also gerade als Voraussetzung dafür, dass man neue Einsichten gewinnt und in den eigenen Überzeugungen zugleich sicherer und beweglicher wird (ähnliche Argumentation in Popper 1952, Schluss, und Popper 1956).

Während die ersten beiden Toleranz-Formen kollektivistische Züge tragen – hier geht es um die Einstellung gegenüber den Überzeugungen und Lebensformen anderer gesellschaftlicher Gruppen –, trägt die dritte Form individualistische Züge: Die eigene Überzeugung gewinnt nur in der Auseinandersetzung mit Andersdenkenden an Format. Je mehr sich der eigene Standpunkt von anderen Positionen abhebt, desto origineller ist er. Um ihn jeweils gegen Anfechtungen rechtfertigen und solide begründen zu können, bedarf es allerdings der Auseinandersetzung und beständiger konstruktiver Kritik.

Kasten 10.5.: Toleranz als Voraussetzung für kooperatives Verhandeln

> Der Toleranz desjenigen, der den Anderen die gleichen Rechte zugesteht, entspricht in einer Verhandlungssituation die Haltung dessen, der sich ernsthaft auf die Ängste und Bedürfnisse seines Gegenübers einlässt und nach den *gemeinsamen* sowie den *komplementären* Interessen beider Kontrahenten sucht. Wer diese Haltung einnimmt, wird bei Verhandlungen seine Interessen in weiterem Umfang verwirklichen können als wer von Anfang an bloß die Bestätigung des eigenen Standpunkts bzw. die Maximierung der eigenen Interessen im Auge hat (vgl. dazu Kapitel 7., insbesondere 7.6).

10.5. Interkulturelle Konflikte. Lösungsansätze

Bei der Begegnung mit Repräsentanten anderer „Kulturen" spielen Differenzerfahrungen eine wichtige Rolle. Differenzen fallen zunächst auf der Ebene der Ansprüche und der Erwartungen auf, doch häufig liegen ihnen Differenzen auf der Ebene der Überzeugungen zugrunde. Diese wiederum verweisen auf unterschiedliche individuelle oder kulturelle *Werte*. Diskrepanzen zwischen Werten gehen tiefer als solche zwischen Ansprüchen. Oft spielen Differenzen auf beiden Ebenen zusammen. Will man, dass sich unterschiedliche Wertauffassungen einander annähern, so nützen Drohungen (leider eine häufig gewählte Strategie!) nichts. Einzig Überzeugungsarbeit hilft hier weiter.

10.5.1. Konflikte zwischen Ansprüchen

Juristischen Klagen liegen in der Regel zunächst Kollisionen zwischen Ansprüchen zugrunde. Wird den Ansprüchen einer Partei nicht stattgegeben und kommt es zu einer Klage, so stellen die Gerichte zwischen den involvierten Interessen, Werten bzw. Wertesystemen eine „Güterabwägung" an: Zunächst werden alle Interessen der betroffenen Parteien bzw. Personen gewichtet und miteinander verglichen. Bei transkulturellen Konflikten bildet das öffentliche Interesse an bestimmten Werten oder sogenannten „*Rechtsgütern*" häufig einen zusätzlichen Gesichtspunkt. Solche Werte oder Rechtsgüter sind z.B. Sicherheit, Ruhe und Ordnung, Gesundheit bzw. der allgemeine Zugang zu den Gesundheitsdiensten, eine Sozialpolitik, die öffentliche Moral, der Erziehungsauftrag des Staates, die religiöse Neutralität des Staates, die Gleichstellung der Geschlechter und – natürlich – die Integration von immigrierten Gruppen. Weitere, vorrangige Rechtsgüter dienen dem Schutz des Rechtsstaats selbst – des liberalen Verfassungsstaats, der Trennung von Kirche und Staat, der Machtbegrenzung im Staat, dem Vorrang individueller vor kollektiven Rechten usw.

Interessen (private wie öffentliche) sind keinesfalls alle per se legitim. Der Spielraum, in dem jeder Einzelne seine Interessen verfolgen darf, findet seine Grenzen im Recht der Anderen, bei der Verfolgung ihrer legitimen Interessen nicht behindert zu werden – zumindest nicht in „unzumutbarer Weise". Die Abgrenzung zwischen dem, was zumutbar, und dem, was nicht zumutbar ist, bleibt allerdings manchmal unscharf.

Grundsätzlich gilt: Die Ausübung der Freiheiten, die wir für uns beanspruchen, dürfen die anderen Bürgerinnen und Bürger im Gebrauch der ihrigen nicht beeinträchtigen: Die Grenzen meiner Freiheit sind die Freiheiten der anderen.

Es gibt eine Reihe „klassischer" Konflikte, die an Schulen – und insbesondere an multikulturellen Schulen – immer wieder auftreten können (zum Folgenden Kälin 2000, Kapitel 3): Eltern wollen z.B. ihre Kinder von Teilen des Unterrichts dispensieren: vom geschlechtergemischten Sport- oder Schwimmunterricht, von der Sexualkunde oder vom Unterricht in der Evolutionslehre; manchmal beziehen sich Dispensationsgesuche auch auf Feiertage bestimmter Glaubensgemeinschaften. Oder die Ausstattung eines Schulhauses erregt bei einigen Benützern Anstoß: Dürfen religiöse Symbole, wie Kruzifixe, in öffentlichen Schulen an die Wand gehängt werden? Bei

Lehrkräften (und seltener bei Schüler/innen) kann auch die Kleidung Anlass zu Konflikten bieten, nämlich vor allem dann, wenn damit Zeichen oder Symbole einer bestimmten Religionszugehörigkeit zur Schau gestellt werden. An öffentlichen Schulen ist hier – genauso wie mit dem Zurschaustellen religiöser Symbole als Wandschmuck – Vorsicht geboten.

Kasten 10.6.: Kulturelle Konflikte um die Kleidung

> In Deutschland wollte einmal ein Lehrer in der Kleidung eines Anhängers von Baghwan (einem während der achtziger Jahre international bekannten indischen Guru) unterrichten, und in Genf beharrte eine zum Islam übergetretene Lehrerin darauf, im Unterricht ein Kopftuch tragen zu dürfen. In beiden Fällen untersagten die zuständigen Organe dieses Ansinnen, in beiden Fällen erhoben die Betroffenen Klage, und in beiden Fällen zogen sie diese bis an die obersten Gerichte weiter, die aber das Verbot bekräftigten. Die Begründung lautete: Öffentliche Schulen sind staatliche Institutionen und Lehrkräfte staatliche Angestellte; die Trennung von Staat und Kirche ist ein übergeordneter Wert, daher müssen Lehrkräfte in einer religiös neutralen Weise gekleidet sein, auch wenn dies eine gewisse Einschränkung ihrer Religionsfreiheit bedeutet. Diese Einschränkung gilt als *zumutbar*.
>
> Anders ist die Situation bei den Schülerinnen und Schülern: Diese repräsentieren nicht den Staat, und der Schulbesuch ist obligatorisch, daher kann jüdischen Knaben das Tragen der Kippa und muslimischen Mädchen das Tragen eines Kopftuchs nicht verboten werden.
>
> Allerdings gibt es in mehreren deutschen Bundesländern Bestrebungen, auch Schülerinnen und Schülern das Tragen deutlicher religiöser Symbole zu verbieten, sofern es sich nicht um christliche Symbole handelt. Und an französischen Schulen besteht ein solches Verbot bereits seit 2004. – Solche Entscheide sind nur nachvollziehbar, wenn sie einem höheren Interesse dienen (z.B. dem Schutz des sozialen Friedens an der Schule) und wenn keine Gruppen diskriminiert werden – doch um Letzteres zu garantieren, müsste man konsequenterweise auch das Tragen christlicher Symbole verbieten.

10.5.2. Konflikte zwischen Werten

Die Regelung kollidierender Ansprüche ist Angelegenheit der Rechtsprechung; zur Klärung von Wertekonflikten hingegen braucht es im Grunde Kulturvermittler. Doch was hat man sich unter Wertekonflikten genau vorzustellen? Werte dienen uns bei unseren Entscheidungen als Orientierungsmaßstäbe (Kapitel I. 2). Viele dieser Maßstäbe werden von größeren Gemeinschaften geteilt. Nun liegen aber nicht alle Werte auf der gleichen Ebene (ein Menschenleben z.B. ist als Wert dem Eigentum übergeordnet). Vielfach, aber nicht immer, bestehen klare Abstufungen zwischen einzelnen Werten. Wertekonflikte entstehen, wenn verschiedene Personen, die sich gegenseitig nicht ausweichen können, aufgrund unterschiedlicher Wertvorstellungen unterschiedliche Handlungskonzepte oder Lebensformen favorisieren. Wertekonflikte manifestieren sich nicht zuletzt auch in Vorurteilen und abschätzigen Äußerungen über Mitglieder anderer ethnischer Gruppen. Für die Betroffenen bedeutet die ständige Abwertung dessen, was sie hochschätzen, eine Kränkung. Kränkungen sind für die Integration wenig förderlich. Sie bieten oft ein Motiv zum Rückzug oder auch zu erhöhter Gewaltbereitschaft.

Manchmal gehen die Gerichte so weit, Anliegen immigrierter Gruppen auch dann zu schützen, wenn sie quer zu den liberalen Werten der Gastgesellschaft liegen. Die Begründung hierfür lautet: Kinder mit Migrationshintergrund werden sich leichter mit den überlieferten lokalen Lebensformen anfreunden und sich in die Gesellschaft integrieren, wenn sie eine öffentliche Schule besuchen, als wenn ihre Eltern sie in eine Privatschule nach ihrem Geschmack stecken. Also muss die öffentliche Schule zu gewissen Konzessionen bereit sein. Dabei kann es aber zu Spannungen zwischen unseren egalitaristischen bzw. emanzipatorischer Idealen einerseits und der bei eingewanderten Gruppen oft zu beobachtenden Machtasymmetrie innerhalb der Familien andererseits kommen. Diese Spannungen auszuhalten, ist, wenn sie nicht dauerhaft bestehen, meistens das geringere Übel, als es die Gefährdung des Projekts *Integration* wäre.

Für Konzessionen spricht auch ein anderes Argument: Der Staat ist nicht befugt, sich in Belange einzumischen, die die familiäre Privatsphäre betreffen. Er ist es auch dort nicht, wo das Privatleben von einer Machtasymmetrie zwischen den Geschlechtern geprägt ist. Zurückhaltung in diesem Bereich bedeutet aber nicht automatisch eine Stärkung traditioneller Machtstrukturen. In entsprechenden Gerichtsurteilen wird gewöhnlich argumentiert, die Werte des liberalen Verfassungsstaats würden von den zugewanderten Minderheiten eher akzeptiert, wenn dieser sich ihren Begehren gegenüber offen zeige als wenn er sie ignoriere oder ihnen ihre Berechtigung abspreche und die Betroffenen so womöglich in eine Ghettosituation abdränge.

Kasten 10.7.: Geschlechterrollen in der Begegnung zwischen den Kulturen

> Bei der Wahrnehmung der Geschlechterrollen in anderen Kulturen spielen häufig auch Projektionen eine Rolle. Dies gilt selbst zum Teil (wenn auch natürlich keineswegs immer!) für die weit verbreitete Auffassung, ein Mädchen, das ein Kopftuch trage, sei ein Opfer islamischer Frauenfeindlichkeit. In Wirklichkeit tragen viele muslimische Frauen das Kopftuch aus freien Stücken, wobei auch ästhetische Motive eine Rolle spielen können. Viele wehren sich gegen die Unterstellung, sie seien unterdrückt.
>
> Es trifft zweifellos zu, dass zwischen den westlichen und islamischen Gesellschaften – aufs Ganze gesehen – erhebliche Unterschiede im Verständnis der Geschlechter- und der Generationenrollen bestehen. In vielen nicht westlichen Gesellschaften sind die Frauen klar benachteiligt – in manchen Ländern geht dies so weit, dass sogar ihre Lebenserwartung niedriger ist als diejenige der Männer, obwohl es aus biologischen Gründen umgekehrt sein müsste (Sen 2000, S.130f.). Doch sind auch die westlichen Gesellschaften von einer wirklichen Gleichstellung teilweise noch weit entfernt. Darüber hinaus ist hier die Stellung der älteren Menschen (beiderlei Geschlechts), die nicht mehr im Erwerbsleben stehen, prekär. Viele werden praktisch an den Rand der Gesellschaft gedrängt.

Zur Förderung von Integration gehört grundsätzlich eine Haltung, in der sich Offenheit und die Bereitschaft zum Austausch und zu konstruktiver Kritik (einschließlich Selbstkritik) vereinen, und diese Haltung gilt es auch bei den zugewanderten Gruppen zu fördern.

„Wenn zum Beispiel eine junge Frau aus einer konservativen Einwandererfamilie in Großbritannien sich mit einem jungen Engländer treffen möchte, dann lässt sich ihr Wunsch kaum mit dem Verweis auf multikulturelle Freiheit kritisieren. Auch wird man den Versuch ihrer Erziehungsberechtigten, sie daran zu hindern, kaum als gelungene multikulturelle Praxis bezeichnen können. Und zwar deshalb, weil sie letzten Endes dazu führt, dass die Kulturen auf ‚pluralistisch monokulturelle' Weise getrennt bleiben" (Sen 2007).

10.6. Die Rolle der Grundrechte

Bei der juristischen Regelung transkultureller Konflikte kommt den Grund- oder Menschenrechten (vgl. Kap. I. 11) ein höheres Gewicht zu als den Interessen von Privatpersonen. Und doch sind diese nicht immer die letzten und höchsten Kriterien, die es bei Konfliktregelungen zu berücksichtigen gilt. Andere Rechtsgüter werden zuweilen noch stärker gewichtet: Das Recht auf Arbeit schützt den Zuhälter nicht, der neben einer Schule ein Bordell betreiben will – die öffentliche Moral steht als Wert höher. Und das Recht auf Religionsfreiheit schützt nicht die Lehrkraft, die auch während des Unterrichts durch die Art ihrer Kleidung ihrer religiösen Überzeugung Ausdruck verleihen möchte. Die religiöse Neutralität der staatlichen Schule wiegt als Wert schwerer. Doch wie weit geht die religiöse Neutralität? Bezieht sie sich auch auf das Christentum? Tatsächlich kam es sowohl in Deutschland als auch in der Schweiz zu Urteilen, in denen das oberste Gericht Kruzifixe an den Wänden öffentlicher Schulen verboten hat. Andererseits liegt die Frage nahe, ob die christliche Religion nicht zu den übergeordneten Werten gehört, die unsere Gesetzgebung besonders schützen müsste. Auch diese These wird mitunter durch Gerichtsurteile gestützt. In Hessen wurde das Tragen religiöser Symbole für Beamten in der Öffentlichkeit verboten, doch die christlichen Symbole – etwa bei Ordensschwestern oder Diakonissinnen – wurden von diesem Verbot ausgenommen. Offensichtlich gilt nicht für alle Religionen und alle Kulturen dasselbe: Eingewanderte Minderheiten sind den schon lange (bzw. „seit jeher") ansässigen Minderheiten nicht gleichgestellt. Diese Ungleichbehandlung ist in vielen Ländern ein Faktum, doch gibt es dafür (bislang) keine wasserdichte ethische Begründung.

10.7. Das Wohl des Kindes

Ein weiterer wesentlicher Aspekt, der bei Konflikten im Schulwesen allgemein Berücksichtigung verdient, ist das Wohl des Kindes. Wenn z.B. einer Schülerin von ihren Eltern aus religiösen Motiven der Besuch des Schulsports oder des Schwimmunterrichts verboten wird, muss die Schulleitung bzw. die Schulbehörde und im Streitfall das Gericht prüfen, ob eine Dispensation dem Wohlergehen dieses Mädchens wirklich förderlich und nicht vielmehr hinderlich ist. In der Regel wird versucht, mit den Eltern ein Arrangement auszuhandeln, das sicherstellt, dass das Mädchen die Ausbildungsziele in einer Weise erreicht, mit der die Eltern sich einverstanden erklären können, z.B. durch Einführung eines geschlechtergetrennten Sportunterrichts, oder indem man dem Mädchen erlaubt, eine spezielle, den Geboten seiner Religion gemäße Kleidung zu tragen, falls diese der Diskriminierung und Ausgrenzung nicht Vorschub leistet. Andernfalls ist einer Dispensation der Vorzug zu geben. Eine Regelung, der seine Familie zustimmen kann, liegt ebenso im Interesse des Kindes wie eine Regelung, die seine Integration erleichtert (vgl. das folgende Kapitel 11).

II. 11. Kinderrechte

Gut vierzig Jahre nach Verabschiedung der Erklärung der Menschenrechte – am 5. Dezember 1989 – schickte die UNO das Übereinkommen über die Rechte des Kindes auf den Weg. In Kraft gesetzt wurde es am 2. September 1990.

11.1. Die Kinderrechtskonvention (KRK) ergänzt die Menschenrechtserklärung (ME)

Weshalb braucht es über die Menschenrechte hinaus auch noch Kinderrechte? Sind denn Kinder nicht auch Menschen? Wie bei den Menschenrechten geht es in der Kinderrechtskonvention um universalistische Rechtsgrundsätze ethischer bzw. moralischer Natur – um Rechte für alle Kinder. Wie in der Erklärung der Menschenrechte ist in der Kinderrechtskonvention praktisch nur von Rechten und nicht von Pflichten die Rede. Die KRK dient in erster Linie dem Schutz der Kinder, und kleine Kinder können nur sehr eingeschränkt Pflichten nachkommen. Vielen nicht-westlichen Gesellschaften ist diese Asymmetrie zwischen Rechten und Pflichten fremd. Rechte – so wird dort argumentiert – fallen den Menschen in dem Grade zu, in dem sie in der Lage sind, Verantwortung zu übernehmen (Kapitel I.11, Tabelle 11.3). Dieser Sicht lässt sich entgegenhalten, dass es gerecht ist, Kindern anfangs mehr Rechte zuzusprechen als Pflichten aufzuerlegen, weil sie später als Erwachsene gegenüber der jüngeren Generation in die konträre Rolle schlüpfen und einseitig Verantwortung übernehmen werden.

Der Schaffung der KRK liegt die Erfahrung zugrunde, dass die Erklärung der Menschenrechte für den Schutz und die Förderung von Kindern nicht ausreicht. Für viele Eltern stellen Kinder Statussymbole dar, und viele Erwachsene behandeln Kinder wie Objekte. Das ist eine eklatante Verletzung der Gleichheitsidee. Kinder sind Personen, genau so wie Erwachsene ... Doch sie sind besonders verletzlich, und in vielen Gesellschaften gehören sie zu den Ersten, die in Krisensituationen leiden. Kinder haben nicht die Macht und oft auch nicht das Know-how, sich wirkungsvoll zu wehren. Psychische Verletzungen, vor allem wenn sie sich wiederholt ereignen, gehen meist tiefer als bei Erwachsenen und werfen längere Schatten in die Zukunft. In der Kindheit bauen Menschen die Grundlagen aller später sich entwickelnden Fähigkeiten auf – sie vor allzu tiefen Erschütterungen zu bewahren, ist letztlich das zentrale Anliegen der KRK. Kurz – Kinder bedürfen eines umfassenden Schutzes. Das Recht auf diesen Schutz gilt unbedingt und ist von der Leistungsfähigkeit der Kinder unabhängig.

Kasten 11.1.: Die Kinderrechtskonvention umfasst drei Arten von Rechten

(1) *Versorgungs-Rechte*: Das Überleben und die Entwicklung der Kinder ist sicherzustellen. Die KRK benennt die erforderlichen Ressourcen, Kapazitäten und Verantwortlichkeiten.

(2) *Schutz-Rechte*: Kinder sind vor Ausbeutung und Missbrauch durch Erwachsene oder durch Institutionen, die ihre Würde, ihr Überleben, ihre Entwicklung bedrohen, zu schützen.

(3) *Partizipations-Rechte*: Kinder sollen ihrer Entwicklung zum Erwachsenenalter nicht einfach passiv ausgeliefert sein. Sie sind nicht als Objekte, sondern als eigenständige Partner zu behandeln. Die KRK benennt die Instrumente, die dem Kind eine möglichst aktive Beteiligung (Partizipation) an diesen Prozessen ermöglichen. Die Partizipationsrechte verlangen in manchen Gesellschaften eine Neuregelung der herkömmlichen Beziehungen zwischen Erwachsenen und Kindern (Bellamy et al. 2007, S. 26).

Vergleicht man diese drei Typen von Rechten mit denjenigen in der Menschenrechtserklärung (= ME), so fallen ein paar Unterschiede ins Auge:

Zu (1): Da die ME auf Erwachsene ausgerichtet ist, fehlen dort die Versorgungsrechte. Mit diesen verwandt sind jedoch die so genannten Leistungs- oder Gewährleistungsrechte (Recht auf Ausbildung, Recht auf Arbeit, Recht auf Gesundheitsversorgung...), doch liegt hier die Leistungspflicht allein beim Staat, während sich bei der KRK die Versorgungspflicht auch auf die Eltern sowie auf weitere, dem Staat vorgelagerte Akteure bezieht.

Zu (2): Zu den Schutz-Rechten in der ME besteht ein analoger Unterschied: Die entsprechenden Aufgaben fallen dort alle auf den Staat, bei der KRK sind jedoch zusätzliche Akteurgruppen – vor allem die Eltern – angesprochen.

Zu (3): Anders als in der ME beschränken sich die Partizipationsrechte in der KRK auf Entscheidungen, die das Kind persönlich betreffen.

Das Übereinkommen über die Rechte des Kindes liest sich wie eine Anwendung der Erklärung der Menschenrechte auf Kinder. Mit 54 Artikeln auf 21 Seiten ist es aber wesentlich umfangreicher als diese (mit ihren 30 Artikeln auf 6 Seiten). Ist das nicht eine Inflationierung von Grundrechten? Muss zu ihrer Realisierung nicht eine größere Zahl von Akteuren zusammenwirken als bei der Erklärung der Menschenrechte (Tabelle 11.2)? Und liegt darin nicht die Gefahr, dass bei den Kinderrechten der Abstand zwischen Ideal und Wirklichkeit noch größer wird als bei den Menschenrechten?

Nein – denn angesichts der Vielfalt der Bedrohungen, denen Kinder heute ausgesetzt sind, erweist sich die KRK als unerlässlich (zum Folgenden vgl. Bellamy 2007): Fast jeder Artikel steht für einen Gefahrenherd in der Entwicklung des Kindes, auch wenn viele davon in einem Wohlfahrtsstaat weniger akut sind als in Ländern mit verbreiteter sozialer Not oder kriegerischen Auseinandersetzungen. Ein paar Beispiele:

• Nach Angaben der Internationalen Arbeitsorganisation (ILO) arbeiten weltweit 211 Millionen Kinder unter 15 Jahren und weitere 141 Millionen zwischen 15 und 17 Jahren – in der Landwirtschaft, in Haushalten, Fabriken, Werkstätten oder auf der Straße (inklusive Prostitution, Bergwerksarbeit, Schuldknechtschaft). Fünf Prozent aller arbeitenden Kinder sind in der Exportwirtschaft tätig, die meisten ohne Arbeitsvertrag.

- Jeden Monat werden weltweit Hunderte Kinder von nicht entschärften Minen verletzt oder getötet. Die Zahl der Kindersoldaten (Art. 38) wird derzeit [Juli 2008] auf etwa 300'000 geschätzt. Die Opferbilanz bei Kriegen hat sich im Laufe des 20. Jahrhunderts immer stärker von den Kombattanten zu den Nicht-Kombattanten – einschließlich Kindern – verschoben. Heute sind fast neunzig Prozent aller Kriegsopfer Zivilisten, viele davon minderjährig. Und last but not least wird in einigen Ländern immer noch die Todesstrafe für Kinder praktiziert. In den USA wurde diese erst 2005 für verfassungswidrig erklärt.

- 1,2 Millionen Kinder sind Opfer von Menschenhändlern.

- Drei Millionen Mädchen erleiden jährlich eine Genitalverstümmelung.

- In den ersten knapp zwanzig Jahren, seitdem am 20.11.89 die KRK in Kraft getreten ist, sind offiziellen Schätzungen zufolge 200 Millionen Kinder unter 5 Jahren an vermeidbaren Krankheiten gestorben.

Es gibt aber auch eine positive Bilanz: Seitdem die KRK in Geltung ist, hat die Sensibilisierung für Fragen der Kinderrechte stark zugenommen. Konkret verbessert hat sich insbesondere die Ausbildung der Mädchen. Ihre Einschulungsrate lag damals (1990) weltweit bei 80%; inzwischen beläuft sie sich auf 88%.

11.2. Wegbereiterinnen und Wegbereiter der Rechte des Kindes

Als Vorkämpfer/innen für die Sache der Kinderrechte gelten drei Persönlichkeiten:

1. *Ellen Key [1848-1926]*: Sie entstammte der schwedischen Landaristokratie, der Vater war Parlaments-Abgeordneter. Sie studierte an der Kunsthochschule Stockholm, machte eine längere Bildungsreise und schrieb Bücher über Ehe und Mutterschaft (obwohl sie nie verheiratet war). Sie trat für die Rechte der Frauen ein und kam auf diesem Wege zu den Rechten der Kinder. Sie verteidigte z.B. das Recht des Kindes auf eigene Gefühle (gleichgültig, ob sie liebenswert sind oder nicht). In ihrem Hauptwerk, „Das Jahrhundert des Kindes" schrieb sie ein Kapitel über „das Recht des Kindes, seine Eltern zu wählen" (das heißt das Recht, gegebenenfalls nicht geboren zu werden; Mann und Frau sollen sich vor der Zeugung überlegen, ob sie physisch, psychisch, wirtschaftlich in der Lage sind, ein Kind großzuziehen; Key 1978, S.5ff.), und sie kritisiert, dass „Kinder noch immer in der kalten Atmosphäre der Pflicht oder in der stürmischen der Disharmonie geboren werden" statt in derjenigen echter Liebe, wobei „man alle Art von seelischer Zerrissenheit und körperlicher Ungesundheit auf die Kinder fortpflanzen kann" (a.a.O., S. 26). Kritisch sah Key auch die Rolle der Schule. Sie wehrte sich z.B. gegen die Fesseln, die diese der Neugier der Kinder anlegt, und beeinflusste damit die Reformpädagogik des frühen 20. Jahrhunderts.

2. *Eglantyne Jebb [1876-1928]*: Als Tochter reicher Eltern wuchs sie auf einem englischen Landgut auf. Sie studierte Geschichte und Pädagogik, arbeitete später als Primarlehrerin in einer Schule für arme Familien. Während des Ersten Weltkriegs

setzte sie sich besonders für Kriegsopfer ein – genauer: für die Opfer von Nahrungsmittelblockaden durch die Siegermächte. Sie wies nach, dass dort, wo keine Nahrungsmittel ankamen, die Kindersterblichkeit um 30% anstieg. Sie leistete besondere Einsätze im Balkan, in Österreich, in Armenien und gründete später in England den „Save the Children Fund". Dieser arbeitete eng mit dem Roten Kreuz zusammen und hatte das Ziel, alle Kinder in Kriegsgebieten, gleich welcher Nationalität, Religion oder Ethnie, zu unterstützen und ihnen gegebenenfalls lebenserhaltende oder lebensrettende Maßnahmen zukommen zu lassen. Dieser Grundsatz ist in die so genannte *Erklärung der Rechte des Kindes* (beschlossen 1924 vom Völkerbund in Genf) eingegangen.

3. *Janusz Korczak [1878-1942]*: In Warschau unter dem Namen Henryk Goldszmit geboren, setzte er sich schon als Jugendlicher für Kinder aus benachteiligtem Milieu ein. Als junger Mann übernahm er die Leitung zweier Waisenhäuser in Warschau, die er im Geist der Reformpädagogik führte. Da er die Kinder an der Selbstverwaltung der Häuser beteiligte, kann man in ihm einen Vorläufer der *„Just Community"-Bewegung* sehen (vgl. Kapitel I. 5.5). Als 1942 die Gestapo seine Waisenhäuser stürmte und die Kinder abführte, begleitete sie Korczak. Mit ihnen zusammen wurde er im KZ Treblinka ermordet. In einem seiner Bücher fordert Korczak ein Recht des Kindes auf Achtung – Achtung auch gegenüber kindlichen Misserfolgen und Tränen:

„Schwach, klein, arm, abhängig – ein Staatsbürger wird es erst. Wir behandeln es mit Mitleid, Schroffheit, Grobheit und wenig Achtung. Ein Lümmel, ein Kind nur, erst in Zukunft ein Mensch, jetzt noch nicht" (Korczak 1972, S. 13). Und: „Ein Kind ist wie ein Fremdling, es versteht die Sprache nicht, es kennt den Verlauf der Straßen nicht, kennt die Gesetze und Bräuche nicht. Manchmal möchte es selbst entdecken; wenn es schwierig wird, bittet es um Hinweise und Rat. (…). Wir sollten seine Unwissenheit achten!" (ebd., S. 25f.).

11.3. Schritt für Schritt zur Konvention über die Rechte des Kindes

Internationale Bestrebungen, die Rechte der Kinder zu sichern, gab es schon vor dem Zweiten Weltkrieg:

- 1924 (24.09.): Erklärung der Rechte des Kindes durch den Völkerbund. Sie hatte aber keine rechtliche Verbindlichkeit und erlosch mit dem Ende des Völkerbunds.

- 1948 (10.12.): Die UNO verabschiedete die Erklärung der Menschenrechte. Die Bedürfnisse des Kindes galten mit ihr zunächst als abgedeckt – eine Überzeugung, die allerdings schon bald in Frage gestellt wurde.

- 1959 (20.11.): Verabschiedung einer neuen „Erklärung der Rechte des Kindes" (deswegen gilt heute der 20. November als „Tag der Kinderrechte"). Diese Erklärung enthielt z.B. ein Recht des Kindes auf einen Namen, eine Staatsangehörigkeit und kostenlosen Unterricht auf der Elementarschulstufe; rechtlich blieb sie aber unverbindlich.

- 1979: Das „Jahr des Kindes". Kurz vorher (1978) reichte die polnische Regierung bei der UNO den Entwurf zu einer Kinderrechts-Konvention ein, der sich auf die

„Erklärung" von 1959 stützte. Dieser Entwurf wurde als zu wenig umfassend zurückgewiesen. 1980 reichte Polen einen revidierten Entwurf ein, auf dessen Grundlage die UNO die Kinderrechts-Konvention erarbeitete.

- 1989 (20.11.): Die UNO-Generalversammlung nahm die Konvention über die Rechte des Kindes an – genau 30 Jahre nach der Kinderrechtserklärung. Sie umfasst 54 Artikel – fast doppelt so viele wie die Menschenrechtserklärung. Die KRK wurde am 26.01.90 zur Zeichnung aufgelegt und trat am 02.09.90 in Kraft – einen Monat nach der Ratifikation durch den zwanzigsten Staat.
- 1992: In Deutschland trat die KRK am 5.4.1992 in Kraft, in Österreich am 5.9.1992. Ende des Jahres haben 112 Staaten die KRK ratifiziert.
- 1997: Die Schweiz vollzieht diesen Schritt erst am 26.03.1997 als 191. Staat.
- 2008: 193 Staaten haben die KRK ratifiziert. Es fehlen nur Somalia und die USA.

11.4. Die Kinderrechtskonvention wird „erwachsen" und zeigt Wirkung

Zwanzig Jahre nach ihrer Annahme in der UNO ist die Konvention über die Rechte des Kindes (= KRK) heute noch vergleichsweise jung.

Staaten, die die KRK ratifiziert haben, verpflichten sich damit, ihren Inhalt in die eigene Gesetzgebung aufzunehmen und umzusetzen. Und sie verpflichten sich auch, alle fünf Jahre einen Bericht, der über den Stand der Umsetzung der KRK Auskunft gibt, an das *United Nations Committee on the Rights of the Child* zu schicken. Mit diesen Berichten, die öffentlich zugänglich sind, stellen sich die betreffenden Regierungen eine Art Zeugnis über das Erreichte aus. Allein schon die Tatsache, dass solche Berichte ausformuliert und zwischen den Parteien so lange diskutiert werden, bis im Prinzip alle einverstanden sind, schärft das öffentliche Bewusstsein für die Kinderrechte und erhöht die Aufmerksamkeit für die bestehenden Abgründe zwischen Ideal und Wirklichkeit. Etwa ein Drittel aller Länder haben inzwischen die Kinderrechte in die Gesetzgebung eingebaut.

Die KRK funktioniert also als Vorgabe für die Anpassung der nationalen Gesetzgebungen. Es liegt dann an den heimischen Gerichten, Verstöße zu ahnden. Wenn allerdings ein Staat bestimmte Gesetze nicht an die KRK anpasst (in Deutschland und Österreich z.B. die Asyl- und Ausländergesetze), so fehlt den Gerichten die Möglichkeit, gegen entsprechende Verfehlungen einzuschreiten.

Abgesehen von den direkten Sanktionsmechanismen für Genozide und Verbrechen gegen die Menschlichkeit, für deren Verurteilung der Internationale Strafgerichtshof zuständig ist (vgl. Kapitel I. 11.4), gibt es in der UNO das Komitee für die Rechte des Kindes, das gegen fehlbare Regierungen bzw. säumige Nationen moralischen Druck erzeugt. Die Wirkung dieses Drucks, der sich von Fall zu Fall über die Weltpresse verstärken lässt, ist nicht zu unterschätzen.

Kasten 11.2.: Das Übereinkommen über die Rechte des Kindes der UNO („V" = Versorgungsrecht, „S" = Schutzrecht, „P" = Partizipationsrecht

Art. 1: Definition des Kindes: Eine Person unter 18 Jahre (es sei denn, ein Staat sieht eine frühere Volljährigkeit vor)	S
Art. 2: Diskriminierungsverbot	S
Art. 3: Bei Entscheidungen, die ein Kind betreffen, hat sein höheres Interesse Vorrang	S
Art. 4: Der Staat ist für die Durchsetzung der Kinderrechte verantwortlich	S
Art. 5: Rechte und Pflichten der Erziehungsverantwortlichen	S
Art. 6: Recht auf Überleben und Entwicklung des Kindes	S
Art. 7: Recht auf Namen und Staatsangehörigkeit	S
Art. 8: Schutz der Identität des Kindes	S
Art. 9: Recht des Kindes, bei seinen Eltern zu leben oder (bei Trennung der Eltern) Recht auf Kontakt mit beiden; falls der Staat die Trennung veranlasst, muss er das Kind über den Verbleib des abwesenden Elternteils informieren	S
Art. 10: Recht auf Verlassen jedes Staates und auf Einreise in das eigene Land zum Zweck der Familienzusammenführung	S
Art. 11: Der Staat muss bei rechtswidriger Kindsentführung (auch durch einen Elternteil) eingreifen	S
Art. 12: Recht des Kindes, dass in Fragen, die es selbst betreffen, seine Meinung berücksichtigt wird	P
Art. 13: Recht des Kindes auf freie Meinungsäußerung (analog wie beim Erwachsenen)	P
Art. 14: Glaubens-, Gewissens- und Religionsfreiheit	P
Art. 15: Versammlungsfreiheit	P
Art. 16: Schutz des Privatlebens	S
Art. 17: Recht auf Zugang zu „kindgerechten Informationen" u. auf Schutz „vor Informationen und Materialien, die seinem Wohlbefinden schaden"	S,V
Art. 18: Die Erziehungsverantwortung liegt primär bei den Eltern, der Staat ist verpflichtet, die Eltern zu unterstützen	V
„(2) [Die Vertragsstaaten] (...) sorgen für den Ausbau von Institutionen, Einrichtungen und Diensten für die Betreuung von Kindern. (3) Die Vertragsstaaten treffen alle geeigneten Maßnahmen, um sicherzustellen, dass Kinder berufstätiger Eltern das Recht haben, die für sie in Betracht kommenden Kinderbetreuungsdienste und -einrichtungen zu nutzen."	
Art. 19: Schutz vor Misshandlung durch Eltern und Betreuungspersonen	S
Art. 20: Schutz von Kindern, die außerhalb der eigenen Familie betreut werden	S

Art. 21: Adoption nur, wenn sie den Interessen des Kindes dient	S,V
Art. 22: Besonderer Schutz für Flüchtlingskinder	S
Art. 23: Besondere Pflege und Erziehung für behinderte Kinder	V
Art. 24: Recht auf Gesundheit, auf Zugang zu medizinischen Diensten	V
Art. 25: Kinder, die in besondere Institutionen eingewiesen werden, haben Recht auf regelmäßige Überprüfung dieser Maßnahme	S
Art. 26: Recht auf soziale Sicherheit und Sozialversicherung	V
Art. 27: Recht auf körperliche, geistige, seelische, sittliche und soziale Entwicklung sowie auf angemessenen Lebensstandard	V
Art. 28: Recht auf Bildung unter Bedingungen der Chancengleichheit	V
Art. 29: Bildung hat die Entfaltung der Persönlichkeit, die Achtung vor den Menschenrechten, vor kulturellen Werten, vor der natürlichen Umwelt und die Fähigkeit zur Ausübung von Verantwortung zum Ziel (Wortlaut in Kasten 11.4)	V
Art. 30: Recht von Kindern aus ethnischen Minderheiten (und von Ureinwohnern), die eigene Kultur zu pflegen	P
Art. 31: Recht auf Freizeit, Spiel und Beteiligung am kulturellen sowie künstlerischen Leben	P
Art. 32: Schutz vor Ausbeutung und vor Arbeit, die das Kind schädigt; jeder Staat muss das Mindestalter für Kinderarbeit gesetzlich regeln, ebenso Arbeitszeit und Arbeitsbedingungen [dieser Artikel ist notfalls mittels Sanktionierung säumiger Staaten durchzusetzen]	S
Art. 33: Schutz vor Drogenkonsum, -Handel und -Herstellung	S
Art. 34: Schutz vor sexueller Ausbeutung	S
Art. 35: Verbot von Kinderhandel	S
Art. 36: Schutz vor sonstiger Ausbeutung	S
Art. 37: Schutz vor Folter, vor grausamer und erniedrigender Behandlung; vor rechtswidrigem Freiheitsentzug; Freiheitsstrafe „nur als letztes Mittel und für die kürzeste angemessene Zeit"; im Strafvollzug Trennung von Erwachsenen, außer wenn diese für das Kind hilfreich sind; Recht auf Rechtsbeistand	S
Art. 38: Regelungen bei bewaffneten Konflikten (Verbot, unter 15 Jahren „an Feindseligkeiten" teilzunehmen)	S
Art. 39: Pflicht des Staates zur Resozialisierung von Kindern, die Opfer von Ausbeutung, Folter, Krieg, Vernachlässigung usw. geworden sind	V
Art. 40: Spezielle Jugendgerichte für delinquente Jugendliche	V
Art. 41: Staatliche Normen, die die Kinder besser schützen als die KRK, haben vor dieser den Vorrang	--
Art. 42-54 Anwendung und Inkraftsetzung [u. a. sind diese Grundsätze „bei Erwachsenen und auch bei Kindern bekannt zu machen".	--

In manchen Ländern beobachten bzw. überwachen zudem Nichtregierungs-Organisationen die Realisierung der gesetzlich verankerten KRK-Politik. In dem Grade, wie die Sensibilität der Weltöffentlichkeit für die Rechte des Kindes zunimmt, wächst auch die öffentliche Erwartung, dass die KRK seriös umgesetzt wird. Hinzu kommt in manchen Ländern ein Ombudsman (= Sachwalter, Vertrauensperson), der über ihre Verwirklichung wacht. Als erstes Land hat Norwegen 1981 einen solchen eingesetzt.

11.5. Wer hat bei der Gewährung der Rechte des Kindes welche Pflichten?

Wer muss was tun, unterlassen oder veranlassen, damit Kinder wirklich Nutznießer ihrer Rechte sind? – Die folgende Tabelle (11.3) gibt darüber Auskunft.

Tabelle 11.3.: Kinderrechtskonvention - Verteilung der Pflichten (die Zahlen beziehen sich auf die Artikel der KRK)

	Negative Pflichten (Unterlassungspflichten)	Positive Pflichten (Pflicht zum Handeln)
Staatengemeinschaft	(38,) 41	7, (22,) 24, 28, 38, 43-54
Staat	2, 10, 12, 13, 15, 16, 30, 37, 38, 41	2, 3, 4, 5, 6, 8, 9, 10, 11, 12, 13, 17, 18, 19, 20, 21, 22, 23, 24, 25, 26, 27, 28, 29, 31, 32, 33, 34, 35, 36, 37, 38, 39, 40, 42f.
Eltern / Familie / Verwandte / Vormund	12, 13, 14, 15, 19	5, 7, 12, 13, 14, 18, 27, 31, (40)
Pflege- / Adoptivfamilie/ Kinderbetreuungsstätte	(12,) 20, 21	(12,) 20, 21
Medien	16	17
Bürger, unspezifiziert	12, 13, 14, 15, 16, 30, 32-37, 40	12, 13, (20, 23), 40

Wie schon bei den Menschenrechten, steht auch bei den Kinderrechten vor allem der Staat in der Verantwortung. Diesmal ist die Liste der staatlichen Akteure aber vielfältiger: Neben der Schule erhalten die Gerichte und die Strafvollzugs- und Einbürgerungsbehörden ganz konkrete Aufgaben zugewiesen (in Tabelle 11.3 werden die verschiedenen staatlichen Akteure nicht differenziert). Die Situation ist auch noch in anderer Hinsicht komplexer, denn es kommen weitere Akteure ins Spiel, etwa die Medien. Eine besondere Verantwortung tragen die Familie bzw. die Eltern und Verwandten. Diese erscheinen nicht mehr, wie in der ME, bloß als Rechtsträger, sondern auch als Adressaten von Pflichten, über deren Erfüllung im Prinzip der Staat wachen muss. Dadurch entsteht ein Spannungsfeld, das die ME nicht kennt und das die juristische Umsetzung der KRK erschwert. Artikel 6 des deutschen Grundgesetzes beispielsweise verbietet staatliche Eingriffe in die elterliche Erziehung (weshalb die deutsche Bundesregierung bei der Ratifizierung der KRK einen entsprechenden Vorbehalt formulierte).

Kasten 11.4.: Die beiden Bildungsartikel (Art. 28 und 29) im Wortlaut:

„Art. 28: (1) Die Vertragsstaaten erkennen das Recht des Kindes auf Bildung an; um die Verwirklichung dieses Rechts auf der Grundlage der Chancengleichheit fortschreitend zu erreichen, werden sie insbesondere a) den Besuch der Grundschule für alle zur Pflicht und unentgeltlich machen; b) die Entwicklung verschiedener Formen der weiterführenden Schulen allgemeinbildender und berufsbildender Art fördern, sie allen Kindern verfügbar und zugänglich machen und geeignete Maßnahmen wie die Einführung der Unentgeltlichkeit und die Bereitstellung finanzieller Unterstützung bei Bedürftigkeit treffen; c) allen entsprechend ihren Fähigkeiten den Zugang zu den Hochschulen mit allen geeigneten Mitteln ermöglichen; d) Bildungs- und Berufsberatung allen Kindern verfügbar und zugänglich machen; e) Maßnahmen treffen, die den regelmäßigen Schulbesuch fördern und den Anteil derjenigen, welche die Schule vorzeitig verlassen, verringern."

(2) Hier geht es um Maßnahmen, die die „Disziplin in der Schule" sicherstellen sollen, und zwar „in einer Weise (...), die der Menschenwürde des Kindes entspricht"

(3) „Die Vertragsstaaten fördern internationale Zusammenarbeit im Bildungswesen (...) zur Beseitigung von Unwissenheit und Analphabetentum" und um „den Zugang zu wissenschaftlichen und technischen Kenntnissen und modernen Unterrichtsmethoden zu erleichtern. Dabei sind die Bedürfnisse der Entwicklungsländer besonders zu berücksichtigen."

Art. 29: (1) Die Bildung des Kindes ist darauf gerichtet, „a) die Persönlichkeit, die Begabung und die geistigen und körperlichen Fähigkeiten des Kindes voll zur Entfaltung zu bringen; b) dem Kind Achtung vor den Menschenrechten und Grundfreiheiten und den in der Charta der Vereinten Nationen verankerten Grundsätzen zu vermitteln; c) dem Kind Achtung vor seinen Eltern, seiner kulturellen Identität, seiner Sprache und seinen kulturellen Werten, den nationalen Werten des Landes, in dem es lebt, (...) des Landes, aus dem es stammt, sowie vor anderen Kulturen als der eigenen zu vermitteln; d) das Kind auf ein verantwortungsbewusstes Leben in einer freien Gesellschaft im Geist der Verständigung, des Friedens, der Toleranz, der Gleichberechtigung der Geschlechter und der Freundschaft zwischen allen Völkern und ethnischen, nationalen und religiösen Gruppen sowie zu Ureinwohnern vorzubereiten; e) dem Kind Achtung vor der natürlichen Umwelt zu vermitteln.

(2) Dieser Artikel und Artikel 28 dürfen nicht so ausgelegt werden, dass sie die Freiheit natürlicher oder juristischer Personen beeinträchtigen, Bildungseinrichtungen zu gründen und zu führen, sofern die in Absatz 1 festgelegten Grundsätze beachtet werden und die in solchen Einrichtungen vermittelte Bildung den von dem Staat gegebenenfalls festgelegten Mindestnormen entspricht."

11.6. Wesentliche Themen im Bereich der Kinderrechte

Die KRK erklärt das Wohl des Kindes zum zentralen Anliegen (das gilt auch für den Bereich des multikulturellen Zusammenlebens; vgl. Kapitel 10.7).

- Obwohl das Kind in der KRK ausschließlich als Träger und Nutznießer von Rechten erscheint, hat es auch Pflichten. Augenfällig ist etwa die Schulpflicht (Art. 28). Aber auch die einzelnen Staaten (und Schulen) sind nicht völlig frei in der Gestaltung ihrer Lehrpläne (Art. 29; vgl. Kasten 11.4).

- Institutionen, die auf das Wohl von Kindern und Jugendlichen gerichtet sind, gilt es zu fördern – von angemessenen Kinderbetreuungseinrichtungen, die in vielen Ländern ein Desiderat darstellen, bis hin zu Organisationen, die die Jugendlichen in verschiedene Sportaktivitäten einführen.

- Besondere Maßnahmen gelten der Verhütung von Armut. Diese ist allerdings seit Inkrafttreten der KRK in allen wohlhabenden Ländern gestiegen. Allein in Deutschland lebten im Jahr 2001 10% aller Kinder und Jugendlichen (total 1,5 Millionen) in relativer Armut: In Westdeutschland waren es knapp 10%, in den neuen Bundesländern 12,6%, unter Einwandererfamilien 15% (www://http.unicef.de/kinderarmut.de). Es wäre im Sinne der KRK, Betreuungspersonen, die einer schlecht bezahlten Arbeit nachgehen, zusätzlich zum Lohn bestimmte Beträge pro Kind auszurichten.

- Im familiären Umfeld ist Gewalt, einschließlich sexuellen Missbrauchs, relativ häufig. Schätzungen zufolge sollen in Deutschland zwei Drittel aller Kinder geschlagen werden. Jährlich, so wird angenommen, erleiden 150'000 Kinder brutale Misshandlungen. Sexueller Missbrauch wird auf 80'000 bis 150'000 Fälle pro Jahr geschätzt.

- Im Asylwesen ist die Situation der Kinder sowohl in Deutschland wie in Österreich und der Schweiz unbefriedigend. Die Schweiz z. B. zählte im Jahr 2002 1673 unbegleitete minderjährige Asylsuchende (das Recht des Kindes auf Familienzusammenführung wird inzwischen durch ein neues, 2008 in Kraft getretenes Ausländergesetz geregelt).

- Die Kinder sollten nach Möglichkeit mit den Inhalten der KRK vertraut gemacht werden; das gilt auch für die übrige Bevölkerung, insbesondere für alle Personen, die als Erzieher/innen bzw. Ausbildner/innen tätig sind.

Seit Inkrafttreten der KRK hat die UNO zu zwei neuralgischen Punkten zusätzliche Abkommen – sogenannte „Fakultativprotokolle" – verabschiedet.

Das eine (in Kraft seit dem 12.02.2002) verbietet Krieg führenden Staaten bzw. Parteien, Kinder unter 18 Jahren als Soldaten zu rekrutieren. Heute gibt es über 300'000 Kindersoldaten! Die KRK, Art. 38, verbietet nur die Rekrutierung von Kindern unter 15 Jahren – dies deswegen, weil 1989 fünfzehn Staaten, darunter die USA, gegen die Heraufsetzung der Schutzfrist auf 18 Jahre opponiert haben. Das Fakultativprotokoll wurde von den USA schließlich doch unterzeichnet, obwohl die USA der KRK als einzige Nation (neben Somalia) ihr Placet verweigert haben.

Das andere (in Kraft seit dem 18.01.2002) betrifft die Kinderprostitution, die Kinderpornographie und den Verkauf von Kindern. Konkret geht es um die Verbesserung des Schutzes der Kinder vor Missbrauch und Ausbeutung. Die Schweiz reagierte im Jahr 2006 darauf, indem sie die Strafgesetzparagraphen zum Menschenhandel verschärfte und Kinderpornographie sowie Sextourismus unter Strafe stellte.

11.7. Kulturelle Unterschiede, ökonomische Unterschiede

Im Bereich der KRK gibt es eine Reihe offener Fragen: Wo verläuft die Grenze zur Gewalt gegen Kinder? Liegt z. B. eine Ohrfeige diesseits oder jenseits dieser Grenze? Wie weit darf oder soll sich der Staat in familiäre Angelegenheiten einmischen? Diese Frage stellt sich vor allem im Zusammenhang mit sexuellen Übergriffen und Inzest: Die staatlichen Behörden können nicht einschreiten, so lange kein glaubwürdiger Hinweis oder zwingende Verdachtsmomente vorliegen (in einem Inzestfall in Österreich, mit Gefangennahme des Opfers durch den eigenen Vater, hat dies 24 Jahre gedauert).

Ein langfristiges Anliegen des *UN-Committee on the Rights of the Child* ist die Unterbindung von Genitalverstümmelungen bei Mädchen. Wenn die betroffenen Länder ihre Gesetze ändern, so ist dies zwar ein gewisser Erfolg; doch um den neuen Gesetzen Wirksamkeit zu verschaffen, müssten die religiösen Leader und zivile Gruppen – vor allem Frauenorganisationen – in den betroffenen Regionen aktiv auf eine Veränderung der Tradition hinwirken.

In analoger Weise wird das Problem der Rekrutierung von Kindersoldaten nicht durch neue Gesetze allein gelöst, da in vielen Ländern der Eintritt in die Armee bzw. in eine Guerillagruppe der einzige Weg ist, wie sich die betroffenen Kinder ihren Lebensunterhalt verdienen können. Dieser Missstand kann nur durch eine Veränderung der politischen und ökonomischen Verhältnisse vor Ort beseitigt werden. Auch die globale Ökonomie und die internationale Politik stehen hier in der Verantwortung: Viele Staaten unterstützen zwar die KRK, schicken aber Waffen in Krieg führende Gebiete. Und wenn es darum geht, marginalisierte Länder stärker in den Weltmarkt einzubinden, halten sie sich zurück …

11.8. Die Kinderrechtskonvention in Deutschland, Österreich und der Schweiz

In allen drei Ländern wurde die KRK zunächst mit einer Reihe von Vorbehalten in Kraft gesetzt, weil zum Zeitpunkt der Ratifizierung die Gesetzgebung noch nicht auf alle Artikel der KRK abgestimmt war. Der größte Teil dieser Vorbehalte ist inzwischen (Juli 2008) ausgeräumt.

In *Deutschland* sind die Gesetze weitestgehend an die Auflagen der KRK angepasst; aber die Kinderrechte sind noch nicht im Grundgesetz verankert. Einen Stein des Anstoßes bilden dabei Art. 5 und 6, die als staatlicher Eingriff in die Erziehungshoheit der Eltern verstanden werden (diese Artikel haben auch in anderen Ländern Europas vor der Ratifikation in den Parlamenten zu reden gegeben).

In *Österreich* hat die KRK ebenfalls, ähnlich wie in Deutschland, keinen Verfassungsrang und ist daher „kein anwendbares Recht". Den Kinderrechten fehlt damit der Grundrechts-Charakter, sie sind nicht einklagbar: Es gibt keine Instanz, an die sich Kinder oder Kinderschutz-Organisationen wenden könnten – anders als die Erwachsenen, die im Falle gravierender Menschenrechtsverletzungen an den Menschenrechtsrat bzw. den Menschenrechtsgerichtshof der UN gelangen können. In Österreich fehlen zudem die Durchführungsbestimmungen, und so hat die Regierung bei der UNO einen Erfüllungsvorbehalt angemeldet, der festhält, dass die Bestimmungen der Konvention durch Gerichte und Behörden nicht unmittelbar angewendet werden können.

Inhaltlich ist die Gesetzgebung in *Deutschland* bis heute nicht in allen Teilen mit der KRK konform: Das deutsche Asyl- und Ausländerrecht soll durch das Übereinkommen über die Rechte des Kindes nicht eingeschränkt werden. D.h. im Asylwesen hat die KRK nur beschränkt Gültigkeit. Ähnlich liegen die Verhältnisse in Österreich: Beide Staaten verhängen (als einzige Europas) immer noch die Abschiebehaft gegen Kinder und Jugendliche. Im Jahr 2003 haben sich allein in Hamburg mehr als 125 Minderjährige länger als drei Monate in Abschiebehaft befunden. Im Asylbereich werden Kinder ab 16 Jahren wie Erwachsene behandelt, obwohl gemäß KRK das Erwachsenen-Alter erst bei 18 Jahren beginnt. Ein anderes, nicht leicht lösbares Problem liegt darin, dass Minderjährige, die ohne Eltern als Asylbewerber nach Deutschland einreisen, keine Möglichkeit der Familienzusammenführung oder eines regelmäßigen Kontakts mit den Eltern haben.

Auch in der *Schweiz* bietet die Umsetzung der KRK im Asylwesen Probleme, obwohl zum 1.1.2008 ein neues Asylgesetz in Kraft getreten ist: Unbegleitete minderjährige Asylbewerber werden wie Erwachsene betreut; einen Vormund erhalten sie nur ausnahmsweise. In dem ebenfalls seit dem 1.1.2008 gültigen neuen Ausländergesetz wurden zwar die Bedingungen für Familienzusammenführung von Kindern im Asylbereich verbessert, doch für die Realisierung bedarf es internationaler Zusammenarbeit.

Die meisten übrigen Bestimmungen der KRK wurden in der *Schweiz* in die neue Bundesverfassung (seit 2000 in Kraft) aufgenommen. Artikel 11 hält fest:

„1: Kinder und Jugendliche haben Anspruch auf besonderen Schutz ihrer Unversehrtheit und auf Förderung ihrer Entwicklung.

2: Sie üben ihre Rechte im Rahmen ihrer Urteilsfähigkeit aus."

Trotzdem erfüllt die Schweiz die KRK noch nicht in allen Hinsichten: 1. Für den Strafprozess sieht die KRK vor, dass die Verurteilung eines Minderjährigen durch eine Behörde oder ein „Gericht, die unabhängig und unparteiisch sind", zu erfolgen habe (Art. 40, 2. b iii). In manchen schweizerischen Kantonen ist im Jugendstrafvollzug dieselbe Behörde für Untersuchung, Urteil und Strafvollzug zuständig. Das wird vorläufig auch so bleiben. 2. Für den Strafvollzug (Untersuchungshaft und Gefängnis) sieht Art. 37 der KRK eine Trennung von Erwachsenen und Jugendlichen vor. In einigen Kantonen fehlen jedoch die nötigen Jugendstrafanstalten. Die Gesetze sind zwar inzwischen angepasst worden. Für den Vollzug gibt es (weil die erforderliche Infrastruktur erst bereitgestellt werden muss) eine Übergangsfrist bis zum Jahr 2017.

Es ist zu erwarten, dass in Zukunft Verfassungen, Gesetze und die soziale Infrastruktur noch besser an die Erfordernisse der KRK angepasst werden – und dies nicht nur in den deutschsprachigen Ländern.

> „Lehrer sind also nicht nur Wissende oder Könner, sondern zugleich Wissende ihres Wissens und Könnens. Sie wissen auch, wieso sie das wissen, was sie wissen, wieso die Sache so gemacht wird, wie sie gemacht wird, d. h. sie verstehen sich auf den Weg, der zum Ziel führt, auf eine Art und Weise, die es ihnen ermöglicht, diesen Weg nicht nur selber zu gehen, sondern auch anderen zu weisen."
>
> A. Schirlbauer (2005, S. 55)

> „Keine andere Profession hat so sehr die Notwendigkeit des eigenen Berufsethos eingeklagt, wie Lehrer und Lehrerinnen. Sie 'wissen', dass unsere Schulen weniger Angst verbreiten, weniger Lernabbrüche zu verzeichnen haben und weniger demotivierte junge Menschen hervorbringen, wenn die Lehrenden ein hohes Ethos praktizieren."
>
> F. Oser (1998, S. 13)

II. 12. Berufsethos des Lehrers (Pädagogen)

Der Begriff „Ethos" stammt aus dem Griechischen und bedeutet Sitte, sittliche Gesinnung, innere Haltung. Das Berufsethos lässt sich umreißen als Ensemble von Haltungen oder Gewohnheiten, die eine erfolgreiche und zugleich ethisch angemessene Ausübung des Berufs ermöglichen. Es offenbart sich nicht zuletzt in der Art, wie man in wechselnden Situationen reagiert und wie man mit wechselnden Herausforderungen zurecht kommt.

Jede Berufsgruppe hat ihr professionelles Ethos – ein Berufsbild, das als Grundlage für das kollektive Selbstverständnis gilt. Im Berufsethos zeigen sich Haltungen und Wertvorstellungen, die der Ausübung des Berufs zugrunde liegen – das Berufsethos dient der „Vermenschlichung des Erfolgs" (Oser 1998).

Zum Berufsethos gehört die Ausübung von Verantwortung. Bei Lehrkräften und Erzieherinnen bezieht sich diese direkt auf Kinder und Jugendliche, indirekt auf die Gesellschaft als Ganze. Lehrkräfte und Erzieher haben u. a. eine Führungsaufgabe, sie üben Einfluss auf ihre Schützlinge aus. Jeder Einfluss enthält eine Prise Machtausübung, weshalb sich das Berufsethos nicht ausschließlich auf die Output-Maximierung stützen kann, sondern die gesamte Dimension dessen, was Verantwortung bedeutet – den ethischen Umgang mit Macht – mit in den Blick nehmen muss (vgl. Kapitel I. 12). Im Berufsethos der Lehrkraft gehen die Anliegen der Pädagogik (wörtlich: der *Führung von Kindern*) und der Ethik eine Synthese ein. Diese Synthese ist Thema des vorliegenden Schlusskapitels.

Zum Berufsethos der Lehrkraft gehören in erster Linie Eigenschaften wie persönliche Integrität, Selbstreflexivität, Sensibilität für die Anliegen der Schülerinnen und Schüler, eine auf Förderung ausgerichtete Haltung, eine Orientierung am Diskurs sowie – last but not least – eine gute Portion Humor.

12.1. Integrität

Mit dem Begriff „Integrität" sind landläufig zwei ganz verschiedene Dinge gemeint – die *persönliche* und die *moralische Integrität*:

a. Persönliche Integrität: Das ist die körperliche und seelische Unversehrtheit der Person in allen Dimensionen. Die körperliche Integrität kann durch einen Unfall, die psychische durch Mobbing, systematische Diskriminierung und Erniedrigung lädiert werden. Physische Gewalt, Terror, Krieg hinterlassen auf beiden Ebenen ihre Spuren.

b. Moralische Integrität: Sie bezeichnet die Eigenschaft einer Person, die den Werten und Prinzipien, die sie propagiert, auch selber nachlebt; die ihren eigenen Überzeugungen gemäß handelt; die, wenn sie öffentlich Wasser predigt, nicht heimlich Wein trinkt. Das Gegenteil von integer ist verlogen (heuchlerisch) und korrupt (oder korrumpierbar): Ein Zeichen mangelnder Integrität ist die Neigung, sich von äußeren Verlockungen oder Drohungen, statt von inneren Werten und Maßstäben leiten zu lassen.

Die moralische Integrität kann von außen zwar herausgefordert, aber nicht zerstört werden. Es liegt ganz in der Verantwortung jeder Person selbst, wie weit sie ihre moralische Integrität verteidigt und ob sie sie irgendwann aufgibt. Die Wahrung der persönlichen (körperlichen und seelischen) Integrität hingegen hat der Einzelne nicht allein in der Hand – sie ist durch Intervention von außen angreifbar und kann verletzt werden.

Moralische und persönliche Integrität scheinen auf den ersten Blick in keinem direkten Zusammenhang miteinander zu stehen. Und doch existiert ein solcher, denn es ist für meine moralische Integrität nicht gleichgültig, ob ich die persönliche und psychische Integrität anderer Personen respektiere oder nicht.

12.1.1. Wer Wasser predigt, soll nicht Wein trinken

Moralische Integrität ist in den erzieherischen Berufen von besonderer Bedeutung, worauf vor Jahrzehnten schon Thomas Gordon hingewiesen hat:

„Nichts versetzt Schüler so sehr in Wut wie die Heuchelei von Erwachsenen, die öffentlich bestimmte Wertnormen festsetzen, sich selbst aber nicht danach richten" (Gordon 1977, S.258).

Inkohärenz im Lehrerverhalten wird von den Schülern leicht als Charakterschwäche ausgelegt. „Seien Sie ordentlich in Ihrer Kleidung und Ihrem Auftreten, wenn Sie dies auch von Ihren Schülern verlangen wollen. Legen Sie Wert auf Pünktlichkeit, dann seien Sie selbst pünktlich. Verhalten Sie sich nicht autoritär, wenn Sie den Schülern demokratische Prinzipien beibringen wollen. Wenn Sie aber vom Faschismus oder der These überzeugt sind, dass nur der Stärkste in unserer Gesellschaft überleben kann, dann versuchen Sie nicht, Demokratie oder Nächstenliebe zu predigen."

Die Werte, die eine Lehrkraft propagiert, mögen den Jugendlichen noch so fremd oder veraltet vorkommen, wichtig ist, dass die Lehrkraft konsequent nach diesen Werten lebt. Wer eine mit Fremdwörtern gespickte Sprache kritisiert, aber selber ständig einen solchen Jargon benützt, macht sich unglaubwürdig. Konsequenz in der Befolgung der Werte, zu denen man sich bekennt, ist selbst ein Wert und wird von den Schüler/innen auch als solcher wahrgenommen.

Es gibt aber auch Ausnahmen, die wohl begründet sind: Eine Abweichung des tatsächlichen Verhaltens von den bevorzugten Werten kann unter bestimmten Bedingungen entschuldbar, ja sogar geboten sein. Ein paar Beispiele aus dem Schulbereich:

- Ein Lehrer mag die in seiner Umgebung praktizierte Notengebung als zu milde empfinden, verwendet aber selber kein strengeres System, um seine Schüler/innen oder Studierenden nicht zu benachteiligen.

- Ein Schulleiter, der für Offenheit plädiert, wird trotzdem gut überlegen müssen, ob er einen Zwischenfall, der keine unmittelbar negativen Folgen hat, an die große Glocke hängt, wenn er damit nur Irritation und Unsicherheit auslöst, die dem Schulbetrieb in keiner Weise sachdienlich sind.

Kasten 12.1.: Wann ist eine Diskrepanz zwischen Überzeugung und Verhalten legitim?

Solche Situationen ergeben sich oft im Kontext der Politik, wenn jemand für einen Wandel einsteht, der noch nicht mehrheitsfähig ist:

- Wer eine neue Rechtschreibung einführen will, ist gut beraten, wenn er seine Idee in der herkömmlichen Rechtschreibung proklamiert.

- Politiker und Vertreter der Zivilgesellschaft, die an eine internationale Umweltkonferenz reisen, benützen trotz allem fast immer das Flugzeug. Ohne diese Inkonsequenz könnten solche Konferenzen nicht in nützlicher Frist stattfinden.

- In der Schweiz wurde vor der Einführung des Frauenstimmrechts, anfangs der siebziger Jahre des 20. Jahrhunderts, über dieses Anliegen demokratisch abgestimmt, allerdings ohne Beteiligung der Frauen.

12.1.2. Ausbalancierung der Werte

Sind die Werte, an denen wir uns orientieren, immer *untereinander stimmig*? Werte können auch miteinander kollidieren, und das geschieht im Bildungswesen nicht selten. Drei Werthaltungen sind im Lehrerberuf von besonderer Bedeutung: Fürsorglichkeit, Gerechtigkeit und Wahrhaftigkeit (Aufrichtigkeit). In vielen Situationen ergänzen sie sich gegenseitig, doch in manchen treten sie zueinander in ein Spannungsverhältnis.

Der *Fürsorglichkeit* ist die Förderung der Schüler primäres Anliegen, auf *Gerechtigkeit* kommt es vor allem bei der Leistungsbeurteilung sowie bei Sanktion, Lob und Kritik an, und *Wahrhaftigkeit* hat ihren Ort prioritär in der Kommunikation und Kooperation mit Schülern, Lehrkräften, Eltern usw.

Kasten 12.2.: Fürsorglichkeit, Gerechtigkeit, Wahrhaftigkeit

> 1. *Fürsorglichkeit*: „Wer auf das Wohl achtet, hat die Zukunft der betroffenen Person im Auge, er bezieht Konsequenzen seines Tuns für diese mit ein. Er schätzt das Risiko eines Scheiterns in der Zukunft ab und zieht dieses in Betracht. Er möchte Gutes für diese Person tun."
>
> 2. *Gerechtigkeit*: „Mit Gerechtigkeit (…) ist gemeint, dass die Beurteilung des mir Anvertrauten zur Beurteilung von anderen Personen in Beziehung gestellt wird und alle Beteiligten gleich oder ihren Ansprüchen und ihren Verdiensten gemäß behandelt werden."
>
> 3. *Wahrhaftigkeit*: „Wahrhaftig ist jemand, der die eigene Überzeugung nicht zuungunsten einer der beiden anderen Verpflichtungsaspekte oder anderer, z.B. instrumenteller Überlegungen aufs Spiel setzt. Zugleich muss [er] im Einklang mit den eigenen Wertvorstellungen eine Entscheidung" treffen und handeln. „Mitunter stellt sich die Frage, ob ich ehrlich und echt vor mir selber und ob ich das gleiche vor anderen bin." Ein Beispiel: „Soll ich dem schwächeren Schüler sagen, dass er letztlich keine Chance hat, mit dieser Leistung in Zukunft einen kompetenten Beruf zu erlernen?" (Oser 1998, S. 44f.).

Konflikte zwischen *Gerechtigkeit* und *Aufrichtigkeit* sind unter normalen Umständen (wenn man sich nicht mit einem diktatorischen Regime arrangieren muss) selten und geben kaum Anlass zur Beunruhigung. Wer grundsätzlich aufrichtig ist, ist es unter normalen Umständen gegenüber allen gleichermaßen. Und wer gerecht handelt, braucht sich nicht in Unaufrichtigkeit zu flüchten. In Spannung zueinander treten die beiden Haltungen aber beispielsweise dann, wenn eine Lehrkraft sich einem System (Regel- oder Beurteilungssystem) unterordnen muss, das ihren Überzeugungen widerspricht – wenn etwa, wie im erwähnten Beispiel, eine Lehrkraft die Praxis der Notengebung an ihrer Schule als zu streng oder zu milde empfindet: Sie handelte den Schülern gegenüber ungerecht, wenn sie nicht denselben Maßstab anwenden wollte wie ihre Kollegen …

Konflikte zwischen *Fürsorglichkeit* und *Aufrichtigkeit* kommen hingegen häufig vor. Sie ergeben sich etwa im Umgang mit leistungsschwachen Schülern und Wettbewerbs-Verlierern. Soll man eine ungenügende Leistung im Gespräch beschönigen, um den Schüler nicht zu entmutigen? Lobt man ihn, um ihn zu fördern und aufzumuntern oder gibt man ihm damit ein ehrliches Feedback? Soll die Lehrkraft dem Lehrmeister von den Problemen berichten, die der Lehrstellenbewerber in der Klasse verursacht hat? Soll er die Schwierigkeiten herunterspielen? Soll er schweigen?

Konflikte zwischen *Fürsorglichkeit* und *Gerechtigkeit* lassen sich noch schwerer vermeiden und sind für den Lehrerberuf geradezu paradigmatisch. Sie ergeben sich vor allem im Kontext von Selektion und Leistungsbeurteilung. Diese Konflikte erwachsen aus der Konkurrenzsituation, in der die Schüler/innen sich unfreiwillig befinden: In einem Wettbewerb schlecht abzuschneiden, bedeutet nun einmal kein Kompliment und ist für die Betroffenen frustrierend. Deswegen sieht sich die Lehrkraft bei einer Rückmeldung über eine unbefriedigende Leistung vor das Dilemma gestellt, ob und wieweit sie eher der Wahrheit und wieweit sie eher der Fürsorglichkeit den Vorzug geben soll. Hier sind oft diffizile Kompromisse gefragt.

12.2. Sensibilität für Anliegen der Schülerinnen und Schüler

Ein wesentlicher Teil der Anliegen von Schüler/innen betrifft die Lehrkraft ganz direkt. Die Erwartungen, die Schüler/innen in die Lehrkräfte setzen, sind aber nicht frei von Ambivalenzen:

> „Einerseits haben die Schüler/innen ein ausgeprägtes Interesse an formaler Gleichheit, Gleichberechtigung und demokratischen Entscheidungen im Umgang mit Lehrer/innen; andererseits erwarten sie von ihnen Autorität und Durchsetzungsfähigkeit.
>
> Einerseits wünschen sich die Schüler/innen, dass die Lehrer/innen individuell und persönlich auf sie eingehen; andererseits sollen die Lehrer/innen sachlich und gerecht sein" (Ulich 2001, S.102).

Kasten 12.3.: Schüler/innen erwarten von den Lehrkräften gegensätzliche Kompetenzen

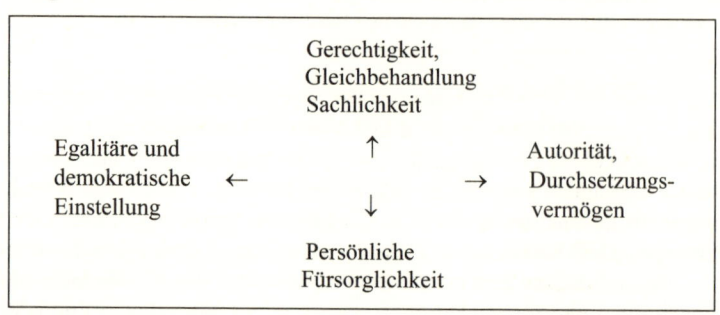

```
                    Gerechtigkeit,
                    Gleichbehandlung
                    Sachlichkeit

    Egalitäre und         ↑              Autorität,
    demokratische  ←             →       Durchsetzungs-
    Einstellung           ↓              vermögen

                    Persönliche
                    Fürsorglichkeit
```

Im Allgemeinen ziehen Schüler strenge, aber gerechte Lehrer solchen, die nett sind, sich aber nicht durchsetzen können, vor. Andererseits sind Drohungen wie die, unordentliches Verhalten mit schlechten Noten zu quittieren, zwar häufig wirksam, aber zu Recht unbeliebt. Unbeliebt sind auch Lehrer, deren Notengebung den Schülern ungerecht erscheint, die an den Schülern herumnörgeln oder deren autoritärer Stil eine einschüchternde Wirkung hat.

Hingegen schätzen es Schüler/innen, wenn die Lehrkraft nicht immer und ausnahmslos darauf besteht, recht zu haben, wenn sie ihnen nicht mit Vorurteilen begegnet – wegen langer Haare, einer konsumistischen Haltung, fachlichem oder politischem Desinteresse usw. –, wenn sie Verständnis für die Situation der Schüler zeigt, sie in Entscheidungen mit einbindet, wenn sie sich nicht völlig auf die Lehrerrolle zurückzieht und ihre Gefühle nicht ganz verbirgt, sondern ab und zu ihre Persönlichkeit offenbart. Es ist klar, dass eine Lehrkraft, die ein echtes Interesse am Wohlergehen ihrer Schützlinge zeigt und sich bei entsprechenden Gelegenheiten nach ihrem Wohlbefinden erkundigt, zu diesen leichter Zugang findet als eine Lehrkraft, die mit ihrer Unterrichtstätigkeit lediglich „Dienst nach Vorschrift" praktiziert.

Je besser die von der Lehrkraft propagierten Werte den Schüler/innen zugänglich sind, desto leichter gewinnt sie ihre Sympathien. Anbiederung ist aber nicht zu empfehlen.

12.3. Selbstreflexivität

Eine Lehrkraft ist nicht nur eine Spezialistin für das Wissen und Lernen (vgl. das erste Motto zu diesem Kapitel). Sie hat, wenn ihr Wirken nicht völlig vergeblich ist, einen Einfluss auf die ihr anvertrauten Kinder, und das heißt, sie übt gewissermaßen Macht über sie aus.

„Die Schüler/innen sind ja doch von ihren Lehrkräften sehr abhängig. Sie sind es, die über Noten, inhaltliche Anforderungen, Belohnungen und Bestrafungen sowie nicht zuletzt über Hausaufgaben entscheiden. ‚Mit Lehrer/innen gut auszukommen ist daher für die Schüler/innen ein wichtiges, im Extremfall existenzielles Problem, und es ist anzunehmen, dass von dieser Situation wichtige Einflüsse auf ihr Befinden ausgehen.' [Eder 1995, S.70]" (Ulich 2001, S. 105f.).

Es ist daher sinnvoll, dass sich die Lehrkraft mit den Mechanismen, die ihrem Einfluss zugrunde liegen, vertraut macht. Dazu ein paar Hinweise.

12.3.1. Die Einstellungen der Lehrkraft gegenüber den Schüler/innen reflektiert sich im Schülerverhalten

Wahrnehmung ist immer selektiv. In die Wahrnehmung von Personen gehen Urteile und Vorurteile ein. Diese speisen sich aus Erfahrungen oder von Dritten übernommenen Informationen. Oft halten diese Urteile einer näheren Prüfung nicht stand, prägen aber dennoch das Verhalten gegenüber den Betroffenen. Das gilt auch für die Schülerwahrnehmung von Lehrkräften. Selektiv sind diese Wahrnehmungen schon insofern, als sie meistens vor allem Eigenschaften fokussieren, die die Schüler in der Schule und nicht auch außerhalb zeigen.

„Da ich nicht Schauspieler, Polizist, Friseur oder Jurist bin, sondern eben Lehrer, neige ich dazu, Kinder vor allem nach solchen Gesichtspunkten zu erleben und zu beurteilen, die mir in der Schule und im Unterricht besonders wichtig sind" (Grell 1983, S. 53; nach Ulich 2001, S.83).

In diesem Zusammenhang konzentriert sich die Lehrkraft natürlich auch besonders auf schulrelevante Eigenschaften:

„Man teilt die Schüler im Laufe des Jahres schon irgendwie ein; das ist eine Kombination aus Leistung und Verhalten. Es gibt immer wieder welche, die sind schlecht (...). Dann gibt es so eine breite, indifferente Mittelgruppe (...); die nimmt man am wenigsten wahr und kümmert sich am wenigsten um sie. Und dann gibt es die Spitzengruppe, die sehr konform und auch ruhig ist. Außerdem sind da noch diejenigen, die zwar gut sind, aber trotzdem stören." (Gotschlich 1997, S. 60, nach Ulich S. 83f.).

Auch wenn solche Äußerungen lediglich Tendenzen andeuten und erfahrene Lehrkräfte häufig anders reagieren – Erwartungen spielen dabei eine entscheidende Rolle und führen in der Folge leicht zu Typisierungen.

Erste Erwartungen des Lehrers an die Schüler – bezüglich ihrer Intelligenz, Leistungsfähigkeit, ihres sozialen Verhaltens oder allgemeinerer Persönlichkeitsmerkmale – bilden sich gleich zu Beginn des Schuljahres aus. Solche Erwartungen werden mit zunehmender Erfahrung zwar meistens revidiert, aber wer urteilt schon wirklich objektiv? Es ist bereits viel erreicht, wenn wir in unseren Urteilen unsere positiven und negativen Voreingenommenheiten ausbalancieren.

Schüler/innen reagieren auf Lehrkräfte unterschiedlich – nicht nur, weil diese sich in ihrer Persönlichkeit unterscheiden, sondern auch, weil sie die Schüler ihrerseits unterschiedlich behandeln. Zwischen Lehrerverhalten und Schülerreaktion besteht eine Wechselwirkung. Als Faustregel gilt: Verhält sich der Lehrer freundlich, so begegnet ihm der Schüler auch freundlich. Lehnt der Lehrer den Schüler hingegen ab, so zieht dieser sich entweder zurück, wird aufmüpfig oder ringt durch auffälliges Verhalten forciert um Anerkennung.

Es gibt unterschiedliche Muster, nach denen die Lehrer-Schüler-Interaktion ablaufen kann: Sind die Erwartungen der Lehrkraft in einen Schüler hoch, so ist die Interaktion zwischen beiden eng, der Schüler wird durch häufiges Lob und Ermutigung unterstützt oder durch zu hohe Erwartungen überfordert. Sind die Erwartungen dagegen niedrig, so fühlt sich der Schüler abgewertet, er ist enttäuscht und zieht sich vom Lehrer, der ihn nur selten lobt, zurück oder fühlt sich sogar als Versager. Schüler/innen, in die der Lehrer – zu Recht oder fälschlich – negative Erwartungen setzt, laufen zudem Gefahr, seine Aufmerksamkeit zu verlieren.

Verharrt die Lehrkraft starr bei ihren ursprünglichen Urteilen, so empfinden die Schüler ihren Umgang fast zwangsläufig als unangemessen. Ist die Lehrkraft in ihren Schülererwartungen hingegen flexibel, d. h. passt sie diese dem Schülerverhalten an, so entspricht ihr Umgang mit den Schüler/innen auch deren Erwartungen viel besser, und die Schüler fühlen sich korrekt behandelt. Am günstigsten ist die Situation, wenn ein/e Schüler/in einer positiven Lehrererwartung entspricht; dies setzt in der Regel auch eine positive Wechselbeziehung und angenehme Emotionen in Gang.

„Im Allgemeinen reagieren die Schüler also auf den Lehrer mit einem Verhalten, das den speziellen Erwartungen des Lehrers entspricht und sie verstärkt" (Ulich 2001, S.90). In diesem Fall verstärken sich normalerweise auch die vom Schüler erwarteten Haltungen.

Ob ein Schüler beim Lehrer beliebt ist oder nicht, hat einen Einfluss auf die Wahrscheinlichkeit seines Übertritts in eine weiterführende Schule. Oft bleibt dabei unklar: Liegt es daran, dass leistungsstärkere Schüler beliebter sind? Oder sind umgekehrt beliebte Schüler leistungsfähiger (Ulich 2001, S. 97)?

12.3.2. Reflexivität bei Lob und Kritik

Auf Lob und Tadel kann im Unterricht nicht verzichtet werden, stellen sie doch klassische Mittel dar, Schüler zu führen und aufzumuntern (Kapitel 6.5). Von allen Gerechtigkeitsproblemen einmal abgesehen, folgen Lob und Kritik einer gewissen Eigengesetzlichkeit, die sich aus der Reflexivität der menschlichen Kommunikation ergibt. Normalerweise erleben Kinder Lob als Aufmunterung und Kritik als lenkenden Eingriff zur Verhaltenskorrektur. Anhaltend negative Rückmeldungen können dazu führen, dass die Leistungsmotivation und damit die Lernentwicklung zurückgehen.

Weniger beachtet sind die Nebenfolgen, die Lob und Kritik vor allem bei Oberstufenschülern auslösen können: Während jüngere Kinder dazu neigen, Lob und Tadel zum Nennwert zu nehmen, reflektieren Jugendliche über sich selbst und ihre Leistungen. Automatisch setzen sie Lob und Kritik zu ihrer Selbsteinschätzung in Beziehung.

Und sie reflektieren auch darauf, dass Lob nicht selten der Aufmunterung dienen soll – nämlich wenn es an schwächere Schüler gerichtet wird, wogegen stärkere Schüler seltener gelobt werden und nach einer Arbeit von durchschnittlicher Qualität vielleicht sogar mit einer Rüge rechnen müssen. Diese Rüge kann dann als Ausdruck des Vertrauens in den guten Schüler verstanden werden, der seine Leistung noch zu steigern vermag.

Kasten 12.4.: Lob und Kritik enthalten auch indirekte Mitteilungen

> „Zwei Schüler haben eine leichte Aufgabe richtig gelöst, waren also erfolgreich; der eine wird dafür von der Lehrerin sehr nachdrücklich gelobt, der andere erhält kein Lob. Welche Folgerung ziehen die Schüler daraus? Der gelobte wird wahrscheinlich, wenn sich dies mehrfach ereignet, zu dem Schluss kommen, die Lehrerin halte ihn nicht für besonders begabt; umgekehrt wird der andere Schüler aus dem Verhalten der Lehrerin folgern, sie habe von ihm ohnehin eine richtige Lösung erwartet, weil sie ihn für fähig hält."
>
> In ähnlicher Weise „gilt ein Schüler, den die Lehrerin wegen seiner falschen Antwort auf eine schwere Frage tadelt, als wesentlich begabter als einer, auf dessen falsche Beantwortung einer leichten Frage eine neutrale Reaktion erfolgt" (Ulich 2001, S. 81).

12.3.3. Kenntnis der eigenen Wirkungsmöglichkeiten bei der Schülerselektion

Die Lehrkraft beeinflusst ihre Schüler/innen natürlich nicht nur mit Lob und Tadel, sondern allgemein, indem sie sie beurteilt. Die Schülerbeurteilung kann der Förderung, sie kann aber auch der Selektion dienen (Kapitel 8 und 9). Nolens volens fungiert die Schule als „Rangzuweisungsagentur" (Gronemeyer 1997, S. 15) und gerät damit in Konflikt mit ihrem Förderungsauftrag. Wie erlebt die Lehrkraft diesen Konflikt? Wie versteht sie den Selektionsvorgang? Welche Rolle schreibt sie sich darin selber zu? Zu diesen Fragen trifft man bei Lehrkräften charakteristischerweise unterschiedliche Haltungen an (Streckeisen 2007, Kapitel 5).

- Verbreitet ist die Auffassung, Selektion sei wie ein natürlicher Prozess, der quasi von selber ablaufe: So wie im Wasser kleinere und leichtere Steine weiter gespült werden als größere und schwerere, werden „gute" Schüler im System weiter nach oben getragen als „schlechte".

- Reflektierter ist die Einsicht, dass die Lehrkraft selbst mit ihren Beurteilungen und Fördermaßnahmen auf den Selektionsprozess einen Einfluss ausübt.

- Noch einen Schritt weiter geht die Einsicht, dass die schulische Selektionspraxis einen Einfluss auf die Lernbereitschaft und -motivation der Schüler/innen hat und insofern ihre Fähigkeiten und Fertigkeiten mitmodelliert, was darauf hinausläuft, dass die Lehrkräfte eine Mitverantwortung dafür tragen, welche Fähigkeiten und Fertigkeiten und ein wie starkes Selbstwertgefühl die Schüler/innen am Ende ihrer Schullaufbahn entwickelt haben.

12.4. Vertrauen in die Schüler/innen – die „pädagogische Zumutung"

Ziel jedes Unterrichts ist letztlich die Förderung der Schüler/innen. Gefördert werden sollen erstens diejenigen kognitiven, manuellen und körperlichen Fähigkeiten und Fertigkeiten, die wir üblicherweise der Allgemeinbildung zurechnen; zweitens diejenigen Kompetenzen, die die Grundlage für die spätere Berufsausübung bilden; drittens diejenigen, die das Zusammenleben mit Anderen erträglich und angenehm machen, sowie viertens ein paar übergeordnete Fähigkeiten, wie Selbständigkeit, Autonomie und Entscheidungsfähigkeit (Kapitel 2.6).

Wie lassen sich aber die Tätigkeit des Förderns und die ihr zugrunde liegende Haltung näher beschreiben? – Es kennzeichnet eine pädagogische Beziehung, dass der Erwachsene und Ausbildner vom Kind mehr erwartet, als es im Augenblick zu leisten imstande ist. Die stillende Mutter, die ihr Baby mit Koseworten eindeckt und so tut, als führe sie mit ihm ein Gespräch, weiß sehr wohl, dass das Kind die Sprache nicht versteht. Ließe sie sich deswegen aber gar nie auf ein Gespräch mit ihrem Kind ein, so lernte dieses die Sprache nie. Die Haltung der mit ihrem Baby redenden Mutter ist für die Pädagogik allgemein paradigmatisch.

Dass wir Kindern den Aufbau von Fähigkeiten zutrauen, über die sie noch nicht verfügen, dass wir ihnen die Lösung von Aufgaben zumuten, zu denen sie noch nicht in der Lage sind, dass man immer wieder ansatzweise eine Verantwortung an sie delegiert, der sie noch nicht wirklich gewachsen sind, gehört zu den Grundmerkmalen einer pädagogischen Situation. Man gibt dem Kind zu verstehen, dass man an es glaubt und dass es zu mehr imstande ist, als es im Augenblick verrät. Dieses Vertrauen hat eine sich selbst erfüllende Wirkung, es läuft auf eine „self fulfilling prophecy" hinaus (vgl. den sog. Pygmalion-Effekt). Man kann diese Haltung auch als „pädagogische Zumutung" bezeichnen (Oser 2007) – „Zumutung" im Sinne einer positiven Unterstellung, von Vertrauen auf Vorschuss. Man tut so als ob und stärkt damit das Selbstvertrauen und den Leistungswillen der Schüler. Das ist das Gegenteil dessen, was Herbert Marcuse einst als „repressive Toleranz" denunziert hat: Kinder und Jugendliche werden in ihrer Entwicklung hin zu Autonomie und Freiheit nicht gegängelt, sondern Autonomie und Freiheit werden für ihre Lernprozesse immer schon vorausgesetzt und den Kindern damit als erreichbare Ziele erfahrbar gemacht.

Im pädagogischen Alltag bietet sich vielfältige Gelegenheit zu pädagogischen Zumutungen: Man stellt Forderungen, die die Schüler an die Grenzen ihrer Leistungsfähigkeit stoßen lassen; man unterstellt ihnen eine Fähigkeit, die sie noch gar nicht haben, indem man so tut, als verfügten sie bereits über sie; man fordert von ihnen etwas, was ihre aktuellen Kompetenzen überschreitet, und vertraut auf ihren schließlichen Erfolg. Man stellt normale Forderungen unter besonderen oder besonders schwierigen Bedingungen.

Natürlich darf man Kinder weder blind überfordern noch permanent zu Höchstleistungen antreiben. Dies ist beides nicht gemeint. Die erwartete Leistung muss sozusagen in Reichweite des Schülers bzw. der Schülerin liegen. Eine Lernpsychologie der

Zumutung kommt nicht darum herum, sich auf das individuelle Potential des einzelnen Schülers bzw. der Schülerin einzulassen.

Auch wenn die Methode der „pädagogischen Zumutung" nicht in jeder beliebigen Situation erfolgreich sein kann – mit Vertrauen erzielt man längerfristig jedenfalls bessere Wirkungen als mit Zwang. Mangelndes Vertrauen wiederum ist eine ungeeignete Basis für die Entwicklung von Selbstvertrauen.

„Die nächste Generation bringt nicht hervor, was wir sie lehren, sondern was wir ihr zumuten" (Oser 2007).

Ein klassisches Beispiel unter vielen ist das „Philosophieren mit Kindern". Kleine Kinder, die interessierte Fragen stellen, soll man nie mit der Antwort abspeisen: „Das verstehst du noch nicht" oder „Das werde ich dir erklären, wenn du älter bist". Es ist besser, die Frage zurückzugeben: „Was denkst du selber?", um dann – sofern die Muße dazu besteht – im Gespräch mit dem Kind eine altersgerechte Antwort zu erarbeiten, die wissenschaftlichen Kriterien nicht standzuhalten braucht ...

12.5. Diskursorientierung

Niemand sagt, dass man sich mit Kindern andauernd argumentativ auseinandersetzen sollte. Es gibt immer wieder Situationen, in denen man die Zügel in die Hand nehmen und den Schüler/innen Grenzen setzen muss (Bueb 2006). Aber das bedeutet nicht, dass man mit Kindern Diskussionen überhaupt nicht pflegen soll. Das wäre töricht. Natürlich kann es nicht darum gehen, in der Klasse einen „herrschaftsfreien Diskurs" im Sinne von Habermas zu praktizieren. Aber die Schüler/innen dann und wann im Sinne des Prinzips der pädagogischen Zumutung Erfahrungen mit einem „relativ idealen Diskurs" machen zu lassen, kann sicher nicht schaden, wenn wir sie zu verantwortlichen Staatsbürgern erziehen wollen. Der „ideale Diskurs" zeichnet sich durch verschiedene Charakteristika aus:

- Es werden Gründe (Argumente) ausgetauscht; es geht darum, die Gesprächspartner zu überzeugen, nicht zu überreden; Drohungen sind unzulässig.

- Alle Teilnehmer/innen bemühen sich um Wahrheit, Wahrhaftigkeit (Ehrlichkeit), Verständlichkeit und Widerspruchsfreiheit.

- Sie sprechen sachlich miteinander, achten sich gegenseitig als Personen und setzen sich ernsthaft mit dem von den anderen Gesagten auseinander.

- Das Gespräch ist auf einen Konsens (Einigung, Übereinstimmung der Meinungen) hin ausgerichtet.

Ein Diskurs mit Schüler/innen ist wahrscheinlich nie „ideal", aber er eignet sich dazu, den Sinn der Diskursregeln erfahrbar zu machen und diese Regeln einzuüben. Oser / Althof (1992, S. 121) nennen vier Prinzipien einer „Diskurspädagogik":

„das Prinzip der Rechtfertigung,
das Prinzip der Fairness im Sinne von Gerechtigkeit,
das Prinzip der Vorwegnahme der Konsequenzen und schließlich

das Prinzip der Rollenübernahme (die Fähigkeit und Bereitschaft, sich in die Perspektive des anderen zu versetzen) bzw. das Prinzip der Universalisierung."

Der Diskurs hat den Vorzug, dass er, wie die Kooperation, eine gemeinsame, auf ein gemeinsames Ziel ausgerichtete Aktivität darstellt, nicht ein Geschäft oder Tauschhandel, wie die Verhandlung, und auch nicht eine Form von Wettbewerb, wie die Debatte, bei der wesentliche Bedingungen des Diskurses entfallen. – Die zitierten Autoren halten den Diskurs mit Schüler/innen sogar für den Königsweg der ethischen Erziehung:

„Moralität entsteht nur durch den Gebrauch moralischer Fähigkeit, und Ethos ist die Tendenz der Herstellung dieses Gebrauchs unter ungesicherten Bedingungen. Man kann also so formulieren, dass Ethos *nicht mehr* [besser: *nicht* nur] die Verantwortung für die Sache, die Werte, darstellt, sondern Verantwortung für ihre Entstehung aus dem Tohuwabohu schulischer Konflikte und Unmoralitäten, dies an sehr ungesicherten und zerbrechlichen ‚Runden Tischen', deren einzige Stärke es ist, dass sie immer wieder neu entstehen" (Oser 1998, S.220 [Zusatz tk]).

12.6. Humor

Nobody is perfect! Das Idealbild der Lehrkraft ist anspruchsvoll, unerreichbar vielleicht. Doch dies ist kein Argument gegen die Orientierung an einem Idealbild. Wer sich dem Blick auf Ideale verweigert, beraubt sich des Maßstabs, mit dem er die Niederungen der Wirklichkeit vermessen könnte. *Natürlich* ist der Abstand zum Ideal in der Regel recht groß. Genau deswegen ist eine Prise Humor immer vorteilhaft.

Was ist Humor? Humor wird manchmal umschrieben als heitere Gelassenheit inmitten der Plackereien des Alltags. Humor, kann man auch sagen, ist Sinn für das Komische. Komik lebt vom Wechsel des Blickwinkels, vom Kontrast zwischen verschiedenen Perspektiven. Der Komik liegt häufig ein Überraschungsmoment zugrunde, ein Kontrast zwischen Erwartung und Erfüllung oder eben: zwischen Ideal und Realität.

Zur Theorie des Komischen nur ein paar Stichworte: Komische Wirkungen entstehen, wenn ein unerwarteter Gegensatz zwischen Ähnlichem oder umgekehrt eine unerwartete Ähnlichkeit zwischen Gegensätzlichem sichtbar wird. Durch solche Vergleiche bekommen unsere gewohnten Überzeugungen und Werthaltungen oft einen Riss.

Das Komische versetzt uns immer in eine Außenperspektive. Kleine Unzulänglichkeiten und die gewöhnlichen Ärgernisse des Alltags, aus der Außenperspektive betrachtet, sind nicht zufällig Gegenstand des Witzes oder auch des Spottes. Für den, der stolpert und seine Kleidung schmutzig macht, hat der Vorfall nichts Lustiges oder Komisches an sich – anders als vielleicht für den Beobachter aus der Außenperspektive.

Eine Humorquelle eigener Art ist das Ineinanderschieben verschiedener Reflexionsebenen. Äußerungen wie „Ich bin ein Spion!" oder „Ich bin ein Spitzel!" kann man gewöhnlich kaum zum Nennwert nehmen, sie wirken irgendwie kurios. Unfreiwillig komisch klingt auch das Titelblatt eines Sachbuches, worin Titel und Widmung unmittelbar aufeinander folgen: „Das sogenannte Böse. Meiner Frau zugeeignet."

Humor kann therapeutische Wirkung haben: Er schafft Entspannung und trägt zur Erhöhung der Aufmerksamkeit bei, verstärkt aber auch die emotionalen Bindungen in der Gruppe. Humor gehört daher (oder müsste gehören!) zur Würze des Unterrichts. Humor ist allerdings ein Spontanphänomen und erzwungener Humor somit ein Widerspruch in sich. Deswegen ist mit Humor im Unterricht auch Vorsicht geboten:

• Was Kinder lustig finden, ist zum großen Teil altersbedingt. Humor, den die Schüler/innen nicht verstehen, bleibt wirkungslos oder kontraproduktiv.

• Es gibt auch verletzende und beleidigende Formen des Komischen: Spott, Sarkasmus, Zynismus und manche Formen der Ironie. Sie haben im Unterricht nichts zu suchen. Der Unterschied zwischen liebevollem, versöhnlichem Humor einerseits und bissigem, sarkastischem Humor andererseits sollte Schüler/innen bewusst gemacht werden. Verletzende Äußerungen darf man den Schüler/innen nicht durchgehen lassen. Sie müssen auf deren (mögliche) Wirkungen unbedingt aufmerksam gemacht werden.

• Humor sollte nicht forciert werden. Eine Lehrkraft, die sich zwingt, witzig zu wirken, erreicht eher das Gegenteil und wirkt peinlich (Hornschuh 1986).

• Die Grenzen zwischen Ernst und Scherz sollten im Unterricht stets sichtbar bleiben. Lehrer/innen, die über sich lachen können, ohne sich dadurch zur Witzfigur zu machen, erwecken Sympathie. Dieser Punkt erfordert aber eine besondere Vorbereitung, denn über sich selber zu lachen, fällt nur denjenigen leicht, die ihre eigenen Stärken und Schwächen gut genug kennen.

„Erst wenn ich meine Qualitäten ohne Selbstüberschätzung kenne und mein Selbstbewusstsein daran ausrichte, kann ich die nötige Souveränität und Gelassenheit entwickeln, um über meine Schwächen lachen zu können – deshalb fällt gerade dies Berufseinsteigenden schwer" (Lohmann 2002, S.135f.).

Kasten 12.5.: Über sich selber lachen lernen

„Finden Sie heraus, worin Sie gut sind (…) und entwickeln Sie diese Fähigkeiten weiter. Wenn Sie ein Naturtalent darin sind, Beziehungen zu anderen Menschen aufzubauen, dann professionalisieren Sie diese Fähigkeiten, indem Sie beispielsweise Fortbildungen machen (…). So entwickeln Sie Selbstbewusstsein für den zweiten Schritt (…). Als nächstes gehen Sie gezielt Ihre ‚Defizite' an, wie die Organisation von Abläufen oder das Klassen-Management. Wahrscheinlich werden Sie in diesen Bereichen nie so gut sein und so viel Erfolg haben wie in Ihren ‚Heimspielen', nur: Zu den Defiziten und Schwächen, die dann noch übrig bleiben, können Sie locker stehen und sich darüber lustig machen" (Lohmann 2002, S.136).

Zu den Grundlagen für das Ethos der Lehrperson gehört also – neben der Verfügung über ethisches Grundwissen – die Fähigkeit zur Reflexion: zur Reflexion auf die eigene Rolle, auf die eigenen Stärken und Schwächen, auf die Interaktion mit den Schüler/innen – aber auch (wenn möglich) auf deren individuelles Leistungspotential. Last but not least gehört es bei jeder Profession zum Berufsethos, dass man sich an einem Ideal orientiert, auch wenn der Berufsalltag davon deutlich abweicht. In der Wahl unserer Ideale und unserer Werte sind wir frei, doch sollten wir diese Werte und Ideale anderen gegenüber plausibel begründen können. Das ist letztlich eine der zentralen Aufgaben der Ethik. Die Abweichungen des Alltagsgeschehens vom Leitstern des Ideals ertragen wir dann – hoffentlich – mit Humor.

Literaturverzeichnis

Abs, Hermann Josef / Klieme, Eckhard (2005): Standards für schulbezogene Evaluation. In: Zeitschrift für Erziehungswissenschaft (ZfE) 4-05, S.45-62.

Adorno, Theodor W. (1971): Erziehung zur Mündigkeit. Frankfurt: Suhrkamp.

- (1972): Theorie der Halbbildung. In: Ders., Gesammelte Schriften, Bd.8. Soziologische Schriften I. Frankfurt: Suhrkamp 1972, S.93-121.

Allemann-Ghionda, Cristina (1999). Schule, Bildung und Pluralität: Sechs Fallstudien im europäischen Vergleich. Bern: Lang.

Alsaker, Françoise (2004): Quälgeister und ihre Opfer. Mobbing unter Kindern und wie man damit umgeht. Bern: Huber.

Apel, Karl-Otto (1984): Funkkolleg Praktische Philosophie-Ethik, Weinheim: Beltz 1984.

Arendt Hannah (1960): Vita activa oder Vom tätigen Leben. Stuttgart: Kohlhammer. München: Piper 1967 [mehrere Auflagen].

- (1970): Macht und Gewalt. München: Piper.

- (1981): Rahel Varnhagen. Lebensgeschichte einer deutschen Jüdin aus der Romantik. München: Piper.

Aristoteles (NE): Die Nikomachische Ethik. Hrsgg. von O.Gigon. München: dtv 1972 [viele Auflagen].

- (PO): Politik. Hrsgg. von O.Gigon. München: dtv 1973 [viele Auflagen].

Auernheimer, Georg (^{5}2007): Einführung in die interkulturelle Pädagogik. Darmstadt: Wissenschaftliche Buchgesellschaft.

Axelrod, Robert (1984): Die Evolution der Kooperation. München: Oldenbourg, ^{2}1991.

Bandura, Albert (1979): Aggression: eine sozial-lerntheoretische Analyse. Stuttgart: Klett-Cotta.

Becker, Georg E. (1983). Lehrer lösen Konflikte. Ein Studien- und Übungsbuch. Weinheim: Beltz [viele Neuauflagen].

Bellamy, Carol/ Zermatten, Jean (Hg.; 2007): Realizing The Rights of The Child. Zürich: rüffer & rub.

Bentham, Jeremy (1776): A Fragment on Government. Cambridge: Univ. Press 1988.

Beutel, Silvia-Iris / Vollstädt, Witlof (Hg.; 2000): Leistung ermitteln und bewerten. Hamburg: Bergmann + Helbig.

Bielefeldt, Heiner (1998): Philosophie der Menschenrechte. Grundlagen eines weltweiten Freiheitsethos. Darmstadt: WBG 1998.

Bieri, Peter (2001): Das Handwerk der Freiheit. Über die Entdeckung des eigenen Willens. München/Wien: Hanser 2001.

- (2005): Wie wäre es, gebildet zu sein? In: NZZ am Sonntag, 6.November, S.30-32.

Birnbacher, Dieter (2003): Analytische Einführung in die Ethik. Berlin: De Gruyter. ^{2}2007.

Blasi, Augusto (1983): Moral Cognition and Moral Action: A Theoretical Perspective. In: Developmental Review, 3, S.178-210.

Bloch, Ernst (1961): Naturrecht und menschliche Würde. Ernst Bloch, Gesamtausgabe, Frankfurt: Suhrkamp 1977, Band 6.

Böcker, Anita / Thränhardt, Dietrich (2003): Einbürgerung und Mehrstaatigkeit in Deutschland und den Niederlanden. In: Thränhardt / Hunger 2003, S. 92-152.

Böhme, Gernot (2001): Die Schule als moralische Anstalt. Moralische Probleme und die Aufgabe der Schule. Beiträge zur Lehrerbildung (BzL) 19/2001 (2), S.269-270.

Bollnow, Otto F. (1959): Wesen und Wandel der Tugenden. Frankfurt/Berlin: Ullstein.

Bourdieu, Pierre / Passeron, Jean-Claude (1981): Die Illusion der Chancengleichheit. Stuttgart: Klett 1971. Orig. 1964.

Bracht, Elke (1994): Multikulturell leben lernen. Psychologische Bedingungen universalen Denkens und Handelns. Heidelberg: Asanger.

Brandt, Richard B. (1976): Drei Formen des Relativismus. In: D.Birnbacher/N.Hörster (Hg.): Texte zur Ethik. München: dtv 1976 [viele Auflagen], S.42-51 [Originaltext: Value and Obligation. New York: Harcourt, Brace & World 1961, S.433-436, 436-439].

Brantschen, Niklaus (2005): Vom Vorteil, gut zu sein. Mehr Tugend – weniger Moral. München: Kösel.

Brieskorn, Norbert (1997): Menschenrechte – Eine historisch-philosophische Grundlegung. Stuttgart: Kohlhammer.

Bueb, Bernhard (2006): Lob der Disziplin. Eine Streitschrift. Berlin: Ullstein / List 2006.

Burckhardt, Jacob (1978): Weltgeschichtliche Betrachtungen. Stuttgart: Kröner 1978.

Coleman, James S. (1966): Equality of Educational Opportunity. Washington: US Department of Health, Welfare and Education.

- (1990): Equality and Achievement in Education. Boulder/San Francisco/London: Westview Pr.

Criblez, Lucien (2003): Standards und/oder Kerncurriculum für die Lehrerbildung? Beiträge zur Lehrerbildung (BzL) 21/2003 (3), S.329-333.

Crocker, David A. (1995): Functioning and Capability: The Foundations of Sen's and Nussbaum's Development Ethics, Part 2. In: M.Nussbaum/J.Glover (Eds.): Women, Culture, and Development. A Study of Human Capabilities. Oxford: Clarendon, S.153-198.

Dahl, Edgar (1991): Im Anfang war der Egoismus. Den Ursprüngen menschlichen Verhaltens auf der Spur. Düsseldorf: Econ.

Diamond, Jared (1994): Der dritte Schimpanse. Evolution und Zukunft des Menschen. Frankfurt: Fischer.

Dollard, J. / Miller, N.E. / Mowrer, O.H. / Sears, G.H. / Sears, R.R. (1939): Frustration and Aggression. New Haven: Yale Univ. Press 1939.

Dreikurs, Rudolf / Soltz, Vicki (1990): Kinder fordern uns heraus. Wie erziehen wir sie zeitgemäß? Stuttgart: Klett.

Durkheim, Émile (1984): Erziehung, Moral und Gesellschaft. Vorlesung an der Sorbonne. Frankfurt: Suhrkamp. Französ. Orig. 1902/03.

- (1988): Über die soziale Arbeitsteilung. Frankfurt: Suhrkamp. Orig. 1893.

Edelstein, Wolfgang / Nunner-Winkler, Gertrud (Hg.; 2000): Moral im sozialen Kontext. Frankfurt: Suhrkamp.

Edelstein, Wolfgang / Oser, Fritz / Schuster, Peter (Hg.; 2001): Moralische Erziehung in der Schule. Entwicklungspsychologie und pädagogische Praxis. Weinheim: Beltz.

Eder, Ferdinand (1995): Das Befinden von Schülerinnen und Schülern in den öffentlichen Schulen, In: F.Eder (Hg.): Das Befinden von Kindern und Jugendlichen in der Schule. Innsbruck: Studien-Verlag, S.24-168.

Eibl-Eibesfeldt, Irenäus (1970): Liebe und Hass: Zur Naturgeschichte elementarer Verhaltensweisen. München: Piper (^{16}1993).

Faller, Kurt (1998): Mediation in der pädagogischen Arbeit. Mülheim: Verlag an der Ruhr.

Fischer, Ernst Peter (2001): Die andere Bildung. Was man von den Naturwissenschaften wissen sollte. München: Ullstein.

Fisher, Roger / Ury, William / Patton, Bruce (1984): Das Harvard-Konzept. Sachgerecht verhandeln – erfolgreich verhandeln. Frankfurt: Campus. ^{16}1997.

Flammer, August (1988): Entwicklungstheorien. Psychologische Theorien der menschlichen Entwicklung. Bern: Huber.

Foot, Philippa (1997): Tugenden und Laster. In: U.Wolf/A.Leist (Hg.): Die Wirklichkeit des Guten. Moralphilosophische Aufsätze. Frankfurt: Fischer, S.108-127.

Forschner, Maximilian (1998): Über das Handeln im Einklang mit der Natur. Darmstadt: WBG.

Frankena, William (1972): Analytische Ethik. Eine Einführung. München: dtv ^{5}1994.

Freire, Paulo (1971): Pädagogik der Unterdrückten. Stuttgart: Kreuz-Verlag. Reinbek: Rowohlt 1993.

Freud, Sigmund (1930): Das Unbehagen in der Kultur. In: Freud: Gesammelte Werke. Frankfurt: Fischer Taschenbuch 1999. Band XIV: Schriften von 1925-1931, S.419-506.

Friedman, Milton (1962): Capitalism and Freedom. Chicago: Univ. of Chicago Press. Dt.: Kapitalismus und Freiheit. Stuttgart: Seewald 1971. München: Piper 2007.

Fromm, Erich (1956): Die Kunst des Liebens. München: Econ ^{59}2001.

- (1977): Anatomie der menschlichen Destruktivität. Reinbek: Rowohlt 1996.

Galtung, Johan (1975): Violence, Peace, and Peace Research. In: Ders. Essays in Peace Research. Vol. I. Copenhagen: Ejlers, S.108-134.

- (1975a): Strukturelle Gewalt. Neuwied: Rowohlt; letzte Aufl 1982.

- (1993): Menschenrechte, anders gesehen. Frankfurt: Suhrkamp [stw 1084].

Garz, Detlef / Oser, Fritz / Althof, Wolfgang (Hg.; 1999): Moralisches Urteil und Handeln. Frankfurt: Suhrkamp.

Gewirth, Alan (1978): Reason and Morality. University of Chicago Press.

Gilligan, Carol (1984): Die andere Stimme. Lebenskonflikte und Moral der Frau. München: Piper.

Glasl, Friedrich (1980): Konfliktmanagement. Handbuch für Führungskräfte und Berater. Bern: Haupt/Stuttgart: Verlag Freies Geistesleben.^{5}1997.

Goleman, Daniel (1995): Emotionale Intelligenz. München Hanser. München dtv 1998. ^{19}2007.

Gordon, Thomas (1977): Lehrer-Schüler-Konferenz. Wie man Konflikte in der Schule löst. Hamburg: Hoffmann & Campe. Neuaufl. Reinbek: Rowohlt 1981.

Gotschlich, J. (1997): Schülerwahrnehmung und -beurteilung aus der Sicht der Lehrer. München 1997 (Hausarbeit Schulpsychologie).

Grell, Jochen (1983): Etikettieren, aber richtig! In: betrifft: erziehung 1983 (7/8), S.49-56.

Greverus, Ina Maria (1978): Kultur und Alltagswelt. Eine Einführung in Fragen der Kulturanthropologie. München: Beck.

Gronemeyer, Marianne (1993). Das Leben als letzte Gelegenheit. Darmstadt: WBG.

- (1997). Lernen mit beschränkter Haftung. Über das Scheitern in der Schule. Berlin: Rowohlt. Darmstadt WBG.
Grünewald-Huber, Elisabeth (1997): Koedukation und Gleichstellung. Eine Untersuchung zum Verhältnis der Geschlechter in der Schule. Chur/Zürich: Rüegger.
Gruntz-Stoll, Johannes / Rissland, Birgit (Hg., 2002): Lachen macht Schule. Humor in Schule und Unterricht. Bad Heilbrunn: Klinkhardt.
Guardini, Romano (1993): Ethik. Vorlesungen an der Universität München. Aus dem Nachlaß hrsgg. von Hans Mercker, Bd. I. Mainz: Verlag Matthias-Grünewald 1993.
Guggenbühl, Allan (1996): Dem Dämon in die Augen schauen. Zürich: Verl. Schweizer Spiegel.

Habermas, Jürgen (1983): Diskursethik. Notizen zu einem Begründungsprogramm. In: Ders.: Moralbewusstsein und kommunikatives Handeln. Frankfurt: Suhrkamp, S.53-125.
Haeberlin, Urs / Imdorf, Christian / Kronig, Winfried (2004): Chancenungleichheit bei der Lehrstellensuche. Der Einfluss von Schule, Herkunft und Geschlecht. Bern: Schweizerischer Nationalfonds, Nationales Forschungsprogramm Bildung und Beschäftigung.
Harris, Paul L. (1992): Das Kind und die Gefühle. Wie sich das Verständnis für die anderen Menschen entwickelt. Bern: Huber.
Hayek, Friedrich A. von (1996): Die verhängnisvolle Anmaßung: Die Irrtümer des Sozialismus. Tübingen: Mohr.
Hardin, Garrett (1968): The Tragedy of the Commons. Science 162, 1968, S.1243-1248.
- (1993): Living within Limits. Ecology, Economics, and Population Taboos. New York/Oxford: Univ. Pr. 1993.
Hart, H.L.A. (1959/60): Prolegomena to the Principles of Punishment. In: Proceedings of the Aristotelian Society 60 (1959/60), S.4ff. Dt. in: H.L.A.Hart: Recht und Moral. Göttingen: Vandenhoeck & Ruprecht 1971.
Hegel, Georg Wilhelm, Friedrich (1821): Grundlinien der Philosophie des Rechts. Frankfurt: Suhrkamp 1970 [viele Auflagen].
Heid, Helmut (1988): Zur Paradoxie der bildungspolitischen Forderung nach Chancengleichheit. In: Zts für Pädagogik 34/1988 (1), S.1-17.
Helwig, Paul (1967): Charakterologie. Freiburg.
Hentig, Hartmut von (1996): Bildung. Darmstadt: Wissenschaftliche Buchgesellschaft; spätere Auflagen: Weinheim: Beltz.
Herzog, Walter (1991/92): Die Banalität des Guten. Zs.f. Pädagogik 37/1991/92, S.41-64.
Hobbes, Thomas (1651): Leviathan. Oxford: Oxford Univ. Pr 1998. Zit. nach der dt. Ausgabe: Leviathan. Hrsgg. von I. Fetscher. Frankfurt: Ullstein 1966. Frankfurt: Suhrkamp [stw 462] 2002.
Hobmair, Hermann et al. (1998): Pädagogik / Psychologie für die berufliche Oberstufe. Köln: Stam.
Hoche, Hans-Ulrich (1978): Die Goldene Regel. Neue Aspekte eines alten Moralprinzips. In: Zt. für Philosophische Forschung 32/1978, S.355-375.
Hoffman, Martin L. (1983): Vom empathischen Mitleiden zur Solidarität. In: G.Schreiner (Hg.): Moralische Entwicklung und Erziehung. Braunschweig: Westermann/Ag. Pedersen, S.235-266.
- (2000): Empathy and Moral Development. Implications for Caring and Justice. Cambridge Univ. Press.
Holodynski, Manfred (2006): Emotionen – Entwicklung und Regulation. Heidelberg: Springer Medizin Verlag.

Hoerster, Norbert (2003): Ethik und Interesse. Stuttgart: Reclam 2003.

Hornschuh, Hermann-Dietrich (Hg.; 1986): Humor rund um die Schule: Eine humoristische Anthologie über Lehrer, Schüler und Schule mit vielen Illustrationen. München: Manz.

Horster, Detlef / Oelkers, Jürgen (Hg.; 2005): Pädagogik und Ethik. Wiesbaden: VS Verlag.

Hösle, Vittorio (1991): Die Krise der Gegenwart und die Verantwortung der Philosophie. München: Beck.

- (1995): Macht und Moral / Replik. In: Ethik und Sozialwissenschaften 6/1995, S.379-387; S.427-432.

- (1997): Moral und Politik. München: Beck (v.a. Kap. 2, 7 und 8).

Hruschka, Joachim (1987) Die Konkurrenz von Goldener Regel und Prinzip der Verallgemeinerung in der juristischen Diskussion des 17./18. Jahrhunderts als geschichtliche Wurzel von Kants kategorischem Imperativ. In: Juristen Zeitung 42/1987, S.941-952.

Hume, David (1739/40): Traktat über die menschliche Natur. Hamburg: Meiner 1978.

Hunger, Uwe/ Meendermann, Karin/ Santel, Bernhard / Woyke, Wichard (Hg.; 2001): Migration in erklärten und ‚unerklärten' Einwanderungsländern. Analye und Vergleich. Münster: Lit.

Imbusch, Peter (2005): Moderne und Gewalt. Zivilisationstheoretische Perspektiven auf das 20.Jahrhundert. Wiesbaden, VS Verlag.

Ingenkamp, Karlheinz (1971): Tests in der Schulpraxis. Eine Einführung in Aufgabenstellung, Beurteilung und Anwendung von Tests. Weinheim: Beltz.

Ingenkamp, Karlheinz / Lissmann, Urban (^{5}2005): Lehrbuch der Pädagogischen Diagnostik. Weinheim: Beltz.

Jäger, Werner (1934): Paideia. Berlin: De Gruyter, Bd. I [viele Nachdrucke].

Kälin, Walter / Müller, Lars / Wyttenbach, Judith (2004): Das Bild der Menschenrechte. Baden: Lars Müller Publ.

Kant, Werkausgabe in 12 Bänden, hrsgg. von W.Weischedel: Frankfurt: Suhrkamp 1978 [viele Nachdrucke]

Kant, Immanuel (1785): Grundlegung zur Metaphysik der Sitten In: Kant, Werkausgabe, Band 6. Auch: Stuttgart: Reclam.

- (1788): Kritik der Praktischen Vernunft. Werkausgabe Band 6.

- (1795): Zum ewigen Frieden. In: Kant, Werkausgabe, Band 11.

- (1797): Metaphysik der Sitten. In: Kant, Werkausgabe, Band 8.

Kaul, Inge (Hg.: 2003): Providing Public Goods. Managing Globalization. New York Oxford Univ. Press.

Keller, Monika / Lourenço, Orlando et al. (2003): The Multifaceted phenomenon of ‚Happy Victimizers'. A Cross-Cultural Comparison of Moral Emotions. British Journal of Developmental Psychology 21/2003, S.1-18.

Keller, Monika / Reuss, Siegfried (1986): Der Prozess moralischer Entscheidungsfindung. Normative und empirische Voraussetzungen einer Teilnahme am moralischen Diskurs. In F.Oser/R.Fatke/O.Höffe (Hg.): Transformation und Entwicklung. Grundlagen der Moralerziehung. Frankfurt: Suhrkamp 1986, S.124-148.

Kerschensteiner, Georg (1964): Das Grundaxiom des Bildungsprozesses und seine Folgerungen für die Schulorganisation. München-Düsseldorf: Oldenbourg.

Kesselring, Thomas (1981): Entwicklung und Widerspruch. Frankfurt: Suhrkamp.

- (1999): Jean Piaget. Münschen: Beck.

Key, Ellen (1978): Das Jahrhundert des Kindes [Orig.: 1905]. Königstein: Athenäum. Neuauflage: Weinheim: Beltz 1992.

Klafki, Wolfgang (^{2}1991): Neue Studien zur Bildungstheorie und Didaktik. Zeitgemäße Allgemeinbildung und kritisch-konstruktive Didaktik; bes. S. 43-81. Weinheim / Basel: Beltz (1. Aufl. 1985).

Kleber, Eduard W. (1978): Funktion von Leistungsmessung und Leistungsbeurteilung für die Gesellschaft und das Individuum. In: E.Stephan/W.Schmidt: Messen und Beurteilen von Schülerleistungen. München: Urban und Schwarzenberg 1978, S.37-55.

Kleber, Hubert (2003): Konflikte gewaltfrei lösen: Medien- und Alltagsgewalt: ein Trainingsprogramm für die Sekundarstufe. Berlin: Cornelsen Scriptor.

Kleist, Heinrich von (1977): Das Marionettentheater. In: Heinrich von Kleist, Werke in zwei Bänden (hrsgg. von Helmut Sembdner). München: Hanser 1977, Bd. 2, S.338-345.

Kohlberg, Lawrence (1981): The Philosophy of Moral Development. Moral Stages and the Idea of Justice. San Francisco: Harper & Row.

- (1986): Der ‚Just Community'-Ansatz der Moralerziehung in Theorie und Praxis. In: F.Oser /R.Fatke/O.Höffe (Hg.): Entwicklung und Transformation. Grundlagen der Moralerziehung. Frankfurt: Suhrkamp, S.21-55.

- (1995): Die Psychologie der Moralentwicklung. (hrgg. von W.Althof). Frankfurt: Suhrkamp [stw 1232].

- (2000): Die Psychologie der Lebensspanne (hrsgg. v. W. Althof). Frankfurt: Suhrkamp 2000.

Kohn, Alfie (1989): Mit vereinten Kräften. Warum Kooperation der Konkurrenz überlegen ist. Weinheim: Beltz.

- (1999): Punishing by Rewards. The Trouble wit good Stars, Incentive Plans, A's Praise, and other Bribes. Boston: Houghton Mifflin.

Korczak, Janusz (1972): Das Recht des Kindes auf Achtung. Göttingen: Vandenhoeck & Ruprecht. Neuauflage: Gütersloh: Gütersloher Verlagsanstalt 2002.

- (2004): Sämtliche Werke. Gütersloh: Gütersloher Verlagsanstalt.

Kronig, Winfried (2003): Das Konstrukt des leistungsschwachen Immigrantenkindes. In: Zs. für Erziehungswissenschaft [ZfE], 6/2003 (1), S.126-141.

- (2007): Die systematische Zufälligkeit des Bildungserfolgs. Theoretische Erklärungen und empirische Untersuchungen zur Lernentwicklung und zur Leistungsbewertung in unterschiedlichen Schulklassen. Bern: Haupt 2007.

Kronig, Winfried / Haeberlin, Urs / Eckhart Michael (2000): Immigrantenkinder und schulische Selektion. Pädagogische Visionen, theoretische Erklärungen und empirische Untersuchungen zur Wirkung integrierender und separierender Schulformen in den Grundschuljahren. Bern: Haupt.

Kühnhardt, Ludger (1987): Die Universalität der Menschenrechte. Studie zur ideengeschichtlichen Bestimmung eines politischen Schlüsselbegriffs. München: Olzog.

Küng, Hans (1990): Projekt Weltethos. München: Piper 1990.

- (Hg.) [1998]: A Global Ethic and Global Responsibilities. Two Declarations. London: SCM Press.

Kutschera, Franz von (^{2}1999): Grundlagen der Ethik. Berlin: De Gruyter.

Kymlicka, Will (1997): Politische Philosophie heute. Eine Einführung. Frankfurt: Campus.

Landmann, Salcia (^{14}2006): Der jüdische Witz. Soziologie und Sammlung. Düsseldorf: Patmos.

Leitgeb, Andrea (1991): Geschlechtsspezifisches Rollenverhalten in der Schule. Bericht über ein Aktionsforschungsprojekt. In: E.Birmily / D.Dablander u.a. (Hg.): Die Schule ist männlich. Zur Situation von Schülerinnen und Lehrerinnen. Wien: Verl. f. Gesellschaftskritik, S.59-70.

Levinas, Emmanuel (2005): Humanismus des anderen Menschen. Hamburg: Meiner.

Lexikon (1995): Lexikon für Theologie und Kirche. Freiburg: Herder.

Lickona, Thomas (1983): Kooperation als Ziel und Methode moralischer Erziehung. In: G. Schreiner (Hg.): Moralische Entwicklung und Erziehung. Braunschweig: Ag. Pedersen, S.175-209.

- (1989): Wie man gute Kinder erzieht. Die moralische Entwicklung des Kindes von der Geburt bis zum Jungendalter und was Sie dazu beitragen können. München: Kindt.

Locke, John (1669): The Second Treatise of Government (orig.: 1669). Dt. Über die Regierung. Stuttgart: Reclam 1983.

- (1684/1933): Directions concerning Education [1684 entstanden, 1933 erstmals publiziert]. Dt. Gedanken über Erziehung. Stuttgart: Reclam 1970.

Lohmann, Gert (2002): Humorsituationen im Unterricht. Wie setzen Lehrpersonen Humor ein und wie gehen sie mit Humor um? In: J.Gruntz-Stoll / B.Rißland (Hg.) 2002, S.129-143.

Lorenz, Konrad (1963): Das sogenannte Böse: Zur Naturgeschichte der Aggression. Wien: Borotha-Schoeler. München: dtv [22]2000.

MacIntyre, Alasdair (1981): After Virtue. A Study in Moral Theory. London: Duckworth 1981. Deutsch: Der Verlust der Tugend. Frankfurt: Campus Campus 1987. Suhrkamp [stw 1193] 1995.

Mandeville, Bernhard (1714): The Fable of The Bees: or, Private Vices Publick Benefits. Dt. Die Bienenfabel oder Private Laster, öffentliche Vorteile (eingel. von W.Euchner). Frankfurt: Suhrkamp (1968), Neuauflage 1998 [stw 300].

Mankell, Henning (2000): Der Chronist der Winde. Wien: Szolnay Verlag.

Marti, Jürg (1994): Bildungspolitik und Wettbewerbsfähigkeit. Genügt das schweizerische Bildungssystem den Anforderungen der Wirtschaft? Dissertation der Hochschule St.Gallen. Hallstadt: Rosch-Buch 1994.

Maslow, Abraham (1981): Motivation und Persönlichkeit. Reinbek: Rowohlt 1981. Engl. Orig. 1954.

Mauss, Marcel (1923/24): Essai sur le don. Paris. Dt.: Die Gabe. Form und Funktion des Austauschs in archaischen Gesellschaften. Frankfurt: Suhrkamp [stw 743] 1990.

Menge-Güthling: Enzyklopädisches Wörterbuch der griechischen und deutschen Sprache, Erster Teil: Griechisch-Deutsch. München: Langenscheidt [18]1964.

Mieth, Dietmar (2004): Kleine Ethikschule. Freiburg: Herder 2004.

Milgram, Stanley (1974): Das Milgram-Experiment. Zur Gehorsamsbereitschaft gegenüber Autorität. Reinbek: Rowohlt; [14]2004.

Mill, John Stuart (1859): On Liberty. Dt. Über die Freiheit. Stuttgart: Reclam 1988.

- (1861): Utilitarianism. Dt. Der Utilitarismus. Stuttgart: Reclam 1985.

Montesquieu (1992): Vom Geist der Gesetze. Zwei Bände, Tübingen: Mohr 1992. Orig. De l'esprit des lois, 1748.

Moore, George Edward (1903): Principia Ethica. Cambridge Univ.Pr. Dt.: Principia Ethica. Stuttgart: Reclam 1970 [reclam 8375-78].

Müller, Andreas: Das Lernen gestaltbar machen. Institut Beatenberg 2006.

Müller, Romano (2001): Die Situation der ausländischen Jugendlichen auf der Sekundarstufe II in der Schweizer Schule – Integration oder Benachteiligung? Schweiz. Zts. für Bildungswissenschaften, 23/2001 (2), S.265-298.

Müller-Wieland, Marcel (1989): Der innere Weg. Mut zur Erziehung. Zürich: Pro Juventute.

Mutter, Anne-Sophie (2007). Interview in "Der Bund" [Bern] vom 24.03.07, S.3.

Nozick, Robert (1974): Anarchy, State, and Utopia. New York: Basic Books. Dt.: Anarchie, Staat, Utopia. München: Moderne Verlag 1977.

Nunner-Winkler, Gertrud (1996): Moralisches Wissen – moralische Motivation – moralisches Handeln. Entwicklungen in der Kindheit. In: M.-S.Honig u.a. (Hg.): Kinder und Kindheit. Soziokulturelle Muster – sozialisationstheoretische Perspektiven. München: Juventa 1996, S.129-156.

Nussbaum, Martha (1993): Menschliches Tun und soziale Gerechtigkeit. Zur Verteidigung des aristotelischen Essentialismus. In: M.Brumlik/H.Brunkhorst: Gemeinschaft und Gerechtigkeit. Frankfurt/M.: Fischer, S. 323-361.

- (1998): Nicht-relative Tugenden. Ein aristotelischer Ansatz. In: K.P.Rippe / P.Schaber 1998, S.114-165.

- (1999): Gerechtigkeit oder das gute Leben. Gender Studies. Frankfurt: Suhrkamp ²2003.

- (1999a): Die Natur des Menschen, seine Fähigkeiten und Tätigkeiten. In: Nussbaum 1999, S. 86-130.

- (1999b): Der aristotelische Sozialdemokratismus. In: Nussbaum 1999, S.25-85.

Nussbaum, Martha / Sen, Amartya (Eds. 1993): The Quality of Life. Oxford: Clarendon.

Oelkers, Jürgen (2003): Wie man Schule entwickelt. Eine bildungspolitische Analyse nach PISA. Weinheim: Beltz.

Olweus, Dan (1996): Gewalt in der Schule: Was Lehrer und Eltern wissen sollten – und tun können. Bern: Huber.

Oser, Fritz (1998): Ethos – die Vermenschlichung des Erfolgs. Zur Psychologie der Berufsmoral von Lehrpersonen. Opladen: Leske & Budrich.

- (2001): Acht Strategien der Wert- und Moralerziehung. In: W.Edelstein/F.Oser /P.Schuster 2001, S.63-89.

- (2007): Das pädagogische Prinzip der Zu-Mutung – Inkompetenz und Zerstörung, Empirie und Vision (Abschiedsvorlesung vom 14.06.2007). MS.

Oser, Fritz / Althof, Wolfgang (1992): Moralische Selbstbestimmung. Modelle der Entwicklung und Erziehung im Wertebereich. Ein Lehrbuch. Stuttgart: Klett 1992.

Oser, Fritz / Renold, Ursula (2004/5): Kompetenzen von Lehrpersonen – über das Auffinden von Standards und ihre Messung. In: Zs für Erziehungswissenschaft [ZfE] 4-05, S.119-140.

Oser, Fritz / Schläfli, André (1985): Das moralische Grenzgängersyndrom: Eine Interventionsstudie zur Förderung sozial-moralischer Identität bei Lehrlingen. In: R.Oerter (Hg.): Lebensbewältigung Jungendlicher. Weinheim: VCH-Verlag, S. 111-130.

Osterwalder, Fritz (1993): Schule und Unterricht im ordnungspolitischen Konzept der klassischen und neoklassischen Ökonomik. In: Zs. für Pädagogik 39/1993, Nr. 1, S. 85-108).

Parfit, Derek (1986): Overpopulation and the Quality of Life. In: P.Singer (Ed.): Applied Ethics. Oxford Univ. Press, S.145-164.

- (1987): Persons and Reasons. Oxford: Clarendon Press.

Pascal, Blaise (1669): Pensées. Über die Religion und über einige andere Gegenstände (hrsgg. von Ewald Wasmuth, Anordnung nach der Zählung von L.Brunschvicg), Stuttgart: Reclam 1966.

Petermann, Franz / Wiedebusch, Silvia (2003): Emotionale Kompetenz bei Kindern. Göttingen: Hogrefe.

Philippides, Leonidas J. (1929): Die „Goldene Regel" religionswissenschaftlich untersucht. Inauguraldissertation, vorgelegt an der Philosophischen Fakultät der Universität Leipzig.

Piaget, Jean (1931): Internationale Erziehung. Eine psychologische Einführung. Deutsch in: Piaget, Jean. Über Pädagogik. Weinheim: Beltz 1998, S.104-117.

- (1932): Das moralische Urteil beim Kinde. Zit. nach der Ausgabe: Zürich: Rascher 1954 / Frankfurt: Suhrkamp 1973. Neuausgabe Stuttgart: Klett 1983 (andere Paginierung!).

- (1954): Les relations entre l'affectivité et l'intelligence dans le développement mental de l'enfant. Paris: Centre de Documentation Universitaire.

- (1975): Die Äquilibration der kognitiven Strukturen. Stuttgart: Klett 1975.

- (1995): Intelligenz und Affektivität in der Entwicklung des Kindes. Frankfurt: Suhrkamp.

Platon (Politeia): Der Staat. Griechisch-deutsch. Düsseldorf/Zürich: Artemis & Winkler 2000.

Plöger, Wilfried (2005): Aus der Vergangenheit lernen? – Bildungsstandards unter historisch-systematischer Perpektive. In: J.Rekus 2005, S.91-107.

Popper, Karl Raimund (1952): Humanismus und Vernunft. In: K.R.Popper 2000, Aufsatz Nr.20.

- (1956): Die öffentliche Meinung und die liberalen Prinzipien. In: Popper 2000, Aufsatz Nr.17.

- (1969): Die Logik der Sozialwissenschaften. In: Th. W. Adorno u.a. Der Positivismusstreit in der deutschen Soziologie. Neuwied: Luchterhand, S.103-124.

- (2000): Vermutungen und Widerlegungen. Das Wachstum der wissenschaftlichen Erkenntnis. Tübingen: Mohr Siebeck 2000.

Prengel, Annedore (1990): Subjektive Erfahrungen mit Integration. Untersuchung mit qualitativen Interviews. In: H.Deppe-Wolfinger, H.Prengel, A./Reiser, H.: Integrative Pädagogik in der Grundschule. Bilanz und Perspektiven der Integration behinderter Kinder in der Bundesrepublik Deutschland 1976-1988. München: Verlag Dt. Jugendinstitut, S.147-258.

- (1995): Pädagogik der Vielfalt. Verschiedenheit und Gleichberechtigung in Interkultureller, Feministischer und Integrativer Pädagogik. Opladen: Leske & Budrich ²1995. Wiesbaden: VS Verlag ³2006.

Rauber, Urs (2002): Wer Jugendliche nicht fordert, fördert die Gewalt [NZZ am Sonntag, 5.5.2002].

Rawls, John (1971): A Theory of Justice. Oxford University Press. Zitiert nach der dt. Ausgabe: Eine Theorie der Gerechtigkeit. Frankfurt: Suhrkamp 1975.

- (1993): Political Liberalism. Oxford University Press. Zitiert nach der dt. Ausgabe: Politischer Liberalismus. Frankfurt: Suhrkamp 1998.

- (1999): The Law of Peoples. Cambridge: Harvard Univ. Press.

Redl, Fritz (1971): Erziehung schwieriger Kinder. München: Piper. Neuauflage 1986.

Reiner, Hans (1974): Die Goldene Regel: Die Bedeutung einer sittliche Grundformel der Menschheit. In: Ders.: Die Grundlagen der Sittlichkeit. Meisenheim ²1974, S.348-379.

Rekus, Jürgen (Hg.; 2005): Bildungsstandards, Kerncurricula und die Aufgabe der Schule. Münster: Aschendorff.

Rippe, Klaus Peter / Schaber, Peter (Hg.; 1998): Tugendethik. Stuttgart: Reclam.

Ritter, Henning (2004): Nahes und fernes Unglück. Versuch über Mitleid. München: Beck.

Rockefeller, Steven C. (1997): Kommentar zu Ch. Taylor: Multikulturalismus und die Politik der Anerkennung. In: Taylor 1997, S.95-108.

Roth, Gerhard (2003): Fühlen, Denken, Handeln. Wie das Gehirn unser Verhalten steuert. Frankfurt: Suhrkamp.

Rüdell, Edith (2005): Beauchamp College in Leicestershire. In: Standards. Unterrichten zwischen Kompetenzen, zentralen Prüfungen und Vergleichsarbeiten. Hrsgg. von Gerold Becker u.a. Friedrich Jahresheft XXIII 2005, S.54-57.

Rüesch, Peter (1998): Spielt die Schule eine Rolle? Schulische Bedingungen ungleicher Bildungschancen von Immigrantenkindern – eine Mehrebenenanalyse. Bern: Lang.

- (1999): Gute Schulen im multikulturellen Umfeld: Ergebnisse aus der Forschung der Qualitätssicherung. Zürich: Orell Füssli.

Ryle, Gilbert (1949): The Concept of Mind. Harmondsworth: Penguin Books 1993. Dt.: Der Begriff des Geistes. Stuttgart: Reclam 1969, 1997.

Samjatin, Jewgeni (1984): Wir [orig. 1920]. Köln: Kiepenheuer 1984, 1991.

Sartori, Giovanni (1997): Demokratietheorien. Darmstadt: WBG.

Schelling, Friedrich Wilhelm Joseph (1809): Über das Wesen der menschlichen Freiheit. Frankfurt: Suhrkamp 1975 [stw 138].

Schirlbauer, Alfred (2005): Die Moralpredigt. Destruktive Beiträge zur Pädagogik und Bildungspolitik. Wien: Sonderzahl

Schmidt, Bernhard/Tippelt, Rudolf (2005): Lehrevaluation. In Zs f. Erziehungswissenschaft [ZfE] 4-2005, S.227-242.

Schmidt, Helmut (Hg.; 1997): Allgemeine Erklärung der Menschenpflichten. Ein Vorschlag. München: Piper.

Schmitz, Hermann (1989): Leib und Gefühl. Materialien zu einer philosophischen Therapeutik. Paderborn 1989.

Schoen, Donald A. (1993): The Reflective Practitioner. How Professionals think in Action. New York: Basic Books.

Schopenhauer, Arthur (1840): Die beiden Grundprobleme der Ethik II: Preisschrift über die Grundlage der Moral. In. Zürcher Ausgabe. A.Schopenhauer, Werke in zehn Bänden. Diogenes 1977, S.147-317.

Schulz, Walter (1984): Philosophie in der veränderten Welt. Pfullingen: Neske.

Schulz von Thun, Friedemann (1989): Stile, Werte und Persönlichkeitsentwicklung. Reinbek: Rowohlt.

Schüssler, Rudolf (1997): Kooperation unter Egoisten: Vier Dilemmata. München: Oldenbourg.

Schwanitz, Dietrich (1999): Bildung. Alles, was man wissen muss. Frankfurt: Eichborn.

Sen, Amartya (1992): Inequality Reexamined. Oxford: Clarendon.

- (2000): Ökonomie für den Menschen. Wege zu Gerechtigkeit und Solidarität in der Marktwirtschaft. München: Hanser / dtv 2000. Engl. Orig.: Development as Freedom. New York: Knopf 1999.

- (2007): Der Freiheit eine Chance. Warum wir die Idee der multikulturellen Gesellschaft nicht aufgeben dürfen. Die Zeit 50/2007, 6.12.2007, S.64f.

Singer, Marcus G. (1975): Verallgemeinerung in der Ethik. Zur Logik des moralischen Argumentierens. Frankfurt: Suhrkamp 1975.

Singer, Peter (1972): Famine, Affluence and Morality. Philosophy and Public Affairs 1 (1972), S.229-243. Auch in: W.Aiken / H.La Follette (Hg.): World Hunger and Moral Obligation. Englewood Cliffs, NJ: Prentice Hall 1977, S.22-36.

- (1984): Praktische Ethik. Stuttgart: Reclam.

Smith, Adam (1759): Theorie der ethischen Gefühle. Hamburg: Meiner. ²1977; Neuaufl. 2004.
- (1776): Der Wohlstand der Nationen. München dtv 1978.
Solschenizyn, Alexander (1974-1991): Der Archipel GULAG. Versuch einer künstlerischen Bewältigung. 3 Bände. Bern: Scherz.
Spaemann, Robert (1994/95): Wer ist ein gebildeter Mensch? In: Scheidewege, Jahresschrift für skeptisches Denken, 24.Jahrgang, S.34-37.
Spencer, Herbert (1879): Data of Ethics. London 1879.
Spendel, Günter (1967): Die Goldene Regel als Rechtsprinzip. In: J.Esser / H.Thieme (Hg.): Festschrift für Fritz von Hippel. Tübingen: Mohr, S. 491-516.
Spinoza, Baruch de (1677): Ethik, nach geometrischer Methode dargestellt. Hamburg: Meiner 1989.
Standards und Standardisierungen in der Erziehungswissenschaft (2004/05). Hrsgg. von Ingrid Gogolin, Heinz-Hermann Krüger, Dieter Lenzen und Thomas Rauschenbach. Zs. für Erziehungswissenschaft 2004-05. Wiesbaden: Verlag für Sozialwissenschaften.
Standards. Unterrichten zwischen Kompetenzen, zentralen Prüfungen und Vergleichsarbeiten. Friedrich Jahresheft XXIII 2005. Hrsgg. von Gerold Becker, Albert Bremerich-Vos u.a.
Steuerungsgruppe Modell St. Johann (2003): Das Modell St. Johann. Basel: Rektorat der PSW, Birsigstrasse 45.
Strawson, Peter (1962): Freedom and Resentment. In: Proceedings of the British Academy 48/1962, S.187-211. Deutsch: Freiheit und Übelnehmen. In: Pothast, Ulrich (Hg.): Seminar: Freies Handeln und Determinismus. Frankfurt: Suhrkamp, S.201-233.
Streckeisen, Ursula / Hänzi Denis / Hungerbühler Andrea (2007): Fördern und Auslesen. Deutungsmuster von Lehrpersonen zu einem beruflichen Dilemma. Wiesbaden: VS Verlag.
Strittmatter, Anton (2003): Hat LEMO den Rahmenlehrplan verpasst? In: Beiträge zur Lehrerbildung 21/2003 (3), , S.334-341.
- (2004): Noten sind praktisch – und unprofessionell. Elementarwissen zur Noten-Kontroverse und die (bekannte) professionelle Alternative. In: Bildung Schweiz 6/2004, S.7-10, S.7f.
Sutter, Alex (2000): Ist das Personenkonzept der Menschenrechte kulturell voreingenommen? In: J.-C. Wolf (Hg.): Menschenrechte interkulturell. Fribourg: Universitätsverlag, S.226-241.

Taylor, Charles (1997): Multikulturalismus und die Politik der Anerkennung. Frankfurt: Fischer.
Thiel, Olivier / Valtin, Renate (2002): Was ist ein gutes Zeugnis? Noten und verbale Beurteilungen auf dem Prüfstand. Weinheim/München: Juventa.
Thies, Erich (2005): Die Entwicklung von Bildungsstandards als Länder übergreifendes bildungspolitisches Programm, In Rekus 2005, S. 8-16.
Thomas von Aquin (ST): Summa Theologiae (ST), zusammengefasst und eingeleitet von Joseph Bernhart. Stuttgart: Kröner 1985, 3 Bände.
Thränhardt, Dieter / Hunger, Uwe (Hg. 2003): Migration im Spannungsfeld von Globalisierung und Nationalstaat. Wiesbaden: Westdeutscher Verlag; Leviathan, Zeitschrift für Sozialwissenschaft, Sonderheft 22/2003, S.117-160.
Tobler Müller, Verena (1998): Kulturwechsel in der Adoleszenz: ‚Der doppelte Kultursprung'. In: Symposium Soziale Arbeit. Soziale Arbeit mit Jugendlichen in problematischen Lebenslagen. Köniz: Edition Sozialethik.
Tobler Linder, Verena (2001): Stolpersteine der interkulturellen Behördenkommunikation. In: E.Riehle (Hg.): Interkulturelle Kompetenz in der Verwaltung? Kommunikationsprobleme zwischen Migranten und Behörden. Wiesbaden: Westdt. Verlag, S.49-82.

- (2001a): Lernen von den Taliban? - Für einen respektvollen Umgang mit den weltwirtschaftlichen Rändern [unpubliziertes MS].
- (2002): Interkulturelle Soziale Arbeit im Kontext der ungleichen Weltwirtschaft. In: Institut für Fort- und Weiterbildung Sozialer Berufe e.V. (Hg.): europäisch forschen – lehren – studieren. Braunschweig, S.1-44.

Tomuschat, Christian (1992): Menschenrechte. Eine Sammlung internationaler Dokumente zum Menschenrechtsschutz. Deutsche Gesellschaft der Vereinten Nationen. Bonn.

Tugendhat, Ernst (1993): Vorlesungen über Ethik. Frankfurt: Suhrkamp [stw 1100].

Übereinkommen über die Rechte des Kindes. Die UN-Kinderrechtskonvention im Wortlaut. Pass-Weingartz, Dorothea 1992.

Ulich, Klaus (2001): Einführung in die Sozialpsychologie der Schule. Weinheim: Beltz.

UNDP (1999): United Nations Development Programme: Bericht über die menschliche Entwicklung. Bonn: Deutsche Gesellschaft für die Vereinten Nationen.

Vierlinger (2000): Die Direkte Leistungsvorlage. Gerechtere Entscheidungen über Bildungwege ermöglichen? In: Beutel / Vollstädt, 2000, S.87-97.

Von Wright, Georg Henrik (1963): Norm and Action. A Logical Inquiry. London: Routledge & Kegan Paul. Deutsch (1979): Norm und Handlung. Eine logische Untersuchung. Königstein/Ts: Scriptor.

Wagenschein, Martin (1965): Unterricht, Drill oder Erlebnis? In: Ders. Ursprüngliches Verstehen und exaktes Denken (I. Band). Stuttgart: Klett (3. Aufl 1979).

Walker, Lawrence, J. (1991): Geschlechtsunterschiede in der Entwicklung des moralischen Urteils. In: Nunner-Winkler, G. (Hg.): Weibliche Moral. Die Kontroverse um eine geschlechtsspezifische Ethik. Frankfurt: Campus, S.109-120.

Walzer, Michael (1995): Sphären der Gerechtigkeit. Frankfurt: Campus.

- (1996): Lokale Kritik – Globale Standards. Zwei Formen moralischer Auseinandersetzung. Hamburg: Rotbuch 1996.

Watzlawick, Paul / Beavin, Janet H./ Jackson, Don D. (1969): Menschliche Kommunikation. Bern: Huber [11]2007.

Weber, Max (1904): Die „Objektivität" sozialwissenschaftlicher und sozialpolitischer Erkenntnis. In: Ders.: Gesammelte Aufsätze zur Wissenschaftslehre. Tübingen: Mohr 1922, [7]1988, S.146-214.

- (1917): Der Sinn der 'Wertfreiheit' der soziologischen und ökonomischen Wissenschaften. In: Ders.: Gesammelte Aufsätze zur Wissenschaftslehre. Tübingen: Mohr 1922, [7]1988, S.489-540.

- (1922): Wirtschaft und Gesellschaft. Grundriss der verstehenden Soziologie. Zwei Bände. Tübingen: Mohr [5]1972.

- (2005): Schriften zur Soziologie. Stuttgart: Reclam.

- (1968): Die drei Typen der legitimen Herrschaft. In: Gesammelte Aufsätze zur Wissenschaftslehre. Tübingen: Mohr [7]1988, S.475-488 [1. Aufl. 1922].

Wolf, Jean-Claude (1992): Verhütung oder Vergeltung? Einführung in ethische Straftheorien. Freiburg: Alber.

Zerger, Johannes (1997): Was ist Rassismus? Eine Einführung. Göttingen: Lamuv.

Personenregister

Abs, Hermann Josef 202
Adorno, Theodor W. 198, 201
Allemann-Ghionda, Cristina 296
Alsaker, Françoise 72
Althof, Wolfgang 75, 80, 88, 327
Apel, Karl-Otto 77f.
Aquin, Thomas von 52, 121, 185
Arendt, Hannah 164f., 167, 169, 171f., 211, 287
Aristoteles 29, 44, 52ff., 56f., 60, 62, 80, 93, 101, 117, 121f., 127, 130, 191, 193
Auernheimer, Georg 297f.
Aung San Suu Kyi 65
Axelrod, Robert 110

Bandura, Albert 220
Becker, Helmut 198
Bellamy, Carol 307
Bentham, Jeremy 92
Bieri, Peter 39, 176, 181, 183f.
Birnbacher, Dieter 32
Blasi, Augusto 85
Bloch, Ernst 151
Böcker, Anita 295
Böhme, Gernot 29
Bollnow, Otto F. 56f.
Bourdieu, Pierre 296
Brandt, Richard B. 138
Brantschen, Niklaus 52
Bueb, Bernhard 89, 91, 327
Burckhardt, Jacob 172

Casas, Bartolomé de las 152
Clemens Romanus 103
Cluny, Bernhard von 49
Coleman, James S. 275, 278
Criblez, Lucien 204
Crocker, David A. 196

Dahl, Edgar 49
Descartes, René 47
Dollard, John 219
Dostojewski, Fjodor 43
Dreikurs, Rudolf 168
Durkheim, Émile 172, 243

Edelstein, Wolfgang 80
Eder, Ferdinand 323
Eibl-Eibesfeldt, Irenäus 218
Einstein, Albert 139
Erikson, Erik 85

Faller, Kurt 252, 261f.
Fischer, E. P. 181
Fisher, Roger 257, 260
Flammer, August 76
Foot, Philippa 52
Forschner, Maximilian 150
Freire, Paulo 118
Freud, Sigmund 69
Friedman, Milton 122, 189
Frisch, Max 72
Fromm, Erich 68, 219–222

Galtung, Johan 162, 216f.
Gandhi, Mahatma 26
Garz, Detlef 80
Gauß, Carl Friedrich 267
Gewirth, Alan 31
Ghiselin, Michael 100
Gilligan, Carol 79ff.
Gordon, Thomas 254–259, 261, 319
Gotschlich, J. 323
Grell, Jochen 323
Greverus, Ina Maria 297
Gronemeyer, Marianne 189f.
Grotius, Hugo 105, 151
Grünewald-Huber, Elisabeth 288ff.
Guardini, Romano 55
Guggenbühl, Allan 246f., 249

Habermas, Jürgen 140, 146, 327
Haeberlin, Urs 290
Hardin, Garrett 108
Hayek, Friedrich A. von 141
Harris, Paul L. 233, 238
Hart, Herbert L. A. 239
Hegel, G. W. F. 27, 178
Heid, Helmut 277
Heine, Heinrich 179
Helwig, Paul 60
Hentig, Hartmut von 179, 182f., 190, 198

Heraklit 270
Herodot 103
Herzog, Walter 224, 231
Himmler, Heinrich 184
Hitler, Adolf 26
Hobbes, Thomas 42f., 124, 168f.
Hobmair, Hermann 239f.
Hoche, Hans-Ulrich 103
Hoerster, Norbert 31
Hoffman, Martin L. 235–238
Hoffmann-Nowotny, Hans-Joachim 287
Holodynski, Manfred 226, 232f.
Hornschuh, Hermann-Dietrich 329
Hösle, Vittorio 31, 172
Hruschka, Joachim 105
Humboldt, Wilhelm von 178f., 182, 187
Hume, David 48f., 65, 105
Hunger, Uwe 295
Hutcheson, Francis 92

Ingenkamp, Karlheinz 270, 272
Isokrates 103

Jaeger, Werner 176f.
Jebb, Eglantyne 308
Jefferson, Thomas 152

Kälin, Walter 302
Kant, Immanuel 31, 47, 67, 74, 90, 94, 105, 120, 140, 144ff., 159f., 185
Kaul, Inge 163
Keller, Monika 85
Kerschensteiner, Georg 188
Kesselring, Thomas 178, 231, 298
Key, Ellen 308
King, M. L. 26, 65
Klafki, Wolfgang 184f.
Kleber, Hubert 264, 269, 272f.
Kleist, Heinrich von 46
Klieme, Eckhard 202
Kohlberg, Lawrence 75, 79, 81, 83, 85, 87f., 140, 224
Kohn, Alfie 118
Konfuzius 103
Korczak, Janusz 309
Kronig, Winfried 263, 272, 277, 279, 282f., 286f.
Kubrick, Stanley 245
Kühnhardt, Ludger 151
Küng, Hans 103, 155
Kutschera, Franz von 34, 42, 55, 67

Lactantius 103
Leitgeb, Andrea 289
Levinas, Emmanuel 65

Lickona, Thomas 85
Lissmann, Urban 270
Locke, John 151f., 249f.
Lohmann, Gert 329
Lorenz, Konrad 46, 218
Lourenço, Orlando 85

MacIntyre, Alasdair 55
Madison, James 152
Malik, Charles Habib 154
Mandela, Nelson 26
Mandeville, Bernhard 123
Marcuse, Herbert 216, 326
Marti, Jürg 119
Marx, Karl 121
Maslow, Alexander 186f.
Mauss, Marcel 120
Menander 103
Mercier, Pascal s. auch Bieri, Peter 181
Metha, Hansa 154
Milgram, Stanley 221
Mill, John Stuart 90, 92, 96, 301
Montesquieu, Charles de Secondat, Baron de la Brède et de M. 120, 300
Moore, George Edward 48f., 97
Mozart, Wolfgang Amadeus 198
Müller, Andreas 113
Müller, Romano 287
Müller-Wieland, Marcel 239, 248f.
Mutter, Anne-Sophie 113

Napoleon 150
Nozick, Robert 96
Nunner-Winkler, Gertrud 75, 80, 85f., 234
Nussbaum, Martha 58, 60, 190–194, 197, 200

Oelkers, Jürgen 206f., 209f., 212
Olweus, Dan 72
Oser, Fritz 75, 80, 86ff., 199, 207f., 318, 326f.
Osterwalder, Fritz 123

Parfit, Derek 97
Pascal, Blaise 131, 164
Patton, Bruce 257
Paulus 103
Pestalozzi, Johann Heinrich 263
Philipides, Leonidas J. 103
Piaget, Jean 75, 82f., 85, 140, 178, 224, 231, 298
Platon 47, 49, 177ff.
Plöger, Wilfried 205, 213
Pol Pot 26
Popper, Karl Raimund 50, 301
Prengel, Annedore 140f., 278, 288f., 291, 294, 298
Pseudo-Lukian 49
Pufendorf, Samuel 151

Rawls, John 78, 132–135, 140, 147, 159, 276
Redl, Fritz 272
Reiner, Hans 102
Renold, Ursula 207
Ritter, Henning 63
Rockefeller, Steven C. 140
Roth, Gerhard 219
Rousseau, Jean-Jacques 48
Rüdell, Edith 293
Rüesch, Peter 287, 296
Rutherford, Thomas 105
Ryle, Gilbert 210

Sade, Marquis de 49
Samjatin, Jewgenij 46
Sandel, Michael 149
Sartori, Giovanni 253
Schelling, Friedrich Wilhelm Joseph von 45
Schirlbauer, Alfred 202, 318
Schmidt, Bernhard 208
Schmitz, Hermann 226
Schopenhauer, Arthur 64
Schulz, Walter 63
Schüssler, Rudolf 110
Schwanitz, Dietrich 179ff., 184
Schweitzer, Albert 26
Sen, Amartya 40, 128ff., 158, 190, 193f., 200, 304f.
Shayamuni 103
Singer, Marcus G. 104
Singer, Peter 96, 98f., 132, 276
Skinner, Burrhus Frederic 220
Smith, Adam 36, 53, 64, 111, 121ff., 227f., 238
Solschenizyn, Alexander 245
Soltz, Vicki 168
Spaemann, Robert 184

Spendel, Günter 103
Spinoza, Baruch de 227
Stalin, Josef 26
Streckeisen, Ursula 280, 325
Strittmatter, Anton 204, 265, 267, 269f.
Sutter, Alex 162

Taylor, Charles 147ff.
Thiel, Olivier 271f.
Thies, Erich 201f., 206f.,
Thränhardt, Dietrich 295
Thun, Schulz von 60, 62
Tippelt, Rudolf 208
Tobler Linder/Tobler Müller, Verena 288
Tomuschat, Christian 157
Tugendhat, Ernst 31, 33f., 156

Ulich, Klaus 250, 289f., 323ff.
Ury, William 257

Valtin, Renate 271f.
Vierlinger, Rupert 274
Vitoria, Francisco de 152

Wagenschein, Martin 290
Walker, Lawrence 81
Walzer, Michael 63, 131f., 149
Washington, George 152
Watzlawick, Paul 107
Weber, Max 50, 130, 166, 169f.
Wernher, Johann Balthasar 105
Wilde, Oscar 42
Wittgenstein, Ludwig 203
Wolf, Jean-Claude 239ff.
Wright, Georg Henrik von 203

Zerger, Johannes 73f.

Sachregister

Absicht/absichtlich 96, 214
Abwehrrechte 156
Achtung/achten 60, 67, 70f., 74, 78, 142, 214, 223, 249, 309, 314, 327
Affekt s. auch Emotion 36, 41, 46, 53, 56, 96, 187, 219, 224
Aggression/aggressiv s. auch Gewalt 71, 218–223
Allgemeinbildung 204
Allmendedilemma 107f., 111
Anerkennung/anerkennen 26, 69
Angenehmes, Orientierung am Angenehmen 77
Anspruch 34
Antipathie 225, 270
Äquivalententausch s. auch Tausch 121
Argument 90, 129, 327
Assimilation s. auch Integration 295f.
Asylwesen 317
Ausbeutung 121
Ausbildung 40, 169, 176ff., 187, 189, 194, 198f., 202, 204
Ausbildungsentscheide 197
Ausbildungsinstitution 190
Aushandlung/aushandeln s. auch Verhandlung 144, 261
Ausländerfeindlichkeit 74
Ausländerpädagogik s. auch Pädagogik 283f., 295
Autonomie/autonom 18, 30, 67, 84, 90,102, 145, 189f., 198, 202, 243, 326
autonome Moral s. Moral
autoritär 254
Autorität 22, 89, 157, 164ff., 169, 197, 221, 322
– funktionale 166
– natürliche 165
Autozentrismus s. auch Egozentrismus 300

Bedürfnis- oder Bedarfsgerechtigkeit 278
Bedürfnisse, menschliche 186
Befreiungstheologie/befreiungstheologisch 193, 195
Belohnung/belohnen 249
Benotungssystem 118
Berufsausbildung 19, 205

Berufsethos 318, 329
Beurteilung s. auch Leistungsbeurteilung 265
Bevölkerungszunahme 21, 97
Bildung 40, 156, 169, 176, 178ff., 182f., 187
– ethische 185
Bildungs- und Ausbildungschancen 99
Bildungsinstitut/Bildungsinstitution 23, 190, 196
Bildungspolitik 99, 280
Bildungssystem 133, 176, 200, 281
Bildungswesen 19, 21, 118, 122, 125, 187f., 270, 276ff., 290
Biodiversität 43
Böse, das 62, 104, 172, 218, 231
Bosheit 46f., 104
Bürgerrechte s. auch Menschenrechte 78

Capability/Capabilities s. auch Fähigkeit 193
Chancen s. Bildungschancen
Chancengleichheit 13, 117, 130, 134, 136, 202, 272, 275-278, 280, 283, 290ff., 312, 314
Charakter/charakterlich 29, 44f., 53f., 59, 205
Corporate Identity 116

Demokratie/demokratisch 84, 89, 157, 171, 183, 298, 322
Demokratisierung 88
Demütigung s. auch Diskriminierung, Kränkung, Mobbing 281
Dezentrierung 20, 79, 299f.
Differenzprinzip (bei J. Rawls) 135f.
Diskriminierung/diskriminieren/diskriminiert 70ff., 74, 195, 214f., 218, 223, 245, 251, 293, 295, 311, 319
Diskurs 251, 253, 318
– herrschaftsfreier 146, 160, 327
Doppelmoral 28, 55
Drohung 243

Egalitarismus/egalitaristisch 106, 140, 304
Egoismus/Egoist 110ff., 249
Egozentrismus/egozentrisch 79, 83, 146, 236f., 252, 298
Einfühlung/einfühlen 64, 66, 102, 213, 223, 225, 227, 235
Einfühlungsvermögen 46, 227, 229

Sachregister

Einigung 144, 251, 253, 261f., 327
Emotion s. auch Affekt, Gefühl 35f., 53, 56, 60, 67, 74, 223–237, 257–260
– moralische 230, 247
Emotionen zuschreiben 238
Empathie 36, 64, 66, 88f., 185, 199, 224, 228f., 231f., 235, 237f.
Empfindung 94, 225ff., 232
Empörung/Entrüstung 37, 41
Entscheidung s. Fähigkeit, Freiheit zur Entscheidung
Entwicklung
– der Empathie 236
– menschliche 190, 193
– moralische 224
Erwachsene – Kinder, Beziehungen zwischen E. und K. 307
Erziehung/Erzieher 176, 204, 240, 246
– interkulturelle 298
Ethik 27, 29f., 176, 213
– im Fernbereich 63
– im Nahbereich 63
Ethnozentrismus 73
Ethos 30, 116, 148, 318, 328
– des guten Lebens 147
Evaluation 210
Evolution 47, 50
Evolutionäre Ethik 107
Externalisierung von Kosten s. Kosten

Fähigkeit(en) 189, 191–200, 202ff., 206, 210ff., 217, 269, 276, 325f.
– Fähigkeit zur Entscheidung/Entscheidungsfähigkeit 196–200, 326
– Fähigkeit zur Reflexion 329
– Fähigkeit zur Selbstreflexion 329
Fairness/fair 57, 68, 113, 117, 133, 147, 260, 264, 275, 327
Fairnessregeln 124, 159
Fleiß 269
Förderung (von Schüler/innen) 279, 326
Förderungsauftrag der Lehrkraft 263
Freiheit/Freiheiten 38, 45f., 62, 130, 133, 160, 197, 220, 246, 302, 326
– eingeschränkte/Freiheitseinschränkung 94, 157, 167
– der Entscheidung/freie Entscheidung 39ff., 45f., 71
– der Handlung/Handlungsfreiheit 38, 40f.
– individuelle 149
– negative 39, 195f.
– positive 39, 195f.

– der Religion/Religionsfreiheit 1 51, 155, 292, 303
– des Willens/freier Wille 39ff., 45ff.
Freiheitsrechte 149
Freiheitsspielräume 193f.
– Grundfreiheit 19, 136
– Wertfreiheit s. Wert/Werte
Fremdenfeindlichkeit 73f.
Frustration 219
Fürsorglichkeit/fürsorglich 79, 320ff.

GR s. Goldene Regel
GD s. Gefangenendilemma
Gefangenendilemma (= GD) 107f., 110f.
Gefühl s. auch Affekt, Emotion 35f., 53, 94, 225, 228, 231, 233–237, 251, 255, 259, 261, 308, 322
Gehirnprozesse 39
Gehorsam 41, 77, 221
Gemeinschaftsorientierung 81
Gemeinwohl 183
Generation/Generationenverhältnis 21f.
Generationsrollen 304
Genozid 71
Gerechtigkeit/gerecht 28, 31, 47, 75, 78, 94, 97f., 113, 123ff., 129–132, 135, 138, 195, 231, 243, 249, 264, 272f., 278, 280, 320ff., 324, 327
– ausgleichende 126
– Verteilungsgerechtigkeit 126
Geschenketausch s. Tausch
Geschlechter 80f., 134, 140, 275, 288f., 291, 304, 314
– Gleichberechtigung der 314
– Gleichstellung der 288f.
Geschlechterdifferenz/Geschlechterverhältnis s. auch Koedukation 134, 140, 275, 288, 291, 304
Geschlechterrollen 304
geschlechtsspezifische Moral s. auch Moral 80f.
Gesellschaft, pluralistische 13, 19, 56, 74
Gesellschaftsvertrag 78
Gesetzgebung s. auch juristisches Recht 150, 157, 316f.
Gesinnungsethik 45
Gewährleistungsrechte s. Rechte
Gewalt s. auch Aggression 13, 143, 164, 172f., 214–218, 223, 249, 252, 303, 316, 319
– strukturelle 215ff.
– symbolische 215f.
Gewaltmonopol 215f.
Gewaltprävention 218, 252

Gleichheit/Gleichheits-Idee s. auch Geschlechter 90, 128, 130
Glück 29, 93, 97, 182
Goldene Regel (= GR) 69, 77, 80, 102, 104f., 108, 111, 120, 185
Grundrechte s. auch Menschenrechte 13, 35, 106, 133f., 136, 147, 148f., 151, 155, 159, 205, 307
Grundausbildung, schulische 208
Grundfreiheit s. Freiheit
Gruppendruck 221
Gruppenmoral 27f.
gut und böse 13, 45, 80
gut und schlecht 44
Gute, das 18, 62
gute Leben, das 19, 29f., 203
Güter, kollektive 163
Güterabwägung 302

Habitus 203, 205
Haltung(en) 51, 53f., 56, 58ff., 203ff., 210, 212f., 227
– autozentrierte s. auch Autozentrismus, Egozentrismus 298f.
Handel 120
Handlungsfreiheit s. Freiheit
Happy Victimizer 85, 234
Harvard-Konzept 257
Hass 65
Hedonismus 77
heimatliche Sprache und Kultur, Kurse in heimatlicher Sprache und Kultur 287, 296
Herrschaft 170f.
Herrschaftsbegrenzung 151
Heterogenität 291
heteronome Moral 83
Hochachtung 68
Höhlengleichnis 178
Homosexualität 49
Human Development = Entwicklung, menschliche 190, 193
Humankapital 189
Humor/humorvoll 52, 56, 59, 192, 194, 212, 318, 328f.

Ich-Botschaft(en) 230, 255f.
Instrumentalisierung/instrumentalisieren 66, 77, 116, 144ff., 173, 211
Integration 282, 291, 293, 295f., 304f.
Integrationspädagogik s. auch Pädagogik 295f.
Integrität 215, 218, 231, 244, 318f.
– moralische 319
– persönliche 319

Intelligenz, emotionale s. auch Emotion 223
Interesse 31f., 92ff., 98, 132, 146, 149, 187, 222, 251, 253, 258f., 261f., 269, 271, 301, 322
interkulturelle Beziehungen s. auch Pädagogik, interkulturelle 28
Islam 148

juristische Gesetze/juristische Normen 78, 128, 130
juristisches Recht s. auch Rechtsordnung 36, 150f., 157, 316f.
Just Community 89, 309
Just Community-Schulen 76, 87ff.

Kategorischer Imperativ 78, 94, 105, 137, 144, 146, 159
Kinderrechte 158, 197, 306–317
Kindersoldaten 315
Kindeswohl 305, 314
Kirche 18, 23, 147f.
Klassenidentität 116
Koedukation s. auch Geschlechter 289f., 294f.
Kommunikation/kommunikativ 36, 229, 252, 258–261, 320
Kommunitarismus/kommunitaristisch 149
Kompetenz, soziale 282
Kompetenz, staatsbürgerliche 182
Kompromiss 251, 253
konditionieren 220, 240, 245
Konflikt 20, 251–257, 260f.
Konformismus 221
Konkurrenz s. auch Wettbewerb 201
Konsens s. auch Diskurs 78, 327
Konsequentialismus/konsequentialistisch 93, 242
Kontraktualismus s. auch Vertragstheorie 92, 111
Konvention 43, 84
Kooperation/kooperativ/kooperieren 21, 23, 27f., 34, 47, 77, 80, 83ff., 100–104, 106–112, 115, 120, 124, 133, 141, 159f., 190, 251, 253f., 256–260, 262, 281, 294, 320, 328
Koordination von Perspektiven 299f.
Kosten externalisieren 110, 112
Kränkung s. auch Demütigung 219, 221, 303
Krieg 115, 117, 308
Kritik 239, 325
Kuhhandel 253, 259
Kultur/Kulturen 297, 299f., 302, 305
kulturelle Heterogenität/kulturelle Vielfalt 19f.
kulturelle Unterschiede 82

Laster 53, 55
Lebensqualität 187, 190, 193
Lebensstandard 135, 200, 312
Legitimität 254
Lehrerbildung 204
Lehrer-Schüler-Interaktion 324
Lehrer-Schüler-Verhältnis 98
Leiden 47, 93f.
Leistung(en), schulische
– Leistungsbewertung 263
– Leistungsbeurteilung 118, 265, 321
– Leistungsförderung 273
– Leistungsmessung 210, 264–270
– Leistungspflichten 159
– Leistungsrechte s. auch Rechte 307
Lernbehinderung 282
Liberalismus, politischer 132, 148f.
Liebe 36, 64f., 67
Liebesgebot, christliches 69
Lob/loben 239, 250, 320f., 324f.
Loyalität 77, 269
Lüge 83
Lust 53, 93–98, 216, 227

Macht 164f., 167, 169-174, 216, 254, 297, 323
Macht-Asymmetrie 297
Machtausübung 318
Machtkampf/Machtkämpfe 167f., 218, 241f., 251f., 260ff.
Machtmissbrauch 102
Machtposition 246
Machtressourcen 168
Machtvakuum 164, 170f., 174
Mädchenbeschneidung 143
Marketing 124, 189
Markt 123
Marktwert s. auch Wert 42
Maßstab 31, 44, 54, 77, 121, 129, 138, 183, 203, 208f., 212, 234, 328
Maxime 144f.
Mediation 260f.
Menschenbild(er) 55, 176f.
Menschenrecht(e) s. auch Recht 23, 26, 28, 60, 68, 78, 89, 91, 97, 128, 130, 132f., 137, 140, 142, 147, 150–162, 218, 292, 305ff., 312, 314, 317
Menschenwürde 146
Menschlichkeit, Verbrechen gegen diese 310
Meritokratie/meritokratisch s. auch Chancengleichheit 277, 280
Migration 20
Migrationspolitik 296
Milgram-Experiment 221

Minderheitenschutz 20
Minderwertigkeitsgefühle 46
Missachtung/missachten 69f.
Mitleid 36, 64
Mitwirkungsrechte s. Rechte
Mobbing 36, 70, 72, 215, 319
Moral 27ff., 34, 39, 51, 65, 116, 176
– und Ethik, Beziehung zwischen Moral und Ethik 30
– autonome 83
– geschlechterspezifische 80f.
Moralentwicklung 75
Moralpsychologie 75
Moral Sense s. auch moralische Sensibilität 33
Moralisch(e/es)
– Norm 32, 112, 146
– Regel 112
– Scham 33
– Sensibilität 37
– Werturteile 80
– Dilemma 76
– Urteil 76
Motiv 45
Motivation, extrinsische 212, 272
Motivation, intrinsische 211f., 272
multikulturell/multikulturelle Gesellschaft 19, 138, 314

Nachhaltigkeit 21
Nachtwächterstaat 156
Narzissmus 66
Nationalsozialismus 73, 154, 179, 184
Natur und Kultur, Verhältnis von Natur und Kultur 49
Naturalistischer Fehlschluss 44, 47f., 97, 185, 219
Naturrecht 151, 158
Naturzustand 33f.
Nebenfolgen 45, 95
negative Freiheit s. Freiheit
Nichtregierungsorganisation 313
Norm (moralische, rechtliche, soziale) 23, 30–33, 41, 50, 78, 92, 137, 143, 147, 233, 235, 248, 297
Normalverteilung (Statistik) 267
Noten 266, 270f., 274, 322
Nutzenvergleich zwischen Personen 95f.

Ökonomie 94, 97, 121, 193
Opfer-Täter-Syndrom 223
Ordnung 78
Organisation der Vereinten Nationen (UNO) 146, 150, 154, 157, 161, 306, 310f., 315

Pacta sunt servanda (= Verträge sind einzuhalten) 120
Pädagogik/pädagogisch s. auch Sonderpädagogik 29f., 241, 249
– interkulturelle 283f.
– moderne 80
– der Vielfalt 291
– Reformpädagogik s. auch Pädagogik 308
Parasitismus/parasitieren 106f., 109
Partizipation 88
Partizipationsrechte s. Rechte
Patchwork-Familie 288
Perspektivenübernahme, intellektuelle 72
Pflicht(en) s. auch Recht/Rechte 33f., 67, 142, 155f., 159, 174, 306, 311, 313f.
Pflichtenethik 51
Philosophieren mit Kindern 327
PISA-Studie 201
Politik 177, 188, 215
positive Freiheit s. Freiheit
post-konventionell 78f., 81, 89
Prestige 166f., 204
Prinzip(ien) 78
– der Gleichbehandlung 276
– *pacta sunt servanda* 120
– der pädagogischen Zumutung 88
Propaganda 173
Pygmalion-Effekt 280, 326

Qualitätsentwicklung 23, 188
Qualitätskriterium 276

Rache 240, 242
Rassismus 73
Recht/Rechte 26, 33ff., 67, 137, 142, 156, 174, 215, 302, 311
– Gewährleistungsrechte 307
– juristisches Recht 243
– Kinderrechte/Rechte des Kindes 306, 309
– Kollektivrechte 162
– Leistungsrechte 307
– Mitwirkungsrechte/Partizipationsrechte 156, 307, 311
– Schutzrechte 157, 159, 306f., 311
– Teilhaberechte 163
– universale Rechte 159
– Versorgungsrechte 307, 311
Rechtfertigung 129
Rechtsordnung s. auch juristisches Recht, Rechtswesen 239
Rechtsprechung 303
Rechtswesen/Rechtssystem 39, 244
Reflexivität 250, 324
Regel 27, 30f., 43, 51, 78, 100, 128, 130, 147, 244

Regelbewusstsein/Regelverhalten 84
Regelsystem 51, 116, 140, 146
Relativismus/Relativist(en) 55, 60, 137
– ethischer 138, 141
– kultureller 138
Religion 19f., 29, 90, 147f., 151, 305
Religionsfreiheit s. auch Freiheit 151, 155, 292, 303
Respekt 60, 223
Ressentiment 65

Sadismus 66
Sanktion 36f., 320
Sanktionswesen/Sanktionssystem 238, 241, 248
Scham 233f.
– moralische 33
scheinheilig 57
Schuldbewusstsein/Schuldgefühle 37, 41, 235
Schule 118, 122, 204
– multikulturelle 302
Schulbildung 183
Schulentwicklung 201
Schulkultur 27
Schulleistungstest, standardisierter 272
Schulsystem, finnisches 199, 293
Schülerbeurteilung 325
Schülermitbestimmung 89, 198
Schüler mit Migrationshintergrund 284–287
Schülerwahrnehmung durch Lehrkräfte 323
Schutzrechte s. Rechte 157, 159, 306f., 311
Schwarzfahren 104, 106, 109, 185
Sein und Sollen (Fehlschluss vom Sein auf das Sollen) 47f.
Selbstachtung 68, 118
Selbstvertrauen/Selbstwertgefühl 71, 118, 219, 238, 280, 290, 293
Selektion 273, 276, 279–283, 292f., 321, 325
Separation 282, 292
Solidarität 282
Sonderpädagogik 281–284, 290, 292, 296
sozialer Kontrakt/Sozialvertrag 78
Sozialkompetenz 200, 263
Spezial- und Generalprävention 243
Spiel und Ernst 211
Spieltheorie 106f., 110
Standard(s) 34, 51f., 201–210, 212f., 233
Stoiker/Stoizismus 151, 158
Stolz 233f.
Strafe 36, 77, 239–250
– als erzieherische Maßnahme 245
– als Vergeltung 241
– als Vorbeugung 242

Sühne 244f.
Sympathie 36, 64f., 67, 225, 264, 270, 329
Tadel 250, 324
Tausch 113, 119ff., 124, 252f.
Tauschhandel 328
Tausch- und Kooperationspartner 251
– Äquivalenten-Tausch 121
– Tausch von Geschenken/Geschenke-Tausch 120
Teaching to the Test 273
Teamgeist 116
Teilhaberechte s. auch Recht 163
Theodizee-Problem 47
Theologie 45
Tierethik 95f.
Toleranz/tolerant 28, 51, 56, 137, 142, 185, 291, 300f.
Tradition 90
Tragedy of the Commons s. Allmendedilemma
Trittbrettfahrer/trittbrettfahren 106f., 112
Tugend 52–60, 82, 117, 174, 203f., 212f.
Tugendethik 52
Tugendkatalog 204
Typisierungen 323

Übelnehmen 37
Übereinkunft 84
Überzeugung/überzeugen 246, 327
unfair/ungerecht 70, 268, 272
Ungleichheit, soziale 275, 278, 280
universal/universell 78, 137, 150
Universalisierbarkeit/ Universalisierung 160, 328
Universalismus/universalistisch 58, 76, 79, 124, 129, 137, 139f., 144, 146, 150, 306
Universität 179, 199
Unparteilichkeit/unparteilich 126f., 142, 148
Unterschichtung 287
Urzustand 132
Utilitarismus/Utilitarist/utilitaristisch 44, 92–99, 104, 111, 127, 132, 238, 241ff., 276f.
– Akt-Utilitarismus 93f.
– Regel-Utilitarismus 93f.

Verachtung 69, 70,
Verallgemeinerungsregel 102, 104ff., 144
Verantwortlichkeit/verantwortlich 213
Verantwortung 19, 88f., 135, 164, 174, 183, 189, 257, 277, 306, 312f., 326, 328
Verantwortungsethik s. auch Gesinnungsethik 45
Verfahrensgerechtigkeit 127, 278
Verfassung/Verfassungsstaat 151, 183, 189

Vergeltung 244ff.
Verhandlung/verhandeln s. auch aushandeln 251f., 258, 301, 328
– hart verhandeln 257
– weich verhandeln 257
Vernunft/vernünftig 31, 42, 54, 74
Versorgungsrechte s. auch Rechte 307, 311
Verteilungsgerechtigkeit 126
Vertragstheorie 92, 111f.
Vertrauen 326f.
Vielfalt s. Pädagogik der Vielfalt
Vielfalt, kulturelle 295
Völkerrecht 154
Vorbeugung/vorbeugen 246
Vorbild 22, 53, 189

Wahrhaftigkeit (Aufrichtigkeit) 320f., 327
Welthandelsorganisation (WTO) 146
Wert(e) 18, 23, 35, 42f., 50, 139, 226, 251, 256ff., 297, 302ff., 312, 319f., 322, 328
Werte-Erziehung 87
Werte-Konflikte 256
Werte-Quadrat 62
Wertfreiheit 87
Wertfreiheitspostulat 50
Werthaltungen 320
Wertorientierung 19
Wertschätzung, soziale 130
Wertsystem 143, 178, 220, 284, 295, 299ff.
Wertüberzeugung 19
Wertung 51, 230, 257
Wettbewerb s. auch Konkurrenz 20f., 47, 113, 115–120, 123f., 134, 189, 195, 202, 205, 212, 217, 252, 254, 262ff., 272f., 277, 321, 328
– fairer s. auch Fairness 275
Wettstreit 272
Willensfreiheit s. Freiheit des Willens
Willensschwäche 80
Willensstärke 54
Wirtschaft 115, 117ff., 136, 156
Wirtschaftswachstum 94
Wohl des Kindes 305, 314
Würde 26, 33, 67, 71, 78, 183, 250, 307, 314

Xenophobie 73

Zivilcourage 52, 56
ziviler Ungehorsam 80
zoon politikon (= Gemeinschaftswesen) 101
Zumutung, pädagogische 195, 199, 326f.
Zurechnungsfähigkeit, verminderte 46
Zwang 214ff., 246, 253f., 3

Utilitarismus/Utilitarist/utilitaristisch
44, 92–99, 104, 111, 127, 132, 238, 241ff.,
276f.
- Akt-Utilitarismus 93f.
- Regel-Utilitarismus 93f.

Verachtung 69, 70,
Verallgemeinerungsregel 102, 104ff.,
144
Verantwortlichkeit/verantwortlich
213
Verantwortung 19, 88f., 135,
164, 174, 183, 189, 257, 277, 306, 312f., 326,
328
Verantwortungsethik s. auch Gesinnungsethik
45
Verfahrensgerechtigkeit 127, 278
Verfassung/Verfassungsstaat 151, 183, 189
Vergeltung 244ff.
Verhandlung/verhandeln s. auch aushandeln
251f., 258, 301, 328
- hart verhandeln 257
- weich verhandeln 257
Vernunft/vernünftig 31, 42, 54, 74
Versorgungsrechte s. auch Rechte
307, 311
Verteilungsgerechtigkeit 126
Vertragstheorie 92, 111f.
Vertrauen 326f.
Vielfalt s. Pädagogik der Vielfalt
Vielfalt, kulturelle 295
Völkerrecht 154
Vorbeugung/vorbeugen 246
Vorbild 22, 53, 189

Wahrhaftigkeit (Aufrichtigkeit)
320f., 327
Welthandelsorganisation (WTO)
146
Wert(e) 18, 23, 35,
42f., 50, 139, 226, 251, 256ff., 297, 302ff.,
312, 319f., 322, 328

Werte-Erziehung 87
Werte-Konflikte 256
Werte-Quadrat 62
Wertfreiheit 87
Wertfreiheitspostulat 50
Werthaltungen 320
Wertorientierung 19
Wertschätzung, soziale 130
Wertsystem 143, 178, 220,
284, 295, 299ff.
Wertüberzeugung 19
Wertung 51, 230, 257
Wettbewerb s. auch Konkurrenz
20f., 47, 113, 115–120, 123f., 134, 189, 195,
202, 205, 212, 217, 252, 254, 262ff., 272f.,
277, 321, 328
- fairer s. auch Fairness 275
Wettstreit 272
Willensfreiheit s. Freiheit des Willens
Willensschwäche 80
Willensstärke 54
Wirtschaft 115, 117ff.,
136, 156
Wirtschaftswachstum 94
Wohl des Kindes 305, 314
Würde 26, 33, 67, 71,
78, 183, 250, 307, 314

Xenophobie 73

Zivilcourage 52, 56
ziviler Ungehorsam 80
zoon politikon (= Gemeinschaftswesen)
101
Zumutung, pädagogische 195, 199,
326f.
Zurechnungsfähigkeit, verminderte
46
Zwang 214ff., 246,
253f., 327